《儒藏》精華編選刊

群經平議（上）

〔清〕俞樾 撰

張鈺翰 校點

北京大學《儒藏》編纂與研究中心 編

北京大學出版社

圖書在版編目(CIP)數據

群經平議：上下冊/（清）俞樾撰；北京大學《儒藏》編纂與研究中心編．—北京：北京大學出版社，2023.8
（《儒藏》精華編選刊）
ISBN 978-7-301-33998-5

Ⅰ.①群… Ⅱ.①俞…②北… Ⅲ.①經籍－研究 Ⅳ.①Z126.27

中國國家版本館CIP數據核字（2023）第091459號

書　　　名	群經平議 QUNJING PINGYI
著作責任者	〔清〕俞樾 撰 張鈺翰 校點 北京大學《儒藏》編纂與研究中心 編
策劃統籌	馬辛民
責任編輯	吳遠琴
標準書號	ISBN 978-7-301-33998-5
出版發行	北京大學出版社
地　　　址	北京市海淀區成府路205號　100871
網　　　址	http://www.pup.cn　新浪微博: @北京大學出版社
電子郵箱	編輯部 dj@pup.cn　總編室 zpup@pup.cn
電　　　話	郵購部 010-62752015　發行部 010-62750672 編輯部 010-62756449
印　刷　者	三河市北燕印裝有限公司
經　銷　者	新華書店
	650毫米×980毫米　16開本　60.25印張　572千字
	2023年8月第1版　2023年8月第1次印刷
定　　　價	240.00元（上下冊）

未經許可，不得以任何方式複製或抄襲本書之部分或全部內容。
版權所有，侵權必究
舉報電話: 010-62752024　電子郵箱: fd@pup.cn
圖書如有印裝質量問題，請與出版部聯繫，電話: 010-62756370

目 録

上册

校點説明
序目 …… 一
群經平議卷一
　周易一 …… 五
群經平議卷二
　周易二 …… 九
群經平議卷三
　尚書一 …… 三八
群經平議卷四
　尚書二 …… 三八
　尚書二 …… 六三
群經平議卷五
　尚書三 …… 六三
　尚書三 …… 八六
　尚書四 …… 八六
群經平議卷六
　尚書三 …… 一〇九
群經平議卷七
　尚書四 …… 一三六
群經平議卷八
　周書 …… 一六八
群經平議卷九
　毛詩一 …… 一六八
群經平議卷十
　毛詩二 …… 一九五
群經平議卷十一
　毛詩三 …… 二二〇
群經平議卷十二
　毛詩四 …… 二二〇
　毛詩四 …… 二四六
　毛詩四 …… 二四六
　毛詩四 …… 二七三
　毛詩四 …… 二七三
　毛詩四 …… 三一四

群經平議卷十三 周官一	三一四
群經平議卷十四 周官二	三三九
附考工記世室重屋明堂考	三七二
附九室十二堂考	三八三
群經平議卷十五 儀禮一	三九三
群經平議卷十六 儀禮二	四一六
附東房西室說	四四一

下册

群經平議卷十七 大戴禮記一	四四三
群經平議卷十八 大戴禮記二	四六四
群經平議卷十九 禮記一	四八七
群經平議卷二十 禮記二	五一一
群經平議卷二十一 禮記三	五三六
群經平議卷二十二 禮記四	五六四
群經平議卷二十三 春秋公羊傳	五九三
群經平議卷二十四 春秋穀梁傳	六一八
群經平議卷二十五 春秋左傳一	六四二

目録

群經平議卷二十六 ……………… 六六八
　春秋左傳二 ……………… 六六八
群經平議卷二十七 ……………… 六九七
　春秋左傳三 ……………… 六九七
群經平議卷二十八 ……………… 七三七
　春秋外傳國語一 ……………… 七三七
群經平議卷二十九 ……………… 七六二
　春秋外傳國語二 ……………… 七六二
群經平議卷三十 ……………… 七九〇
　論語一 ……………… 七九〇
群經平議卷三十一 ……………… 八一五
　論語二 ……………… 八一五
群經平議卷三十二 ……………… 八三九
　孟子一 ……………… 八三九
群經平議卷三十三 ……………… 八六八
　孟子二 ……………… 八六八
群經平議卷三十四 ……………… 八九六
　爾雅一 ……………… 八九六
群經平議卷三十五 ……………… 九二一
　爾雅二 ……………… 九二一

校點説明

俞樾（一八二一—一九〇七），字蔭甫，號曲園，浙江德清人。道光三十年（一八五〇）進士，選翰林院庶吉士，散館授編修。咸豐五年（一八五五）放爲河南學政。七年，奏請以公孫僑從祀文廟，孟皮配享崇聖祠，并從之。同年，以御史曹澤劾其所出試題割裂經義罷職。其後僑居蘇、杭等地，曾先後主講蘇州紫陽、上海求志各書院，主杭州詁經精舍達三十餘年，門弟子戴望、黃以周、朱一新、章炳麟等人，皆有聲於世。在杭州時總辦浙江書局，建議江、浙、揚、鄂四書局分刻二十四史，又於浙江書局精刻子書二十二種，當時稱爲善本。光緒二十九年（一九〇三），以鄉舉周甲之年重宴鹿鳴，詔復原官。光緒三十二年十二月二十三日，卒，年八十六。生平著述甚多，有《群經平議》三十五卷、《諸子平議》三十五卷、《第一樓叢書》三十卷、《曲園雜纂》五十卷、《俞樓雜纂》五十卷、《右臺仙館筆記》十六卷、《茶香室叢抄》、《春在堂隨筆》等，合編爲《春在堂全書》五百卷。曾國藩謂「俞蔭甫拼命著書」，誠不虛也。

俞樾學術承乾嘉漢學而來，以高郵王念孫、王引之父子爲宗，著述以《群經平議》續王

引之《經義述聞》，以《諸子平議》續王念孫《讀書雜志》。謂治經之道有三：正句讀、審字義、通古文假借，而通假借爲尤要。其《古書疑義舉例》取古書句法、用字、脫衍致誤之由等爲八十八例，詳爲例證，以明其義，爲讀古書之助。而清《國史儒林傳》尤稱其《易》學，謂其於諸經皆有纂述，而《易》學爲深。所著《易貫》，專發明聖人觀象繫辭之義。《玩易》五篇，則自出新意，不拘泥先儒之說。復作《艮宦易說》、《卦氣直日考》、《續考》、《邵易補原》、《易窮通變化論》、《周易互體徵》、《八卦方位說》，散見《叢書》、《雜纂》中，皆足證一家之學。

《群經平議》爲俞樾經學研究之重要著作。其所謂「群經」者，乃《十三經》除《孝經》，增《逸周書》、《大戴禮記》及《國語》。因《經義述聞》用漢儒讀爲、讀曰之例者居半，乃明古文以聲爲主，假借之法即以聲訓爲據，聲同或聲近者義則可通，故每得通用「正字」爲主。辨析經文字義，多以假借之法讀之。所考訂者，有經文衍誤，有字義訓詁，有名物制度，然大要在以語以駁正舊說，發明己意。其有所訂正者先列經文，次列先儒舊注說解，然後加按以爲經義所以晦而不明者，由學者不通假借之旨。若通假借，則古字明；古字明，而古義顯；古義顯，則經旨可得而通。此正戴東原「由字以通其詞，由詞以通其道」之遺訓也。其說雖或有輾轉相借、牽合難通者，而是正經文亦復不少。讀者細讀其書，得失自見。

校點説明

據俞樾自序稱，《群經平議》之作始於同治元年（一八六二）至天津之後，三載乃告成。同治四年春，天津人張汝霖取其第十四卷單獨刊刻。經祁寯藻、閻汝弼之揄揚，乃漸傳播於世。在當時浙江巡撫蔣益澧（薌泉）、杭州知府劉汝璆（笏堂）的鼎力支持下，於同治五年冬刻成全書，是爲該書最早的完整刻本。其後收入《春在堂全書》，迭經刷印，所謂同治十年本、光緒三年、七年、九年、十五年、二十五年、二十八年本等，並皆每頁十行二十一字，屬同一版本系統。光緒十四年南菁書院所刻《皇清經解續編》，卷一千三百六十二至一千三百九十六亦收入此書，由長江王賓、善化劉鐸負讎校之責，是爲此書之另一版本，但删去卷首《序目》，並非完璧。又北京國家圖書館藏有《群經平議》稿本二十四卷，以其爲殘稿，且多勾畫圈點删改之處，似屬未定之本，故本次校點僅作參校之用。本次校點，以《續修四庫全書》影印的光緒二十五年《春在堂全書》本爲底本，以光緒十四年南菁書院刻《皇清經解續編》本爲校本。書中所引經典或前人經説，儘可能查對原文，個別文句與原文不符而不影響原義者，不出校。

校點者　張鈺翰

序目

《群經平議》三十五卷，德清俞樾撰。樾自爲《序錄》曰：

道光之元，樾始生焉。生六歲而母氏姚太恭人授之《論語》《孟子》及《禮記·大學》《中庸》二篇。十歲受業於戴貽仲先生，始習爲時文。十五歲從先朝議君讀書常州，粗通群經大義。其明年入縣學，又明年應鄉試，廁名副榜，於是摶力爲科舉之文。越七年而舉於鄉，又六年而成進士，入翰林，則年已三十矣。自以家世單寒，獲在華選，惴惴惟不稱職是懼，不皇它也。咸豐七年，自河南學政免官歸，因故里無家，僑寓吳下石琢堂前輩五柳園中。當是時，粵賊據金陵已五年，東南數千里幾無完城。朝廷命重臣督師，四出討賊，才智之士爭起言兵。余自顧無所能，閉户取童時所讀諸經復誦習之，於是始竊有譔述之志矣。家貧不能具書，假於人而讀焉，有所得必錄之，治經之外，旁及諸子，妄有訂正，兩《平議》之作蓋始此矣。其後江、浙皆陷于賊，流離遷徙，靡有定居，《平議》兩書卒未忍棄。同治建元之歲，由海道至天津，寓於津者三載，而《群經平議》三十五卷乃始告成。念少年精力爲舉業所耗，通籍後又居館職，習詩賦，至中歲以後始退而孳經，所謂「困而學之」者非歟，庸足以知聖人之微言大義乎！雖然，本朝經學之盛，自漢以來未之有也。余幸生諸老先生之後，與聞緒論，粗識門户，嘗試以爲治經之道，大要有三：正句讀，審字義，通古文假借。得此三者以治經，則思過半矣。《詩》曰：「昔我有先正，其言明且清。」聖人之言，豈有不明且清者哉？其詰

籥爲病，由學者不達此三者故也。三者之中，通假借爲尤要。諸老先生惟高郵王氏父子發明故訓，是正文字，至爲精審。所著《經義述聞》，用漢儒讀爲、讀曰之例者居半焉。或者病其改易經文，所謂「焦明已翔乎寥廓，羅者猶視乎藪澤」矣。余之此書，竊附王氏《經義述聞》之後，雖學術淺薄，儻亦有一二言之幸中者乎？以其書成最先，故列所著書弟一，今錄其目于左方。

第一卷　周易一

第二卷　周易二

第三卷　尚書一

第四卷　尚書二

第五卷　尚書三

第六卷　尚書四

第七卷　周書

第八卷　毛詩一

第九卷　毛詩二

第十卷　毛詩三

第十一卷　毛詩四

第十二卷　周禮一

第十三卷　周禮二

第十四卷　考工記世室重屋明堂考

第十五卷　儀禮一

第十六卷　儀禮二

第十七卷　大戴禮記一

第十八卷　大戴禮記二

第十九卷　小戴禮記一

第二十卷　小戴禮記二

第二十一卷　小戴禮記三

第二十二卷　小戴禮記四

第二十三卷　春秋公羊傳

第二十四卷　春秋穀梁傳

第二十五卷　春秋左傳一

第二十六卷　春秋左傳二

第二十七卷　春秋左傳三

第二十八卷　春秋外傳國語一

第二十九卷　春秋外傳國語二

第三十卷　論語一

第三十一卷　論語二

第三十二卷　孟子一

第三十三卷　孟子二

第三十四卷　爾雅一

第三十五卷　爾雅二

是書也成，藏之医中未出也。同治四年春，天津有張少巖汝霖者取其書第十四卷刻之，以此卷專論《考工記》世室、重屋、明堂制度，可單行也。壽陽相國見而好之，寓書曰：「歷代明堂之制，見于秦氏《五禮通考》，其中辨正舊注者不爲無功，要亦互有出入，未足以難鄭也。陳氏《五經異義疏證》采輯近儒新説，又案而不斷，鮮所折衷。吾子據《隋書·宇文愷傳》訂正《考工記》一字之衍，遂使記文八十一字略無齟齬，且於鄭注之誤駁正無遺，三代世室、重屋、明堂相因之制燦然在目，而秦、漢以來規模亦略具於斯，誠覃思精義，有功經傳者也。」閻夢巖農部汝弼亦好之，介相國而求焉，於是人始稍稍知有此書矣。是年夏，宋雪帆侍郎以使事至津，索觀《三禮平議》，謂余曰：「高郵王氏之學固極精審，然多考訂于一字一句之間。若子之書，則有見其大者，殆將駕而上之乎！」因謀以《儀禮平議》二卷刻之京師。余旋南歸，蔣薌泉撫部時爲吾浙方伯，雄才英略，獨冠當代，既已夷險發荒，胥兩浙之民而衽席之；又將興起人文，作養士類，以副朝廷求治之意。知余有此書，力以剞劂自任。杭州劉笏堂太守以余書尚無定本，亟以時寫定，贈洋泉四十爲寫書費。太守故清貧，問其所自來，乃得之假貸者，余笑曰：「此亦君循吏傳中一事矣。」五年春，方伯出巨貲，鳩衆工登全書於版，未竟厥功，遷廣東巡撫去。笏堂承公命始終之，開雕於夏四月，越八月而書成。經理其事者爲丁松生丙，任校讎者爲高伯平均儒，皆與有力焉。嗟乎！本朝經術昌明，諸老先生説經之書浩如煙海，余此書又何足道。而諸巨公必欲刻之行之世，豈以其中固有一二言之幸中者乎？抑或以數十年來兹道衰息，將振而起之，而姑以余此書爲嚆矢乎？後之君子，必有以辨之。

序目

七

群經平議卷一

德清俞樾

周易 一

初九《乾》

正義曰：「陽爻稱九，陰爻稱六，其説有二：一者乾體有三畫，坤體有六畫，陽得兼陰，故其數九；陰不得兼陽，故其數六。二者老陽數九，老陰數六，老陰老陽皆變，《周易》以變者爲占，所以老陽數九，老陰數六者，以揲蓍之數，九遇揲則得老陽，六遇揲則得老陰，其少陽稱七，少陰稱八，義亦準此。」

樾謹按：八卦成列，本皆三畫之卦，因而重之，則皆六畫之卦。乾以一爲一畫，坤以⚋爲一畫，不得以乾爲三畫，坤爲六畫也。如其説，將震、坎、艮爲五畫卦，巽、離、兌爲四畫卦乎？然則前一説不可通矣。其後一説以老陰老陽爲説，自不可易，而究其所以爲老陽老陰者，則徒執揲蓍之數以求之。夫揲蓍之數，人之所定，非天之所爲也。聖人何爲必以九爲老陽，七爲少陽，六爲老陰，八爲少陰乎？是必有一定之理，先儒未有能見及者。今按：陽之數以三而奇，陰之數以二而偶。《周書·武順》篇曰「男生而成三，女生而成兩」，是其義也。

九

《説卦傳》曰「參天兩地而倚數」正義引鄭注曰「三之以天，兩之以地」，竊謂九、六之數起於此矣。乾卦三陽，陽之數三，三其三則爲九，故九者乾之數也。坤卦三陰，陰之數二，三其二則爲六，故六者坤之數也。《易》用九六，不用七八者，用老不用少，統于尊也。於是聖人卽本此數以揲蓍，凡三少則所存者二十四，四之得六，是爲老陰。一少兩多則所存者二十八，四之得七，是爲少陽。一多兩少則所存者三十二，四之得八，是爲少陰。三多則所存者三十六，四之得九，是爲老陽。夫九與六所以爲老陽老陰，而七與八所以爲少陽少陰者，卽本乎八卦之數，非以意爲之也。明乎此，而用九、用六之義可無疑矣。

夕惕，若厲。九三

樾謹按：近讀以「夕惕若」爲句，武氏億《經讀攷異》謂「漢唐舊讀，竝連『夕惕若厲』爲句」，引《淮南子·人閒訓》、《漢書·王莽傳》、《説文》「惕」字注、《風俗通義》、《後漢書·謝夷吾傳》爲證。今按：近讀固非，漢唐舊讀以「夕惕若厲」四字爲句，實亦未得。此當以「夕惕」二字爲句，「若厲」二字自爲句，猶《夬》九三言「若濡」、《萃》初六言「若號」也。《文言》曰：「故乾乾因其時而惕，雖危，無咎矣。」「雖危」二字正解「若厲」之義，然則漢唐舊讀，其亦未可從矣。

坤象辭

《釋文》曰：「坤，本又作巛。巛，今字也。」

樾謹按：《說文·土部》坤下竝無作《《重文。《川部》曰：「《《，貫穿通流水也。《虞書》曰『濬く《《距《《』。」是「《《」即「川」字，非「坤」字也，疑「《《」當讀為順。《說卦傳》「乾，健也；坤，順也」，而乾卦古謂之健，《象傳》「天行健」即天行乾也。乾卦謂之健，故坤卦謂之順矣。此作「《《」者，乃「順」之叚字，順從川聲，古文以聲為主，故順或作川。《說文·臤部》曰：「臤，古文以為賢字。」《可部》曰：「哥，古文以為歌字。」然則以川為順，猶以臤為賢，以哥為歌矣。孔子贊《易》，既正其名曰「坤」，而古文流傳至漢世尚有存者，是以《孟郁修堯廟碑》作「《《」，《孔廟置卒史碑》作「巛」，《韓勑修孔廟後碑》作「《《」，《史晨祠孔廟奏銘》作「《《」，《魏修孔子廟碑》作「巛」，皆是隸書川字。至陸德明作《釋文》時，尚有作「《《」之本，而皆莫識其為「順」之叚字。近世學者，或謂《《《六畫不連，連者是「川」字，安為區別，更失之遠矣。

履霜。《坤》初六

《釋文》曰：「鄭讀履為禮。」

樾謹按：履霜之義，明白無疑，鄭讀為「禮」，義不可通，疑鄭氏所據本作「禮霜」，鄭注則曰「禮，讀為履」，蓋禮履聲近而義通。《禮記·祭義》篇：「禮者，履此者也。」《白虎通·禮樂》篇：「禮之為言履也。」「禮霜」即「履霜」，經文作「禮」，鄭破叚字而讀以本字，乃解經之恆例。後人用注說改經文，又以既改之經文改注，而陸氏承其誤耳。經典中如此者甚多，段氏玉裁《經韻樓集》舉《周禮》「葅」讀為「鉏」、「蜮」讀為「蜖」數事可證。

小貞吉，大貞凶。《屯》九五

正義曰：「貞，正也。出納之吝謂之有司，是小正爲吉。若大人不能恢宏博施，是大正爲凶。」

樾謹按：《周官•太卜》曰：「凡國大貞，卜立君，卜大封。」鄭司農曰：「貞，問也。國有大疑，問於蓍龜。」據此則以大事問謂之大貞，以小事問謂之小貞。《說文•卜部》曰：「貞，卜問也，從卜，貝以爲贄。」又曰：「占，視兆問也。」是貞與占同義。正義訓貞爲正，未得經意。《周官•天府》「季冬，陳玉以貞來歲之吉凶」❶，猶云占來歲之吉凶也。鄭司農訓貞爲問，甚得古義。康成謂「問於正者，必先正之，乃從問焉」，其義轉迂矣。

利用刑人，用說桎梏。《蒙》初六

王弼注曰：「蒙發疑明，刑說當也。」正義曰：「以蒙既發去，疑事顯明，刑人說桎梏皆得當。」

樾謹按：《爾雅•釋詁》：「刑，常也。」「利用刑人」，猶《尚書•立政》所云「其惟克用常人」耳。常人者，有常之人。《周書•皇門》篇「苟克有常」，孔晁注曰「常謂常德」，是其義也。此爻之義，言發蒙者利用有常之人，又當寬之，故曰「利用刑人，用說桎梏」也。《釋詁》刑訓常，又訓法，故《象傳》曰「利用刑人，以正法也」。若如王注，以刑爲刑罰之刑，則「刑人」與「說桎梏」義正相反，判然兩事，《象傳》不當偏舉一端矣。

師或輿尸，凶。《師》六三

❶ 「吉凶」，《周禮注疏》作「媺惡」。

《集解》引虞氏曰：❶「尸在車上，故輿尸凶矣。」

樾謹按：以「輿」爲尸在車上，則但云「師輿尸」足矣。程傳曰：「輿，衆也；尸，主也。」訓尸爲主，本《爾雅·釋詁》文，殊勝古義。但輿訓衆，則六五曰「弟子輿尸」，豈可云弟子衆主乎？「輿」當讀爲「與」。襄二年《左傳》「使正輿子賂夙沙衛」，又十年《傳》「王叔陳生與伯輿争政」，又三十一年《傳》「生去疾及展輿」，《釋文》竝曰「輿本作與」。《史記·孔子弟子傳》「曾參，字子輿」，《家語》作「子與」，是輿、與古通用。「師或輿尸」，言師或與尸也。「弟子輿尸」者，弟子與尸也，言既使長子帥師，又使弟子與爲主，如後世有觀軍容使之類，故凶也。如晉河曲之戰有趙穿是也。

原筮，元永貞，无咎。《比》彖辭

樾謹按：《集解》引干寶曰：「原，卜也，《周禮》三卜，一曰原兆。」又引蜀才曰：「原究筮道，以求長正。」《集解》引《周官》：「太卜掌三兆之法：一曰玉兆，二曰瓦兆，三曰原兆。」鄭注曰「原，原田也」，然則原兆特三兆之一，以其象似原田，故名之曰原，豈可卽訓原爲卜乎？干氏之説疏矣。蜀才謂「原究筮道」，此與正義所云「原窮其情，筮決其意」，竝爲望文生訓。今按：《比》之「原筮」，猶《蒙》之「初筮」。《説文·蠱

❶ 「虞」，原作「盧」，今據《周易集解》改。

部》：「厵，水泉本也。」重文原，曰：「篆文厵省。」❶是原之本義水泉本也，今俗加水作「源」，即其字也，故引申之則有始義。《漢書·元帝紀》注引晉灼曰：「原，本也，始祖之廟，故曰本也。」「原筮」之「原」，當從此訓，正與「後夫凶」相對。正義解「後夫凶」曰：「親比貴速，若及早而來，人皆親附，故在先者吉。若在後而至者，人或疏己，親比不成，故後夫凶。」此說極合經旨，「原筮，元永貞，无咎」，即所謂在先者吉也。孔穎達能得此旨而不得「原」字之解，故知詁經當先明字義矣。顧炎武《日知錄》曰：「元者，本也，後人以「原」字代之，不知何解。原者，再也，《易》『原筮』、《周禮》『原蠶』、《禮記·文王世子》『末有原』、《漢》『原廟』，皆作再字解。師古曰『原，重也』，與本來之義全不相同。」按：顧氏此說極爲疏闊，原之訓本，於經有徵，《禮記·孔子閒居》篇「必達於禮樂之原」，鄭注曰「原，猶本也」。且「原廟」之「原」，晉灼與師古異義，在《漢書》已有兩説矣，安得謂原止訓再乎？

不甯方來。

樾謹按：傳曰：「不甯方來，上下應也。」王注曰：「安則不安者託焉，故不甯方所以來，上下應故也。」據注是以「不甯方」三字連讀，甚爲不辭，殆失之矣。《考工記》祭侯之辭曰：「惟若甯侯，無或若女不甯侯，不屬於王所。」此「不甯」二字之義也。方之言並也，《説文·方部》：「方，併船也，象兩舟省、總頭形。」是方之本義爲兩舟相並，故方即訓並。《儀禮·鄉射禮》曰「不方足」，鄭注曰「方，猶併也」。《聘禮》注曰「今文

❶「厵省」，《説文解字》作「从泉」。

一四

竝皆爲併」，是併、同字，方訓併，卽訓竝。《尚書·微子》篇「小民方興」，《史記·宋世家》作「竝興」，蓋史公以詁訓字代之也。「不畀方來」猶云不畀竝來，言不畀者無不來，故傳曰「上下應」也。

邑人不誡。《比》九五

正義曰：「『邑人不誡，吉』者，雖不能廣普親比，於自己相親之處不妄加討罰，所以己邑之人不須防誡而有吉也。」

樾謹按：此承「王用三驅」而言，王者田獵所至，非敵人侵犯，何防誡之有？「誡」當讀爲「駴」。《周官·太僕職》曰「始崩，戒鼓」，鄭注曰「故書戒爲駴」，是其例也。「邑人不誡」，言不驚駴也。孔氏以本字讀之，非是。

既雨既處。《小畜》上九 ❶

注曰：「剛不能侵，故既處也。」正義曰：「三不能侵，不憂危害，故己得其處也。」

樾謹按：以「既處」爲己得其處，則與「既雨」之意不倫矣。《說文·几部》：「処，止也，得几而止，從几從夂。」重文「處」，曰「処或從虍聲」，是「處」之本義爲止，故《詩·江有汜》篇「其後也處」，《梟鴟》篇「公尸來燕來處」，毛傳竝曰「處，止也」。「既雨既處」者，既雨既止也。《說文·雨部》：「霽，雨止也。」不曰「既止」，而曰「既處」，取於韻協耳。

❶「九」，原無，今據上下文例及《周易正義》補。

幽人貞吉。《履》九二

注曰：「在幽而貞，宜其吉。」正義曰：「『幽人貞吉』者，既无險難，故在幽隱之人，守正得吉。」

樾謹按：正義以幽人爲幽隱之人，非古義也。《集解》引虞翻曰：「訟時二在坎獄中，故稱幽人。」惠氏定宇《周易述》引《尸子》曰「文王幽於羑里」，《荀子》曰「公侯失禮則幽」，證幽人爲幽繫之人。今按：虞說是矣，而未盡也。傳曰：「作《易》者其有憂患乎？」又曰：「《易》之興也，其當殷之末世，周之盛德邪？當文王與紂之事邪？」以此推之，則文周之《易》自有微辭，必如干令升之注《易》，援殷周之事一一比附，斯固失之。然竟謂無所寓意，則亦所謂「頌其詩，讀其書，不知其人」者也。太史公曰「文王囚而演《周易》」，然則所稱「幽人」者，殆指文王而言乎？爻辭稱「幽人」者二，《履》九二與《歸妹》九二是也。虞氏謂履自訟來，則歸妹當自解來。解初爻變而成歸妹，《解》之九二曰「田獲三狐，得黃矢，貞吉」，此寓文王歸國之事也，故《履》九二曰「幽人貞吉」。訟初爻變而成履，《訟》之九二曰「不克訟，歸而逋，其邑人三百户，无眚」，此寓文王則并牧野之事而寓之。牧野之役，紂與二妻授首，事見《周書·克殷》篇，其即所謂「三狐」歟？《左傳》曰「狐蠱乃其君也」，或古《易》說固如此矣，故《歸妹》九二曰「利幽人之貞」。自來言《易》者未見及此。

視履考祥。上九

注曰：「處履之極，履道成矣，故可視履而考祥也。」正義曰：「上九處履之極，履道已成，故視其所履之行善惡得失，考其禍福之徵祥。」

樾謹按：《爾雅·釋詁》曰：「考，成也。」王注云「履道成矣，故可視履而考祥」，「成」字正釋「考」字，言視其

拔茅，茹以其彙。《泰》初九

注曰：「茅之爲物，拔其根而相牽引者也。茹，相牽引之貌也。三陽同志，俱志在外，初爲類首，己舉則從，若茅茹也。」

樾謹按：《漢書・劉向傳》：「《易》曰：『拔茅，茹以其彙，征吉。』在上則引其類，在下則推其類。」注引鄭氏曰：「茹，牽引也。」王注正用鄭義，惟以「茅茹」連讀則非也。傳曰「拔茅征吉，志在外也」是中閒「茹以其彙」者，牽引以其類也。《集解》引虞翻以茹爲茅根，則亦以「茅茹」連讀，竝與傳違矣。「茹以其彙」四字當爲一句。

同人于宗。《同人》六二

注曰：「應在乎五，唯同於主，過主則否。用心褊狹，鄙吝之道。」正義曰：「係應在五，而和同於人在於宗族，不能宏闊，是鄙吝之道，故《象》曰『吝道』也。」

樾謹按：正義所説非注意也，王氏蓋訓宗爲主，故曰「唯同於主，過主則否」也。《一切經音義》卷九引《字林》曰：「宗，尊也，亦主也。」正義不知王訓宗爲主，而以宗族釋之，則與注義違矣。然王氏此注恐未得經旨，二五本是正應，若臣之於君，妻之於夫，二之唯同于五，乃其正也，豈得以爲吝道乎？《集解》引荀爽曰：「宗者，衆也。上下衆陽皆欲與二爲同。陰道貞靜，從一而終。今宗同之，故吝也。」此說視王注

爲長。

匪其彭，无咎。《大有》九五❶

注曰：「三雖至盛，五不可舍，能辯斯數，專心承五，常匪其旁，則无咎也。旁謂三也。」正義曰：「匪，非也。」

樾謹按：《釋文》：「其彭，步郎反，子夏作旁。」王氏之意，以彭與旁皆有盛義，故經字作「彭」而注從《子夏傳》作「旁」，旁即彭也。正義誤會注意，謂「九三在九四之旁」，殊失其旨。惟王氏專以九三一爻爲盛，似與經義有未盡合。今按：大有內卦爲乾，初二三皆陽爻，是陽之極盛者也。九四一爻雖與三陽同類，然近于六五之尊，專心承五而不與下之三陽合，故曰「匪其彭」。鄭注曰「匪讀爲分」，並其證也。《周官·太宰職》「匪頒之式」，司農曰「匪，分也」，《廩人職》「以待國之匪頒」，鄭注曰「匪頒之式」。匪之言分也，《說文·文部》：「斐，分別文也。」斐與匪古亦通用，是匪有分別之義。「匪其彭」者，言下之三陽雖盛，而能分別之，不與合也。傳曰：「匪其彭，明辯晢也。」所謂「明辯晢」者，正以其能自分別矣。王氏專以九三一爻爲盛，又不解「匪」字之義，故其所說不了也。

厥孚交如。❶六五

❶ 「五」，據《周易》當作「四」。

一八

正義曰：「交，接也。」

樾謹按：凡言如者，若「乘馬班如」、「泣血漣如」之類，大率皆形容之詞。正義訓交爲交接，殆非也。交當讀爲咬，六五一爻居外卦離體之中，爲明之主，故其信咬然。咬之言明也，《詩·大車》篇「謂予不信，有如曒日」，此即「厥孚咬如」之義。

鳴謙。《謙》上六

樾謹按：《謙》上六「鳴謙」與六二同，然六二傳曰「中心得也」，上六傳曰「志未得也」，何傳義不同如是？疑上六「鳴謙」當作「冥謙」，猶《豫》上六曰「冥豫」也。兩爻皆以陰柔居卦之終，故同爲冥耳。《升》上六曰「冥升」，正同此例。鄭康成讀「冥豫」之「冥」爲「鳴」，見《釋文》，蓋不知《謙》上六之「鳴」當作「冥」，而反疑《豫》上六之「冥」當作「鳴」，失之矣。

貞疾。《豫》六五

樾謹按：貞之言當也，《尚書·洛誥》篇「我二人共貞」，《釋文》引馬注曰「貞，當也」。六五當九四一陽之上，故有「貞疾」之象。傳曰：「六五貞疾，乘剛也。」以乘剛釋「貞疾」，可知「貞」字之義。正義曰「正得其疾」，失之迂矣。

先甲三日，後甲三日。《蠱》彖辭

樾謹按：此與《巽》九五之「先庚三日，後庚三日」，先儒所說，義皆未安。《蠱》之先後甲，以春之日言也，《月令》所謂「其日甲乙」也；《巽》之先後庚，以秋之日言也，《月令》所謂「其日庚辛」也。蠱爲有事之卦，

故以春之日言，見始事之義，巽爲申命行事之卦，故以秋之日言，見繼事之義。言甲不言乙，言庚不言辛，舉甲庚以包乙辛也。古人行事，每以先後三日爲節，如《冠禮》「前期三日，筮賓」，此先三日之例也，子生，「三日，卜士負之」，此後三日之例也。《蠱》之先甲後甲，《巽》之先庚後庚，皆以示行事之節，見方春而有事，則宜先甲三日，後甲三日，方秋而有事，則宜先庚三日，後庚三日也。說者或牽合五行方位，或附會丁辛癸之字義，胥失之矣。

幹父之蠱。 初六

《集解》引虞翻曰：「幹，正。蠱，事也。」

樾謹按：蠱卦諸「幹」字，並當作「榦」。《說文·斗部》：「榦，蠱柄也。」柄則有秉執之義，故引申之，得訓爲主，字亦通作管。《漢書·食貨志》「欲擅幹山海之貨」，師古注曰「幹讀與管同，謂主領也」；又《車千秋傳》「自以爲國家興權筦之利」，注曰「筦卽管字，義與幹同」❶，皆爲主也。蓋古音幹與管相近，《匡俗正謬》引《字林》曰「榦音管」❷，故其義亦通用。幹父之蠱、幹母之蠱並言主領其事也。漢隸或以幹爲榦，《執金吾丞武榮碑》「內榦三事」，幹卽榦也。《漢書·竇憲傳》「內幹機密」❸，《劉向傳》「幹尚書事」，其字

❶ 「幹」，《漢書》作「榦」。
❷ 「匡俗正謬」，當作「匡謬正俗」。
❸ 「漢書」，當作「後漢書」。

立作「幹」,蓋皆沿漢隸之譌,此卦諸「幹」字猶是矣。虞氏訓幹爲正,然則九二曰「幹母之蠱,不可貞」,是爲正母之事不可正也,豈可通乎?《文言》曰「貞者,事之幹也」,「貞固足以幹事」,兩幹字亦當爲幹。事之幹也,猶云事之主也;足以幹事,猶云足以主事。正義引莊氏之說,以幹爲幹濟,非是。

咸臨。《臨》初九

注曰:「咸,感也。感,應也。」

樾謹按:《雜卦傳》曰:「咸,速也。」臨卦二陽既長,則有沛然莫禦之勢,故初九、九二兩爻並曰「咸臨」,言臨之速也。《荀子·議兵篇》曰:「善用兵者,感忽悠闇,莫知其所從也。」楊倞注曰:「感忽悠闇,皆謂倏忽之頃也。」學者但知咸之訓感,感之訓應,而不知感忽之義,故失其旨矣。

甘臨。六三

注曰:「甘者,佞邪說媚不正之名。」

樾謹按:此爻之義,與《復》六二「休復」同。休,美也,甘亦美也。一陽生爲復,二陽生爲臨。復六二一陰與初九一陽相比,故曰「休復」,言以其復爲美也;臨六三一陰與初二兩陽相比,故曰「甘臨」,言以其臨爲美也。傳曰「甘臨,位不當也」,然則所以「无攸利」者,以位不當之故,而非以甘臨之故。注乃曲坐以不正之名,失經意矣。

知臨。六五

注曰:「處於尊位,履得其中,能納剛以禮,用建其正,不忌剛長而能任之,委物以能而不犯焉,則聰明者

竭其視聽，知力者盡其謀能，不爲而成，不行而至矣。大君之宜，如此而已，故曰『知臨，大君之宜，吉』也。」《釋文》曰：「知，音智。又如字。」

樾謹按：注中惟「知力」之「知」，注同。經文「知」字，王氏蓋讀如本字。「知力」字解經文「知」也。經文「知」字，王氏蓋讀如本字。然云「聰明者竭其視聽，知力者盡其謀能」，則是泛論事理，非以「知力」字解經文「知」字也。正義曰「是知爲臨之道」，此說與王氏合。《釋文》依王注作音，乃首云「音智」，失之矣。

觀其生，君子无咎。《觀》上九

注曰：「觀我生，自觀其道也。觀其生，爲民所觀者也。」「生，猶動出也。」

樾謹按：王注以「觀我生」爲觀其道，又訓「生」爲「動出」，正義因謂「道是開通生利萬物」，故「道得名生」，其義殊爲迂曲。生當讀爲性，《周官・大司徒職》「辨五地之物生」，杜子春讀生爲性，是其例也。「觀我生」即觀我性也，「觀其生」即觀其性也。「率性之爲道」，故傳曰「觀我生進退，未失道也」。京房說此經曰：「言大臣之義，當觀賢人，知其性行。」然則以觀其生爲觀其性，漢人固有此解矣。

屨校滅趾。《噬嗑》初九

正義曰：「屨，謂著而踐履也。」

樾謹按：《說文・履部》：「屨，履也。」然屨、履二字，義自有別。《詩》云「糾糾葛屨，可以履霜」，不得易之曰「糾糾葛履，可以屨霜」。蓋「屨烏」字可作「履」，「踐履」字必不可作「屨」也。《周易》「履霜」、「履虎尾」字皆作「履」，此文不云「履校」而云「屨校」，義殊可疑。且校之爲物，雖施於足，然非著而踐履之也。《集

解》引虞翻曰：「屨，貫。趾，足也。」訓屨爲貫，疑其字未必作「屨」。《說文·女部》：「婁，空也。」《史記·律書》曰：「婁者，呼萬物且内之也。」以物内空中則有貫義，或虞本固作「婁」歟？婁校者，内其足於校中也。後人因下有「滅趾」之文，改其字作「屨」，似是而實非矣。

白馬翰如。《賁》六四

注曰：「鮮絜其馬，翰如也。」正義曰：「『白馬翰如』者，但鮮絜其馬，其色翰如，徘徊待之，未敢輒進也。」

樾謹按：注言「翰如以待」，則王氏之意不以「翰如」爲馬色也。《禮記·檀弓》篇正義引鄭注曰「翰猶幹也，見六四適初未定，欲幹而有之」，是鄭君讀「翰」爲「幹」，王氏此注蓋陰從鄭讀，但不用其「幹而有之」之義。《廣雅·釋詁》：「幹，安也。」王氏之意，讀「翰」爲「幹」，而訓「幹」爲安，「翰如」猶安然也，故曰「翰如以待」。正義以「翰如」爲馬色，則「待」字無著矣，乃又增出「徘徊」字，豈注意乎？

剝牀以辨。《剝》六二

注曰：「辨者，足之上也。」正義曰：「辨，謂牀身之下，牀足之上，足與牀身分辨之處也。」

樾謹按：王氏解「剝牀以足」爲猶剝牀之足，足屬牀，故辨亦屬牀。然其解「剝牀以膚」曰「牀既剝盡，以及人身」，則膚又屬人而不屬牀，三句之義不一律矣。且牀足與牀身分辨之處果何物乎，王氏此注殊不可從。《集解》引鄭注曰「足上稱辨」，虞注曰「指閒稱辨」，並以人身言，其義雖較安，而亦無塙據。今按：「辨」當作「胖」，脅肉也。《禮記·内則》篇「鶉鶉胖」，鄭注曰「胖，謂脅側薄肉」是也。人臥則脅與牀最近，故初爻曰「以足」，二爻曰「以胖」，以者及也，《小畜》九五「富以其鄰」，《集解》引虞注曰：「以，及也。」然則

「剝牀以足」謂剝牀而及足,「剝牀以胖」謂剝牀而及胖,「剝牀以膚」謂剝牀而及膚,三句一律。胖作辨者,古字通也,《儀禮·士虞禮》「以其班祔」,注云「古文班或爲辨,今文爲胖」,蓋辨胖音近,故今文爲胖者,古文或爲辨也,《少牢饋食禮》「司馬升羊右胖」,注云「古文胖皆爲辯」,辯亦猶辨也。

剝牀以膚。六四

樾謹按:足與辨何莫非膚,此膚字必實有所指,與他處言膚者不同。《説文·肉部》:「臚,皮也,從肉盧聲。」重文膚曰:「籀文臚。」是臚、膚一字也。《一切經音義》卷二十二引《釋名》曰「腹前曰臚」,「剝牀以膚」當從此義。蓋六二曰「以辨」,辨者,脅肉也。此曰「以膚」,由脅側而及腹前,爲害尤切,故傳曰「切近災也」。

有厲利已。《大畜》初九

注曰:「四乃畜已,未可犯也。故進則有厲,已則利也。」《釋文》曰:「利已,夷止反,下及注『已則』、『能已』同。或音紀,姚同。」

樾謹按:《釋文》依王注讀「已」爲「已止」之「已」,故音夷止反。「已則」之文即見此注,「能已」之文於注不見。下文傳曰:「有厲利已,不犯災也。」注曰:「處健之始,未果其健者,故能利已。」陸德明所見本蓋作「故能已」,與今不同也。然王氏經注亦有異同,《集解》載王弼曰:「四乃畜已,未可犯也。進則災危,有厲則止,故能利已。」是李鼎祚所見王注與陸德明所見王注其文不同。若從李本,則王氏讀經文「已」字作「人已」之「已」,故有「四乃畜已」之文。又按:六四注曰:「處艮之始,履得其位。能止健初,距不以角,

柔以止剛，剛不敢犯。抑銳之始，以息強爭，豈唯獨利，乃將有喜也。」曰「初」曰「始」，皆以初九一陽而言。「豈唯獨利」，則兼利初九明矣。故自初九言之，即謂之利己。蓋抑銳息爭，在初九與有利焉。其有屬也，正所以利己也。若讀爲「已止」之「已」，則全失其義矣。王氏此注，疑後人竄改，當依《集解》訂正。

老夫得其女妻。《大過》九二

《集解》引虞翻曰：「互體乾老，故稱老夫。女妻謂上兌，兌爲少女，故曰女妻。」

樾謹按：虞氏此注雖若極塙，然於九五「老婦得其士夫」，又曰「兌爲少，故稱士夫」，豈兌既爲女妻，又爲士夫乎？是不可通矣。此兩爻之義，當以旁通及二五升降之例求之。大過與頤旁通，大過互體乾，是爲老夫，以大過二之頤五，則上體成巽，是爲「老夫得其女妻」。頤互體坤，是爲老婦，以頤二之大過五，則上體成震，是爲「老婦得其士夫」。大過二之頤五，得正者也，故「无不利」；頤二之大過五，則失正矣，故傳曰「亦可醜也」。兩爻之義如此，先儒徒以本卦求之，宜其不得耳。

險且枕。《坎》六三

注曰：「枕者，枕枝而不安之謂也。」

樾謹按：注中「枝」字乃枝柱之義，言枝柱之而不安也。然其義迂曲，殆非塙詁。鄭易作「檢且枕」，謂「木在手曰檢」，「在首曰枕」，說見《釋文》。然檢是何物，于古無徵，鄭說亦未足據。今按：「枕」當爲「沈」，《釋文》謂「古文作沈」是也。《莊子·外物》篇「慰暋沈屯」，《釋文》引司馬注曰：「沈，深也。」「險且沈」者，險且深也。上文曰「來之坎坎」，可謂險矣；下文曰「入于坎窞」，可謂深矣。「險且沈」一語，上承「坎坎」

之文，下起「坎窞」之義。自「沈」誤作「枕」，而其義全失矣。又按：《釋文》曰「《九家》作玷」，「玷」字之義，亦與沈近。《說文・水部》：「沈，陵上滈水也。一曰濁黕也。」然則沈與黕通，《楚辭・九辨》篇「或黕點而汙之」。《九家》作「玷」者，玷猶點也，若是「枕」字，則《九家》何以作「玷」乎？

祇既平。九五

注曰：「祇，辭也。」

樾謹按：經言「祇既平」，則「祇」字必實有所指，非語辭也。《釋文》曰：「祇，京作禔，《說文》同，安也。」然禔訓安，則與平義相近，當云「禔且平」，不當云「禔既平」矣。又引鄭云「當作坻，小丘也」，以文義而言，鄭爲得之。然祇從氏聲，坻從氏聲，兩聲絕遠，古不相通，則亦非也。「祇」當作「氐」，《說文・氐部》曰：「巴蜀名山岸脅之堆旁箸欲落墮者曰氐，氐崩聲聞數百里。象形，乁聲。楊雄賦曰『響若氐隤』。」今按：「響若氐隤」即「氐隤」之「氐」，氐隤則平矣。古本《周易》蓋止作「氐既平」，京房讀「氏」爲「禔」，後人遂於「氐」旁加示，所謂「說誤于前，文變于後」也，而古字古義皆不可見矣。

咸其股，執其隨。《咸》九三

樾謹按：此爻之辭，與《艮》六二云「艮其腓，不拯其隨」文法相似。王氏彼注曰「隨，謂趾也」，此注因《象》注曰：「股之爲物，隨足者也。進不能制動，退不能靜處，所感在股，志在隨人者也。志在隨人，所執亦以賤矣。用斯以往，吝其宜也。」

傳》有「志在隨人」之語，故解「隨」字不以形體言，其見殊拘。孔子作傳以釋經，以「志在隨人」明周公所以取象於隨者，其義如此。至周公之辭既曰「執其隨」，則「隨」字自必實有所指。經取其象，傳釋其義，豈可并爲一談乎！惟《艮》注以隨爲趾，亦無依據。正義曰「腓動則足隨之，故謂足爲隨」，此亦曲說也。王氏既以股爲隨足之物，豈又以足爲隨腓之物乎？轉展遷就，以成其說，遂使字無定詁，經無定義，殊非注經之體矣。竊疑「隨」乃「骽」之叚字，古無「骽」字，故以「隨」爲之。「執其隨」者，執其骽也，「不振其隨」者，不振其骽也。隨從隋聲，與妥聲相近。《儀禮·士虞禮》注曰「今文墮爲綏」，《特牲饋食禮》注曰「墮與授讀同」，是隋聲、妥聲之字，古每通用也。「骽」雖後出之字，然從骨妥聲，亦必有本，蓋因古叚「隨」爲之，故依其聲而製此字耳。

《大壯》九三

羸其角。

注曰：「貞厲以壯，雖復羝羊，以之觸藩，能無羸乎？」

樾謹按：《釋文》曰：「羸，律悲反，又力追反，下同。蜀才作『累』，張作『虆』。」是此字諸家各異，其爲叚借字明矣。竊謂《周易》「羸」字皆以作「纍」者爲正。《說文·糸部》「纍，綴得理也。一曰大索也」，故凡以索係物卽謂之纍。成三年《左傳》「兩釋纍囚」，杜注曰「纍，係也」然則「纍其角」卽係其角也。《集解》引侯果曰：「用壯觸藩，求應於上，故角被拘纍矣。」此古義也，「拘纍」猶言拘係也。《姤》初六「羸豕孚蹢躅」，《集解》引虞翻曰：「巽繩操之，故稱羸也。」《井》象辭「羸其瓶」，《集解》引荀爽曰：「初欲應五，今爲二所拘羸，故凶也。」荀、虞之說皆同，可徵古

義矣。王氏於此「羸」字無所發明，至「羸豕」則臆解爲牝豕，「羸其瓶」則解爲幾至而覆，望文生訓，前後異義，殊不可從。正義於此云「拘羸，纏繞也」，蓋用古義爲説。於「羸其瓶」云「拘羸其瓶而覆之」，覆之之説雖徇王注，拘羸之説仍古義也。惟「羸豕」不言「拘羸」，則以王注與古義絶遠，不能比而同之耳。

喪羊于易。六五

樾謹按：《釋文》：「易」，陸作「埸」，謂疆埸也。《朱子語類》曰：「『喪羊于易』，不若解作『疆埸』之『埸』。《漢‧食貨志》『疆埸』之『埸』正作『易』，亦同此義。」今按：埸、易古通用，易即埸也。然既曰「喪羊于易」，則自從「易」字取義。傳曰「喪羊于易，位不當也」，竊謂此爻與《旅》上九「喪牛于易」其義正同。羊者兑象也，牛者離象也。離之爲牛，不見于《説卦傳》，故虞仲翔斥爲俗説，然《左傳》載叔孫莊叔之言，已有「純離爲牛」之文，則其説古矣。蓋疆埸易也、變易也，古本無二字，於文則爲疆易之易，於義則爲變易之易而喪牛矣，是謂「喪牛于易」。大壯自三至五互兑，故有羊象，上九不當位，易而爲上六，斯當位矣，然而喪羊矣，是謂「喪羊于易」。旅上體爲離，故有牛象，六五不當位，易而爲九五，斯而喪牛矣，是謂「喪牛于易」。凡易之辭，皆當以是求之。乃「莧陸夬夬，中行无咎」，此《大壯》六五「喪羊，无悔」所以无悔也。辭也者，各指其所之，故同而異矣。

五曰「莧陸夬夬，中行无咎」，此《大壯》六五「喪羊，无悔」而「喪牛于易」則凶者，蓋大壯六五變則爲夬，《夬》之九五變則爲小過，《小過》之上六曰「弗遇過之，飛鳥離之，凶」，此《旅》上九「喪牛」所以凶也。

明夷于南狩，得其大首。《明夷》九三

《集解》引《九家易》曰：「暗昧道終，三可升上而獵於五，得據大陽首位，故曰『明夷于南狩，得其大首』。」

樾謹按：大陽首位而曰大首，不辭甚矣。首當讀爲道，古首道字通用。《周書·芮良夫》篇「予小臣良夫稽道」，《群書治要》作「稽首」；《史記·秦始皇紀》「追首高明」，《索隱》曰「《會稽刻石》文，首作道」，並其證也。「得其大首」猶云得其大道。蓋自三至五互震，《説卦傳》震爲大塗，故有得其大道之象，大道即大塗也。

其人天且劓。《睽》六三

《釋文》引馬云：「剠鑿其額曰天。」《集解》引虞翻曰：「黥額爲天。」

樾謹按：《易》凡言天者，大率爲乾爲陽，此乃以爲剠額之名，不亦異乎？馬、虞之説皆非也。天疑「兀」字之誤。《説文·足部》：「趹，斷足也。」重文趹曰：「趹，或從兀」；《莊子·德充符》篇「魯有兀者」，《釋文》曰「李云：刖足曰兀」，蓋即趹之省也。其人兀且劓，猶《困》九五曰「劓刖」也。古文「天」作「兂」，見《玉篇》，故「兀」誤爲「天」矣。

損有孚，元吉，无咎可貞。《損》彖辭

正義曰：「先儒皆以无咎、可貞各自爲義，準下王注曰『損下而不爲邪，益上而不爲諂，則何咎而可正』，則王注以无咎、可貞共成一義。」

樾謹按：此非經旨也。《易》有言「不可貞」者，如《節》象辭「苦節，不可貞」，《蠱》九二爻辭「幹母之蠱，不可貞」是也。亦有言「可貞」者，如《坤》六三爻辭「含章可貞」是也。无咎、可貞自各爲義，且如《无妄》九四曰「可貞无咎」，又豈共成一義乎？

往不勝爲咎。《夬》初九

樾謹按：爲咎猶有咎也，《孟子·滕文公》篇「將爲君子焉？將爲野人焉？」趙注曰「爲，有也」；又《盡心》篇「爲閒不用」，注曰「爲閒，有閒也」。然則爲可訓有，有咎而曰爲咎，亦猶有閒而曰爲閒也。《莊子·大宗師》篇「莫然有閒」，《釋文》曰「本亦作爲閒」，可證古字之通。

羸豕孚蹢躅。《姤》初六

注曰：「孚，猶務躁也。」

樾謹按：此「孚」字與他言「孚」者不同，故王注以「務躁」釋之，蓋讀「孚」爲「浮」。然以義求之，不當如王氏所讀。孚之言孚乳也，《禮記·月令》篇「玄鳥至」，鄭注曰「燕以施生時來巢人堂宇而孚乳」；又「田獵置罘羅網畢翳餧獸之藥，毋出九門」，注曰「爲鳥獸方孚乳，傷之逆天時也」，是孚乳得兼鳥獸言。「羸豕孚蹢躅」，言拘羸之豕方孚乳而蹢躅也。孚乳之初，一陰始生，故有豕孚乳之象。《說文·爪部》：「孚，卵孚也。一曰信也。」徐鍇曰：「鳥之乳卵皆如其期，不失信也。」此經「孚」字訓爲孚乳，與全經「孚」字訓信者義不相背，若如王注訓爲務躁，則與全經「孚」字絕異矣。

舊井无禽。《井》初六

注曰：「久井不見渫治，禽所不嚮，而況人乎？」

樾謹按：「久井不見渫治，非瓶綆不能汲，禽無從取而飲之，雖非舊井，禽亦不嚮也，王注殆不可從。古者羽毛鱗介通名爲禽，《白虎通·田獵》篇曰「禽者何？鳥獸之總名」，此其所説猶有未盡。《國語·魯語》「登川

禽」，韋昭注曰「川禽，鼈蜃之屬」，然則禽之名并通乎水族矣。下文「井谷射鮒」，《釋文》曰：「鮒，魚名也。《子夏傳》謂蝦蟇。」魚與蝦蟇皆可謂之禽，舊井無水，則此屬皆無從生矣，故曰「舊井无禽」，時舍也。」《集解》引干寶曰：「舊井，謂殷之未喪師也。亦皆清絜，无水禽之穢。」此與傳義不合，而以水禽釋經文禽字，則其義甚塙，水禽卽《國語》所謂「川禽」也。學者但知二足而羽謂之禽，於是此爻之義不可通矣。

已日乃孚。《革》彖辭

注曰：「卽日不孚，已日乃孚也。」《集解》引干寶曰：「天命已至之日也。」

樾謹按：「已日」二字甚爲不辭，顧氏《日知録》引朱子發之說，以此已字爲戊己之己，當從之。《禮記·月令》篇：「中央土，其日戊己。」《蠱》之先甲後甲，以春之日言也，《巽》之先庚後庚，以秋之日言也，其說見前矣。《革》之己日，則以中央土之日言之。春日言甲，秋日言庚，而中央土之日不言戊者，戊日不孚，己日乃孚，正見其過中而當變革也。改字從「己」，或以此歟？故自「己日」之義明，而《蠱》之甲、《巽》之庚，亦不必曲爲之說矣。

億喪貝。《震》六二

注曰：「億，辭也。」

樾謹按：《集解》引虞翻曰「億，惜辭」，干寶曰「億，歎辭」，王氏之義殆亦同此。然歎惜之辭，施于喪貝則得矣，六五曰「億无喪」，恐不可通也。《釋文》引鄭注曰「十萬曰億」，然在此爻，尚可以爲所喪之貝數，六

五「億无喪」亦不可通。今按：襄二十五年《左傳》「不可億逞」，杜注曰「億，度也」，《荀子·賦篇》「暴至殺傷而不億忌者與」，楊注曰「億謂以意度之也」。古字億與意通，《論語》「億則屢中」，《漢書·貨殖傳》作「意則屢中」。此經兩言「億」，蓋以意揣度而決勝負，如《後漢書·梁冀傳》所謂「意錢之戲者，有勝負則有得喪」，故六二曰「億喪貝」，六五曰「億无喪」也。

其君之袂不如其娣之袂良。《歸妹》六五

注曰：「袂，衣袖也，所以爲禮容者也。」《集解》引虞翻曰：「兌爲口，乾爲衣，故稱袂。」樾謹按：此皆拘文牽義，未足以說《易》也。《說卦傳》曰「震爲決躁」，又曰「兌爲附決」，此兩「決」字即《歸妹》爻辭兩「袂」字。因「其君之決」、「其娣之決」文不成義，故變而稱「袂」，聲近而義通也。《說文·水部》：「決，行流也。」「行」字正解經文「袂」字，可知「袂」之當爲「決」矣。傳曰「以貴行也」，此「行」字即「決」字之正解也。「帝出乎震」，故亦得稱君，「君之袂」猶言震之決也。震者兌妹也，兌爲少女，君固乾象，而震得乾之初爻，是謂「君之袂」也。兌之震二亦成歸妹，是歸妹九二即兌九五所謂「其娣之袂」也。兌五之震二成歸妹，猶言兌五之決也。故曰「其君之袂不如其娣之袂良」，猶言以震二行而之兌五而成歸妹，不如以兌五行而之震二而成歸妹也。然以震二之兌五，則不當位矣。娣者兌妹六五即震六二所謂「其君之袂」也。凡《易》之詞，大率如此，善學者從聲音訓詁以求《易》，則思過半矣。

袂猶決也，決者行也。

斯其所，取災。《旅》初六

注曰：「最處下極，寄旅不得所安，而爲斯賤之役，所取致災，志窮且凶。」

樾謹按：王氏蓋讀「斯」爲「厮」，故云「斯賤之役」，然於文義殊爲未安，此當以「斯其所」爲句。《說文・斤部》「斯，析也」，析之則離，故斯亦訓離。《爾雅・釋言》「斯，離也」；《列子・黃帝》篇「不知斯齊國幾千萬里」，張湛注曰「斯，離也」，然則「斯其所」者，離其其所也。「斯其所，取災」，言離其所乃取災害也。此爻「斯其所」與六二「旅卽次」義正相反。

渙奔其机。《渙》九二

樾謹按：經無「得」字，增字釋經，非經旨也。《說文・天部》「奔，走也，從天賁省聲」，故賁與奔古通用，《詩》「鶉之奔奔」，《禮記・表記》引作「鶉之賁賁」是也。「奔其机」當作「賁其机」。《射義》「賁軍之將」，鄭注曰「賁讀爲償，償猶覆敗也」；《大學》「此謂一言賁事」，《釋文》曰「賁，本又作僨，償猶覆敗也」，然則「賁其机」者猶言敗其机也。當渙之時，敗其所依者，而轉得獨行其志，故傳曰「得願也」。

渙其血，去逖出，无咎。上九

樾謹按：傳曰「渙其血，遠害也」，則當以「渙其血」三字爲句，疑「血」下古更有「血」字，當作「渙其血，血去逖出，无咎」。古人遇重文多省不書，但于字下加二畫以識之，傳寫因奪去耳。「血去逖出，无咎」猶《小畜》六四曰「血去惕出，无咎」也。上「血」字乃本字，下「血」字乃「恤」之叚字。《小畜》釋文曰「血，馬云當作恤，憂也」，得其義矣。彼作「惕出」，此作「逖出」者，《說文・心部》「惕，或從狄作愬」，故此叚「逖」爲之耳。易聲狄聲之字，古往往相通。《詩・泮水》篇「狄彼東南」，箋云「狄當作剔」，《釋文》云「韓作鬄」。又

亨小利貞。《既濟》彖辭

樾謹按：傳曰「既濟亨，小者亨也。利貞，剛柔正而位當也」。是彖辭本無「小」字，止云「既濟亨利貞」，故傳以「小者亨」釋「亨」字，以「剛柔正而位當」釋「利貞」二字也。其作「亨小」者，涉《未濟》「亨，小狐汔濟」之文而衍耳。虞氏以「亨小」絶句，甚爲不辭。朱子《本義》倒其文曰「小亨」，并謂傳文「亨」上當有「小」字，胥失之矣。

簡狄，《漢書·古今人表》作「簡逷」，並可爲證。

高宗伐鬼方。九三

《集解》引虞翻曰：「鬼方，國名。乾爲高宗，坤爲鬼方。」

《繫辭傳》曰：「精氣爲物，游魂爲變，是故知鬼神之情狀。」虞氏有乾神坤鬼之説，凡經傳言鬼者，率以坤爲鬼釋之，此未得也。傳本泛論，不必專指乾坤。竊謂鬼神猶陰陽也，乾神坤鬼，必古有是説，故《觀·象傳》曰：「聖人以神道設教。」蓋否九四變而成觀，上體之乾，一陽又失，是有鬼道焉。鬼道不可以爲教，則聖人仍以神道設教，其義在六四，曰「觀國之光，利用賓于王」。虞氏説《易》，以坤爲國，乾爲王。夫觀下有坤則有國，上無乾則無王，而曰「利用賓于王」，此卽聖人之以神道設教也。以乾坤例坎離，坎得乾中爻，神也；離得坤中爻，鬼也。既濟離下坎上，以上體之坎視下體之離，是謂鬼方，故于九三曰「高宗伐鬼方」。未濟坎下離上，以下體之坎視上體之離，是謂鬼方，故于九四曰「震用伐鬼方」。推之《睽》上

九曰「載鬼一車」，睽上體爲離，自三至五互體爲坎，坎有輿象，見《說卦傳》。上九離爻而在互體坎上，以坎車載離鬼，故曰「載鬼一車」也。徒以坤爲鬼，未得厥旨。又按：《集解》引干寶曰：「鬼方，北方國也。坎當北方，故稱鬼。」然《汲冢古文》云「武丁三十二年，伐鬼方，次于荆」，惠氏棟《九經古義》據此謂荆楚古稱鬼方，其說甚確。離爲南方之卦，鬼方亦南方之國，足見聖人取象之精。自說《易》者不得其解，并鬼方之國而失之矣。

繻有衣袽。六四。

注曰：「繻，宐曰濡。衣袽，所以塞舟漏也。」

樾謹按：經無「舟漏」之文，王注非也。《集解》引虞翻曰：「乾爲衣，故稱繻。袽，敗衣也。乾二之五，衣象裂壞，故繻有衣袽。」若然，則但云「繻有袽」足矣，何必更言衣乎？虞說亦非也。又引盧氏曰：「繻者，布帛端末之識也。袽者，殘幣帛，可拂拭器物也。繻有爲衣袽之道也。」若然，則是繻有可衣可袽之道，不得但云「繻有衣袽」也。且布則曰布，帛則曰帛，何以止舉其端末之識而曰繻乎，盧說亦非也。今按：《漢書·終軍傳》「關吏予軍繻」，張晏曰：「繻，符也，書帛裂而分之，若券契矣。」蘇林曰：「繻，帛邊也。舊關出入皆以傳，傳煩，因裂繻頭以爲符信也。」竊以漢制多因古，春秋時紀子帛名裂繻，然則裂帛爲符，亦古制所有，殆猶上古結繩之遺意矣。棄繻之「繻」。《說文·糸部》：「絮，絜縕也，一曰敝絮，從糸奴聲。《易》曰『需有衣絮』。」是經文「袽」字，古作「絮」。敝絮之說，疑本古《易》說，故京房卽作「絮」也。「繻有衣絮」者，言以繻爲符，而所裂之處乃有衣

東鄰殺牛，不如西鄰之禴祭。九五

《集解》引虞翻曰：「泰震爲東，兌爲西，坤爲牛，震動五殺坤，故『東鄰殺牛』。在坎多眚，爲陰所乘，故『不如西鄰之禴祭』。禴，夏祭也。離爲夏，兌動，二體離明，得正承五順三，故『實受其福，吉大來也』。」

樾謹按：虞注以既濟爲泰五之二，故其說如此，實則此爻之象即在本卦，不必遠求之泰卦也。《集解》引崔憬曰：「居中當位於既濟之時，則當是周受命之日也。五坎爲月，月出西方，西鄰之謂也。二應在離，離爲日，日出東方，東鄰之謂也。離又爲牛，坎水克離火，東鄰殺牛之象。禴，殷春祭之名。殷之歲，『厥四月，哉生明，王來自商，至于豐。丁未，祀于周廟』，四月，殷之三月，春也，則明西鄰之禴祭，得其時而受祉福也。」今按：崔氏此說，以下體離爲東鄰，上體坎爲西鄰，又以牛爲離象，皆得之矣。惟必牽合殷周時事，而以禴爲殷春祭之名，則非也。既言周事，何不從周制而必從殷制乎？《漢書·郊祀志》引此文作「礿祭」，《一切經音義》二十五引《通俗文》曰「以湯煮物曰礿」，然則礿祭者，坎象也，謂以坎水礿而祭也。《尚書》「禴祭」，「禴」亦當作「礿」。虞注於《升》九二曰：「禴，夏祭也。離爲夏，兌爲西鄰，坎爲北鄰，牛亦以離言；西鄰以坎言，禴亦以坎言，因其字變作「禴」，不從水而從示，故義不顯矣。《萃》六二、《升》九二竝曰「孚乃利用禴」。「禴」亦當作「礿」。夫二之五成坎，爲孚，離爲夏，故乃利用禴也。孚謂二之五成坎，離是坎象明矣，必取互體之離爲說，何爲乎？推之《萃》六二「孚乃利用禴」，亦以二動之五言，二動之五，則五動之二，而下體成坎矣。

惟升二之五當位,萃二之五不當位,故《升》九二曰「孚乃利用禴,无咎」,而《萃》六二曰「引吉,无咎,孚乃利用禴」。「无咎」之文在「孚乃利用禴」之上,明所以无咎者,以「引吉」不以用禴也。此兩爻之文所以同而異也。

群經平議卷二

德清俞樾

周易 二

六位時成,時乘六龍以御天。《乾》 以下《象傳》

注曰:「大明乎終始之道,故六位不失其時而成。升降无常,隨時而用,處則乘潛龍,出則乘飛龍,故曰時乘六龍也。」

樾謹按:《爾雅·釋詁》「時,是也」,《尚書·舜典》「惟時懋哉」,《史記·五帝紀》作「維是勉哉」,《皋陶謨》「咸若時」,《夏本紀》作「皆若是」,蓋時、是古通用,故史公遇「時」字每以「是」字代之。「六位時成」,猶《詩》云「百祿是遒」「百祿是總」也。「時乘六龍以御天」,猶《繫辭傳》云「是興神物,以前民用」也。時乃語詞,蓋言乾之為德,大明乎終始之道,故六位於是成,於是乘六龍以御天也。語詞而以實義釋之,恐非傳義。

天造草昧。《屯》

注曰:「造物之始,始於冥昧,故曰草昧也。」

三八

樾謹按：《廣雅·釋言》「草，造也」，造與草本疊韻字，故聲近而義通。此當以「造草」二字連文，草亦造也。「天造草昧」，言天道造草之時，猶冥昧也。王注云「始於冥昧」，正得其解，但以「草昧」連讀，則失之。以此毒天下而民從之。《師》

注曰：「毒，猶役也。」

樾謹按：《尚書·微子篇》「天毒降災荒殷邦」，《史記·宋世家》作「天篤下災亡殷國」。《釋文》引馬云「治也」。《集解》引干寶曰：「毒，荼苦也。」昭二十二年《左傳》「司馬督」，《漢書·古今人表》作「司馬篤」，是毒通作篤，篤通作督，皆聲近而義同。此傳「毒」字當讀爲「督」。《爾雅·釋詁》「督，正也」，以此督天下，言以此正天下也。《呂氏春秋·順民》篇「湯克夏而正天下」，高注曰「正，治也」，正有治義，故督亦有治義。馬訓治，於傳義爲近，干氏、王氏之說，胥失之矣。

地道變盈而流謙。《謙》

《集解》引崔憬曰：「高岸爲谷，深谷爲陵，是爲變盈而流謙，地之道也。」

樾謹按：如崔氏說，則盈謙皆變矣，此泥變字之義而失之也。「地道變盈而流謙」，言毀盈而流謙也，與天道虧盈義正相近。又《剝·象傳》「變，毀也」，是變有毀義。「地道變盈而流謙」，《集解》引荀爽曰「五者至尊，爲陰所變」，于義轉迂矣。「剝，剝也，柔變剛也」，柔變剛者，柔毀剛也。

分剛上而文柔。《賁》

注曰：「剛柔不分，文何繇生，故坤之上六來居二位，柔來文剛之義也。柔來文剛，居位得中，是以亨。乾之九二分居上位，分剛上而文柔之義也。剛上文柔不得中位，不若柔來文剛，故小利有攸往。」

樾謹按：如注義，則柔來文剛亦可云剛亦可云坤之上六分居二位，何獨於剛上文柔乃言分乎？是於分字之義未得也。此卦六二二陰爻居初三兩陽爻之間，所謂「柔來而文剛」也；九三上九兩陽爻包四五兩陰爻於中，所謂「分剛上而文柔」也。以其有兩陽爻，故言分。若依注義專指上九一爻，又何分之有？宜其説之不得也。

鼎象也。《鼎》

注曰：「法象也。」

樾謹按：六十四卦皆觀象繫辭，而獨於鼎言象，義不可通。「象」當爲「養」，亦曲爲之説耳。《説文・人部》：「像，象也，從人象聲，讀若養字之養。」凡《説文》「讀若」之字，其聲既同，其義亦通，如「匃，聚也，讀若鳩」，而「匃聚」字即作「鳩」；「管，厚也，讀若篤」，而「管厚」字即作「篤」，竝其例也。《周易》「象」字依《説文》本當作「像」，「像」讀若「養」，則亦可叚爲「養」矣。《集解》引虞翻曰「象事知器，故獨言象也」，此之叚字，故不得其義。下文云「聖人亨以享上帝，而大亨以養聖賢」，是其義也。學者不知「象」爲「養」「鼎象也」，猶云鼎養也。

漸之進也。《漸》

注曰：「之於進也。」

樾謹按：王氏讀「漸」字絶句，殆非也。此承《晉》傳而言，《晉》傳曰「晉，進也」，故此傳曰「漸之進也」，所以別於晉之進也。晉與漸雖竝有進義，然漸則以漸而進，其義微有不同，故曰「漸之進也，女歸吉也」。正

義曰「漸漸而進之，施於人事，是女歸之吉也」，此説極合傳義。經曰「漸，女歸吉」，傳則釋之曰「漸之進也，女歸吉也」，辭義本無可疑，自王氏誤讀「漸」字絶句，後儒遂疑「之」字爲衍文矣。

乘木舟虚也。《中孚》

注曰：「乘木於用舟之虚，則終已无溺也。用中孚以涉難，若乘木舟虚也。」

樾謹按：王氏此注所説不了，《集解》引王肅曰：「中孚之象，外實内虚，有似可乘虚木之舟也。」若然，則當言虚舟，不當言舟虚矣。《詩·谷風》篇正義引鄭注曰：「舟謂集板，如今自空大木爲之曰虚，即古又名曰虚，總名皆曰舟。」鄭君此注亦有奪誤，阮氏校勘記謂「自當作船」，未知是否。至「虚」字之義，當以鄭注爲塙，總名曰舟，别名曰虚，而合言之曰舟虚，猶《禮記》言魚鮪，魚其總名，鮪其别名；《左傳》言鳥烏，烏其總名，烏其别名，古人屬文自有此例也。二王不解「虚」字，故所説皆非。

天行健。《乾》以下《象傳》

樾謹按：健即乾也，以健爲乾，亦猶以順爲坤，説詳《坤》象辭。武氏億《經讀考異》謂「乾古作键，見《古今韻會》」。今按：「键」即「健」之異文，猶「巛」即「順」之省文。若竟以「键」爲古「乾」字，亦猶王肅注《家語》，竟以「巛」爲古「坤」字，胥失之矣。

知光大也。《坤》六三

注曰：「知慮光大，故不擅其美。」

樾謹按：光與廣通，光大即廣大也，説詳王氏引之《經義述聞》。「知」當讀爲「志」，《禮記·緇衣》篇「爲上

可望而知也，爲下可述而志也」，鄭注曰「志猶知也」，然則知亦猶志也。《列子·湯問》篇「女志彊而氣弱，故足於謀而寡於斷」，張湛注曰：「志謂心智。」蓋志、知古通用，「知慮」字可以「志」爲之，故「志氣」字亦可以「知」爲之。「知廣大也」，言其志之廣大也。

衍在中也。《需》九二❶

《集解》引虞翻曰：「衍，流也。中謂五也。」荀爽曰：「二應於五，水中之剛，故曰沙。知前有沙漠而不進也。體乾處和，美德優衍在中而不進也。」樾謹按：二說以荀爲長。《詩·伐木》篇「醑酒有衍」，毛傳曰「衍，美貌」，是衍即有美義。「衍在中也」，猶云美在中也，正與九三傳云「災在外也」相對成義。

患至掇也。《訟》九三❷

《集解》引荀爽曰：「下與上爭，即取患害，如拾掇小物而不失也。」《釋文》曰：「鄭本作惙，陟劣反，憂也。」樾謹按：二説義均未安，惟此字鄭、荀各異，疑皆非本字。古字蓋止作「叕」，《説文·叕部》：「叕，綴聯也。」「患至叕也」，言患害之來綴聯不絶也。今各本皆作「掇」，古字從心耳。《説文·叕部》：「叕，綴聯也。」「患至叕也」，言患害之來綴聯不絶也。今各本皆作「掇」，古字蓋止作「叕」，荀訓拾掇，故從手；鄭訓憂，故從心耳。

❶「二」，原作「三」，今據《周易正義》改。
❷「三」，據《周易》當作「二」。

古義俱亡矣。

不足以與行也。《履》六三

樾謹按：「以」字衍文也，傳文本云「眇能視不足以有明也，跛能履不足與行也」。古與、以二字通用，上句用「以」字，下句用「與」字，文異而義同。《史記·貨殖傳》曰：「智不足與權變，勇不足以決斷，仁不能以取予」，《漢書·楊雄傳》曰：「建道德以爲師，友仁義與爲朋。」與、以互用，正與此同。學者不知「與」字之即「以」字，而更加「以」字於「與」字之上，轉爲不辭矣。

卑以自牧也。《謙》初六

注曰：「牧，養也。」

樾謹按：牧固訓養，然卑以自養，於義未合。《荀子·成相篇》「請牧基賢者思」，楊倞注曰「牧，治」，然則「卑以自牧」者，卑以自治也。《方言》曰「牧，司也」，又曰「牧，察也」。司察二義皆與治義相近，雖亦從牧養一義而引申之，然詁經者當隨文以求其義，未可徒泥本訓矣。

咸臨，吉无不利，未順命也。《臨》九二

注曰：「若順於五則剛德不長，何縣得吉无不利乎？全與相違則失於感應，其得咸臨，吉无不利，必未順命也。」正義曰：「未順命者，釋无不利之義，未可盡順五命，須斟酌事宜，有從有否，故得无不利也。」

樾謹按：傳文止曰「未順命也」，並無有順有不順之義，王氏此說殊不可通。《集解》引荀爽曰：「陽感至二，當升居五，群陰相承，故无不利也。陽當居五，陰當順從，今尚在二，故曰未順命也。」若然，則「咸臨吉

无不利」以陽升之五而言，「未順命也」又以陽在二而言，兩句各成一義，全非孔子作傳以解經之旨矣，苟氏此説亦未盡合。今按：《雜卦傳》曰「咸，速也」，咸臨者，言臨之速也，其説已詳爻辭。傳意蓋言咸臨所以吉无不利者，以陽尚在二，未升之五，群陰尚未順從，故欲其臨之速，不可通矣。自「咸」字失解，遂并傳義而不

天下雷行，物與无妄。《无妄》

注曰：「與，辭也。猶皆也。天下雷行，物皆不可以妄也。」正義曰：「按諸卦之象，直言兩象，即以卦名結之。今云『物與无妄』，欲見萬物皆无妄，故加『物與』二字也。」

樾謹按：「物與无妄」四字，卦名也，因卦名多兩字者，而此獨四字「坎」二字，卦名也，因乾、坤、震、巽、離、艮、兑皆一字，而習坎獨二字，則於文不便，故但曰「坎」也。《坎》象辭稱「習坎」，而《无妄》象辭不稱「物與无妄」，則已從省矣，惟《象傳》尚存其舊耳。世傳《歸藏》卦名有大毒畜、小毒畜，即大畜、小畜也。雖未必可據，然毒與育通，《老子》釋文曰「毒之今作育」是也。育之義爲養，畜之義亦爲養，單言之曰小畜、大畜，重言之曰小毒畜、大毒畜，未爲無義。是故小毒畜、大毒畜，三字卦名也，物與无妄，四字卦名也。聖人設卦觀象而命以名，安在其不可以三字四字乎？

滕口説也。《咸》上六

注曰：「咸其輔頰舌，則滕口説也。憧憧往來，猶未光大，況在滕口，薄可知也。」正義曰：「滕口説也者，舊

君子以自昭明德。《晉》

樾謹按：王氏蓋從鄭作「媵」，媵之義爲送，故以憧憧往來爲説，取往與送義相近也。若作「滕」，則與憧憧往來全不相涉矣。正義謂義得兩通，猶未達王氏之旨。

注曰：「以順著明自顯之道。」正義曰：「自昭明德者，昭亦明也，謂自顯明其德也。周氏等爲照，非注旨也。」

樾謹按：《集解》引鄭玄曰：「地雖生萬物，日出於上，其功乃著，故君子法之，而以明自照其德。」虞翻曰：「君子謂觀乾。乾爲德，坤爲自，離爲明。乾五動以離日自照，故以自照明德也。」鄭所傳者費氏《易》，虞所傳者孟氏《易》，而其字皆作「照」，然則古本固不作「昭」矣。照與昭古通用，照明即昭明也。《孫叔敖碑》「處幽暗而照明」，《劉熊碑》「誕生照明」，竝其證也。此傳之義當從王弼作「昭」，其字當從鄭、虞作「照」，竟作「昭」則非古字矣。

下不厚事也。《益》初九

注曰：「時可以大作而下不可以厚事，得其時而无其處，故元吉乃得无咎也。」正義曰：「厚事，猶大事也。」

樾謹按：經言利用爲大作，而傳言不可厚事，則傳與經異旨矣，恐非也。《説文》「厚，古文作𠪋」，故厚字卽與后通。《禮記・檀弓》篇「后木」，正義曰『《世本》云厚，此云后，其字異耳』，是厚與后古通用之證。后訓後，厚亦訓後。《釋名・釋親屬》篇曰：「后，後也。」《釋言語》曰：「厚，後也。」《莊子・列禦寇》篇注

「靜而怯乃厚其身耳」,《釋文》曰:「元嘉本厚作後。」然則「下不厚事」,猶云「下不後事」,蓋下不可徒受上之益,雖當損上益下之時,必利用爲大作,乃元吉无咎。此即事君敬其事而後其食之義。

莫益之,偏辭也。《益》上九

注曰:「獨唱莫和,是偏辭也。」

樾謹按:《釋文》:「偏辭音篇,孟作徧,云周帀也。」尋繹文義,以作「徧」爲長,惟周帀之訓尚未盡善。「徧」字解經文「莫」字,徧之言盡也。《淮南子·主術》篇「則天下徧爲儒墨矣」,高注曰「徧,猶盡也」,是其義也。凡言莫者,如莫非、莫不之類,皆是極盡之辭。若有不盡然者,即不得言莫矣,故曰「莫益之,徧辭也」。王氏所據本作「徧」,是以所解未得義也。《集解》引虞翻曰:「徧,周帀也。三體剛凶,故至上應乃益之矣。」是其字正作「徧」,而其義即用孟氏周帀之說。然經言「莫益之」,而注言「乃益之」,豈可通乎?學者但當據虞注以訂正經文,不必苟同其說也。

積小以高大。《升》

《釋文》曰:「以高大,本或作以成高大。」

樾謹按:《集解》引虞翻曰:「君子謂三,小謂陽息復時。復小爲德之本,至二成臨。臨者,大也。三,巽爲高二之五,艮爲慎。坤爲積,故慎德積小成高大。」是虞氏《易》正與或本同。《正義》曰:「君子以順德,積小以高大者,地中生木,始於毫末,終至合抱,君子象之以順行其德。積其小善,以成大名。」然則孔氏所據本正作「積小以成大」,故以積小互言卑小,今但言積小,疑本作「積小以成大」,

小善釋積小之義，成大名釋成大之義也。此蓋古本如是，後誤衍「高」字而作「積小以成高大」，又誤刪「成」字而作「積小以高大」，皆於文義未安，胥失之矣。正義云云，是其所據本不誤，其述經文必作「積小以成大」，今作「積小以高大」，此後人以既誤之經改不誤之疏，非孔氏之舊也。且其上文曰「地中生木升者，地中生木，始於細微，以至高大，故爲升象」，此文易之曰「地中生木，始於亳末，終至合抱」。蓋前言高大者，以卦名升，故必加「高」字以見升象；此言合抱者，以傳云「積小以成大」，言大不言高，故但言合抱以見其大也。此孔氏措辭之密，學者可藉以考正經文矣。

《井》九三

行惻也。

注曰：「行感於誠，故曰惻也。」

樾謹按：經文曰：「井渫不食，爲我心惻，可用汲。王明，並受其福。」傳曰：「井渫不食，行惻也。求王明，受福也。」但稱述經文而其義自見，孔子作傳自有此例。如《比·象傳》曰：「比之初六，有他吉也。」《大有·象傳》曰：「大有初九，无交害也。」此類甚多，不可枚舉。傳文「行」字即經文「爲」字。《墨子·經上》篇曰「行，爲也」，然則「行惻」即爲惻。正義解經文曰「爲，猶使也」，而《淮南子·說山》篇高誘注曰「行，猶使也」，蓋行之與爲其義通矣。王注「行感於誠」，實非傳義。

《鼎》九四

信如何也。

注曰：「不量其力，果致凶災，信如之何！」正義曰：「言信有此不可如何之事也。」

樾謹按：注及正義説皆于文義未安。「信」當讀爲「身」，《周官·大宗伯職》「侯執信圭」，鄭注曰「信當爲

身」，是其證也。又信、伸古通用，《荀子·儒效篇》「是猶傴伸而好升高也」，楊注曰「伸讀爲身」，亦其證也。「信如何也」，即身如何也。既覆公餗，其身如之何，言必不免也。王氏解爻辭曰：「既覆公餗，體爲渥沾，知小謀大，不堪其任，受其至辱，災及其身，故曰其形渥凶也。」此正與傳義合，但不知「信」爲「身」之叚字，故於傳文不得其解耳。

君子以居賢德善俗。《漸》

注曰：「賢德以止巽則居，風俗以止巽乃善。」正義曰：「君子求賢德使居位，化風俗使清善。」樾謹按：賢德善俗相對成文，「居」字包下二事而言。當漸進之時，不可不慎，必有賢德善俗而後居之，故曰「君子以居賢德善俗」。《荀子·勸學篇》曰「君子居必擇鄉」，是其義也。自解者誤以居賢德爲一事，善俗爲一事，遂有疑「賢」字爲衍文者矣。

天際翔也。《豐》上六

注曰：「翳光最盛者也。」正義曰：「如鳥之飛翔於天際，言隱翳之深也。」樾謹按：鳥飛翔於天際，何以轉謂之隱翳，王氏蓋從翔字取義。《淮南子·俶眞》篇「雖欲翱翔，其勢焉得」，高注曰：「鳥之高飛，翼上下曰翱，直刺不動曰翔。」然則翔者，鳥高飛而張其兩翼也，故有翳光之義。

正義云云，似于王氏之旨尚未達也。

失時極也。《節》九二

《集解》引虞翻曰：「極，中也。未變之正，失時極矣。」

樾謹按：九二雖未變之正，然不可謂失中也。楊注立曰「極讀爲亟」，是古字通也。失時亟也，猶云亟失時耳，《論語・陽貨》篇「好從事而亟失時」，又曰「反覆甚極」，《荀子・賦篇》「出入甚極」，義也。蓋初九居卦之初，故「不出戶庭，无咎」。至九二而猶不出門庭，則其失時也亟矣，故凶也。

君子以慎辨物居方。《未濟》

注曰：「辨物居方，令物各當其所也。」正義曰：「君子見未濟之時，剛柔失正，故用慎爲德，辨別衆物，各居其方，使皆得安其所，所以濟也。」

樾謹按：物之所處謂之居，處置其物亦謂之居。《考工記・輿人》曰「凡居材，大與小無并」，《弓人》曰「居榦之道，菑栗不迤，則弓不發」，皆處置之義也。是故辨物者，分別其品物也；居方者，處置其方位也。辨物居方相對成義，謂辨別衆物，各居其方，非傳義矣。

方以類聚，物以群分。《繫辭傳》

樾謹按：方之言四方也，物之言萬物也。四方各以類聚，如《爾雅・釋地》云「太平之人仁，丹穴之人智，太蒙之人信，空桐之人武」是也。萬物各以群分，如《大戴記・易本命》篇云「有羽之蟲三百六十而鳳皇爲之長，有毛之蟲三百六十而麒麟爲之長，有甲之蟲三百六十而神龜爲之長，有鱗之蟲三百六十而蛟龍爲之長，倮之蟲三百六十而聖人爲之長」是也。《樂記》正義引鄭注曰：「類聚群分，謂水火也。」《集解》引虞翻曰：「坤方道靜，故以類聚；乾物動行，故以群分。」又引《九家易》曰：「方以類聚，謂姤卦陽爻聚於午；物以群分，謂復卦陰爻群於子。」其説皆以求深而反失之。至鄭君注《樂記》云「方謂行蟲也，物謂殖生者

也」，則又失之小矣。

悔吝者，憂虞之象也。

韓康伯注曰：「失得之微者，足以致憂虞而已，故曰悔吝。」正義曰：「經稱悔吝者，是得失微小，初時憂念虞度之形象也。」

樾謹按：《集解》引干寶曰：「悔亡則虞，有小吝則憂。憂虞未至於失得，悔吝不入於吉凶。事有小大，故辭有急緩，各象其意也。」干氏之意，蓋以「虞」爲「驩虞」之「虞」，故云「未至於失得」，言雖憂而未至有失，雖虞而未至有得也。韓伯此注與干寶說同，正義以爲憂念虞度，失注意矣。惟如干說，實亦未合，傳但言悔，不言悔亡，乃曰悔亡，則虞豈可通乎？《廣雅・釋詁》曰「虞，驚也」，然則憂虞猶言憂驚也，或以爲驩虞，或以爲虞度，胥失其解。《廣雅》此訓，殆古《易》説歟？

齊小大者存乎卦。

注曰：「齊，猶言辯也。」

樾謹按：齊之訓辯，初無依據，韓意蓋謂齊小大與辯吉凶語意相近耳，殆非也。齊小大正與列貴賤同，齊猶言列也。《淮南子・原道》篇「齊靡曼之色」，高注曰「齊，列也」，是齊可訓列。《莊子・盜跖》篇「齒如齊貝」，齊貝猶列貝也。「列貴賤者存乎位，齊小大者存乎卦」，曰列曰齊，辭異而義同，猶未及乎辯之也；繫辭焉而明吉凶，斯辯矣，故又曰「辯吉凶者存乎辭」。韓伯謂齊猶辯，殊非傳意。

憂悔吝者存乎介。

注曰：「介，纖介也。」王弼曰：「憂悔吝之時，其介不可慢也。」即悔吝者，言乎小疵也。

樾謹按：所引王弼說見《略例·明卦適變通爻篇》，其文曰：「故當其列貴賤之時，其位不可犯也。遇其憂悔吝之時，其介不可慢也。」以文義求之，似王氏讀「介」爲「阰」，故以其列貴賤之位、其介對文並舉。《釋文》於《略例》出「其介」二字，云「音阰」，此得王氏之意者也。又曰：「本又作分，符問反。」蓋界限之阰與分量之分，義得兩通，故陸氏並存之，不以爲誤也。韓伯訓介爲纖介，本王肅、干寶之說，乃又引王弼說以證之，殆未達弼旨矣。《釋文》於此出「乎介」二字，云「音阰」，注同。王肅、干、韓云纖介也」，是陸氏讀此傳仍從王弼作「阰」。所謂注同者，即注中「其介不可慢」之「介」也。纖介之說，別屬之王肅、干、韓，其所見塙矣。

其靜也專。

注：「專，專一也。」

樾謹按：下文云「夫坤，其靜也翕，其動也闢」，翕與闢正相對。此云「夫乾，其靜也專，其動也直」，專與直亦必相對。專當作摶，《説文·手部》：「摶，圜也。」《考工記·梓人》『摶身而鴻』，鄭注曰「摶，圜也」。又《廬人》、《弓人》注並同。《楚辭·橘頌》篇「圜果摶兮」，王逸注曰：「摶，圜也。楚人名圜爲摶。」然則其靜也摶，猶言其靜也圜，圜者乾之本體也。摶、直、翕、闢皆言其狀，非言其德。「摶」作「專」者，叚字耳。《史記·秦始皇紀》「摶心壹志」，叚摶爲專也。此云「其靜也專」，叚專爲摶也。《釋文》曰「專，陸作摶」，「摶」即「摶」字之譌矣。

成性存存，道義之門。

注曰：「物之存成，由乎道義也。」正義曰：「此明易道既存天地之中，能成其萬物之性，使物生不失其性。存其萬物之存，使物得其成也。性謂稟其始也，存謂保其終也。」

樾謹按：繼之者善，成之者性，但能保其成之性，使長存而勿失，即道義之所從出也，故曰「成性存存，道義之門」。《爾雅·釋訓》曰「存，存在也」，邢昺疏即引《繫辭》「成性存存」以證之，是存存重言，非有兩義。正義以成性爲一事，存存爲一事，解爲「存其萬物之存」，下「存」字果何指乎？

言天下之至賾，而不可惡也。

正義曰：「謂聖人於天下至賾之理，必重慎明之，不可鄙賤輕惡也。」

樾謹按：惡之言齷齪也。《國語·齊語》「惡金以鑄鉏夷斤欘」，韋昭注曰：「惡，齷齪也。」《儀禮·既夕》記「主人乘惡車」，亦取齷齪惡之義。天下之理至賾，必詳悉言之，方能其曉，故曰「言天下之至賾而不可惡也」謂不可齷齪也。惡與善爲對文。《釋名·釋言語》曰：「善，演也，演盡物理也。」盡物理謂之善，然則不盡物理謂之惡矣。正義以爲「鄙賤輕惡」，夫天下之理，豈有可賤惡者，知其不然也。

言天下之至動，而不可亂也。

《釋文》曰：「鄭本作『至賾』，云賾當爲動，《九家》亦作册。」《集解》引虞翻曰：「動，舊誤作賾也。」

樾謹按：以鄭、虞說觀之，是古本此句作「言天下之至賾」，與上句同。正義曰「若以文勢上下言之，宜云『至動而不可亂也』」，然則孔穎達所據本亦作「至動」矣。學者徒見上文「賾」與「動」對舉，故改「賾」爲「動」，不知此文言天下之至賾而不可惡也，言天下之至賾而不可亂也，實專承天下之賾而言。下文云「擬

之而後言，議之而後動」，然後覆説動字。若謂此文「賾」字必與「動」對，則下文「動」字何以不與「賾」對乎？蓋天下之動，文雖平列，意實相承，不必兩兩對舉也。執後世之文法以讀聖經，失之泥矣。其兩云「言天下之至賾」，似乎繁複，乃古人自有此文法。《孟子·梁惠王》篇：「故王之不王，非挾泰山以超北海之類也。王之不王，是折枝之類也。」《離婁》篇：「瞽瞍厎豫而天下化，瞽瞍厎豫而天下之爲父子者定。」若以後世文法繩之，兩「王之不王」兩「瞽瞍厎豫」，亦可省其一矣。

小人而乘君子之器，盜思奪之矣。上慢下暴，盜思伐之矣。

正義曰：「言君子合乘車。今應負之人而乘車，是小人乘君子之器也，則盜竊之人思欲奪之矣。小人居上位必驕慢，而在下必暴虐。爲政如此，大盜思欲伐之矣。」

樾謹按：《詩·泮水》篇「思樂泮水」《禮記·禮器》篇正義作「斯樂泮水」，《我行其野》篇「言歸思復」，唐石經作「言歸斯復」，蓋思、斯立語詞，古亦通用。「盜思奪之矣」「盜思伐之矣」兩「思」字與「斯」字同，猶曰盜斯奪之矣，盜斯伐之矣。正義以實字解之，未合古義。

聖人以此洗心。

注曰：「洗濯萬物之心。」

樾謹按：傳言「洗心」，不言洗萬物之心，韓注非也。《釋文》出「先心」二字，曰：「劉瓛悉殄反，盡也。王肅、韓悉禮反。京、荀、虞、董、張、蜀才作先。」今按：洗心之義，當從劉瓛説。《尚書·酒誥》篇「自洗腆」，《釋文》曰：「洗，先典反。馬云盡也。」然則洗之訓盡，古有此義。「以此洗心」者，以此盡心也。《禮記·

《王制》篇「刑者，侙也。侙者，成也。一成而不可變，故君子盡心焉」，文義與此相近。《説文・歹部》：「侙，盡也。」劉音悉殄反，蓋即讀如殄，故訓盡也。京、荀諸本作先，乃洗字之省，而《集解》引虞注曰：「以蓍神知來，故以先心。」若然，則當云聖人以此先知，何言先心乎！

《易》窮則變，變則通，通則久，是以「自天祐之，吉无不利」。

樾謹按：以上下文法言之，此數語殊爲不倫。疑《易》窮則變，變則通，通則久，「是以自天祐之，吉无不利」乃文之重出者也，當移至上篇「是故君子居則觀其象而玩其辭，動則觀其變而玩其占。《易》窮則變，變則通，通則久，是以『自天祐之，吉无不利』」。至此篇則云：「神農氏没，黄帝、堯、舜氏作，通其變，使民不倦，神而化之，使民宜之。黄帝、堯、舜垂衣裳而天下治，蓋取之乾坤。」

動而不括。

注曰：「括，結也。君子待時而動，則无結閡之患也。」

樾謹按：括與适通。《書・君奭》篇「南宫括」《大傳》作「南宫适」，是其證也。《説文・辵部》：「适，疾也。」讀與括同。」然則「不括」即「不适」，言不疾也。藏器於身，待時而動，是君子不急於動，故曰「動而不适」。韓注訓括爲結，又加閡字以成其義，失之迂矣。

《集解》引侯果曰：「於，嗟也。」

於稽其類。

樾謹按：《爾雅・釋詁》：「爰、粵，於也。」《詩・桑中》篇「爰采唐兮」，毛傳、鄭注並曰「爰，於也」。《漢書・敘傳》「尚粵其幾」，應劭曰：「粵，於也。」❶然則「於稽其類」，猶云爰稽其類、粵稽其類耳。侯訓爲嗟，則讀爲烏，轉於文義未安矣。

因貳以濟民行。

注曰：「貳則失得也。」

樾謹按：《釋文》：「因貳，音二。鄭云當爲式。」《集解》引虞翻曰：「二謂乾與坤也。」是虞、韓皆與鄭讀同。然聖人何不明舉此二者以示人，而但曰貳，貳者何物乎？後人各以意求之，或以爲乾坤，或以爲失得，而聖人之傳幾同秦客之廋辭、楚王之隱語矣。《周官・小宰》之職曰「掌邦之六典、八灋、八則之貳」，鄭司農云：「貳，副也。」《司盟職》《司勳職》曰「大功，司勳藏其貳」，鄭注曰：「貳，猶副也。功書藏于天府，又副于此者，以其主賞。」《司盟職》曰「旣盟則貳之」，注曰：「貳之者，寫副當以授六官。」以此考之，凡有正書而寫其副本曰貳。古者三《易》之法掌于太卜，民閒不得見也。然聖人吉凶與民同患，亦欲使之知所趨避，因寫副本行之邦國，使民皆得取決焉，故曰「因貳以濟民行，以明失得之報」。正義曰：「是故變化云爲」者，《易》旣備含諸事，以是之故，物之或以漸變改，或頓從化易，或口之所云，是故變化云爲。

❶ 「劭」，原作「邵」，今據清經解續編本改。

「或身之所爲也。」

樾謹按：「變化云爲」與下句「吉事有祥」一律，云亦有也。《廣雅·釋詁》曰：「云，有也。」《文選》陸機《答賈長淵詩》曰「公之云感」，注引應劭《漢書注》曰：「云，有也。」《國語·晉語》曰「其誰云弗從」，韋昭注曰「誰有弗從」，是亦訓云爲有也。「變化云爲」即變化有爲，言其變化必有所爲也。變化有爲，故象事知器，吉事有祥，故占事知來。上句用「云」字，下句用「有」字，文異而義同，古書往往有此。《尚書·洪範》篇「水曰潤下，火曰炎上，木曰曲直，金曰從革，土爰稼穡」，爰即曰也。《爾雅·釋魚》篇「俯者靈，仰者謝，前弇諸果，後弇諸獵」，諸即者也。疊句成文而虛字不同，不可枚舉。若從正義之説，「變化云爲」分爲四事，則與下文不屬矣。

不易乎世。《文言》

王注曰：「不爲世俗所移易也。」

樾謹按：「易」當讀爲「施」。《詩·皇矣》篇「施于孫子」，鄭箋云「施猶易也」，故施、易二字古亦通用。《何人斯》篇「我心易也」，《釋文》曰「易，《韓詩》作施」。《戰國策·韓策》「易三川而歸」，《史記·韓世家》作「施三川」，皆其證也。《白虎通·號》篇引《尚書》「不施予一人」，即《盤庚》篇「不惕予一人」，「施」通作「惕」，亦其證也。「不易乎世」者，不施乎世也，言不得設施乎世也。不施乎世，故不成名，而爲龍德之隱矣。故通作「惕」，「易」，善世而不伐。

正義曰：「謂爲善於世，而不自伐。」

樾謹按：傳言「善世」，不言「爲善於世」，正義所説非其旨也。世當作大。《禮記·曲禮》篇「不敢與世子同名」，鄭注曰「世或爲大」。《公羊春秋》文十三年「世室屋壞」，昭二十五年「樂世心」，《左》、《穀》經文「世」竝作「大」。桓九年《左傳》正義曰：「諸經稱『世子』，及『衛世叔申』，經作『世』字，傳皆爲『大』，然則古者世之與大，字義通也。」「善世而不伐」者，善大而不伐也。下句曰「德博而化」，善世與德博義正一律，世與博皆大也。

君子以成德爲行，日可見之行也。

正義曰：「言君子之人，當以成就道德爲行，令其德行彰顯，使人日可見其德行之事，此君子之常也。」

樾謹按：如正義所説，甚爲不辭。此「日」字疑「曰」字之誤。鄭人習反，云曰習車徒。」然則曰、日二字之相亂，在本書已有徵矣。「君子以成德爲行，日可見之行也」，猶云君子以成德爲行，言可見之行也。「曰」譌作「日」，於義難通矣。

蓋言順也。

樾謹按：此「順」字即《象傳》「馴致其道」之「馴」，《集解》於《象傳》引《九家易》曰：「馴猶順也。」蓋馴順竝從川聲，《説文·馬部》「馴，馬順也」，是二字聲義俱同。「馴致其道」即順致其道，「蓋言順也」即蓋言馴也。正義於彼云「言順其陰柔之道，習而不已」，於此云「蓋言順習陰惡之道，積微而不已」，是孔氏猶知順、馴之同義，唐時古訓未湮也。

然後能變化既成萬物也。《説卦》

樾謹按:《集解》引虞翻曰:「乾道變化,各正性命,成既濟定,故既成萬物矣。」

樾謹按:《繫辭傳》云「初帥其辭而揆其方,既有典常」,《集解》引侯果曰「盡有典常,非虛設也」,是侯氏訓既爲盡。此云「既成萬物」,義亦與彼同,猶言盡成萬物也。傳本泛論,必牽合卦名,此最虞氏之失。

巽入也。

樾謹按:《説文・丌部》:「巽,具也,從丌㔾聲。」❶「㔾,巽也,從丌從頣。此《易》巺卦爲長女爲風者。」以此推之,疑古《説卦傳》當曰「巺巽也」,不曰「巽入也」。蓋嘗徵之《彖傳》矣。《彖傳》每不言卦名,而言卦之名義,如坎下艮上則曰險而止,震下兑上則曰動而説,皆是也。獨至巽卦則皆曰巽,無曰入者。《小畜》曰「健而巽」,《蠱》曰「巽而止」,《觀》曰「順而巽」,《升》曰「巽而順」,《鼎》曰「巽而耳目聰明」,《漸》曰「止而巽」,《中孚》曰「説而巽」,《彖傳》無一入字,然則《説卦傳》不作「巽入也」明矣。蓋卦名本作「㔾」,《説卦傳》釋其義曰「㔾巽也」,《象傳》言巽者皆㔾之名義也。自卦名變作「巽」,則巽、巽也二字無別,於是用《序卦傳》義改作「巽入也」,而古字古義俱亡矣。

正義曰:「鮮,明也,取其春時草木蕃育而鮮明。」

❶「㔾」,原作「巽」,今據《説文解字》改。

樾謹按：蕃育鮮明則成兩義，當曰「爲蕃爲鮮」，不得合言之曰「爲蕃鮮」也。「蕃」讀爲「播」。《周官·大司樂職》「播之以八音」，「故書播爲藩，杜子春云『藩當爲播』」。然則《周易》叚「藩」爲「播」，猶《周官》故書叚「藩」爲「播」。蕃、藩、播立從番聲，古音同也。鮮之言散也。《國語·周語》「地無散陽」，《漢白石神君碑》作「地無鱻陽」，鮮與鱻同。是故「爲蕃鮮」猶云爲播散也，震動故有播散之義。後人不通古音，斯失其解矣。

爲廣顙。

樾謹按：《釋文》：「廣，鄭作黄，當從之。」上文「爲寡髮」，本作「爲宣髮」。《集解》引虞翻曰「爲白故宣髮」，《考工記》鄭注曰「頭髮皓落曰宣，《易》巽爲宣髮」，是鄭説與虞同。「爲宣髮」，「爲黄顙」，「爲多白眼」，三句皆以色言也。今作寡髮、廣顙，失之矣。

爲曳，其於輿也爲多眚。

樾謹按：「爲曳」二字似宜在「其於輿也」之下，「其於輿也爲曳」，如《睽》六三「見輿曳」是也。睽自三至五，正有坎象，以經注經，莫塙于此矣。「爲多眚」以下於輿義不相蒙，自「爲曳」二字誤倒在上，乃以「多眚」屬輿。《集解》引虞翻曰「坤爲大車，坎折車軸，故爲車多眚」，未免曲爲之説矣。

《序卦》

豫必有隨，故受之以蠱。

樾謹按：「以喜」二字，疑當在「必有隨」之上。其文曰：「豫以喜，必有隨，故受之以隨。隨人者必有事，故受之以蠱。」正義引鄭注曰「喜樂而由人，則隨從」，正解「豫以喜必有隨」之義，可據以訂正。

節而信之，故受之以中孚。

注：「孚，信也。既已有節，則宜信以守之。」

樾謹按：《說文・卪部》：「卪，瑞信也。守國者用玉卪，守都鄙者用角卪，❶使山邦者用虎卪，土邦者用人卪，❷澤邦者用龍卪，門關者用符卪，貨賄用璽卪，道路用旌卪。象相合之形。」今經典相承皆以節爲之，韓伯之意蓋謂節猶卪也，所以爲信也，故曰「既已有節，則宜信而守之」。晉人猶知古義，唐以後不復知此矣。

比樂師憂。《雜卦》

注曰：「親比則樂，動衆則憂。」

樾謹按：「比樂師憂」實《周易》中之精義，韓伯此注殊爲膚淺。《集解》引虞翻曰「比五得位，建萬國，故樂，師三失位輿尸，故憂」，亦非其旨也。蓋「比樂師憂」即需、訟之一利涉、一不利涉也。訟卦坎在下，是已出險，已出險則不宜又入險，故曰「不利涉大川」此需、訟之一利涉、一不利涉之別也。然需訟之利涉不利涉，以乾言也。乾陽上升，故需坎在上爲未出險，而訟坎在下爲已出險。若師比則當以坤言矣。坤陰下降，故比坎在上爲不遇險，而師坎在下

❶「卪」，原作「節」，今據清經解續編本改。
❷「土」，原作「上」，今據清經解續編本改。

為遇險。不遇險故樂，遇險故憂。「比樂師憂」正與需、訟之利涉不利涉相反，而實一義也。請更以塞、解、井、困四卦明之。艮、震皆陽卦也，陽則上升，故艮上有坎爲蹇，而震下有坎則解矣。兌、巽皆陰卦也，陰則下降，故巽上有坎爲井，而兌下有坎則困矣。傳曰「井通而困相遇也」明井坎在上則巽陰已通，困坎在下則兌陰降，而適與相遇也。知井之通則知比之樂矣，知困之相遇則知師之憂矣。余著《易貫》一書，頗發明憂樂之旨，以明處憂患之道。此書專孳古訓，於《易》義未及敷陳，姑撮其大旨如此。

賁无色也。

注曰：「飾貴合衆，无定色也。」

樾謹按：无定色不可謂之「无色」，韓注非也。《集解》引虞翻曰「五動巽白故无色也」，若然，則賁變爲家人矣。舍賁之本卦而取義於家人，不亦遠乎，虞注亦非也。然无色之義，殊不可曉。《釋文》引「傅氏云：賁，古斑字，文章貌。鄭云：賁，變也，文飾之貌。王肅云：賁有文飾，黃色也。」以諸説觀之，賁安得云无色？疑「无」當作「丌」，乃古文「其」《集韵》曰「其古作丌」是也。惟上九「白賁无咎」，王注曰「處飾之終，飾終反素全卦乎！成文。因「賁」止一字，故加「其」字以足之，曰「賁丌色也」。❶丌，无形似，遂譌爲「无色」矣。

兌見而巽伏也。

❶「丌」，原作「亓」，今據上文改。

群經平議

注曰：「兌貴顯說，巽貴卑退。」

樾謹按：「兌見而巽伏」者，陰始于上而極于下也。畫卦者必自下而上，故有震長男、巽長女之說。然陰陽之理實不盡于此。冬至之日一陽自地而升，夏至之日一陰自天而降，此陽升陰降之定理也，故《雜卦傳》有震起、艮止、兌見、巽伏之說。震所以爲起者，陽始于下也；艮所以爲止者，陽極于上也，此學者所知也。兌所以爲見者，陰始于上也；巽所以爲伏者，陰極于下也，此學者所未知也。請以否、泰二卦明之。三陽在上，三陰在下，則陽已升陰已降而不復交矣，聖人因名之曰否。三陰在上，三陽在下，則陽升陰降而交焉，聖人因名之曰泰。是可見陰陽之理矣。不然，天位乎上，地位乎下，豈非天地之正位，何以畫卦之法，必自下而上，亦猶作字之法，必自左而右也。然則兌見巽伏之說，與巽長兌少之說，何妨各成一義乎！夫伏羲之卦，猶倉頡之字也。一卦有一卦之意，非必自下而上，亦猶一字有一字之意，非必自左而右也。

六二

群經平議卷三

德清俞樾

尚書 一

光被四表。《堯典》

枚氏傳曰：「故其名聞充溢四外。」

樾謹按：「光被四外甚爲不辭。《詩‧噫嘻》篇正義引鄭注曰『言堯德光耀及四海之外』，然經文但曰『四表』，不曰『四海之表』，增字釋經，亦非經旨。今按：僖二十八年《左傳》『表裏山河』，表裏皆以衣爲喻，是故四表猶四裔也。《説文‧衣部》『表，上衣也，從衣從毛。古者衣裘，以毛爲表』，又曰『裔，衣裾也』，是表與裔本義皆屬衣。以其在極外而言則曰四表，猶衣之有表也；以其在極末而言則曰四裔，猶衣之有裔也。《文選‧西都賦》曰「表以太華終南之山，帶以洪河涇渭之川」，表帶並言，得古義矣。

傳曰：「能明俊德之士任用之，以睦高祖玄孫之親。」

樾謹按：此句當與上文「光被四表，格于上下」連讀，言光被四表，格于上下，由其克明俊德。《禮記‧大

學》篇引此文而釋之曰「皆自明也」，是謂堯自明其德，非謂明俊德之士也。「以親九族，九族既睦。平章百姓，百姓昭明。協和萬邦，黎民於變時雍。」皆兩句爲一義，與「慎徽五典，五典克從。納于百揆，百揆時敘。賓于四門，四門穆穆。納于大麓，烈風雷雨弗迷。」八句正相似。僞孔傳割「慎徽五典」以下爲《舜典》，蓋正取此數語與《堯典》相配也。其後僞作二十八字者，終之曰「玄德升聞，乃命以位」，則固以舜之玄德配堯之俊德矣。

厥民因。

傳曰：「因，謂老弱因就在田之丁壯以助農也。」

樾謹按：經文止言「厥民」，安知其爲老弱者乎，傳義似非經意也。因之言重襲也。《説文·艸部》曰：「茵，車重席。」《廣雅·釋器》曰：「複襂謂之袽。」蓋因有重複之義，以其爲重席而從艸作茵，以其爲複襂而從衣作袽，其義通也。「厥民因」與下文「厥民隩」文異而義相近。「隩」本作「奥」，見段氏玉裁《古文尚書撰異》。奥，深也，因有重複之義，亦深也。於仲夏之月、仲冬之月竝曰「處必掩身」，是其義也。大暑大寒，人不可犯，皆宜深居以避之。《禮記·月令》篇

胤子朱啟明。

傳曰：「胤，國。子，爵。朱，名。」正義曰：「夏王仲康之時，胤侯命掌六師，《顧命》陳寶有胤之舞衣，故知古有胤國。胤既是國，自然子爲爵，朱爲名也。馬融、鄭玄以爲『帝之胤子曰朱也』，求官而薦太子，太子下愚以爲啟明，揆之人情，必不然矣。」

樾謹按：枚說是也。《說文・糸部》：「絑，純赤也。《虞書》有『胤子朱』之朱，有『朱虎熊羆』之朱。」許君謂「丹朱如此」，然則《虞書》「胤子朱」與「朱虎」不如此，明矣。不然，「胤子朱」之文最在前，何舍前而舉後乎？卽此可見壁中古文「胤子朱」與「丹絑」兩字不同，其非一人明甚。孔傳雖僞，然此說實勝馬、鄭舊義，學者不可不知也。

試可乃已。

傳曰：「唯鯀可試，無成乃退。」

樾謹按：經言「試可」，不言「可試」；經言「乃已」，不言「無成乃已」，傳義非也。「已」當作「以」。《禮記・檀弓》篇「則豈不得以」，鄭注曰「以，已字」，又曰「以與已字本同」。《周易・損》初九「已事遄往」，《釋文》曰「已，本亦作以」。《論語・先進》篇「毋吾以也」，《釋文》曰「以，鄭本作已」。皆已、以通用之證。以，用也。「試可乃以」者，言試之而可，乃用之也。《史記・五帝紀》作「試不可用而已」，蓋不知「已」當作「以」，而疑「試可乃已」文義難通，遂改「可」爲「不可」。古書之難讀久矣。

巽朕位。

傳曰：「巽，順也。言四岳能用帝命，故欲使順行帝位之事。」《釋文》引馬注曰：「巽，讓也。」《史記集解》引鄭注曰：「入處我位。」

樾謹按：諸說於文義均未安。《史記・五帝本紀》「巽」作「踐」，當從之。《尚書》作「巽」者，叚字也。踐從戔聲，古音與巽近。《史記・仲尼弟子傳》「宓不齊，字子賤。任不齊，字子選。」賤從戔聲，選從巽聲，而皆

舜讓于德弗嗣

樾謹按：《文選·典引》曰「有于德不台，淵穆之讓」，李善注引《漢書音義》曰「古文尚書》作「嗣」，《今文尚書》作「台」。台即怡字，故《史記·五帝紀》集解引徐廣曰：「《今文尚書》作不怡也。」古文「台」爲「嗣」，猶《韓詩》「嗣音」作「詒音」，《公羊春秋》「治兵」作「祠兵」，乃叚借字。《史記·五帝紀》作「不懌」，則以訓詁字代之也。《史公自序》曰：「唐堯遜位，虞舜不台。」竊謂史公雖得台字之義，而于經文句讀有未審也。此經「嗣」字當從今文作「怡」，其義則從史公作「懌」，而以「舜讓于德」爲句，「弗怡」爲句。「舜讓于德」者，言舜讓于有德之人也。他如讓于稷契暨皋陶，讓于殳斨暨伯與，皆有所讓之人。而此無之者，蓋舜實亦未見有可讓之人，但不敢便陟帝位，故讓于有德者。「弗怡」者，堯弗怡也。堯聞其讓而不怡懌，蓋不允其讓也，故其下遂繼之曰「正月上日受終于文祖」。此文舜讓之下堯猶無一言，何以即紀受終之事乎？

如五器。

姚氏傳曰：「器，謂圭璧。如五器，禮終則還之。」
樾謹按：姚方興以「如五器」連下「卒乃復」爲義，蓋即馬融說，《太平御覽·禮儀部》引馬注曰「五器，上五玉。禮終則還之，三帛以下不還」是也。然如其說，則但曰「五玉卒乃復」，豈不甚明？必變其文曰「五

器」，何歟？隱八年《公羊傳》疏引鄭注曰：「如者，以物相授與之。言授贄之器有五，卿、大夫、上士、中士、下士也。」鄭氏此説于古無徵，且以物相授與而謂之如，亦未詳何義，殆不可用也。今按：如猶同也。《廣雅・釋言》曰：「如，均也。」上文「同律度量衡」，傳曰：「律法制及尺丈、斛斗、斤兩，皆均同。」然則如與同並有均義，律度量衡言同，五器言如，其義一也。五器者，五兵也。《國語・周語》篇：「皐其財求，而利其器用」，韋注曰：「器，兵甲也。用，耒耜之屬也。」是古謂兵器為器與？」子曰：『否。蚩尤，庶人之貪者也。及利無義，不顧厥親，以喪厥身。蚩尤惛欲而無厭者也，何器之能作？』」公問作兵，子言作器，此古謂兵器為器之明證。蓋器械之中以兵為重，故得專以器名。《禮記・少儀》篇「不度民械」，鄭注曰「械，兵器也」，謂兵器為器，猶謂兵器為械矣。《大戴記》《司馬法》曰：「弓矢圉，殳矛守，戈戟助，凡五兵，長以衛短，短以救長。」是古者兵器有五，故謂之五器。天子巡守，所至必均同之，故曰「如五器」也。五兵之説諸傳記所載不一，今姑依《司馬法》為説，其詳見孔氏廣森《禮學巵言》。

卒乃復。

樾謹按：姚傳襲馬融之説，以此句連上「如五器」為義，未得其旨，辯見前矣。隱八年《公羊傳》疏引鄭注曰：「卒，已也。復，歸也。巡守禮畢，乃反歸矣。」然每方禮畢輒歸，道里迂遠，于事不便。且下文言歸，此文言復，文既不同，義亦當異。若如鄭注，何不言「卒乃歸」而必言「卒乃復」乎？今按：《周官・宰夫職》曰「諸臣之復」，鄭注曰：「復之言報也，反也。反報於王，謂於朝廷奏事。」又《太僕職》曰「掌諸侯之復逆」，注曰：「復謂奏事也。」「卒乃復」當從此義，謂每一方禮畢，舜輒使人反報于堯也。下文「歸格于藝

祖」方是舜自歸。曰復曰歸，經固別而言之，何後人尚混而一之乎？歸格于藝祖。

傳曰：「藝，文也。言祖則考著。」

樾謹按：姚以藝祖卽文祖，蓋陰用鄭義。鄭君說上文「受終于文祖」曰「文祖者，五府之大名，猶周之明堂」，見《史記集解》。又說此文「歸格于藝祖」曰「藝祖，文祖，猶周之明堂」，見《詩·我將》篇正義，是鄭意正謂藝祖卽文祖也。姚襲其說，但不以爲明堂耳。今按：文祖之說，自以鄭義爲塙。《尚書帝命驗》曰：「帝者承天立五府。五府者，五帝之廟，蒼曰靈府，赤曰文祖，黃曰神斗，白曰顯紀，黑曰玄矩。」然則舉文祖之一名以包靈府、神斗衆名，猶舉明堂之一名以包青陽、總章諸名也。王者南面而聽天下，嚮明而治，故舜之受終必於文祖，猶周公朝諸侯必于明堂。孫氏星衍、江氏聲立宗其說，洵無以易之矣。惟以藝祖謂卽文祖，恐未必然。文祖、藝祖既有異名，必非同實。若文藝一也，何以前後俱言文祖，而至于禰祖廟，此自是古文今文之異。然文祖無異文，而藝祖禰祖古今文不同，卽此可知藝祖之非卽文祖藝祖乎？且藝之訓文，亦非古訓。《周官》以禮樂射御書數爲六藝，猶言材藝也。漢世遂以六經爲六藝，後世因之有文藝之稱，豈可以說唐虞之書乎？《尚書大傳》作「歸假于禰祖」，《史記·五帝本紀》亦云「歸至于禰祖廟」，此自是古文今文之異。然文祖無異文，而藝祖禰祖古今文不同，卽此可知藝祖之非卽文祖矣。《釋文》引馬、王云「藝，禰也」，以藝爲禰，是以今文說古文。上文「受終于文祖」，馬云「文祖，天也」。是馬融之意，固以文祖藝祖爲有別矣。惟藝之爲禰，殊無依據。孫氏星衍謂聲相近，此未得也。「藝」當讀爲「埶」，埶從執聲，古「藝」字止作「埶」。《漢書·楚元王傳》注曰「執，古

蓻字》《司馬遷傳》注曰：「蓻，古藝字。」蓋古作「埶」，後作「蓻」，又作「藝」，轉相加而愈非古矣。是故以「藝」爲「埶」，實以「埶」爲「蓻」。古文以聲爲主，省不從日，亦猶以哥爲歌，以臤爲賢之例也。《國語·楚語》「居寢有埶御之箴」，韋注曰：「埶，近也。」古文以聲爲主，省不從日，亦猶以哥爲歌，以臤爲賢之例也。襄十三年《左傳》正義曰：「禰，近也，於諸廟，父最爲近也。」隱元年《公羊傳》疏引舊說云：「禰，示旁爾，言雖可入廟是神示，猶自最近於己，故曰禰。」以是推之，疑古字止作爾。其後又加示旁者，神之也，謂禰廟也。故《說文》無「禰」字也。字亦通作「昵」。《高宗肜日》篇「典祀無豐于昵」，《釋文》引馬曰：「昵，考也，謂禰廟也。」然則以「埶」爲「禰」，猶以「昵」爲「禰」。「昵」即「暱」之或體。暱與埶並在《說文·日部》，其說解曰「暱，日近也」，「埶，日狎習相慢也」二字之義相近。考廟之義，故或謂之埶，或謂之昵，義一義也。自後世以爾字加示作「禰」，遂爲定名，而埶昵之名皆廢矣，又安知此經「藝」字爲「埶」字之叚借乎？今破「藝」爲「埶」，以申明馬說，明今古文文異而義同。鄭君明堂之說，可以說文祖，不可以說藝祖。至姚氏竊鄭義而變其說，更不足論矣。

鞭作官刑。

傳曰：「以鞭爲治官事之刑。」

樾謹按：《史記集解》引馬注曰「爲辨治官事者爲刑」，姚傳正用馬注。惟「官」字之義，自來未得。今按：《說文·食部》：「館，客舍也，從食官聲。」《自部》：「官，吏事君也，從宀自，自猶眾也。」此官、館古同字。《說文·食部》：「館，客舍也，從食官聲。」《自部》：「官，吏事君也，從宀自，自猶眾也。」此與師同意。夫以宀覆眾，正合客舍之義，官即古「館」字，明矣。許君分官館爲二，誤也。《漢書·賈誼傳》

「學者所學之官也」,《文翁傳》「修起學官於成都市中」,字並作「官」,不作「館」。《漢書》多古字也,說詳余所著《字義載疑》。原官之始,蓋專爲庶人在官者而設,彼皆從田間來,不有以舍之,何以從事于公乎?在國曰市井之臣,在野曰草莽之臣,故在官者即謂之官。其後遂相承以爲吏事君者之名,而官之本義反爲所奪,乃更製「館」字以爲客舍之名。館所以從食者,以庶人在官皆得食祿故也。此經「鞭作官刑」,蓋以警庶人在官之游惰者。若以今字書之,當云「鞭作館刑」,馬、姚之義均有未盡。

達四聰。

樾謹按:文十八年《左傳》杜注曰「闢四門,達四窗,以賓禮衆賢」,此古說之幸存者也。四聰即四窗也。《釋名·釋宮室》曰「窗,聰也,於内窺外爲聰明也」,是窗聰聲近而義通。門與目聲義俱隔,故兩言之;窗與聰聲義俱通,故一言之,闢四門所以明四目也,達四窗所以達四聰也。鄭君云「文祖猶周之明堂」,然則四門四窗,明堂之制也。古明堂之制,四旁爲兩夾,兩夾皆有窗,故曰「四旁兩夾窗白盛」,說詳《考工記世室重屋明堂考》。四窗即四旁之窗也。四門在前,故以喻目;四窗在旁,故以喻耳,是可見古義之精矣。此承「格于文祖」而言,鄭君云「文祖猶周之明堂」,

黎民阻飢。

傳曰:「阻,難。衆人之難在於飢。」

樾謹按:《詩·思文》篇正義引鄭注曰「阻,阸也」,姚義與鄭相近。《釋文》曰:馬融注《尚書》作「祖,始也」。《漢書·食貨志》「舜命后稷,以黎民祖飢」,孟康曰「祖,始也,古文言阻」。是作「阻」者古文,作「祖」

者今文，馬用今文說耳。竊謂阻、祖皆「且」之叚字，古字祖、阻皆與且通。商祖庚卣、祖乙卣，其祖字皆作「且」，《儀禮·大射禮》曰「且左還」，❶鄭注曰「古文且爲阻」，是其證也。《說文·且部》「且，薦也」，然則黎民且飢猶云黎民薦飢。《詩·雲漢》篇「飢饉薦臻」，毛傳曰「薦，重也」，正義引《爾雅·釋天》「仍飢爲荐」，謂薦、荐字異義同。黎民薦飢，正仍飢之義也。「且」字古文作「𠀆」，几在地上有薦籍之意，故訓爲薦。作「祖」作「阻」，均其叚字。因其作「祖」而訓爲始，因其作「阻」而訓爲陷，俱未免望文生訓矣。

女后稷。

正義曰：「稷是五穀之長，立官主此稷事。后訓君也，帝言女君此稷官，布種是百穀以濟救之。上文『讓於稷契』，《益稷》云『暨稷』，《呂刑》云『稷降播種』，《國語》云『稷爲天官』，單名爲稷，尊而君之稱爲后稷，非官稱后也。」

樾謹按：稷曰后稷，猶夔曰后夔，羿曰后羿，所謂尊而君之者是也。帝命其臣，何得亦從尊稱而曰「女后稷」乎？若謂「女君此稷官」，不辭甚矣。《詩·思文》篇正義引鄭注曰「汝居稷官，種蒔五穀」，疑鄭君所據本作「女居稷」。今作「后」者，后與居形似，又經傳多言后稷，因而致誤也。《國語·周語》「昔我先王，世后稷以服事虞夏」，「后」字亦當作「居」。世居稷者，世居稷官也。今作「世后稷」，則不成義矣。韋注曰「后，君也」，是其所據本已誤。

❶ 下「禮」字，原作「祖」，今據清經解續編本改。

寬而栗。

傳曰：「寬宏而能莊栗。」

樾謹按：《史記集解》引馬融曰「寬大而敬謹戰栗也」，姚義卽本馬融說。然莊栗之義，與下文「無傲」相近。傳曰「簡失之傲」，然則寬不失之傲也。此栗字疑非戰栗之謂，栗猶秩也。《詩·良耜》篇「積之栗栗」，《說文》引作「積之秩秩」，哀二年《公羊傳》「戰于栗」，《釋文》曰「栗，一本作秩」，是栗與秩古通用。「寬而栗」猶寬而秩也，言寬大而條理秩然也。《爾雅·釋訓》曰「條條、秩秩，智也」，是其義也。《禮記·表記》篇「寬而有辨」，鄭注曰：「辨，別也。」猶寬而栗也。然則鄭君以「寬而栗」爲寬而有辨別，得其旨矣。

歌永言。

傳曰：「歌詠其義，以長其言。」正義曰：「作詩者直言不足以申意，故長歌之，教令歌詠其詩之義。以長其言，謂聲長續之。定本經作『永』字，明訓永爲長。」

樾謹按：《史記·五帝本紀》作「歌長言」，是亦訓永爲長。然訓永爲長，則下句「聲依永」爲聲依長矣，於義難通。蔡沈《集傳》曰：「大抵歌聲長而濁者爲宮，以漸而清且短則爲商，爲角，爲徵，爲羽，所謂聲依永也。」夫五聲旣有長短清濁之不同，卽不得言依永也，豈將獨存宮聲而廢其四聲乎？蔡說非也。今按：《漢書·禮樂志》曰「歌咏言，聲依咏」，《藝文志》曰「詩言志，歌咏言」，是《今文尚書》「永」作「詠」，當從之。「詩言志，歌詠言」，謂詩所以言其志，歌所以詠其言也。依其所詠以定五聲，是謂聲依詠；又患其不和也，而以六律六呂和之，是謂律和聲。《古文尚書》作「永」者，卽「詠」之叚字耳。《釋文》曰「永，徐音詠

得之矣。

庶明厲翼。《皋陶謨》

枚傳曰：「眾庶皆明其教令，而自勉厲，翼戴上命。」正義引鄭注曰：「厲，作也，以眾賢明作輔翼之臣。」

樾謹按：枚傳增字太多，未得經旨。鄭注以「庶明」為「眾賢明」，亦近不詞。「明」當讀為「萌」。《周官・占夢》「乃舍萌于四方」，杜子春讀「萌」為「明」，又曰「其字當為明」，是明、萌古通用也。《史記・三王世家》「加以姦巧邊萌」，《索隱》曰「萌一作甿」。《漢書・霍去病傳》「及厥眾萌」，《劉向傳》「民萌何以勸勉」，師古注竝曰「萌與甿同」，是古人每叚「萌」為「甿」。《呂氏春秋・高義》篇「比於賓萌」，《鹽鐵論》「三代之盛無亂萌」，《文選・上林賦》「以瞻萌隸」《長楊賦》「遐萌為之不安」《吳都賦》李注引《戰國策》「臣觀人萌謠俗」，《漢成陽靈臺碑》「以育苗萌」，《楊震碑》「凡百黎萌」，皆是也。然則庶萌猶言庶民矣。《詩・卷阿》篇「有馮有翼」，鄭箋曰「翼，助也」。庶萌厲翼，言庶民勉厲以助上也。「惇敘九族」，猶《堯典》言「九族既睦」；「庶萌厲翼」，猶《堯典》言「黎民於變時雍」。九族舉至近者，庶萌舉至遠者，故曰「邇可遠在茲」。《論語》曰「君子篤於親則民興於仁」，此所以惇敘九族而庶萌厲翼也。

傳曰：「性簡大而有廉隅。」

樾謹按：《禮記・中庸》篇「簡而文，溫而理」，鄭注：「猶簡而辨，直而溫也。」然則此經廉字，鄭讀為辨，言雖簡約而有分別也。《論語・陽貨》篇「古之矜也廉」，鄭注曰「魯讀廉為貶」，《禮記・玉藻》篇「立容辨
簡而廉。

卑」，鄭注曰「辨讀爲貶」，廉辨竝可讀爲貶，是其聲相近也，故鄭讀此經「廉」字爲「辨」。凡人惟過于簡約則無等威，❶易於無別。《書》曰「簡而辨」，《禮》曰「簡而文」，其義一也。鄭説洵長于枚矣。

剛而塞。

傳曰：「剛斷而實塞。」正義曰：「剛而能斷，失於空疏，必性剛正而內充實，乃爲德也。」

樾謹按：剛而能斷，安見必失之空疏，正義所説非也。「塞」當讀爲「思」，《堯典》篇「欽明文思」，《今文尚書》作「塞」。正義引鄭注曰「慮深通敏謂之思」，此古文説也。《後漢書‧郅惲傳》注引鄭注《尚書考靈燿》曰「道德純備謂之塞」，此今文説也，是鄭君各依本字爲説。《釋文》引馬融曰「道德純備謂之思」，則以今文「塞」字之義爲古文「思」字之義矣，説詳段氏《撰異》。蓋思、塞雙聲，故義得相通。《堯典》「思」字，馬以「塞」字讀之，然則《皋陶謨》「塞」字亦可以「思」字讀之。「剛而塞」者，剛而思也。剛斷之人恐或不能審思，則失之於不當斷而斷者多矣，故必剛而思乃爲德也。

傳曰：「師師，相師法也。」

樾謹按：《爾雅‧釋詁》曰「師，衆也」《廣雅‧釋訓》曰「師師，衆也」，猶之雍爲和，雍雍亦爲和；肅爲敬，肅肅亦爲敬。古人之詞類然。「百僚師師」乃衆盛之貌，猶《詩》言「濟濟多士」也。《微子》篇「卿士師師非

百僚師師。

❶「惟」，稿本作「性」。

度」，《梓材》篇「我有師師，司徒、司馬、司空、亞旅」。凡言師師，皆言衆也。馬融解「卿士師師非度」曰「卿士以下轉相師效，爲非法度」，見《史記集解》。枚傳以師師爲相師法，蓋即襲馬融說，然非古義矣。

無教逸欲。有邦。

傳曰：「不爲逸豫貪欲之教，是有國者之常。」

樾謹按：逸豫、貪欲非美名也，必無以此爲教者。且經文止「有邦」二字，乃增益之曰「是有國者之常」，非經旨矣。今按：教之言效也，《說文・教部》：「教，上所施，下所效也。」《太平御覽》引《春秋元命包》曰：「教之爲言效也，言上爲而下效也。」《釋名・釋言語》曰：「教，效也，下所法效也。」蓋教從爻聲，《說文・子部》曰「爻，效也」，《周易・繫辭傳》曰「爻也者，效此者也」，是爻、孝、教三字並聲近而義通。「無教逸欲」，猶無效逸欲，與「無若丹朱傲」同義。「有邦」二字屬下讀，「有邦兢兢業業」，言有國者不可不慎也。

自我五禮有庸哉。

傳曰：「天次秩有禮，當用我公侯伯子男五等之禮以接之使有常。」正義曰：「王肅云：五禮，謂王、公、卿、大夫、士。鄭玄云：五禮，天子也，諸侯也，卿大夫也，士也，庶民也。此無文可據，各以意說耳。」

樾謹按：王肅本天子立三公、九卿、二十七大夫、八十一元士爲說，枚則專以諸侯言，其義皆有所未盡，鄭義盡之矣。而江氏聲據《曲禮》「禮不下庶人」，謂庶人通用士禮，不別爲庶人制禮。于是又自爲說，謂五等諸侯爲三，卿大夫四，士五，而引《周禮》「上公九命，侯伯七命，子男五命」證五等諸侯爲三，其說似墻

矣。然不及天子，義終未安。今按：五禮者，天子也，公侯也，伯子男也，卿大夫也，士庶人也。僖二十九年《左傳》曰「在禮卿不會公、侯，會伯、子、男可也」，此可證公侯與伯子男之禮不同。昭四年《傳》：「左師獻公合諸侯之禮六，子產獻伯、子、男會公之禮六。」其曰公者，蓋兼侯而言。公合諸侯，謂公侯合伯子男也；伯子男會公，謂伯子男會公侯也。哀十三年《傳》「伯合諸侯，則侯帥子男以見於伯」，此「伯」字杜注謂諸侯長，非五等之伯。其曰侯者，蓋兼公而言；其曰子男者，蓋兼伯而言，謂公侯帥伯子男以見於伯也。古者公侯爲一等，伯子男爲一等，鄭合公侯伯子男而一之，分士庶人而二之，固其說之小疏矣。

予思日孜孜

傳曰：「言己思日孜孜不怠，奉承臣功而已。」

樾謹按：上文皋陶云「思日贊贊」，正義曰「經云曰者，謂我上之所言也」，是其字作「曰」，音越。今作「日」，讀人，實反誤也。禹此語與皋陶之語相承，曰者語詞，「思日贊贊」者，思贊贊也；「思日孜孜」者，思孜孜也。正義解上文「曰」字未得其旨，然卽其語知上文是「曰」字，可知此文亦是「曰」字矣。蓋兩語相承，不容有異也。

予奏庶艱食

傳曰：「艱，難也。衆難得食處，則與稷教民播種之。」

樾謹按：如枚傳，則當移「庶艱食」三字於「暨稷播」之上，必非經旨矣。《釋文》曰「艱，馬本作根，云根生之食，謂百穀」，然「根食」二字，甚爲不辭。《詩·思文》篇正義引鄭注曰「教民種，澤物菜蔬，難凥之食」，

然菜蔬之類不爲甚難，且經止言「艱食」，安知其爲菜蔬乎？恐亦非經旨矣。今按：「艱」當讀爲「饎」。《説文・䒑部》：「艱，從堇艮聲。」重文囏，曰：「籒文艱從喜。」蓋喜聲之轉卽爲欣，故篆文艱從艮聲，籒文囏從喜聲也。囏從喜，饎亦從喜，兩字聲同，故得通用。《儀禮・士虞禮》《特牲饋食禮》鄭注竝曰：「炊黍稷曰饎。」《爾雅・釋訓》篇《釋文》引《字林》曰：「饎，熟食也。」然則饎食謂熟食，正與鮮食相對成義。先時「隨山刊木」，猶未播種，止得鳥獸之屬而食之，故曰「曁益奏庶鮮食」也。此時「決九川，距四海，濬畎澮距川」，田疇已可耕種，兼得黍稷之食，故曰「曁稷播，奏庶饎食鮮食」也。馬融百穀之説，於義正合，但必作根食則轉未安耳。艱根竝從艮聲，囏饎竝從喜聲，以六書叚借之例求之，皆無不合。而饎食之義，則視根食之義爲長矣。《禮記・樂記》篇「天地訢合」，鄭注曰「訢讀曰熹」，訢從斤聲得讀爲熹，故艱從艮聲得讀爲饎也。

予欲聞六律、五聲、八音在治，忽以出納五言，女聽。

傳曰：「言欲以六律和聲音，在察天下治理及忽怠者。又以出納仁義禮智信五德之言，❶施于民以成化。」

樾謹按：枚以忽爲忽怠，與治理相對，義殊未安。至蔡沈傳竟云「忽，治之反也」，更爲肛説。「忽」字鄭作「曶」，《史記集解》引鄭注云「曶者，臣見君所秉書，思對命者也。君亦有焉，以出内政敎於五官」。如其

❶「信」，原無，今據清經解續編本補。

說，則「咠」即今「笝」字，笝以出納五言，不辭甚矣。然以鄭注繹之，蓋於「治」字絕句，而以「咠」字屬下讀，其解非也，其讀是也。「予欲聞六律五聲八音在治」者，聲音之道與政事通，故欲聞六律五聲八音以在察天下之治理也。「咠以出納五言」者，咠乃語詞。《說文·曰部》云：「曰，詞也，從口乙聲，亦象口气出也。」又云：「咠，出气詞也，從曰象气出形。」然則曰咠二字，古人竝用爲語詞。「咠以出納五言」者，以納五言也。咠乃語辭，不當以實義求之。《漢書·律厤志》曰：「『予欲聞六律、五聲、八音、七始、訓以出內五言，女聽。』予者，帝舜也。言以律呂和五聲，施之八音，合之成樂。七始者，天地四時人之始也。順以歌詠五常之言，聽之則順乎天地，序乎四時云云。」班氏此解，以「順」字釋「訓」字，順以歌詠五常之言，卽訓以出內五言也。古文今文文字雖異，而句讀則同，可證枚傳以「治忽」連讀之非矣。又按：《漢志》「訓」字今本譌作詠，段氏《撰異》據《隋書·律厤志》訂正，今從之。

旣載壺口。《禹貢》

樾謹按：「旣載壺口，治梁及岐」，與下文「旣修太原，至于岳陽」文義一律。舊讀以「冀州旣載」爲句，非也。蔡傳曰「經始治之謂載」，言旣又言始，甚爲不詞。《白虎通·四時》篇曰：「載之言成也。」「旣載壺口」言禹治壺口旣成，乃治梁岐也。壺口不言治者，文見于下，故省于上也。「旣修太原，至于岳陽」，岳陽不言修者，文見于上，故省于下也。此古人屬詞之法也。

厥賦貞，作十有三載乃同。

傳曰：「貞，正也。州第九，賦正與九相當。」

七八

樾謹按：《史記集解》引鄭注曰：「貞，正也。治此州正作不休，十三年乃有賦，與八州同，言功難也。其賦中下。」夫兗賦中下，經無明文，鄭何以知之？且訓貞爲正，而云「正作不休」義亦難曉。及讀枚傳正與相當之說，始悟鄭意。鄭訓貞爲正者，蓋謂正當也，《廣韵》曰：「正，正當也。」厥田中下，厥賦亦中下，賦正與田相當。他州無田賦同等者，獨兗則然。如曰「厥田惟中下，厥賦惟中下」，則於詞累矣，故變文曰「厥賦貞」也。《洛誥》「我二人共貞」《釋文》引馬曰「貞，當也」，厥賦貞亦此義也。枚傳正與相當之說，蓋竊鄭舊義，謂賦第九則有意異鄭耳。鄭注又曰「治此州正作不休，十三年乃有賦，與八州同」，故繼之曰「言功難也」。正，蓋涉上文「貞正也」而誤，當云「治此州工作不休，十三年乃有賦，與八州同」，故繼之曰「言功難也」。自「工作」誤爲「正作」，而鄭義晦矣。江氏聲《尚書集注》乃改鄭注中下爲下下，強鄭從枚，其失已甚。信述古之難也。

嵎夷既略。

《史記集解》引馬注曰：「用功少曰略。」

樾謹按：「略」當爲「峈」。《說文・土部》：「峈，土乾也，一曰堅也。」嵎夷既峈，正當從土乾之訓，水退而土乾也。作「略」者叚借字，峈、略竝各聲，从土从田，義得相通。《說文・田部》：「堨，城下田也。」《漢書・翟方進傳》注引張晏曰：「堨，城郭旁地。」《廣雅・釋水》曰：「阬，池也。」王逸注《七諫》曰：「陂池曰坑。」然則峈之爲略，猶堨之爲堨，阬之爲坑矣。

厥土赤埴墳。

傳曰：「土黏曰埴。」

樾謹按：《釋文》：「埴，市力反。鄭作戠，讀爲『熾』，徐、鄭、王皆讀曰熾。」《文選·蜀都賦》注引鄭注曰：「熾，赤也。」是經文「埴」字鄭本作「戠」，「戠」字仍當讀如本字。枚傳乃今文家說，非古文家說也。惟鄭義亦有未安，既言赤矣，何必又言熾乎？「戠」字鄭本作「戠」，訓爲「赤」。赤者，赤色也；戠者，雜色也。《周官·縫人職》鄭注曰：「朋盍簪」虞氏本「簪」作「戠」。《書》曰「分命和仲，度西曰柳穀」。雜色謂之戠，正取聚會之義。《周易·豫》九四「勿疑「柳之言聚，諸飾之所聚。」赤戠猶柳穀也。「穀」即《說文》「縠」字，亦赤色。日色赤而又聚有諸色謂之色赤，兼有餘色，故曰柳穀。」赤戠諸色所聚。日將沒，其柳穀，土色赤而又聚有諸色謂之赤戠矣。下文曰「厥貢惟土五色」，五色亦閒有之」，不知五色即包于一「戠」字之中，經固有文，不待後人增益其義也。蔡沈傳曰「徐土雖赤，而

林之奇《尚書全解》曰：「諸儒之說，皆以陽鳥爲雁，竊獨疑之。此篇所敘治水，詳見九州之下者莫非地名。此州上言彭蠡，下言三江震澤，獨于此三句中言雁，非惟文勢不稱，考之九州，亦無此例也。古地名取諸鳥獸，如虎牢、犬丘之類多矣。《左》昭二十八年『公如死鳥』，❶杜注『衛地名』。又鄭有鳴雁，在陳留縣，漢北邊有雁門，安知陽鳥非地名乎？」

陽鳥攸居。

❶ 「八」，原脫，今據清經解續編本補。

樾謹按：林說是矣，然未盡也。古鳥、嶋通用。《釋名・釋水》曰：「嶋，到也，人所奔到也。亦言鳥也，人物所趨如鳥之下也。」《集韻・二十二皓》曰：「嶋，古作鳥。」《群經音辨》曰：「鳥，海曲也。」是以「冀州嶋夷皮服」《史記・夏本紀》作「鳥夷」，「揚州嶋夷卉服」《漢書・地理志》作「鳥夷」，《後漢書・度尚傳》注引此亦作「鳥夷」，然則陽鳥即陽嶋也。古文止作「鳥」，鳥夷也，陽鳥也，一也。後人于「鳥夷」之「鳥」皆改作「嶋」，而「陽鳥」之「鳥」則因誤解爲雁，轉得仍存古文之舊，而其爲地名則益無知者矣。林氏雖知陽鳥爲地名，然不知「鳥」即「嶋」字，而引虎牢、犬丘之類以證之，蓋古字亡而古義之湮久矣。《説文・山部》：「嶋，海中往往有山，可依止曰嶋。」然嶋亦不必在海中。《史記・司馬相如傳》「阜陵別嶋」，正義曰「水中山曰嶋」，字亦作「隝」。《文選・西京賦》「長風激於別隝」，注曰：「水中之洲曰隝，音嶋。」然則所謂陽鳥者，雖不知何地，要亦此類也。《吕氏春秋・恃君覽》有揚嶋，豈即《禹貢》陽鳥歟？至「鳥夷」之「鳥」字當作「鳥」，而義則仍當爲「嶋」。鄭注曰「東方之民搏食鳥獸者」，則未免望文生訓矣。

九江孔殷。

傳曰：「江於此州界分爲九道，甚得地勢之中。」

樾謹按：《史記》作「九江甚中」，枚義卽本史公說。然以經例求之，如「九河既道」、「三江既入」之類，末一字皆言水之治，「九江孔殷」亦當同之，殆非史中之謂也。今按：孔當訓大，《老子》「孔德之容」，河上公注曰「孔，大也」。殷猶定也。《堯典》篇「以殷仲春」、《五帝紀》作「以正仲秋」；「以閏月定四時」，《五帝紀》作「以閏月正四時」，史公以訓詁字易經文，殷訓正，定亦訓正，然則殷定同義，固《尚書》家之師説矣。「九江

「孔殷」者，九江大定也，言九江之水東合大江，故水勢大定也。正義引鄭注曰：「殷，猶多也。九江從山谿所出，其孔衆多，言治之難也。《地理志》九江在今廬江潯陽縣南，皆東合爲大江。」按鄭君說九江自是古義，而以孔殷爲其孔衆多，不辭甚矣。雖古文家舊說，殆不可用。

厥名包匭菁茅。

正義曰：「鄭康成以厥名屬下包匭菁茅爲句。匭猶纏結也。」

樾謹按：「厥名包匭菁茅」與「厥篚玄纁璣組」文法一律，當以鄭讀爲正。貢」爲句，作「三國致貢其名」，《集解》引馬融注曰「三國所致貢，其名美也」，枚傳從之，殆非經旨矣。然「厥名」二字，鄭注不傳，不知鄭作何解。《周官・外史》「掌達書名于四方」，鄭注曰：「古曰名，今曰字。」蓋古謂字曰名，故以文字題識卽謂之名。亦或作「銘」。《司勳》曰「銘書于王之大常」，注曰：「銘之言名也。生則書于王旌，以識其人與其功也。」《禮記・祭統》曰「銘者自名也」，鄭注曰：「銘謂書之刻之以識事者也。」蓋書以識事，古但謂之名，後人因器物題識或須刻之，故從金作銘耳。「厥名包匭菁茅」者，因既包裹而又纏結，不可識別，乃以文字題其上，亦重之之意也。他物則否，故「包匭菁茅」獨言厥名也。

岷嶓旣藝。

《釋文》曰：「嶓，音波。徐甫河反。韋音播。」

樾謹按：《説文》無「嶓」字。壁中古文蓋止作「播」，後人因其是山名，輒改從手者爲從山，而其音猶從播

之本音，故韋昭音播古通用，故韋昭音播也。播與波古通用，上文「熒波既豬」，馬、鄭、王本作播，《周官·職方氏》「其浸波溠」，鄭注云「波讀爲播」，竝其證也。播與波通，故亦得讀從波音，此陸德明所以音波也。以音求之，古字作「播」無疑矣。

四隩既宅。

樾謹按：「四隩既宅」，即《堯典》所謂「宅嵎夷，宅南交，宅西，宅朔方」者也。故九山、九川、九澤皆言九，而此獨言四也。《國語·周語》「宅居九隩，合通四海」，「九隩」亦當作「四隩」，涉上文九山、九川、九澤、九藪、九原而誤也。辯見《國語》。

五百里侯服。百里采，二百里男邦，三百里諸侯。

樾謹按：上文甸服曰百里、二百里、三百里、四百里、五百里，皆積言之也；四百里者，合三百里而言；五百里者，合四百里而言。下文綏服、要服、荒服百里者，合二百里而言；三百里者，合百里而言。獨此文曰「百里采，二百里男邦」，則不積而計之，所謂二百里者，合百里而言也。曰「三百里諸侯」，則又不積而計之，所謂三百里者自爲三百里也。以前後文準之，似乎自亂其例矣。疑「三百里」本作「二百里」，傳寫誤加一畫耳。百里采，二百里男邦，二百里諸侯，適合五百里之數，皆不積而計之也。然尋繹文義，其誤自見。蓋甸服分爲五等，若曰百里賦納總，百里納銍，百里納秸服，百里粟，百里米，則於文不便，故積而計之曰百里、二百里、三百里、四百里、五百里。至侯服，《史記·夏本紀》《漢書·地里志》竝同今本，無可據以訂正。

以下,或分三等,或分二等,自無庸積而計之乎;將使人不積而計之乎,則又成六百里。疑誤後人,莫此爲甚,而於太史公及馬、鄭之説,皆不可通矣。《堯典》「咨女二十有二人」,王氏引之謂當作三十有二人,四岳爲四人,十二牧爲十二人,禹、稷、契、臯陶、垂、益、伯夷、夔、龍爲九人,殳、斨、伯與爲三人,朱、虎、熊、羆爲四人,合之爲三十二人,説詳《經義述聞》。此文「二」譌爲「三」,猶彼文「三」譌爲「二」。凡若斯類,其數顯然,即可從而訂正,似無容别求證據也。

二百里流。

傳曰:「流,移也,言政教隨其俗。」

樾謹按:《廣雅·釋詁》「流,末也」。《漢書·外戚傳》「託長信之末流」,是流有末義。故冕玉之垂者謂之瑬,「旌旗」之「游」字亦作「旒」,其義竝通也。此二百里最居五服之末,故謂之流矣。枚傳訓移,未得其旨。

怠棄三正。《甘誓》

傳曰:「怠惰棄廢天地人之正道。」

樾謹按:《史記集解》引鄭注曰「三正,天地人之正道」,枚傳即本鄭注。然天地人之正道但謂之三正,於義未明,恐鄭義非也。《釋文》引馬注曰「建子、建丑、建寅,三正也」,若然,則有扈氏所建何正,豈亦如秦人之建亥乎? 經無明文,疑不足據。今按:《爾雅·釋詁》曰「正,長也」,故古謂官長爲正。昭二十九年《傳》「木正曰句芒」,杜注曰「正,官長也」,是其義也。襄二十五年《左傳》「齊人賂晉六正」,注曰「三軍之六卿」,竊謂三正六正,其義正同。據《周官》,王六軍,大國三軍,次國二軍,小國一軍,軍將皆命卿。雖未

知夏制如何，然上文「乃召六卿」，《詩·棫樸》篇正義引鄭注曰「六卿，六軍之將」，是王六軍六卿，與周制同。然則大國三軍三卿，宜亦同矣。是故三正者，三卿也，猶晉六卿謂之六正也。大國三卿皆命于天子，以天子之命卿而怠棄之，則其不奉王命，任用私人，可見矣，故以爲罪也。

御非其馬之正。

傳曰：「御以正馬爲政。」

樾謹按：《史記·夏本紀》作「御非其馬之政」。尋繹枚傳，似以「正馬」釋「政」字，其所據經文亦當作「政」也。惟「御非其馬之政」於義難通，「政」疑「攻」字之誤。上文曰「左不攻于左，女不恭命；右不攻于右，女不恭命」，此文曰「御非其馬之攻，女不恭命」，三「攻」字同義。「御非其馬之攻」，猶云御不攻于御也。「攻」誤作「政」，猶鄭注「工作不休」，今誤作「正作不休」也，説見《禹貢》「厥賦貞」下。

予則孥戮女。

傳曰：「孥，子也。非但止女身，辱及女子。」

樾謹按：如枚説，則經文當言「戮女孥」矣，非經義也。《周官·司厲》注鄭司農云「今之爲奴婢，古之罪人也」，故《書》曰『予則奴戮女』，《論語》曰『箕子爲之奴』，是古本正作「奴」，不作「孥」。《漢書·季布欒布傳》贊曰「奴僇苟活」，此固《尚書》家舊説。然上文云「用命賞于祖，不用命戮于社」，明是「誅戮」之「戮」，此承「戮于社」而言，不當別爲「戮辱」之「戮」，疑「奴」當讀爲「挐」。《文選·長笛賦》注引《蒼頡篇》曰：「挐，捽也，引也。」「予則挐戮女」，言予則捽引而戮女也。枚傳固非，舊説恐亦未是耳。

群經平議卷四

德清俞樾

尚書 二

我后不恤我衆，舍我穡事而割正夏。《湯誓》

傳曰：「我后，桀也。正，政也。言奪民農功，而爲割剝之政。」

樾謹按：《史記·殷本紀》曰「舍我嗇事而割政」，無「夏」字，枚傳亦不及「夏」字，是「夏」字衍文也。後人因正義曰「爲割剝之政于夏邑」，故妄增之耳。然傳義與經旨未合，蓋經旨正如蔡傳所謂「亳邑之民憚伐桀之勞者」。宋儒雖短于詁訓，至其體會古人語意，則有獨得之見，未可盡沒也。我后當謂湯。「割」讀作「害」，《大誥》「天降割于我家」，《釋文》曰「割，馬本作害」，是割與害古通也。害卽下文「時日害喪」之「害」，今作「曷」，乃後人所改。《孟子·梁惠王》篇引作「時日害喪」，可證古本作「害」也。《詩·葛覃》篇毛傳曰：「害，何也。」亳衆蓋曰「我后不恤我衆，舍我穡事而何正乎」，故湯告之曰「予畏上帝，不敢不正」也。《史記》作「政」者，「正」之爲「政」，猶「害」之爲「割」，竝叚借字耳。

有衆率怠弗協。

傳曰：「衆下相率爲怠惰，不與上和合。」

樾謹按：《史記集解》引馬注曰：「衆民相率怠憧不和同。」枚傳正用馬注，然非經旨也。經方言桀之無道，乃又責民之怠惰，斯不然矣。「怠」讀爲「殆」，古怠與殆通。《詩·玄鳥》篇「受命不殆」，鄭箋曰：「受天命而行之，不解殆。」《論語·爲政》篇「思而不學則殆」，何晏注曰：「徒使人精神疲殆。」「解殆」與「疲殆」其字竝當作「怠」，而經皆作「殆」，是怠、殆通也。此文「怠」字當爲「危殆」之「殆」，言夏王率遏衆力，率割夏邑，故其民率危殆而弗協也。三「率」字皆語詞。《詩·思文》篇「帝命率育」，毛傳曰：「率，用也。」馬注以相率釋之，亦誤矣。

《盤庚上》

盤庚遷于殷，民不適有居。

樾謹案：「遷于殷」是既遷矣，「民不適有居」是既遷之後民有所不便，非未遷以前民不樂遷也。嘗取《盤庚》三篇反覆推求，竊謂《盤庚》之作，當從《史記·殷本紀》說。《紀》云：「帝盤庚崩，弟小辛立，是爲帝小辛。帝小辛立，殷復衰。百姓思盤庚，乃作《盤庚》三篇。」是《盤庚》之作在小辛時，作《盤庚》所以諷小辛也。傷今思古，猶《小雅·楚茨》諸篇之義也。《呂氏春秋·慎大覽》曰：「武王乃恐懼，太息流涕，命周公旦進殷之遺老，而問殷之亡故，又問衆之所欲。殷之遺老對曰：『欲復盤庚之政。』武王於是復盤庚之政。」然則《史記》謂「百姓思盤庚」，信有徵矣。《盤庚》之作，因百姓思盤庚而作，則所重者盤庚之政也。其首篇述盤庚遷殷之後，以常舊服正法度，卽所謂「盤庚之政」也，此作書之本指也。其中下兩篇，則取盤庚未遷與始遷之時告誡其民之語附益之，故雖三篇，而伏生止作一篇也。《後漢書·文苑傳》杜篤

《論都賦》曰：「盤庚去奢，行儉于亳。」李賢注引《帝王世紀》曰：「盤庚以耿在河北，迫近山川，自祖辛以來，奢淫不絕，盤庚乃南渡，徙都于亳。」正義引鄭注，意亦略同，是盤庚之政，去奢行儉之政也。篇首曰「盤庚遷于殷，民不適有居」，蓋民習于耿之奢淫，故至殷而不適有居，言不安于所居也。盤庚以常舊服正法度，而告之曰「無傲從康」，又曰「不昏作勞，不服田畝，越其罔有黍稷，勉出乃力，聽予一人之作猷」，又曰「自今至于後日，各恭爾事，齊乃位，度乃口。罰及爾身，弗可悔」，所再三致告者，皆勉以本業，戒以荒淫，正與去奢行儉之指合。且曰「自今至于後日」，則爲既遷後所作可知。使其時尚未遷，則但可如中篇之末所云「今予將試以汝遷」，不當曰「自今至于後日」也。又自「王若曰格汝衆」至「罰及爾身弗可悔」凡數百言，無一語及遷。至中篇則屢言之曰「視民利用遷」，豈非中篇述未遷時語，故屢及之，上篇乃盤庚遷殷後正法度之言，與遷無涉乎？故以當時事實而言，《盤庚中》宜爲上篇，《盤庚上》宜爲中篇，《盤庚下》宜爲下篇。曰「盤庚既遷，奠厥攸居」者，始遷時也，曰「盤庚遷于殷，民不適有居」者，未遷時也。惟奠厥攸居而民不適有居，此盤庚所以必正法度也。然則作《書》者何以顛到其序乎？曰：作書之序如此也。《盤庚》之作，百姓不適，《盤庚》思盤庚，思其政也，故始所作者，蓋止今之上篇，載盤庚遷殷正法度之言而已，無中篇無下篇也。然而盤庚未遷與始遷時再三致告其民者，民猶孰而能詳也，於是亦附其後焉，此中下兩篇所以作也。序《書》者不能不曰三篇，在作《書》者則以上篇爲主，而中下兩篇特附焉者也。是故《盤庚》三篇，宜仍伏生之舊合爲一篇，而仿漢石經之例，「罰及乃身弗

可悔」,《史記》爲百姓追思而作。上篇所載皆盤庚遷殷後之言,則篇中文義自明矣。

率籲衆感,出矢言曰。

樾謹按:《盤庚上》篇既曰「盤庚遷于殷」,又曰「盤庚斆于民,由乃在位」,一篇而兩用發端之語,先儒未有得其義者。今按:《說文·頁部》:「籲,呼也。《商書》曰『率籲衆戚』」。是「感」本作「戚」,今作「感」者,後人依枚傳義改之也。率乃語詞,《詩·思文》篇毛傳曰「率,用也」。盤庚因遷殷之後,民不適有居,用是呼衆戚近之臣,使之出而矢言于民也。籲之義當從《說文》訓呼。古彝器銘詞每用「呼」字,《無專鼎》曰「王呼史友冊命無專」,《頌鼎》曰「王呼史虢生冊命頌」,《師遽敦》曰「王呼師朕錫師遽貝十朋」,《師酉敦》曰「王呼史秔門冊命師酉」,《吳彝》曰「王呼史戊冊命吳」,此類甚多。然則籲衆戚者,呼衆戚也,正古人紀載之體。自「我王來既爰宅于茲」至「底綏四方」凡九十四字,皆盤庚使人依己意爲此言,故《盤庚》之文聱牙難讀,而此九十四字獨爲明順,蓋譔述之文與面命者不同也。其文至「底綏四方」已畢,下乃盤庚進其臣而親誥之,與上文不相蒙,故各以盤庚發端焉。

我王來,既爰宅于茲。

樾謹按:我王卽謂盤庚也。盤庚自言皆稱予,此則使衆近臣出而陳辭,非盤庚自言,故稱我王也。來者,自耿來亳也。爰之言易也,僖十五年《左傳》「晉於是乎作爰田」,服注曰「爰,易也」。「既爰宅于茲」,言既易宅于茲也。《盤庚上》篇爲遷殷後作,此其明證矣。

不能胥匡以生，卜稽曰其如台。

樾謹按：《商書》言「其如台」者四，《湯誓》篇「夏罪其如台」、《高宗肜日》篇「乃曰其如台」、《西伯戡黎》篇「今王其如台」，《殷本紀》皆易其文曰「柰何」。惟此篇「卜稽曰其如台」，《本紀》不載，以類求之，則亦當爲「柰何」，蓋古語如此也。曰字句中語助，非卜詞也。當以「卜稽曰其如台」六字爲句，「曰其」猶越其也。言我民不適有居，則是奢淫無度，不能相正以生矣，雖卜稽可柰何。下文曰「越其罔有黍稷」，越與曰古通用耳。傳曰：「卜以決疑，不疑何卜？」盤庚之遷，蓋不用卜，故有「非敢違卜」之言，説詳下篇。當時臣民必有以此爲口實者，故盤庚言苟不能以法度相正以生，雖卜亦無如何耳。

先王有服。

傳曰：「先王有所服行。」

樾謹按：枚義迂曲，殆非也。《説文・又部》：「𠬝，治也，從又從卩。卩，事之制。」然則「服事」之「服」本作「𠬝」，今經傳皆作「服」，「𠬝」廢矣。𠬝爲事之制，故服亦爲制，鄭石制字子服是也。襄三十年《左傳》「子産使都鄙有章，上下有服」，上下有服言上下有制也。杜注曰「公卿大夫服不相踰」，則誤以爲車服之服矣。《吕氏春秋・樂成》篇曰「田有封洫，都鄙有服」，高注曰「服，法服也」，然都鄙有法服，義不可通，疑高氏原注曰「服，法也」。蓋服爲制，故亦爲法，淺人不知其義，妄加服字耳。此云「先王有服」，言先王有制也。盤庚遷殷之後，因民習以耽之奢淫，不適有居，故以先王之制告之。其下云「以常舊服正法度」，所謂常舊服，即先王之制矣。

于今五邦。

傳曰：「湯遷亳，仲丁遷囂，河亶甲居相，祖乙居耿，我往居亳，凡五徙國都。」正義曰：「孔以盤庚意在必遷，故通數往居亳爲五邦。鄭、王皆云湯自商徙亳，數商、亳、囂、相、耿爲五。計湯既遷亳，始建王業，此言先王遷都，不得遠數居亳之前充此數也。」

樾謹按：《釋文》引馬融云「五邦，謂商丘、亳、囂、相、耿也」，其説亦與鄭同。請以漢人舊説破之。張平子《西京賦》曰「殷人屢遷，前八而後五」，據《書序》「自契至于成湯凡八遷，湯始居亳，從先王居」，然則後五遷當從亳始，若并商丘數之，則不足前八遷之數矣。枚傳悉本《書序》，自不可易，但因不知上篇爲遷殷後作，而曰「我往居亳」，則疑不可并今所欲遷者而預數之。正義謂意在必遷，故通數爲五，此說殊爲迂曲，故自《盤庚上》篇之義明，而五邦之數亦定矣。

盤庚敩于民由乃在位。

傳曰：「敩，教也，教人使用汝在位之命。」

樾謹案：傳義非也。《說文·教部》：「敩，覺悟也。」蓋民之不適有居，由于在位者之故，而欲以法度正之，故曰「盤庚敩于民由乃在位」，九字作一句讀。其下曰「以常舊服正法度」，曰：「無或敢伏小人之攸箴」，文義本一氣。正義曲徇枚傳，曰先教民又戒臣，失之矣。

予告女訓女，猷黜乃心。

傳：「告女以法教，謀退女違上之心。」

樾謹按：此當以「予告女訓女」五字爲句，「告女訓女」與中篇「承女俾女」文法正同。「猷黜乃心」四字爲句，傳云「謀退女違上之心」，即釋「猷黜乃心」之義。「謀退」上無女字，知經文「猷黜」上不當連「女」字也。今讀「予告女訓」爲句，不如枚傳爲長。惟傳以猷爲謀，義亦未安。《說文》無「猷」字，《文選》張茂先《女史箴》「王猷允塞」云「猷與猶古字通」，是猷即猶字也。猶通作由，莊十四年《左傳》正義曰「古者猶由二字義得通用」是也。由用也，猷亦用也，言予告女訓女，用黜女違上之心也。中篇曰「暨予一人猷同心」，猷同心者，用同心也。傳曰「謀同心徯」，蓋不知其爲語詞，而訓爲實義，胥失之矣。

傳曰：「王布告人以所修之政，不匿厥指。」

樾謹按：《說文·言部》「譒，敷也。《商書》曰『王譒告之』」，近世學者皆據此謂當於「之」字絕句。然「修」字屬下讀，恐《說文》或奪去「修」字，未足據也。惟如傳義解爲「王布告人以所修之政」，亦於經文不合。經言「播告之修」，不言播告以所修也。「修」疑當讀爲「迪」。《釋文》云「迪，馬本作攸」，然則以「修」爲「迪」，猶以「攸」爲「迪」也。《呂刑》篇「惟時伯夷，播刑之迪」，與此經「播告之迪」文義正同。迪者，道也。枚氏於彼傳解爲「伯夷布刑之道」，然則播告之迪，亦謂布告之道也。盤庚進其臣而告之，期於開誠布公，使羣臣同諭，故首言先王布告之道如此，見我今日亦率由是道也。因叚「修」爲「迪」，故學者不得其解耳。

惟女含德，不惕予一人。

傳曰：「女不從我命，所含惡德，但不畏懼我耳。」

樾謹按：經文止言含德，不言含惡德，傳乃增出惡字，非經旨矣。含之言藏也，懷也。《國語・楚語》「土氣含收」，韋注曰「含，藏也」。《戰國策・秦策》「含怒日久」，高注曰「含，懷也」。「惟女含德」者，惟女懷藏其德也。惕當讀爲施。《白虎通・號》篇引《尚書》曰「不施予一人」，卽《盤庚》此文。段氏《撰異》謂古文作惕，今文作施，其實古文惕字當從今文讀作施字。惕與施正相應成義。下文曰「女克黜乃心，施實德于民」，施德于民，卽施予一人也。言女懷藏其德，不施及予一人，含與施正相應成義。下文「女克黜乃心，施實德于民」，施本字，惕叚字，下用本字，古書自有此例。解爲畏懼，非其旨矣。

女不和吉言于百姓。

傳曰：「責公卿不能和喻百官。」

樾謹按：枚傳未得「和」字之義。「和」當讀爲「宣」。《禹貢》篇「和夷底績」，《水經・桓水注》引鄭注曰「和讀曰桓」。桓與宣竝從亘聲，古亦通用，《魏策》《魏桓子》《韓子・說林》篇作「魏宣子」，是其證也。和可讀爲桓，故亦可讀爲宣矣。「女不和吉言于百姓」者，女不宣布吉言于百姓也。枚以本字讀之，非是。

世選爾勞。

傳曰：「選，數也。言我世世數女功勤。」

樾謹按：傳訓選爲數，於義迂曲，非經旨也。「選」當讀爲「纂」。《爾雅・釋詁》：「纂，繼也。」《禮記・祭

統篇「纂乃祖服」，襄十四年《左傳》「纂乃祖考」《國語·周語》「纂修其緒」，其義並同。「世纂爾勞」者，世繼爾勞也，故下文曰「予不掩爾善」也。選從巽聲，纂從算聲，古音相近。《說文·食部》：「籑，具食也，從食算聲。」重文饌，曰：「籑或從巽。」是巽聲算聲相近之證。《詩·柏舟》篇「不可選也」，《後漢書》朱穆《絕交論》引作「不可算也」。「選」之通作「纂」，猶「選」之通作「算」矣。

盤庚作，惟涉河以民遷。《盤庚中》

傳曰：「爲此南渡河之法，用民徙。」正義曰：「鄭玄云作渡河之具，王肅云爲此思南渡河之事，此傳言南渡河之法，皆謂造舟船渡河之具，是濟水先後之次，思其事而爲之法也。」

樾謹按：經文止言「盤庚作」，不言造作舟船，諸說皆非經旨，由不知《盤庚中》篇實爲上篇故也。《孟子·公孫丑》篇曰「由湯至於武丁，賢聖之君六七作」，與此「作」字同。「盤庚作」猶《繫辭傳》曰「神農氏作」，「黃帝堯舜氏作」也。「盤庚作，惟涉河以民遷」，言盤庚既即位，承祖乙之後，奢佚逾禮，故思涉河以民遷也。中下兩篇皆附錄盤庚遷都之事，故以此發端。上篇曰「盤庚遷于殷」，則爲遷殷後事。自後人泥于篇第，因并「盤庚作」之義而失之矣。下云正相因也。上篇曰「盤庚遷于殷」，則爲遷殷後事，故曰「不適」，言既遷而民不便也。中篇是未遷時事，故曰「弗率」，「乃話民之弗率」，蓋上篇是遷殷後事，言將遷而民弗從也。

乃話民之弗率。

傳曰：「話，善言。」

樾謹按：《詩·板》篇、《抑》篇毛傳竝曰「話，善言也」，話之爲善言，固古訓矣。然此經「話」字在「民之弗率」上，則非善言之謂也。善言民之弗率，於義豈可通乎？「話」當讀爲「佸」。《說文·人部》：「佸，會也」，字亦作括。」《詩·車舝》篇「德音來括」，傳曰「括，會也」，蓋皆聲近而義通。盤庚會合民之弗率者而誥之，故曰「乃話民之弗率」。「話」「佸」之叚字，不當以本義說之。

傳曰：「言我先世賢君，無不承安民而恤之。后胥慼，鮮以不浮于天時。」

樾謹按：枚讀「保后胥慼」爲句，非也。《洛誥》篇「承保乃文祖受命民」，亦以承保連文。「后胥慼」當自爲句，胥慼者，相憂也，言憂民之憂也。「鮮」讀爲「斯」，《詩·瓠葉》篇鄭箋云「今俗語斯白之字作鮮，齊魯之間聲近斯」，是鮮與斯聲近義通。「浮」讀爲「佛」，後漢書·襄楷傳》注曰：「浮屠卽佛陀，但聲轉耳。」「鮮以不浮于天時」者，斯以不佛于天時也。《法言·寡見》篇「佛乎正」，李軌注曰「佛，違也」，立其證也。又曰「佛，扶勿切」，是佛與生論》「夫談者有悖於目而佛於耳」，李善注引《字書》曰「佛，違也」。古書每以「佛」爲之。《文選·非有先部》：「咈，違也。」古書每以「佛」爲之。此言君常憂民之憂，斯于天時無所違失。若枚《詩·瓠葉》篇鄭箋云惟民之承保」爲句，迂長於舊讀矣。「后胥慼」扶爲雙聲，而浮從孚聲，與扶爲疊韻，故浮得讀爲佛也。

古我前後，罔不惟民之承保。后胥慼，鮮以不浮于天時。

樾謹按：枚讀「保后胥慼」爲句，非也。《洛誥》篇「承保乃文祖受命民」，亦以承保連文。江氏聲讀「罔不惟民之承保」爲句，迂長於舊讀矣。「后胥慼」當自爲句，胥慼者，相憂也，言憂民之憂也。「鮮」讀爲「斯」，

傳，則但曰「鮮不浮天時」，文義已足，而「以」字、「于」字皆贅矣。江氏聲據漢石經「慼」作「高」，因讀「后胥高鮮」爲句，爲之說曰「小山別大山爲鮮，言前后相度高山之處而徙居之」，其說甚鑿，恐不可從。漢石經

作「高」者,亦聲之轉也。《孟子·萬章》篇「舜見瞽瞍,其容有蹙」,《韓非子·忠孝》篇作「舜見瞽瞍,其容造焉」,蹙從戚聲,造從告聲,而得相通,然則戚聲之轉即如告矣。高與告聲近,故「皋」字通作「高」,又通作「告」,是其例也。漢石經「戚」作「高」,正猶「蹙」之爲「造」矣。讀古書者當依聲而求字,勿逐字而求解。浮之爲佛,戚之爲高,其義絕遠,殆難爲拘文牽義者道矣。

承女俾女。

傳曰:「今我法先王,惟民之承,故承女使女徙。」

樾謹按:俾之訓使,蓋本《釋詁》文。然如傳義,則「俾女」下必增出「徙」字,於文方足矣。《説文·人部》:「俾,益也。」字亦作「䡢」。《會部》曰:「䡢,益也,又通作埤。」《廣雅·釋詁》曰:「埤,益也。」俾與䡢、埤聲義皆同。「承女俾女」者,承引女,俾益女也,與「予告女訓女」句法相似,説詳上篇。

惟喜康共。

傳曰:「惟與女共喜安。」

樾謹按:如傳義,則當云「惟喜共康」,於義方明,不當云「惟喜康共」也,傳義殆失之矣。《廣雅·釋詁》:「拱,固也。」共拱古通用,《論語·爲政》篇「居其所而衆星拱之」,《釋文》「共,鄭作拱」是也。「惟喜康共」者,惟喜安固也。康之義爲安,共之義爲固,康共二字平列。上文「承女俾女」,承俾二字亦平列。枚説竝

于文義未安。

予若籲,懷茲新邑。

傳曰：「言我順和懷此新邑。」

樾謹按：《小爾雅·廣詁》：「若，女也。」《說文·頁部》：「籲，呼也。」「予若籲」者，予女呼也，猶言予呼女也。《詩·匪風》篇「懷之好音」，《皇矣》篇「予懷明德」，毛傳竝曰：「懷，歸也。」「懷茲新邑」者，歸此新邑也，言予呼女歸此新邑，亦惟女故耳。枚氏於上篇「率籲衆戚」訓籲爲呼，此「籲」字亦訓和。段氏玉裁謂籲音同龠，龠音同龢。《說文》「龢，樂之竹管，三孔以和衆聲也」，故訓爲和。今按：穌、鯌字竝從龠，然則籲之訓和，自是古訓。然以「率籲衆戚」爲「率和衆憂之人」，以「予若籲懷茲新邑」爲「我順和懷此新邑」，實于文義未安。學者固不得因枚傳之僞，而廢籲和之古訓；要不得因籲有和義，而曲從枚傳也。

傳曰：「女皆大不布腹心，敬念以忱感動我，是女不盡忠。」

樾謹案：枚氏于句讀未審，此當以「乃咸大不宣」爲句，「念以忱動予一人」爲句。宣者，明也。僖二十七年《左傳》「未宣其用」，《國語·晉語》「武子宣法以定晉國」，杜注、韋注竝曰「宣，明也」，是其義也。欽，言欽欽然也。《詩》曰「憂心欽欽」，是其義也。重之曰欽欽，單言之曰欽，古語類然。故毛傳、鄭箋每以重言釋一言，如「咥其笑矣」，傳、箋竝曰「咥咥然」，「垂帶悸矣」傳、箋竝曰「悸悸然」，「條其歗矣」，傳、箋竝曰「條條然」，皆其例也。《爾雅·釋詁》曰：「念，思也。」「念以忱動予一人」與下篇「念敬我眾」文法正同，言汝不憂朕心之所困，乃皆大不明，乃心欽欽然，思以誠意感動予一人，冀不遷也。枚讀「欽念以忱」爲句，故上下文皆失其讀矣。

爾忱不屬，惟胥以沈。

傳曰：「女忠誠不屬逮古，苟不欲徙，相與沈溺。」

樾謹按：經言「不屬」，而傳言「不屬逮古」，增字釋經，非經旨也。《釋文》引馬云「獨也」，蓋以聲訓。《荀子·成相篇》「到而獨鹿弃之江」，楊注曰：「獨鹿與屬鏤同，本或作屬鏤。」然則屬之訓獨，古通用也。「爾忱不獨」義不可解，疑「忱」字本作沈。「爾沈不獨，惟胥以沈」，言不獨爾自沈溺，且相與共沈溺也。獨字、胥字，正相應成義。沈與忱字形相近。《詩·采薇》篇正義引鄭《周易注》曰「慊讀如群公溓之溓」，古書篆作立心，與水相近，讀者失之故作慊。然則沈之爲忱，猶溓之爲慊，並由立心與水相近之故耳。馬注雖存于《釋文》，而因「沈」誤爲「忱」，遂無能申明其義者。王氏鳴盛謂當云「不獨」，大非古人以聲相訓之旨矣。

今予命女，一無起穢以自臭。

傳曰：「我一心命女，女違我，是自臭敗。」

樾謹按：經言「命女」，傳義非也。「一」字當屬下讀。《大戴記·衛將軍文子》篇「則一諸侯之相也」《荀子·勸學篇》「一可以爲法則」，盧辯、楊倞注並曰：「一，皆也。」「一無起穢以自臭」者，皆無起穢以自臭也。「今予命女」當自爲句，不連一字讀。

我先后綏乃祖乃父。乃祖乃父乃斷棄女，不救乃死。

傳曰：「言我先王安女女父祖之忠。今女不忠，女父祖必斷絕棄女命，不救女死。」

樾謹按：經文本一氣連屬，若如傳義，加入「今女不忠」一轉，恐非經旨也。「綏」當讀爲「退」。文十二年《左傳》「乃皆出戰交綏」，杜注曰：《司馬法》曰：「逐奔不遠，從綏不及。逐奔不遠則難誘，從綏不及則難陷。」然則古名退軍爲綏。」正義引《司馬法》云「『將軍死綏』，舊說綏，卻也」，是綏與退古字通也。《禮記‧檀弓》篇「文子其中退然如不勝衣」，鄭注曰「退或爲妥」，即其例矣。「綏乃祖乃父」者，退乃祖乃父也。此承上文「女有戕則在乃心」而言，謂女有戕害人之心，我先后已知之，必因孫子之不肖而斥退乃祖乃父，於是乃祖乃父亦斷棄女，不救乃死也。

乃祖乃父丕乃告我高后，曰：「作丕刑于朕孫。」

《釋文》曰：「我高后，本又作乃祖乃父。」

樾謹按：乃祖乃父丕乃告乃祖乃父，義不可通。段氏玉裁謂當於「告」字絕句，此亦曲說也。我高后既作乃祖乃父，則乃祖乃父必作我高后。《釋文》既云「我高后，本又作乃祖乃父」，亦必云「乃祖乃父，本又作我高后」，傳寫奪去之耳。尋繹文義，似以別本爲長。上文云「茲予有亂政，同位具乃貝玉」，此當於「政」字絕句。昭六年《左傳》曰「夏有亂政而作禹刑，商有亂政而作湯刑，周有亂政而作九刑」，「茲予有亂政」，枚傳訓亂爲治，非也。同位，同在朝廷之位者，指群臣而言。群臣之貪由于君政之亂，故曰「茲予有亂政」句。同位具乃貝玉」，於是「我高后丕乃告乃祖乃父，曰『作丕刑于朕孫』」。朕孫，盤庚自謂，明矣。以其有亂政，故作大刑也。上文「曷不暨朕幼孫有比」，枚傳曰「幼孫，盤庚自謂」，然則此文「朕孫」，亦盤庚自謂。上言「乃祖乃父乃斷棄女，不救乃死」，此言高后「作丕刑于朕孫」，一就臣言，一就君

言,言君臣將同受其罰也。上文「失于政,陳于兹,高后丕乃崇降罪疾,曰:『曷虐朕民?』女萬民乃不生生,暨予一人猷同心,先后丕降與女罪疾,曰:『曷不暨朕幼孫有比?』」亦是一就君言,一就臣言。蓋自「予念我先神后之勞爾先」,至「迪高后丕乃崇降弗祥」,皆反覆申明不遷之害,君臣上下竝有大咎。説者誤解「兹予有亂政」一節爲責臣之辭,則於義偏矣。既以此一節爲責臣之辭,於是疑朕孫當指臣,不應出於高后之口,遂改「我高后丕乃告我高后」爲「乃祖乃父丕乃告我高后」,枚傳遂訓迪爲道,「言女父祖開道湯,大重下不善以罰女」,其不辭甚矣。自改經文爲「乃祖乃父丕乃靈。《盤庚下》

傳曰:「丕,至。靈,善也。非廢,謂動謀於衆,至用其善。」

槭謹按:訓丕爲至,文義迂曲,非經旨也。丕訓至,亦訓善。《詩·節南山》篇「不弔昊天」,毛傳曰:「弔,至。」鄭箋曰:「至,猶善也。」《棐誓》篇「無敢不弔」,正義曰:「弔訓至也。鄭云,至猶善也。」是弔之訓善,固《尚書》家舊説矣。弔善也,靈亦善也。「弔由靈」者,善用其善也。下文「宏兹賁」,枚傳曰:「宏,賁皆大也。」善用其善謀謂之「弔由靈」,猶大此大業謂之「宏兹賁」也。若謂弔、靈不當竝訓善,則宏、賁亦不當竝訓大乎?

傳曰:「君臣用謀不敢違卜用,宏兹賁。」

各非敢違卜用,宏兹賁。

傳曰:「君臣用謀不敢違卜用,大此遷都大業。」

樾謹按：此當於「用」字絕句。《大誥》篇曰「甯王惟卜用，克綏受茲命。今天其相民，矧亦惟卜用」竝以「卜用」連文。此云「各非敢違卜用」，義亦然也。《說文·用部》「用，可施行也，從卜中」，是用字本從卜會意。《尚書》「卜用」連文，於本義最近。「宏茲賁」三字爲句，與「弔由靈」一律。弔、靈皆善也，宏、賁皆大也，正見古人用字之精。又按：經云「非敢」，傳云「不敢」，亦於經義未合。蓋盤庚遷殷，實不用卜，觀中篇無一語及卜可知矣。不然，盤庚方叚鬼神禍福之說以聳動其民，使得吉卜，亦當如周公大誥屢及之矣，何不一言乎！當時臣民，必有以此爲口實者，故盤庚於既遷之後，自解之曰「各非敢違卜用」也。各乃語詞，《廣雅·釋詁》「各，詞也」徐鍇《說文繫傳》於曰篆下云「凡稱詞者，虛也，語气之助也」。枚傳不知各爲語詞，而以君臣言，斯失之矣。《廣雅》「各，詞也」一訓必有所受之，王氏念孫《疏證》疑爲若字之譌，非然也。

尚皆隱哉。

傳曰：「相隱括共爲善政。」

樾謹案：枚解隱括爲隱括，是也。此必古訓相承如此，枚竊取之。而以「共爲善政」足成之，則非其義矣。隱括與檃栝同，《荀子·性惡篇》楊倞注曰：「檃栝，正曲木之木也。」耿俗奢淫逾禮，不正甚矣，盤庚遷都之意本在於此，故既遷之後卽欲以法度正之，因呼邦伯師長百執事之人，而告之曰「尚皆隱哉」，欲其去奢淫之舊俗，而就法度也。其下曰「朕不肩好貨」，又曰「無總于貨寶」，皆與去奢行儉之旨合，故知漢人所傳爲不虛也。漢石經隱作乘，乘字義不可曉，疑當爲繩。《詩·緜》篇鄭箋曰「乘，聲之誤，當爲繩也」，是其

例矣。《淮南子·時則》篇「繩者，所以繩萬物也」，高注曰「繩，正也」，則亦與櫽栝同義。上篇曰「不能胥匡以生」，匡亦正也。不能胥匡，是不就櫽栝也。然則盤庚以常舊服正法度，即由隱括之義亦未安，祖己豈當以王爲蠢愚之人邪？嘗反覆推求，於《漢書·五行志》而得此經之旨。《五行志》引劉歆說以爲「鼎，宗廟之器。主器奉宗廟者，長子也。野鳥自外來，入爲宗廟器主，是繼嗣將易也」。歆此說雖或附會，亦必有所自。商自陽甲以來，諸君享年不永。據《竹書紀年》，陽甲四年，小辛三年，小乙十年，惟盤庚二十八年而已。高宗承小乙之後，見先君皆不永年，而肜祭之日，又有此異，爲繼嗣將易之象，必將悚然震動。篇中自「惟天監下民典厥義」至「乃曰其如台」，皆告王使勿憂也。「非天夭民中絶命」，乃善於說經者。《殷本紀》作「非天夭民，中絶其命」，是下一民字當爲衍文。「天既孚命」，漢石經孚作付，亦當從之。孚之爲付，猶桴之爲柎也。祖己之意，蓋謂天之降年有永不永，非天夭民而絶其命也，「乃曰其如台」，與《盤庚》篇「卜稽曰其如台」義同，猶言越其柰何也，說見《盤庚上》篇。祖己因武丁恐懼，故爲此言，使王勿憂。自「王司敬民」以下，始是進戒之詞，故以「嗚呼」發之也。古大臣進言于君，從容不迫如此，是可見其愛君之

降年有永有不永。《高宗肜日》

樾謹按：降年之永不永，疑與正厥事無涉。正義引鄭注曰「年命者，蠢愚之人尤惕焉，故引以諫王也」，於義亦未安，祖己豈當以王爲蠢愚之人邪？嘗反覆推求，於《漢書·五行志》而得此經之旨。

哉一語發其端矣。觀其文義，《盤庚上》篇實與下篇相承。前人泥于篇第，未有能見及此者也。

同。上篇曰「不能胥匡以生」，匡亦正也。不能胥匡，是不就櫽栝也。

誠矣。然非史公「勿憂」二字,則篇中之義不顯,故知西漢經師之説爲可寶也。

嗚呼！王司敬民,罔非天,胤典祀,無豐于昵。

傳曰：「胤,嗣。昵,近也。」歎以感王入其言,王者主民,當敬民事。民事無非天所嗣。常也,祭祀有常,不當特豐於近廟。

樾謹按：傳文當曰「典,常也」,傳寫奪「典」字耳。孔穎達據誤本作正義,乃讀傳文「民事無非天所嗣常也」九字爲一句,而釋之曰「民事無非天所繼嗣以爲常道者也」,則大非傳義矣。然如傳義,讀「罔非天胤」爲句,實亦未安,疑當以「罔非天」爲句。「王司敬民」,「司」字《史記》作「嗣」,當從之,言王嗣位敬行民事,罔非天所命也。祖己言此者,見天降下民,作之君,人君乃天所命以治民者也。其位雖傳之自父,其命實受之自天,不當私其所親也。「胤典祀」自爲句。《爾雅·釋詁》曰：「胤,繼也。」「典」當爲「殄」,《考工記·輈人》「是故輈欲頎典」,司農云「典讀爲殄」,是其證也。按《殷本紀》自祖乙以後,陽甲、小辛、小乙四君皆兄弟相及。《通典》卷五十一引賀循議曰：「殷之盤庚,不序陽甲之廟,而上繼先君,以弟不繼兄故也。」賀循此議,必《尚書》家舊說。以其説推之,則盤庚止立父祖乙廟,而不立兄陽甲廟。小辛之於盤庚,小乙之於小辛,亦必猶是矣。高宗繼父小乙之後,其止立父小乙廟,而世父陽甲、盤庚、小辛皆無廟,從可知也。此實當時闕典,故祖己以繼續已絶之祀,無徒豐于近廟爲高宗諷也。通篇皆告王使勿憂,而其訓于王者止此數語,蓋此下尚有《高宗之訓》一篇,必

詳言之，而今亡矣。此篇告王勿憂之意爲多，故以《高宗肜日》名篇，下篇所載當詳言其所訓于王之事，故以《高宗之訓》命篇也。不然，何不分爲上下兩篇，而必異爲之名乎？

天既訖我殷命。《西伯戡黎》

樾謹按：是時殷猶未亡，乃云旣訖我命，義不可通。古書旣與其每通用，《禹貢》「濰淄其道」《史記·夏本紀》作「旣道」，《詩·常武》篇「徐方旣來」，《荀子·議兵篇》引作「徐方其來」，並其證也。「天其訖我殷命」當作「天其訖我殷命」，蓋以「格人元龜，罔敢知吉」，故推度天意如此也。此篇以「天其訖我殷命」發端，猶《微子》篇以「殷其弗或亂正四方」發端也，皆事前推度之辭。若作「旣訖」，則似乎事後之論矣。

格人元龜。

傳曰：「至人以人事觀殷，大龜以神靈考之，皆無知吉。」正義曰：「格訓爲至。至人謂至道之人，有所識解者也。」

樾謹按：至道之人謂之至人，義殊未安。元大也，格亦大也。元龜者，大龜也。格人者，大人也。《史記》雖作「格」，義與「假」同。即以格至之義而論，《釋詁》曰「晊，大也」，《釋文》曰「本又作至」，然則至亦大也。《爾雅·釋詁》「假，大也」，《方言》曰：「凡物之壯大者而愛偉之，周、秦之閒謂之假。」此經字「格」作「假」，義亦大也。凡有大義者皆有美善之義，元訓大，亦訓善，即其例也。《論衡·卜筮》篇引此經格之義爲至，即爲大矣。而釋之曰「賢者不舉大龜不兆」，是王仲任以「格人」爲賢者，義自可通。孔穎達以爲至道之人，則失之矣。指乃功。

傳曰：「言殷之就亡，指女功事所致。」

樾謹按：枚傳未解「指」字之義。指，致也，言致極爾之事，必將爲戮也。《詩·武》篇「耆定爾功」，毛傳曰：「耆，致也。」指與耆古字通用，《皇矣》篇「上帝耆之」，《潛夫論·班祿》篇引作「上帝指之」，是其證也。《書》言「指乃功」，《詩》言「耆爾功」，文異而義同，美惡不嫌同辭。

我祖底遂陳于上。《微子》

傳曰：「言致遂其功，陳列於上世。」

樾謹按：「底遂陳于上」蓋以德言。下文曰「我用沈酗于酒，用亂敗厥德于下」，紂所亂敗者，即湯所底遂而陳者也。上句不言德者，文見於下，故省于上，古人自有此文法也。傳不知此而增出「功」字，失之。

我用沈酗于酒。

樾謹按：《無逸》篇傳「以酒爲凶曰酗」，是枚氏所據本固作「酗」，故其説如此，必非枚氏私造此字，而自爲之説也。陸德明謂《説文》作「酌」，然《説文》「酗」篆下竝不引此經，壁中古文作「酌」，與否未可知也。《玉篇·酉部》：「酌，許具切，兇酒曰酌酱」，又出「酗」字曰「同上」。《玉篇》之字多本於《説文》，安知古本《説文》「酗」篆下不更有重文作「酌」者乎？鄭康成注《周官·司救》亦有「酗酱」之文，不得謂漢時無「酗」字矣。蓋酗者會意字也，酌者形聲字也。經典相承之字，苟合六書之旨，皆可各從其舊。江氏聲必謂「酗」不成字，改從《説文》作「酌」，失之泥矣。

好草竊姦宄。

傳曰：「草野竊盜，又爲姦宄於外內。」

樾謹按：枚氏解「草竊」之義殊爲望文生訓。江氏聲曰「莠害苗爲草竊」，引《呂氏春秋·辨土》篇文爲證。然彼文云：「夫四序參發，大䀹小䀹，爲青魚胠，苗若直獵，地竊之也。既種而無行，耕而不長，則苗相竊也。弗除則蕪，除之則虛，則草竊之也。」此自是呂氏譔造之語，非古人名莠害苗爲草竊也，不得因「草竊」二字適與此經合，遂引以爲證。孫氏星衍引《廣雅·釋言》「鈔，掠也」謂與草聲相近，其說視江氏爲長。然讀草爲鈔，於古無徵。如其說，則盜聲與草聲亦相近，直讀爲盜竊，豈不更徑易乎？江、孫兩說殆皆未塙。今按：「竊」當讀爲「蔡」。《莊子·庚桑楚》篇「竊竊乎又何足以濟世哉」，《釋文》曰：「竊竊，本作察察。」然則竊之爲蔡，猶竊竊之爲察察也。《說文·丰部》：「丯，艸蔡也，象艸生之散亂也。」是草蔡有散亂之義，古語然也。其本義屬草，引而申之則凡散亂者皆得謂之草蔡，故與姦宄連文。好草蔡卽好亂也。草蔡之語止見于許氏之書，他無所見。古語久湮，而此經又叚「竊」爲「蔡」，於是其義益晦矣。

傳曰：「皆有辜罪，無秉常得中者。」

樾謹按：經文止有「獲」字，無「中」字，傳義非也。詳此經之義，正《牧誓》所謂「乃惟四方之多罪逋逃，是崇是長，是信是使，是以爲大夫卿士」者，昭七年《左傳》曰：「周文王之法曰『有亡荒閱』，所以得天下也。」又曰：「昔武王數紂之罪，以告諸侯曰『紂爲天下逋逃主，萃淵藪』。」皆可以說此經。蓋文王之法，有

凡有辜罪，乃罔恆獲。

罪人逃亡則大蒐其衆，期于必得，而紂則反是，故當時以爲逋逃之淵藪，「凡有辜罪者乃罔恒獲」也。「罔恒獲」猶言常不得。使倒其文曰「乃恒罔獲」，則其義便明顯，而非古書佶屈之體矣。

我其發出狂？我家耄遜于荒？今爾無指告，予顚隮，若之何其？

樾謹按：《史記·宋微子世家》曰：「微子度紂終不可諫，欲死之。及去，未能自決，乃問于太師、少師。」是微子之問，有一死一去兩意，故上文既決殷之淪喪，又特呼父師少師而發此問，乃微子作誥之本意也。「我其發出狂」，此去之之說也。狂，《史記》作「往」，《集解》引鄭注曰「發，起也」。紂禍敗如此，我其起作出往也」，是其義也。「吾家耄遜于荒」，此死之之說也。「吾家昏亂，與上文「我用沈酗于酒」不言紂而言我，語意正同。遂古與馴通，故《堯典》「五品不遜」，《史記·五帝紀》作馴，《周易·坤》六二《象傳》曰「馴致其道」，《釋文》引向秀曰「馴，從也」。「荒」讀爲「亡」。下文「天毒降災荒殷邦」，《史記》作「天篤下災亡殷國」，是讀荒爲亡，正古文家說，此「荒」字當亦同也。「吾家耄遜于荒」，言吾家亂而從于亡，欲從紂死，不忍斥言，故微其詞也。枚傳謂「如之何救之」，亦非當日語意也。「今爾無指告，蓋欲從紂死，不忍斥言，故微其詞也。微子之意若曰：我其發出往乎？抑吾家亂而從于亡乎？今爾無指告，我則或去或死，不知所措手足矣，故曰「予顚隮」也。

然觀上句「狂」字《史記》作「往」，此句「荒」字《史記》作「喪」，則微子一去一死兩意，居然可見。下文「詔王子出迪」，蓋就微子之意而爲決之也。

數語，猶可得其梗概耳。「吾家耄遜于荒」，《史記》作「吾家保于喪」，保、耄同聲，惟無「遜」字，疑或奪誤。

降監殷民，用乂讎斂，召敵讎不怠。

傳曰：「下視殷民，所用治者皆重賦傷民，斂聚怨讎之道，而又亟行暴虐，自召敵讎不解怠。」

樾謹按：如傳義，則讎斂與召敵讎一也，何必重復言之乎？《釋文》曰「讎，如字，下同」，此依傳義作音也。又曰「徐云鄭音疇，馬本作稠，云數也」，是鄭本上「讎」字與下異讀，馬本則并異其字矣。段氏玉裁謂鄭亦讀「讎」爲「稠」，非也。鄭蓋讀「讎」爲「疇」，故徐云「鄭音疇」也。《一切經音義》卷一引《國語》賈注曰：「二井爲疇，九夫爲一井。」《孟子·盡心》篇「易其田疇」，趙注亦曰：「疇，一井也。」鄭讀「讎」爲「疇」，則是按井而斂之。殷制用助法，上所應得者惟公田所入而已，其外皆民之私田，上不得而斂之也。又當爲刈，據《說文》乂、刈本一字也。王逸注《離騷》曰：「刈，穫也。」「降監殷民，用乂疇斂」，言下視殷民，方用刈穫之時，計疇而斂之也。鄭義每存乎音，以音求之，往往可得其義矣。

群經平議卷五

德清俞樾

尚書 三

王朝至于商郊牧野。《牧誓》

傳曰：「紂近郊三十里地名牧。」正義曰：「繼牧言野，明是牧地。而鄭玄云郊外曰野，將戰于郊，故至于牧野而誓。豈王行已至于郊，乃復倒退適野，誓訖而更進兵乎？何不然之甚也！」

樾謹按：此當以「郊牧野」三字連文。《爾雅·釋地》「邑外謂之郊，郊外謂之牧，牧外謂之野」是也；又從省則書「郊牧野」三字之義。合言之曰郊牧野，從省則但曰牧野，《詩·大明》篇「牧野洋洋」是也。此篇以「牧誓」名篇，是武王作誓實但曰牧，《國語·周語》曰「庶民弗忍，欣戴武王，以致戎于商牧」是也。而史臣併舉郊野者，是時諸侯會者八百，車徒衆多，其所屯聚必非一處，前軍及郊，後軍至在郊外之牧，中軍在牧，亦情事所應爾也。鄭注稱「郊外曰野」，是鄭君所見《爾雅》與今本異。然據《尚書》以治《爾雅》，則固以今本爲長矣。又《爾雅》此篇之後總題曰野，蓋野者對邑而言。邑外郊，郊外牧，牧外野，野外林，林外坰，雖分五名，然郊、牧、林、坰實皆野也，故亦有稱牧之野者。《詩·閟宮》篇「致天之屆，于牧之

野」,《禮‧大傳》篇曰「牧之野,武王之大事也」。牧稱牧之野,猶坰稱坰之野,《駉》篇曰「駉駉牡馬,在坰之野」是也。坰之野即林外之坰,牧之野即郊外之牧。若以牧爲地名,豈坰亦魯之地名乎?

樾謹按:惟家之盡于義未安,枚說非也。《周官‧方相氏》「以索室毆疫」,即此「索」字之義。牝雞晨鳴,必有妖孽,當索室以毆除之,故曰「惟家之索」。武王以諸侯伐紂,爲天下除暴亂,亦猶索室毆疫也,故以爲喻耳。

傳曰:「索,盡也。」

昏棄厥遺王父母弟不迪。

樾謹按:《隸釋》載石經作「厥遺任父母弟不迪」,段氏玉裁謂未知今文家說如何,其實乃誤字也。漢人隸書王、壬二字往往無別,武梁石室畫象「秦王」作「秦壬」,又《魯峻碑》陰「壬端」、「壬輔」可證也。文七年《左傳》「宋公王臣卒」《釋文》曰「本或作壬臣」,蓋亦隸體混淆之故。此經「王」字,漢人書作「壬」字,因又加人旁作「任」耳。《韓非子‧外儲說左》篇「王登爲中牟令」《吕氏春秋‧知度》篇作「任登」,即其例也。蔡邕等正定六經文字,而此等字未能正正,固其小疏。或因經師舊讀,學者共曉,字雖作「任」,讀仍爲「王」,相習已久,無庸改易其舊耳。懼好古之士不加詳審,或滋異說,故具論之。「不迪」當讀爲「由」,《漢書‧楊雄傳》注曰「迪,由也」,是迪與由聲近義通。由者用也,故《周本紀》即作「不用」,蓋史公讀「迪」爲「由」,而以詁訓字易之也。枚傳曰「不接之以道」,迂矣。

弗迓，克奔以役西土。

傳曰：「商衆能奔來降者，不迎擊之，如此則所以役我西土之義。」

樾謹按：經但言「奔」，不言「降」；經但言「迓」，不言「擊」；經但言「役西土之義」，傳義非也。《史記·周本紀》作「弗禦」，經但言「迓」作「禦」，《集解》引鄭注曰「禦，彊禦，謂彊暴也。克，殺也。不得暴虐殺紂師之奔走者，以爲周之役也」，其説亦甚迂曲。蓋説此經者，皆先有成見，以爲聖人仁義之師，宜乎其言藹如，然後相稱。不知上文明言「尚桓桓，如虎如貔，如熊如羆，于商郊」，下文又言「勖哉夫子！爾所弗勖，其于爾躬有戮」，則此文必是勉以殺敵致果，方合作誓之本旨，不當如先儒所云也。「迓」字宜從《史記》作「禦」，《廣雅·釋詁》：「禦，止也。」字亦通作「衙」，《釋名·釋樂器》曰：「衙，止也。」弗禦者，弗止也。軍旅有進無退，故勉以弗止也。「克奔以役西土」六字爲句。「奔」讀如「奮」，《詩·行葦》篇毛傳「奔軍之將」，《釋文》曰「奔音奮」，是「奔」得讀如「奮」也。「克奔以役西土」者，克奮發以從我西土之役也。此篇本爲友邦家君及從征庸蜀諸國而作，故有「以役西土」之語。自「尚桓桓」以下，至「克奔以役西土」，文義本一氣連屬，欲其尚克如此也。學者失其義，因失其讀矣。

惟天陰騭下民。《洪範》

傳曰：「騭，定也。天不言而默定下民。」正義曰：「傳以騭卽質也。質訓爲成，成亦定義，故爲定也。」

樾謹按：《宋世家》作「維天陰定下民」，疑史公讀「騭」爲「敕」。《皋陶謨》篇「敕天之命」，枚傳曰「敕，正也」，《夏本紀》作「陟天之命」。騭之爲敕，猶敕之爲陟也。敕訓正，正與定古字通，故史公作定而枚傳從

之。正義謂驚即質也，非是。

建用皇極。

傳曰：「皇，大。極，中也。」

樾謹按：以「皇極」為大中，固古義也。然下文言「皇建其有極」「惟皇作極」，一以大中訓之，實有不可通者。蔡傳曰「皇，君也。極，猶北極之極，至極之義，標準之名」，其說殊勝。下文曰「皇極之為君無疑矣」，又曰「凡厥庶民極之敷言」，蓋以皇極、庶民極相對為文。説本馬注，見《史記集解》。極為準則，蓋亦古有此義。《詩·殷武》篇「商邑翼翼，四方之極」，猶言四方之準則也。《後漢書·樊準傳》引作「四方是則」，李賢注曰：「《韓詩》之文。」蓋極有準則之義，故《毛詩》作「極」，《韓詩》作「則」也。昭十三年《左傳》「貢獻無極」，猶言貢獻無有準則也。上文曰「貢之無藝」，服注曰「藝，極也」，杜注曰「藝，法制」，藝與極同義，藝為法制，則極亦法制矣。《周禮·序官》「設官分職，以為民極」，民極者，民之準則也。《國語·越語》「無過天極」，天極者，天之準則也，猶云順帝之則也。凡斯之類，皆可證成其義。

金曰從革。

傳曰：「金可以改更。」正義曰：「金可以從人改更。」

樾謹按：枚傳不説「從」字之義。《史記集解》引馬融曰「金之性從人而更」，正義即本馬注，然其説殊未安。木之曲直亦是從人，何獨於金言之乎？「從革」猶言因革也。《漢書·外戚傳》注曰：「從，因也，由

也。」蓋從與由義同，《詩‧南山》篇「衡從其畝」，《釋文》曰「從，《韓詩》作由」是也。由之義爲因，故從之義亦爲因。金之性可因可革，是爲從革，猶木之性可曲可直，是爲曲直也。

四曰司空。

傳曰：「主空土以居民。」

樾謹按：《史記集解》引馬融之說亦與枚同。《白虎通‧封公侯》篇曰：「司空主土。不言土者，空尚主之，何況於實？」此說殊爲迂曲。疑「司空」之「空」當讀爲「工」，以「空」爲「工」，猶以「功」爲「工」以「紅」爲「工」也。《周官‧肆師職》「凡師不功」，鄭注曰「古者工與功同字」，《漢書‧哀帝紀》「害女紅之物」，如淳曰「紅亦工也」，是「工」字可從力作「功」，從糸作「紅」，則亦可從穴作「空」矣。蓋古人作字，有省偏旁者，如以「臤」爲「賢」之類。亦有加偏旁者，如以「割」爲「害」之類。試以《尚書》言之。《大誥》篇「殷小腆」，王肅曰「腆，主也」，則「腆」即「典」字也。《呂刑》篇「明明棐常」，《墨子》作「明明不常」，則「棐」即「非」字也。然則「空」即「工」字，復何疑乎？冬官主百工之事，故謂之司工。其職雖亡，而《小宰職》曰「冬官掌邦事」，不曰冬官掌邦土，則司空之爲司工明矣。工與功通，功者事也，惟其司工，故掌邦事也。《冬官》亡而以《考工記》補之，未爲無見。《王制》曰「司空執度，度地居民」，此乃匠人之事，固亦冬官所屬。且其下文曰「興事任力」，則仍是掌邦事，非掌邦土也。後人不知「空」爲「工」之叚字，因有主空土之說，而儗古文遂曰「司空掌邦土」矣。

而康而色。

傳曰：「女當安女顏色，以謙下人。」

樾謹按：下「而」字訓「女」，上「而」字不訓「女」，乃語詞也。此句承上文「皇則受之」而言。「皇則受之，而康而色」，言不但受之，而又當和女之顏色以受之也。康之義爲安，故亦爲和。《史記·樂書》正義曰「康，和也」。枚傳因「皇則受之」與上文「女則念之」相對，念之下更無他文，則受之下亦不得箸此四字，乃以此四字屬下爲義，其所見殊泥矣。

是彝是訓。

傳曰：「不失其常，則人皆是順矣。」

樾謹按：枚傳以「順」字解「訓」字，蓋本之《史記》。不知下文「于帝其訓」、「是訓是行」兩「訓」字《史記》作「順」，至此句作「是夷是訓」，不作「順」也。《集解》引馬注曰「是大中之道而常行之，用是教訓天下」，是馬本於此句亦不作「順」也。惟馬以彝爲常，不如史公以彝爲夷。夷，陳也。「是夷是訓」者，是陳列之，是訓教之也，此以君言也。下文曰「是順是行」者，是順從之，是奉行之也，此以民言也。君㝱順天，故曰「于帝其順」；民㝱從君，故曰「以近天子之光」。下兩「訓」字讀爲「順」，此一「訓」字讀如本字，史公分別最明，枚混而一之，誤矣。

一曰正直。

傳曰：「能正人之曲直。」

樾謹按：經言「正直」，不言「正曲直」，傳義非也。正直與剛克、柔克竝爲三德，義當一律。正直者，以正

道相切直也；剛克、柔克者，以剛柔相克治也。《爾雅·釋訓》曰：「丁丁，嚶嚶，相切直也。」郭注曰：「以喻朋友切磋相正。」此「直」字之義也。故其下曰「平康正直，彊弗友剛克，燮友柔克。沈潛剛克，高明柔克」，言平康者以正道相切直而已，彊弗友者、沈潛者宜以剛克之，燮友者、高明者宜以柔克之也。如傳義，則不可通矣。

曰克。

傳曰：「兆相交錯。」

樾謹按：兆相交錯，何以謂之克？正義引鄭注曰「克者，如雨氣色相侵入」，《史記集解》引鄭注曰「克者，如淚氣之色相犯也」。兩文不同而皆從侵克取義，❶然則何不竟謂之淚，與雨、霽、圍、雺一律乎？今按：《說文·克部》：「克，肩也，象屋下刻木之形。」重文㱿，曰：「古文。」夫克既訓肩，何以又取象刻木，於義不可解。疑古文作「㱿」者，乃《尚書·洪範》「曰克」之本字，壁中古文也。其上從占，以其爲占之用也；其下作㐬，象其形也。雨霽圍雺有可取象，而㱿則無可取象，故特製此字，猶卦有八，皆叚他字以命之，而特製坤、㱿二字，聲有五，皆叚他字以命之，而特製霽一字也。㱿字之義，或解爲侵克，或解爲交錯，皆各就其下刻木一義，亦必《尚書》家舊說也。因「㱿」字讀如「克」，後人遂卽以「克」字爲之，亦猶許氏因以「㱿」爲「克」之古文，不特《尚書》「曰克」之義不可知，并「克」

❶ 「兩」，原作「雨」，今據清經解續編本改。

「㢲」止作「巽」，「霚」止作「羽」也。

篆說解而亦失之矣。《說文·卜部》：「钅，《易》卦之上體也，從卜毎聲。《商書》『曰貞，曰钅』。」然則「曰克」之「克」壁中古文作「槀」，亦猶「曰悔」之「悔」壁中古文作「钅」，從占與從卜同也。許氏惜未表而出之耳。

四曰攸好德。

傳曰：「所好者德福之道。」正義曰：「鄭云：民皆好有德也。王肅云：言人君所好者道德爲福。《洪範》以人君爲主，上之所爲，下必從之。人君好德，故民亦好德，事相通也。」樾謹按：鄭、王及枚氏之說皆讀好爲好尚之好。《漢書·五行志》曰「貌之不恭其極惡順之，其福曰攸好德」，此今文家說，以好德與惡對，則「好」字讀如「美好」之「好」，其說似較古文爲長。蓋以好人之德爲福，不如自有美好之德更爲福也。古字攸與修通，《史記·秦始皇紀》「德惠修長」《索隱》曰「劭按：張徹所錄會稽南山秦始皇碑文修作攸」，是其證也。「攸好德」即修好德，人能修飾其美德，如孟子所謂「飽乎仁義，不願人之膏粱，令聞廣譽施於身，不願人之文繡」，是亦福也。《張衷碑》曰「令德攸兮」，「攸」亦「修」之叚字，令德即好德也。疑今文家固以「攸」爲「修」矣。

若爾三王，是有丕子之責于天。《金縢》

傳曰：「大子之責，謂疾不可救於天。」正義曰：「責謂負人物也。大子之責於天，言負天一大子。」樾謹按：傳義不了，正義說更迂曲矣。又引鄭注曰：「丕讀爲不。愛子孫曰子。玄孫遇疾，若女不救，是將有不愛子孫之過，爲天所責，欲使爲之請命也。」此說視枚爲長，而以上下文勢求之，則亦未安。今按：

「是」通作「實」,故《秦誓》篇「是能容之」,《禮記‧大學》篇作「實能容之」也。「若爾三王,實有丕子之責于天,以旦代某之身」三句一氣連屬。丕字《史記》作負,負子者,諸侯疾病之名。《禮記‧曲禮》篇正義引《白虎通》曰:「天子病曰不豫,言不復豫政也。諸侯曰負子,子,民也,言憂民不復子之也。」是負子之義本爲不子,故此經作「丕子」,丕與不古通用也。桓十六年《公羊傳》何休《解詁》又曰:「天子有疾稱不,諸侯稱負茲。」古文以聲爲主,無定字耳。凡人有病則須子孫扶持之事必須子孫任其責,則請以旦代某也。三王生前皆未爲天子,故仍從諸侯之稱也。自來說者未達此義,惟孔氏廣森《經學卮言》解「丕子」二字與愚合。然孔氏以丕子屬武王言,謂告神謙,故從諸侯病辭,則非也。武王有疾可云「丕子」,不可云「有丕子之責于天」,且與上文「若爾三王」文義不貫,而與下文「能事鬼神」之意亦不屬矣。

予仁若考,能多材多藝。

傳曰:「我周公仁能順父,又多材多藝,能事鬼神。」正義曰:「考是父也,故仁能順父。旣能順父,又多材多藝,能事鬼神,言己可以代武王之意。」樾謹按:如傳義,則是改經文爲「予仁能若考」矣。王氏念孫曰:「考、巧古字通,若、而語之轉。『予仁若考』者,予仁而巧也,故《史記‧魯世家》作『旦巧能,多材多藝』。王氏云:『予仁若考』,即是『旦巧能,多材多藝,能事鬼神』。」其說見《經義述聞》。今按:王說是矣,然未盡也。「仁」當讀爲「佞」。《說文‧

女部》「佞，巧讇高材也」，大徐本作從女信省，小徐本作從女仁聲。段氏玉裁曰：「《晉語》『佞之見佞，果喪其田』，古音佞與田韻，則仁聲是也。」佞從仁聲，故得叚仁爲之。「予仁若考」，亦以佞巧連文，是其證也。佞與巧義相近，仁與巧則不類矣。《史記・周本紀》「爲人佞巧」，古人謂才爲佞，故自謙曰不佞。佞而巧，故多材多藝，能事鬼神也。至「多材多藝」上以文義論之，似不必有能字。江氏聲《集注》以「仁若」二字爲衍文，讀「巧能」二字爲句，義均未安。孫氏星衍《注疏》讀「仁若巧能」四字爲句，能、而二字通用。《履》六三「眇能視，跛能履」，虞注曰「眇而視，跛而履」。《鹽鐵論》：「忠焉能勿誨乎？愛之而勿勞乎？」崔駰《大理箴》「或有忠能被害，或有孝而見殘」，皆能、而通用之證。「予仁若考，能多材多藝」者，若而也，能亦而也，猶曰「予佞而巧，而多材多藝」也。此「能」字與「能事鬼神」之「能」不同，故下文曰「乃玄孫不若旦多材多藝，不能事鬼神」。「多材多藝」上不更箸「能」字，可知兩「能」字不同也。

敷佑四方。

傳曰：「布其德教，以佑助四方。」

樾謹案：枚訓敷爲布，而增出「德教」字以成其義，非經旨也。《史記集解》引馬注曰「布其道以佑助四方」，其失亦與枚同。敷之言徧也，《詩・賚》篇曰「敷時繹思」，鄭箋曰：「敷，徧也。」字通作「普」，亦通作「溥」。《詩・般》篇曰「敷天之下」，《北山》篇曰「溥天之下」，《孟子・萬章》篇曰「普天之下」，是敷、溥、普文異義同。「佑」乃俗字，當作「右」，而讀爲「有」。《儀禮・有司徹》篇「右几」，鄭注曰「古文右作侑」。右、

侑通用，故右、有亦得通用。宣十五年《公羊傳》曰「潞子離於狄而未能合於中國，晉師伐之，中國不救，狄人不有」，不有即不右，言狄人不助也。彼叚「有」爲「右」，此叚「右」爲「有」，聲同者義亦同。古書多叚借，以聲爲主，不泥其形也。「敷佑四方」者，普有四方也，言武王受命于帝廷，普有四方，爲天下主也。

乃并是吉。

樾謹案：三卜皆吉，一言可蔽。既曰「一習吉」，又曰「乃并是吉」，何也？并當作倂，竝也。《說文·从部》并，相從也」，《人部》「倂，竝也」，二字義亦可通。「乃併是吉」，言王與周公竝吉也。上文曰「我其以璧與珪歸俟爾命」，《史記集解》引馬注曰：「待爾命，武王當愈，我當死也。」蓋周公本意請以身代，三龜皆吉，則武王當愈，不待言矣。武王愈，周公宜死。及啓籥見書，更詳審之，乃知王與周公竝吉也。不然，則上文「以旦代某」之言更無歸宿，一似聖人苟爲美詞以冀動聽，自言而自食之，斯不然矣。下文「公曰：體，王其罔害」，此決武王之不死也。又曰「予小子新命于三王，惟永終是圖」當卽書中之詞。其後武王旣喪，周公相成王，成文、武之德，所謂「永終是圖」者，至此乃驗。「惟永終是圖」，王無以告我先王故也。《史記·魯世家》載周公告大公望、召公奭曰「大王、王季、文王三王之憂勞天下久矣，於今而後成」，此卽周公受命三王，永終是圖之意也。「乃并是吉」《史記》作「乃逢是吉。」蓋《今文尚書》「并」作「逢」，故史公以爲遇吉，不知「逢」卽「併」也。逢聲之轉，與旁相近。《史記·龜策傳》曰：「桀有諛臣，名

曰趙梁。教爲無道，勸爲貪狼。繫湯夏臺，殺關龍逢。」逢與梁、狼爲韻，後世因誤有從夆從夅之別。《廣韻》「三鍾」收逢字，「四江」收夅字，其實則一聲之轉也。是故併之爲逢，猶夅之爲夆也。《列子‧黃帝》篇「夅流而承之」，《釋文》曰：「夅音傍。」《史記‧秦始皇紀》「夅河而東」，《集解》引服虔《漢書注》曰：「夅音傍。」夅之爲傍，併之爲逢，皆聲之轉，文異而義實不異也。史公易以「遇」字，失之矣。

公曰：「體。」

傳曰：「公視兆曰：『如此兆體，王其無害。』言必愈。」

樾謹按：「體」字以一言爲句，乃發語之辭，慶幸之意也。《詩‧泯》篇曰「爾卜爾筮，體無咎言」，《釋文》曰「體，《韓詩》作履，幸也」，然則體亦猶幸也。《禮記‧玉藻》篇「君定體」，鄭注曰「體視兆所得也」，引此文「周公曰體」爲證。然則鄭已不得其解，枚襲其說，更無譏矣。

周公居東二年，則罪人斯得。

傳曰：「公視兆曰：『如此兆體，王其無害。』言必愈。」

樾謹按：經文止言「居東」，則非東征也。故上文「我之弗辟」，馬、鄭皆以爲避居東都。此文「罪人斯得」，其非謂誅管、蔡明矣。《詩‧鴟鴞》篇正義引鄭注曰：罪人，周公之屬黨盡爲成王所得，謂之罪人，史書成王意也，此亦不然。成王當日容或以周公之黨爲罪人，及事既大白，即成王亦知其無罪矣，豈有史官於事後作史册以傳信後世，而仍謂之罪人乎？蔡傳曰「二年之後，王始知流言之爲管、蔡」，此亦不然。夫是非曲直，必無並行之理，既知管、蔡流言，則又何疑乎周公，乃必待風雷之變，發金縢之書，而後悔而迎公

乎？今按「罪人斯得」之文卽承「周公居東二年」之後，是周公得之而非成王得之也。所謂得之者，謂得流言之所自起也。上文曰「管叔及其群弟乃流言於國」，此自史臣事後紀實之辭。若當其時，則但聞公將不利於孺子之言播滿國中，其倡自何人，傳自何地，非獨成王與二公不知，雖周公亦不知也。及居東二年，乃始知造作流言者實爲管、蔡，故曰「罪人斯得」。《墨子・耕柱》篇「周公旦非關叔，辭三公，東處于商蓋」，此周公避居之明證。關叔卽管叔，商蓋卽商奄，皆古文叚借字也。周公旣至商奄，與東人相習，故能盡得其狀，而王與二公則猶未之知也，此當日之情事。故於其避居東也，可見周公之仁；而於罪人之盡得也，可見周公之智。

傳曰：「安人且猶不能，況其有能至知天命乎？」

樾謹按：《漢書・翟方進傳》載王莽《大誥》作「況其能往知天命」，以格爲往，乃古訓也。《爾雅・釋言》：「格，來也。」訓格爲往，如亂爲治，故爲今之例。蓋物之旣來謂之格，物未來而我往逆之亦謂之格。僖十五年《左傳》「輅秦伯」，宣二年《傳》「狂狡輅鄭人」，杜注竝曰「輅，迎也」。《莊子・人閒世》篇《釋文》引崔云「逆擊曰輅」，此蓋合格、輅二字之義爲說。逆者格之訓，擊者輅之訓，輅與格、輅竝從各聲，其義得通，故輅訓逆擊也。「格知天命」猶曰逆知天命。莽用雅訓以易經文，當云「來知天命」。枚傳云「至

傳曰：其有能格知天命。《大誥》

格」二字之義爲說。逆者格之訓，擊者輅之訓，輅與格、輅竝從各聲，其義得通，故輅訓逆擊也。「格知天命」猶曰逆知天命。莽用雅訓以易經文，當云「來知天命」。枚傳云「至命」猶曰逆知天命。莽用雅訓以易經文，當云「來知天命」。乃不曰來而曰往者，欲人易曉也。枚傳云「至

知天命」，則仍是來字之義，泥于古訓，不能變通。正義曰「其能至於知天之大命」，則恐并失枚意矣。

予不敢閉于，天降威，用。

傳曰：「天下威用，謂誅惡也，言我不敢閉絕天所下威用而不行，將欲伐四國。」

樾謹按：王莽《大誥》作「予豈敢自比於前人乎！天降威明，用甯帝室，遺我居攝寶龜」，是莽讀此誥於「予不敢閉」絕句。其作比者，必今文家說，於義似短，然其句讀則是也。于字莽《誥》所無。孫氏星衍讀「于天降威」四字爲句，引《釋詁》「粵于也」爲解。然下文「天降威，知我國有疵，民不康」無「于」字，《酒誥》曰「天降威，我民用大亂喪德」，亦無「于」字，疑此「于」字本在「閉」字之上。「予不敢于閉」猶下文「敢弗于從」，傳寫誤倒之耳。「用」字屬下讀。《君奭》篇正義引鄭注曰「甯王，文王也」，枚義卽鄭義也。「天降威，用甯王遺我大寶龜，紹傳以爲文王」，卽命曰：「有大艱于西土，西土人亦不靜」，此天降威命，用甯王所遺之寶龜以告我也。蔡傳以命爲天明，卽命曰：『有大艱于西土，西土人亦不靜』」，此天降威命。但以用字屬上讀，則尚仍枚傳之失耳。

天降威，知我國有疵，民不康，曰：「予復反鄙我周邦。」

樾謹按：王莽《大誥》曰：「天降威，遺我寶龜，固知我國有呰災，使民不安，是天反覆右我漢國也。」據此，則「予復反鄙我周邦」七字當作一句。蓋今文家讀如此，於義殊勝，當從之。曰與上文「卽命曰」同，乃天叚寶龜以告也。復反猶反復也，語有倒順耳。《禮記·月令》篇「命舟牧覆舟，五覆五反」，先言覆，後言

反，與此正同。蓋反復、復反義皆得通，後人習聞反復，忽聞復反，故於此經失其解也。鄙當作啚，經傳皆通用都鄙字，而啚廢矣。《說文·啚部》「啚，嗇也」，《嗇部》「嗇，愛濇也」。啚爲嗇，即爲愛濇。故莽《誥》作右，右之言助也。愛之斯助之矣。啚聲、右聲據段氏《說文》同在古音第一部，是其音亦相近也。予者設爲天之言，與《詩》「予懷明德」同。「予復反啚我周邦」者，蓋愛之甚則必反復之。《詩·蓼莪》篇「顧我復我」，鄭箋曰「復，反覆也」，即可以説此經矣。疑此句與上文「有大艱」云云相屬，當曰以寶龜卜之，其詞蓋曰「有大艱于西土，西土人亦不静，予復反啚我周邦」，三句皆卜詞也。周公述卜詞未畢，而間以「越茲蠢殷小腆誕敢紀其叙」數語者，見卜詞之有徵也。於是將再述卜詞，故又以「天降威」發之，猶曰「天降威，用甯王遺我大寶龜，紹天明」也。莽《誥》「天降威」下更有「遺我寶龜」四字，此可證矣。「知我國有疵，民不康」者，即括上文「有大艱」二語之意。因其詞縣，故省之耳。國有疵即所謂有大艱于西土也，民不康即所謂西土人亦不静也。重言之則於文複矣，故約其意如此，見卜詞本相屬也。下文曰「朕卜并吉」又曰「予得吉卜」，蓋因卜詞有「予復反啚我周邦」一語，故云然。天意如此，則吉可知矣。若止曰「有大艱于西土，西土人亦不静」，安知其吉與否乎？

今蠢今翼。曰。

傳曰：「今天下蠢動，今之明日。」

樾謹按：「今之明日」義不可通，疑今蠢、今翼兩義相對。翼本作翌，衛包改作翼，説詳段氏《撰異》。《説文·蚰部》「蠢，蟲動也」，《羽部》「翊，飛貌」，翌即翊之變體。蠢以蟲喻，翊以鳥喻。字又變作翄，《文選·

群經平議

吳都賦》趁譚拉㩧》，李注曰：「相隨驅逐，眾多貌。」上文「越茲蠢」專以武庚言，此文「今蠢今翌」則見武庚蠢動而淮夷從之。拉㩧，眾多也。「日」字屬下爲義。文七年《左傳》「日衛不睦」，襄二十六年《傳》「日其過此也」，昭七年《傳》「日君以夫公孫段爲能任其事」，十六年《傳》「日起請夫環竝」，與此「日」字同。蓋左氏正因《尚書》有此文法而循用之耳。「日民獻有十夫予翼」，言近日民之賢者十夫來翼佐我也。枚傳見「翌日」連文適與《金縢》篇同，遂讀「今翌日」爲句，誤矣。

天棐忱，辭其考我民。

橞謹按：「言我周家有大化誠辭，爲天所輔，其成我民矣。」

傳曰：「言我周家有大化誠辭，爲天所輔，其成我民矣。」

橞謹按：下文曰「越天棐忱」，《康誥》曰「天畏棐忱」，《君奭》曰「若天棐忱」，竝于「忱」字絕句，此亦當然。自來以「天棐忱辭」爲句，非也。棐之訓輔，雖本《爾雅·釋詁》文，然古字多叚借，不得概以本字釋之。經凡言「棐忱」者，竝當讀爲「非」。古棐、匪字通《漢書·地理志》錄《禹貢》文，凡「貢匪」之「匪」皆作「棐」，然則叚「棐」爲「匪」，猶叚「匪」爲「非」也。《呂刑》「明明棐常」，《漢書·王莽傳》引作「天應棐忱」，此可見凡言棐忱者，猶言非忱也。「辭」字屬下讀。《君奭》篇籀文作「辥」，壁中古文亦必作「辥」，乃「嗣」之叚字。此承「予不敢不極卒甯王圖事」而言。「嗣其考我民」者，謂天命不常嗣，王宜先成我民也。《高宗肜日》篇「王司敬民」，《史記》作「王嗣敬民」，此經云「嗣其考我民」，文義正相近。作「司」，作「辭」，竝叚字也。莽《誥》作「天輔誠辭」，則失其讀久矣。

厥子乃弗肯堂，矧肯構？

傳曰：「子乃不肯爲堂基，況肯構立屋乎？」

樾謹按：經言「堂」不言「堂基」，傳必增「基」字以成其義也。若然，則經文何不卽云「弗肯基」，而必云「弗肯堂」乎？傳義非也。蓋古所謂堂者有二，其一爲前堂後室之堂，其一爲四方而高之堂。《禮記・檀弓》篇「吾見封之若堂者矣」，鄭注曰「堂形四方而高」，是知古人封土而高之，其形四方，卽謂之堂。故《文選・西京賦》注引宋均《大玄經注》曰：「堂，高也。」《廣雅・釋詁》曰：「堂，明也。」堂之義爲高爲明，則堂之制可見矣。《金縢》篇《釋文》曰：「壇，馬云土堂。」《楚辭・大招》篇「南房小壇」王逸注曰：「壇猶堂也。」夫壇與堂得通稱，則堂之制又可見矣。楊倞注《荀子・彊國篇》曰：「明堂，壇也，謂巡守至方岳之下，會諸侯，爲宮三百步，四門，壇十有二尋，深四尺，加方明其上。」以楊氏此注考之，則方岳下之明堂皆是封土爲壇，而堂字從土不從宀也。此經所謂「四阿、反坫、重亢、重郎」者也。疑堂之初制止是如此，故室字從宀，而堂字從土。經文本極分明，後人不達古制，故失其解。

傳曰：「繼其所聞，服行其德言。」

樾謹按：「服行其德言」謂之「衣德言」，不辭甚矣。「衣」疑「扶」字之誤，乃古文「旅」字也。《書序》曰「周公既得命禾，旅天子之命作《嘉禾》」，枚傳訓旅爲陳。旅德言者，陳德言也，言布陳其德言也。因古文作

紹聞衣德言。《康誥》

「衻」，故誤爲「衣」字耳。古書「衻」誤作「衣」者往往有之。《周書·武稱》篇「冬寒其衣服」，「衣」字亦當作「衻」而讀爲「穤」，今誤作「衣」而又衍「服」字矣。《官人》篇「愚依人也」，「依」字亦當作「衻」而讀爲「魯」，今誤作「衣」而又加人旁矣。其說詳見《周書》。《尚書》與《周書》同出周初史臣之手，故其文字有可參考也。

無康好逸豫。

傳曰：「無自安好逸豫寬身，其乃治民。」

樾謹按：經文「豫」字衍文也。傳以自安釋「康」字，以逸豫釋「逸」字，非經文有「豫」字也。僞《五子之歌》曰「太康尸位，以逸豫滅厥德」，故枚傳遇「逸」字每以逸豫釋之。《酒誥》「不敢自暇自逸」，傳曰「不敢自寬暇，自逸豫」；《無逸》篇「君子所其無逸」，傳曰「歎美君子之道，所在念德，其無逸豫」；又云「先知稼穡之艱難乃逸」，傳曰「稼穡農夫之艱難，事先知之，乃謀逸豫」；又云「乃逸乃諺」，傳曰「乃爲逸豫遊戲，乃叛諺不恭」；又云「生則逸」，傳曰「生則逸豫無度」；《多方》篇「有夏誕厥逸」，傳曰「有夏桀不畏天戒而大其逸豫」；又云「爾乃惟逸惟頗」，傳曰「若爾乃爲逸豫頗僻」。凡此之類，皆以「逸豫」釋經文「逸」字。經文止言「逸」，不言「逸豫」也。此經「豫」字，即涉傳文而誤衍耳。《漢書·武五子傳》「毋桐好逸」，蓋康聲轉而爲空，與同聲相近，故《古文尚書》作「康」，《今文尚書》作「桐」也。然則「逸」下無「豫」字有明證矣，當據以訂正。

自作不典。

傳曰：「自爲不常。」

樾謹按：「典」當讀爲「腆」。《儀禮記》「辭無不腆」《燕禮》「寡君有不腆之酒」，鄭注並曰：「腆，善也。」「自作不腆」者，自作不善也。古典與腆通用，《大誥》「殷小腆」，王肅曰「腆，主也」，是肅讀「腆」爲「典」也。「典主」之「典」可作「腆」，故「腆善」之「腆」可作「典」矣。《多方》篇「爾乃自作不典」義同。

非終乃惟眚災。

樾謹按：《潛夫論·述赦》篇引作「乃惟眚哉」，當從之。上文云「非眚乃惟終」，「眚」下無「災」字，則此文亦無「災」字也。「乃惟眚哉」與《洛誥》「乃時惟不永哉」文法正相近。哉、災聲近，因而致誤耳。

適爾。

樾謹按：傳及正義均不解「適」字之義。《一切經音義》六、《華嚴經音義》上並引三蒼曰：「適，始也。」然則「適爾」者，始爾也，正見其非終也。

有敘時乃大明服。

傳曰：「歎政教有次敘，是乃治理大明，則民服。」

樾謹按：僖二十三年《左傳》「周書有之曰：『乃大明服』」，《荀子·富國篇》「《書》曰：『乃大明服』」，據《左》、《荀》所引，知「時」字當屬上讀。然「有敘時」三字文義難明。上文曰「越厥邦厥民惟時敘」，下文曰「乃女盡遜曰時敘」，疑此文亦當作「有時敘」，而誤倒之耳。有時敘者，有是次敘也。有是次敘，則治理大明而民服矣。

非女封刑人殺人，無或刑人殺人非女封。又曰劓刵人，無或劓刵人。樾謹按：釋此經者皆以「刑人殺人」與「劓刵人」爲對文，「又曰」二字遂不可解。夫劓刵人即刑人也，本非對舉之辭，當讀「非女封刑人殺人」爲句，「無或刑人殺人非女封」爲句，言非女封手自刑人，手自殺人也。然凡刑人殺人，爲政不可不慎也。「又曰」之「又」讀爲「有」，「有曰劓刵人，無或劓刵人」者，言人告女曰此人當劓，此人當刵，則有之矣。然劓之刵之，仍由女封，他人無得而劓之，無得而刵之也。刑人如此，殺人從可知。舉輕以見重，正申明「無或刑人殺人非女封」之意。下文云「又曰要囚，服念五六日至于旬時，丕蔽要囚」，又亦當讀爲有，言人有曰要囚，女必服念，至旬時然後丕蔽要囚也，與「又曰劓刵人，無或劓刵人」兩文一律。又按：《尚書》每有又曰之文，❶《多士》篇「又曰時予乃或言爾攸居」，《君奭》篇「又曰天不可信」，「又曰無能往來」，《多方》篇「又曰時惟爾初，不克敬與和」，諸稱「又曰」者，義。《君奭》篇正義曰：「此經言『又曰』，傳不明解，鄭云『人又云』，王肅云『重言天不可信，明己之留蓋畏其天命，故稱『又曰』。」是又曰之義，鄭、王各異。此篇「又曰要囚」，正義引顧氏云：「『又曰』者，周公重言之。」則亦與王肅同。然古書竝無以又曰當重言者，或引石鼓文凡疊字作「二」爲證，然疊字作「二」可也，重言作「又曰」則使人難曉，古人必不如是苟簡也。且《尚書》中「孺子其朋，孺子其朋」，「生則逸，生則逸」皆重言也，竝無作「又曰」者，王肅之説不可

❶ 「文」，原作「人」，今據清經解續編本改。

一二八

從也。鄭以「又曰」爲「人又云」,是鄭讀「又」爲「有」。「人又云」者,人有云也。然則《康誥》兩「又曰」讀爲「有曰」,正合鄭義矣。

傳曰:「於爲人父,乃疾厥子。于弟不念天顯,乃弗克恭厥兄。」

樾謹按:《儀禮・士冠禮》「㝢之于假」,鄭注曰:「于猶爲也。」《聘禮記》「賄在聘于賄」,注曰:「于讀曰爲。」蓋古于、爲同聲,故得通用。「于父不能字厥子」,猶曰爲父不能字厥子也;「于弟弗念天顯」,猶曰爲弟弗念天顯也。枚不知于即是爲,而訓于爲於,又增「爲」字以成其誼,失之矣。

傳曰:「於爲人父,不能字愛其子,乃疾惡其子,是不慈。於爲人弟,不念天之明道,乃不能恭事其兄,是不恭。」

樾謹按:傳意蓋讀求爲逑,《詩・關雎》傳曰「逑,匹也」,故曰「爲逑等」,猶曰爲逑匹也。《爾雅・釋訓》「惟逑鞠也」,《釋文》曰「逑本作求」,是求、逑通用之證。正義曰「求而等之」,未得傳意。

傳曰:「我是其惟殷先智王之德,用安治民爲求等。」正義曰:「爲求而等之。」

樾謹按:傳意蓋讀求爲逑等,《詩・關雎》傳曰「逑,匹也」,是求、逑通用之證。

作求。

傳曰:「祀茲酒。」惟天降命,肇我民,惟元祀。《酒誥》

樾謹按:「朝夕勑之:惟祭祀而用此酒,不常飲。惟天下教命,始令我民知作酒者,惟爲祭祀。」「朝夕曰」「祀茲酒」三字文不成義矣。此「祀」字乃「已」之叚借字。《周易・損》初九「已事遄往」,《釋文》曰「已,虞作祀」,此叚「祀」爲「已」之證。「已茲酒」者,止此酒也。文王誥毖之詞至明切矣。

「惟天降命」即承「已茲酒」而言，謂止酒非一人之私，言惟天降命耳。「肇我民惟元祀」，言與我民更始，惟此元祀也。元祀者，文王之元年。上文曰「肇國在西土」，「肇國」者始建國之謂，故知是文王元年也。曰「元祀」者，猶用殷法也。蓋文王元年即有此命，故云然耳。上「祀」字叚爲「已」，下「祀」字乃本字，古書一簡之中同字異義，往往有之。

亦罔非酒惟行。

傳曰：「使民亂德，亦無非以酒爲行者。」

樾謹按：以酒爲行，文義不明。「行」當作「衍」，字之誤也。《淮南子‧泰族》篇「不下廟堂而行四海」，今本「行」誤作「衍」，是其例矣。「衍」讀爲「愆」。昭二十一年《左傳》「豐愆」《釋文》曰「愆，本或作衍」，是愆與衍古字通。「亦罔非酒惟愆」，正與下文「亦罔非酒惟辜」語意一律。

越庶國飲，惟祀德將無醉。

傳曰：「於所治衆國飲酒，惟當因祭祀以德自將，無令至醉。」

樾謹按：此「祀」字亦「已」之叚字，與上文「祀茲酒」同。古已、以通用。此當讀「越庶國飲」爲句，枚傳所謂「於所治衆國飲酒」也；「惟已德將無醉」爲句，「已」讀爲「以」，枚傳所謂「惟當以德自將，無令至醉」也。因不知「祀」之爲叚字，而誤以本字說之，遂於經旨大失矣。

爾大克羞耈惟君。

傳曰：「女大能進老成人之道，則爲君矣。」

樾謹按：傳義非也。此與上文「奔走事厥考厥長」義同。耇卽老也，君卽長也，因「耇君」連文則不辭，故加「惟」字以成句，猶《禹貢》曰「齒革羽毛惟木」也。下文曰「又惟殷之迪諸臣惟工」，與此正同。「臣惟工」者，臣與工也；「耇惟君」者，耇與君也。《說文·丑部》：「羞，進獻也。」「爾大克羞耇惟君，爾乃飲食醉飽」，言爾克進獻爾考與爾長，爾乃亦得以飲食醉飽也。大乃語詞，無實義。朱氏彬《經傳攷證》有《釋大》一篇詳言之。

作稽中德。

傳曰：「爲考中正之德。」

樾謹按：稽字從禾，《說文·禾部》「禾，木之曲頭，止不能上也」，故稽亦有止義。《說文·稽部》「稽，留止也」，凡從稽之字如穧，如𥹆，俱有止義。「作稽中德」者，稽止也，言「爾克永觀省」，則所作所止無不中德也。「中」讀如「從容中道」之「中」枚傳以爲「考中正之德」，失之。

我西土棐徂，邦君、御事、小子，尚克用文王教。

傳曰：「我文王在西土，輔訓往日，國君及治御事者，❶下民子孫，皆庶幾能用上教。」

樾謹按：「輔訓往日」文不成義。棐當讀爲非，說見《大誥》篇「天棐忱矣」。徂，往也，《荀子·解蔽篇》「不慕往」，楊注曰：「往，古昔也。」然則「我西土棐徂」者，言我肇國西土，至今未遠，非古昔也。故邦君、

❶ 「治御」，阮刻《尚書正義》作「御治」。

御事、小子,尚克用文王教也。

不克畏死辜,在商邑越殷國,滅無罹。

傳曰:「紂疾狠其心,不能畏死,言無忌憚。」

樾謹按:《白虎通・京師》篇引《尚書》曰「在商邑」,即此文也,則「辜」字當屬上讀。「不克畏死辜」者,言其不能畏死罪也。「在商邑越殷國滅無罹」者,《爾雅・釋詁》曰:「在,察也。」越與與同,《尚書》連及之詞每用「越」字。《大誥》「王若曰:『大誥猷爾多邦越爾御事』」,又曰「肆予告我友邦君,越尹氏、庶士、御事」,皆其例也。「在商邑越殷國」,猶言在商邑與殷國。商邑以紂所都言,殷國蓋通指王畿千里之內。紂察見商邑與殷國將滅亡而無憂,此即「不克畏死辜」之證也。

弗惟德馨香,祀登聞于天,誕惟民怨。

傳曰:「紂不念發聞其德,使祀見享,升聞于天,大行淫虐,惟民所怨咨。」

樾謹按:「登聞于天」上箸「祀」字,殊爲不辭。枚義亦迂曲,非經旨也。此當於「香」字絕句,猶曰「弗惟德馨香,以登聞于天」也。「祀」乃「已」之叚借字,已、以古通用,說見上文。「弗惟德馨香亦爲不辭。雅・釋詁》「惟,思也」之義,然不念德馨香亦爲不辭。《文選・東京賦》「卜惟洛食」,薛綜注曰「惟,有也」是惟可訓有。「弗惟德馨香」,猶言弗有德馨香也。「誕惟民怨」,猶言誕有民怨也。蓋無德以聞于天,則所有者民之怨咨而已。《尚書》中「惟」字可訓有者甚多:《皋陶謨》「時乃功惟敘」,言有敘也;《大誥》「卜陳惟若茲」,言有若茲也;《呂刑》「五過之疵惟官、惟反、惟内、惟貨、惟來」,言有官、有反、有内、有貨、有

來也。惟之訓有，蓋古訓矣。

王曰封。《梓材》

樾謹按：《梓材》一篇竝無誥康叔之文，直以篇首一「封」字，故不得不屬之康叔耳。嘗三復之而有疑焉。《康誥》之首有「惟三月哉生魄」至「乃洪大誥治」四十八字，此文於全篇無涉，蔡氏《集傳》因用蘇氏之說，移此文於《洛誥》之首。然「周公咸勤乃洪大誥治」與「周公拜手稽首曰朕復子明辟」文不相屬。且既云「周公咸勤」，則篇中當有慰勞五服之語，《洛誥》豈有是耶？然則此四十八字在《康誥》、《酒誥》、《梓材》之文而誤衍「封」字也，竊疑當在《梓材》之首。「王曰封」者，涉《康誥》、《酒誥》之文而誤衍「封」字也。「王曰以厥庶民暨厥臣達大家，以厥臣達王惟邦君」，正合「侯、甸、男邦、采、衛，百工播民和，見士于周」之文。篇中文義雖不盡可解，然曰「庶邦享作，兄弟方來」，又曰「庶邦丕享」，蓋因五服之臣民咸在，進而誥之，故以此發端也。「和懌先後迷民」，皆與篇首四十八字相應。其曰「姦宄殺人宥」，又曰「戕敗人宥」，蓋因四方民大和會而播曠蕩之恩也。若稽田、若作室家、若作梓材三喻，皆與營洛邑之不已，與《大誥》篇若考作室兩喻文義相似，皆誥彙之詞，故多爲譬喻以明之。因篇首衍「封」字，遂誤以爲誥康叔，而篇中文義晦矣。楊子《法言·問神》篇曰：「昔之說《書》者，序以百，而《酒誥》之篇俄空焉，今亡夫。」《酒誥》見在而云「俄空」，自來不得其說。按：楊子明言「昔之說《書》者序以百」，則所謂「今亡」者自是其序，非謂其書。若以書而言，則上文固云「不備過半」，非止一篇之空矣。今《書序》云：「成王既伐管叔、蔡叔，以殷餘民封康叔，作《康誥》、《酒誥》、《梓材》。」楊子之意，蓋以《酒誥》當自有序，不與《康誥》相屬，故有「俄空」之歎。其說必

有所受之也。夫《酒誥》且不與《康誥》相屬,則可知矣。後人見《康誥》、《酒誥》、《梓材》同屬一序,因疑《梓材》首四十八字總冒三篇,不得專屬《梓材》,乃移而置之《康誥》之首。又以三篇同序,謂《梓材》亦是誥康叔者,遂於篇首加「封」字,而其誤乃不可復正矣。原其所以致誤之由,蓋始于今文家説。《尚書大傳》載伯禽與康叔見周公,三見而三笞,乃見商子而問焉。商子曰:「橋者,父道也。梓者,❶子道也。」此事亦見《説苑·建本》篇、《論衡·譴告》篇,蓋古相傳有此事。今文家見《康誥》、《酒誥》之後有《梓材》之篇,遂據以爲説。史公於《衞世家》亦有「示可法則」之文。然《梓材》篇豈有此義邪?故知《梓材》一篇不屬康叔也。

若作室家,既勤垣墉,惟其塗墍茨。若作梓材,既勤樸斲,惟其塗丹雘。

傳曰:「如人爲室家,已勤立垣牆,惟其當塗墍茨蓋之。爲政之術,如梓人治材爲器,已勞力樸治斲削,惟其當塗以漆丹以朱而後成。」正義曰:「二文皆言斁卽古塗字,明其終而塗飾之。其室言『塗墍』,墍亦塗也,不是以物塗之。器言『塗丹雘』,塗、丹皆飾物之名,謂塗丹以朱雘。雘是采色之名,有青色者,有朱色者,故鄭玄引《山海經》云:『青丘之山,多有青雘。』此經知是朱者,與丹連文故也。」

樾謹按:傳義既不分明,正義以塗墍爲一事,茨爲一事,塗、丹雘共爲一事,兩句不一律,兩「塗」字又異

❶「梓」,原作「杍」,今據清經解續編本改。

一三四

義，非經旨也。惟經文「塗」字據正義是「斁」字，此則可據以訂正者。按《漢書·張衡傳》「惟盤逸之無斁」注曰「斁，古度字」，是斁、度通❶《說文·丹部》「䑴」下引《周書》「惟其斁丹䑴」。蓋壁中古文叚「斁」爲「度」，孔安國因漢時斁、度通用，故以「斁」字易之耳。《說文·土部》：「塈，仰塗也。」《艸部》：「茨，以茅葦蓋屋也。」是塈茨爲二事，塈者以土塗，茨者以草蓋之也。丹䑴亦爲二事，丹者朱色，䑴者青色也。正義既引鄭注以䑴爲青䑴，又因與丹連文輒斷爲朱，失之矣。

庶邦享，作兄弟方來。

傳曰：「衆國朝享于王，又親仁善鄰爲兄弟之國，萬方皆來賓服。」

樾謹按：枚以「作兄弟」爲句，「方來」爲句，甚爲不辭。當以「作兄弟方來」五字爲句。作者，使也。《儀禮·鄉飲酒禮》「作相爲司正」，《鄉射禮》「作上耦射」，「作衆賓射」，《燕禮》及《大射儀》「小臣作下大夫」，《聘禮》及《公食大夫禮》「則公作大夫」，鄭注竝曰：「作，使也。」《周禮·司士》「作六軍之士」，注曰「作，使之也」，是作有使義也。方之言竝也。《說文·方部》：「方，併船也。」《聘禮》注曰「今文竝皆爲併」，是併竝同字，方訓併，卽訓竝。故《鄉射禮》曰「不方足」，注曰：「方，猶併也。」方之本義爲兩船相併，故卽訓竝。《微子》篇「小民方興」，《宋世家》作「竝興」也。「作兄弟方來」者，使兄弟竝來也，言使兄弟之國竝來朝享也。

❶ 「漢書」當作「後漢書」。

群經平議卷六

德清俞樾

尚書 四

惟二月既望,越六日乙未。《召誥》

傳曰:「周公攝政七年二月十五日,日月相望,❶因紀之。於已望後六日,二十一日。」

樾謹按:枚傳本劉歆三統術,班固作《漢書·律厤志》載之。而《史記·魯世家》亦謂是成王七年二月乙未,則《尚書》家舊説固然矣。惟鄭康成以爲是周公居攝五年,二月三月當爲一月二月。近來言鄭學者多宗其説。乃即以《尚書》徵之,鄭説恐未必然也。《康誥》篇曰:「惟三月哉生魄,周公初基作新大邑于東國洛。」四方民大和會,侯、甸、男邦、采、衛,百工播民和,見士于周。周公咸勤,乃洪大誥治。」《釋文》引馬云:「魄,朏也,謂月三日始生兆朏,名曰魄。」《說文·月部》:「霸,月始生霸然也。承大月二日,承小月三日。從月䨣聲。《周書》曰:『哉生霸。』」是「魄」者「霸」之叚字,壁中古文本作「霸」,後人因經傳相承作「魄」

---

❶「相」,原作「既」,今據阮刻《尚書正義》改。

魄」字，遂誤以「魄」爲月質，而有死霸朔、生霸望之説，與《禮記·鄉飲酒義》篇「月三日則成魄」《白虎通·日月》篇「三日成魄，八日成光」諸説皆不合矣。「惟三月哉生魄，周公初基作新大邑于東國洛」，即此篇「越若來三月，惟丙午朏。越三日戊申，大保朝至于洛，卜宅」也。《康誥》篇正義引鄭注以基爲謀，蓋本《釋詁》文，當從之。丙午朏，周公始定作新邑之謀，故越三日戊申，太保至洛卜宅也。兩篇皆言三月，可知三月字不誤。鄭必破二月爲一月，三月爲二月，未足據也。又《康誥》篇首四十八字，愚以文義求之，當在《梓材》篇首，説已見前矣。然則下文所謂「越七日甲子，周公乃朝用書命庶殷侯甸男邦伯」者，其即《梓材》一篇乎？《梓材》、《召誥》、《洛誥》三篇相屬，皆作洛邑時事。因《梓材》篇首四十八字誤置《康誥》篇首，鄭不知彼文「三月既生魄」即此「三月丙午朏」，故滋異説耳。枚氏於彼傳曰「周公攝政七年三月，始生魄，月十六日，明消而魄生」，是枚氏固知彼三月即此三月矣。惟以始生魄爲月十六日，未合古義。以此經證之，周公作書以命庶殷，實是二十一日甲子之事。彼止言始謀之日者，以詳見此經，故略之也。若以哉生魄爲十六日，則是戊午社于新邑之明日己未矣。是日不見于經，其無事可知。史臣紀周公作誥，必述其所自始，故以「哉生魄」發端。若必欲實載其日，則自當言二十一日甲子，豈亐虛舉十六日己未乎？蓋枚氏雖知彼三月即此三月，而猶不知彼哉生魄即此丙午朏，故所説未盡合耳。

傳曰：「周公通達觀新邑所營，言周徧。」

則達觀于新邑營。

樾謹按：達觀非周徧之謂。達者，同也，言周公與召公同觀也。《禮記·禮器》篇「君子達亹亹焉」，鄭注曰「達，猶皆也」，是其義也。凡《古文尚書》作「達」，《今文尚書》皆作「通」，説詳段氏《譔異》。此文「達」字今文亦必作「通」。《後漢書·來歷傳》注曰：「通，猶共也。」共即同也，蓋通、同一義也。《説文·行部》：「衕，通街也。」《竹部》：「筒，通簫也。」通街謂之衕，通簫謂之筒，是通、同一義也。達爲通，故亦爲同。新邑本召公所經營，周公既至，自必與召公同觀。但以周徧釋之，未得其義。

面稽天若。

傳曰：「禹亦面考天心而順之。」

樾謹按：若，順也，順即道也。《論衡·本性篇》引陸賈曰「人能察己所以受命則順，順之爲道」，《國語·楚語》「以違而道、從而逆相對，是古人謂順爲道，而古義湮矣。《康王之誥》篇「用奉卹厥若」，厥若者，其道也。枚傳訓若爲順，而曰「奉憂其所行之爲道」，則「道」字轉爲增出矣。枚但知若之爲順，不知順順道」，則「道」字轉爲增出矣。

顧畏于民碞。

傳曰：「碞，僭也。又當顧畏於下民僭差禮義。」

樾謹按：《説文·石部》：「碞，磛碞也，從石品。」《周書》曰『畏于民碞』讀與巖同。」又《品部》：「嵒，多言也，從品相連。《春秋傳》曰『次于嵒北』，讀與聶同。」是《説文》引此經作「碞」，不作「嵒」。而王厚齋《困學紀聞》、《藝文志攷》二書皆云《説文》顧畏于民嵒，多言也，尼輒切，與《説文》不合，故段氏玉裁譏其踳駁。

夫王氏經學視近代諸儒誠爲疏闊，然在宋儒之中亦其傑出者也，非不見《說文》而臆說者也，何至踳駁至此？疑王氏所見《說文》與今不同。其「喦」篆下引《春秋傳》「次于喦北」而云「讀與聶同」，此蓋許君之真本也。「喦」字與「嵒」字相似。《說文・山部》：「嵒，山巖也，從山品，讀若吟。」《尚書》「嵒」字傳寫誤作「喦」，則與「嶃喦」之「喦」其義相近，因又誤爲「喦」。不得其解，妄生儳差之訓，而古字古義俱失矣。《釋文》曰：「喦，五咸反。徐又音吟。」夫吟乃嵒之音也，《尚書》既作喦，何以徐邈又音吟？可知古本有作「嵒」者也。雖同是誤本，而作「喦」之本又爲古矣。後人日習枚傳，遂據以改易《說文》，而《尚書》與《春秋傳》遂皆失其本字。夫嵒爲嶃喦，則《尚書》之「畏于民嵒」即《詩》所謂「畏人之多言」也。今移置「喦」篆下，則失其義矣。喦爲多言，夫吟爲嵒，則《春秋》之「喦北」蓋以其地在山巖之北而得名也。今移置「嵒」篆下，則又失其義矣。當從王厚齋所引訂正，未可妄譏其踳駁也。

知今我初服，宅新邑。

傳曰：「天已知我王今初服政，居新邑。」

樾謹按：枚解「知」字之義殊爲迂曲。孫氏星衍曰：「知或語辭」，此說是也。《說文・矢部》「知，詞也」，次「𥎊」、「矤」兩篆之閒。然則古人固用知爲語助，《召誥》篇所用「知」字皆是也。「夫知保抱攜持厥婦子，以哀籲天」，知乃語辭，言夫保抱攜持厥婦子也。正義引王肅云「匹夫知欲安其室」，則失之迂曲矣。「我不敢知曰，有夏服天命，惟有曆年。我不敢知曰，不其延，惟不敬厥德，乃早隊厥命」，知亦語辭，「我不敢知

朕復子明辟。《洛誥》

傳曰:「周公盡禮致敬,言我復還明君之政於子,成王。年二十成人,故必歸政而退老。」蔡沈《集傳》曰:「復如逆復之復。成王命周公往營成周,周公得卜,復命于王也。明辟者,尊之也。周公相成王,尊則君,親則兄之子。明辟者,明君之謂。先儒謂成王幼,周公代王爲辟,至是反政成王,故曰『復子明辟』。夫有失然後有復,武王崩,成王立,未嘗一日不居君位,何復之有哉?」

樾謹按:王氏應麟《困學紀聞》曰:「《洛誥》『復子明辟』,荊公謂周公得卜,復命於成王也。漢儒居攝還政之説,於是一洗矣。」是蔡傳之説本於荊公,而不言者,恥襲其説也。然荊公之説實亦漢儒之舊説。蓋漢儒雖言周公居攝,而解此經『復子明辟』則亦以爲復命成王。何以知之?《漢書・元后傳》曰:「成王加元服,周公則致政。」《書》曰:『朕復子明辟。』周公常稱王命,專行不報,故云我復子明君也。」是漢儒亦以復爲逆復之復。平時周公稱王命專行,無須復命,至是成王已長,周公將歸政,退從臣禮,故須復命也。《書序》稱「周公往營成周,周公將歸政,而己初非以歸政爲復命也。《書》發端即云「周公拜手稽首曰:『朕復子明辟』」,其爲復命成王,文義了然,漢人豈不知之,豈待宋儒刱獲乎?枚氏作傳,習聞周公居攝之政,枚氏此解自不可通,而漢儒舊説則固不爾也。荊公刱解適與漢儒舊説暗合辟」,不言「復子明辟之政」,枚氏此解自不可通,而漢儒舊説則固不爾也。荊公刱解適與漢儒舊説暗合。

曰」者,我不敢曰也。枚傳曰「我不敢獨知,亦王所知」,則失之迂曲矣。蓋語辭而釋以實義,宜其皆不通也。

近來宗漢學者反循用枚說，誤矣。

我卜河朔黎水，我乃卜澗水東瀍水西，惟洛食。我又卜瀍水東，亦惟洛食。

正義曰：「以帝王所都，不常厥邑。夏、殷皆在河北，所以博求吉地，故先卜近以悅之。」顏氏云：❶「先卜河北黎水者，近於紂都，爲其懷土重遷，故先卜近以悅之。」用鄭康成之說，義或然也。」顏樾謹按：帝王所都既不常厥邑，何必以夏、殷舊都而輒往從之乎？若謂先卜近以悅民，則是愚其民，并誣其神矣。是二說皆非也。《周書·度邑》篇亦有此文，大略相近。《史記·周本紀》載武王之言曰：「我南望三途，北望嶽鄙，顧瞻有河，粵瞻洛伊，毋遠天室。」周公先卜黎水者，即武王「顧瞻有河」之意，故不直曰黎水而必曰「河朔黎水」。繫黎水於河，其意在河也。黎水不吉，改卜澗水、瀍水，則舍河而就洛矣。既得吉卜，乃詳其所在，曰「澗水東瀍水西」，曰「瀍水東」，而要皆以洛爲主，即武王「粵瞻洛伊」之意，故兩言「惟洛」，其意在洛也。後人不達此旨，則不特先「卜河朔黎水」之意不可見，并兩言「惟洛」亦不知其何意矣。又按：食字之義，《詩·王風譜》正義引鄭注曰「皆可長久居民，使服田相食」，其說殊爲迂曲。枚傳曰「卜必先墨畫龜，然後灼之，兆順食墨」，此亦不然。《周易·井》初六《象傳》「井泥不食」，李氏《集解》引虞注曰「食，用也」；《國策·衞策》「始君之所行於世者，食高麗也」，高注曰「食，用也」；《老子》「而貴食母」，河上公注曰「食，用也」。營洛乃王者大事，不占體而占墨，何歟？

❶ 「顏」，原作「顧」，今據《尚書正義》改。

「食，用也」，是食可訓用。「我卜河朔黎水」不言食，言此處所不用也；「我又卜瀍水東，亦惟洛」，兩處皆曰食，則皆所用也。古謂用爲食，亦謂食爲用。《韓非子·外儲説左》篇「孔子御坐於魯哀公，哀公賜之桃與黍，哀公請用」，請用即請食也。《荀子·禮論篇》「祭，齊大羹而飽庶羞，貴本而親用也」，楊注曰「用，謂可用食也」，皆其證也。《説文·亯部》「亯，用也」，亯字訓用而從亯，會意，此即用與食義通之證。自古義湮，而此經「食」字遂不可解矣。

伻來，來視予卜休恒吉。

傳曰：「言公前已定宅，遣使來，來視我以所卜之美、常吉之居。」正義曰：「來來重文，上來言使來，下來爲視我卜也。鄭云『伻來來者，使二人也』，與孔意異。」

樾謹按：「來來」重文，殊不可解，如正義所説，則下「來」字乃本字，上「來」字乃「賚」之叚字。賚者，賜也，錫也。「賚視予」者，錫視予也。賚與錫同義，因其字叚作「來」，故學者失其義耳。至鄭義亦有未安，倘使者三人，豈當疊三「來」字乎？疑上「來」字爲本字，下「來」字乃「賚」之叚字。古人重其事則曰錫，《堯典》「師錫帝曰」是也。

孺子其朋，孺子其朋。其往！

傳曰：「少子慎其朋黨，少子慎其朋黨，戒其自今已往。」

樾謹按：《後漢書·爰延傳》「帝左右者所以咨政德也，故周公曰其朋其朋，言慎所與也」，是枚傳之説正漢人舊説。然以文義求之，實有未安。經言「其朋」，不言「慎其朋」；經言「其往」，不言「戒其往」也。李賢注《後漢書》引《尚書》「孺子其朋，孺子其朋，慎其往」，此「慎」字疑誤衍，而足利古本遂據以增入經

文，謬矣。今按：兩「朋」字當讀爲「佣」。《廣雅・釋詁》:「佣，不也。」《玉篇・人部》:「佣，匹肯切，不也。」謂不爲佣，蓋古語如此。據《說文》,「佣」讀若「陪」位」之「陪」。陪從否聲，否者，相與語唾而不受也。然則古人謂不爲佣，其聲蓋卽如否矣。此經作「朋」不作「佣」者，本取其聲，不取其義，故不必定作「佣」字也。上文曰「予齊百工，伻從王于周，予惟曰庶有事」，蓋周公將歸政，故使百工從王也。成王乃命之曰「女受命篤弼，丕視功載，乃女其悉自教工」，兩「女」字皆謂周公也。成王蓋使周公述之故也。《釋詁》曰「教，效也」《釋言》曰「效，考也」然則教亦考也。欲周公自稽考百工，如攝政時事也。周公不敢當，故力辭之，曰「孺子其佣，孺子其佣」猶曰孺子其無然，孺子其無然。重言之者，見意之決也。學者不達此旨，故力并上文而俱失其解矣。「其往」者，卽下文所謂「往新邑」。周公欲王往治新邑，故勉之曰「其往」耳。

女惟沖子惟終。

傳曰：「惟當終其美業。」

樾謹按：《君奭》篇「其終出于不祥」，《釋文》曰:「終，馬本作崇。」蓋終與崇聲近義通。《詩・蝃蝀》篇「崇朝其雨」，毛傳曰「崇，終也」，是其證也。此文「惟終」當作「惟崇」,「女惟沖子惟崇」與《召誥》曰「有王雖小元子哉」文義正同。《禮記・祭統》篇「崇事宗廟社稷」，鄭注曰「崇，猶尊也」，言女雖沖幼，然女位甚尊，故宐敬識百辟享也。如枚傳，則與下意不貫矣。

公無困哉我惟無斁其康事。

傳曰：「公必留，無去以困我哉！我惟無斁其安天下事。」

樾謹按：經文「哉我」二字傳寫誤倒，傳文下「我」字乃衍文也。成王之意，謂公既厭其安天下事，則必去我，而我乃困矣，故曰：「公無困我哉！惟無斁其安天下事。」《周書・祭公》篇亦曰「公無困我哉」，文與此同，可證也。《漢書・元后傳》《杜欽傳》引作「公無困我」，其無「哉」字者，以語辭故省之耳。枚傳云「公必留，無去以困我哉」，是枚本「哉」上正有「我」字。經文傳寫誤倒，於是後人於傳文「惟無厭」之上又增「我」字，而義不可通矣。夫周公將歸政，故成王有「無厭」之語。若云「我惟無斁」，則成王於安天下事豈宜有所厭倦，此又何必道哉！後人但疑「哉」字爲「我」字之誤，而不知「哉我」二字之誤倒，則其所見猶未盡得矣。

用告商王士。《多士》

傳曰：「用王命告商王之衆士。」

樾謹按：此當以「王士」二字連文。王士之稱，猶《周易》言王臣，《春秋》書王人，傳稱王官，其義一也。《周書・世俘》篇「癸丑，薦殷俘王士百人」，此「王士」二字連文之證。

上帝引逸。有夏不適逸。

傳曰：「言上天欲民長逸樂。有夏桀爲政，不之逸樂。」

樾謹按：逸樂非所以爲政，枚義非也。王充《論衡・語增篇》曰：「『上帝引逸』，謂虞舜也。舜承安繼治，

任賢使能，恭己無爲而天下治。」又《自然篇》亦引此經，其說略同。然無爲而治，豈易言邪？謂桀以不能無爲而治遂致滅亡，于義更非矣。蓋説此經者皆未明「引」字之義。《素問・五常政大論》「是謂收引」，王注曰：「引，斂也。」又《異法方宜論》「天地之所收引也」，注曰：「引，謂牽引使收斂也。」然則「上帝引逸」者，言上帝不縱人逸樂，有逸樂者，則收引之，勿使大過也。《吕氏春秋・重己》篇「故聖人必先適欲」，高注曰「適，猶節也」。「有夏不適逸」者，適之言節也。《管子・禁藏》篇「故聖人之制事也，能節宮室、適車輿以實藏」，是適與節同義，言夏桀不自節其逸樂。人知引有引申之義，不知引亦有收引之義，蓋古訓反覆相通類如此。自「引」字之義不明，而「引逸」與「適逸」俱失其旨矣。

予惟率肆矜爾。

傳曰：「惟我循殷故事，憐愍女。」正義曰：「循殷故事」，此「故」解經中「肆」字。」
樾謹按：《論衡・雷虚篇》「紂至惡也，武王將誅，哀而憐之，故《尚書》曰『予惟率夷憐爾』」，是《今文尚書》「肆」作「夷」，「矜」作「憐」。段氏玉裁謂皆同部字是也。惟訓夷爲誅，于義未合。《周官・行夫職》注曰「夷，發聲」，然則夷乃語辭。「予惟率夷憐爾」者，予惟率夷憐爾也。率者用也，《詩・思文》篇「帝命率育」，毛傳曰「率，用也」，是其義也。肆亦語辭，「予惟率肆矜爾」者，予惟率矜爾也。枚傳解「率肆」爲「循殷故事」，失其義矣。凡《尚書》中「肆」字如「肆予」、「肆女」之類，皆可以語辭讀之。解者或訓爲陳，或訓爲故，胥失之矣。

繼爾居。

傳曰：「繼汝所當居爲。」

樾謹按：枚義甚爲不詞，非經旨也。「繼」當作「綏」。《説苑‧指武》篇「損其有餘而繼其不足」，淮南子‧道應》篇「繼」作「綏」，是其例也。「綏居」者，安爾居也。《盤庚》下篇「奠厥攸居，乃正厥位，綏爰有衆」，義與此同。《爾雅‧釋詁》曰「綏，繼也」，《漢書‧律厤志》曰「蕤，繼也」，綏、蕤並與綏通。《禮記‧明堂位》「夏后氏之綏」，鄭注曰：「綏當爲緌，讀如冠蕤之蕤。」綏、蕤訓繼，則繼之與綏義亦可通也。

既誕，否則侮厥父母曰：「昔之人無聞知。」《無逸》

樾謹按：「誕」字漢石經作「延」，「否」字漢石經作「不」，俱當從之。《爾雅‧釋詁》「延，長也」，長與久同義。此承「乃逸乃諺」而言，其始逸豫遊戲，叛諺不恭而已，及既長久，則且輕侮其父母也。不乃語辭，枚傳以不欺解之，未得其旨。下文「民否則厥心違怨，否則厥口詛祝」，段氏玉裁曰：「『否則』皆『丕則』之誤，上文『丕則有愆』，《康誥》篇『丕則敏德』。」按：段説固是，然不、丕、否古字通用，亦不必以否字爲誤。延之爲誕，猶不之爲否。《漢書‧古今人表》「叔王延」，《史記索隱》作「誕」。學者不達叚借之例，而必泥本字爲説。然則由逸豫而叛諺而欺誕，事本相因，何不曰「乃逸乃諺乃誕」，而變其文曰「既誕」乎？

文王卑服。

樾謹按：衣服非宮室，不可言卑，枚義非也。《釋文》曰「卑，馬本作俾，使也」，則可知非「卑高」之「卑」矣。

傳曰：「文王節儉，卑其衣服。」

然馬訓爲使，義亦未安。「俾」者「比」之叚字。《詩·皇矣》篇「克順克比」，《禮記·樂記》篇作「克順克俾」，《漸漸之石》篇「俾滂沱矣」，《論衡·明雩篇》作「比滂沱矣」，是俾、比音近義通。《周官·遂師職》曰「比敘其事而賞罰」，然則文王比服者，服事也，言文王比敘其事也。字亦作「庀」。《國語·魯語》曰「夜庀其家事」，又曰「子將庀季氏之政焉」，竝同此義。

惠鮮鰥寡。

傳曰：「又加惠，鮮乏鰥寡之人。」

樾謹按：「惠鮮鰥寡」與上句「懷保小民」語本相對，若以「鮮鰥寡」三字連文，則與上句不一律矣。蔡傳曰「於小民則懷保之，於鰥寡則惠鮮之」，甚得經旨。然其解「惠鮮」，云「鰥寡之人垂首喪氣，賚予賙給之，使有生氣」，則望文生訓，大不詞矣。由宋人不通古訓故也。「鮮」當讀爲「賜」。《詩·瓠葉》篇鄭箋曰「今俗語斯白之字作鮮，齊、魯之閒聲近斯」，是古音鮮與斯近，故鮮與賜聲亦相近。《禹貢》「析支」，《大戴禮·五帝德》篇作「鮮支」，《後漢書·西羌傳》作「賜支」，蓋析、鮮、賜皆一聲之轉也。《漢書·谷永傳》引作「惠于鰥寡」，此自《今文尚書》之異。「惠鮮鰥寡」猶云惠賜鰥寡，正與「懷保小民」一律。《正義》曰：「惠鮮鰥寡」，然亦可見鮮之與惠義本不殊，故令文無「鮮」字。枚傳「鮮乏」之訓，不可從也。

用咸和萬民。

傳曰：「用皆和萬民。」

樾謹按：咸亦和也。《詩·常棣》篇箋曰「周公弔二叔之不咸」，《正義》曰：「咸，和也。」蓋「咸」卽「諴」字之

省。《説文・言部》：「諴，和也。」「用諴和萬民」者，用諴和萬民也。傳以爲皆和萬民，則不辭矣。

乃非民攸訓，非天攸若。

傳曰：「夫耽樂者，乃非所以教民，非所以順天。」

樾謹按：若，順也，訓亦順也。《廣雅・釋詁》曰：「訓，順也。」「非民攸訓」，言非民所順也；「非天攸若」，言非天所順也。文異而義實不異。枚氏於《洪範》篇諸「訓」字皆以「順」字釋之，此「訓」字乃以爲「教」也？下文曰「此厥不聽，人乃訓之，乃變亂先王之政刑」，言人乃順從其意，以變亂舊法也。枚傳曰「人乃教之以非法」，亦失之矣。

時則有若保衡。《君奭》

傳曰：「阿保一也。」「阿」即「娿」之叚字，《説文・女部》「娿，女師也，讀若阿」，古書即以「阿」爲之。《史記・范雎傳》曰「居深宫之中，不離阿保之手」，《列女傳・貞順傳》曰「下堂必從傅母保阿」，並以阿保連文，可知阿猶保也。伊尹爲太保，故謂之保衡。保衡猶保奭也。保奭者，保其官，奭其名，保衡者，保其官，衡其字，蓋伊氏尹名而衡字也。鄭康成謂伊陟伊尹之子，則伊是其氏明矣。伊尹自稱尹躬，則尹是其名明矣。尹之義爲正，衡之義爲平。楚屈原名平，而《離騷》曰「名余曰正則」，是平與正同，故名尹字

樾謹按：阿保一也。「阿」即「娿」之叚字，《説文・女部》「娿，女師也，讀若阿」，古書即以「阿」爲之。《史

傳曰：「太甲繼湯，時則有如此伊尹爲保衡，言天下所取安，所取平。」正義曰：「《詩》稱『實維阿衡，實左右商王』，鄭云：『阿，倚。衡，平也。』伊尹湯所依倚而取平。』至太甲改曰保衡，保，安也，言天下所取安，所取平。」此皆三公之官，當時爲之號也。」

也。《詩》謂之「阿衡」，《書》謂之「保衡」，阿、保字異而義同。鄭意伊尹在湯時稱阿衡，在太甲時稱保衡，殊非古義。其解阿衡、保衡迂曲不合，更無論矣。至伊摯之稱，見于《孫子·用閒》篇。彼文曰：「殷之興也，伊摯在夏。周之興也，呂牙在殷。」以伊摯爲伊尹，以呂尚爲呂牙，蓋戰國時記載之異，皆與經不合，恐未足據也。此經先稱伊尹，後稱保衡，其氏、其官、其名、其字具見于此矣。

故殷禮陟配天。

傳曰：「故殷禮能升配天。」

樾謹按：夏、殷之君，生雖稱王，死則稱帝，故《史記》于《夏》《殷本紀》無不稱帝者。《禮記·曲禮》篇「措之廟立之主曰帝」，鄭注曰：「同之天神。」然則「殷禮陟配天」者，謂殷人之禮，死則配天而稱帝也。《竹書紀年》凡帝王之終皆曰「陟」，此經「陟」字義與彼同，言殷有賢臣爲之輔佐，故有殷之君無失德者，死則配天稱帝，其子孫享國長久，多歷年所也。傳義未得。

誕無我責收，罔勗不及。

傳曰：「女大無非責我留。今與女留輔成王，欲收教無自勉不及道義者。」

樾謹按：枚傳於「責」字絶句，而以「收」字屬下讀，「收罔勗不及」，甚不可解。如傳義，亦太迂迴矣。「收」當屬上讀。收者，成也。《周易·井》上六「井收勿幕」，王弼注曰「井功大成在此爻矣，故曰『井收』」，是收有成義也。此承「小子同未在位」而言。成王沖幼，雖已即政，與未在位同，若無我責求其收成，則無能勗勉其所不及也，故曰「誕無我責收，罔勗不及」。誕者語辭，不必訓爲大，説詳王氏《經傳釋詞》。責之本義

爲求，《說文・貝部》：「責，求也。」以非責釋之，義亦未協。乃惟以爾多方之義民，不克永于多享。《多方》

傳曰：「天所以不與桀，以其乃惟用女多方之義民爲臣，而不能長久多享國故。」

樾謹按：枚傳于「義」字不知其作何解。《立政》篇「玆乃三宅無義民」，王氏念孫曰「義與俄同，衺也，言居賢人於官而任之，則三宅無傾衺之民也」，詳見《經義述聞》。此說爲先儒所未發，然「義民」字已見此篇，王說顧不之及。孫氏星衍于《立政》篇用王氏說，于此篇則用江氏聲之說，謂「義民」猶「民儀」，前後異訓，殆失之矣。此篇「義」字亦當讀爲「俄」，言天所以不與桀，以其惟用女多方傾衺之民爲臣，故不能長久多享國也。「義」爲「俄」之叚字，王氏引《吕刑》「鴟義姦宄」及《大戴禮・千乘》篇「誘居室家有君子曰義」，《管子・明法解》篇「雖有大義，主無從知之」爲證。今以其説推之，文十八年《左傳》「掩義隱賊」，義亦俄也。義賊皆不善之事，故掩蓋之，隱蔽之也。字亦作「儀」，《荀子・成相篇》「君法儀禁不爲」，《管子・法禁》篇「法制不議則民不相私」，議亦俄也，言法制不傾衺，則民不相私也。字又作「議」，此與上文「君法明論有常」相對成文，言君法明盛，則其論有常；君法傾邪，則當禁之，使不爲也。皆可爲證。

傳曰：「大代夏政，爲天下民主。」❶

簡代夏作民主。

❶「主」，原作「生」，據阮刻《尚書注疏》改。

樾謹按：簡固訓大，然「大代夏作民主」殊爲無義。《皋陶謨》「笙鏞以閒」，枚傳曰：「閒，迭也。」簡與閒古字通用，「簡代夏作民主」謂迭代夏作民主也。

天惟五年，須暇之子孫，誕作民主，罔可念聽。

傳曰：「天以湯故，五年須暇湯之子孫，冀其改悔。而紂爲民主，肆行無道，事無可念，言無可聽。」

樾謹按：《詩·武》篇正義引此經曰「天惟五年，須暇湯之子孫」，蓋即用枚傳義。而經文所無，不足據也。《皇矣》篇正義曰：『《多方》云：「天惟五年，須暇夏之子孫。」注云：「夏之言假。天覬紂能改，故待假其終，至五年，欲使傳子孫。」』是鄭解此經子孫又以爲紂之子孫，與經文語意實亦不合。惟據鄭注，知經文「假」字本是「夏」字，因鄭注訓「夏」爲「假」，枚本從之，而又變其字作「暇」耳。今按：上文曰「非天庸釋有夏，非天庸釋有殷」，則「非天庸釋」，謂、殷立言「夏」字當即上文「夏」字也。蓋天旣降喪于殷，須待夏后氏之子孫，欲其誕作民主。而夏后氏有大功德于民，天所不忍釋，雖其後未有聖人，然「惟狂克念卽聖」矣，故以五年須待夏后氏之子孫，故「惟我周王靈承于旅」也。此云「罔可念聽」，下云「罔堪顧之」，文義相近，皆非專指一人之辭。蓋多方非一人，而夏之子孫在周尚有杞、鄶諸國，則在殷時亦非一人也。自鄭君誤訓夏爲假，而經義全失矣。說互詳《詩·皇矣》篇。

爾曷不夾介乂我周王。

傳曰：「夾，近也。」女何不近大見治於我周王。

樾謹按：《一切經音義》卷十二引倉頡曰：「夾，輔也。」《爾雅·釋詁》曰：「介，助也。」然則「夾介」猶言輔助也。哀十六年《左傳》「是得艾也」，杜注曰「艾，安也」，又艾古通用，然則「又我周王」猶言安我周王也。枚以夾介爲近大，不辭殊甚。又訓乂爲治，而加「見」字以成其義，亦非經旨。

我有周惟其大介賚爾。

傳曰：「我有周惟其大大賜女。」

樾謹按：枚氏因「大介」連文，介亦大也，因釋爲「大大」，則不辭甚矣。《說文·大部》：「夰，大也，從大介聲，讀若蓋。」今經典無「夰」字，蓋皆叚「介」爲夰」之叚字也。此經疑用「夰」本字，其文曰：「我有周惟其夰賚爾。」「夰賚」即大賚也。後人罕見「夰」字，遂誤分爲大、介二字耳。

用咸戒于王曰：「王左右常伯、常任、準人、綴衣、虎賁。」《立政》

傳曰：「周公用王所立政之事皆戒於王曰，常所長事，常所委任，謂三公六卿；準人平法，謂士官；綴衣掌衣服，虎賁以武力事王，皆左右近臣，宐得其人。」

樾謹按：上文「周公若曰：『拜手稽首，告嗣天子王矣。』」正義引王肅曰：「于是周公會群臣共戒成王，其言曰『拜手稽首』，是周公讚群臣之辭。」然則周公會群臣共戒成王，故云「用咸戒于王」，枚傳之義非也。「王左右常伯、常任、準人、綴衣、虎賁」，蓋不敢斥尊者，故歷呼王左右者而告之，猶後世人臣進言，不敢斥言天子而曰陛下也。枚傳不知此義，乃曰「皆左右近臣，宐得其人」。經文竝無宐得其人之意，增義釋經，非其旨矣。下文又書「周公曰」者，蓋雖會戒成王，而其辭實出周公一人之口，故下文曰「予旦已受人之徽

言咸告孺子王」也。

惟羞刑暴德之人，同于厥邦。

傳曰：「惟進用刑，與暴德之人同于其國，竝爲威虐。」

樾謹按：枚氏以「刑」爲「刑罰」之「刑」，則暴德足以包之，乃累言之曰「刑暴德」，不辭甚矣，枚義非也。刑與庸同義，故《爾雅》刑、庸竝訓常。刑之與庸，猶形之與容，刑、形、容聲義竝同。「惟羞刑暴德之人」者，惟進庸暴德之人也。庸者，用也，故《尚書》每以「刑用」連文。《召誥》篇「小民乃惟刑用于天下」，《多方》篇「厥民刑用勸」。刑即用也，猶《無逸》篇「不皇暇食」，皇即暇也；《多方》篇「克堪用德」，克即堪也，古人自有複語耳。枚不知刑與庸同義，故於刑用皆失其解。昭十二年《左傳》「形民之力」，形亦與庸同，言用民之力也。説詳《左傳》。

藝人。

傳曰：「況大都邑之小長，以道藝爲表幹之臣。」

樾謹按：「藝」當讀爲「埶」，與「藝祖」之「藝」同，説詳《堯典》。藝人者，埶御之人也，此藝人猶上之「左右攜僕」。下云「表臣百司」，猶上之「百司庶府」，但有內外臣之別耳。公卿都邑亦自有埶御之人。《儀禮·有司徹》篇「獻私人于阼階上」，然則立政之埶人，其即禮所謂私人歟？私與埶一也，因其字作「藝」，枚氏遂以道藝釋之，殆非古義。

阪尹。

群經平議

傳曰：「阪地之尹長。」正義曰：「鄭玄以『三亳阪尹』者共爲一事，云：『湯舊都之民服文王者分爲三邑，其長居險，故言阪尹。蓋東成皋，南轘轅，西降谷也。』」

樾謹按：枚解「阪尹」與鄭義同，但不連「三亳」解稍異耳。「夷微、盧、烝、三亳、阪、尹」，以一「夷」字總領下文。蔡傳曰「烝或以爲衆，或以爲夷名」，蓋夷名近是矣。此見文王、武王敬事上帝，立民長伯，雖蠻夷之地，亦不敢忽也。但列其地，不詳其官，亦猶《禹貢》篇「終南、惇物，至于鳥鼠」，空舉山名，不言治意，蒙上爲文，從可知也。先儒所說「阪尹」之義，殆皆未得矣。

傳曰：「文王無所兼知於毀譽衆言。」

樾謹按：經文止言「罔攸兼」，不言「罔攸兼知」，傳義非也。兼者，絕也。《考工記・輪人》「外不廉而內不挫」，鄭注曰：「廉，絕也。」《説文・火部》作「爌」，曰「火燅車網絶也」，引《周禮》曰「燅牙，外不爌。」《水部》又有「㴡」字，其一説曰：「中絶小水也。」是從兼得聲之字，每有絕義。此經云「文王罔攸兼于庶言」者，文王于庶言無所絶也。下文曰：「庶獄庶慎，惟有司之牧夫。」又曰：「庶獄庶慎，文王罔敢知于兹。」蓋文王博采衆言，有司牧夫各得其人，故庶獄庶慎，文王不與知也。下文于「庶言」曰「文王罔敢知」，此文于「庶言」曰「文王罔攸兼」，其義各殊。枚傳誤讀「文

其惟克用常人。

傳曰：「其惟能用賢才為常人。」

樾謹按：傳增「賢才」字以釋經，非經旨也。上云「繼自今立政，其勿以憸人，其惟吉士」，此云「繼自今後王立政，其惟克用常人」，常人卽吉士也。《皋陶謨》篇「彰厥有常吉哉」，是其義也。《儀禮・士虞禮》記「薦此常事」，鄭注曰：「古文常為祥。」然則常、祥聲近義通，故上文言吉士，此言常人也。傳義失之。

恐不獲誓言嗣。《顧命》

傳曰：「恐不得結信出言嗣續我志。」

樾謹按：傳義迂迴，非經旨也。誓與矢古通用，《爾雅・釋詁》：「矢，陳也。」「嗣」當作「詞」，乃籀文「辭」字。言病日臻既彌留，恐不獲陳言辭，茲故審訓命女也。古辭、嗣字聲近義通。《大誥》篇「辭其考我民」，「辭」當讀為「嗣」。此云「恐不獲誓言嗣」，「嗣」當讀為「辭」。學者多以本字讀之，失其旨矣。

俾爰齊侯呂伋，以二干戈虎賁百人。

傳曰：「使桓、毛二臣各執干戈，於齊侯呂伋索虎賁百人。」

樾謹按：《爾雅・釋詁》：「俾，使也。」又曰：「俾，從也。」此經「俾」字當訓為從，「俾爰齊侯呂伋」者，從於齊侯呂伋也。蓋桓、毛及呂伋三人皆受命逆子釗，先書桓、毛二臣者，王人也，不以外先內也；從於齊侯呂伋者，齊侯尊也，不以卑臨尊也。枚傳遇「俾」字皆訓為使，遂謂使於齊侯呂伋索虎賁，因臆為之說曰「伋為

天子賁氏」。夫虎賁氏下大夫，豈齊侯所宜爲歟？且上文既言「命矣」，此文「俾」字又訓使，則是命仲桓、南宮毛使於齊侯呂伋，於文無乃複歟？可知其非經旨矣。

二人雀弁執惠。

傳曰：「惠，三隅矛。」

樾謹按：惠爲兵器，必叚借字，而未有得其本字者。其字從叀者，象三隅之形，從惠者，其聲也。《說文·叀部》「惠」篆下有重文「𢚩」❶曰「古文惠」，疑此即「執惠」之本字。壁中古文本作「𢚩」，孔安國以今文讀之作「惠」，許氏遂誤以「𢚩」爲「惠」之古文，而此經「惠」字無得其本字者矣。

夾兩階戺。

傳曰：「堂廉曰戺。」

樾謹按：凡側邊皆謂之廉，堂有堂之廉，階有階之廉。此云「夾兩階」，則戺者階廉也，非堂廉也。《儀禮·聘禮》「鼎九，設于西階前，陪鼎當內廉」，此階亦有廉之證。蓋東階以西邊爲內廉，西階以東邊爲內廉，當內廉者，當西階東邊之廉也。此傳疑本作「階廉曰戺」，學者知有堂廉，不知有階廉，遂誤改爲「堂廉」，而戺義遂失矣。程氏瑤田《釋宮小記》有《夾兩階戺圖說》，最爲明塙，當從之。

宅授宗人同。

---

❶ 「叀」，原作「惠」，今據《說文解字》改。

傳曰：「太保居其所，授宗人同。」正義曰：「太保居其所於受福酒之處，足不移。」

樾謹按：上文「王三宿三祭三咤」，正義引鄭注曰：「徐行前曰肅，卻行曰咤。王徐行前三祭，又三卻復本位。」《釋文》曰「咤亦作宅」，然則咤、宅同字。此文「宅授宗人同」，依鄭義則爲卻行之義耳。《説文·宀部》：「託，奠爵也。從宀託聲。《周書》曰：『王三宿三祭三託。』」是壁中古文字本作「託」。奠爵，亦古文家舊義。王肅訓咤爲奠爵，枚傳從之，自非無據。鄭君本爲古文之學，而不用舊説，別爲卻行之義者，正以下有「宅授宗人同」之文。若既奠矣，又何授焉？故以咤爲却行，則「宅授宗人同」義亦可通，足徵鄭注之精也。枚傳非不知咤、宅同字，但于三咤既從奠爵之說，則此文「宅」字不得不更爲之說。正義以「足不移」申明之，失之迂曲矣。

王義嗣，德答拜。《康王之誥》❶

傳曰：「康王以義繼先人明德，答其拜，受其幣。」

樾謹按：傳以「王義嗣德」四字連文，失其讀矣。襄十四年《左傳》載吳季札之言曰：「君義嗣也，誰敢奸君？」杜注曰：「諸樊適子，故曰義嗣。」疑適子謂之義嗣，古有此稱。此經不直曰「王」而曰「王義嗣」者，蓋當喪未君之稱也。文九年《公羊傳》曰「毛伯者何？天子之大夫也。何以不稱使？當喪未君也。踰年矣，何以謂之未君？卽位矣，而未稱王也」，是古者天子未終喪不稱王。上文書「王」者，所謂緣民臣之

---

❶ 「康王之誥」四字，原在下條經文「丕平富，不務咎」下，今據阮刻《尚書正義》移此。

心，不可一日無君也。此文書「王義嗣」者，所謂緣孝子之心，則三年不忍當也。據《覲禮》「侯氏再拜稽首」，無王答拜之文，是康王答拜，正以未成君而從降禮，故於此獨稱「王義嗣」也。「德答拜」三字連讀。

德讀爲特，古德字作悳，《詩·柏舟》篇「實惟我特」，《韓詩》作「實惟我直」，故「悳」亦通作「特」也。《周官·司士職》「孤卿特揖」鄭注曰：「特揖，一一揖之。」然則特答拜者，一一答拜也。傳失其讀，因失其旨矣。

丕平富，不務咎。

傳曰：「言先君文、武道大，政化平美，不務咎惡。」

樾謹按：《爾雅·釋詁》：「平，成也。」《禮記·郊特牲》篇：「富也者，福也。」「丕平富，不務咎」，言大成福善之事，不務爲咎惡之事。《洪範》篇「女雖錫之福，其作女用咎」是也。《周易·謙·象傳》「鬼神害盈而福謙」，《釋文》曰「福，京作富」，是福與富古通用。枚傳不知「富」爲「福」之叚字，故不得其解耳。

用端命于上帝。

傳曰：「用受直端之命於上天。」

樾謹按：經文本無「受」字。且上帝之命，又何必言直端乎？傳義非也。端者，始也。《説文·耑部》：「耑，物初生之題也。上象生形，下象其根也。」經典並段「端」爲之。《家語·禮運》篇「五行之端」，王肅注曰：「端，始也。」《孟子·公孫丑》篇「仁之端也」，趙岐注曰：「端，首也。」首即始也。「用端命于上帝」者，

女則有無餘刑非殺。《柴誓》

傳曰：「汝則有無餘之刑。刑者非一也，然亦非殺汝。」

樾謹按：無餘之刑，不知何謂。正義引王肅云「父母妻子同産皆坐之」，鄭玄云「盡奴其妻子，不遺其種類」，又疑不供楨幹未應緣坐盡及家人，遂謂權以脅之，使勿犯，此亦曲説矣。今按：「無餘刑」者，即《李斯傳》所謂「具五刑」也。秦、漢之世有具五刑之法，先黥，斬左右趾，笞殺之，梟其首，見《漢書·刑法志》。此經曰「無餘刑非殺」，則諸刑皆具，獨不兼大辟也。蓋軍法至重，故古有具五刑者。此因其罪未至死，故不殺之。同是無餘刑，而殺與非殺，生死殊科。經文「非殺」二字，蓋當時律令有然。若如舊説，則「非殺」二字贅矣。

苗民弗用靈。《吕刑》

傳曰：「三苗之君習蚩尤之惡，不用善化民。」正義曰：「鄭玄以爲穆王深惡此族三生凶德，故著其惡而謂之民。」

樾謹按：《禮記·坊記》篇「先民有言」，鄭注曰：「先民，謂上古之君也。」然則三苗之君謂之苗民，正合先民之義。鄭於此經又必曲爲之説，何也？《召誥》曰「相古先民有夏」，豈亦惡之歟？

傳曰：「皆無中于信義。」

罔中于信。

傳曰：「皆無中于信義。」

樾謹按：于猶越也，越猶與也。《康誥》篇「告女德之説于罰之行」，《多方》篇「不克敬于和」，竝用于字爲連及之詞，説本王氏引之《經傳釋詞》，孔氏廣森《經學巵言》。然則「罔中于信」者，無中與信也。中與忠通，《周官·大司樂職》「中和祗庸孝友」，鄭注曰：「中猶忠也。」此經「中」字亦當爲忠，言三苗之民皆無忠信也。傳義失之。

乃命三后，恤功于民。

傳曰：「所謂堯命三君，憂功於民。」正義曰：「憂功於民，憂欲與民施功也。」

樾謹按：「憂功于民」義不可通，正義因增「施」字以成其義，非經旨也。《説文·心部》「恤，憂也，收也」，是恤有二義。此經「恤」字當訓爲收，「恤功于民」猶云收功于民。《周易·井》上六「井收勿幕」，王注曰「井功大成，在此爻矣，故曰『井收』」，是收有成義。訓恤爲收，正與下文「三后成功」相應。

三后成功，惟殷于民。

傳曰：「各成其功，惟所以殷盛於民。」

樾謹按：《堯典》「以殷仲春」，枚傳曰「殷，正也」，此經「殷」字亦當訓正。「殷于民」者，正于民也。王伯厚《漢藝文志考》引《墨子·尚賢》中篇作「惟假于民」。假與格通，《君奭》篇「格于皇天」、「格于上帝」、《史記·燕召公世家》皆作「假」。惟假于民，即惟格于民，格亦正也，《方言》曰：「格，正也。」「三后成功，惟殷于民，爰制百姓于刑之中」，此三句一氣相屬。「制百姓于刑之中」，即所以正于民也。《後漢書·梁統傳》引此經曰：「爰制百姓于刑之中。」枚本改「爰制」爲「士制」，而以「皋陶作士」釋之，則與三后無涉，「惟殷

于民」句遂若結上之辭，而不知其爲上下承接之語，於是「殷」字之解失矣。近來説《尚書》者，如江氏聲力闢枚氏，凡有異同之處，必舍枚本而從他本，固未免太泥。然此經「土制」之當爲「爰制」，以文勢求之，實無可疑。上文曰：「伯夷降典，折民惟刑」，下文曰：「今爾何監，非時伯夷播刑之迪？」可知此經不及皋陶也。枚本之誤顯然矣。段氏玉裁謂其未必不本于馬、鄭、王，殆非也。

今爾罔不由慰曰勤，爾罔或戒不勤。

傳曰：「今女無不用安自居，曰當勤之。女無有徒念戒而不勤。」正義曰：「今女等諸侯無不用安道以自居，曰我當勤之哉！女已許自勤，卽當必勤。女無有徒念我戒，許欲自勤而身竟不勤，戒使必自勤也。」樾謹按：如枚傳義，則經文當作「曰勤」，唐石經作「日」，誤也。惟枚義迂曲，未得經旨。穆王之意，蓋謂今女等無不用以自安，曰我已勤矣，女等無有自戒其不勤者，慰與戒正相反。惟其以勤自慰，故不知以勤自戒也。經義本極簡明，傳義反嫌詞費矣。

告爾祥刑。

傳曰：「告女以善用刑之道。」

樾謹按：祥古通作「常」，説見《立政》篇。「告爾祥刑」者，告爾常刑也。莊十四年《左傳》曰「周有常刑」，正謂此矣。傳訓祥爲善，而以「用刑之道」足成其義，殆非也。

何度非及。

傳曰：「當何所度，非惟及世輕重所宜乎？」

樾謹按：枚因《史記》作「何居非其宜」，故爲此說，實非經旨也。僖二十四年《左傳》「及」乃「服」字之誤。「子臧之服，不稱也夫？」《釋文》作「子臧之及」，曰「一本作之服」。蓋服從𠬝聲，古或止作𠬝，及、𠬝形似，故易譌耳。《堯典》曰「五刑有服，五服三就」，此篇曰「上刑適輕下服，下刑適重上服」，《周官・小司寇》曰「以施上服下服之刑」，刑以服言，蓋古語也。「何敬非刑，何度非服」，言汝何所敬，非五刑乎？汝何所度，非五服乎？《史記》作「宄」者，《爾雅・釋詁》「服，宄事也」。服與宄同訓，故經文作「服」，《史記》作「宄」。自「服」誤作「及」，而《史記》作「宄」之故遂不可曉。枚傳牽合其說，而義益乖矣。

今往何監非德？于民之中，尚明聽之哉！

傳曰：「自今已往，當何監視？非當立德於民，爲之中正乎？庶幾明聽我言而行之哉！」

樾謹按：此當於「德」字絶句，言自今以往，當何所監視，豈非德乎？「何監非德」與上文「何擇非人？何敬非刑，何度非服」文法一律。枚讀「監」字爲句，非也。中者，獄訟之成也。《周官・鄉士職》「士師受中」，鄭注曰「受中，謂受獄訟之成也」，是古謂獄訟之成爲中，故曰「于民之中，尚明聽之哉！」枚傳連上「非德」爲句，因失其義。

追孝于前文人。《文侯之命》

傳曰：「繼先祖之志爲孝。」

樾謹按：「追孝」猶言追養繼孝也，《禮記・祭統》篇曰：「祭者，所以追養繼孝也。」古鐘鼎款識每有「追孝」之文，《追敦》曰「用追孝于前文人」，語與此同。《楚良臣余義鐘》曰「以追孝先祖」，《郘遺敦》曰「用追孝于

其父母」，亦與此文義相近，是追孝乃古人常語。又《都公敦》曰「用享孝于乃皇祖，于乃皇考」，《陳逆簠》曰「以享以孝于大宗」，享、孝並言，可知所謂追孝者，以宗廟祭祀言也。犬戎之難，文、武幾不血食。自平王東遷，周室復存，然後春秋享祀，不致廢隊，得以追孝于前文人。文侯之功大矣，故特言此，所以大其功也。傳但謂繼志爲孝，是猶未達古義矣。

民訖自若是多盤。《秦誓》

傳曰：「言民之行己，盡用順道，是多樂。」正義曰：「訖，盡也。自，用。若，順。盤，樂也。盡用順道則有福，有福則身樂。」

樾謹按：傳義與下意不屬，非當日援引之旨，良由誤解「盤」字也。「盤」當作「般」。《盤庚》篇《釋文》曰：「盤，本又作般。」《君奭》篇「甘盤」，《史記・燕世家》作「甘般」。此經正義訓盤爲樂，亦用《爾雅・釋詁》「般，樂也」之文，是盤與般通。《說文・舟部》：「般，辟也。」然則「多般」猶云多辟，《詩・板》篇「民之多辟」，鄭箋曰「民之行多爲邪辟」，是其義也。「民訖自若是多般」❶言民盡自順其意，故多辟也，正枚傳所謂「悔前不順忠臣」者，而于下意亦相屬矣。

傳曰：「惟古之謀人，則曰未就予忌。

傳曰：「惟爲我執古義之謀人，謂忠賢蹇叔等也，則曰未成我所欲，反忌之耳。」

❶「訖」原作「汔」，今據清經解續編本改。

群經平議卷六　尚書四

一六三

樾謹按：傳以「則曰未就予」五字連讀，而以「忌」字別爲一句，文義未安。段氏玉裁曰：「《說文·心部》：『惎，毒也，從心其聲。《周書》曰：「來就惎惎。」』『來』字當是『未』字之誤，『惎惎』字之下當有闕文。如『圛，升雲半有半無』；『聖，疾惡也』；『莫席，纖蒻席也』，皆引《書》而釋之，與其字之本義不必合。」今按：段說是矣。然「惎」字當作何解？段氏謂當作惎教也，此用宣十二年《左傳》杜注，成我之所謀也。考之《左傳》，杞子以襲鄭之謀來告，穆公訪之蹇叔，蹇叔云，公辭焉，此即所謂「未就予惎」矣。惎之訓謀，蓋古訓也。《爾雅·釋詁》「基，謀也」，《玉篇·言部》「諆，謀也」，惎與基、諆並聲近而義通。壁中古文作「惎」，說古文者讀爲「忌」，雖聲亦相近，而義則非矣，宂枚傳之不得其解也。

禹別九州，隨山濬川，任土作貢。《序》

樾謹按：正義之說非也。彼既云「微子作誥」、「仲虺作誥」，自不必言「作《微子》」、「作《仲虺之誥》」矣。

正義曰：「諸序皆言作某篇，此序不言『作《禹貢》』者，以發首言禹，末言貢，篇名足以顯矣。百篇之序，此類有三。『微子作誥父師、少師』，不言『作《微子》』；『仲虺作誥』，不言『作《仲虺之誥》』，與此篇皆爲理足而略之也。」

若此序止是首言禹，末言貢，作書之意未彰，豈可不言「作《禹貢》」乎？疑此序本云「禹別九州，隨山濬川，任土，作《禹貢》」因「禹」字偶闕，讀者遂以「任土作貢」四字爲句。段氏玉裁疑「任土作貢」下當有「作《禹貢》」，乃渾括篇首「禹敷土，隨山刊木，奠高山大川」三句之意，固不及貢賦也。

三字，蓋猶未見及此。

太康失邦，昆弟五人須于雒汭，作《五子之歌》。

段氏玉裁《譔異》曰：「《五子之歌》，惠氏定宇《古文尚書考》據《左氏傳》、《外傳》、《離騷》、《周書‧嘗麥解》、王符《潛夫論》、韋昭《國語注》證枚頤書之僞矣。竊謂《墨子》作『武觀』，《楚語》作『五觀』，武卽五也。以《左傳》『斟灌』《夏本紀》作『斟戈氏』，若干或言若柯，桓表讀如和表例之，歌卽觀也，五子之歌卽五觀也。之歌蓋謂往觀地。觀地卽雒汭，韋注最爲明確。約之曰五觀，詳之曰五子之歌。謂五子爲五觀，或省五言觀，皆以國名之也。五子必非五人。汲郡古文曰『放王季子武觀于西河』，云季子則一人也。序言五人，猶經言五子也。作僞者泥於歌字，敷衍五章。《尚書》不當以詩歌名篇，固不待辨而自明者。」

樾謹按：枚氏《古文尚書》之僞固不待言矣，至段說亦非塙論。《尚書》篇名如《高宗之訓》、《微子之命》，凡「之」字皆語詞。《五子之歌》正同一律，以之歌爲篇名，失之鑿矣。又謂《尚書》不當以詩歌名篇，夫記動記言史職也，有韻無韻皆言也，曾謂古之史臣止記無韻之言，不記有韻之言乎？《喜起》之歌何爲而載於《虞書》也？梁《昭明文選》尚知合詔令詩賦而竝録之，近代始有分詩文爲二集者，其可以律古史乎？

《楚辭‧離騷》云：「啟九辨與九歌兮，夏康娛以自縱。不顧難以圖後兮，五子用失乎家巷。」王逸注曰：「言大康不遵禹、啟之樂，更作淫聲，放恣情欲，以自娛樂，不顧患難，不謀後世，卒以失國。兄弟五人，家居閒巷，失尊位也。」《墨子‧非樂》篇引《武觀》文亦有「萬舞翼翼，章聞于天」之語。然則「歌」字自當仍以本字讀之，所謂五子之歌，蓋卽其更作淫聲，以自娛樂者也。史録其歌，或以爲戒乎？且古所謂淫聲者，

必非如後世《玉樹後庭花》之比。疑當日即因九辨、九歌之舊而更新之，亦頗有考定潤色之功，方將播之瞽矇，以爲一代之雅樂，故史臣不得不錄。然不能效法禹之明德，而徒斤斤於聲音之道，則亦末矣。《墨子·非樂》遂援爲口實。設使其歌尚在，吾知其文辭古雅，意義深厚，必高出三百篇之上可知也。孔子於《詩》不删鄭、衛，則其於《書》也何容不錄《五子之歌》乎？以淫聲貶之，乃墨氏之言，吾儒論古安別有卓識矣。若夫五觀、武觀之異，亦有可得而言者。《竹書紀年》云：「帝啟十一年，放王季子武觀于西河。十五年，武觀以西河叛，彭伯壽帥師征西河，武觀來歸。」以是二説言之，帝啟封其季子於觀，是謂武觀。其後得罪而放之西河，則西河非即是觀。漢東郡畔觀縣乃武觀以叛之地，而非其始封之觀也。觀地在洛汭，韋昭之注當矣。武觀來歸之後，或仍居觀，或即留而不遣，均不可知。至太康失邦，乃就季子之故封而居之，近於武斷矣。此武觀、五觀之所爲同而異也。段氏謂歌即是觀，固屬臆説；謂武觀是五，亦近於武斷矣。且序明言兄弟五人，而謂五觀非五人，豈可通乎？今以《書序》爲據，則《五子之歌》是太康失邦後所作。意者降須洛汭，朝覲訟獄一無所預，乃審定音律，有所更正，《五子之歌》由是而作。古人著書，每在困窮之日，文王囚而演《周易》，仲尼厄而作《春秋》，皆其事也。五子之作歌詞雖未足比于二者，要亦近之矣。《離騷》所云，似乎五子因此而失國，蓋沿墨氏之餘論，未足據也。東晉古文僞造歌詞，與春秋以來相傳之舊説顯爲乖錯，近世學者人人知之。乃如段氏之説，并不信有五子作歌之事，毋乃楚失而齊亦未得也乎？

殷既錯天命，微子作誥父師、少師。

樾謹按：「微子作誥父師、少師」，義似未足，疑「誥」下更有「誥」字，蓋曰「微子作誥，誥父師、少師」。因古重字不再書，止于字下作二畫，傳寫誤奪之耳。

康王命作册畢，分居里成周郊，作《畢命》。

樾謹按：此序幾不可讀，據《史記·周本紀》「康王命作策畢公，分居里成周郊」，疑序奪「公」字。然《呂刑序》曰「呂命穆王訓夏贖刑，作《呂刑》」，呂不言侯，或畢亦不言公，古人語簡故也。「分居里成周郊」不知何義。據《君陳》篇序曰「周公既没，命君陳分正東郊成周，作《君陳》」，疑康王命畢公與成王命君陳事同，「分居里成周郊」當作「分居東郊成周」，東與里相似而誤。「郊」字本在「成」之上，傳寫倒之，遂不可讀耳。「東郊成周」，蓋當時有此稱。鄭注曰「天子之國五十里爲近郊，今河南洛陽相去則然」，見《周官·載師》疏。自王城而視成周，尚在近郊五十里之内。《洛誥》篇鄭注以澗水東瀍水西爲王城，瀍水東爲成周，是成周在王城之東，因謂之「東郊成周」矣。

群經平議卷七

德清俞樾

周書

□爵以明等極。《度訓》

孔晁注曰：「極，中也，貴賤之等，尊卑之中也。」

樾謹按：孔訓極爲中，則「等極」二字義不相屬矣。極猶則也。《詩·殷武》篇「商邑翼翼，四方之極」，《後漢書·樊準傳》引作「四方是則」，李賢注曰《韓詩》之文也」。蓋極有準則之義，故《毛詩》作「極」，《韓詩》作「則」，說詳《尚書·洪範》篇。此云「等極」，猶等則也。上文云「度小大以正，權輕重以極，明本末以立中」，既言極又言中，知極之不訓中矣。

□知哀以知慧。

樾謹按：「慧」讀爲「惠」，古字通用。《論語·衛靈公》篇「好行小慧」，鄭注曰「魯讀慧爲惠」，是其證也。《說文·叀部》：「惠，仁也。」「知哀以知惠」，言知哀之則知仁之矣。《吕氏春秋·論人》篇曰「哀之以驗其人」，「人」即「仁」之叚字。「哀之以驗其仁」與此文「知哀以知惠」同義。因叚「人」爲「仁」，叚「慧」爲「惠」，

學者乃皆失其解矣。

是故民主明醜以長子孫，子孫習服鳥獸，仁德土宜天時百物行治。

樾謹按：疊「子孫」二字，文義未安，下「子孫」字蓋衍文也。此當以「是故民主明醜以長子孫」為句，「習服鳥獸」為句，「仁德土宜天時百物行治」為句。《大武》篇「四凶一攻天時，二攻地宜，三攻人德」，正與此文同。仁德即人德，土宜即地宜也。「人德、土宜、天時、百物行治」者，行猶用也，猶言人德、土宜、天時、百物用治也。《周官·司爟》掌「行火之政令」，鄭注曰：「行猶用也。」孔晁不知「仁」為「人」之叚字，故失其讀，因失其解。至「民主」二字，趙氏曦明謂「民」為「明」字之誤，朱氏右曾謂「主」為「王」字之誤。本書多言「明王」，懿言「民主」，當依之訂正。

通道通天以正人。《命訓》

樾謹按：此當作「道天以正人」，道猶通也。《法言·問道》篇曰：「道也者，通也，無不通也。」襄三十一年《左傳》「不如小決使道」，《荀子·禮論篇》「道及士大夫」，杜預、楊倞注竝曰：「道，通也。」然則「道天以正人」，猶云通天以正人。疑古本亦有作「通天以正人」者，傳寫者誤合兩本為一，則曰「道通天以正人」，於是文不成義。後人又以「道」上加「通」字，而為「通道通天」矣。下文云「正人莫如有極，道天莫如無極。道天有極則不威，不威則不昭；正人無極則不信，不信則不行」，皆以「道天」「正人」對舉，正承此文而言，可知此文當作「道天以正人」，不當作「通道通天以正人」也。董子曰「道之大原出於天」，若作「通道通天」，則先言道，後言天，近於老子所謂「有物混成，先天地生」者，恐非周初聖人之書所有之義也。下文又

曰「夫天道三，人道三」，是天有道，人亦有道，更可知此文之不以道與天與人對舉矣。由後人不知道天卽爲通天，因致此誤耳。

人有常順。《常訓》

樾謹按：「順」當讀爲「訓」，古字通也。其下文曰「順在可變」，卽孔子有教無類之義。下文又曰「占者因民以順民」，亦言因民以訓民也。若如本字讀之，則順卽因也，因民以順民，文義複矣。

上賢而不窮。

注曰：「窮，謂不肖之人。」

樾謹按：「不」字疑「下」字之誤，故孔注以窮爲不肖，蓋謂上賢而下不肖也。若是「不」字，則上賢而不不肖，文不可通，孔氏必不作是解矣。

夫民羣居而無選。

注曰：「選，行也。」

樾謹按：《詩‧猗嗟》篇「舞則選兮」，毛傳曰：「選，齊也。」高誘注《呂氏春秋‧觀世》篇、《淮南子‧精神》篇竝曰：「齊，等也。」然則「羣居而無選」，猶言羣居而無等。《程典》篇「無政無選」，又曰「選官以明訓」，凡言「選」者，其義竝爲齊等。《史記‧平準書》「吏道益雜不選」，是不選有殽雜之義。此言「無選」，猶彼言「不選」矣。孔訓選爲行，未得其旨。

大武劍勇。《文酌》

樾謹按：劍武義不可通，「劍」當讀爲「驗」，言大武所以驗其勇也。劍、驗並從僉聲，故得通用。《墨子·雜守》篇「守節出入，使主節必疏書，署其情，令若其事，而須其還報以劍驗之」，「劍驗」二字亦不可通。蓋古本止作「須其還報以劍之」，叚「劍」爲「驗」，「劍之」即「驗之」也。校者旁注「驗」字以明「劍」，因誤入正文，古書往往有此。王氏念孫《讀書雜志》以「劍驗」爲「參驗」之誤，然參之與劍形聲絶遠，無由致誤，其説非也。此文叚「劍」爲「驗」，正與彼同。且以字義言之，《説文·馬部》「驗，馬名」，並無徵驗義。凡言徵驗者當作「譣」，《説文·言部》「譣，問也」，是其本字也。然則「驗」可叚而「劍」不可叚乎？

三取戚免梏，四樂生身復。

注曰：「戚，近也。免梏，無患也。」

樾謹按：《大武》篇「四赦：二取威信復，三人樂生身」與此文大略相似，疑各有誤字，不可強通。此文「取威」當從《大武》篇作「取威」，於義爲長。梏猶攪也。《後漢書·馬融傳》《廣成頌》曰「梏羽群」，李賢注曰：「字書梏從手，即古文攪字，謂攪亂也。」然則「取威免梏」，殆謂取足以示威，而無攪亂之乎？

注曰：「淫，過。」《䊷匡》

樾謹按：孔晁不釋「義」字。謝氏墉曰「凡義之所當爲者，皆可過盛」，此謬説也。「義」當讀爲「儀」，《周官·肆師》注曰「古者書儀但爲義」，是其證也。「儀淫」者，威儀盛也，故與「服美」並舉。《詩·有客》篇

服美義淫。

「既有淫威」，此言「儀淫」，彼言「淫威」，其旨相近。

年饑則勤而不賓舉祭以薄。

樾謹按：「賓舉」二字傳寫誤倒，當作「年荒則勤而不舉，賓祭以薄」。勤之言憂勤也。僖二年《穀梁傳》「不雨者，勤雨也」，《釋文》曰「勤，糜氏音覲」，《集韻·去聲二十二稕》「勤，渠吝切，憂也」。《春秋傳》「勤雨」。此「勤」字當從糜讀。「勤而不舉」，言憂勤而不舉也。《周官·膳夫職》曰：「王日一舉，鼎十有二物，皆有俎，以樂侑食。大喪則不舉，大荒則不舉，大札則不舉，天地有災則不舉，邦有大故則不舉。」然則「年饑則勤而不舉」，正合《周官》大荒不舉之義。「賓祭以薄」，言賓與祭皆從薄也。上文「成年穀足，賓祭以盛」，又曰「年儉穀不足，賓祭以中盛」可證此文舉祭以薄之誤。

冬寒其衣服。《武稱》

注曰：「寒衣爲敗其絲麻。」

樾謹按：「冬寒其衣服」義不可通，孔注亦曲說也。據《大武》篇「四時：一春違其農，二夏食其穀，三秋取其刈，四冬凍其葆」，孔注曰「凍葆，謂發露其葆聚」，其文與此篇大略相同，疑此文本作「冬寒其旅」。《史記·天官書》曰「主葆旅事」，是旅與葆同義，「冬寒其旅」猶冬寒其葆也。《後漢書·光武紀》李賢注曰：「旅，寄也。不因播種而生，故曰旅。今字書作穭，音呂，古字通。」然則「冬寒其旅」亦就在田野者而言，方與上文「春違其農，秋伐其穧，夏取其麥」三句一律。若作「冬寒其衣服」，則不類矣。「旅」字古文作「裿」，與「衣」字相似，「裿」誤爲「衣」，後人又加「服」字耳。孔注但曰「寒衣」，疑其所見本尚無「服」字也。

爵位不謙。

注曰：「謙，損也。」

樾謹按：謙之言絕也。《考工記·輪人》「外不廉而內不挫」，鄭注曰：「廉，絕也。」《說文·火部》作「爙」，曰「火爙車網絕也」，引《周禮》曰：「爙牙外不爙。」蓋「爙」其本字，其義為火爙車網絕，引申之則凡絕者皆謂之爙。今《周禮》作「廉」，乃其叚字。此文作「謙」，亦其叚字也。《說文·水部》「溓，一曰中絕小水」也，是從兼得聲之字每有絕義。孟子稱周公兼夷狄，兼亦絕也，說詳《孟子》。「爵位不謙」，言有爵位者不絕其爵位也。

童壯無輔。《允文》

樾謹按：「輔」當讀為「怖」，怖、輔並從甫聲，故叚「輔」為「怖」也。《說文·心部》：「怖，惶也，從心甫聲。」或體作怖。「童壯無怖」，言無使惶懼也。

五遠宅不薄。《大武》

注曰：「雖遠宅皆厚之。」

樾謹按：「遠宅」二字無義。據《大開武》篇，亦有五和，其文曰「一有天維國，二有地維義，三同好維樂，四同惡維哀，五遠方不爭」，與此篇所言「五和：一有天無惡，二有人無郤，三同好相固，四同惡相取❶，五遠

❶ 「取」，稿本作「助」。

「宅不薄」大略相同。疑「遠宅」亦當作「遠方」，字之誤也。觀孔晁「遠居」之解，是其所據本已誤作「宅」矣。

三哀：一要不嬴，二喪人，三擯厥親。

注曰：「哀敵人之困窮如此。要當爲惡。」盧氏文弨曰：「所當哀者，嬴病者也，失位者也，六親不能收卹者也。正文『要不』字訛，注亦難曉。梁處素云：『不嬴』當作『不嬴』，不足也。下文『必嬴』，程榮本亦誤作『必嬴』，可知此字亦訛。」

樾謹按：梁說是也。惟「要」之義難解，卽從孔注作惡，義亦難通。「要」疑「粟」字之誤。「粟不嬴」者，穀不足也，《糴匡》篇所謂「年儉穀不足」是也。

四赦：一勝人必嬴，二取威信復，三人樂生身，四赦民所惡。

樾謹按：以所列四事言之，赦特其一事，且居四者之末，何得統目之曰「四赦」乎？據《文酌》篇「四教：一守之以信，二因親就年，三取戚免梏，四樂生身復」，其三、其四與此文二、三略同。然則此文「四赦」疑亦當作「四教」，教、赦字形相似，又涉「四赦民所惡」句，適「四赦」二字相連，因致此誤耳。

因其耆老及其總害。《大匡》

樾謹按：「總」字之義無解，疑當作「利」。「利」古文作「秒」，總俗書作「惣」，其上半相似，因而致誤。下文曰「鄉問其利，因謀其菑」，與此文正相應。

樂不牆合。

樾謹按：「牆合」二字無義。盧氏文弨曰「牆合，卽所謂宮縣」，然古書無以宮縣爲牆合者，亦曲說也。疑

此文本作「樂不合」。古人作樂必合之於廟，《詩・有瞽》篇序曰「始作樂而合乎祖」是也。「樂不合」者，不合樂也。因涉下句「牆屋有補無作」之文，而誤衍「牆」字耳。

乃作程典，以命三忠。《程典》

樾謹按：「三忠」未知何義。盧氏文弨訂爲「三臣」，曰：「《戰國策》『臣』作『忠』，古文也。」然一忠爲臣，其義殊淺。《顔氏家訓》言北朝喪亂之餘，書迹鄙陋，乃以百念爲憂，言反爲變，不用爲罷，追來爲歸，更生爲蘇，先人爲老，偏滿經傳，然則『忠』字亦其時所造無疑。《論語》釋文於《泰伯》、《先進》篇俱有『忞』字，云古『臣』字。」錢氏大昕《養新餘録》以不精小學譏之，是也，盧說恐未足據。且所謂「三臣」者果何指乎？據《大匡》篇「王乃召冢卿三老三吏」，孔注「三吏，三卿也」，疑此文「三忠」乃「三吏」之誤，「吏」字闕壞，後人遂妄改爲「忠」耳。

德開開乃無患。

樾謹按：「德開開」文不成義，疑當作「德」字上有「慎德」二字。其原文蓋云「思地慎制，思制慎人，思人慎德，慎德德開，開乃無患」，皆以四字爲句。古人遇重文多省不書，止於字下作二小畫，傳寫誤奪之耳。

土勸不極美美不害用。

樾謹按：二句不可解，疑當作「土物不極美不害」，與上句「牛羊不盡齒不屠」相對成文。「物」誤爲「勸」，「美」字重出，「用」字即涉下句「用乃思慎」而誤衍也。「害」當讀爲「割」。《書・大誥》篇「天降割于我家」，《釋文》曰「割，馬本作害」，是害與割古字通用。割猶刈也，《廣雅・釋詁》割、刈同訓斷。然則「土物不盡

「美不割」猶言土物不盡美不刈也。《文傳》篇曰「無伐不成材」卽其義矣。

商饋始于王。《鄭保》

樾謹按：此當作「饋始于商王」，蓋言祀上帝之後而饋膰肉，從商王始也。其下文云「因饗諸侯，重禮庶吏」，蓋先商王，次及諸侯，次及庶吏也。今作「商饋始于王」，則文不成義矣。

不深乃權不重。

樾謹按：此當作「不深不重，乃權不重」，蓋承上文「深念之哉，重維之哉」而言，謂不深念之、不重念之，則其權不重也。後人因兩句皆有「不重」字，疑爲衍文，誤刪其一。不知「乃權不重」之「重」之「輕重」之「重」，「不深不重」之「重」，字雖同而義則異也。且此兩句以重、重二字爲韵，下文曰「從權乃慰，不從乃饋」，以慰、饋二字爲韵，竝四字一句。今奪「不重」二字，則句法參差不齊，而亦失其韵矣。

利維生痛。《文儆》

樾謹按：此文云：「民何嚮非利，利維生痛，痛維生樂，樂維生禮，禮維生義，義維生仁」，下文云：「何嚮非私，私維生抗，抗維生奪，奪維生亂，亂維生亡，亡維生死。」下文所生五者皆不美之事，則此文五者宜皆美事，方相對成義。而云「利維生痛」，殊不可曉。疑「痛」字當讀作「通」。痛與通聲近而義同，故《釋名‧釋疾病》曰：「痛，通也，通在膚脈中也。」「利維生通，通維生樂」者，利則流通，流通則無所鬱結，故樂矣。

土廣無守可襲伐，土狹無食可圍竭。《文傳》

樾謹按：「圍竭」二字義不相屬，「圍」疑「匱」字之誤。《潛夫論‧實邊》篇引《周書》曰「土多人少，莫出其

材」是謂虛土，可襲伐也。「土少人衆，民非其民，可遺竭也」，「遺」亦當爲「匱」。唐人書從「辶」，如匝作迊，匹作迊，匜作迤，陋作迺之類，《干祿字書》可考。匱變作遺，因誤爲遺也。彼所引雖與此不同，然大旨相近，可知此文之當作「匱竭」矣。

天降瘧于程，降因于商，商今生葛葛右有周，維王其明用開和之言，言孰敢不格。《大開武》

樾謹按：「程」字不當疊，降瘧于程、降因于商，皆天之所降也，若作「程降因于商」，則義不可通矣。「葛」字亦不當疊，孔注曰「商朝生葛，是祐助周也」，可知所據本不疊「葛」字也。「言」字亦不當疊，孔注曰「可否相濟曰和，欲其開臣以和，則忠告之言無不至也」，是孔讀「維王其明用開和之」爲句，「言孰敢不格」爲句，可知所據本不疊「言」字也。今疊「葛」字、「言」字，義不可通，當依孔注訂正。惟孔解「開和」句於義未安，此當以「維王其明用開和之言」爲句，「孰敢不格」爲句。《開和》乃書名，《武儆》篇曰：「丙辰，出金枝郊寶開和細書。」

何畏非道，何惡非，是不敬殆哉！

樾謹按：「是」上有闕文，當云：「何畏非道，何惡非□，是不敬殆哉！」此文之「是不敬」即上文之「時不敬」，時猶是也。《尚書·堯典》篇「惟時茂哉」，《史記·五帝紀》作「維是勉哉」，《皐陶謨》篇「咸若時」，《夏本紀》作「皆若是」，竝其證也。「是」字連「不敬」讀，則「是」上闕一字明矣。

物周爲器。《寶典》

注曰：「周用之爲器。」

樾謹按：❶經文當云「物用爲器」，注文當云「用，句。用之爲器」，今作「周」者，皆字之誤。

一孝，子畏哉乃不亂謀。

樾謹按：「子」乃「孝」字之誤，鄭君注《禮》所謂壞字也。當讀曰「一孝，句。孝畏哉乃不亂謀。又下文曰「三慈惠茲知長幼」，亦有奪誤，當作「三慈惠，慈惠知長幼」。「慈惠」下疊「慈惠」字，猶「孝」下疊「孝」字矣。

二悌，悌乃知序。

樾謹按：「悌」下疊「悌」字，則「孝」下必當疊「孝」字也。「慈惠」下疊「慈惠」字，猶「孝」下疊「孝」字，「悌」下疊「悌」字也。「茲」字即「慈」之壞字，亦猶「子」字即「孝」之壞字也。傳寫奪誤，而其迹幸尚可尋。謝氏墉以「茲」爲衍文，盧刻遂刪去之，而其迹泯矣。亦見古書之未可輕改也。

欲與無□則，欲攻無庸，以王不足。《寤儆》

樾謹按：此三句本無闕文，當以「欲與無則」爲句。「欲與無則，欲攻無庸，以王不足」，每句皆四字，言欲與之而無則，欲攻之而無庸，以王則不足也。下文周公之言曰「奉若稽古維王，克明三德維則，咸和遠人維庸」，正對此三句而言。淺人不知無則、無庸相對成文，而以「則」字屬下句，因疑「欲與無」下尚有闕文，乃加空圍以識之耳。

教之以服。《武穆》

❶ 「謹」，原作「經」，今據清經解續編本改。

注曰：「教之以服先王法服也。」❶

樾謹按：《說文》服從𦡊，𦡊從卪，卪事之制也，故鄭石制字子服，是服有法制之義。「教之以服」，服卽法也。孔以法服釋之，豈所教止在衣服乎？失其旨矣。

惟風行。賄賄無成事。《和寤》

注曰：「人之歸惠，如草應風。如用賄則無成事。」

樾謹按：下「賄」字乃「則」字之誤，其原文蓋曰：「后降惠于民，民罔不格，惟風行。賄則無成事。」故孔注云云，是其所據本尚未誤也。王氏念孫《讀書雜志》謂「行」下當有「草」字，而今本脫之。此說非也。注中「草」字乃孔氏增出以明風行之義，非必正文有「草」字也。《大明武》篇曰「侵若風行」，與此義同。王氏又謂「賄賄無成事」上更有脫文，由不知下「賄」字乃「則」字之誤耳。賄與則左旁並從貝，因而致誤。注中「賄則」連文卽本正文，可據以訂正。

王食無疆。《武寤》

樾謹按：「王」當作「玉」，所謂維辟玉食也。古玉字、王字並三畫而連其中，故易致混，又涉下句「王不食言」而誤。此篇文皆用韵，以四字爲句，多頌美之詞，「玉食無疆」義亦然也。

泰顚、閎夭皆執輕呂以奏王，王入，卽位于社太卒之左。《克殷》

❶ 「王」，原作「生」，今據清經解續編本及四部叢刊本《逸周書》注改。

注曰:「執王輕呂當門奏太卒,屯兵以衛也。」

樾謹按:此文本作「泰顛、閎夭皆執輕呂以奏王太卒,王入,即位于社太卒以衛王也」,故孔注如此,蓋其所據本未誤也。《書‧堯典》「敷奏以言」,枚氏傳曰:「奏,進也。」「奏王太卒」者,言進王之太卒以衛王也。孔注加「當門」二字,正明「奏」字之義。句,謂與「周公把大鉞,召公把小鉞,以夾王」相對成文,因移「太卒」字於「社」字之下。而不知夾王可通,奏王不可通。且下句「王入即位于社太卒之左」,「社太卒」連文,更不成義矣。後人誤讀「皆執輕呂以奏王」為句,其義遂不可通。孔注亦曲為之説,於義不了也。

大匡封攝外用和大。《大匡》

注曰:「和平大國。」

樾謹按:此二句文義難明。據下文曰「中匡用均,勞故禮新。小匡用惠,施舍静衆」,疑此文本作「大匡用和,大封攝外」,乃與下二句一律。「大匡用和」,猶中匡用均,小匡用惠也。「大封攝外」者,《儀禮‧士冠禮》鄭注曰「攝,猶整也」,言大封諸侯,以整攝畿外之地也。傳寫者奪「用和大」三字而誤補之「封攝外」之下,其義遂不可通矣。

傾九戒。《文政》

注曰:「順此戒也。」

樾謹按:「傾」字之義難明,當依注文作「順」,順與傾形似而誤耳。注文亦有奪字,當云「順,順此戒也」,猶上文「濟九醜」句注曰「濟,謂濟其醜以好也」,皆先舉經字而釋之。注奪一「順」字,而其義遂晦,遂并經

文而莫能是正矣。

思義醜□。

樾謹按：《大匡》篇曰「思義醜貪」，疑此文所闕亦「貪」字也。

五民之利。

樾謹按：「民之利」三字於義未足，疑「民」上闕一字。「五□民之利」與下文「七祇民之死」、「九足民之財」一律。

丌有危傾。

樾謹按：「示」當爲「丌」，古「其」字也。古「其」字或作「亓」，《玉篇》「其」下更出「亓」字曰「古文」是也。又或作「丌」，《集韻》「其，古作丌」是也。此文「丌」字當讀爲「基」。《詩·昊天有成命》篇曰「夙夜基命宥密」，《禮記·孔子閒居》篇引作「夙夜其命宥密」，是其與基古通用。此蓋叚「其」爲「基」，而又從古文作「丌」也。「丌有危傾」，言其基有危傾之勢，不可不戒，故爲九戒之一也。學者少見「丌」字，因改爲「示」耳。

充虛爲害。

注曰：「陰陽姦謂之充，國無人謂之虛也。」

樾謹按：孔解「充」字非也。《荀子·儒效篇》「若夫充虛之相施易也」，楊倞注曰「充，實也」，是充與虛正相對。《大聚篇》曰：「殷政總總，若風草有所積，有所虛，和此如何？」孔注曰「有積有虛，言不平也」，可

證此篇「充虛爲害」之義。

立勤人以職孤，立正長以順幼。《大聚》

樾謹按：此當作「立正長以勤人，立職孤以順幼」，蓋立正長所以勤民事，而立職孤所以使幼者得遂其生也。正長也，職孤也，皆其名也。勤人也，順幼也，皆其事也。「立職孤以順幼」與下句「立職喪以卹死」文法正同。管子治齊，凡國都有掌孤，孤幼不能自生者屬之，此即「立職孤以順幼」之事。掌孤猶職孤也，蓋成周之遺制矣。今作「立勤人以職孤，立正長以順幼」，則義不可通。猶上句「畜百草以備五味」，傳寫者倒其文也。王氏念孫已訂正「百草」句，惜未及此。

教芧與樹蓺。

樾謹按：此當作「教與樹蓺」。與猶以也，說見王氏引之《經傳釋詞》。「教與樹蓺」即教以樹蓺也。古與、予通用，疑古本段「予」作「教予樹蓺」。後人據別本作「與」者訂正，遂竝存「予」、「與」二字，因又誤「予」爲「芧」耳。《管子·地員》篇「其草宎芧茅」，今本作「其草宎黍秫與茅」，蓋誤芧爲與，而因加「黍秫」二字。不知黍秫已見上文，且非草也，辨見《諸子平議》。彼誤「芧」作「與」，此誤「與」作「芧」，正可互證。

時四月旣，旁生魄。越六日庚戌，武王朝，至燎于周，維予沖子綏文。《世俘》

樾謹按：「文」下當有闕文。據下文「用小牲羊犬豕于百神水土，于誓社。曰：惟予沖子綏文考」，然則此文亦當作「綏文考」明矣。朱氏右曾《集訓》曰：「文，文德也。勝殷遏劉，庶自此可綏天下以文德也。」此

曲爲之説，與下文不合。

凡厥有庶告焚玉四千。

注曰：「衆人告武王焚玉四千也。」

樾謹按：「告焚」二字當在「四千」之下，其文曰「時甲子夕，商王紂取天智玉琰五，環身厚以自焚，凡厥有庶玉四千。告焚。五日，武王乃俾千人求之。四千庶玉則銷，天智玉五在火中不銷」，蓋「庶玉」二字連文。此云「凡厥有庶玉四千」，故下云「四千庶玉則銷」，兩文相應。「告焚」二字自爲句。既告焚之五日，武王乃使人求之。所謂告焚者，以商王紂自焚告，非以焚玉告也。若如孔注，則豈有不以天智玉五告而顧以庶玉四千告者乎？即以玉論，天智玉重而庶玉則輕矣，又豈有不以天智玉五告而專告玉焚者乎？揆之事理，皆不可通。蓋由傳寫者誤移「告焚」二字於「玉四千」之上，孔氏不能訂正，故失其解耳。

昏憂天下。《商誓》

樾謹按：「昏憂」連文，義不可通。「憂」當作「擾」，「擾」字隸變作「擾」，闕其左旁則爲「憂」矣。昭十四年《左傳》注曰「昏，亂也」，襄四年《傳》注曰「擾，亂也」，是昏、擾同義。「昏擾天下」，言亂天下也。

官庶則荷，荷至乃辛。《五權》

樾謹按：「荷」字當讀爲「苛」，古字通也。「辛」字無解，且於韵亦不協，疑「辛」字之誤。《説文・㐫部》：「㐫，所以驚人也。」煩苛之至，民必驚擾，此與前説合。《老子》曰「法令滋章，盜賊多有」，則與後説亦合，且與上文韵亦相協。「㐫」字隸變作「幸」，凡䡙字、報字左旁今皆爲幸，是其證

群經平議

也。幸與辛相似，因而致誤耳。

人庶則匧，匧乃匧。

樾謹按：「匧」當讀爲「㥶」，言人衆則必匧乏，匧乏則必競爲姦㥶矣。古匧與㥶同聲而通用，《尚書大傳》「朔而月見東方謂之側匧」，《漢書‧五行志》作「仄㥶」，是其證也。《說文》無「㥶」字，古字止作「匧」耳。

周公格左閎門會羣門。《皇門》

樾謹按：《尚書‧堯典》「闢四門」，《詩‧緇衣》篇正義引鄭注曰：卿士之職，使爲已出政教於天下。四門者，卿士之私朝在國門。後世東門襄仲，桐門右師，取法於古也。又《周官‧大司馬職》「帥以門名」，鄭注曰：「軍將皆命卿。」古者軍將蓋爲營治於國門，魯有東門襄仲，宋有桐門右師，皆上卿爲軍將者。然則此篇所云「會羣門」者，言會集衆卿士也。《序》云「周公會羣臣于閎門」，經作「羣門」，《序》作「羣臣」，並不相背。《玉海》九十、二百六十九兩引此經，並作「會羣臣」，則後人不達「門」字之義，而據《序》以改經也。篇內云「乃維其有大門宗子勢臣，罔不茂揚肅德」，可證「門」字之非誤。朱氏右曾本從《玉海》作「會羣臣」，失之矣。

以家相厥室弗卹，王國王家維德是用。

注曰：「言勢人以大夫私家，不憂王家之用德。」

樾謹按：《祭公》篇曰「汝無以家相亂王室，而莫卹其外，尚皆以時中乂萬國」，文義與此略同。疑此文「室」上亦當有「亂」字，而今本脫之。「弗卹」二字屬上句讀。「以家相亂厥室弗卹」，猶云「以家相亂王室，

而莫卹其外」也。「王國王家維德是用」，猶云「尚皆以時中乂萬國」也。孔注以「弗卹」屬下讀，失之。

又五日土潤溽暑。《時訓》

樾謹按：「暑」字衍文也。此當云「又五日土潤溽」，下文「土潤不溽暑」當作「土不潤溽」，説詳《禮記・月令》篇。

將帥不和。

樾謹按：上文云「鶡旦猶鳴，國有訛言」，下文云「荔挺不生，卿士專權」，言與權為韵。此云「虎不始交，將帥不和」，和字不入韵，疑必有誤，古本當作「將帥不驩」。驩與歡古通用，《禮記・樂記》篇「鼓鼙之聲讙」，鄭注曰「讙或為歡」。「將帥不讙」即將帥不歡也。《一切經音義》卷十二曰：「讙古文作叩。」此文「讙」字疑從古文作「叩」，因誤為「和」耳。

純行不二曰定。《諡法》

樾謹按：此本作「純行不忒曰定」。古書「忒」字或以「貳」字為之，《尚書・洪範》篇「衍忒」《史記・宋微子世家》作「衍貳」，是其證也。「貳」譌作「貳」，後人因改為「二」矣。《史記正義》引此文作「純行不爽曰定」，《爾雅・釋言》曰「爽，忒也」，是不忒與不爽同義。《後漢書・蔡邕傳》注又作「純行不差曰定」，《周易・豫卦・象傳》鄭注曰「忒，差也」，是不忒與不差亦同義。若如今本作「不二」，則與不爽、不差之義絕遠矣。《禮記・緇衣》篇引《詩》曰「淑人君子，其儀不忒」《釋文》曰「不忒，他得反。本或作貳」，蓋亦叚「貳」為「忒」，因誤「貳」為「貳」也。此文又改「貳」作「二」，學者益無從訂正矣。

柔質受諫曰慧。

樾謹按：盧校曰「慧舊作惠」，當從之。慧、惠古通用字，《論語‧衛靈公》篇「好行小慧」，鄭注曰「魯讀慧爲惠」，是其證也。此句與上文「柔質慈民曰惠，愛民好與曰惠」本爲一條。蓋柔質慈民謂之惠，愛民好與則就慈民而推言之，柔質受諫則就柔質而推言之，以見有其一節者亦得謚之曰惠也。因其字叚作「慧」，後人遂分爲兩謚，恐非其舊。

就會也。

樾謹按：就與集一聲之轉。《詩‧小旻》篇「是用不集」，《韓詩》作「是用不就」，毛傳亦曰「集，就也」，是就與集聲近義通。《爾雅‧釋言》「集，會也」，此云「就，會也」，蓋卽讀「就」爲「集」，故訓會耳。

四塞九采之國。《明堂》

樾謹按：「采」乃「釆」字之誤。「釆」讀爲「蕃」，蓋「蕃」省作「番」，「番」又省作「釆」也。九蕃之國卽《周禮》所謂「九州之外謂之蕃國」，説詳《禮記‧明堂位》篇。

二曰方與之言以觀其志，志殷以淵。《官人》

樾謹按：「方與之言以觀其志」八字當在上文「以觀其備」之下，原文蓋曰：「復徵其言，以觀其精；曲省其行，以觀其備，方與之言，以觀其志，此之謂觀誠。」三句相對成文，皆觀誠之事也。今誤在「二曰」之下，則不類矣。「志殷以淵」四字上當有「其」字，「其志殷以淵」與下文「其氣寬以柔，其色儉而不諂」亦三句相對成文。今奪「其」字，則又不類矣。

愚依人也。

樾謹按:「依」字義不可通,疑是「犾」字之誤。「犾」乃古「旅」字,《説文》曰「古文以爲魯、衞之魯」,然則「愚犾」猶「愚魯」也。「犾」誤作「衣」,因誤作「依」矣。《武稱》篇「冬寒其衣服」,「衣」亦「犾」字之誤,説已見前。此文又加人旁作「依」,學者益無從是正矣。

歐人蟬蛇,蟬蛇順,食之美。《王會》

注曰:「東越歐人也,比交州蛇特多,爲上珍也。」

樾謹按:「蟬」即「鱓」之叚字。《一切經音義》卷十六引《訓纂》曰「鱓,蛇魚也」,《山海經》郭注曰「鱓魚如蛇」,蓋以其似蛇而得蛇名,實非蛇也。孔氏竟以蛇釋之,謬矣。又按:此當於「順」字絶句。順讀爲馴,《易·坤·象傳》「馴致其道」,九家注曰「馴猶順也」,是馴與順音近而義通。「蟬蛇順」者,言其性馴善也。雖有蛇名而實非蛇,故曰「馴」,明其與蛇異也,下乃曰「食之美」。朱氏右曾《集訓》讀「順食之」爲句,釋曰「順謂縱切之」,斯大誤矣。

姑妹珍。

注曰:「姑妹國後屬越。」

樾謹按:盧氏文弨以「姑妹」爲卽「姑蔑」,是也。至「珍」字,當爲一物,而説者皆未詳。今按:乃「珧」字之誤。「珧」字篆書作「珧」,與「珍」相似,因而致誤。《爾雅·釋魚》「蜃小者珧」,《山海經·東山經》「其中多蠯珧」,是珧與蠯同類。此云「姑妹珧」,下句云「具區文蠯」,正以類相從矣。

茲白者若白馬，鋸牙食虎豹。

樾謹按：「若白馬」當作「若馬」，此言獸形如馬，非必白馬乃相似也。孔注曰「茲白一名駮」，今考諸書言駮者，《爾雅·釋獸》曰「駮，如馬，倨牙食虎豹」，《詩·晨風》篇毛傳文與《爾雅》同。《説文·馬部》曰「駮，獸如馬，倨牙食虎豹」，其文蓋卽本此。而皆言如馬，不言如白馬，然則「白」爲衍文無疑矣。《文選》王長《曲水詩序》李善注引此文曰「茲白者若馬」，「馬」上正無「白」字，可據以訂正。

都郭生生欺羽。

注曰：「都郭，北狄。生生，獸名。」

樾謹按：欺羽似別爲一物。然下文止曰「生生，若黃狗，人面能言」，不及欺羽，未詳其義。疑「欺羽」二字當在下文「奇幹善芳」之上，其文曰：「欺羽奇幹善芳，奇幹善芳者，頭若雄雞，佩之令人不昧。」蓋欺羽爲國名，奇幹善芳爲鳥名。《文選》王元長《曲水詩序》曰「文鉞碧砮之琛，奇幹善芳之賦，紈牛露犬之玩，黃茲白之駟」，紈牛露犬，乘黃茲白竝出此篇，皆爲所貢之物，然則奇幹善芳亦當爲物名，不得以奇幹爲國名矣。若以奇幹爲國名，則當云「白民乘黃」、「義渠茲白」，方與「奇幹善芳」一律也。《山海經·西山經》曰「翼望之山有鳥焉，名曰鵸鵌，服之令人不厭」，注引《周書》曰「獻芳不眛」，然則郭所見《周書》當作「奇餘獻芳」，故引以爲鵸鵌之證。蓋由「欺羽」二字誤入上文，讀者遂以奇幹爲奇餘，而郭氏且引以證《山海經》之鵸鵌，則奇幹之非國名益信。觀奇幹之或爲奇餘，欺羽之國或卽所謂翼望歟？經名不當複舉，乃於下句刪去「奇幹」二字耳。孔晁於此文不釋「欺羽」之義，是所據本未誤。下注當云「欺羽亦北狄，奇幹

善芳鳥名」，今作「奇幹亦北狄，善芳鳥名也」，此後人所改，非其舊也。郭璞引《周書》注《山海經》當云「奇餘獻芳不眯」，今作「獻芳不眯」，亦後人刪之，非其舊也。若無「奇餘」二字，則與《山海經》之鵁鶄何涉，郭氏乃泛引之乎？

蠻楊之翟。

注曰：「楊州之蠻貢翟鳥。」王氏念孫曰：「『蠻楊』，本作『楊蠻』，故孔注曰『楊州之蠻貢翟鳥』。今本『楊蠻』二字倒轉，則義不可通。」

樾謹按：王說是矣，而未盡也。此篇之例，皆於國名之下卽繫以所貢之物，如「稷慎大麈，穢人前兒，良夷在子」之類皆是也；又或加「以」字，如「會稽以黿」「義渠以茲白」之類，從未有於國名下加「之」字以足句者。此云「楊蠻之翟」，與通篇句法不倫，疑本作「楊之蠻翟」，故孔注曰「楊州之蠻貢翟鳥」也。

離丘漆齒。

樾謹按：《文選·曲水詩序》李善注引此文作「離身染齒」，且引《爾雅》北方有比肩人爲證。疑《周書》原文作「離軀」，軀卽身也。因「軀」字俗書作「䏰」，《玉篇·身部》「軀」下有「䏰」字，曰「同上，俗」是也。「䏰」字闕壞，止存右旁，遂作「離丘」矣。李善所見本作「離身」，蓋傳寫之異文，猶「漆齒」之作「染齒」也。或竟從《選》注改「丘」爲「身」，失之矣。

朕皇祖文王、烈祖武王，度下國作陳周。《祭公》

樾謹按：「作陳周」三字義不可曉。孔氏無注，朱氏右曾《集訓》曰「制作陳布周密」，則失之迂曲矣。今

按：作者，始也。《詩·駉》篇毛傳曰「作，始也」，是其義也。陳與甸通，《信南山》篇「維禹甸之」，《周禮·稍人》注引作「維禹敶之」，「敶」即「陳也」。「作陳周」者，始甸周也。《國語·周語》曰：「邦內甸服。」《說文·田部》：「甸，天子五百里地。」此言文王、武王規度下國，始定成周之地，以爲甸服也。讀者不知「陳」爲「甸」之叚字，故不得其解耳。陳與甸古同聲，甸之爲陳，猶齊陳氏之爲田氏。

維天貞文王之菫用威。

注曰：「貞，正也。菫之用威，伐崇黎也。」

樾謹按：此本作「維天貞文王」句。菫之用威」，故孔注曰：「菫之用威，伐崇黎也。」今本「菫」、「之」二字誤倒，當據注乙正。孔解「貞」字之義未得。貞當訓定，《釋名·釋言語》曰：「貞，定也。」文王之時天命已定矣，故曰貞。

注曰：「丕乃有利宗，丕維文王由之。」

既畢，丕乃有利宗，丕維文王由之。

樾謹按：「丕維文王、武由之」本作「丕維文、武由之」，故注曰：「皆由文、武之德也。」若如今本，則注不當增出「武」字矣。上文曰「以予小子，揚文、武大勳」又曰「自三公上下辟于文、武，文、武之子孫，大開方封于下土」，竝以文、武連文，此亦當然，互據注訂正。

賞罰無位。《史記》

樾謹按：位與立古字通，無猶不也，説詳王氏引之《經傳釋詞》。「賞罰無位」，即賞罰不立也。

奉孤而專命者，謀主必畏其威，而疑其前事。

注曰：「謀主，謂孤長大也。前事，謂專命。」

樾謹按❶：「謀主」二字不可曉，疑當作「其主」，言其主必畏而疑之也。「其」誤作「某」，又誤作「謀」耳。《周書序》曰：「穆王因祭祖不豫，詢某守位，作《祭公》。」「詢某」卽詢謀，或古本《周書》「謀」字多省作「某」，後人槪加言旁，遂幷此文「其」誤作「某」者一律加之，而爲「謀主」矣。注中「謀主」亦「其主」之誤。若如今本作「謀主」，則孤長大之後何以謂之謀主乎？孔意蓋以經文所謂其主者，乃就其孤長大之日言之，故曰「其主，謂孤長大也」。

文武不行者亡。

樾謹按：「文」字衍文也。其下曰「昔者西夏，性仁非兵，城郭不脩，武士無位」云云，是西夏之亡以武不行，非以文不行也。「武不行者亡」與上文「武不止者亡」義正相對。阪泉氏用兵無已而亡謂之武不止，然則西夏性仁非兵而亡當謂之武不行矣。今衍「文」字，義不可通。

其川涇汭。《職方》

樾謹按：《周官‧職方氏》作「涇汭」。然汭非水名，《說文‧水部》「汭，水相入也」，並無水名之訓。《尚書》之嬀汭、渭汭、洛汭，《左傳》之漢汭、渭汭、雒汭、滑汭、豫章之汭，無作水名解者。惟《職方氏》涇汭爲

❶ 「謹」，原作「謀」，今據清經解續編本改。

群經平議卷七　周書

一九一

水名，即《漢書‧地理志》右扶風汧縣之芮也。蓋旣非本義，故亦無定字。《周禮》作「汭」，《漢書》作「芮」，此經作「納」，皆從内聲之字也。《説文》於「湛」篆下曰「没也」，又云「一曰湛水，豫州浸」，蓋旣著其本義，又著其別義。水部諸篆如此者多矣，而「汭」篆下竝無「一曰汭水，雍州川」之文，疑許君所見《周官》未必作「汭」也。盧本據《周官》訂正作「涇汭」，恐轉非古書之舊。下文「河内曰冀州，其浸汾露」，亦與《周官》作「汾潞」不同。盧謂露、潞古通用，露可爲潞，安在納不可爲汭乎？

遠人來驩，視道如咫。《太子晉》

樾謹按：「驩」讀爲「觀」。下文曰「國誠寧矣，遠人來觀」，即其證也。

應事則易成。《王佩》

樾謹按：此篇自「王者所佩在德，德在利民，民在順上」至「危亡在不知時」，凡二十九句，皆有「在」字，獨此句作「則」字，與上下文不一律，疑當作「應事在易成」。易之言速也。《史記‧天官書》「塡星其居久，其國福厚。易，猶輕速也。」《漢書‧天文志》「大白所居久，其國利。易，其鄉凶」，蘇林曰：「易，疾過也。」是易有疾速之義，故與久爲對文。事機之來閒不容髮，故曰「應事在易成」，「易成」猶速成也。後人不解「易」字之義，而以「難易」之「易」解之，則「在」字之義不可通，因改爲「則」字矣。

注曰：「周，忠信也。」

樾謹按：「周長」二字義不可通。注以忠信爲解，要亦曲説也。「周」疑「用」字之誤，「謀成在用長」，言在

擇其長者而用之。

朕則名汝。《周祝》

注曰：「名汝，善惡也。」

樾謹按：名猶命也。《孟子·公孫丑》篇「其閒必有名世者」，《漢書·劉向傳》引傳曰「聖人不出，其閒必有命世者焉」，《三國志·荀彧傳》注引《傅子》曰「孟子稱五百年而有王者興，其閒必有命世者」，蓋命與名古通用。《廣雅·釋詁》曰「命，名也」，然則名亦猶命也。「朕則名汝」者，朕則命汝也。《御覽》引《韓詩》傳曰：「古者必有命民，有能敬長憐孤取舍好讓者，命於其君，然後敢飾車騈馬。未得命者，不得乘車。」又《潛夫論·浮侈》篇曰：「古者必有命民，然後乃得衣繒綵而乘車馬。」是古有命民之事，故曰朕則命汝也。孔注未得其義。

食器甒㘽膏侯屑侯。《器服》

樾謹按：王氏念孫以「㘽」爲「匜」字之誤，當從之。甒匜者，二器也。膏侯、屑侯者，器中所實也。「侯」讀爲「餱」，《說文·食部》：「餱，乾食也。」膏餱蓋和之以脂膏，屑餱蓋雜之以薑桂之屑，《儀禮·既夕》篇注曰「屑，薑桂之屑」是也。《文選·思玄賦》曰「屑瑤蕊以爲餱兮」，此「屑餱」二字之證，作「侯」者叚字也。朱氏右曾以「㘽膏侯屑」爲句，以下「侯」字屬下句讀，失之。

商謀啓平周，周人將興師以承之，作《酆謀》。《周書序》

樾謹按：❶「商謀啓平周」義不可曉，疑當作「商啟謀乎周」。《大開》《小開序》曰「文啟謀乎後嗣」，與此文法正同。啟猶發也，啟謀也者，猶《禮記‧內則》篇所云「出謀發慮」也。文王之謀後嗣，與商之謀周，其爲謀也不同，然其啟謀則一也。「啟」、「謀」二字誤倒，而「乎」字又誤「平」，乃失其義矣。

❶「謹」，原作「謀」，今據清經解續編本改。

群經平議卷八

德清俞樾

毛詩一

有蕡其實。《桃夭》《國風·周南》

傳曰：「蕡，實貌。」

樾謹按：蕡者，大也。「有蕡其實」，言其實之大也。《汝墳》篇「遵彼汝墳」，傳曰：「墳，大防也」；《靈臺》篇「賁鼓維鏞」，傳曰：「賁，大鼓也。」蕡與墳、賁字異而義同。

肅肅兔罝。《兔罝》

傳曰：「肅肅，敬也。兔罝，兔罟也。」箋云：「罝兔之人，鄙賤之事猶能恭敬，則是賢者衆多也。」正義曰：「此美其賢人衆多，故爲敬。」樾謹按：如正義所說，則「肅肅」本無定義，各依文勢釋之。此經云「肅肅兔罝」，不云「肅肅罝兔」，則以器言，非以人言。傳釋爲敬，恐失之矣。肅肅乃說兔罝之形。《文選·西京賦》「飛罕潚箾」，薛綜注曰「潚

羽，故傳曰『肅肅，羽聲也』；《黍苗》說宮室，箋云：『肅肅，嚴正之貌。』各隨文勢也。」

傳曰：「肅肅宵征」，故傳曰『肅肅，疾貌』；《鴇羽》《鴻雁》說鳥飛，文連其

簡，罕形也」，李善曰《說文》曰：「罕，網也。」瀟音肅，箾音朔」。然則以肅肅說置形，猶以瀟箾說罕形。肅肅疊字也，瀟箾疊韻也。

公侯干城。

傳曰：「干，扞也。」箋云：「干也，城也，皆以禦難也。此置兔之人，賢者也，有武力，可任為將帥之德。諸侯可任以國守，扞城其民，折衝禦難於未然。」

樾謹按：毛以「干」為「扞」之叚字，故曰「干，扞也」。鄭以「干」為「戰」之叚字，故曰「干也，城也，皆以禦難也」。如毛意，則「干」為「扞衛」之「扞」，「公侯干城」者，言公侯可用以扞衛其城也。如鄭意，則「干」為「戰」盾」之「戰」，「公侯干城」者，言公侯可用以為干，用以為城也。箋中「扞」字必是「干」字之誤。鄭止依經文用「干」字為「戰」之叚字，不依毛公讀為「扞」也，故正義云「鄭惟干城為異傳、箋而一之」，或反疑正義之非矣。自箋文「干」誤為「扞」，則混

維鳩方之。《鵲巢》《召南》

傳曰：「方，有之也。」

樾謹按：方之猶附之也，方、附一聲之轉。《漢廣》篇「不可方思」，傳云「方，泭也」，《谷風》篇鄭箋文同方之為附，猶方之為泭也。《說文·亻部》：「傍，附行也。」《漢書·李尋傳》集注曰：「旁，附也。」傍從旁聲，旁從方聲，而皆訓附，則方亦有附義矣。昭十七年《左傳》「魴也以其屬死之」，《周官·太卜》鄭注引此文「魴」作「鮒」；《禮記·明堂位》篇「周以房俎」，注曰「房，謂足下跗也」，竝方聲、付聲相通之證。「維鳩

憂心惙惙。《草蟲》

傳曰：「惙惙，憂也。」

樾謹按：首章云「憂心忡忡」，次章云「憂心惙惙」，故《爾雅·釋言》曰「忡忡，惙惙，憂也」，而毛公卽本以爲說。然其解首章不曰「忡忡，憂也」，而曰「忡忡，猶衝衝也」，以是推之，惙惙亦當自有意義矣。《說文·叕部》：「叕，綴聯也。」惙字從叕，卽有綴聯之意。《荀子·非十二子篇》「綴綴然」楊注曰「不乖離之貌」，不乖離卽是相綴聯也。「憂心惙惙」猶曰「憂心綴綴」，言憂心聯屬不絕也。因其言憂，故字從心耳。且以文義求之，首章曰「憂心忡忡」，承之曰「我心則降」，傳曰「降，下也」，蓋忡有衝突之意，故以降下之意承之也。次章曰「憂心惙惙」，承之曰「我心則說」。說之言釋也，《說文·言部》曰：「說，釋也。」蓋惙有綴聯之意，故以解釋之意承之也。卒章曰「我心傷悲」，承之曰「我心則夷」。夷之言悅也，《爾雅·釋言》：「夷，悅也。」蓋直言傷悲，故以夷悅之意承之也。傳訓說爲服，夷爲平，然則詩人之旨，雖毛公不能盡得矣。

誰謂雀無角。《行露》

傳曰：「不思物變而推其類，雀之穿屋，似有角者。」箋云：「物有似而不同，雀之穿屋不以角，乃以咮。今彊暴之男召我而獄，不以室家之道於我，乃以侵陵。物與事有似而非者，士師所當審也。」

樾謹按：傳、箋之意皆謂雀實無牙，故其説如此。然下章云：「誰無鼠無牙，[1]何以穿我墉？」鼠之穿墉，若不以牙，復以何物乎？兩章文義一律，鼠實有牙，則雀亦實有牙。竊疑所謂角者，即其喙也。鳥喙尖鋭，故謂之角。詩人之意謂雀無角，則何以穿我屋？女無室家之道，則何以速我獄？此論其常也。乃事物之變，則有大不然者，故曰：「誰謂雀無角，何以穿我屋？誰謂女無家，何以速我獄？」正見其出人意計之外，聽訟者不可不察也。角字之義，自來皆屬獸言。《説文·角部》：「角，獸角也。」其實角字本義當爲鳥喙。《漢書·董仲舒傳》「予之齒者去其角，傅之翼者兩其足」，此二句以鳥獸對言，「予之齒者去其角」，謂獸有齒以齧，即不得有角以啄也，「傅之翼者兩其足」，謂鳥有兩翼以飛，即不得有四足以走也。若以角爲獸角，則牛羊麋鹿之類有齒復有角者多矣，安得云「予之齒者去其角」乎？《文選·射雉賦》「觜膝破觜」，注曰：「觜，喙也。」觜爲鳥喙而其字從角，可知角字之義矣。今俗謂口爲嘴，蓋即「觜」字而加口旁也。

林有樸樕。《野有死麕》

傳曰：「樸樕，小木也。」箋云：「樸樕之中及野有死鹿，皆可以白茅包裹，束以爲禮。」正義曰：「林有樸樕，謂林中有樸樕之木也，故箋云『樸樕之中及野有死鹿』。不言林者，則林與樸樕爲一也。」

樾謹按：「林有樸樕」、「野有死鹿」，兩文相對。如鄭箋之意，則林有樸樕爲一處，野爲一處，「有死鹿」三

[1] 上「無」字，據《詩經》經文當爲「謂」。

字總承上兩處而言，不辭甚矣，古人無此文法也。《駉》篇毛傳：「邑外曰郊，郊外曰野，野外曰林，林外曰坰。」上章「野有死麕」，毛以郊外曰野解之。然則此章林、野對文，野爲郊外之野，林亦當爲野外之林，毛雖無文，學者可以隅反矣。「林有樸樕，野有死鹿。」「林有樸樕，野有死麕，白茅純束」，謂以白茅束此樸樕及死鹿也。學者但知「白茅純束」止以「野有死鹿」言，與上章「野有死麕，白茅純束」同義，而不知其兼以「林有樸樕」言，於是不得其解矣。《綢繆》篇「綢繆束薪」正義曰：「言薪在田野之中，必纏綿束之，乃得成爲家用，以興女在父母之家，必以禮娶之，乃得成爲室家。」然則林有樸樕以白茅束之，正與「綢繆束薪」同義。上章止言「野有死麕」，故曰「白茅包之」；此章兼言「林有樸樕」，故曰「白茅純束」，以死鹿可包，樸樕不可包也。詩人之義其密如此，鄭猶未之得也。

報我不述。《日月》《邶風》

傳曰：「述，循也。」箋云：「不循禮也。」

樾謹按：報我不循，於義未明。鄭以不循禮足成其義，疑亦非經旨也。《釋文》曰「述，本亦作術」，當從之。《說文·行部》：「術，邑中道也。」道德之道與道路之道，本無異義，故《禮記·樂記》篇「不接心術」，注引《大傳》篇「服術有六」，鄭注竝曰「術，猶道也」。然則不術猶不道，言報我不以道也。《文選·廣絕交論》注引《韓詩》曰「報我不術」，薛君曰「術，法也」，是作「述」者《毛詩》，作「術」者《韓詩》。「術」正字，「述」叚字也。薛義視毛義爲長，然訓術爲法，不如訓術爲道，於義更安矣。

不我以歸。《擊鼓》

箋云：「不與我歸期。」

榿謹按：箋增「期」字，非經旨也。詳繹詩意，蓋從征之士，有因傷病不得歸者，故作此詩。下章云「爰居爰處，爰喪其馬」，傳曰：「有不還者，有亡其馬者。」傳以不還解「爰居爰處」，蓋居處於彼，是不得還也；又亡其馬，則終無還理矣，故欲其家人求之于林之下也。然則此章「不我以歸」，乃實不與歸，非止不與歸期矣。

展矣君子，實勞我心。《雄雉》

傳曰：「展，誠也。」箋云：「『誠矣君子』，懇於君子也。君之行如是，實使我心勞矣。」正義曰：「言君之誠如是，志在婦人矣。君子聞君行如此，實所以病勞我心也。」

榿謹按：鄭以「誠矣君子」爲「懇於君子」，未知於毛意何如？而要皆迂曲，非經旨也。《方言》曰：「虔、展，難也。齊、晉曰虔。山之東西凡難貌曰展。荆吳之人相難謂之展，若秦、晉言相憚矣。」是展與虔音義相近。虔卽蹇字。《廣雅‧釋詁》「蹇、展，難也」，卽本《方言》文也。「展矣君子」猶云「蹇矣君子」，言其難也。此詩乃婦人以君子久役而作。首章云「我之懷矣，自詒伊阻」，此我字，婦人自我也。毛傳曰：「阻，難也。」次章云「展矣君子，實勞我心」，此我字，我其夫也。然則「展矣君子」與「自詒伊阻」文義正相屬。惟其自詒伊阻，故曰難矣哉我之君子，實使我心爲之憂勞也。

中心有違。《谷風》

傳曰：「違，離也。」箋云：「徘徊也。」

樾謹按：「違」當爲「婦」。《説文・女部》：「婦，不説貌。」字亦通作「愇」。《廣雅・釋詁》：「愇，恨也。」又或叚「違」爲之，《文選・幽通賦》曰「違世業之可懷」，曹大家曰「違，恨也。違或作愇」，是其證也。「中心有違」猶云「中心有恨」，傳、箋竝失之。《釋文》引《韓詩》曰「違，很也」，《廣雅・釋詁》曰「很、恨義同，《廣雅・釋詁》曰「很、恨也」，韓説殆勝於毛矣。

遑恤我後。

箋云：「遑，暇。恤，憂也。」

樾謹按：《禮記・表記》篇、襄二十五年《左傳》引此文竝作「皇恤我後」，蓋古字止作「皇」，後加辵作「遑」也。「皇」當讀爲「況」。《尚書・無逸》篇「無皇曰」，漢石經作「則兄曰敬德」，「兄」即古「況」字。《秦誓》「我皇多有之」，《公羊傳》作「而況乎我多有之」，皆皇、況聲近義通之證。《尚書大傳》「皇于聽獄乎」，鄭注曰：「皇猶況也。」然則「我躬不閲，皇恤我後」，猶云我躬不容，況憂我後。箋訓皇爲暇，則其義轉迂矣。

不我能慉。

傳曰：「慉，養也。」箋云：「慉，驕也。」

樾謹按：《説文・心部》「慉」下引此文作「能不我慉」，當從之。能與甯通。《正月》篇「甯或滅之」，《漢書・谷永傳》引作「能或滅之」。然則「能不我慉」猶言甯不我慉，與《日月》篇「甯不我顧」句法正同。彼箋

瑣兮尾兮。《旄丘》

傳曰：「瑣、尾，少好之貌。」正義曰：「瑣者，少貌。尾者，好貌。」

樾謹按：尾亦少也。尾與微通。《尚書·堯典》「鳥獸孳尾」，《史記·五帝紀》作「字微」。《漢書·古今人表》「尾生畮」，師古注曰：「即微生畮也。」《莊子·盜跖》篇「尾生與女子期於梁」，《釋文》曰：「尾本作微。」《釋名·釋形體》曰：「尾，微也。」是尾、微聲近義通。「瑣兮尾兮」猶云瑣兮微兮，蓋即式微式微之意。「流離之子」，詩人以自喻。流離即倉庚，一名黃離留者，陸璣以爲梟，非是。

簡兮簡兮。《簡兮》

傳曰：「簡，大也。」箋云：「簡，擇。」正義曰：「毛以爲衛不用賢，有大德之人兮，有大德之人兮。鄭以爲衛君擇人兮，擇人兮。」

樾謹按：傳、箋兩義均有未安，即正義所衍説，其不辭實甚矣。「簡」當讀爲「僩」。《説文·人部》：「僩，武貌。」字亦作「㵾」。《方言》曰：「㵾，猛也。」「僩兮僩兮」乃武猛之貌，下句云「方將萬舞」，萬舞者，武舞也。《周易·豫·象傳》「先王以作樂崇德」，李氏《集解》引鄭注曰：「王者功成作樂，以文得之者作籥舞，

曰：「甯，猶曾也。」「曾不我懤，反以我爲讎」，兩句文意正一氣相生。後人不解「能」字之義，誤倒其文耳。懤者，好也。古音畜、好相近，故《孟子》曰：「畜君者，好君也。」《吕氏春秋·適威》篇引《周書》曰：「民善之則畜也，不善之則讎也。」高注曰：「《周書》，周公所作。畜，好也。」詩人以懤、讎對文，正本《周書》。彼作「畜」者，叚字也。傳、箋所訓，均未得其旨。

以武得之者作萬舞。」《禮記·文王世子》篇「春夏學干戈，秋冬學羽籥」鄭注曰：「干戈，萬舞，象武也。羽籥，籥舞，象文也。」證以《左傳》楚公子元振萬，而夫人曰「先君以是舞也，習戎備也。此經「方將萬舞」，毛傳曰「以干羽爲萬舞」，誤兼文武言。鄭易之曰「萬舞，干舞也」，則固謂萬舞是武舞矣。儞兮儞兮乃武猛之貌，與萬舞正合，猶下章言「公庭萬舞」，而繼之曰「有力如虎」也。簡者，「儞」之叚字。《淇澳》傳曰：「僴，寬大也。」僴本爲武貌，而訓大者，義與簡通也。彼「儞兮」之「儞」可訓大，則此「簡兮」之「簡」可訓武。必泥本字以求之，斯不得其旨矣。

終窶且貧。《北門》

傳曰：「窶者，無禮也。貧者，困於財。」箋曰：「君於己禄薄，終不足以爲禮，又近困於財。」

樾謹按：如箋義，則窶即貧所致，言窶不必更言貧矣，何以云「窶且貧」乎？《一切經音義》卷一引《蒼頡》曰「無財備禮曰窶」，與箋義同。然其字從宀，則窶之本義當屬居處。《説文·宀部》「窶，無禮居也」，此窶之本義也。所謂無禮居者，乃陜小之謂。《史記·滑稽傳》「甌窶滿篝」，正義曰「甌窶，謂高地陜小之區」，是窶有小義。《方言》「篿，小者，南楚謂之篿」，又云「家小者謂之塿」，則凡從婁得聲者，竝有小義矣。窶從宀婁聲，當爲小屋。《爾雅·釋宫》曰「陜而修曲曰樓」，義與相近。屋小者堂室奧阼之制不備，不可以行禮，故曰無禮居，引申之則凡無禮者皆得謂之窶，毛公此傳是也。凡陜小者亦得謂之窶。《釋名·釋姿容》曰「窶數，猶局縮」，皆小意也。又引申之凡貧者亦得謂之窶。《爾雅·釋言》曰「窶，貧也」，郭璞注曰：「謂貧陋。」經文止言貧而注必兼言陋者，《説文·自部》「陋，阨陜也」，郭氏之意，蓋謂窶得訓貧者，乃

從陝小之義引申之也。然則婁之爲貧，展轉引申，非其本義。而鄭箋必謂祿薄不足爲禮，使婁與貧并爲一談，非經意，且非傳意矣。「終婁且貧」者，終猶既也，已也。《葛藟》篇「終遠兄弟」，傳曰「已相遠矣」，箋云「今已遠棄族親」，是傳、箋竝訓終爲已也。衛之忠臣仕於闇君，言既已不見禮遇，又且貧也。孟子論仕有行可之仕，有際可之仕，有公養之仕。夫仕於闇君，則已非行可之仕矣，乃并不能接之以禮，養之以財，則際可之仕、公養之仕俱不足言，宜其不得志也。先言婁後言貧者，賢者恥無禮，尤甚於患貧也。

《北風》

傳曰：「喈，疾貌。」

樾謹按：《說文・口部》：「喈，鳥鳴聲也。」《葛覃》篇「其鳴喈喈」，傳曰：「和聲之遠聞也。」他如《風雨》篇「雞鳴喈喈」、《鼓鐘》篇「鼓鐘喈喈」、《烝民》篇「八鸞喈喈」，凡言「喈喈」者，皆取其聲之和。《爾雅・釋訓》「噰噰、喈喈，民協服也」，亦和協之意。此經「喈」字傳訓爲疾，未詳其義。竊謂「喈」當作「湝」。《說文・水部》：「湝，水流湝湝也。」《詩》曰：「風雨湝湝。」今《詩》無此文，疑《說文》錯誤，當引此詩「北風其湝」也。一章曰「北風其涼，雨雪其雱」，二章曰「北風其湝，雨雪其霏」，涼與湝、雱與霏，義皆相近。湝當從《說文》「一曰寒也」之訓。其涼、其湝義同，猶雱盛貌，霏甚貌，其雱、其霏義亦同也。傳訓爲疾，蓋從「水流湝湝」取義，謂風之疾如水之流也。

《君子偕老》《鄘風》

副笄六珈。

傳曰：「副者，后夫人之首飾，編髮爲之。」笄，衡笄也。珈，笄飾之最盛者。」箋云：「珈之言加也，副既笄而加飾，如今步搖上飾。古之制所有未聞。」

樾謹按：鄭箋不解「副」字，正義亦不言毛、鄭同異。考《周官‧追師》「掌王后之首服，爲副、編、次」，鄭注曰：「副之言覆，所以覆首爲之飾，其遺象若今步繇矣，服之以從王祭祀。編，編列髮爲之，其遺象若今之假紒矣，服之以桑也。次，次第髮長短爲之，所謂髲髢，服之以見王。」然則毛公所謂副，正鄭君所謂編。《禮記‧明堂位》鄭注曰：「副，首飾也，今之步搖是也。」是鄭意與毛不同。其箋《詩》雖不言副爲何物，然曰「珈之言加也，副既笄而加飾」。《詩》云「副笄六珈」，《周禮》「掌王后之首服爲副」。是鄭意與毛不同。其箋《詩》雖不言副爲何物，然曰「珈之言加也，副既笄而加飾」。則其説固與注《禮》同，不從毛公編髮之説也。《續漢書‧輿服志》曰：「步搖以黃金爲山題，貫白珠爲桂枝相繆，一爵九華，熊、虎、赤熊、天鹿、辟邪、南山豐大特六獸，《詩》所謂『副笄六珈』者。」然則漢固以步搖當周之副，即六珈亦尚得其大略。鄭不敢竟以漢制説經，故云古制有未聞耳。《釋名‧釋首飾》曰：「王后首飾曰副。副，覆也，以覆首。」亦言「副貳也。兼用衆物成其飾也」，不言以髮爲之，與鄭義同。古者祭服，君衮冕，夫人副褘，然則婦人首服之有副，其猶男子首服之有冕與？毛公誤以編爲副，恐不可從。《廣雅‧釋器》曰「假結謂之髻」，古制湮而古字亦變矣。

傳曰：「是當暑絺綌之服也。」正義曰：「絺綌是當暑緆去袢延，蒸熱之服也。」又曰緆袢者，去熱之名，故言袢延之服。袢延是熱之氣也。」

是紲袢也。

樾謹按：傳言「當暑袢延之服」，竝無「當去」之文。且袢延之爲熱氣亦是臆說，非傳義也。袢延猶伴奐也。《卷阿》篇「伴奐爾游矣」，箋云：「伴奐，自縱弛之意。」袢與伴竝從半聲，延與奐古音亦相近。當暑袢延之服，謂當暑自縱弛之服也。傳、箋均不解「紲」字，「紲」當作「褻」。《說文·衣部》兩引此經，「褻」篆下曰「是褻袢也」，「袢」篆下曰「是紲袢也」。蓋「褻」本字，「紲」叚字。惟其爲褻衣，故得自縱弛也。

美孟庸矣。《桑中》

傳曰：「庸，姓也。」

樾謹按：庸之爲姓無考。錢氏大昕謂庸即鄘也，以文十八年《左傳》「閻職」，《史記·齊世家》作「庸職」爲證。然古男子不以姓行，則閻職非姓也。又引《漢書·谷永傳》『閻妻』爲證，此則得之。惟此詩作于惠公時，姜、弋、庸必當時貴姓，乃其時閻姓無聞焉，詩人何取而詠之乎？庸姓疑即熊姓。《說文》：「熊，從能，炎省聲。」炎與庸一聲之轉，《尚書·洛誥》篇「無若火始炎炎」，《漢書·梅福傳》引作「毋若火始庸庸」，宣八年「夫人熊氏薨」是也。魯、衞兄弟國，其所書魯夫人，姜氏爲多，而亦有弋氏、熊氏，襄四年「夫人弋氏薨」，昭七年《左傳》正義曰：「古人讀熊皆于陵反。」然古無韻書，聲之輕重緩急不能齊同。後漢《劉鎭南碑》熊與豐爲韻，然則庸之與熊何不可通？必謂熊字古止于陵反一音，泥矣。耳目聞見，此三姓最大也。《春秋》所書魯夫人，姜氏爲多，而亦有弋氏、熊氏，熊竝言，蓋熊從炎聲，故得通作「庸」。

作于楚宮。《定之方中》

傳曰：「楚宮，楚丘之宮也。」仲梁子曰：初立楚宮也。」

樾謹按：此與下句「作于楚室」兩「于」字竝當作「爲」。《文選·魏都賦》張載注及謝朓《和伏武昌詩》、王融《曲水詩序》李善注引此經竝曰「作爲楚宮」、「作爲楚室」，蓋于與爲古通用。段氏玉裁《詩經小學》已及之矣，惟未及「作」字之義。《駉》篇「思馬斯作」，傳曰：「作，始也。」「作于楚宮」者，始爲楚宮也，「作于楚室」者，始爲楚室也。仲梁子曰「初立楚宮」，明以「初」字釋「作」字，自來未得其義。

傳曰：「非徒庸君。」

樾謹按：王氏念孫據《廣雅》「匪彼也」之文讀「匪」爲「彼」，詳見《經義述聞》，其說是也。「匪直也人」猶云「彼直者人」，古者，也二字亦通用。《論語·陽貨》篇「惡紫之奪朱也，惡鄭聲之亂雅樂也，惡利口之覆邦家者」，《孟子·盡心》篇「孩提之童，無不知愛其親者；及其長也，無不知敬其兄也」者，也互用，即其例矣。「彼直者人」與「彼姝者子」句法相似。毛公生六國時，古語已不盡可通，近人訓詁之學蓋卓絕矣。

猗重較兮。《淇澳》《衛風》

樾謹按：《禮記·曲禮》孔疏、《論語·鄉黨》皇疏、《荀子·非相篇》楊注、《文選·西京賦》李注引此文「猗」竝作「倚」。據《節南山》篇「有實其猗」箋曰「猗，倚也」，則猗、倚固聲近義通也。然作「猗」、作「倚」段借字，其字實當作「輢」。《說文·車部》：「輢，車旁也。」「輢重較兮」言車旁有兩較也。《較》《說文》作「較」，曰：「車輢上曲銅也。」是較在輢上，故繫於輢而言之。《楚辭·招魂》曰「檻層軒些」，句法與此相似。《西京賦》曰「戴翠帽，倚金較」，則已誤解此經「倚」字矣。

碩人之薖。《考槃》

傳曰：「薖，寬大貌。」

樾謹按：薖乃草名，其爲叚字無疑，而自來未有得其字者。以義求之，蓋當作「和」。「和」字古或以「咼」爲之，《淮南子·説山》篇「咼氏之璧」，高誘注曰「咼，古和字」是也。又或變作「珦」，《文選》盧子諒《覽古詩》「趙氏有和璧」，李善注曰《琴操》曰「昭王得珦氏璧」，「珦」古「和」字是也。此經云「碩人之薖」，蓋叚「薖」爲「咼」，而又叚「咼」爲「和」，展轉相叚，古書自有此例。《釋文》曰「《韓詩》作『禍』」，此則後出之字，以碩人言故從人作「禍」也。猶以璧言故從玉作「珦」。首章美其寬大，次章美其和平，本各自成義。而和之聲近于桓，《水經·桓水》篇引鄭康成《尚書》注曰「和讀曰桓」是也。《長發》篇「玄王桓撥」，傳訓桓爲大，則此傳訓和爲寬大，於義未始不可通矣。段氏玉裁曰：「『薖』即『窠』之叚借」，「碩人之窠」義甚不安，此不得其説而強爲之辭也。

永矢弗告。

傳曰：「無所告語也。」箋云：「不復告君以善道。」

樾謹按：此詩箋義甚失忠厚之旨，毛以爲無所告語，亦與「永矢」之文未合。王肅説首章「弗諼」曰「先王之道，長自誓不敢忘也」，説次章「弗過」曰「長以道自誓，不敢過差」，其義甚正，卒章「弗告」亦當依肅義説之。「告」讀爲「揢」。《後漢書·馬融傳》《廣成頌》曰「梧羽群」，李賢注曰：「字書梧從手，即古文攪字，謂攪亂也。」《説文》無「揢」字，蓋是「攪」之或體。覺、告聲近。《釋名·釋書契》曰：「告，覺也。」攪從覺，故或

從告。《孟子‧告子》篇曰「有梏亡之矣」，趙注以「梏」爲「梏亂」，蓋亦讀爲「揩」。「永矢弗告」，言長以道自誓，不敢揩亂。人苟信道未篤，則見紛華而悅者有之矣，詩人所以長誓弗揩也。

朱幩鑣鑣。《碩人》

傳曰：「幩，飾也。人君以朱纏鑣，扇汗且以爲飾。鑣鑣，盛貌。」《釋文》曰：「鑣鑣，表驕反，馬銜外鐵也。一名扇汗，又曰排沫。」《爾雅》云：「鑣謂之钀。」

樾謹按：《説文‧金部》：「鑣，馬銜也。」《巾部》：「幩，馬纏鑣扇汗也。」是扇汗之名屬幩不屬鑣。傳「人君以朱纏鑣」爲句，「扇汗且以爲飾」爲句。「扇汗」二字乃言其用，非言其名，猶曰以扇汗，且以爲飾也。後人或即其用而名之謂之扇汗，亦謂之排沫，要是幩之異名。陸氏誤以「鑣扇汗」三字連讀，乃以扇汗爲鑣之異名，則失之矣。《續漢書‧輿服志》曰，乘輿象鑣，赤扇汗；王公列侯朱鑣，絳扇汗，可知鑣與扇汗非一物也。又陸氏此數語釋傳文「鑣」字，非釋經文「鑣鑣」下，疑傳寫之誤，阮氏校勘記已及之。

三歲爲婦，靡室勞矣。凤興夜寐，靡有朝矣。《氓》

箋云：「靡，無也。無居室之勞矣，言不以婦事見困。無有朝者，常早起夜卧，非一朝然，言己亦不解惰。」

樾謹按：此四句皆自言有功於夫家，宜見恩禮之意，故言我三歲爲婦，則一家之人無有居室之勞矣；我凤興夜寐，則一家之人無有朝起者矣，皆由己獨任其勞故也。鄭箋所説未得詩人之旨，而以「靡有朝」爲「非一朝」，尤於文義未安。

巧笑之瑳。《竹竿》

傳曰：「瑳，巧笑貌。」

樾謹按：「瑳」非笑貌，乃「齹」之叚字。《説文・齒部》：「齹，齒參差，從齒差聲。」笑則參差齒見，故以爲巧笑之貌。

能不我知。《芄蘭》

傳曰：「不自謂無知以驕慢人也。」箋云：「此幼穉之君，雖佩觽與，其才能實不如我衆臣之所知爲也。」

樾謹按：《正月》篇「甯或滅之」，《漢書・谷永傳》引作「能或滅之」，是能與甯通。《日月》篇「甯不我顧」，箋云「甯猶曾也」，「能不我知」與「甯不我顧」同，言此幼稚之君雖則佩觽，而曾不我知也。知者，接也。《墨子・經》篇曰：「知，接也。」古謂相交接曰知，故《後漢書・宋弘傳》「貧賤之交不可忘」，《群書治要》作「貧賤之知」，是知有交接之義也。「能不我知」者，曾不我接也。下章「能不我甲」，傳訓甲爲狎，然則首章言不與我交接，二章言不與我狎習，語意正相近。說此經者不知「能」爲語辭，而以實義釋之，又不解「知」字之義，故皆失其解矣。《谷風》篇「不我能慉」，《説文》引作「能不我慉」，與此句法相同，能亦甯也，說已見前。

垂帶悸兮。

傳曰：「垂其紳帶，悸悸然有節度。」

樾謹按：《説文・心部》：「悸，心動也。」有節度之訓與字義不合，傳說非也。「垂帶悸兮」乃刺之，而非美

之。悸之本義爲心動，引申之則凡物之動者皆可以悸言之。字亦作「疼」。《一切經音義》卷一曰「悸，古文疼同」，《說文·疒部》「疼，氣不定也」，是疼亦有動義也。詩人刺惠公，雖容兮遂兮，而其垂帶乃悸然常動，正見其舉動之無節，猶《左傳》以「衰絰如故衰」見昭公之不君，即小以明大也。

一葦杭之。《河廣》

傳曰：「杭，渡也。」

樾謹按：葦非可以渡河之物，傳義非也。《說文·手部》「抗❶扞也」，重文「杭」，曰「抗，或從木」，是「杭」即「抗」之或體。杭訓扞，故亦訓蔽。昭元年《左傳》曰：「吉不能亢身，焉能亢宗？」杜注曰：「亢，蔽也。」「亢」乃「抗」之叚字。《列子·黃帝》篇曰「而以道與世抗」，《釋文》曰「抗，或作亢」，是其例也。「一葦杭之」，言一葦之闊即足以蔽之，正是極喻其狹耳。

爰樹之背。《伯兮》

傳曰：「背，北堂也。」正義曰：「背者，向北之義，故知在北。」

樾謹按：「背」即「北」字也，古背、北同字。《國語·吳語》曰「吳師大北」，韋昭注曰「北，古之背字」是也。「爰樹之背」即「爰樹之北」，傳以經但言北，未言所在，故以「北堂」釋之。正義之説反涉迂曲矣。

在彼淇厲。《有狐》

❶ 「抗」，原作「杭」，今據《説文解字》改。

傳曰：「厲，深可厲之旁。」

樾謹按：傳意此「厲」即「深可厲之旁」之「厲」，然水深則非狐所能涉，故以爲「深可厲之旁」，其說甚爲迂曲。且經止言「淇厲」，不言「厲旁」，傳義殆失之矣。今按：「厲」者，「瀨」之叚字。《說文·水部》：「瀨，水流沙上也。從水賴聲。」賴與厲古音相近。《論語·子張》篇「未信則以爲厲己也」，《釋文》曰「厲，鄭讀爲賴」；《漢書·地理志》「厲鄉，故厲國也」，師古曰「厲讀曰賴」，皆其證也。瀨從賴聲，故得以厲爲之。《史記·南越傳》「故歸義越侯二人爲戈船、下厲將軍」，徐廣曰：「厲一作瀨。」此經「厲」字正與彼同。「淇厲」者，淇瀨也。《楚辭·湘君》篇「石瀨兮淺淺」《漢書·司馬相如傳》「北揭石瀨」，師古曰「石而淺水曰瀨」，是瀨爲水淺之處。《易》曰「小狐汔濟，濡其尾」，是水淺之處狐得涉之也。毛以爲深可厲之旁，則混于卒章之「淇側」。戴氏《毛鄭詩考正》曰，厲，梁之屬也，引《水經注》「吐谷渾於河上作橋謂之河厲」爲證，則混于首章之「淇梁」，明易涉也；次言「淇厲」，則涉之稍難矣，卒言「淇側」，則徘徊于水厓不得涉矣，所以憂之彌甚也。混而同之，豈得其意乎？

《君子陽陽》《王風》

左執簧。

傳曰：「簧，笙也。」

正義曰：「簧者，笙管之中金薄鍱也。笙必有簧，故以簧表笙。傳以笙簧一器，故云『簧，笙也』。」

樾謹按：笙不能無簧，而簧不必定施於笙中也，此謂竽笙中之簧也；又曰「以竹鐵作，于口橫鼓之，亦是也」，此自成一器者也。《鹿鳴》篇「鼓瑟吹笙」，簧蓋自成一器。《釋名·釋樂器》曰「簧，橫也，于管頭橫施于

笙，吹笙鼓簧」，瑟與笙爲二物，則笙與簧亦二物。傳以簧爲笙，非也。《文選‧長笛賦》注曰「大笙謂之簧」，益非古義矣。説詳《禮記‧月令》篇「調竽笙篪簧」。

右招我由敖。

箋云：「右手招我，欲使我從之於燕舞之位。」

樾謹按：上章「右招我由房」，毛傳以「房」爲「房中之樂」，此章「敖」字傳雖無文，宜亦一律。「敖」當讀爲「驁」。《儀禮‧大射儀》曰「公入驁」，鄭注曰：「驁夏，亦樂章也，以鐘鼓奏之，其詩今亡。」「右招我由敖」，言右招我用驁夏之樂也。鄭解「招我由房」曰「欲使我從之於房中」，房以地言，故敖亦以地言。然敖爲舞位，他無所見，恐未足據也。

將其來施施。《丘中有麻》

傳曰：「施施，難進之意。」箋云：「施施，舒行伺閒，獨來見己之貌。」

樾謹按：《顏氏家訓‧書證篇》曰「河北《毛詩》皆云『施施』」，江南舊本悉單爲「施」，是顏所見江南舊本乃作「將其來施」。經單言「施」而傳、箋重言之曰「施施」，猶《氓》篇「咥其笑矣」，傳、箋重言之曰「咥咥」，《芄蘭》篇「垂帶悸兮」，傳、箋重言之曰「悸悸」。此例甚多，當以江南舊本爲正，顏反疑其誤，非也。惟傳、箋之義均未得經旨。《氓》篇「將子無怒」，傳曰：「將，願也。」然則「將其來施」者，願其來而展其才也。《荀子‧臣道篇》「爪牙之士施則仇讎不作」，楊倞注曰：「施，謂展其才也。」《序》所謂「莊王不明，賢人放逐」者，正指子嗟。子嗟之才來食」，詩人之辭自有意義。蓋首章以子嗟言，次章言「將其來施」，首章言「將

必有可用,故曰「將其來施」,欲其有所設施也。次章以子國言,子國則子嗟之父也。因其子之賢而思其父,其子之年必已老矣,不能有所設施矣,故曰「將其來食」言願其來而以飲食頤養之,不復煩以事也。自來説《詩》者皆未達此義。

彼留之子。

箋云:「留氏之子,於思者則朋友之子。」正義曰:「留氏之子,於思者則朋友之身也,非與其父爲朋友。孔子謂子路賊夫人之子,亦此類也。」

樾謹按:此詩首章言「彼留子嗟」,次章言「彼留子國」,傳曰「子國,子嗟父」,蓋因子嗟之賢而上及其父也。卒章言「彼留之子」,則又因子嗟之賢而下及其子也,此正詩人愛賢無已之意。鄭箋明云「於思者則朋友之子」,正義誤以彼留之子亦謂子嗟,故曲爲之説,殊失經旨。

敝予又改爲兮。《緇衣》《鄭風》

樾謹按:篇中言「予」者皆設爲周天子之辭。《序》云:「《緇衣》,美武公也。父子竝爲周司徒,善於其職,國人宜之,故美其德,以明有國善善之功焉。」然則《緇衣》之詩固美武公,而亦見周天子之能善善。正義曰「此乃有國者善善中之善」,則大謬矣。故通篇皆設爲周天子之辭。《儀禮·覲禮》「天子賜侯氏以車服」,此卽所謂「敝予又改爲也」;其云「適子之館」者,《覲禮》「天子賜舍」是也;其云「還予授子之粲」者,《覲禮》「饗禮乃歸」是也。武公以諸侯入爲卿士,故用諸侯之禮,詩人紀其實耳。

無踰我里。《將仲子》

傳曰：「里，居也。」二十五家爲里。」正義曰：「謂無踰越我里居之垣牆。」

樾謹按：二十五家之里不可踰越，故正義加「垣牆」字以成其義，然非經旨也。里猶廬也。《文選·幽通賦》「里上仁之所廬」，曹大家注曰「里、廬，皆居處名也」，是里爲居處之名，與廬同義。《漢書·食貨志》云「在野曰廬，在邑曰里」，是其義也。「無踰我里」猶云「無踰我廬」。傳以「居」釋「里」，其義已足，又申之曰「二十五家爲里」，則轉失之。

洵美且仁。《叔于田》

箋云：「言叔信美好而又仁。」正義曰：「仁是行之美名，叔乃作亂之賊，謂之信美好而又仁者，言國人悦之辭，非實仁也。」

樾謹按：《禮記·中庸》篇「仁者，人也」，鄭注曰：「人也，讀如相人偶之人，以人意相存問之言。」然則古所謂仁者，乃以人意相存問之意，故其字從人二也。此章以仁稱叔，見有叔則能以人意相存問，故巷無人也。孔穎達徒震於仁之名而不達古義，未得其旨。嘗謂詩人之辭，無叔則莫能以人意相存問，故巷無人也。非如後人苟且趁韵者。首章言「巷無居人」，故曰「洵美且仁」，次章言「巷無飲酒」，故曰「洵美且好」；三章言「巷無服馬」，故曰「洵美且武」，末一字皆與首句相應。《説文·馬部》曰：「駕，武也。」於人言仁，猶於馬言武，皆古訓也。

傳曰：「騁馬曰馨，止馬曰控，發矢曰縱，從禽曰送。」

抑磬控忌，抑縱送忌。《大叔于田》

樾謹按：磬、控雙聲，縱、送疊韵，凡古書雙聲疊韵之字皆無二義，傳以一字爲一義，恐非也。磬、控、縱、送竝以御言，控即縱也，言止馬也；送即縱也，言騁馬也。《淮南子·覽冥》篇「磬龜無腹」高注曰：「磬，空也。」磬爲空，故亦爲控，古文聲近義即相通。縱、送亦猶是矣。分爲四事，轉非古義。上文曰「叔善射忌，又良御忌」，而磬、控、縱、送獨承「良御」句而言，猶下章「叔馬慢忌，叔發罕忌」，而釋綳、鬯、弓獨承「叔發罕」句而言也。

洵直且侯。《羔裘》

傳曰：「洵，均。侯，君也。」箋云：「言古朝廷之臣，皆忠直且君也。君者，言正其衣冠，尊其瞻視，儼然人望而畏之。」

樾謹按：「洵直且侯」與《叔于田》「洵美且仁」句法正同。彼箋云：「洵，信也，言叔洵美好而又美且仁」一例。至「侯」字之義，傳訓爲「君」，而箋又引《論語》文證之，似於義未合，故鄭不從之。但曰「皆忠直且君」，則與「洵美且仁」一例。至「侯」字之義，傳訓爲均，而箋又引《論語》文證之，則君猶君也。《說文·丱部》「君，从丱君聲，讀若威」，是其證也。《爾雅·釋親》：「姑舅在則曰君舅君姑。」《說文·女部》「威」下引漢律曰「婦告威姑」，威姑即君姑也。正義以爲「有人君之度」，失毛、鄭之旨矣。《釋文》引《韓詩》曰：「侯，美也。」侯之訓美，亦從君之義而引申之。《左傳》曰：「美矣君哉。」《白虎通·號》篇曰：「皇，君也，美也。」侯爲君，故亦爲美。毛、韓之義雖異，以侯無威義，訓爲君則威義存其中矣。毛不直以威釋侯，而仍用《釋詁》文訓爲君者，明君之爲威也。毛訓侯爲君，即是訓侯爲威，故鄭引《論語》

而實同，精於故訓者可一以貫之。

三英粲兮。

傳曰：「三英，三德也。」箋云：「三德，剛克、柔克、正直也。」

樾謹按：三德即具本詩，首章「洵直且侯」一句有二德，次章「孔武有力」一句爲一德。直也，侯也，武也，所謂三德也。鄭以《洪範》説此詩，恐未必然。

不寁故也。《遵大路》

傳曰：「寁，速也。」箋云：「子無惡我摯持子之袂，我乃以莊公不速於先君之道使我然。」

樾謹按：傳訓寁爲速，於義未了。箋申傳意，迂曲殊甚，恐非經旨。寁之言接也。寁從疌聲，接從妾聲，兩聲相近。《説文》箋或作箑，卽其例矣。《爾雅·釋詁》篇郭注曰「捷，謂相接續也」，《釋名·釋形體》曰「睫，接也」，《漢書·外戚傳》注曰「健，言接幸於上也」，是凡從疌得聲者並有接義。此詩首章言「無我惡兮，不寁故也」，次章言「無我魗兮，不寁好也」，謂無以惡我魗我之故，而不接續故舊之情好也。蓋今君雖失道，而先君之恩義不可忘。詩人所執袪而留之者，其辭至切矣。

遵大路兮，摻執子之手兮。

樾謹按：首章「路」字入韵，次章「路」字不入韵，猶《騶虞》篇首章「虞」字入韵，次章「虞」字不入韵；《權輿》篇首章「輿」字入韵，次章「輿」字不入韵也。合而讀之，則兩「虞」字、兩「輿」字未始不自爲韵，詩固有此一例也。此詩兩章並言「遵大路兮」，而一入韵，一不入韵，正與彼同，但彼在末此在首爲小異耳。王氏引之

群經平議

《經義述聞》謂此章「路」字當作「道」，變文協韵，失之矣。

東門之栗。《東門之墠》

傳曰：「栗，行上栗也。」箋云：「栗人所咀食而甘耆，故女以自喻也。」

樾謹按：鄭以「栗」爲「棗栗」字，恐非傳意也。傳云「行上栗」，與《左傳》「行栗」同。襄九年《傳》「斬行栗」，杜注曰：「行栗，表道樹。」若是「棗栗」字，豈鄭國表道止種栗樹而無他樹乎？抑晉師於鄭國表道之樹止斬其栗而不及其他乎？足知其非矣。今按：「栗」當讀爲「列」。《國語·周語》曰：「列樹以表道。」古者列樹表道，故表道之樹卽謂之列。栗與列聲近，故得通用。《東山》篇「烝在栗薪」，箋云「古者聲栗裂同也」；《四月》篇「冬日烈烈」，箋云「烈烈，猶栗栗也」，並其證也。首章云「東門之墠」，次章云「東門之栗」，墠者除地爲墠，列者列樹表道。鄭以本字讀之，似於經義、傳義胥失矣。

云胡不瘳。《風雨》

傳曰：「瘳，愈也。」

樾謹按：首章「云胡不夷」，傳曰「夷，說也」；卒章「云胡不喜」，喜、說義同。此章曰「不瘳」，義不倫矣。「瘳」當爲「憀」。《文選·琴賦》注曰：「憀與聊字義同。」然則「不憀」猶「不聊」也。《戰國策·秦策》曰「百姓不聊生」，高誘注曰：「聊，賴也。」《楚辭·逢尤》篇曰「心煩憒兮意無聊」，王逸注曰：「聊，樂也。」蓋人無

❶「胡」，原作「故」❶，今據清經解續編本改。

聊賴則不樂,故聊有樂義。《泉水》篇「聊與之謀」,傳曰「聊,願也」,願與樂意亦相近。「云胡不慘」猶言云胡不樂,傳義失之。

群經平議卷九

德清俞樾

毛詩 二

《還》《齊風》

揖我謂我臧兮。

傳曰:「臧,善也。」

樾謹按:臧固訓善,而此「臧」字則當訓爲壯。壯者,盛也。《禮記·學記》篇「約而達,微而臧」,臧與微對,則有壯盛之義可知。蓋臧、壯聲近而義通也。首章言「子之還兮」,故曰「揖我謂我儇兮」,傳曰「還,便捷之貌。儇,利也」,是還與儇義相應也。二章言「子之茂兮」,故曰「揖我謂我好兮」,傳曰「茂,美也」,是茂與好義相應也。此「臧」字亦當與「昌」字相應,傳訓昌爲盛,臧爲善,則義不相應矣。鄭知傳義之未安,而易傳曰「昌,佼好貌」,則又與二章無別。蓋毛傳失之於「臧」,非失之於「昌」。一章以便利相譽,二章以美好相譽,三章以壯盛相譽,言各有當,未可徒泥古訓矣。

《東方之日》

履我卽兮。

傳曰:「履,禮也。」箋云:「卽,就也。在我室者以禮來,我則就之與之去也。」

樾謹按：傳訓履爲禮，而箋申其義如此，殊於文義未安。《氓》篇「體無咎言」，《釋文》曰：「《韓詩》作『履』。」此經「履」字當從《韓詩》說訓爲幸。「履，幸也。」「履我卽矣」者，幸我就也；二章曰「履我發矣」者，幸我行也，皆男女淫奔，私相冀幸之辭。「履」之爲「幸」，蓋古語有然，韓說必非無據。毛訓履爲禮，反失其旨矣。

總角丱兮。《甫田》

傳曰：「總角，聚兩髦也。丱，幼穉也。」

樾謹按：「丱兮」承「總角」而言，則當爲形容總角之辭。丱之爲言貫也。從絲省丱聲，是絲有貫義。此作「丱」者，卽「絲」之叚字也。《說文·絲部》「絲，織以絲貫杼也。從絲省丱聲」，是絲有貫義。此作「丱」者，卽「絲」之叚字也。又或通作「關」。《禮記·雜記》篇「見輪人以其杖關轂而輠輪」，正義曰「關，穿也」，是關轂卽貫轂，亦卽「絲」之叚字也。古字以聲爲主，不泥其形，故「絲」或作「關」，又或作「丱」矣。《說文》以貫訓絲，蓋以同聲之字爲訓。「總角丱兮」者，總聚其髦以爲兩角，有交貫之象也。昭十九年《穀梁傳》「羈貫成童」，范甯注曰「羈貫，謂交午剪髮以爲飾」，是其義也。

猗嗟名兮。《猗嗟》

傳曰：「目上爲名。」

樾謹按：「名」猶「明」也。《釋名·釋言語》曰：「名，明也，名實使分明也。」「猗嗟明兮，美目清兮」正取清明之義。因「明」字聲之轉，故《禮記·檀弓》篇曰「銘明旌也」，銘與名同。「猗嗟明兮，美目清兮」，蓋名與明古音雖不同，然亦一聲之轉，故《禮記·檀弓》篇曰「銘明旌也」，銘與名同。毛公以名兮、清兮皆言美目，而「名兮」之文在「美目」之上，「清兮」之文在「美目」之下，非韵，故用「名」字代之。

之下,因有目上爲名,目下爲清之説,此蓋依經立義,不可泥也。後人遂將「目上爲名」四字羼入《爾雅》,竟若爲眉目閒之定稱,於是變其字作「睧」,見《文選·西京賦》薛綜注;又變其字作「頢」,見《玉篇·頁部》。不特非詩人之意,且亦非毛公作傳之意矣。

舞則選兮,射則貫兮。

傳曰:「選,齊。貫,中也。」箋云:「選者,謂於倫等最上。貫,習也。」

樾謹按:此當以傳義爲長。《伐柯》篇「籩豆有踐」,傳曰「踐,行列貌」,「選」從巽聲,得與「踐」通。《堯典》「巽朕位」,《史記·五帝紀》作「踐朕位」,是其例也。毛公訓選爲齊,訓踐爲行列貌,其義不殊。《仲尼弟子傳》任不齊字子選,宓不齊字子賤,「賤」即「踐」也,可知選、踐之同義矣。舞有舞之位,故以齊爲貴,射有射之侯,故以中爲貴。若如鄭義,則舞亦可言貫,射亦可言選、踐,轉覺泛而不切矣。

糾糾葛屨,可以履霜,摻摻女手,可以縫裳。《葛屨》《魏風》

傳曰:「夏葛屨,冬皮屨。葛屨非所以履霜。」又曰:「魏俗使未三月婦縫裳者,利其事也。」箋云:「婦人三月廟見,然後執婦功。」箋云:「魏俗至冬猶謂葛屨可以履霜,利其皮屨也。」又云:「魏俗使未三月婦縫裳者,利其事也。」

樾謹案:傳義但言葛屨之不可履霜,女之不可縫裳,並無可以履霜、可以縫裳之説,疑經文兩「可」字當作「何」字。古可、何字通用。襄十年《左傳》「下而無直則何謂正矣」,《釋文》曰「何,或作可」;昭八年《傳》「若何弔也」,《釋文》曰「何,本或作可」;《石鼓文》「其魚佳可」,「佳可」即「維何」也,此古文以「可」爲「何」之證。經文云:「糾糾葛屨,何以履霜?摻摻女手,何以縫裳?」故傳義云然。至鄭君作箋曰「魏俗至冬

猶謂葛屨可以履霜」，則已不知「可」字爲「何」字古文矣。

美無度。《汾沮洳》

傳曰：「美無有度，言不可尺寸。」

樾謹按：「無度」猶「無斁」也。《振鷺》篇「在此無斁」，箋云：「人皆愛敬，無厭之者也。」《後漢書・張衡傳》「惟盤逸之無斁兮」，李賢注曰「斁，古度字」，是度與斁古通用。傳以本字讀之，而釋爲「不可尺寸」，其義轉迁矣。

美如英。

傳曰：「萬人爲英。」

樾謹案：凡言「如」者，皆取喻於物，傳義非也。「美如英」與下章「美如玉」同，英亦玉也。《著》篇「尚之以瓊英乎而」，傳曰「瓊英，美石如玉者」，此「英」字當與彼同。《說文・玉部》：「瑛，玉光也。」古字止以「英」爲之。《穆天子傳》「枝斯之英」，郭注曰：「英，玉之精華也。」玉之精華謂之英，故石似玉者亦謂之英。《說文》：「瑩，玉色也。」一曰：「石之次玉者。」玉色謂之瑩，石次玉者亦謂之瑩，是其例矣。

行役夙夜必偕。《陟岵》

傳曰：「偕，俱也。」❶

❶「俱」，原作「具」，今據四部叢刊景宋本《毛詩》改。

群經平議

樾謹案：傳義非也。「行役夙夜必偕」與《北山》篇「偕偕士子，朝夕從事」義同。彼傳云「偕偕，彊壯貌」，則此「偕」字亦當訓強。《説文・人部》「偕，強也」，是強乃偕之本義，單言之曰「偕」，重言之曰「偕偕」，其義一也。首章「行役夙夜無已」，傳曰「無解惓」，次章「行役夙夜無寐」，傳曰「無耆寐」，然則卒章言「必偕」正申前兩章之意，言夙夜之間必當自強也。訓偕爲俱，失之矣。

胡取禾三百廛兮？《伐檀》

傳曰：「一夫之居曰廛。」正義曰：「謂一夫之田百畝也。」

樾謹按：如傳義，則三百廛爲三百夫之田，其數太多。且一章言廛，二章言億，三章言囷，義亦不倫，疑傳義非也。《廣雅・釋詁》稇、❶繶、纏竝訓束，然則三百廛者，三百纏也；三百億者，三百繶也；三百囷者，三百稇也，其實皆三百束也。《説文・又部》：「秉，禾束也。」然則三百束者，三百秉也。鄭箋於二章曰「三百億，禾秉之數」，不知三百者億之數，億猶秉也。蓋自傳失其義，故箋亦不得其解矣。

「三百稇也，」❶

樂土樂土。《碩鼠》

樾謹案：《韓詩外傳》兩引此文，竝作「逝將去女，適彼樂土；適彼樂國，爰得我所」，又引次章亦云「逝將去女，適彼樂國，爰得我直」，當以《韓詩》爲正。詩中疊句成文者甚多，如《中谷有蓷》篇疊「嘅其

❶「稇」，原作「捆」，今據明刻《廣雅》改。

歎矣，嘅其歎矣，《丘中有麻》篇疊「彼留子嗟，彼留子嗟」兩句，《東方之日》篇疊「在我室兮❶，在我室兮」兩句，《汾沮洳》篇疊「美無度，美無度」兩句，皆是也。毛與韓本當不異，因古人遇疊句皆省不書，止於字下加二畫以識之。《宋書·禮樂志》所載樂府詞皆如是，如《秋胡行》疊「願登泰華山，神人共遨游」二句，則書作「願二登二泰二華二山二，神二人二共二遨二游二」，是其例也。此詩亦當作「適二彼二樂二土二」，傳寫誤作「樂土樂土」耳。下二章同此。

職思其居。《蟋蟀》《唐風》

傳曰：「職，主也。」

樾謹案：訓職爲主，於義未安。《爾雅》「職」有二訓，一曰常也，一曰主也。詩中「職」字當訓常者甚多，如《巧言》篇「職爲亂階」，言其常爲亂階也；《大東》篇「職勞不來」，言常勞而不見勤也。今一以主釋之，則義轉迂矣。略舉二事，以例其餘。

良士休休。

傳曰：「休休，樂道之心。」

樾謹按：一章云「良士瞿瞿」，二章云「良士蹶蹶」，三章云「良士休休」，其義皆同，故《爾雅·釋訓》「瞿瞿、

❶ 「兮」，原作「矣」，今據清經解續編本改。

休休，儉也」。若如傳義，則與「瞿瞿」不一律矣。此「休」字當讀爲「燠休」之「休」。昭三年《左傳》杜注曰「燠休，痛念之聲」，正義引服注曰：「若今時小兒痛，父母以口就之曰燠休。」以是推之，休休猶嘻嘻也。僖元年《公羊傳》「慶父聞之曰嘻」，何休注曰：「嘻，發痛語首之聲。」《廣雅·釋詁》：「休，喜也。」休之爲嘻，猶休之爲喜矣。瞿瞿以目言，蹴蹴以足言，休休以聲言，皆不敢荒淫之意。泥其字以求之，斯不得其解矣。

見此邂逅。《綢繆》

傳曰：「邂逅，解説之貌。」

樾謹按：邂逅乃古語。《莊子·胠篋》篇「解垢同異之變多」，「解垢」即「邂逅」也。與「同異」竝言，是「邂」、「逅」二字各自爲義。邂之言解散也，逅之言構合也，故亦作「解構」。《淮南子·俶真》篇：「孰肯解構人閒之事乎？」高誘注曰：「解構，猶合會也。」構爲合會，解非合會，而連言之曰「解構」，《倉公傳》「緩急無可使者」，古人之辭往往如此。《史記·刺客傳》「多人不能無生得失」，因「失」而連言「得」；《日知録》卷二十七、《後漢書·何進傳》「先帝嘗與太后不快，幾至成敗」，因「敗」而連言「成」，皆其例也。此傳曰「邂逅」「緩」；《野有蔓草》篇「邂逅相遇」，毛傳曰「邂逅，不期而會」，是專説「逅」字之義。毛公生六國時，猶通古語，固知「邂」、「逅」二字各自爲義。但於《野有蔓草》篇謂因「逅」而連言「邂」，於此篇又謂因「邂」而連言「逅」，解説之貌」，是專説「邂」字之義。毛説此經必與彼異者，蓋亦順文爲説。彼經云「邂逅相遇」，故從「逅」字取義，訓爲「不期而會」；此經云「見此邂逅」，若從彼説

則不可通，故從「邂」字取義，訓爲「解說之貌」。然解說在心者不可見，解說在貌者則可見，故傳以貌言之，是說猶悅也。毛義精妙，鄭箋尚未能申說，正義更無論矣。《釋文》引《韓詩》以爲不固之貌，《文選·神女賦》曰「頩薄怒以自持兮，曾不可乎犯干」然則不固猶言不自持也。雖與毛異，而亦從「邂」字取義，其說亦通。

嗟行之人，胡不比焉？人無兄弟，胡不佽焉？《杕杜》

傳曰：「佽，助也。」箋云：「君所與行之人，謂異姓卿大夫也。比，輔也。此人女何不輔君爲政令？」又云：「異姓卿大夫，女見君無兄弟之親親者，何不相推佽而助之？」

樾謹按：箋義非也。《爾雅·釋宮》文法相似。「胡不比焉」、「胡不佽焉」、「不」皆語詞。《荀子·性惡篇》曰「塗之人可以爲禹」，傳曰：「行之也。」「行之人」猶言「道之人」。《車攻》篇「徒御不警，大庖不盈」，傳曰：「不警，警也。不盈，盈也。」《文王》篇「有周不顯，帝命不時」，傳曰：「不顯，顯也。不時，時也。」《生民》篇「上帝不甯，不康禋祀」，傳曰：「不甯，甯也。不康，康也。」此例甚多。「胡不比焉」、「胡不佽焉」，蓋言彼塗之人，胡親比之有？人無兄弟，胡佽助之有？故《序》曰：「獨居而無兄弟，將爲沃所并」，鄭箋以「行之人」爲「君所與行之人」，義既迂曲；又云「女何不輔君爲政令」，「何不相推佽而助之」，正義因言「猶冀他人輔之」。上文明言「豈無他人？不如我同父」，乃冀他人輔助，失詩旨矣。

父母何怙。《鴇羽》

傳曰：「怙，恃也。」

樾謹按：二章云「不能藝黍稷，父母何食」，三章云「不能藝稻粱，父母何嘗」，皆承上句爲義。此章云「不能藝稷黍，父母何怙」，義亦當同。「怙」乃「餬」之叚字。《說文·食部》：「餬，寄食也。」《莊子·人閒世》篇《釋文》引李云餬食也，崔云字或作「互」，或作「飵」。蓋餬從胡聲，亦或省從古聲，故怙與餬得以通用，猶言父母何食也。傳以本字讀之，非是。

肅肅鴇行。

傳曰：「行，翮也。」正義曰：「以上言羽翼，明行亦羽翼，以鳥翮之毛有行列，故稱行也。」

樾謹按：《說文·羽部》：「翮，翅也。從羽革聲。」「翯，羽莖也。從羽鬲聲。」二字義近而音則絕遠，革聲古音在之哈部，鬲聲古音在支佳部，不相混也。此傳「翮」字乃「翯」字之誤。自之支無辯，斯翮翯不分，故此傳「翯」誤爲「翮」，而正義以有行列爲說，於古人以聲相訓之法失之遠矣。

采苓采苓，首陽之巓。《采苓》

傳曰：「苓，大苦也。首陽，山名也。采苓，細事也。首陽，幽辟也。細事喻小行也，幽辟喻無徵也。」箋云：「采苓采苓者，言采苓之人衆多非一也，皆云采此苓於首陽山之上，首陽山之上信有苓矣。然而今之采者未必於此山，然而人必信之。興者，喻事有似而非。」

樾謹按:傳、箋所說繁而無當,於詩意實未得也。首章言采苓,二章言采苦,三章言采葑,詩人蓋託物以見意。苓之言憐也,苦之言苦也,葑之言從也。《說文·草部》曰:「葑,須從也。」讒人之言往往飾爲哀憐辛苦之辭,動人之聽而使人必從,故以采苓、采苦、采葑爲興也。此詩刺晉獻公聽讒而作,采苓、采苦、其卽驪姬之夜半而泣乎?三章皆言「舍旃舍旃,苟亦無然」,箋云「舍之焉,舍之焉,謂謗訕人,欲使見貶退也」,其卽廢太子申生之事乎? 首陽者,元首之象,以喻君也。一章言「首陽之巔」,二章言「首陽之下」,見讒人之在君側也。傳謂幽辟,失之。《碩人》篇傳曰:「東宮,齊太子也。」正義曰:「太子居東宮。」然則「采葑采葑,首陽之東」,正見讒人之言切近太子矣。千載而下,以意逆志,猶可得其微意也。

逝者其耋。《車鄰》《秦風》

傳曰:「耋,老也,八十曰耋。」箋云:「今者不於此君之朝自樂,謂仕焉。而去仕他國,其徒使自老。」

樾謹按:「逝者」對「今者」言,「今者」謂此日,「逝者」謂他日也。逝,往也,猶言過此以往也。箋以爲「去仕他國」,毛傳殊無此義。

奉時辰牡。《駟鐵》

傳曰:「時,是。辰,時也。冬獻狼,夏獻麋,春秋獻鹿豕群獸。」箋云:「奉是時牡者,謂虞人也。」

樾謹按:「冬獻狼」以下與《周官·獸人》文略同。然虞人驅禽以待射,非如獸人獻獸以供膳,豈其冬但驅狼,夏但驅麋乎?又曰「辰牡」,豈但驅其牡者,而牝者在所不驅乎?傳、箋之說,不可通也。「辰」當讀

為「麎」。《爾雅‧釋獸》曰「麎，牡麎牝麎」，然則麎牡猶言麎牝矣。《釋獸》曰：「鹿，牡麚牝麀。」襄四年《左傳》曰：「思其麀牡。」蓋以凡獸言之，則爲牝牡；專以麋言，則當爲麎麜；專以鹿言，則當爲麚麀。而古人之辭往往互文見義，故《詩》言「麎牡」，《傳》言「麎牡」。牡者，通凡獸而言，曰麎、曰麚，專以麋鹿言，互相備也。因「麎」字省作「辰」，雖毛公不得其解矣。

方何爲期？胡然我念之。《小戎》

箋云：「方今以何時爲還期乎？何以然了不來，言望之也。」正義曰：「方欲以何時爲還期乎？何爲了然不來，而使我念之也。」

樾謹按：箋文「何以然」三字解經文「胡然」二字，因「胡然」之下即云「我念之」，於義似不屬，故加「了不來」三字以成其義。孔氏作正義，誤倒其文而曰「了然不來」，非箋意也。阮氏校勘記已辯之矣。惟經文實無「不來」字，不得增出。「方何爲期？胡然而我遽念之也。」此二句乃自解之辭。《廣雅‧釋詁》：「方，始也。」言始者與我以何時爲期乎？胡然而我遽念之也。上章曰「在其板屋，亂我心曲」，是亦念之至矣。次章又自解之如此，故憂之；此未及期，故猶可勿念也。箋不知方之爲始，而曰「方今以何時爲還期乎」，於是下句不得其解矣。正義所謂「婦人無怨曠之志」者，於此可見。

俴駟孔群。

傳曰：「俴駟，四介馬也。」箋云：「俴，淺也，謂以薄金爲介之札。介，甲也。」正義曰：「俴訓爲淺，駟是四

馬，是用淺薄之金以爲馴馬之甲，故知淺馴之俴馴，正謂以淺薄之金爲甲之札，金厚則重，知其薄也。」箋申明俴馴爲四介馬之意，以馬無深淺之量而謂之俴馴，是用淺薄之金以爲馴馬之甲，故知淺馴，四介馬也。

樾謹按：毛公但以俴馴爲四介馬，竝無薄金之說。鄭訓俴爲淺，即用《小戎》「俴收」毛傳文。俴之訓淺，固無疑矣。以爲薄金，恐未必然。《韓奕》篇「鞹鞃淺幭」，傳曰「淺，虎皮淺毛也」；《儀禮·既夕記》「鹿淺幦」，鄭注亦曰「鹿淺，鹿夏毛也」，是凡毛之淺者皆謂之淺。古者戰馬之甲，蓋以他獸之皮毛淺者爲之。莊十年《左傳》「蒙皋比而先犯之」，僖二十八年《傳》「胥臣蒙馬以虎皮」，傳所以載之者，以用虎皮爲異耳。蓋馬必有甲，而甲厚則不可馳騁，故以他獸皮淺毛者爲之，使足以禦矢石，而其質仍柔輭，不害馳走也。《管子·參患》篇曰「甲不堅密與俴者同實」，尹注曰「俴，謂無甲單衣者」，可知馬之甲僅如人之單衣耳，未必以金爲札，如鄭君說也。《釋文》引《韓詩》曰「馴馬不著甲爲俴馴」，此恐傳者誤衍「不」字，若不著甲直謂之馴耳，何言俴也？毛、韓義本不異，因韓說衍「不」字，陸氏遂以異義録之矣。

蒙伐有苑。

傳曰：「蒙，討羽也。伐，中干也。苑，文貌。」箋云：「蒙，厖也。討，雜也。畫雜羽之文於伐，故曰厖伐。」

樾謹按：傳文「討」字殊不可曉，箋訓爲「雜」，義亦未詳。「討」疑「糾」字之誤。桓二年《穀梁傳》「以是爲討之鼎也」，《釋文》曰「麋氏云：討或作糾」，是其例也。《說文·丩部》「丩，相糾繚也」，又曰「芇，芇之相丩者」，又曰：「糾，繩三合也。」蓋芇、糾二字竝從丩爲意。繩三合謂之糾，猶芔相丩謂之芇矣。蒙之言蒙茸也，是有糾繚之義，故傳以糾訓蒙，而箋以雜訓糾。今誤爲「討」，則傳箋之意皆晦矣。又按：畫雜羽之

群經平議

說似非經意。《尚書·柴誓》「敿乃干」，枚傳曰「施女楯紛」，正義曰：「楯無施功之處，惟繫紛於楯，故以爲施女楯紛。紛如綬而小，繫於楯以持之，且以爲飾。鄭云：敿猶繫也。」以是言之，蒙有糾繚之義，蓋卽所謂「敿乃干」者，糾繚與敿繫同也。繫紛於盾是謂蒙，以其爲盾之飾，故言有苑。傳、箋所說，恐皆失之。或毛傳本無「羽」字，但曰「蒙糾也」後人據鄭義增益耳。

遡洄從之，道阻且長，遡游從之，宛在水中央。《蒹葭》

樾謹按：「遡」，《說文》作「𣵦」。《水部》：「𣵦，逆流而上曰𣵦洄。𣵦，向也。①水欲下違之而上也。」是「遡」字傳曰：「逆流而上曰遡洄。逆禮則莫能以至也。順流而涉曰遡游。順禮未濟，道來迎之。」正義曰：「《釋水》云：逆流而上曰遡洄，順流而下曰遡游。孫炎曰：逆渡者，逆流也。順渡者，順流也。然則逆、順流皆謂渡水有逆順，故下傳曰『順流而涉，見其是人渡水也』。」此詩本刺襄公不能用周禮，兩「遡」字皆從下而上之意，居今思古，故取義於「遡」，兩句之異，全在「洄」字、「游」字。《爾雅·釋水》曰「澓闗流川，過辯回川」，郭璞解上句曰「通流」，解下句曰「旋流」。此經「洄」字卽彼「回」字，「游」字卽彼「流」字。「回」乃「洄」之省，「游」與「流」古字通。《漢書·項籍傳》「必居上游」，師古注曰：「游卽流也。」遡洄、遡流其爲遡也不異，然遡之於回川則道阻且長，喻不以禮求

① 「游」，原作「㳺」，今據《說文解字》改。

之也，溯之於流川則「宛在水中央」，喻以禮求之也。傳義雖亦本《爾雅》，然於字義不合，即非經義可知矣。

道阻且右。

傳曰：「右，出其右也。」箋云：「右者，言其迂迴也。」正義曰：「此説道路艱難而云且右，故知右謂出其右也。若正與相當，行則易到。今乃出其右廂，是難至也。」箋云：右言其迂迴。出其左亦迂迴。言右，取其浃、汦爲韻。」

樾謹按：出其左右方見迂迴，僅曰出其右，於義未足。如正義説，豈古人之文，亦苟且協韻乎？斯不然矣。《有杕之杜》篇曰，「有杕之杜，生於道左」，箋曰：「道左，道東也。日之熱恒在日中之後，道東之杜，人所宜休息也。」彼言左，此言右，義可互明。霜降爲九月中，白露爲霜，則其時已寒，而道又出其右，是寒甚也。《北門》篇曰「出自北門，憂心殷殷」，傳曰：「北門，背明鄉陰。」此言右猶彼言北也。蓋此詩之作，《序》以爲刺襄公未能用周禮，將無以固其國。今讀其詩，不見有刺意，此後人所以不信《序》説也。然一「右」字已與「北門」同意矣。

其君也哉。《終南》

箋曰：「其君也哉，儀貌尊嚴也。」

樾謹按：《羔裘》篇「洵直且侯」，傳曰「侯，君也」，《釋文》引《韓詩》曰：「侯，美也。」《文王有聲》篇「烝哉」，傳曰「烝，君也」，《釋文》引《韓詩》曰：「烝，美也。」是君與美義相近，故昭元年《左傳》曰「楚公子美矣君哉」，《白虎通・號》篇：「皇，君也，美也。」孔子稱舜曰「君哉舜也」，猶曰「美哉舜也」。此云「顏如渥

交交黃鳥。《黃鳥》

傳曰：「交交，小兒。」❶

樾謹按：《小宛》篇「交交桑扈」，傳與此同。又《桑扈》篇「交交桑扈」，箋云「交交，猶佼佼，飛而往來貌」，是傳、箋立以交交屬貌。然詩人言鳥，如關關雎鳩，雝雝鳴雁，以聲言者爲多，交交亦當以聲言。《文選·鸚鵡賦》注引《韻略》曰：「咬咬，鳥鳴也。」《説文》無「咬」字，蓋即《詩》之「交交」，而後人加口旁耳。鳥鳴之訓，或本三家詩與？

丹，其君也哉」，亦美之之詞。箋云「儀貌尊嚴」，蓋與《羔裘》篇引《論語》文同義。然言各有當，或不其然。

百夫之特。

傳曰：「乃特百夫之德。」箋云：「百夫之中最雄俊也。」正義曰：「言百夫之德莫及此人。此人在百夫之中，乃孤特秀立，故箋申之云：百夫之中最雄俊也。」

樾謹按：二章「百夫之防」，傳曰：「防，比也。」三章「百夫之禦」，傳曰：「禦，當也。」「百夫之特」言可夫，禦者言可以當百夫，推之首章，義亦如是。《柏舟》篇「實維我特」，《韓詩》作直，云相當直也」，其義與毛傳相近以匹百夫也，故曰：「乃特百夫之德。」《柏舟》釋文曰「特，《韓詩》作直，云相當直也」，其義與毛傳相近若用以説此詩，亦復可通。三章「禦」字毛訓爲當，即相當直之意也。鄭箋謂百夫之中最雄俊，則以「特」

❶「兒」，原作「兒」，今據阮刻《毛詩正義》改。

人百其身。

箋云：「人皆百其身，謂一身百死猶爲之。」正義曰：「我國人皆百死其身以贖之。」

樾謹按：經言「百其身」，不言「百其死」，箋義非也。此「其」字仍以三良言。首章謂奄息也，穆公以奄息從死，奄息止一身耳。若可贖之，則人願百倍其身以贖之，謂以百人從死亦所甘也。上云「維此奄息，百夫之特」，是奄息之德足以匹百夫，故願以百身代之。兩「百」字正相應。解爲一身百死，失其旨矣。

隰有六駁。《晨風》

傳曰：「駁，如馬，倨牙，食虎豹。」正義曰：「王肅云：『言六，據所見而言也。』陸璣疏云：『駁馬，梓榆也。其樹皮青白駁犖，遥視如駁馬，故謂之駁馬。下章云「山有苞棣，隰有樹檖」，皆山隰之木相配，不宜云獸。』此言非無理也。」

樾謹按：陸以駁爲木名，誠爲有理，然梓榆之名者也，何必引梓榆之名爲說乎？至此經「六」字殊不可曉。王肅謂據所見而言，亦臆說也。「六」疑當爲「朶」。《說文·屮部》：「朶，菌朶地蕈叢生田中。從屮六聲。」徐鍇《繫傳》曰：「從屮者，象三菌叢生也。」菌以叢生而謂之朶，則凡叢生者皆得以朶名之。《周易·夬》九五曰「莧陸夬夬」，「陸」即「朶」也。莧叢生而曰莧陸，猶菌叢生而曰菌朶矣。六駁即菌朶、莧陸之比。六、朶、陸古字通用，陸從坴聲，坴從朶

聲，㳂從六聲，以六爲㳂，猶以陸爲㳂也。駮蓋即《釋草》之苞，郭璞注曰「今江東有草，五葉共叢生一莖，俗因名曰五葉」，即此類也。是駮亦叢生之物，故稱㳂駮。上云「山有苞櫟」，《鴇羽》篇正義引孫炎曰「物叢生曰苞」，然則櫟曰苞，駮曰六，義正一例。「六駮」即「㳂苞」也。傳義失之，陸疏亦未爲得。

於我乎！夏屋渠渠。《權輿》

傳曰：「夏，大也。」箋云：「屋，具也。渠渠，猶勤勤也。」言君始於我厚，設禮食大具以食我，其意勤勤然。

正義曰：「案崔駰《七依》說宮室之美云：『夏屋渠渠。』王肅云『屋則立之於先君，食則受之於今君，故居大屋而食無餘』，義似可通。鄭不然者，詩刺有始無終。始則大具，今終則無餘，猶下章始則四簋，今則不飽，皆說飲食之事，不得言屋宅也。」

樾謹按：傳不解「屋」字，未知毛意如何。鄭訓屋爲具，雖本《爾雅》，似於文義未安。❶古鼎彝之屬往往刻宮室之象，薛尚功所載有冊命鼎上刻室形；阮氏積古齊所載有重屋父丁彝上刻重屋形，❷皆是也。《儀禮·士冠禮》鄭注曰：「周制，自卿大夫以下皆爲夏屋。」此經所謂「夏屋」者，或亦鼎彝之屬，上刻夏屋形，故即以名之。崔駰以「夏屋渠渠」說宮室之美，義自得通。而王肅據以說此經，則詩人固言飲食之器，非言宮室，宜爲孔氏所糾矣。

❶「義」，原闕文，今據清經解續編本補。
❷「齊」，《春在堂全書·校勘記》作「齋」。

泌之洋洋。《衡門》《陳風》

傳曰：「泌，泉水也。洋洋，廣大也。」箋云：「泌水之流洋洋然。」正義曰：「《邶風》『毖彼泉水』，知泌爲泉水。」

樾謹按：毖彼泉水爲泉流之貌，泌之洋洋爲泉水之名，正義必合而一之，則是泌之洋洋爲泌然之洋洋，不成句矣。且「毖彼泉水」與「變彼諸姬」一律，今云「泌，泉水也」，則亦將云「變，諸姬也」，其可乎？故觀毛公「泌泉水也」之訓，知非「毖彼泉水」之「毖」矣。蔡邕《郭林宗碑》曰「棲遲泌丘」，以泌爲丘名，或本《三家詩》。《廣雅・釋丘》曰「丘上有丘爲柲丘」，泌丘當即柲丘也。泌之爲丘名，爲泉名，雖未知孰是，要皆實有所指之地，非如「毖彼泉水」爲虛擬之詞也。

誰昔然矣。《墓門》

傳曰：「昔，久也。」箋云：「誰昔，昔也。」

樾謹按：昔之爲久，常訓也。誰乃語辭。「誰昔然矣」猶云由來久矣，傳、箋之義甚明。段氏玉裁所訂《故訓傳》作「昔，夕也」，爲之說曰：「誰夕，猶今人云不記是何日也。《記》云『疇昔之夜』，『疇』、『誰』正同。」此説殊誤。陳佗無良師傅，以至於不義，惡加萬民，此豈一二日之事，而以疇昔之夜爲比乎？且《記》云「疇昔之夜」者，疇昔，昔也，猶云昔之夜也。若訓昔爲夕，則既云夕，不必又云夜矣。段誤解《記》文，因臆改傳義，不可從也。

佼人懰兮。《月出》

樾謹按：《說文》無「瀏」字，「瀏」即《溱洧》篇「瀏其清兮」之「瀏」，作「懰」者字之誤也。《采薇》篇正義引鄭君《周易》注曰：「懰，讀如『群公謙』之『謙』。」然則「瀏」誤爲「懰」，亦猶是矣。瀏之義爲清。古書篆立心與水相近，讀者失之，故作『懰』，清，不當同義，故曰「瀏，深貌」。《說文・水部》「瀏，流清貌」，引《詩》曰「瀏其清兮」。毛意上言瀏，下言清，不當同義，故曰「瀏，深貌」。至此詩，毛惟首章有傳，二、三章皆無傳，蓋義與首章同。首章「佼人僚兮」，傳曰「好貌」，此章「佼人瀏兮」。《釋文》亦曰「好貌」，正得傳意。深與好從清之義而引申之。《廣雅・釋詁》曰：「靖，深也。」清之爲深，猶靖之爲深也。《碩人》篇「巧笑倩兮」，傳曰：「倩，好口輔。」清之爲好，猶倩之爲好也。此詁訓之法，後世失其傳久矣。

匪適株林，從夏南。《株林》

箋云：「匪，非也。言我非之株林，從夏氏子南之母，爲淫佚之行，自之他耳。觚拒之詞。」

樾謹按：鄭意以此兩句爲詩人設爲靈公觚拒之詞，然非詩意也。靈公之往夏氏，必以從夏南爲詞，故詩人刺之曰吾君胡爲乎朝夕而適株林，從夏南乎？殆非適株林，從夏南也。如此，則淫乎夏姬，意在言外矣。箋義失之。

夭之沃沃。《隰有萇楚》

傳曰：「夭，少也。」箋云：「疾君之恣，故於人年少沃沃之時，樂其無妃匹之意。」

樾謹按：「夭之沃沃」仍當以萇楚言，詩人固借物爲喻，不必斥言人也。《國語・魯語》『澤不伐夭』，韋注曰：「草木未成曰夭。」《漢書・貨殖傳》『澤不伐夭』，師古注曰：「夭，謂草木之方長未成者。」此經「夭」字

義與彼同。「沃沃」即《氓》篇所謂「其葉沃若」也。若以人言,則失其義矣。

誰能亨魚? 溉之釜鬵。誰將西歸? 懷之好音。《匪風》

箋云:「誰能者,言人偶能割亨者。誰將者,亦言人偶能輔周道治民者。」

樾謹按:經文兩「誰」字鄭本當作「疇」。《說文・口部》:「𥄠,誰也。」經典相承以「疇」為之。《爾雅・釋詁》曰:「疇,誰也。」鄭作箋時,經文蓋作「疇能亨魚」、「疇將西歸」,鄭解「疇」字為「疇匹」之「疇」。《國語・齊語》「人與人相疇,家與家相疇」,韋注曰:「疇,匹也。」字亦作「儔」。《大玄經・劇首》曰「陽無介儔」,范望注曰:「儔,匹也。」鄭以為儔匹中有能亨魚者,儔匹中有將西歸者,故以「人偶」釋之,不然則誰能、誰將意甚明顯,何迂曲其詞而曰人偶乎? 詩中言「誰」者如「誰謂雀無角」、「誰謂鼠無牙」,鄭固不以人偶釋之也。是知此經「誰」字當為「疇」矣。

於我歸處。《蜉蝣》《曹風》

箋云:「君當於何依歸乎?」正義曰:「此國若亡,於我君之身,當何所歸處乎?」

樾謹按:正義之說非經意,且非箋意也。經云「於我歸處」,箋云「於何依歸」,我、何古音相近。《鶉之奔奔》篇「我以為兄」,《韓詩外傳》引作「何以為兄」,「於我歸說」三「我」字《韓詩》竝作「何」,鄭箋用韓義耳。《周頌・維天之命》篇「假以溢我」,襄二十七年《左傳》引作「何以恤我」,《說文・言部》引作「誐以謐我」。「何」之為「我」,猶「何」之為「誐」也。

蜉蝣掘閱。

群經平議

傳曰：「掘閲，容閲也。」箋云：「掘閲，掘地解閲。」

樾謹按：傳、箋於「掘閲」之義均未明。《說文・土部》「堀」下引詩作「蜉蝣堀閲」，是「堀」乃本字，「掘」其叚借字。《說文》又有「堀」字曰「兔堀也」，徐鍇《繫傳》引《文子》「兔走歸堀閲」證之。《詩》之「堀閲」與《文子》「堀閲」同義。「閲」通作「穴」，《文選・風賦》「空穴來風」注引《莊子》「空閲來風」，是其證也。一章言羽，二章言翼，三章言堀閲者，見昭公任用小人，入其朝者如入蜉蝣之堀穴也。《漢書・鄒陽傳》曰：「士有伏死堀穴巖藪之中耳。」亦以「堀穴」連文。因段「掘閲」爲之，而毛、鄭均不得其解矣。

季女斯飢。《候人》

傳曰：「季，人之少子也。女，民之弱者。」正義曰：「《采蘋》云『有齊季女』，謂大夫之妻；《車舝》云『思變季女逝兮』，欲取以配王，皆不得有男在其閒，故以季女爲少女。此言『斯飢』，當謂幼者竝飢，非獨少女而已，故以季女爲人之少子女。皆觀經爲訓，故不同也。」

樾謹按：毛分季、女爲二義，殊爲不安。此「季女」與《車舝》篇同。彼箋云：「思得變然美好之少女，有齊莊之德者，往迎之，配幽王，代褒姒也。」此詩之義與彼不殊。僖二十八年《左傳》稱晉文公「入曹，數之以其不用僖負羈而乘軒者三百人」，《史記・晉世家》作「美女乘軒者」，然則曹共公不止遠君子近小人，且多内嬖可知，故於卒章及之，見婉變之季女不見答而至窮困也。《史記》增「美女」二字，必有所本，或《三

❶「二」，原脱，今據《春秋左傳》補。

家詩》說與？

四國有王。《下泉》

傳曰：「郇伯，郇侯也。諸侯有事，二伯述職。」

樾謹按：焦氏《易林・蠱卦》云：「下泉苞稂，十年無王，荀伯遇時，憂念周京。」箋云：「有王，謂朝聘於天子也。」據此，則《三家詩》當有作「四國無王，荀伯勞之」者。勞之謂憂之也。《淮南子・精神》篇「以勞天下之民」高誘注曰：「勞，憂也。」《三家詩》必訓勞爲憂，焦氏用其說，故曰「憂念周京」也。以全詩語意求之，優于毛矣。

一之日觱發。《七月》《豳風》

樾謹按：《七月》篇或言日，或言月，王介甫《詩說》因有陽生言日，陰生言月之說，殊近穿鑿。蓋前人徒以陰陽爲言，而未推其紀數之異也。一之日、二之日、三之日、四之日，以周正紀數也；四月、五月、六月、七月、八月、九月、十月，以夏正紀數也。公劉徙豳當有夏中葉，則其俗必循用夏正。周公作詩，陳后稷先公風化之所由，故即本豳人之俗以立言。篇名《七月》，其曰「七月流火，九月授衣」，皆夏正也。至夏正之十一月，在周爲正月，周公在周言周，故變其文曰「一之日」以周正紀數，而又不與豳俗之用夏正者混而無別，正古人立言之善也。既曰「一之日」，遂繼之曰「二之日」，便於文也。既曰「一之日」、「二之日」，則夏正之正月、二月不得謂之一月、二月，故從周正數之曰三之日、四之日，自是爲豳月。豳月者，夏之三月，以周正數之則五之日也。不言五之日者，以篇中有五月也；不言三月者，以篇中有三之日也。因取物候之有

定者紀之而曰蠶月，不特屬詞之密，且正朔無定而物候有定，則《七月》一篇所紀日月皆定於此矣。

三之日于耜。

傳曰：「于耜，始修耒耜也。」

樾謹按：四章「一之日于貉」，箋云「往搏貉」，七章「晝爾于茅」，箋云「往取茅」，是經文「于」字箋皆訓爲「往」。獨此無箋，則因修耒耜不當言往耳，不知于耜亦往耜也。《周官·薙氏》「掌殺草，冬日至而耜之」，鄭注曰：「耜之，以耜側凍土劃之。」「三之日于耜」當從此義，謂往而耜之也。耜乃殺草之名，非謂修耒耜。幽地晚寒，故至三之日始克耜之耳。

蠶月條桑。

箋云：「條桑，枝落之，采其葉也。」正義曰：「於養蠶之月條其桑而采之，謂斬條於地，就地采也。」

樾謹按：采桑之事尚在下文，若此句已言斬條於地，就而采之，則下又云取彼斧斨，以伐遠揚，於文複矣，且斬條於地而采之，亦不得但謂之條桑，箋義非也。「蠶月條桑」與「四月秀葽」文義一律。《禹貢》「厥草惟繇，厥木惟條」，《説文·艸部》「蘨，艸盛貌」，引《夏書》曰「厥草惟蘨」，蘨爲草盛貌，則條爲木盛貌。此「條」字義與彼同，「條桑」言桑葉茂盛也。

猗彼女桑。

傳曰：「角而束之曰猗。」正義曰：「猗束彼女桑而采之，謂柔穉之桑不枝落者，以繩猗束而采之也。」

樾謹按：「猗」乃「掎」之叚字。《説文·手部》：「掎，偏引也。」女桑乃桑之小者，故以手引而采之也，竝無

以繩束之義。

四月秀葽。

傳曰：「不榮而實曰秀。葽，葽草也。」箋云：「《夏小正》：四月，王貰秀葽，其是乎？」正義曰：「《月令》與《夏小正》皆作王貰，而生、秀字異，必有誤者，故云未知孰是。今《月令》孟夏『王瓜生』，注云『今曰王貰』，《夏小正》云王貰秀，未聞孰是。鄭以四月生者自是王瓜。《本草》云：貰生田中，葉青，刺人，有實，七月采陰乾。云七月采之，又非四月已秀，是葽已否，未能審之。」

樾謹按：王貰之爲葽，本無明文，鄭以意說之耳，未足據也。《爾雅·釋草》曰「葽繞棘蒬」，郭注曰「今遠志也」，疑卽此經所謂「葽」者。葽、繞本疊韻字，重言之曰葽繞，單言之則止言葽矣。《本草》云「遠志，一名棘菀，葉名小草」，陶注曰：「小草，狀如麻黃而青。」蘇頌《圖經》云：「亦有似大青而小者，三月開花，白色。」此云「四月秀葽」者，蓋三月而華，四月而秀；又或幽地晚寒，故較遲一月也。毛必云「不榮而實曰秀」，此亦似泥。正義引《出車》云「黍稷方華」，《生民》云「實發實秀」，是黍稷有華亦稱秀，然則雅訓固未可拘矣。

上入執宮功。

傳曰：「入爲上，出爲下。」箋云：「可以上入都邑之宅，治宮中之事矣。」

樾謹按：上、尚古字通，「上下」之「上」可以「尚」爲之，「尚庶」之「尚」亦可以「上」爲之。「上入執宮功」，言野功既畢，尚入而執宮中之事也。《陟岵》篇「上愼旃哉」，朱子《集傳》曰「上猶尚也」，其說視箋義爲長，不

得因非古訓而疑之。

予所蓄租。《鴟鴞》

傳曰：「租，爲。」《釋文》引《韓詩》曰：「積也。」

樾謹按：「租」當讀爲「苴」。《漢書·郊祀志》「席用苴稭」，如淳曰「苴讀如租」，是租、苴古字通也。《召旻》篇「如彼棲苴」，傳曰：「苴，水中浮草。」然則「予所捋荼」❶「予所蓄租」，言予所取之荼，予所蓄聚之苴，兩句正一律。如毛、韓之義，則與上句不倫矣。

不可畏也，伊可懷也。《東山》

箋曰：「是不足可畏，乃可爲憂思。」

樾謹按：不與伊竝語詞。「不可畏」言可畏也，「伊可懷」言可懷也，蓋言室中久無人，荒穢如此，可畏亦可懷也。箋義失之。

九十其儀。

正義曰：「舉九與十，言其多威儀也。」

樾謹按：數始於一而極於九，至十則復爲一矣，故古人之詞，凡言至多之數必曰九，若《公羊傳》「叛者九國」，《漢書》「反者九起」是也。此言「九十其儀」，與《無羊》篇「九十其犉」一律。蓋以十計者，止于九十，

❶「捋」，原作「將」，今據清經解續編本改。

若再益以十,即當以百計矣,是不可復益之數,故爲至多之數也。若依正義分九與十而二之,轉不見其多矣。且如「九十其犉」,可曰「九其犉,十其犉」乎?由不解古人語意故也。

籩豆有踐。《伐柯》

傳曰:「行列貌。」

樾謹案:「踐」當讀爲「翦」。《爾雅・釋言》曰:「翦,齊也。」翦訓齊,故爲行列之貌,言籩豆之行列翦然而齊也。《尚書序》曰「遂踐奄」,鄭注曰「踐讀曰翦」;《禮記・玉藻》篇「弗身踐也」,鄭注曰「踐當爲翦」。是踐、翦古通用矣。

德音不瑕。《狼跋》

傳曰:「瑕,過也。」箋云:「不瑕,言不可疵瑕也。」

樾謹按:傳、箋義並非也。瑕古與遐通。《隰桑》篇「遐不謂矣」,《禮記・表記》引作「瑕不謂矣」,是其證也。《泉水》篇「不瑕有害」,傳曰「瑕,遠也」,是亦讀瑕爲遐。「德音不瑕」猶曰「德音不遐」。不乃語詞,不遐,遐也,與《車攻》篇不警,警也、不盈,盈也;《文王》篇不顯,顯也、不時,時也一例,言其德音所及者遠也。

群經平議卷十

德清俞樾

毛詩 三

翩翩者鵻，載飛載下，集于苞栩。《四牡》《小雅·鹿鳴之什》

傳曰：「鵻，夫不也。」箋云：「夫不，鳥之慤謹者。人皆愛之，可以不勞，猶則飛則下，[1]止於栩木。喻人雖無事，其可獲安乎？感厲之。」

樾謹按：鳥何與於人？豈人愛之即可以不勞乎？箋義非也。《爾雅·釋鳥》曰：「隹其，鳺鴀。」[2]昭十七年《左傳》正義引樊光注曰：「《春秋》云祝鳩氏司徒。祝鳩即隹其、夫不、孝，故爲司徒。」是夫不乃孝鳥，其載飛載下或以戀其父母使然，故詩因「不遑將父」、「不遑將母」而有感於翩翩之鵻也。《南有嘉魚》篇亦云「翩翩者鵻」，傳曰「鵻，壹宿之鳥」，箋云：「壹宿者，壹意於其所宿之木也。」此箋所云「鳥之慤謹

---

① 「下」上，原有「止」字，今據阮刻《毛詩正義》刪。

② 「隹」，原作「佳」，今據稿本及《爾雅》、《左傳》改。下一「隹」字同。

者」，蓋亦此意。而不知大非傳義矣。夫雖字毛已於此經解訖，壹宿之鳥不卽繫於此傳下者，因彼經下文云「嘉賓式燕」。又思毛公之意，謂雖是壹宿之鳥，今夕宿此，明夕又宿此，與下文「又」字相關合也。然則詩人託物起興，各有所取，此經取其孝，彼經取其壹，雖同一雛而所取不同。鄭君殆猶未得其旨矣。

原隰裒矣，兄弟求矣。《常棣》

傳曰：「裒，聚也。求矣，言求兄弟也。」箋云：「原，隰也，以相與聚居之故，故能定高下之名。猶兄弟相求，故能立榮顯之名。」

樾謹按：傳、箋均未解「求」字之義。《說文・辵部》：「逑，斂聚也。」《爾雅・釋訓》篇《釋文》曰「逑，本作求」，是其證也。裒訓聚，求亦訓聚，蓋以原隰之相聚喻兄弟之相聚耳。

和樂且孺。

傳曰：「孺，屬也。」箋云：「屬者，以昭穆相次序。」

樾謹按：六章云「和樂且孺」，七章云「和樂且湛」，兩章之義必當一律。傳云：「湛，樂之久。」若孺訓爲屬，則與「和樂且湛」不一律矣。「孺」當讀爲「愉」。《鹿鳴》篇「和樂且湛」，傳云：「湛，樂也。」孺從需聲，愉從俞聲，兩聲相近。隱二年《左傳》「紀裂繻」，《公》、《穀》皆作「紀履緰」；桓六年《傳》「申繻」，《管子・大匡》篇作「申俞」；《爾雅・釋言》篇《釋文》曰「渝，舍人作緰」，《方言》郭注曰「繻，字亦作褕」，並其證也。《說文・心部》：「愉，樂也。」既言和樂，而又言愉，猶「和樂且湛」既言和樂而又言湛。湛亦樂也，《說文・女部》「媅，樂也」，「湛」卽「媅」之叚字。

無酒酤我。《伐木》

傳曰：「酤，一宿酒也。」箋云：「酤，買也。」正義曰：「既有一宿之酒，不得謂之無酒。《論語》云：『酤酒市脯不食。』是古買酒爲酤酒，故易之爲酤買也。」

樾謹按：王者燕其族人，必無酤酒於市之理，此自以傳義爲長。「有酒湑我，無酒酤我」，言有酒則茜之，無酒則釀之也。經言「酤我」，正見無酒之意。必言酤者，取其成之易，若必經久而成，則無及矣。《玉篇·鹽部》：「鹽，倉卒也。」《淮南子·道應》篇「斲輪大疾則苦而不入」❶，高誘注曰：「苦，急意也。」酤與鹽、苦同聲，亦有急義，故一宿之酒謂之酤。下文曰：「迨我暇矣，飲此湑矣。」然則酤是倉卒而成，經固自釋其義矣。

蹲蹲舞我。

傳曰：「蹲蹲，舞貌。」

樾謹按：《猗嗟》篇「舞則選兮」，傳訓選爲齊，此云「蹲蹲」，義與「選」同。《史記·周本紀》「遵修其緒」，徐廣曰：「遵，一作選。」然則「選」之通作「蹲」猶「選」之通作「遵」也。《漢書·揚雄傳》「蹲蹲如也」，師古注曰：「蹲蹲，行有節也。」毛公訓蹲蹲爲舞貌，亦言其行之有節，正與選之訓齊同義。

俾爾單厚。《天保》

---

❶ 「斲」，原作「斷」，今據稿本及《淮南子》改。

傳曰：「單，信也。」或曰：「單，厚也。」箋云：「單，盡也。」

樾謹按：傳、箋三說當以訓厚者爲定。「俾爾單厚」，單、厚一義也。猶下文「俾爾多益」，多、益亦一義也。《說文・吅部》：「單，大也。」《墨子・經》篇曰：「厚，有所大也。」是大與厚義相近。《北門》篇毛傳曰：「敦，厚也。」《方言》曰：「敦，大也。」《長發》篇毛傳曰：「厖，厚也。」《爾雅・釋詁》曰：「厖，大也。」單訓大，亦訓厚，猶敦與厖訓厚，亦訓大矣。

何福不除。

傳曰：「除，開也。」箋云：「皆開出以予之。」

樾謹按：如傳、箋義，甚爲不詞，非經旨也。「除」當讀爲「儲」。《易・萃・象傳》「君子以除戎器」，《釋文》曰「除，本作儲」，是其例也。「何福不儲」，言何福而不儲積之也，正與上句「俾爾單厚」相應，儲積之則厚矣。猶下文曰「以莫不庶」，庶，衆也，與上句「俾爾多益」亦相應也。

君曰卜爾。

傳曰：「卜，予也。」

樾謹按：《楚茨》篇「卜爾百福」，箋亦云：「卜，予也。」卜之訓予，雖本《爾雅》，其義絶遠。據《爾雅・釋詁》曰「台、朕、賚、畀、卜、陽，予也」，郭注曰「賚、畀、卜，皆賜與也。與猶予也，因通其名耳。」是郭意以賚、畀、卜爲賜予之予，台、朕、陽爲予我之予。其實卜亦予我之予也。《禮記・檀弓》篇「卜人師扶右」，鄭注曰：「卜當爲僕，聲之誤也。」卜僕聲既相近，義亦得通。《說文》「攴」或作「卜」，即其例也。《爾雅》「卜」字

疑當作「僕」，故訓爲予，猶今人自言稱僕矣，説詳《爾雅》。毛、鄭據以解此經「卜」字，恐未可從。《大田》篇「秉畀炎火」，《釋文》曰：《韓詩》秉作卜，卜報也。卜一聲之轉。《白虎通·蓍龜》篇曰「卜，赴也」，赴與報亦聲近義通。《禮記·少儀》篇「毋報往」，鄭注曰：「報讀爲赴疾之赴。」卜既訓赴，亦得訓報，古義即存乎聲，《韓詩》説殆勝於毛矣。

期逝不至，而多爲恤。《杕杜》

正義曰：「女室家言，本與我期，已往過矣，於今猶不來至，由是而使我念之，多爲憂以致病矣。」樾謹按：此「多」字當讀爲「亦衹以異」之「衹」。衹，適也。言本與我期者，欲我知有歸期而不憂也。今期已往而猶不至，則適使我憂傷而已。「多」與「衹」古同聲而通用，詳見襄二十九年《左傳》及《論語·子張》篇。正義若云「多爲憂」，則不辭矣。

爲龍爲光。《蓼蕭》《南有嘉魚之什》

傳曰：「龍，寵也。」箋云：「爲寵爲光，言天子恩澤光耀被及已也。」正義曰：「爲君所寵遇，爲君所光榮。」樾謹按：經言「爲龍爲光」，不言「爲所寵爲所光」，傳、箋之義似均與經文語意未合。此「龍」字仍當讀如本字。《廣雅·釋詁》：「龍，日君也。」「爲龍爲光」猶云爲龍爲日。《禮記·祭法》篇「王宮祭日也」，鄭注曰：「王，君也。日稱君。」是龍日爲君象，古有此義。《周易·説卦傳》「離爲日」，而虞注於《未濟》六五及《夬·象傳》竝曰「離爲日」，是日與光義得相通。《文選》張孟陽《七哀詩》「朱光馳北」，陸注曰：「光」，於《需》象辭則曰「離日爲光」，是日與光義得相通。變日言光，以協韻也。《周易·説卦傳》「離爲日」，而虞注於《未濟》六五及《夬·象傳》竝曰「離爲

「朱光，日也。」陸士衡《演連珠》「重光發藻」，注曰：「重光，日也。」詞賦家以日爲光，非無本矣。光與明同義。《禮記・禮器》篇「大明生于東」，注曰：「大明，日也。」日謂之光，猶謂之明也。光與景亦同。《文選》王元長《曲水詩序》「揆景緯以裁基」，注曰：「景，日也。」日謂之光，猶謂之景也。此言遠國之君朝見於天子，故曰「旣見君子，爲龍爲光」，龍光竝以天子言也。《柏舟》篇「母也天只」，傳曰：「天，謂父也。」彼變父言天以協韻，寵光之不宣，此變日言光亦取協韻，詩固有此例矣。《左傳》晚出，先儒致疑，若斯之類，恐未可據。

一朝饗之。《彤弓》

傳曰：「一朝，猶早朝。」

樾謹按：經旣言朝，其早不待言矣。早乃甲字之誤。甲爲十日之首，故引申之爲第一之稱，如甲令、甲第之類是也。《楚辭・哀郢》篇「甲之鼂吾以行」，「鼂」卽「朝」字。疑甲朝乃六國時常語，故毛公卽用以説詩，謂詩人言一朝猶今人言甲朝耳。後人不曉「甲」字之義，而臆改爲「早朝」，失其旨矣。《大明》篇「會朝清明」，傳曰：「會，甲也。」毛公之意，蓋以會、甲雙聲，古得通用，會朝卽甲朝，甲朝卽一朝也。自此傳誤，而彼傳之義亦不可解矣。

六月棲棲。《六月》

傳曰：「棲棲，簡閲貌。」

樾謹按：棲猶妻也，妻之言齊也。《禮記・祭義》篇「齊齊乎其敬也」，正義曰：「齊齊，謂整齊之貌。」棲棲

與齊齊同，故訓爲簡閱貌。下句「戎車既飭」，傳曰「飭，正也」，與上句「六月棲棲」文義相承。《有客》篇「有萋有且」，傳曰：「萋、且，敬慎貌。」萋之與棲義亦通也。近解謂棲棲猶遑遑，蓋本《論語·憲問》篇正義。其説非是，辯見《論語》。

侵鎬及方。

箋云：「鎬也，方也，皆北方地名。」正義曰：「王肅以爲鎬京，故王基駁曰：據下章云『來歸自鎬，我行永久』，言吉甫自鎬來歸，猶《春秋》『公至自晉』、『公至自楚』，亦從晉、楚來歸也。於鎬、方則無解，疑毛公之意正同王肅之説，以鎬爲鎬京。蓋焦穫乃周藪，《爾雅·釋地》『周有焦護』，郭璞注曰『今扶風池陽縣瓠中是也』，在今爲陝西西安府三原縣。獫狁既居焦穫，復由焦穫内侵，則鎬、方不得更在焦穫之外明矣。「侵鎬」者，侵鎬京而及其方也。方猶竟也。古者建國，必用開方之法計之，故四竟謂之四方，竟内謂之方内。《史記·孝文紀》『方内安寧』是也。《出車》篇『往城于方』猶言往城于竟，傳曰『方，朔方』，蓋逆探下文爲説，明此所謂方者乃近北之一方，非其餘三方也。正義曰：『北方大名皆言朔方』，此直言方，即朔方也。」是知朔方之可言方，而不知東西南之亦可言方，大非毛意矣。毛於此無傳者，蓋既知焦穫爲周地，則「侵鎬及方」其爲侵鎬之邊竟固不待言，即下句「至于涇陽」亦可知其所在矣。《漢書·地理志》安定郡「涇陽，開頭山在西，《禹貢》涇水所出，東南至陽陵入渭」。按：漢涇陽縣乃今甘肅平涼府平涼縣，此漢之涇陽，非詩人所詠之涇陽也。水北曰陽，「至于涇陽」謂至涇水之北耳，非必其在涇水所出之開頭山也。後世於涇水所出

之處設縣，名之曰涇陽，在周時未有此名，詩人并不知後世有此縣，未可以漢地名爲周地名也。所謂涇陽者，即指其入渭之處。陽陵故城在今陝西西安府高陵縣，高陵在府東北七十里，上文焦穫在今西安府三原縣，三原在府北九十里，然則居焦穫而侵及涇陽，固勢所必至者矣。春秋時晉伐秦必由涇水，成十三年曰「師遂濟涇」，襄十四年曰「及涇不濟」。周時獫允侵及涇陽，疑即春秋時秦、晉用兵之路，故下文曰：「薄伐獫允，至于太原。」傳曰：「言逐出之而已。」蓋即從其來路逐之也。太原之地，毛、鄭皆無説。朱子《集傳》曰「太原亦曰太鹵，今在太原府陽曲縣」其説是也。《史記·匈奴傳》韓王信降�匈奴❶因引兵南踰句注，攻太原，至晉陽下。周時獫允之禍正與漢匈奴同，漢文帝幸太原即用吉甫伐獫允故事也。《日知録》謂太原當即今之平涼，若是晉陽之太原，豈有寇從西來，兵乃東出者乎？顧氏之説，蓋誤以漢之涇陽爲詩之涇陽故耳。其致誤之由，皆因鄭君解鎬方爲北方地名，而不知其即爲周之鎬京，於是并涇陽所在而失之，故爲詳考如此。然則「來歸自鎬」當作何解？曰：吉甫此行，遠至大原。若依「公至自晉」、「公至自楚」之例，當云「來歸自大原」，方與上文「薄伐獫允，至于大原」文義相應。今乃云「來歸自鎬」者，蓋上云「吉甫燕喜，既多受祉」，謂吉甫既伐獫允而歸，天子以燕禮樂之，又多受賞賜也，繼之曰「來歸自鎬，我行永久。飲御諸友，炰鼈膾鯉」，則又言吉甫自鎬京歸其私邑，與其私人燕飲也。王基所疑，殆未達此耳。

❶「王」原無，今據《史記》補。

逸豫無期。《白駒》《鴻雁之什》

傳曰：「何爲逸樂無期以反也。」

樾謹按：「期」當讀爲「綦」。《荀子》書每用「綦」字，爲窮極之義。《王霸篇》「目欲綦色，耳欲綦聲」，楊倞注曰：「綦，極也。」亦或作「期」。《議兵篇》「已碁三年，然後民可信也」，此與《宥坐篇》「綦三年而百姓往矣」文義正同。楊注以爲過一朞之後，非也。詩中言「無期」者，如《南山有臺》篇「萬壽無期」及此篇「逸豫無期」，皆謂無窮極也。荀子固傳《詩》者，其書屢用「綦」字，殆古《詩》說如此。毛謂「無期以反」，則是「期日」之「期」，失之矣。

無相猶矣。《斯干》

傳曰：「猶，道也。」箋云：「猶當作瘉。瘉，病也。」

樾謹按：猶當讀爲斁。《說文·女部》：「斁，醜也。」「式相好矣，無相斁矣」，好與斁相對成義。《遵大路》篇「無我魗兮，不寁好也」，正義曰：「魗與醜古今字。」《正月》篇「好言自口，莠言自口」，傳曰：「莠，醜也。」《鼓鐘》篇「其德不猶」，「猶」亦「斁」也，箋亦誤讀爲「瘉」。此以斁與好對，猶彼以魗與好對、莠與好對也。猶、斁並從酉聲❶故得通用。傳、箋均失之。《鼓鐘》篇無非無儀。

❶ 「酉」，稿本作「首」。

傳曰：「婦人質無威儀也。」箋云：「儀，善也。婦人無所專於家事，有非非婦人也，有善亦非婦人也。」

樾謹按：箋義非也。《毛詩》作「有匪君子」，傳曰：「匪，文章貌。」匪與《詩》每通用，《爾雅·釋訓》「有斐君子」，郭注曰：「斐，文貌。」《毛詩》作「有匪君子」，傳曰：「匪，非也。」匪可爲斐，則非亦可爲斐。傳曰「婦人質無威儀」，「質」字正解「無斐」之義，猶曰無文章無威儀也。鄭不解傳意，以毛未説「非」字，別爲之説，失之矣。

九十其犉。《無羊》

傳曰：「黄牛黑脣曰犉。」

樾謹按：傳義本《爾雅·釋畜》『黑脣曰犉』之文。然「九十其犉」乃是約計其大數，不應專舉黑脣者。《爾雅》「牛七尺爲犉」，郭注引《詩》『九十其犉』，似得《詩》意。蓋七尺之牛，牛之大者，舉大足以見小，故曰「九十其犉」，言牛之七尺者已有九十，則小者可知也。《良耜》篇「殺時犉牡」亦當從此訓，傳竝以黄牛黑脣釋之，非是。

牧人乃夢，衆維魚矣，旐維旟矣。

傳曰：「陰陽和則魚衆多矣。溱溱，衆也。旐旟所以聚衆也。」

樾謹按：如傳義，則上句止夢見魚衆，下句止夢見旐旟，竝無如朱子《集傳》所載或説人乃是魚，旐乃是旟者也。然兩「維」字頗不易解。王氏引之《經義述聞》曰：「上維字訓乃，下維字訓與。」陳氏奐《毛傳疏》曰：「上維字訓其，下維字訓與。」然兩句本一律，而「維」字乃上下異訓，恐不然也。此詩占夢與《斯干》篇

同。彼云「吉夢維何？維熊維羆，維虺維蛇。大人占之，維熊維羆，男子之祥；維虺維蛇，女子之祥」。此篇「維」字與彼不異，「衆維魚矣」猶云維衆魚矣，「旐維旟矣」猶云維旐旟矣。古人之文往往有此例。如《尚書·君奭》篇曰「迪惟前人光」猶云惟迪前人光也，故枚傳曰「但欲蹈行先王光大之道」；又曰「天惟純佑命」猶云惟天純佑命也，故枚傳曰「惟天大佑助其王命。」「衆維魚矣，旐維旟矣」亦猶是耳。後人不知古人文法之變，而異義橫生，不可從也。

無小人殆。《節南山》《節南山之什》

傳曰：「無以小人之言，至於危殆。」箋云：「殆，近也。無小人近。」

樾謹按：傳、箋義並非也。「無小人殆」與上文「勿罔君子」義同，猶云無殆小人，到其文以協韻耳。詩意蓋謂勿誣罔君子，勿危殆小人也。《論語·爲政》篇「學而不思則罔，思而不學則殆」，罔、殆對文，即本于此。

君子如屆，俾民心闋。

傳曰：「屆，極。闋，息。」箋云：「屆，至也。君子斥在位者，如行至誠之道，則民鞠凶之心息。」

樾謹按：「君子如屆，俾民心闋。君子如夷，惡怒是違」兩句反覆相明，與《巧言》篇「君子如怒」「君子如祉」句法相似，屆與夷猶怒與祉也。《說文·尸部》「屆，行不便也」，與夷之訓易義正相反。字亦通作「艐」。《爾雅·釋詁》篇《釋文》引孫炎曰：「艐，古屆字。」《說文·舟部》「艐，船著不行也」，亦即行不便之意。闋者，閉也。《說文·門部》：「闋，事已閉門也。」傳訓闋爲息，乃從事已之義引申之。凡經傳「闋」字

或訓終，或訓止，其義並同。而不知言各有當，此經「閱」字不取閉之之義，而取閉門之義。言君子所行如平易近人，則民自去其惡怒之心也。兩句相對成義，傳、箋均未達其旨。

式月斯生。

箋云：「式，用也。用月此生，言月月益甚也。」

樾謹按：「用月此生甚為不辭，箋義疑非經旨也。「月」乃「抈」之省。《說文・手部》：「抈，折也。」「式抈斯生」，言用折其生也。蓋民不得遂其生而夭折也。字又與「扤」通。《說文・手部》：「扤，動也。」《國語・晉語》曰「其為本也固矣，故不可抈也」，韋注曰：「抈，動也。」是抈、扤同義。蓋從月、從兀之字聲近而義通，《說文・足部》「跀」或從兀，即其例也。《正月》篇曰「天之扤我」，《釋文》曰：「扤，徐又音月。」然則此言抈，彼言扤，文異義同矣。

有菀其特。《正月》

箋云：「阪田崎嶇墝埆之處，而有菀然茂特之苗。」

樾謹按：茂特之苗但謂之特，於文未明。凡《詩》所云如「有蕡其實」、「有鶯其羽」、「有略其耜」、「有捄其角」之類，末一字皆實有所指，非虛擬之詞，「有菀其特」亦猶是也。「瞻彼阪田，有菀其特」，與《桑柔》篇「瞻彼中林，牲牲其鹿」句法相似。特當為三獸獸名。《伐檀》篇「胡瞻爾庭有縣特兮」，傳曰「獸三歲曰特」，《周官・大司馬職》司農注亦曰「三歲曰特」是也。《白帖》卷八十引此文作「有宛其特」，是經文「菀」

字本不從草，後人因鄭訓爲「菀然茂特」，因并經文改爲「菀」耳。阪田之中有宛然之特，正見宗周旣滅，田野荒蕪，故繼之曰「天之扤我，如不我克」也。

彼求我，則如不我得。

箋云：「彼，彼王也。」王之始徵求我，如恐不得我言，其禮命之繁多。」

樾謹按：以箋説考之，此經當以「彼求我」三字爲句，「則如不我得」五字爲句。《禮記·緇衣》篇引此經，而鄭君解之曰「言君始求我，如恐不得我」，讀亦與此同也。近人讀「彼求我則」四字爲句，文不成義，殊不可從。

乃棄爾輔。

正義曰：「爲車不言作輔，此云『乃棄爾輔』，則輔是可解脱之物，蓋如今人縛杖於輻，以防輔車也。」

樾謹按：毛、鄭皆不解「輔」字，未詳何物。正義所言，近於臆説矣。《説文·革部》：「鞧，車下索也。」疑輔即是鞧，輔從甫聲，鞧從專聲，而亦從甫聲，是其聲同也。輔爲車下索，故從車，而其質則革也，因又爲從革之鞧，專聲卽甫聲也。猶䰞爲鍑屬，故從鬲，而其質則金也，因又變爲從金之釜，父聲卽甫聲也。説詳余所著《字義載疑》。

下文曰「無棄爾輔，員于爾輻」，傳曰：「員，益也。」「員于爾輻」即云于爾輻，謂旋繞于其輻也。《周易·小畜》九三「輿說輻」，《釋文》曰：「輻，本亦作輹。」疑此經「輻」字亦「輹」字之誤。輹卽所謂伏兔也。《釋名·釋車》曰：「屐，似人屐也。」又曰伏兔，在軸上似之也。」又曰輹，輹，伏也，伏於軸上也。」是輹卽伏兔之異名。同字。十二章「昏姻孔云」，傳曰：「云，旋也。」「員于爾輻」即云于爾輻，謂旋繞于其輻也。

伏兔下有革繫之于軸之上,其名曰轐,《説文・車部》「轐,車伏兔下革也」是也。所謂輔者,殆以伏兔之爲物,其任至重,恐非一革所能勝,故又以此輔轐之不足歟?其名曰輔,即取輔助之義。《爾雅・釋詁》:「輔,俌也。」蓋輔助字古本從人作「俌」,其從車作「輔」者爲車下索之專名。乃經典皆段「輔」爲「俌」,於是又別製從革専聲之「轉」字耳。僖十五年《左傳》正義引《子夏易傳》曰:「轐,車下伏菟也,形如伏菟,以繩縛於軸,因名縛也。」按:縛即轉字,乃縛伏兔於軸者,而非即伏兔,《子夏傳》所云混伏兔與轉而一之矣。《説文》曰「轐,車軸縛也」,《周易・大畜》釋文曰「轐,車下縛也」,其説皆誤,附辨於此。

于何不臧。《十月之交》

正義曰:「於何不善乎?猶言一何不善。」

樾謹按:「于」即「吁」字,《騶虞》篇「于嗟乎騶虞」,是其證也。「于何不臧」猶曰于嗟乎何其不臧。正義以爲「於何不善」,失之。

鬷妻煽方處。

傳曰:「煽,熾也。」箋云:「七子皆用后嬖寵方熾之時竝處位,言妻黨盛,女謁行之甚也。」

樾謹按:《釋文》曰「處一本作熾」,此涉鄭箋而誤也。經云「煽,熾也」,是煽即熾矣,何又言熾乎?箋雖有「方熾」二字,然方在熾上,則非經文「方」字也。經文「方」字鄭蓋訓爲立,故經云「方處」,箋云「立處位」也。《説文・方部》:「方,併船也。」《爾雅・釋水》「大夫方舟」,郭注曰:「併兩船。」蓋方之本義爲兩舟相竝,故方即訓立。《尚書・微子》篇「小民方興」,《史記・宋世家》作「立興」,是其證也。後人誤解鄭箋,致

題彼脊令。《小宛》

傳曰：「題，視也。」箋云：「題之爲言視睇也。」

樾謹按：篇首「宛彼鳴鳩」，傳曰：「宛，小貌。」「題彼脊令」與「宛彼鳴鳩」句同，宛以鳩言，題應以脊令言，傳、箋訓題爲視，則以人言矣。凡詩所云「欽彼晨風」、「弁彼鸒斯」、「翩彼飛鴞」，上一字皆屬鳥，傳、箋非也。「題」當讀爲「提」。僖二年《穀梁傳》注「不言提其耳」，《釋文》曰「提本作題」，是提與題古通用。《小弁》篇「歸飛提提」，傳曰：「提提，群貌。」「題彼脊令」之「題」即「歸飛提提」之「提」也。又按：「題」與「提」飛提提」當從《説文》訓爲行貌。「偍彼脊令」當從《方言》訓爲細而有容，與「宛彼鳴鳩」義正相近。

立叚借字，其本字當作「偍」。《説文·亻部》：「偍偍，行貌。」《方言》：「凡細而有容謂之嫛。或曰偍。」「歸

哀我塡寡。

傳曰：「塡，盡。」箋云：「哀哉我窮盡寡財之人。」

樾謹按：「塡」當讀爲「矜」。矜字從令，俗從今，誤也。令聲與真聲古音相同，《左傳》「顛軨」《漢書》「滇零」，是古音相近之證。《周官·大司徒職》「則民慎德」，鄭注曰：「謂矜其善德，勸爲善也。」以矜訓慎，亦以同聲相訓。塡之爲矜，猶慎之爲矜也。「哀我塡寡」即哀我矜寡。毛以本字讀之而訓爲盡，恐未得經旨。《釋文》曰：「《韓詩》作疹。疹，苦也。」《爾雅·釋言》曰：「矜，苦也。」然則疹與矜亦聲近而義通矣。

予之佗矣。《小弁》

傳曰：「佗，加也。」正義曰：「此佗謂佗人也。言舍有罪而以罪予佗人，是從此而往加也，故曰『佗，加也』。」

樾謹按：正義之説迂迴難通，非古訓也。《説文・人部》：「佗，負荷也。」荷與加聲近義通，佗訓荷，故亦訓加。字亦作「扡」。《周易・訟》上九「終朝三褫之」，鄭本作「三扡之」，注曰：「三加之也。」扡之訓加，豈亦可云謂佗人乎？

君子無易由言。

箋云：「由，用也。王無輕用讒人之言。」

樾謹按：《抑》篇「無易由言」，箋云：「由，於也。女無輕易於教令。」此云「君子無易由言」，義與彼同，言君子無易於言，人之耳有屬於垣者，不可不慎也。箋訓由爲用，其義轉迂矣。

昊天已威，予慎無罪。昊天大憮，予慎無辜。《巧言》

傳曰：「慎，誠也。」

樾謹按：《白駒》篇「慎爾優游」傳、《巷伯》篇「慎爾言也」箋並曰「慎，誠也」與此文同。《荀子・勸學篇》「真積力久則入」，楊倞注曰：「真，誠也。」蓋「慎」、「真」古通用。《史記・魯世家》「真公」《漢書・古今人表》作「慎公」，是其證也。「予慎無罪」、「予慎無辜」猶云予真無罪、予真無辜耳。《日知録》言五經無「真」字，不知古人即叚「慎」爲「真」也。

往來行言。

箋云：「善言者往亦可行，來亦可行，於彼亦可，於己亦可，是之謂行言也。」

樾謹按：箋義迂迴，非經旨也。行言者，輕浮之言。《九章算術·盈不足章》曰「醇酒一斗直錢五十，行酒一斗直錢一十」，行與醇對。《説文·酉部》「醇，不澆酒也」，是行爲澆薄也。《潛夫論·浮侈》篇曰「以完爲破，以牢爲行」，行與牢對，亦不堅固之意。小人之言輕浮無根，故謂之行言，曰往來者，正見其無定也。《尚書·盤庚》篇「而胥動於浮言」，《金縢》篇「乃流言于國」，浮言、流言並與行言同。《廣雅·釋詁》曰「流，行也」，《釋訓》曰「浮，浮行也」，是浮與流皆有行義也。《管子·君臣下》篇「淫悖行食之徒」，尹知章注曰：「行食，游食也。」流言謂之行言，猶流潦謂之行潦矣。《洞酌》篇「洞酌彼行潦」，傳曰：「行潦，流潦也。」游言謂之行言，猶游食謂之行食矣。詩人以柔木興行言，柔木，木之柔脆者也，行言，言之浮薄者也，足知其取喻之精矣。

爾居徒幾何？

箋云：「女所與居之衆，幾何人？」

樾謹按：與居之衆謂之居徒，則不詞矣。居當訓爲蓄。《論語·公冶長》篇「臧文仲居蔡」，皇侃疏曰：「居，猶蓄也。」「爾居徒幾何」，言爾所蓄徒衆幾何人也。

及爾如貫。《何人斯》

箋云：「我與女俱爲王臣，其相比次，如物之在繩索之貫也。」

樾謹按：箋義迂迴，非也。貫謂羈貫，昭十九年《穀梁傳》「羈貫成童」，范甯注曰「羈貫，謂交午翦髮以爲飾」是也。《甫田》篇「總角丱兮」，傳曰「丱，幼穉也」，貫即丱也。上文曰「伯氏吹壎，仲氏吹篪」，言童穉兄弟相與嬉戲，此情好之最篤者。我與爾之情亦如是，故曰「及爾如貫」，言如總角時無猜忌也。

爲鬼爲蜮。

傳曰：「蜮，短弧也。」箋云：「使女爲鬼爲蜮也，則女誠不可得見也。」

樾謹按：鬼誠不可見，若短弧則實有其物，豈遂不可見乎？《漢書・東方朔傳》「人主之大蜮」，師古注曰：「蜮，魅也。」《文選・東京賦》「八靈爲之震疊，況魃蜮與畢方」，李善注引《漢舊儀》曰：「魃，鬼也。」魃與蜮古字通，然則此經「蜮」字亦當爲魃。鬼也，魃也，一物也，傳以爲短弧，非是。

既往既來，使我心疚。《大東》《谷風之什》

箋云：「既，盡。疚，病也。言譚人自虛竭餼送而往，周人則空盡受之，曾無反幣復禮之惠。」

樾謹按：既雖訓盡，然盡往盡來殊不成義。且譚人困於役而傷於財，得免爲幸，豈責報於周乎？「既」當作「餼」。《禮記・中庸》篇「既廩稱事」，鄭注曰「既讀爲餼」，正義曰：「既與餼字聲同，故讀既爲餼。」既往既來言周之役繇，佻佻公子往來不給，往者餼之，來者餼之，以致甚困，故使我心疚也。

不以服箱。

傳曰：「服，牝服也。箱，大車之箱也。」箋云：「以，用也。牽牛不可用於牝服之箱。」

樾謹按：李善注《文選・思玄賦》引此文作「不可以服箱」，據箋文似當有「可」字，今本奪之耳。至傳、箋

釋「服」字皆未合。「服」當讀爲「負」,服負一聲之轉。《淮南子・人間》篇「負輦載粟而至」,《御覽・治道部》「負輦」作「服挺」,是服、負古通用。《考工記・車人》注鄭司農曰「服讀爲負」,即其例也。「不可以服箱」猶云不可以負車箱也。如以服爲牝服,則當云不可以駕服箱,如下章云「不可以挹酒漿」,則文義方足。如但曰「不可以挹酒漿」,則文不成義矣。故知服非牝服也。古詩曰「南箕北有斗,牽牛不負軛」,皆用此詩之文,則服讀爲負,有明徵矣。

神保是饗。《楚茨》

傳曰:「保,安也。」箋云:「其鬼神又安而享其祭祀。」

樾謹按:「先祖是皇,神保是饗」兩語相對。下文又曰「神保聿歸」、「神保是格」、「神保聿歸」,朱子《集傳》因以神保爲尸之嘉號,疑爲近之。然既曰「皇尸載起」,又曰「神保聿歸」,則亦未可以爲一也。保蓋師保之保,《書序》「召公爲保,周公爲師」是也,言保以兼師耳。《周官・司勳》曰「凡有功者,銘書于王之大常,祭于大烝」,是古者烝祭以功臣配食。上文曰「以往烝嘗」,「爾祖其從與享之」,故并及之;其人皆先王師保之臣,故尊之曰神保。《長發》卒章兼及阿衡,即其例也。阿衡,《書・君奭》篇謂之保衡,然則阿、保一也。

君婦莫莫。

箋云:「君婦,謂后也。」

樾謹按:下文曰「諸宰君婦,廢徹不遲」,若以君婦爲后而敘於諸宰之下,殊爲不倫,疑君婦非謂后也。古

音君與群同。《周書・諡法》篇「從之成群曰君」,又《三綱六紀》篇「君,群也」,《廣雅・釋言》亦曰「君,群也」,蓋聲近者義即相通。上文「先祖是皇」箋云:「皇,匹也。」皇可爲匹,則君亦可爲群。君婦者,群婦也。《周官・九嬪》曰「贊后薦徹豆籩」,群婦即指九嬪之屬。不斥言后而曰群婦,正詩人立言之謹也,群婦則無嫌與諸宰連文。且宰曰諸宰,婦曰群婦,文正相對也。

信彼南山。《信南山》

箋云:「信乎彼南山之野。」

樾謹按:此以「信南山」名篇,猶之乎「節南山」也。「節彼南山」、「信彼南山」語本一律,「節彼」之「節」傳訓爲高峻貌,則「信彼」之「信」亦當以山之形狀言,不得如箋所云「信乎彼南山」也。古「信」、「申」同字,「信」當讀爲「申」。《爾雅・釋詁》:「申,重也。」《離騷》「申申其詈余」,王逸注曰:「申申,重也。」「信彼南山」猶言申申然者彼南山,蓋言其山形之複沓也。「節彼南山」下云「維石巖巖」,故言其山形之高峻。「信彼南山」下云「畇畇原隰」,故言其山形之複沓。詩人之辭,固各指所之矣。

以我齊明。《甫田》《甫田之什》

傳曰:「器實曰齊,在器曰盛。」箋云:「以潔齊豐盛,與我純色之羊,秋祭社與四方。」正義曰:「經傳多齊盛連文,故傳因齊解盛。」

樾謹按:經文言「齊明」,傳、箋立言齊盛,正義以爲因齊解盛,然經文本無「盛」字,傳、箋且因齊而及之;經文實有「明」字,傳、箋均不之及,何邪?今按:「齊明」即「齊盛」也。《爾雅・釋詁》:「明,成也。」成與

盛古字通，明旣訓成，亦得訓盛。《淮南子·説林》篇「長而愈明」，高注曰「明猶盛也」，《禮記·明堂位》正義曰「明堂，盛貌」，竝其證也。然則「齊明」之卽「齊盛」無疑矣。

禾易長畝。

傳曰：「易，治也。長畝，竟畝也。」

樾謹按：「易」當讀爲「施」，古施、易二字通用。《何人斯》篇「我心易也」，《釋文》曰「易，《韓詩》作施」，是其證也。《禮記·樂記》引《詩》「施于孫子」，鄭注曰：「施，延也。」《皇矣》篇箋云：「施之言易也，延也。」「禾易長畝」，言禾連延竟畝耳。傳訓易爲治，失之。

旣庭且碩。《大田》

傳曰：「庭，直也。」箋云：「衆穀生，盡條直茂大。」

樾謹按：上文言「播厥百穀」，猶未言百穀之生，此遽言條直茂大，於義未安。「庭」當讀爲「挺」。《説文·手部》：「挺，拔也。」《吕氏春秋·仲冬紀》「荔挺出」，高誘注曰：「挺，生出也。」「旣挺且碩」，謂百穀旣生，又且碩大也。庭、挺同聲，故得通用。《考工記·弓人》注曰：「挺，直也。」然則訓庭爲直，亦是讀「庭」爲「挺」也。

先集維霰。《頍弁》

傳曰：「霰，暴雪也。」正義曰：「以比幽王漸致暴虐。且初爲霰者，久必暴雪，故言暴雪耳，非謂霰卽暴雪也。」

樾謹按：暴之言爆爍也。《桑柔》篇「捋采其劉」傳曰「劉，爆爍而希也」，箋云「捋采之則葉爆爍而疏」，是爆爍有希疏之義。字亦作「暴樂」《爾雅·釋詁》：「毗劉，暴樂也。」重言之則曰暴樂，單言之日毗劉。暴雪者，謂雪初下暴樂而希也。《說文·日部》：「暴，晞也。」暴之爲晞，猶暴之爲晞，其義得通。《爾雅·釋天》曰：「雨霓爲霄雪。」霄與暴聲近，暴雪即霄雪。正義所說，非傳意矣。

辰彼碩女。《車舝》

傳曰：「辰，時也。」箋云：「喻王若有茂美之德，則其時賢女來配之。」

樾謹按：傳、箋義竝非也。「辰」讀爲「振」。《廣雅·釋言》「辰，振也」，《白虎通·五行》篇「辰則振之也」，是辰、振聲近義通。《麟之趾》篇「振振公子」，傳曰：「振振，仁厚也。」《殷其雷》篇「振振君子」，傳曰：「振振，信厚也。」重言之爲振振，單言之爲振，猶《采薇》篇曰「楊柳依依」，而此曰「依彼平林」，則辰亦形容碩女之詞，不得訓辰爲時矣。詩以「依彼平林」喻「辰彼碩女」，傳曰「依，茂木貌」，單言之爲依也。

有壬有林。《賓之初筵》

傳曰：「壬，大。林，君也。」箋云：「壬，任也，謂卿大夫也。諸侯所獻之禮既陳於庭，有卿大夫，又有國君，言天下偏至，得萬國之歡心。」

樾謹按：鄭讀「壬」爲「任」，是也；以爲卿大夫，非也。卿大夫不得列於國君之上，且以任爲卿大夫，義亦

迂曲。古音任與男相近，故《禹貢》「男邦」，《史記·夏本紀》作「任國」，《酒誥》「侯甸男衛」，《白虎通·爵》篇作「侯甸任衛」，然則任者男也。有任謂有小國之君，有林謂有大國之君。《公羊傳》曰：「《春秋》伯、子、男，一也。」舉男足以兼伯、子矣。有任謂有林謂有大國之君，則君固通稱而得專指大國者。據《爾雅·釋詁》「公侯君也」，不及伯、子、男，是古大國之君始謂之君，後乃以爲通稱耳。小國列于大國之上者，亦猶《禹貢》先男邦後諸侯也。

威儀佖佖。

傳曰：「佖佖，媟嫚也。」

樾謹按：《説文·人部》：「佖，威儀也。從人必聲。《詩》曰：『威儀佖佖。』」是許所據本作「佖」，其解爲威儀，與毛迥異，疑「威儀」上當有「失」字。上文「威儀幡幡」，傳曰：「幡幡，失威儀也。」許意佖佖猶幡幡，故曰「佖，失威儀也」，正用毛義，傳寫奪「失」字而義不可通。《韻會》、《廣韻》等書竟曰「有威儀」，失之遠矣。《漢書·楊雄傳》「駢衍佖路」，師古注曰：「佖，次比也。」次比故有媟嫚之義。《法言·學行》篇「頻頻之黨」，李軌注謂「黨比游宴」，然則佖佖與頻頻聲近而義通矣。

不知其秩。

傳曰：「秩，常也。」

樾謹按：下言「不知其郵」，箋云：「郵，過也。」此「秩」字若從傳義，則與下章不類矣。「秩」當作「失」。《爾雅·釋鳥》「秩秩海雉」，《釋文》曰「秩秩，本又作失失」，是秩與失通。「不知其失」正與「不知其郵」同義。《爾

是謂伐德。

箋云：「醉至若此，是誅伐其德也。」

樾謹按：德不可言誅伐，伐猶發也。《考工記·匠人》「一耦之伐」，鄭注曰「伐之言發也」，是伐與發義通。《谷風》篇「無發我笱」，《釋文》引《韓詩》曰：「發，亂也。」此經「伐」字當讀爲「發」，而從《韓詩》訓亂，言醉至此，是亂其德也。箋義失之。

亦是戾矣。《采菽》《魚藻之什》

傳曰：「戾，至也。」箋云：「戾，止也。諸侯有盛德者，亦優游自安，止於是，言思不出其位。」

樾謹按：此當以傳義爲長。「亦是戾矣」承上章「亦是率從」而言。上箋云：「諸侯之有賢才之德，能辯治其連屬之國，使得其所，則連屬之國亦循順之。」然則此云「優哉游哉，亦是戾矣」，義與上同，言諸侯能優游其連屬之國，則連屬之國亦從之而至矣。箋訓戾爲止，而引《論語》說之，轉於義未安。正義申傳曰「明王之德能如此，亦如是至美矣」，此未得傳意也。

後予極焉。《菀柳》

傳曰：「極，至也。」箋云：「極，誅也。」

樾謹按：「極」當爲「恆」。《說文·心部》：「恆，疾也。」言其後乃憎疾我也，與「後予邁焉」一律，說詳下章。

後予邁焉。

箋云：「邁，行也。」

樾謹按：《白華》篇「視我邁邁」，傳曰：「邁邁，不悦也。」《説文・心部》：「怖，恨怒也。《詩》曰：『視我怖怖。』」是今《詩》作「邁邁」者乃「怖」之叚字。此「邁」字亦當讀爲「怖」，言其後乃不悦我也。「後予怭焉」、「後予怭焉」義本一律，因「怭」借「極」字，「邁」借「怖」字，而傳、箋皆不得其旨矣。

臺笠緇撮。《都人士》

傳曰：「臺所以禦暑，笠所以禦雨也。」箋云：「臺，夫須也。都人之士以臺皮爲笠。」正義曰：「臺，草名，可以爲笠則一也。而傳分之者，笠本禦暑，故《良耜》曰『其笠伊糾』，因可以禦雨，故傳分之以充二事焉。以緇撮爲一，知臺笠不二矣。」

樾謹按：《南山有臺》篇正義引傳曰「臺所以禦暑」，疑此傳「暑」、「雨」二字誤倒，段氏所訂《詁訓傳》已正之矣。惟傳既分爲二事，則當與箋不同。若如箋義以臺皮爲笠，安得曰臺所以禦暑乎？疑毛公所據經文作「簦笠緇撮」。《説文・竹部》：「簦，笠蓋也。」「笠，簦無柄也。」二篆相連，即本《毛詩》。《國語・吳語》「簦笠相望於艾陵」，唐尚書云「簦笠，夫須也」，蓋讀「簦笠」爲「臺笠」，如鄭箋説也。毛作「簦笠」，鄭作「臺笠」，故説不同。正義據鄭本以解傳，宜其迂曲而不可通矣。《女曰雞鳴》篇「知子之來之，雜佩以贈之」，贈可韻來，故簦可爲臺。乃陸德明作《釋文》時已無作「簦」之本，則古義之湮久矣。

言綸之繩。《采綠》

箋云：「綸，釣繳也。君子往狩與，我當從之，爲之韔弓。其往釣與，我當從之，爲之繩繳。」正義曰：「謂釣

竿之上須繩，❶則已與之作繩。」

樾謹按：經文曰「言綸之繩」，不言「言綸其繩」，與上句「言韔其弓」文本不一律。箋以韔弓、繩繳對舉，則知此句「繩」字與上句「韔」字對，此句「綸」字與上句「弓」字對。《爾雅·釋器》曰：「繩者，約束之。」「言綸之繩」蓋謂君子釣訖，則其綸我爲收束之耳，與「言韔其弓」文不一律而義則同。正義謂「綸之作繩」，非是。

其葉有幽。《隰桑》

傳曰：「幽，黑色也。」

樾謹按：《伐木》篇「出自幽谷」，傳曰：「幽，深也。」《斯干》篇「幽幽南山」，傳曰：「幽幽，深遠也。」此文「幽」字義亦當同，蓋葉盛則望之深遠矣。與上文「其葉有難」「其葉有沃」一律，不必爲黑色也。

露彼菅茅。《白華》

傳曰：「露亦有雲。」箋云：「白雲下露養彼，可以爲菅之茅。」正義曰：「言露亦有雲者，露雲氣微，不映日月，不得如雨之雲耳，非無雲也。」

樾謹按：傳、箋立以「露」爲「雨露」之「露」，非經旨也。正義更曲明露之有雲，以證成傳義，甚無謂矣。《釋名·釋天》曰：「露，慮也，覆慮物也。」「覆慮」蓋古語，亦謂之「覆露」。《漢書·鼂錯傳》「今陛下配象

❶ 「釣」，原作「鈞」，今據清經解續編本改。

天地，覆露萬民」，《嚴助傳》「陛下垂德惠以覆露之」，《淮南子·時則》篇「包裹覆露，無不囊懷」，並以「覆露」連文，即「覆慮」也。露、慮一聲之轉耳。「露彼菅茅」言英英白雲，覆慮此菅茅也。毛公生六國時，古語已不盡可通，無怪顏師古注《漢書》、高誘注《淮南子》，於「覆露」之「露」皆以爲「雨露」字矣。

《漸漸之石》

不皇朝矣。

箋云：「皇，王也。將率受王命東行而征伐，役人罷病，必不能正荆舒，使之朝於王。」正義曰：「王肅云：『武人，王之武臣征役者。言皆勞病，東行征伐東國，以困病，不暇修禮而相朝。』此自王肅之說，毛意無以見其爲然，正以《詩》中諸言『不皇』多爲『不暇』，故存其說代毛耳。」

樾謹按：「不皇」即「不暇」，王肅說是也。若從鄭訓爲王，則首章「不皇朝」義尚可通，二、三章之「不皇出」、「不皇他」實不可通矣。至王肅之說，於義亦未盡得。正義曰：「受命出征，務服前敵，無暇相朝，自其常事，不當以此爲怨。」然則「不皇朝」者，非謂不暇相朝也。「朝」當讀爲「周」。《汝墳》篇「惄如調飢」，箋以「勞勞廣闊」解之，惟廣闊故不違周也。二章云「山川悠遠，曷其沒矣；武人東征，不皇出矣」，傳訓沒爲盡，惟其無盡，故不皇出也。上文「山川悠遠，維其勞矣」，毛傳曰：「調，朝也。」朝之爲周，猶調之爲朝也。二章視首章其詞爲尤切矣。不皇周、不皇出皆見山川悠遠之意。然周者環周，出者直出，出且不皇，周更無論不皇朝矣。

群經平議卷十一

德清俞樾

毛詩 四

帝命不時。《文王》《大雅·文王之什》

傳曰：「不時，時也。時，是也。」

樾謹按：《清廟》篇曰「不顯不承」，《孟子·滕文公》篇引《書》曰「丕顯哉文王謨，丕承哉武王烈」，並以顯與承相對。不顯不承即丕顯丕承也。此云「有周不顯，帝命不時。時與承一聲之轉。《儀禮·特牲饋食》篇「詩受之」，鄭注曰：「詩，猶承也。」《說文·人部》：「侍，承也。」時之爲承，猶詩之爲承、侍之爲承。古音之哈與蒸登兩部得相通也。毛訓時爲是，失其義矣。

陳錫哉周。

傳曰：「哉，載。」箋云：「乃由能敷恩惠之施以受命造始周國。」

樾謹按：箋以「陳」爲「敷陳」之「陳」，非經旨也。「陳」當讀爲「申」，「陳錫」即「申錫」也，《烈祖》篇「申錫無疆」，傳訓申爲重是也。「陳」字本從申得聲，古文作「敶」，故得與「申」通矣。「哉」字之義傳訓爲載，箋訓

為始,宣十五年《左傳》及《國語‧周語》引此文竝作「陳錫載周」,則傳義是也。杜預注《左傳》曰:「言文王布陳大利以賜天下,故能載行周道。」韋昭注《國語》曰:「言文王布陳為布,未達叚借之旨。至解「載」字,則韋說得之。蓋「成」字之義與「申」字相應,「申」字之義與上文「亹亹文王,令聞不已」相應。亹亹猶勉勉也,惟文王勉之又勉,故令聞不已;惟其令聞不已,故能申錫無疆,載成周道也。下云「本支百世」,則所申錫者不止其身,且下及子孫矣。

厥猶翼翼

傳曰:「翼翼,恭敬。」箋云:「猶,謀。」

樾謹按:《廣雅‧釋詁》:「由,用也。」古字由與猶通,然則「厥猶翼翼」者,厥用翼翼也。翼翼,眾也。《漢書‧禮樂志》「其鄰翼翼」,師古注曰「翼翼,眾貌」是也。「世之不顯,厥猶翼翼」,思皇多士,生此王國」,翼翼即以多士言。傳訓「恭敬」,亦失之矣。

常服黼冔

傳曰:「黼,白與黑也。冔,殷冠也。」正義曰:「周冕無繢繡之飾,則殷冔亦不以黼為飾。黼自衣服之所有也。《禮器》云:『冕,諸侯九旒。』注曰:『似夏、殷制。』則殷之諸侯祭服亦九章,而下不止於黼而已,舉一章而表之耳。」

樾謹按:黼謂黼領也。《爾雅‧釋器》曰「黼領謂之襮」,郭注曰:「繡刺黼文以襮領。」《唐風‧揚之水》篇

「素衣朱襮」，❶傳曰：「襮，領也。諸侯繡黼，丹朱中衣。」然則黼領自是諸侯之制。此經以黼屑並言，黼是領，屑是冠也。正義以黼屬衣，謂舉一章以表之，非是。

王之藎臣，無念爾祖。

傳曰：「藎，進也。」箋云：「今王之進用臣，當念女祖爲之法。王斥成王。」樾謹按：上方言文王德盛，殷士咸來歸之，此忽言今王之進用臣，義不相屬。「王之藎臣」蓋即指殷士也。殷士服殷之服，來助周祭，文王見而勸勉之，曰：此孰非王之藎臣乎？王謂殷王也。「藎」者「妻」之叚字。《説文·火部》：「妻，火餘木也。」經典相承作「燼」。《桑柔》篇「具禍以燼」，箋曰「災餘曰燼」是也。引申之凡物之餘皆謂之燼，《國語·吳語》曰「然後安受其燼」，韋注曰：「燼，餘也。」「王之藎臣」字亦通作「藎」。《方言》：「藎，餘也。秦、晉之間炊薪不盡曰藎。」《廣雅·釋詁》亦曰：「藎，餘也。」「王之藎臣，以其從殷而來，故謂之王之餘臣，猶曰波及晉國者君之餘也。其人皆商之子孫，故以無念爾祖申之。下章繼之曰「無念爾祖，聿修厥德」，《振鷺》篇曰「以永終譽」，《有客》篇曰「降福孔夷」，其意正與此同。「殷之未喪師」以下乃始戒厚之至也。詩意若曰：商之子孫，固宜念爾之祖，聿修厥德。而我周之子孫，亦宜以殷爲鑒，無遏爾躬也。鄭以「王之藎臣」即爲斥成王，則大蚤矣。正義謂毛當同鄭，不然也。

❶「揚」，原作「楊」，今據阮刻《毛詩正義》改。

倪天之妹。《大明》

箋云:「尊之如天之有女弟。」

樾謹按:天之女弟其名甚異,恐非詩人立言之本旨也。《周易·歸妹》王注曰「妹者,少女之稱」,然則「天之妹」猶言天之少女耳。《時邁》篇「昊天其子之」,王者爲天之子,則以其配爲天之女,義正相當也。《韓非子·詭使》篇「女妹有色」,又曰「女妹私義之門」,所謂女妹者亦是少女之稱,非女弟也。

纘女維莘,長子維行。

傳曰:「纘,繼也。莘,大姒國也。長子,長女也。維行,大任之德焉。」箋云:「使繼大任之女事於莘國,莘國之長女大姒則配文王維德之行。」

樾謹按:以「纘女」爲「繼大任之女事」,文甚迂迴,非經旨也。昭五年《左傳》「求昏而薦女」,杜注曰:「薦,進也。」《崧高》篇「王纘之事」,《潛夫論·志氏姓》篇作「王薦之事」,是其例也。「纘」當作「薦」。《韓奕》猶薦女維莘,言進女以爲昏者,實維莘國也。此句但言女,未言長幼,故又曰「長子維行」,言莘之長女於是乎行也。《儀禮·喪服》篇鄭注曰「凡女行於大夫以上曰嫁,行於士庶人曰適人」,即此「行」字之義。傳、箋所說均未得也。

維師尚父。

傳曰:「師,太師也。尚父,可尚可父。」箋云:「尚父,呂望也,尊稱焉。」正義曰:「《史記·齊世家》云:太公望呂尚者,東海上人。西伯出獵得之,曰,吾太公望子久矣,故號之曰太公望。載與俱歸,立爲太師。

劉向《別録》曰：師之、尚之、父之，故曰師尚父。父亦男子之美號。《大誓》注云：師尚父，文王於磻溪所得聖人吕尚，立以爲大師，號曰尚父，尊之。其言皆與可尚父義同。」

樾謹按：諸説皆六國時好事者之言。《詩》云「維師尚父」與言程伯休父同，尚父乃其字也。太公蓋名望，而字尚父。古人名字相配，尚者，上也，上則爲人所望，故名望字尚也。其後田齊之國始於田和，而謂之太公和。周之太王、吴之太伯、晉之太叔也。以後證前，知太公望猶太公和矣。《史記》太公望子之説與毛傳可尚可父之説皆齊東野語，不足徵也。

迺宣迺畝。《緜》

箋云：「時耕曰宣。乃時耕其田畝。」正義曰：「時耕曰宣，無他文也，鄭以義言之耳。」

樾謹按：鄭釋「宣」字未得其義，「宣」當作「趄」。蓋古者田畝有三歲一易之制，何休《公羊解詁》曰：「司空謹別田之高下美惡，分爲三品，上田一歲一墾，中田二歲一墾，下田三歲一墾。肥饒不得獨樂，墝埆不得獨苦，故三年一換主易居，財均力平。」是其事也。《説文·走部》有「趄」篆曰「趄田易居」，即謂此。《左傳》「爰田」、《國語》「轅田」皆其叚字，此經「宣」字亦叚借從亘得聲，於叚借之例更近矣。蓋疆理既定之後，卽定趄田之制，以均其肥瘠。鄭以爲時耕其田畝，此則憂百畝之不易者農夫也，不足見古公規制之大矣。

箋云：「既正則以索縮其築版，上下相承而起。」

樾謹按：「縮版以載。」

群經平議

薱鼓弗勝。

樾謹按:箋以「載」爲「承載」之「載」,非也。「載」當讀爲「栽」,《禮記‧中庸》篇「上天之載」,鄭注曰「載讀曰栽」,是其例也。哀元年《左傳》正義曰:「栽者,豎木以約版也。」「縮版以栽」謂既以索縮其築版,又豎木以約之也。鄭讀從本字,未得經旨。

箋云:「百堵同時起,薱鼓不能止之使休息也。」《周禮》曰:「以薱鼓鼓役事」。正義曰:「引《周禮》者,《地官‧鼓人》文。彼云『鼓役事』,此或云『止役事』。定本云『鼓役事』。」

樾謹按:《周禮》原文「以雷鼓鼓神祀」以下凡六句竝作「鼓」,無異文,此引《周禮》不當作止役事也。《周禮》疏曰「起役止役皆用薱鼓,兩處義得相兼」,此亦曲爲之説。竊謂鄭於「弗勝」二字未得其義也。此章《周禮》疏曰「起役止役皆用薱鼓,兩處義得相兼」,此亦曲爲之説。竊謂鄭於「弗勝」二字未得其義也。此章「陾陾」、「薨薨」、「登登」、「馮馮」皆以聲言,百堵皆興則衆聲竝作,薱鼓之聲轉不足以勝之矣,故曰「薱鼓弗勝」,非謂不能止之也。毛傳惟「馮馮」訓爲聲,「陾陾」則曰「衆也」,「登登」則曰「用力也」。然《説文‧𠂤部》:「陾,築牆聲也。」知三家詩固有以陾陾爲聲者,則薨薨、登登竝以聲言,從可知矣。

傳曰:「兑,成蹊也。」箋云:「今以柞棫生柯葉之時,使大夫將師旅出聘問,其行道士衆兑然。不有征伐柞棫拔矣,行道兑矣。」

樾謹按:箋義非傳意也。《爾雅‧釋詁》:「拔,盡也。」《説文‧手部》:「拔,擢也。」《廣雅‧釋詁》:「拔,除也。」蓋大王始遷之時,土廣人稀,樹木充塞,其後生齒日繁,以次開闢,向來柞棫之區,今擢除既盡而成

道路，故曰「柞棫拔矣，行道兑矣」。「行道」連文，行亦道也。《爾雅·釋宮》：「行，道也。」非謂行道者也。《皇矣》篇「柞棫斯拔，松柏斯兑」，傳曰：「兑，易直也。」此經「兑」字與彼不殊，彼謂柞棫拔除而松柏挺然直立，此謂柞棫拔除而行道坦然平易也。易直之義通于此經矣。毛於此不釋「兑」字而但曰「兑成蹊也」，蓋謂此經以道路言，異於彼經以樹木言也。彼此貫通，固非鄭箋所能望矣。

古之人無斁，譽髦斯士。《思齊》

傳曰：「古之人無厭於有名譽之俊士。」箋云：「古之人，謂聖王明君也。口無擇言，身無擇行，以身化其臣下，故令此士皆有名譽於天下，成其俊乂之美也。」

樾謹按：傳、箋之義皆非也。「古老之人」《尚書·無逸》篇「否則侮厥父母曰：昔之人無聞知」，惟成人有德，故古老之人不見厭惡；惟小子有造，故其俊士無不安樂也。此承上文「肆成人有德，小子有造」而言。昭二年《左傳》「宣子譽之」，趙岐注《孟子》引作「豫」，惟《孟子·梁惠王》篇「一游一豫」，服虔注《左傳》引作「譽」，是譽、豫古通用。《爾雅·釋詁》「豫，樂也」，又曰「豫，安也」。故豫與無斁互文見義，無厭斁則豫樂可知，豫樂則無厭斁亦可知矣。「髦斯士」者，髦士也。斯乃語詞，詩中多有此例。「螽斯羽者」螽羽也；「兔斯首」者，兔首也，説詳王氏引之《經傳釋詞》。下句「髦斯士」與上句「古之人」文正相配。古之人卽古人，髦斯士卽髦士。上句先言古之人，後言無斁，下句先言譽，後言髦斯士，錯綜成文，亦猶「迅雷風烈」之比。詩人立言之妙，雖毛、鄭其猶未得矣。

維此二國。《皇矣》

傳曰：「二國，殷、夏也。」箋云：「二國，謂今殷紂及崇侯也。」正義曰：「一紂而言二國，則是取類而言，故以二國為殷紂、夏桀也。先察王者之後，故言商而及夏。紂既喪殷，桀亦亡夏，其惡既等，故配而言之。孫毓云：『天觀衆國之政，求可以代殷之人。夏者，夏禹之世。時為二王之後者，桀亡國六百餘年，何求於將代殷而惡之乎？』或以毓言為毛義，斯不然矣。天求代殷之人，當觀可代之國。一姓不再興，亡國不再受。先察王者之後，欲何為哉！」

樾謹按：鄭以二國為殷紂、崇侯，其義未安。崇侯乃是人臣，何得並稱二國？正義謂紂乃亡國之主，可以同之崇侯。夫既可同之崇侯，則亦可同之密、阮、徂、共，何不並稱六國，而必以二國四國分別言之乎？竊謂孫毓之說雖未知於毛意如何，然此詩之旨實當以孫說為長。《尚書·多方》篇曰「非天庸釋有夏，非天庸釋有殷。乃惟爾辟，以爾多方，大淫圖天之命，屑有辭」，即此詩所謂「先察王者之後」，信有徵矣。又曰「天惟五年，須暇之子孫，誕作民主，罔可念聽」，然則孫毓所謂「維此二國，其政不獲」也。又曰「天惟時求爾多方，大動以威，開厥顧天」，即此詩所謂「維彼四國，爰究爰度」也。蓋《皇矣》篇首章與《尚書·多方》篇大旨相同，皆謂殷既失道，天又憎其式廓，乃眷西顧，此維與宅」也。「惟爾多方，罔堪顧之。惟我周王，靈承于旅，克堪用德。惟典神天，天惟式教我用休，簡畀殷命，尹爾多方」，即此詩所謂「上帝耆之，憎其式廓，乃眷西顧，此維與宅」也。「乃夏之子孫無可顧者，又博求之四方之國。而四方之國亦無其人，於是大顧念夏后氏子孫，欲以代殷。《多方》篇「須夏之子孫」今從鄭義作「須暇之子孫」，於是經義遂晦，并此詩而失其解矣。說互詳《尚書》。

帝遷明德。

傳曰：「徙就文王之德也。」

樾謹按：「帝徙明德」似爲不辭。《說文・辵部》：「遷，登也。從辵䙴聲。」《舁部》「䙴，升高也」，或從卪作「𢄕」。師古注《漢書・地理志》《郊祀志》竝以「𢄕」爲古「遷」字，是遷、䙴古通用。䙴爲升高，故遷爲登，乃其本義也。自遷徙之義盛行，而本義亡矣。此經「遷」字當從本義，言帝因文王之明德而登進之也。

比于文王。

箋云：「王季之德比于文王，無有所悔也。必比于文王者，德以聖人爲匹。」

樾謹按：「王季之德比于文王，文王子也，父比于子，義殊未安。上文「維此王季」，昭二十八年《左傳》及《禮記・樂記》所引竝作「維此文王」，正義謂《韓詩》亦作「文王」，是此經毛、韓不同。韓於上文旣作「維此文王」，則於此文必作「比于王季」。若使上下俱作「文王」，必無是理也。以文義而論，似以《韓詩》爲長。文王比于王季，猶大姒嗣大任之徽音。太任不必賢于大姒，王季不必聖于文王，立言之體宜爾也。毛本上下誤倒耳。

無然畔援。

傳曰：「無是畔道，無是援取。」箋云：「畔援，猶跋扈也。」《釋文》引《韓詩》：「畔援，武强也。」

樾謹按：傳分「畔援」爲二義，非也。《論語・先進》篇「由也喭」，鄭注曰「子路之行失於畔喭」，正義曰：「舊注作吸喭。《字書》：吸喭，失容也。言子路性行剛强，常吸喭失禮容也。」此與

韓、鄭義正合。援、媛音近，故得通用。猶美士曰彥，美女曰媛，亦取音義相近也。《玉篇》又引作「無然伴換」，蓋古人雙聲疊韻之字皆無一定，畔援也、吸嗟也、伴換也，一而已矣。《卷阿》篇「伴奐爾游矣」，「伴奐」即「伴換」也。箋曰「伴奐自縱弛之意」，蓋卽跋扈之義而引申之，美惡不嫌同詞。《釋文》正義申明之曰「伴然而德廣大，奐然而有文章」，則分「伴奐」爲兩義，與此傳分「畔援」爲兩義其失維均。

無矢我陵。

傳曰：「矢，陳也。」箋云：「矢，猶當也。」

樾謹按：「矢」當作「弛」。《江漢》篇「矢其文德」《禮記・孔子閒居》篇引作「弛其文德」，是矢、弛古通用。《國語・魯語》「文公欲弛孟文子之宅」，韋注曰：「弛，毀也。」「無弛我陵」言無毀我陵也。字本作「阤」。《說文・𨸏部》：「阤，小崩也。」《周語》「聚不阤崩」注曰：「大曰𡹔，小曰阤。」《漢書・劉向傳》「山陵𡹔阤」，正可爲「無弛我陵」之證。傳、箋義立未得也。

不長夏以革。

傳曰：「革，更也。不以長大有所更。」箋云：「夏，諸夏也。不長諸夏以變更王法者。」

樾謹按：傳、箋之說均于義未安。《禮記・中庸》篇引上句「不大聲以色」，又引孔子曰「聲色之於以化民，末也」，則聲、色二字自是平列，謂不大其聲與色也。朱子《集傳》曰「以猶與也」，得其解矣，而於此句則曰「未詳」。今按：長之言常也。《廣雅・釋詁》曰「長，常也」，又曰「長，久也」，久亦常也。夏之言假也。《釋名・釋天》曰：「夏，假也，寬假萬物使生長也。」革之言急也。《禮記・檀弓》篇「若疾革」，鄭注曰：「革，急

也。」急與寬假義正相反。明德之君寬以濟猛,猛以濟寬,亦如天道然,夏之寬假,秋之繒迫,各以其時而異,故曰「不長夏以革」也。

以爾鈎援。

傳曰:「鈎,鈎梯也,所以鈎引上城者。」正義曰:「鈎援一物,正謂梯也。以梯倚城相鈎引而上,援即引也。」

樾謹按:下句「與爾臨衝」,傳曰「臨,臨車。衝,衝車」,正義曰:「臨者,在上臨下之名。衝者,從旁衝突之稱。」臨衝非一車,則鈎援當亦非一物。蓋皆兵器也。鈎,句古字通,《考工記·廬人》「句兵欲無彈」,鄭注曰「句兵,戈戟屬」是也。《晏子春秋·雜》篇:「曲刃鈎之,直兵推之。」《吕氏春秋·知分》篇:「直兵造胸,句兵鈎頸。」古言兵器必兼曲直,故詩以「鈎援」立言。鈎援有曲直之分,臨衝有從上從旁之别,正見古人立言之不苟矣。

是絶是忽。

傳曰:「忽,滅也。」正義曰:「忽滅者,言忽然而滅,非訓忽爲滅也。」

樾謹按:正義之説未得古訓。《爾雅·釋詁》「忽,滅盡也」,則忽與滅義同矣。《説文·心部》:「忽,忘也。」古忘與亡通,忽訓忘,即訓亡。《方言》:忽,芒也;芒,滅也。忽之言芒,芒之言滅,其義自通。孔氏謂忽然而滅,失之矣。

庶民子來。《靈臺》

箋云：「衆民各以子成父事而來攻之。」

樾謹按：朱子《集傳》曰：「如子趣父事，不召自來。」然鄭箋之意實不如此，蓋謂衆民樂於就役，凡有私事，各使其子成之，而自來攻作也。至《孟子》引此文而趙岐解之曰「衆民自來趣之」，此則《集傳》之說矣。鄭說失之迂曲，趙說又太巧，恐皆非經旨。《史記·律書》曰：「子者滋也，言萬物滋於下也。」蓋古音子與滋同，故《周易·明夷》六五「箕子之明夷」，《釋文》曰：「今《易》『箕子』作『荄滋』。」此文「子」字亦當讀爲「滋」。《說文·水部》：「滋，益也。」《老子》曰「民多利器，國家滋昏。人多伎巧，奇物滋起」，《呂氏春秋·懷寵》篇曰「行地滋遠，得民滋衆」，《漢書·吳王濞傳》曰「徵求滋多」，《酷吏·咸宣傳》曰「盜賊滋起」，其義並同。因叚「子」爲「滋」，而說者遂望文生訓，使經文之平易者變爲艱深矣。《一切經音義》卷三曰：「滋，古文孖同。」是滋字古文有從二子者，則「子」之爲「滋」來」無疑矣。

下武惟周。《下武》

傳曰：「武，繼也。」箋云：「下猶後也。後人能繼先祖者，維有周家最大。」

樾謹按：以下武爲後繼，其義迂曲，殊不可通。《序》曰「下武繼文也」，箋云：「繼文者，繼文王之王業而之。」夫「文」字既爲「文王」之「文」，則「武」字亦即「武王」之「武」，「下武」者猶言武王在下也。《文王》篇曰「文王在上」，正與「下武」相對成義。下猶後也，上猶前也。彼《序》曰：「文王受命作周也。」文王在上，既

受命作周，又繼以在下之武王，而有周之業成矣，故曰「下武維周」。《周頌·武》篇曰「嗣武受之」，「下武」猶「嗣武」也。

既伐于崇。《文王有聲》

正義曰：「武功之中既兼伐崇，而別言『既伐于崇』者，以其功最大，其伐最後，故特言之。」

樾謹按：「既伐于崇，作邑于豐」兩句初非對文。「于崇」之「于」當作「邘」，亦國名也。《尚書大傳》：「文王受命，一年斷虞芮之訟，二年伐邘，三年伐密須，四年伐犬夷，五年伐耆，六年伐崇。」此云「既伐邘崇」，蓋言邘言崇，而密須也、犬夷也、耆也、皆包其中矣。若《史記》所載次第與《大傳》不同，虞芮決獄之後明年伐犬戎，明年伐密須，明年敗耆國，明年伐邘，明年伐崇侯虎而作豐邑，未知與《大傳》孰是。然如史公說，則伐邘崇與作豐邑事適相連，故詩人連及之，事或然也。「邘」作「于」者，如「鄹」之爲「豐」、「際」之爲「祭」，古文省邑旁耳。毛公無傳，未知其說云何。鄭解上句「有此武功」曰「謂伐四國及崇之功也」，則已不知下句「既伐于崇」爲邘、崇二國矣。

誕置之隘巷。《生民》《生民之什》

傳曰：「天生后稷，異之於人，欲以顯其靈也。帝不順天，是不明也，故承天意而異之於天下。」

樾謹按：不夫而孕之說，毛所不信，其見卓矣。然以人道生子，自是常事，何異之有？爲父母者，何知天意欲異之乎？宜後之學者舍毛而從鄭矣。今按：此詩之意在「后稷呱矣」一句，蓋直至鳥去之後，后稷始呱，然則前此者后稷未嘗呱也。凡人之初生，無不呱呱而泣。后稷生而不呱，是其異也，於是人情駭

怪，斂欲棄之。帝嚳所以不禁者，明知神聖之子，雖實死地，必無所妨，姑從衆意以顯其異。於隘巷、於平林，於寒冰，愈棄愈遠，且亦愈險，聖人不死，昭然可見，而后稷亦旣呱矣，於是收而養之，而名之曰棄，志異也。詩人歌咏其事，初不言其棄之之由，而於其卒也曰「后稷呱矣」，蓋沒其文於前而著其義於後，此正古人文字之奇。乃學者則莫之能得矣。

實方實苞。

傳曰：「方，極畮也。」正義曰：「方者，正方之義。謂極盡壟畮，種無不生，地皆方正有苗，故以方爲極畮。」樾謹按：「方」與「旁」通。《尚書·堯典》篇「共工方鳩孱功」，《史記·五帝紀》作「共工旁聚布功」；《大禹謨》篇「方施象刑惟明」，《新序·節士》篇作「旁施象刑維明」，竝其證也。《說文·上部》：「旁，溥也。」毛意「方」即「旁」之叚字，有溥徧之義，故訓爲極畮。孔以方正說之，非毛意矣。

籩豆靜嘉。《旣醉》

箋云：「乃用籩豆之物潔清而美。」樾謹按：鄭意以「潔清」訓「靜」，以「美」釋「嘉」，其實「靜」亦「嘉」也。《尚書·堯典》篇「靜言庸違」，《史記·五帝紀》作「善言」，蓋靜、善一聲之轉耳。《藝文類聚》引《韓詩》曰：「東門之栗，有靜家室。」靜，善也。《尚書·堯典》篇「靜言庸違」，《史記·五帝紀》作「善言」，蓋靜、善一聲之轉耳。靜與嘉其義同。

永錫爾類。

傳曰：「類，善也。」箋云：「孝子之行，非有竭極之時，長以與女之族類，謂廣之以教道天下也。《春秋傳》

曰：潁考叔純孝也，❶施及莊公。

樾謹按：下章云「永錫祚允」，箋云：「天又長予女福祚，至于子孫。」然則此章「永錫爾類」亦當爲天之所予，鄭用《左傳》義，與下章「永錫」不一律矣。《國語·周語》叔向引此詩而說之曰：「類也者，不忝前哲之謂也。」然則類猶肖也。丹朱、商均之不肖是即不類矣，啓賢能敬承繼禹之道，是即類矣。周之興也，世有哲王，是即天之永錫爾類也。《孟子》以賢不肖對稱，賢即是肖，不肖即是不賢，故河上公注《老子》曰：「肖，善也。」類之訓善，其義亦如此矣。毛傳即本叔向說，可知春秋時師說如此。《左傳》引以美潁考叔，❷乃後人附益，不足據也。鄭據以易傳，誤矣。

釐爾女士。

傳曰：「釐，予也。」箋云：「予女以女而有士行者。」

樾謹按：以女士爲女有士行，其說巧矣。然經文平易，恐不如是也。《甫田》篇「以穀我士女」，此云「女士」猶彼云「士女」，倒文以協韻耳。下云「從以孫子」，「孫子」即「子孫」，則「女士」即「士女」也。釐當訓福。《漢書·文帝紀》「祠官祝釐」，《禮樂志》「媼神蕃釐」，集注竝曰：「釐，福也。」「釐」讀曰「禧」。《爾雅·

---

❶「潁」，原作「穎」，今據阮刻《毛詩正義》改。

❷「潁」，原作「穎」，今據上文改。

釋詁：「禧，福也。」然則「釐爾女士」者，福爾女士也，與「穀我士女」同義。《大戴禮記・夏小正》篇「綏多女士」，「女士」亦即「士女」也。臧氏琳曰：《毛詩》、《周禮》、《儀禮》疏皆引作「綏多士女」，今本誤倒。然女、女士於義俱通，不必乙正。

福祿來爲。《鳧鷖》

傳曰：「厚爲孝子也」。箋云：「爲猶助也。」

樾謹按：一章曰「福祿來成」，二章曰「福祿來爲」，文異而義同。《廣雅・釋詁》：「爲，成也。」《淮南・本經》篇「五穀不爲」，高注曰：「不爲，不成也。」是爲與成同義，當訓曰「爲猶成也」，不必別爲之説。

公尸來燕來宗，既燕于宗，福祿攸降。

箋云：「其來燕也，有尊主人之意。既，盡也。宗，社宗也。群臣下及民盡有祭社之禮，而燕飲焉，爲福祿所下也。」

樾謹按：「既燕于宗」即承「來燕來宗」而言，謂既燕與宗，則福祿攸降也。王氏引之《經傳釋詞》曰：于猶越也，與也。《書・大誥》「越爾御士」，王莽倣《大誥》曰「于女卿大夫元士御事」，是連之詞曰越，亦曰于也。孔氏廣森《經學卮言》曰凡事有兩端云某及某者，行文之常也。《書》則用于用越，引《多方》「不克敬于和」、《康誥》「德之説于罰之行」爲證。以王氏、孔氏之説推之，則「既燕于宗」猶既燕與宗矣，正承上文而言。鄭惟不解「于」字，乃以宗爲社宗，使兩句異義，失之甚也。

公尸來止熏熏，旨酒欣欣，燔炙芬芬。

傳曰：「熏熏，和悅也。欣欣，然樂也。芬芬，香也。」

樾謹按：《說文・丌部》：「熏，火烟上出也。」《雲漢》篇「憂心如熏」，傳曰：「灼也。」疑不得有和悅之義。至欣欣訓樂，固屬常訓。然以下句「燔炙芬芬」例之，芬芬既以燔炙言，則欣欣亦當以旨酒言。今訓爲樂，則以飲酒者言，二句不一律矣。竊疑經文「熏熏」、「欣欣」字當互易。「旨酒熏熏」，此「熏」字乃「薰」字之叚借。《爾雅・釋訓》「炎炎、薰也」，《釋文》曰「本或作薰」，是熏、薰古通用。《說文・艸部》「薰，香草也」，蓋因艸之香而引申之，則凡香者皆得言薰。猶芬之本義《說文》云「艸初生其香分布」，是亦因艸之香而引申之，則凡香者皆得言芬也。是故「旨酒薰薰」言酒香也，「燔炙芬芬」言炙香也。欣欣、薰薰字音相同，古書多口授，誤倒其文耳。或以《說文・酉部》「醺」下引《詩》「公尸來燕醺醺」疑其不誤，然許氏引經有合兩句爲一句者，如「東方明矣，朝既昌矣」，《說文》則引作「東方昌矣」；「混夷駾矣，維其喙矣」，《說文》則引作「犬夷呬矣」。凡此疑皆傳寫奪之，未可竟據以改經。觀《說文》作「醺醺」，其字從酉，益知其當在旨酒下矣。

干祿百福，子孫千億。《假樂》

箋云：「干，求也。十萬曰億。成王行顯顯之令德，求祿得百福，其子孫亦勤行而求之，得祿千億。」

樾謹按：「干」字疑「千」字之誤。「千祿百福」言福祿之多也，「子孫千億」言子孫之多也。鄭作「干祿」而訓爲「求」，殆其所據之本誤耳。何以明之？《旱麓序》曰「周之先祖，世修后稷、公劉之業，大王、王季申以百福干祿焉」，此「干」字明是「千」字之誤，段氏玉裁所訂《故訓傳》已正之矣。彼《序》正本此經，故知此

《公劉》

經亦誤也。

爰方啟行。

傳曰：「以方開道路去之幽，蓋諸侯之從者十有八國焉。」箋云：「告其士卒曰爲女方開道而行，明己之遷非爲迫逐之故，乃欲全民也。」

樾謹按：鄭意謂公劉以民之故方有此行，然非毛旨也。毛蓋訓方爲竝，方之訓竝，說已見《十月之交》篇。「方開道路」即是竝開道路，故繼之曰「蓋諸侯之從者十有八國」，正所以明方之爲竝也。

何以舟之。

傳曰：「舟，帶也。」箋云：「民亦愛公劉之如是，故進玉瑤容刀之佩。」

樾謹按：傳、箋異義，傳以舟猶周也，周之言周帀也，故訓爲帶；箋意舟亦爲周，周與酬通，《儀禮·鄉飲酒》篇注曰「酬之言周」是也。「何以舟之」即何以酬之，故曰：「公劉之相此原地也，由原而升巘，復下在原，言反覆之，重居民也。民亦愛公劉之如是，故進玉瑤容刀之佩。」是鄭意謂民以此相酬，乃易傳，非申傳也。毛傳立無民進玉瑤容刀之說，正義混而一之，則鄭義晦矣。《渭陽》篇「何以贈之，瓊瑰玉佩」，文法與此相似。鄭義自勝於毛，正義以鄭述毛，非是。

乃造其曹。

傳曰：「曹，群也。」箋云：「群臣適其牧群」。

樾謹按：公劉之時雖屬艸昧，然執豕豈遂乏人，乃使群臣親造牧群乎？毛意未必然也。造猶比也。《爾

既庶且多。《卷阿》

箋云：「庶，衆。」「且。」正義曰：「王賜其車衆多矣。庶、多一也，丁甯以足句。」

樾謹按：凡言「且」者必有異義，不得謂丁甯以足句也。「多」當讀爲「侈」。哀七年《左傳》「魏曼多」，《史記·魏世家》作「魏侈」，是多與侈古通用。《禮記·雜記》「其衰侈袂」，鄭注曰：「侈猶大也。」「既庶且侈」，庶以車之數言，侈以車之制言。《考工記·輿人》曰「飾車欲侈」，《晏子春秋·外篇》曰「公乘侈輿」，皆其證也。

憯不畏明。《民勞》

傳曰：「憯，曾也。」箋云：「又用此止爲寇虐，曾不畏敬明白之刑罪者。」

樾謹按：如箋義，則必與上句「式遏寇虐」連讀，乃得其義。然次章「式遏寇虐，無俾民憂」，三章「式遏寇虐，無俾作慝」，四章「式遏寇虐，無俾正敗」，五章「式遏寇虐，無俾正反」，皆不以兩句連讀，箋義非也。傳訓憯爲曾，乃語詞，無實義。「憯不畏明」，言不畏明也。《尚書·洪範》篇曰「無虐煢獨而畏高明」，《史記集解》引馬注曰：「高明顯寵者，不枉法畏之。」此云「畏明」，與彼云「畏高明」義同，言爲寇虐者必遏止之，

毛詩四

二九一

不以其高明而畏之也。

爾用憂謔。❶《板》

箋云：「乃告女用可憂之事，而女反如戲謔。」

樾謹按：「乃箋義，則「虐」字與上三字不屬，不辭甚矣。「憂」當爲「優」。襄六年《左傳》「長相優」，杜注曰：「優，調戲也。」「爾用優謔」，言爾用我言相戲謔也。優謔連文，義亦不異。「憂」者「優」之本字。《說文·夂部》「憂，和之行也」，引《詩》曰：「布政憂憂。」今《詩》作「優優」，蓋由後人以「憂」爲「愳愁」字而改之。此經「憂」字因鄭訓爲可憂，故得存其本字，而其義則久晦矣。

則莫我敢葵。

箋：「葵，揆也。民方愁苦而呻吟，則忽然有揆度知其然者。」正義曰：「無有揆度知其然，謂君臣竝不察民也。」

樾謹按：考文古本此箋「忽然」下有「無」字，乃從正義本也。然經文云「莫我敢葵」，尋繹敢之一言，則所謂揆度者，乃以下揆上，非以上揆下。蓋民於愁苦呻吟之中，而展轉揆度其所以使我至於此極之故，於是強者怒於言，弱者怒於色，而亂從此始矣。詩人若曰民方愁苦而呻吟，則無乃敢於揆度我乎？莫之云者，猶曰無乃如此也。箋中「忽然」二字從經文「方」字生出，謂方當呻吟之時，忽然動此一念也。正義不達此

❶ 「虐」，稿本作「謔」。下「虐」字同。

二九二

旨,乃曰:「汝君臣忽忽然則莫有察我民敢能揆度知其然者。」夫揆度民情,但當言能不能,不當言敢不敢,而曰「敢能揆度」,於義不可通,足知其非矣。

攜無曰益。

箋云:「女攜挈民東與西與,民皆從女所爲,無曰是何益。」

樾謹按:經止言「益」,箋乃言「是何益」,非經旨矣。《釋名·釋州國》曰:「益,阨也。」《古微書》引《春秋元命苞》曰:「益之言阨也。」阨與陀通。《禮記·禮器》篇「君子以爲隘矣」,《釋文》曰「隘本作陀」,是其證也。《說文·𨸏部》:「陀,塞也。」《史記·商君傳》「魏居嶺陀之西」,《索隱》曰:「陀,阻也。」「攜無曰益」言如取如攜,無曰有所阻塞也,牖民乃孔易耳。如此,則上下文義皆順矣。而秉義類。《蕩》《蕩之什》

箋云:「義之言宜也。類,善。女執事之人,宜用善人。」

樾謹按:下文卽云「彊禦多懟」,與此一氣相承,竝無不用此反用彼之意,然則鄭解義類爲宜用善人,非經旨也。《尚書·立政》篇「兹乃三宅無義民」,《呂刑》篇「鴟義姦宄」,王氏念孫曰「義與俄同,衺也」,引《大戴禮·千乘》篇「誘居室家,有君子曰義」及《管子·明法解》篇「雖有大義,主無從知之」爲證。此經「義」字亦「俄」之叚字。類與戾通,《周書·史記》篇「愎類無親」,孔晁注:「類,戾也。」《說文·犬部》:「戾,曲也。」然則義類猶言衺曲也。「而秉義類,彊禦多懟」,言女執事皆衺曲之人,及彊禦衆懟者也。昭十六年《左傳》「刑之頗類」,義類與頗類同,頗、義古同部字。

群經平議

侯作侯祝，靡屆靡究。

傳曰：「作、祝，詛也。屆，極。究，窮也。」正義曰：「作即古詛字，傳辨作爲詛，故言『作、祝，詛也』。」

樾謹按：段氏玉裁曰：「『作祝詛也』四字一句。『侯作侯祝』與『乃宣乃畝』、『爰始爰謀』句法同。」此説於傳意得矣，然經意則似未必然也。作，始也，見《魯頌·駉》傳。祝亦始也，見《國語·鄭語》韋昭注及《釋名·釋親屬》篇。「侯作侯祝，靡屆靡究」兩句反覆相承。作、祝義同，屆訓極、究訓窮，其義亦同，蓋言屬王任用小人，方興未艾也。

殷鑒不遠，在夏后之世。

箋云：「近在夏后之世，謂湯誅桀也。」

樾謹按：若如箋義，則夏后之世猶云夏后之時言乎？鄭於「世」字殆未得其解也。《裳裳者華序》曰「棄賢者之類，絶滅功臣之世嗣」，又曰：「類謂種類，世謂繼世。」此經「世」字義與彼同，蓋謂夏后氏之繼世，在殷時爲二王之後者，以其爲亡國之子孫，故可以爲鑒。《皇矣》篇正義謂「殷之末年，夏后絶矣」，未必然也。

其在于今，興迷亂于政。《抑》

箋云：「于今，謂今厲王也[1]。興，猶尊尚也。王尊尚小人迷亂於政事者。」

---

❶ 上「后」字，原作「侯」，今據文義改。

二九四

樾謹按：以興爲尊尚，則尊尚迷亂于政，不辭甚矣。興與舉同義。《廣雅・釋詁》：「興，舉也。」襄六年《左傳》「君舉不信群臣乎」，杜注曰：「舉，皆也。」舉爲皆，興亦得爲皆，蓋興於《說文》隸昇部，昇者共舉也，而字又從同，許君謂取同力之義，於義更近矣。「興迷亂于政」言皆迷亂于政也，蓋謂君臣皆迷亂。今者以其時而言，非必專斥王也。《蕩》篇「女興是力」，箋云「女群臣又相與而力爲之」，正義曰：「定本作『相興而力爲之』」。此未知與箋意孰得。竊謂「女興是力」亦即女皆是力也，然則從正義本作「相興」❶義似較優矣。

女雖湛樂從。

箋云：「女君臣雖好樂嗜酒而相從。」

樾謹按：「雖」當讀爲「惟」。「女惟湛樂從」猶《尚書・無逸》篇曰「惟就樂之從」也。雖與惟通，説見王氏引之《經傳釋詞》。如箋義，轉爲迂曲矣。

箋云：「逝，往也。」

樾謹按：言不可往矣，於義未安。《日月》篇「逝不古處」，傳曰：「逝，逮也。」《有杕之杜》篇《釋文》引《韓詩》曰：「逝，及也。」「言不可逝」猶言不可及，蓋即駟不及舌之意。

言不可逝矣。

❶ 「興」，原作「與」，今據清經解續編本改。

矧可射思。

箋云：「神之來至去止，不可度知，況可於祭末而有厭倦乎？」

樾謹按：「矧」字之義，承上文而進一説也。此「射」字當讀如本字，與射策、射覆義同。蓋射者期於中，凡射策、射覆者亦期於中。《漢書·藝文志》蓍龜家有《隨曲射匿》五十卷，射匿疑即射覆。覆而匿之，人所不知，以意縣揣而期其中，此射之義也。詩人之意謂神之來格，不可揆度，矧可縣揣。鄭以厭倦釋之，非經旨也。毛公無傳，蓋正讀如本字，故不煩詁訓也。

覆用爲虐。

箋云：「反謂之有妨害於事。」

樾謹按：箋訓虐爲害，非經旨也。「虐」讀爲「謔」，言反以爲戲虐也。《板》篇曰「我言維服，勿以爲笑」，「爲笑」與「爲虐」正同。

告爾舊止。

箋云：「舊，久也。止，辭也。」

樾謹按：《小旻》篇「國雖靡止」，箋云：「止，禮也。」「舊止」之「止」亦當訓禮，言告爾以舊禮也。篇首曰「抑抑威儀」，次章曰「敬爾威儀」，五章曰「敬慎威儀」，八章曰「淑慎爾止，不愆于儀」，詩中屢以威儀爲言，故終之曰「告爾舊止」。舊止者，先王之禮也。此「止」字與「淑慎爾止」之「止」同。箋於彼「止」字訓爲容止，

而以此「止」字訓爲語辭,所未喻也。

征以中垢。《桑柔》

傳曰:「中垢,言闇冥也。」

樾謹按:「中垢」卽「中冓」也。《牆有茨》篇「中冓之言」,《釋文》引《韓詩》云:「中冓,中夜。」《漢書·文三王傳》「聽聞中冓之言」,晉灼曰:「冓,《魯詩》以爲夜也。」是韓、魯詩竝以中冓爲中夜。垢與冓通,《周易》「姤」古文作「遘」,卽其例也。毛訓中冓爲内冓,異於韓、魯,而此中垢訓爲闇冥,則亦與韓、魯同。「征以中垢」者,征以中夜也,故曰「中垢言闇冥也」。古者宵行有禁,行於闇冥之中,是不順矣。正義所說,未得毛意。

有俶其城。《崧高》

傳曰:「俶,作也。」

樾謹按:俶固訓作,然凡云「有」者,如「有蕡其實」、「有倬其道」之類,皆形容之辭,訓俶爲作則非其義矣。《旣醉》篇「令終有俶」,箋云:「俶,猶厚也。」「有俶其城」亦當訓厚,城貴其高亦貴其厚。傳曰:「厚其牆垣。」牆垣猶須厚,而況城乎?故以「有俶」形容其厚也。

袞職有闕。《烝民》

傳曰:「有袞冕者,君之上服也。仲山甫補之,善補過也。」箋云:「袞職者,不敢斥王之言也。王之職有闕,輒能補之者,仲山甫也。」

樾謹按：傳訓「袞」不訓「職」，箋以「袞職」連文，恐非經意也。「職」乃語詞，當讀爲「識」。《周官》「職方氏」、《修華嶽碑》作「識方氏」，是職、識古字通用也。成十六年《左傳》「識見不穀而趨」，《國語‧晉語》作「屬見不穀而下」，韋昭注曰：「屬，適也。」然則識亦猶適也。「袞識有闕」者，袞適有闕也。蓋詩人本借袞以寓王，闕乃袞衣之闕，而非服袞衣者職事之闕，補即補袞衣，而非補服袞衣者之職事。若以「袞職」連文，則詩人之語妙全失矣。宣二年《左傳》引此文，杜預注曰：「袞，君之上服。闕，過也。言服袞者有過，則仲山甫能補之。」杜必以服袞言，其見殊拘。然不釋「職」字，是固以爲語詞矣。意晉以前爲毛學者，其說固如此與？

榦不庭方，以佐戎辟。《韓奕》

傳曰：「庭，直也。」箋云：「當爲不直，違失法度之方，作楨榦而征之，以佐助女君。」

樾謹按：箋義迂曲，非經旨也。《廣雅‧釋詁》曰：「榦、焉，安也。」榦與焉同訓，是榦亦語詞矣。焉猶何也，如《論語》「焉用佞」之類是也。安亦猶何也，如《禮記》「安取彼」之類是也。然則榦亦猶何也。「榦不庭方」與「曷不肅雝」句法相似。曷與榦一聲之轉。《月令》「鴡旦」，《文選‧七發》作「鴂鴠」。「曷」之爲「榦」，猶「鴂」之爲「鴡」，榦從倝聲，與干聲同部也。庭方者，直方也。《易》曰「君子敬以直內，義以方外」，是其義也。王之命韓侯，若曰：朕命不易，女曷不直方以佐女君乎？蓋戒勉之辭。

汾王之甥。

傳曰：「汾，大也。」箋云：「汾王，厲王也。厲王流于彘，彘在汾水之上，故時人因以號之。」

樾謹按：詩言「汾王」，當舉其實，不得漫言大王，傳義誠非也。此汾王疑是西戎之王。《史紀·秦本記》：襄公元年，以女弟繆嬴爲豐王妻，甯公三年，與亳戰，亳王奔戎，皇甫謐曰「亳王號湯，西夷之國也」，穆公三十四年，戎王使由余于秦，厲共公十六年，伐大荔，取其王城；三年，伐義渠，虜其王；孝公元年，西斬戎之獂王。然則西戎之君，稱王者多矣。「汾」即《考工記》之「妢胡」，西戎國名也，説詳《周禮》。汾王者，妢胡之王。韓侯取汾王之甥，蓋亦有意。《史記》載申侯之言曰：「昔我先酈山之女爲戎胥軒妻，生中潏，以親故歸周，保西垂。今我復與大駱妻，生適子成。申、駱重昏，西戎皆服。」然則韓侯取汾王之甥，亦卽申駱重昏之意，當時借此爲服西戎之策。後世和親之議，其濫觴也，詩人張大其事而歌詠之，蓋亦以此。不然韓侯取妻，何與王朝之事乎？

溥彼韓城，燕師所完。

傳曰：「師，衆也。」箋云：「燕，安也。大矣彼韓國之城，乃古平安時衆民之所築完。」

樾謹按：箋説迂曲，非經旨也。《釋文》出「燕師」二字，云：「王肅、孫毓立烏賢反，云北燕國。」傳不釋「燕」字，疑毛公之意正以燕爲國名。如王、孫説，惟北燕之衆何以爲韓國築城？朱子《集傳》曰：「韓初封時，召公爲司空，王命以其衆爲築此城。」此亦曲説，周初封國多矣，若以召公爲司空之故，凡侯國之城皆使燕衆築之，燕衆不太勞乎？今按：此燕乃南燕也。隱五年《左傳》「衛人以燕師伐鄭」，杜注曰：「南燕國，今

❶「紀」、「記」二字當互乙。

東郡燕縣。」正義曰:「燕有二國,一稱北燕,故言南燕以別之。」宣三年《傳》「鄭文公有賤妾曰燕姞」,注曰:「姞,南燕姓。」此詩承上「韓侯娶妻」而言。韓侯娶蹶父之子謂之韓姞,猶昭十二年《左傳》所稱爕父、禽父乃南燕之君,人爲王朝卿士者,猶樊侯仲山甫之比。其稱蹶父者,亦猶昭十二年《左傳》所稱爕父、禽父也。上云「韓侯迎止,于蹶之里」,傳曰「里,邑也」,蓋其湯沐之邑。又按:《將仲子》篇傳曰:「里,居也。」此「里」字亦或當訓居,謂迎于蹶父之居也。蹶父既善韓之國土,使韓姞嫁焉而居之,於是又使其國之眾爲之築城。詩人言此者,見燕、韓二國相親如一,推之汾王,亦必惠顧昏姻,永敦盟好,正明宣王命韓侯之得計。《序》所謂「美宣王能錫命諸侯」者,此也。

淮夷來求。《江漢》

箋云:「主爲來求淮夷所處。」

樾謹按:「主言『淮夷來鋪』,傳曰『鋪,病也』,正義曰:『鋪,病,《釋詁》文,彼鋪作痡。』然則『淮夷來求』義亦當同。箋以爲求淮夷所處,失之矣。『求』乃『脙』之叚借字,『鋪』乃『痡』之叚借字也。《說文·肉部》:『脙,齊人謂臞脙也。』《爾雅·釋言》:『脙,瘠也。』淮夷之脙,猶申夷之路矣。

申夷載路」,箋曰:「路,瘠也。」

樾謹按:「其勢不可測度,不可攻勝。」

不測不克。《常武》

箋云:「不克猶不測也。《雲漢》篇『后稷不克』,箋云『克當作刻。刻,識也』,是我先祖后稷不識知我之

所困。正義曰：「刻削所以記識，故云『刻，識也』。」此言「不克」，正與彼同。不測謂不可測度，不克謂不可識知，非不可攻勝之謂。

徐方來庭。

傳曰：「來王庭也。」

樾謹按：上文曰「徐方既來」，此又曰「徐方來庭」，則文複矣。凡詩中弟三字用「來」字，如「伊予來墍」、「將毋來諗」、「蠻荆來威」、「淮夷來求」、「王國來極」之類，皆是語詞，說見王氏引之《經傳釋詞》。「徐方來庭」義亦當然。而王氏徵引不及，則惑於傳義也。《韓奕》篇「榦不庭方」，傳曰：「庭，直也。」此文「庭」字亦當訓直。「四方既平，徐方來庭」，言四方平而徐方直也。《尚書·洪範》曰「王道平平」，「王道正直」，即其義也。下曰「徐方不回」，不回即直之謂也。傳以爲來王庭，則古義之湮久矣。

蟊賊蟊疾。《瞻卬》

箋云：「其爲殘酷痛病於民，如蟊賊之害禾稼然。」正義曰：「蟊賊者，害禾稼之蟲。蟊疾是害禾稼之狀。」

樾謹按：蟊賊蟊疾，於義難通，正義所云亦曲説也。「蟊」字《釋文》作「蛑」，云「本又作蟊，音牟」，竊疑此經兩「蟊」字古止作「牟」。《漢書·景帝紀》「侵牟萬民」，李奇曰「牟，食苗根蟲也」，是古書有叚「牟」爲「蛑」者。學者疑「牟」爲「蛑」之叚字，輒加虫旁作「蛑」，因又變爲「蟊」矣。《儀禮·士冠禮記》「毋追夏后氏之道也」，鄭注曰：「毋，發聲也。」《釋名·釋首飾》作「牟追」。牟與毋通。然則牟亦發聲之辭矣。賊也，疾也，竝猶害也。「牟賊牟疾，靡有夷屆」，言爲害靡有止也。夷亦

舍爾介狄。

語辭,《周官‧行夫職》鄭注曰「夷,發聲」是也。傳訓夷為常,語辭而以實義求之,宜其不可通矣。

傳曰:「狄,遠。」箋云:「介,甲也。王不念此而改修德,乃舍女被甲夷狄來侵犯中國者,反與我相忌。」

樾謹按:傳不釋「介」字,箋以「介狄」為「被甲夷狄」,望文生義,斯失之矣。《爾雅‧釋詁》:「介,大也。」「狄」當作「愁」,即「惕」之或體,見《說文‧心部》。《周易‧小畜》六四「血去惕出」,虞注曰:「惕,憂也。」「舍爾介愁,維予胥忌」,言舍爾所大憂者,反與我相忌也。前章曰:「婦有長舌,維厲之階。亂匪降自天,生自婦人。」然則所謂大憂者,即謂此矣。古從易從狄之字往往相通,故「惕」或從狄作「愁」。說《詩》者不知「狄」為「愁」之省,因不得其義耳。

大王荒之。《天作》《周頌‧清廟之什》

傳曰:「荒,大也。」箋云:「大王自豳遷焉,則能尊大之,廣其德澤。」

樾謹按:山非人所能大,訓荒為大,于義未安。《樛木》篇「葛藟荒之」,傳曰:「荒,有也。」正義曰:「荒訓為奄。此云荒有者,亦謂奄有之也。」《閟宮》篇「遂荒大東」,傳曰「荒,有也」,正義曰:「荒,奄也。」此云「大王荒之」,其義當與彼同,言大王自豳遷岐,奄有其地也。

實右序有周。《時邁》

樾謹按:「天其子愛之,右助次序義不相屬,右助次序其事。」

箋云:「序,《莊子‧則陽》篇「隨序之相理」,《釋文》曰「序,「序」當作「享」。

《執競》

執競武王。

箋云：「能持彊道者，❶維有武王耳。」

樾謹按：以「執競」爲持彊，未免望文生義。「執」當讀爲「職」。《詩》之言「職競」者多矣。《十月之交》篇「職競由人」，《桑柔》篇「職競用力」，襄八年《左傳》引《逸詩》「職競作羅」，與此詩「職競武王」雖美惡殊科，然文義同也。借「執」爲「職」者，職主也，執亦主也。《淮南子‧說山》篇「執獄牢者無病」，高注曰：「執，主也。」又僖二十七年《左傳》杜注曰：「執秩，主爵秩之官。」是執與職聲近義通。《楚辭‧靈懷》篇「執組者不能至兮」，王注曰：「執組，猶織組也。」「執」之通「職」，猶「執」之通「織」矣。

傳曰：「反反，難也。」箋云：「反反，順習之貌。」正義曰：「傳言反反難者，謂順禮閑習自重難也。」樾謹按：箋易傳，非申傳也。《載芟》篇「載穫濟濟」，傳曰「濟濟，難也」，箋云：「難者，穗衆難進也。」此箋不說「難」字之義，更舉經文而釋之，則其別爲一義可知矣。《賓之初筵》篇「威儀反反」，傳曰：「反反，言重愼也。」難卽重愼之意，蓋反之言反覆也，毛意反覆有重愼之意，故訓爲難；鄭意反覆有重復之意，故訓

❶「彊」，原作「疆」，今據清經解續編本改。下一「彊」字同。

一本作享」，是其例也。「實右享有周」猶《我將》篇曰「旣右饗之」。享與序形相近，又涉下文「式序在位」而誤耳。

莫匪爾極。《思文》

傳曰:「極,中也。」箋云:「天下之人,無不於女時得其中者。」

樾謹按:傳訓極爲中,箋因莫匪爾中於義未足,故增成其義如此,然非經旨也。《國語·魯語》曰「貪無藝也」,《晉語》曰「貪欲無藝」,韋注竝曰「藝,極也。」是極與藝同義。昭十六年《左傳》曰「陳之藝極」,杜注曰:「藝,準也。極,中也。」實則藝、極一也。《傳》曰「布常無藝」,注曰:「藝,法制也。」藝訓法,則極亦可訓法。《殷武》篇「四方之極」,《後漢書·樊準傳》引作「四方是則」,若如毛義訓極爲中,與則之義絶遠矣。

爲順習,兩義不同。

正義謂「順禮閑習自重難也」,合而一之,則兩不可通矣。

奄觀銍艾。《臣工》《臣工之什》

傳曰:「銍,穫也。」正義曰:「《釋名》云:『銍,穫禾鐵也。』說文曰:『銍,穫禾短鎌也。』然則銍器可以穫禾,故云『銍,穫也。』」

樾謹按:銍固器名,然傳訓爲穫,則非此也。毛蓋讀爲「挃」。《廣雅·釋詁》曰:「挃,刺也。」《漢書·郊祀志》「刺六經中作《王制》」,師古注曰:「刺,采取之也。」挃訓刺,則亦有采取之義,故曰「穫也」。作「銍」者,叚借字耳。挃當从手而從金,猶刈當从刀而從艸也。挃、刈本字也,銍、艾借字也。必謂銍爲器名,亦謂艾爲艸名乎?斯不然矣。

宣哲維人，文武維后。《雝》

箋云：「宣，徧也。」又徧使天下之人有才知，以文德武功爲之君故。」

樾謹按：「宣」乃「烜」之叚字。《廣雅·釋詁》：「烜，明也。」僖二十七年《左傳》「未宣其用」，《國語·晉語》「武子宣法以定晉國」，杜預、韋昭注竝曰：「宣，明也。」是宣與烜通，宣哲猶明哲也。「宣哲維人，文武維后」兩句相對成義。人者臣也，后者君也。《假樂》篇「宜民宜人」，傳曰：「宜安民，宜官人也。」彼人與民對，此人與后對，蓋皆指臣而言。維人維后所包者廣，自王朝卿士以及侯國之臣皆人也，自五等諸侯及附庸之長皆后也。《烝民》篇曰「邦國若否，仲山甫明之。既明且哲，以保其身」，此即「宣哲維人」之義。僖三十年《左傳》曰「國君文足昭也，武可畏也」，此即「文武維后」之義。兩句本平列，鄭義失之。

既右烈考，亦右文母。

傳曰：「烈考，武王也。文母，大姒也。」箋云：「烈，光也。子孫所以得考壽與多福，乃以見右助於光明之考與文德之母，歸美焉。」

樾謹按：傳、箋義異。《長發》篇「相土烈烈」，傳曰：「烈烈，威武貌。」傳意烈考、文母相對，乃父母之稱。箋意烈考，文考也，故以爲武王；文母者，配文考而言也，故以爲大姒。若從傳義，以子先母，於理未安，故易傳以爲光明之考、文德之母，泛爲子孫歸美父母之辭，無所專指也。《尚書·洛誥》篇「越乃光烈考武王」，鄭注曰「烈，威也」，而於此箋則曰「烈，光也」，箋、注不同，鄭意可見。蓋以彼烈考指武王，此烈

繼猶判渙　《訪落》　《閔予小子之什》

傳曰：「判，分。渙，散也。」箋云：「卷阿》篇『伴奐爾游矣』，箋云：『伴奐，自縱弛之意也。』此詩『判渙』即《卷阿》篇之『伴奐』，亦即《皇矣》篇之『畔援』。古義存乎聲，無定字也。說具《皇矣》篇。

有飶其香　《載芟》

傳曰：「飶，芬香也。」

樾謹按：《釋文》出「有飶」曰「字又作苾」，當從之。「苾」本字，「飶」俗字也。後人因其言酒醴，變而從食，《說文》遂於《食部》出「飶」篆曰「食之香也」。然則下文「有椒其馨」，「椒」字何又不從食乎？苾字從艸，其義本為草香。傳不逕釋苾為香，而必曰芬香也者，正以苾芬二字皆從艸，其義相同，故《楚茨》篇、《信南山》篇竝曰「苾苾芬芬」。毛於彼經皆無傳，而此傳曰「苾，芬香也」，則并彼經而釋之矣。「有苾其香」、「有椒其馨」，蓋以草木之馨香喻酒醴之馨香也。沈重以「椒」為「俶」之誤，非是。

遵養時晦　《酌》

傳曰：「養，取。」

樾謹按：《周官‧疾醫》「以五味、五穀、五藥養其病」，鄭注曰：「養，猶治也。」治與取義通。《老子》曰「取

我龍受之。

天下常以無事」，河上公注曰：「取，治也。」養訓治，故亦訓取。正義未能申明毛意。

傳曰：「龍，和也。」正義曰：「龍之爲和，其訓未聞。」

樾謹按：《說苑・辨物》篇說神龍曰：「虛無則精以和，動作則靈以化。」《廣雅・釋魚》篇亦曰：「龍能高能下，能小能巨，能幽能明，能短能長，淵深是藏，敷和其光。」然則毛公訓龍爲和，古義然也。龍所以有和義者，龍之言同也。龍字本從童省聲，古音蓋讀如同。《方言》曰：「袴，齊魯之閒或謂之襱。」郭注曰：「襱，音鮦魚。」又曰「無祠之袴謂之襗」，注曰「祠亦襱，字異耳」。襱從龍聲而得讀如鮦，又或從同聲作祠，是古音龍讀如同之證。「龍和也」猶曰龍同也。古訓多存乎聲，以聲求之，義斯在矣。

思馬斯作。《駉》《魯頌》

傳曰：「作，始也。」正義曰：「謂令此馬及其古始，如伯禽之時也。」

樾謹按：毛意以「作」爲「一鼓作氣」之「作」，作之言發作也。此章言田馬由獵尚疾，必乘其始作之氣而用之，故傳訓作爲始也。正義爲「令此馬及其古始」，失之迂矣。卒章「思馬斯徂」，箋云：「徂，猶行也。」蓋卒章言駑馬主以給官中之役，但取能行已耳。徂之訓行，乃是恒訓，故毛略之也。王肅因傳訓作爲始，遂訓徂爲往，謂「養馬得往古之道」，以是述毛，非毛旨矣。

不告于訩。《泮水》

箋云：「訩，訟也。僖公還在泮宮，又無以爭訟之事告於治訟之官者。」

樾謹按：治訟之官不得但謂之訕，箋義非也。「于」猶「與」也，說見《鳧鷖》篇。「不告于訕」猶云不告與訕。「告」讀爲「嗥」。《漢書·高帝紀》集注引服虔曰：「告，音如嗥呼之嗥。」訕猶訩訩也。《荀子·天論篇》楊注曰：「訩訩，喧譁之聲，與訕同。」上句「不吳不揚」箋云「不謹譁，不大聲」，此云「不告與訕」，義正相近耳。

大賂南金。

傳曰：「賂，遺也。」箋云：「大猶廣也。廣賂者，賂君及卿大夫也。」

樾謹按：上文曰「來獻其琛」，既言獻，不必更言賂矣。「賂」當讀爲「璐」。《說文·玉部》曰：「璐，玉也。」《文選·雪賦》注曰：「璐，美玉也。」「大路」猶《尚書·顧命》篇「大玉」耳。「大璐南金」與上句「元龜象齒」立列，皆淮夷所獻之琛也。從玉從貝之字古或相通。《說文》「玩，弄也」，重文「貦」，曰「玩或從貝」。「貦」之爲「玩」，猶「賂」之爲「貦」矣。

三壽作朋。《閟宮》

傳曰：「壽，考也。」箋云：「三壽，三卿也。」

樾謹按：傳文「考」字疑「老」字之誤。《文選·東京賦》「降至尊以訓恭送迎拜乎三壽」，薛綜注曰：「三壽，三老也。言天子尊而養此三老者，以教天下之敬，故來拜迎，去拜送焉。」善曰：「蔡邕《獨斷》曰：『天子事三老，使者安車輭輪，迎而至家，天子獨拜。』《毛詩》曰『三壽作朋』也。」然則此詩三壽固有作三老解者，蓋《毛詩》家之說如是。

鄭意尊養三老天子之事，魯侯不當有此，故易傳耳。昭三年《左傳》曰「公聚朽蠧而三老凍餒」，此諸侯之國亦有三老之證。杜注以上壽中壽下壽説之，非也。至漢而鄉亦有三老，《後漢書‧光武帝紀》注曰：「三老者，鄉官也。」是知三老之名，通乎上下。鄭以爲三卿，不如古説之足據矣。

居常與許。

傳曰：「常、許，魯南鄙西鄙。」箋云：「許，許田也，魯朝宿之邑也。常或作嘗，在薛之旁。《春秋》魯莊公三十一年築臺于薛是與。六國時齊有孟嘗君，食邑於薛。」

樾謹按：桓元年《春秋公羊傳》曰：「許田者何？魯朝宿之邑也。此魯朝宿之邑也，則曷爲謂之許田？諱取周田也。曷爲謂之許田？繫之許也。曷爲繫之許？近許也。」然則以其近許而繫之許，《春秋》之特筆。魯朝宿邑初不名許，鄭以説此經，未達《春秋》之義矣。《國語‧齊語》「桓公曰：『吾欲南伐，何主？』管子曰：『以魯爲主，反其侵地棠、潛』」，《管子‧小匡》篇作「常潛」，是棠與常通。此經所謂常者，即棠也，所謂許者，其潛之異名乎？詩人以此二邑新自齊來歸，故喜而見之歌詠也。隱五年「公矢魚于棠」，杜預注曰：「今高平方與縣北有武唐亭，魯侯觀魚臺。」隱二年「公會戎于潛」，杜注曰：「陳留濟陽縣東南有戎城。潛，魯地。」按：今濟甯州魚臺縣即其地也。毛傳以常爲魯南鄙，許爲魯西鄙，自塙有所見矣。以今地里考之，魚臺縣在魯南，曹縣在魯西。今曹州府之曹縣即古戎城也，潛地當必與戎相近。

於赫湯孫。《那》《商頌》

傳曰：「於赫湯孫，盛矣湯爲人子孫也。」箋云：「湯孫，呼太甲也。」

樾謹按：箋必易傳者，以此詩本祀成湯，而詩中反言湯之爲人子孫，於義未安耳。不知《那》祀成湯而稱成湯爲湯孫，猶《玄鳥》祀高宗而稱高宗爲武丁孫子，疑商時自有此稱。蓋自商以後世言之則祖也、宗也，自先世言之則孫也。人本乎祖，死則祔於祖，故從其所祔者而稱之曰孫矣。且頌之體必美其所祭者，如「於皇武王」、「允文文王」之類是也。此云「於赫湯孫」，義亦如是。若從鄭義以爲太甲，則豈有不美其所祭者，而反盛稱主祭者之美乎？後人舍毛而從鄭，失之甚矣。

至于湯齊。《長發》

傳曰：「至湯與天心齊。」箋云：「至湯而當天心。」

樾謹按：傳義甚爲不詞，箋亦苟同之耳。鄭君注《禮記‧孔子閒居》篇曰「《詩》讀『湯齊』爲『湯躋』」，蓋三家之説，然亦未安。「齊」當讀爲「濟」。《爾雅‧釋言》曰：「濟，成也。」「至于湯濟」，言至于湯而成，故謂之成湯也。《風俗通‧山澤》篇曰「濟者，齊也」❶是齊與濟義本通耳。

傳曰：「旆，旗也。」

武王載旆。

❶「俗」，原作「澤」，今據清經解續編本改。

樴謹按：《說文・土部》「坺」下引作「武王載坺」，徐鍇《繫傳》曰「今《詩》作『伐』字」，是徐氏所見尚有作「伐」之本，疑作「伐」者是也。「坺」與「旆」並叚借字。「坺」之爲「伐」，猶「旆」之爲「茷」也。載者，始也。《書》言「湯始征」，《詩》言「武王載伐」，其義一也。《荀子》作「發」，引猶「旆」之爲「茷」也。「坺」之爲「伐」，猶「旆」之爲「茷」也。作「武王載發」，《噫嘻》篇「駿發爾私」，箋云「發，伐也」，是發、伐聲近義通。《荀子》作「發」，益知其當爲「伐」矣。

哀荊之旅。《殷武》

傳曰：「哀，聚也。」箋云：「克其軍率，而俘虜其士眾。」正義曰：「戰勝必當俘虜，言聚荊之旅，故知俘虜其士眾也。」

樴謹按：傳文「聚」字當讀爲「取」。《易・謙・象傳》「君子以裒多益寡」《集解》引虞翻注曰「哀，取也」，故箋申之曰俘虜其士卒也。古取、聚通用。《易・萃・象傳》「聚以正也」，《釋文》曰「聚，荀作取」；❶《漢書・五行志》「內取茲謂禽」，師古曰「取，讀如《禮記》聚麀之聚」，❷竝其證也。正義未能申明傳義，乃曰

❶「聚」，原漫漶不清，今據清經解續編本補。
❷「禮記」，原漫漶不清，今據清經解續編本補。

「聚荆國之人衆，❶俘虜而以歸」，則近於牽合矣。

曰商是常。

箋云：「成湯之時，乃氏羌遠夷之國來獻來見曰：商王是吾常君也。」

樾謹按：如箋義，不詞甚矣。「常」當作「尚」，古「常」、「尚」通用。《史記·衛綰傳》「劍尚盛未嘗服也」，《漢書》「尚」作「常」；《漢書·賈誼傳》「尚憚以危爲安，以亂爲治」，《賈子·宗首》篇「尚」作「常」，竝其證也。「曰」與「聿」同。《角弓》篇「見晛曰消」，《抑》篇「曰喪厥國」，《釋文》引《韓詩》竝作「聿」。「聿中龢爲庶幾兮」，曹大家注曰：「聿，惟也。」然則「曰商是尚」者，惟商是助也。《魯頌·閟宮》篇「保彼東方，魯邦是常」，「常」亦當作「尚」，言東方諸小國，無不惟魯邦是尚也。

傳曰：「旅，陳也。」箋云：「以爲桷與櫬。」

樾謹按：傳、箋之義均非也。「旅」當讀爲「梠」。《說文·木部》：「梠，楣也。」楣與櫬相接，故與梠竝言。「松桷有梃，❷梠櫬有閑」，桷言松而梠櫬不言其木者，蓋即蒙松字爲文。桷也、梠也、櫬也，皆以松爲

旅櫬有閑。

❶「聚荆」，原闕文，今據清經解續編本補。
❷「梃」，原作「虔」，今據《毛詩正義》改。

之也。《文選·馬汧督誄》「柹栢梱之松」,栢梱並言松,即本此詩。蓋三家之說矣。旅與栢聲同,故得通用。《皇矣》篇「以按徂旅」,《孟子·梁惠王》篇作「以遏徂莒」,旅之爲栢,猶旅之爲莒也。《釋名·釋宮室》曰「梠,旅也」,是梠、旅聲近義通矣。

群經平議卷十二

德清俞樾

周官 一

體國經野。《天官·序官》

鄭注曰：「體，猶分也。」賈公彥疏曰：「言體猶分者，謂若人之手足分爲四體，得爲分也。」

樾謹按：體之訓分，其義迂迴，殆非也。「體」當讀爲「履」，《詩·氓》篇「爾卜爾筮，體無咎言」，《釋文》曰「體，《韓詩》作履」，是其例也。蓋履與體聲近義通，《易·坤》初六「履霜堅冰至」，《釋文》曰「鄭讀履爲禮」，禮、體立從豊聲，「體」之通作「履」，猶「履」之通作「禮」也。履國經野，謂履行其國，經畫其野也。宣十五年《公羊傳》曰「稅畝者何？履畝而稅也」，與此履字義同。

設官分職，以爲民極。

注曰：「極，中也，令天下之人各得其中，不失其所。」

樾謹按：極猶埶也，文六年《左傳》曰「陳之埶極」，杜注曰：「埶，準也。極，中也。」其實埶極一也。《國語·魯語》曰「貪無埶也」，《晉語》曰「貪欲無埶」，韋注並曰「埶，極也」，是極與埶同義。埶訓準，極亦可訓

準。《詩・殷武》篇「商邑翼翼，四方之極」，《後漢書・樊準傳》引作「四方是則」，李賢注曰「《韓詩》之文也」，可知極有準則之義。若從鄭箋訓極爲中，則《韓詩》何以作則乎？此言「設官分職，以爲民之準則也」，猶言以爲民之準則也。鄭訓爲中，雖本雅訓，然于文義轉迂矣。疏引《洪範》「皇極」以證之，不知《書》言「皇極」，猶《詩》言「帝則」也，說詳《尚書》。

八曰誅，以馭其過。《太宰》

注曰：「誅，責讓也。《曲禮》曰『齒路馬有誅』。」疏曰：「『八曰誅以馭其過』者，臣有過失，非故爲之者。誅，責也，則以言語責讓之，故云『以馭其過』也。」

樾謹按：注、疏所說，均非經意也。此文自一曰爵，二曰祿之外，三曰予與六曰奪對，四曰置與七曰廢對，五曰生與八曰誅對。誅謂誅殺之，非徒責讓之也。《春官・内史》亦言此八柄之事，「一曰爵，二曰祿，三曰廢，四曰置，五曰生，六曰奪，七曰予，八曰誅」。其事皆同，惟變誅言殺，然則此誅謂誅殺之明矣。鄭君必以責讓釋之者，因誅以馭其過，疑過失但當責讓，不當誅殺耳，不知此過字當讀爲禍。《漢書・公孫弘傳》「諸常與弘有隙，雖陽與善，後竟報其過」，《史記》「過」作「禍」，是其證也。「八曰誅以馭其禍」與「五曰生以馭其福」，禍福正相對成義，因叚過爲禍，鄭君遂失其解。賈公彥見《内史》八柄變誅言殺，不知其文異義同而曲爲之說，胥失之矣。

一曰牧，以地得民。二曰長，以貴得民。

注曰：「牧，州長也，九州各有封域以居民也。長，諸侯也，一邦之貴民所仰也。」

樾謹按：此言「以九兩繫邦國之民」，自牧長以下，蓋皆親民之人，故得與民相聯綴。若州長爲一州之長，諸侯爲一國之君，則相去太闊絕矣。鄭注殆非也。今按：牧之名，通乎上下。下文「乃施典于邦國，而建其牧」，「乃施則于都鄙，而建其長」，鄭解牧字亦曰「州長」，而解長字則曰「公卿大夫王子弟食采邑者」。然則又《大司寇職》曰「凡遠近惸獨老幼之欲有復於上，而其長弗達者」，注曰：「長謂諸侯，若鄉遂大夫。」長之名無一定，牧之名宜亦無一定矣。《國語·齊語》曰「正之政聽屬，牧政聽縣」，韋注曰：「牧，五屬大夫也。」管子治齊，多本周制之遺。疑此經所謂牧者，即彼牧也，此經所謂長者，即彼正也。韋彼注曰「正，長也」，是其義也。《周語》：「天子大采朝日，與三公九卿，祖識地德，日中考政，與百官之政事。師尹維旅牧相，宣序民事。」所謂牧者，疑亦五屬大夫之類。《禮記·曲禮》篇曰「九州之長入天子之國曰牧」，蓋以王朝大夫本有牧名，故從其稱以自貶損耳。相沿旣久，遂爲九州之長之定名，而忘其本義矣。

三曰師，以賢得民。四曰儒，以道得民。

注曰：「師，諸侯師氏，有德行以教民。儒，諸侯保氏，有六藝以教民者。」疏曰：「云『師，諸侯師氏』者，以經云『以賢得民』，是諸侯師氏也。云『儒，諸侯保氏有六藝』者，以經云『以道得民』。

樾謹按：《保氏職》云掌教國子以道，教之六藝，故知諸侯保氏不可同天子之官，故變保言儒，儒亦有道德之稱也。」且《國語·晉語》曰「失趙氏之典刑而去其師保」，又曰「擇師保以相子」，是大夫之家尚有師保，安見諸侯之國有師氏而無保氏乎？蓋鄭君以諸侯師保爲說，本不可通，賈疏又曲爲之說，皆非經旨也。今按：師者，其人有賢德者也。儒者，其人有伎術者

也。《說文·人部》『儒，柔也，術士之稱』，是古謂術士爲儒。凡有一術可稱，皆名之曰儒，故有君子儒、小人儒之別。此經所謂儒者，止是術士耳，以道得民者，道亦術也。《國語》曰「過五日道將不行」，韋注曰：「道，術也。」「儒以道得民」，謂以道術得民也。說此經者，習於後世之言，視儒與道皆甚尊，於是始失其解矣。

六曰主，以利得民。

注曰：「鄭司農云：主謂公卿大夫。」疏曰：「主謂大夫。」

樾謹按：主之本義爲鐙中火主，經典主字則皆「丶」之叚字。《說文·丶部》：「丶，有所絕止，丶而識之也。」凡物有所絕止謂之丶，人有所絕止亦謂之丶。經典皆叚主爲之，而今俗字又從人作住，如《孟子》所云「主顏讎由」、「主司城貞子」猶俗云住於某所耳。因而有主客之稱，又因而有臣主之稱。《晉語》載欒氏之臣辛俞曰「三世仕家，君之；再世以下，主之」。蓋再世以下恩義尚殺，君臣之分未定，故仍從所止之稱而曰主也。相沿旣久，而大夫稱主遂成定名。先鄭卽以說此經主字，恐非周公制禮時之本意也。今按：「六曰主」與下文「八曰友」義蓋相近。《大戴記·曾子制言》篇曰：「曾子門弟子或將之晉，曰：『吾無知焉。』曾子曰：『何必然矣？有知焉謂之友，無知焉謂之主。』」然則主也，友也，皆人因所依者也。主卽主顏讎由、主司城貞子之主，利之言賴也，「主以利得民」，謂爲人所利賴也。「友以任得民」，謂爲人所信任也。此皆所以繫邦國之民也。自周之衰，而《黃鳥》之詩作焉，曰「此邦之人，莫我肯穀」，則以利得民、以任得民者，皆無有矣。於是名生於不足，而任俠之流遂得藉以收鄉曲之譽，朱家、郭

解之徒由此起也。若周公之制行，則安有此乎！先鄭誤解主字，既非經意，而後鄭說友字，止以同井合耦鋤作爲言，狹矣。《調人職》曰：「君之讎眡父，師長之讎眡兄弟，主友之讎眡從父兄弟。」彼所謂師長，即此「二曰長」，「三曰師」也。所謂主友，即此「六曰主」，「八曰友」也。鄭彼注曰「主大夫君也」，亦失之矣。

六曰以敘聽其情。《小宰》

注曰：「情，爭訟之辭。」

樾謹按：《大司寇職》曰「凡卿大夫之獄訟，以邦瀘斷之」，然則聽訟自是司寇之事。此經言「小宰以官府之六敘」，「正群吏」，則所謂「聽其情」者，非謂爭訟也。情當讀爲請，古字通用。《荀子·成相篇》「聽之經，明其請」，楊注曰「請當爲情」，是其例也。「以敘聽其請」者，謂群吏有所陳請，則小宰以敘聽之也。

喪荒，受其含襚幣玉之事。

注曰：「凶荒有幣玉者，賓客所賵委之禮。」疏曰：「案《小行人》云『若國凶荒，則令賵委之』，彼謂王家賵委諸侯法，此謂諸侯賵委王家法也。」

樾謹按：諸侯賵委當用財粟，不當用幣玉。荒政當索鬼神，諸侯各以幣玉助王禱祀，故小宰受之也。此幣玉乃事神所用，《肆師職》曰「立大祀，用玉帛牲牷。立次祀，用牲幣」是也。昭二十六年《左傳》曰：「至于夷王，王愆于厥身，諸侯莫不立走其望，以祈王身。」以此推之，則水旱之災以幣玉助王禱祀，宜亦事之所有矣。

諸臣之復，萬民之逆。《宰夫》

注曰：「鄭司農云：復，請也。逆，迎受王命者。玄謂：復之言報也，反也，反報於王而上曰逆，逆謂上書。」

樾謹按：《夏官·太僕》「掌諸侯之復逆」，《小臣》「掌三公及孤卿之復逆」，皆以復逆連文。《御僕》云「群吏之逆」，「庶民之復」，此云「諸臣之復，萬民之逆」，蓋互言之，非謂諸臣有復而無逆，萬民有逆而無復也。既奉命而反報于上謂之復命，未得命而迎受于上謂之逆命。昭二十五年《左傳》「有司逆命」，杜注曰「欲迎受殺生之命」是也。此經復字當從後鄭之義，逆字當從先鄭之義，後鄭失之。

春行羔豚膳膏香，夏行腒鱐膳膏臊，秋行犢麛膳膏腥，冬行鱻羽膳膏膻。《庖人》

注曰：「鄭司農云：膏香，牛脂也。膏臊，豕膏也。杜子春云：膏臊，犬膏。膏腥，豕膏也。膏膻，羊脂也。玄謂：膏腥，雞膏也。」

樾謹按：膏香為牛脂，先鄭之說已得之矣，其餘三者均當以杜子春說為定。《內饔職》云：「辨腥臊膻香之不可食者：羊泠毛而毳，羶。犬赤股而躁，臊。豕盲視而交睫，腥。」然則臊以犬言，腥以豕言，膻以羊言，在本經具有明證。先鄭以膏臊為豕膏，則與《內饔職》不合。後鄭以膏腥為雞膏，附會土木金火為義，更不足據矣。

鳥麃色而沙鳴，貍。《內饔》

注曰：「臕，失色不澤美也。」

樾謹按：《說文》無「臕」字。《釋文》出「犥」字，曰「本又作臕」，是陸氏所據本作「犥」也。《說文·牛部》：「犥，牛黃白色。」所謂牛黃白色者，謂黃牛發白色也。《馬部》：「驃，黃馬發白色。」是其例也。《說文·火部》：「㶕，火飛也。」驃從票聲，犥從麃聲，而麃即從票省聲，故其義相通。發白色者，於黃色之中有白斑點也。《說文·火部》：「㶕，火飛也。」火飛則烈燄四射，若流星然，凡有白斑點者其狀相似，故以馬言之則從馬作驃，以牛言之則從牛作犥也。此經言鳥而古無從鳥從票之字，因即以「犥」爲之。鳥犥色者，謂鳥毛羽有白斑點也。傳寫者以其事屬鳥，不得從牛，乃改從白。《玉篇·白部》遂收「臕」字，而解爲白色，既非古字，亦非古義矣。

聚毒藥以共醫事。《醫師》

注曰：「毒藥，藥之辛苦者。藥之物恒多毒。」疏曰：「藥中有毒者，謂巴豆、狼牙之類是也。藥中有無毒者，謂人參、芎藭之類是也。藥之無毒亦聚之，直言聚毒藥者，以毒爲主。」

樾謹按：毒與藥當分爲二。《疾醫職》云「以五味、五穀、五藥養其病」，注曰「五藥，草木蟲石穀也」，此即醫師所聚之藥也。《瘍醫職》云「凡療瘍，以五毒攻之，以五氣養之，以五藥療之，以五味節之」，鄭解「五毒」句曰：「今醫方有五毒之藥，作之合黃堥，置石膽、丹砂、雄黃、礜石、慈石其中，燒之三日三夜，其煙上著，以雞羽掃取之。」此雖鄭君據當時所有爲說，未知古時五毒是此與否。然經文既言「以五毒攻之」，則毒與藥明分爲二矣。「聚毒藥以共醫事」者，毒謂五毒，藥謂五藥也。疾醫之事，止需五藥；瘍醫之事，兼需五毒，故曰「聚毒藥以共醫事」。鄭君誤合毒藥而一之，疏因謂以毒爲主。夫醫之言「以五藥療之」，則毒與藥明分爲二矣。

用藥，自當用其品之正、性之良者，何得以毒爲主乎？醫師又何以專聚有毒之藥乎？此皆說之不可通者。至瘍醫之職，五毒、五藥明分爲二，鄭君亦未言五藥卽五毒，疏家強合之，非經意，且非注意。

一曰事酒。《酒正》

注曰：「鄭司農云：事酒有事而飲也。玄謂：事酒，酌有事者之酒，其酒則今之醳酒也。」

樾謹按：先後鄭說事酒，均未得其旨。事酒者，謂臨事而釀者也。三酒以新舊爲次，疏謂昔酒久釀乃孰，清酒更久於昔，然則事酒最在前，其爲新酒可知矣。《釋名·釋飲食》曰：「事酒，有事而釀之酒也。」此說得之。

爲其井匽。《宮人》

注曰：「井漏，井所以受水潦。鄭司農云：匽，路厠也。玄謂：匽豬，謂雷下之地受畜水而流之者。」

樾謹按：「井匽」當作「屏匽」。《戰國策·燕策》曰「宋王鑄諸侯之象，使侍屏匽」，是其證也。屏匽者，屏厠也。《莊子·庚桑楚》篇「觀室者周於寢廟，又適其偃焉」，司馬彪注曰：「偃，屏厠也。」蓋古之爲溷厠，必有屏以蔽之，亦取法于天象。《開元占經》引甘氏云「天溷七星在外屏南」，注曰：「天溷，厠也。外屏，所以障天溷也。」司農釋匽爲路厠，已得其義，不釋井字者，疑其所據本正作「屏」，屏字之義易曉，故不釋也。後鄭作注時，「屏」誤作「井」，因從而爲之說，反疑先鄭匽義之非，失之矣。

四郊之賦，以待稍秣。《大府》

注曰：「稍秣，卽芻秣也。謂之稍，稍用之物也。」

樾謹按：秾字從禾從末，義即存乎聲，謂禾末也。稍、秾連文，義蓋相近，稍亦禾末之為木末。從肖與從小同。今木末之杪每段「稍」為之，蓋亦聲近而義通。禾末謂之稍，木末謂之杪，猶馬鞭頭之鞘，旌旗斿謂之旞也。《晉書音義》曰「鞘，馬鞭頭也」，《文選·甘泉賦》注引《埤蒼》曰「旞，旌旗旒也」，並其證也。稍秾皆牛馬所食之草，取其細輭於餧飤尤宜耳，鄭君所說未得其旨。《說文》有「餘」無「秾」，而「稍」字說解曰「出物有漸」恐非古字古義。

共王之服玉、佩玉、珠玉。《玉府》

注曰：「佩玉者，王之所帶者。《玉藻》曰：『君子於玉比德焉，天子佩白玉而玄組綬。』《詩》傳曰佩玉上有蔥衡，下有雙璜、衝牙蠙珠以納其間。」

樾謹按：以珠為蠙珠，則珠玉為二物，與上服玉佩玉，則共珠槃、玉敦」，注曰「故書珠為夷」，疑此經兩「珠」字古皆作「夷」。先鄭所據本尚作「夷槃」，至「夷玉」之「夷」久變作「珠」，故書亦無作「夷」者，故學者不得其義，實即《尚書·顧命》之夷玉也。夷之義為陳，《禮記·喪大記》釋文曰：「夷，陳也。」夷玉者，陳設之玉，故與服玉、佩玉為類。《尚書釋文》引馬注曰「夷玉，東夷之美玉」，正義引鄭注曰「東北之珣玗琪」，或皆望文生訓，非墙詁歟。

王齊則共食玉。

注曰：「玉是陽精之純者，食之以禦水氣。鄭司農云：王齊當食玉屑。」

樾謹按：食玉乃神仙迂怪之說，非周公制禮所有也。「食」當讀為「飾」，《周易·豐·象傳》「月盈則食」，

《釋文》曰：「食，或作蝕。」食之通作飾，猶食之通作蝕也。《封人職》曰「飾其牛牲」，注曰：「飾，謂刷治絜清之也。」然則飾玉之義，蓋亦猶是。以其爲王齊所用，故特刷治絜清之，因謂之飾玉，其實亦服玉、佩玉之類耳。

凡祭祀、賓客、喪紀、會同、軍旅，共其財用之幣齋，賜予之財用。《外府》

樾謹按：「財用之幣齋」❶當作「齋幣之財用」與「賜予之財用」一律。疏曰：「云齋幣之財用，謂王使公卿已下聘問諸侯之行道所用，則曰齋幣。云賜予之財用者，謂王於群臣有所恩好，賜予之也。」是賈氏所據本正作「齋幣之財用」。

掌書版圖之法。《內宰》

注曰：「版，謂宮中閭寺之屬及其子弟錄籍也。圖，王及后世子之宮中吏官府之形象也。」

樾謹按：鄭解「圖」字非也。人之形象，豈可勝圖。宮中之吏歲有更易，必使畫工執筆而圖之，亦太煩擾矣。《小宰職》曰「聽閭里以版圖」，注曰：「圖，地圖也。」《司會職》曰「凡在書契版圖者之貳」，注曰：「圖，土地形象，田地廣狹。」是經言版圖者，其圖皆謂地圖，非謂人之形象也。下文曰：「均其稍食，分其人民以居之。」均者，據版以均之者，閭寺之屬之錄籍，所謂圖者，王宮之圖也。內宰治王內之政令，則所謂版也，人之多寡在版也；分者，據圖以分之也，地之廣狹在圖也。

❶ 「幣齋」，原作「齋幣」，今據阮刻《周禮注疏》乙正。

以婦職之灋教九御,使各有屬,以作二事。正其服,禁其奇衺,展其功緒。

注曰:「故書二爲三,杜子春云當爲二。二事,謂絲枲之事。」

樾謹按:絲枲之事但謂之二事,於文不明,殆非也。「二事」當從故書作「三事」。三事即在下文,正其服一也,禁其奇衺二也,展其功緒三也。以作三事者,以治三事也。《草人職》注曰:「作,猶治也。」

設其次,置其敘,正其肆。

注曰:「次,司次也。敘,介次也。」疏曰:「按《司市》注『次謂吏所治舍思次,介次也,若今市亭然。敘,肆行列也。』與此注不同者,鄭望文解之。彼經無肆文,故以敘爲行列,并思次、介次共爲一所解之。此文自有肆文,故分思次、介次別釋也。」

樾謹按:《司市職》云「以次敘分地而經市,以陳肆辨物而平市」,則彼經亦有肆文也。鄭以敘爲肆之行列,與下句「肆」字自不相妨。蓋敘者,統諸肆而言之也,肆者,就一肆而言之也。乃於此經分次爲司次,敘爲介次,義殊未安。《司市職》云:「上旌于思次以令市,市師涖焉,而聽大治大訟。胥師、賈師涖于介次,而聽小治小訟。凡萬民之期于市者,辟布者,量度者,刑戮者,各於其地之敘。」以敘與介次別言之,可知此注之非矣。

閽人掌守王宮之中門之禁。《閽人》❶

❶ 「閽人」,原無,今據上下文例補。

注曰:「中門,於外內爲中,若今宮闕門。鄭司農云:王有五門,外曰皋門,二曰雉門,三曰庫門,四曰應門,五曰路門。路門,一曰畢門。玄謂雉門,三門也。」

樾謹按:如注義,則閽人所守,止是雉門耳。《序官》乃曰「閽人,王宮每門四人」,然則注義非矣。蓋此閽人列于內小臣、寺人之閒,而經文又特言「守王宮中門之禁」。下文曰「喪服凶器不入宮,奇服怪民不入宮」,皆以宮而言,是閽人所守者,王之宮門也。中門猶言內門。《詩·牆有茨》篇毛傳曰:「中冓,內冓也。」《戰國策·秦策》又有「母在中」,高注曰「中猶內也」,是古謂中門,正以別於外之五門,而後儒反以五門之中門解之,失其旨矣。《爾雅·釋宮》曰:「宮中之門謂之闈,其小者謂之閨,小閨謂之閤,衖門謂之閎。」是宮門非一,故曰「每門四人」,又曰「囿游亦如之」。若是雉門,則囿游安得與之同乎!

舞師,❶下士二人,胥四人,舞徒四十人。《地官·序官》

注曰:「舞徒,給繇役能舞者以爲之。」

樾謹按:徒給繇役,不得即以舞者爲之,疑舞下有闕文,當云「舞者若干人,徒四十人」。《春官·序官·韎師》曰「舞者十有六人,徒四十人」,《旄人》曰「舞者衆寡無數」,又曰「徒二十人」,皆其例也。傳寫奪誤,遂以「舞徒」連文,注家即從而爲之說,殆失之矣。

❶「師」,原作「人」,今據阮刻《周禮注疏》改。

司禄。

注曰：「主班禄。」

樾謹按：司禄與司民皆星名也。《天府職》曰：「若祭天之司民司禄，而獻民數穀數，則受而藏之。」《周官》有司禄司民，皆以星爲名。《秋官•司民職》曰：「掌登萬民之數，自生齒以上，皆書於版。」又曰：「及孟冬祀司民之日，獻民數于王。王拜受之，登于天府。」然則司禄之職，當與彼同。《爾雅•釋言》曰「穀，禄也」，鄭注《天府》「司禄」亦曰「禄之言穀也」，是禄與穀古通稱。禄謂之穀，穀亦謂之禄。此司禄乃主穀數者，祀司禄之日而獻穀數，亦即此官獻之。鄭君謂「主班禄」，未得其實。趙岐注《孟子》，即以司禄職闕爲諸侯去籍之證，尤爲附會。

其植物宜皁物。《大司徒》

注曰：「鄭司農云：皁物，柞栗之屬，今世閒謂柞實爲皁斗。」疏曰：「柞實之皮得染皁，故引今世猶謂柞實爲皁斗爲證。其栗雖不得染皁，其皮亦皁斗之類，故與柞同爲皁物也。」樾謹按：皁者「草」之俗字。《説文•艸部》：「草斗，櫟實也。」櫟與柞異名而同物，《詩•緜》篇「柞棫拔矣」，鄭箋曰：「柞，櫟也。」字亦作「樅」。《水經•河水》篇注曰「吳、越之閒名柞爲櫪」是也。亦或連言之曰「柞櫟」，《詩•山有苞櫟》篇陸疏曰：「秦人謂柞櫟爲櫟。」此經司農之注，❶疑本作「柞櫟之屬」，故引今世

❶ 「經司」，原闕文，今據清經解續編本補。

猶謂柞實爲皁斗爲證。作「栗」者,聲之誤耳。疏曲爲之説,非是。

二曰以陽禮教讓,則民不争。三曰以陰禮教親,則民不怨。

注曰:「陽禮,謂鄉射飲酒之禮也。陰禮,謂男女之禮。昏姻以時,則男不曠,女不怨。」疏曰:「二曰以陽禮教讓則民不争』者,謂鄉飲酒之禮也。酒入人身,散隨支體,與陽主分散相似,故號鄉射飲酒爲陽禮也。」

樾謹按:賈疏説「陽禮」之義,迂曲甚矣。陽禮與陰禮對文。《内宰》「以陰禮教六宫」,司農曰:「陰禮,婦人之禮。」然則此經言「以陰禮教親」者,亦謂婦人之禮也。《媒氏職》曰:「凡男女之陰訟,聽之于勝國之社。」男女之陰訟謂之陰禮,故男女之禮謂之陽禮,皆主女而言。古人行禮,凡祭祀、賓客、喪紀之禮,婦人皆得與焉。惟鄉射飲酒,純乎男子之事,而婦人不與,故曰陽禮。陰禮爲婦人之陰訟,則陽禮爲男子之禮明矣。古之造字者,婚姻字、嫁娶字,無不從女,即其義也。

八曰以誓教恤,則民不怠。

注曰:「恤,謂災危相憂。民有凶患,憂之,則民不解怠。」

樾謹按:教之相恤,不必以誓,注亦有所疑而闕之也。今按:恤者,慎也。《詩·維天之命》篇「假以溢我」,毛傳曰「溢,慎也」,襄二十七年《左傳》引作「何以恤我」,是恤亦有慎義矣。《尚書·堯典》曰:「欽哉欽哉,惟刑之恤哉。」《多士》篇曰「自成湯至于帝乙,罔不明德恤祀」,其義並爲慎,説見王氏《經義述聞》。此經「以誓教恤」,即以誓教慎也。《士師》之職曰:「以五戒先後刑罰,毋使罪麗于民。一曰誓,用之于軍旅。」其實誓之用,亦不專在軍旅。《條狼氏》注曰「誓者,謂出軍及將祭祀時也」,疏又引

《月令》「田獵，司徒北面以誓之」，是祭祀田獵無不用誓，誓之用廣矣。國有大事，先誓戒之，使知敬慎以役上命，故曰「以誓教恤，則民不怠」。若謂災危相憂，則與不怠之義不相屬矣。

以土圭土其地。

注曰：「土其地，猶言度其地。」疏曰：「按上經『以土圭之法測土深』，測猶度也。」此經云『以土圭土其地』，以土正當測處，故云土其地，猶言度其地也。」

樾謹按：「土其地」之「土」，即讀為「度」。《說文・支部》：「𢿛，閉也，從支度聲，讀若杜。」今書作「杜」者，叚字也。然則「上」之通作「度」，猶「杜」之通作「𢿛」矣。《土方氏職》曰「以土地相宅」，即度地相宅也。賈疏未明叚借之例，故其說迂曲。

土、度聲近，故通用也。《尚書・柴誓》篇「杜乃擭」，《周官・雍氏》注引作「𢿛乃擭」。

令五家為比，使之相保。

注曰：「保，猶任也。故書受為授，杜子春云：當為受，謂民移徙所到則受之，所去則出之。玄謂：受者，宅舍有故，相受寄託也。」

樾謹按：受與保同義。古語或以「受保」連文，《儀禮・士冠禮》字辭曰「永受保之」是也。又或以「保受」連文，《尚書・召誥》篇「保受王威命明德」是也。昭三十一年《左傳》曰「子必來，我受其無咎」，「受其無咎」即保其無咎也。此經言「五家為比，使之相保，五比為間，使之相受」，文異義同，皆謂使之互相任保，不為罪過也。《族師職》曰「使之相保相受，刑罰慶賞，相及相共」，可證保受之同義。先後鄭所說皆非也。

《鄰長職》曰「掌相糾相受」，惟其相保受，故亦相糾察。相糾相受，事相因也。賈疏用後鄭義爲說，非經意矣。

九比之數。《小司徒》

注曰：「鄭司農云：九比，謂九夫爲井。玄謂：九比者，冢宰職出九賦者之人數也。」

樾謹按：先後鄭説九比之義，均有未安。「九比」疑「大比」之誤。蓋小司徒所掌之事，以大比爲重，故首云「小司徒之職，掌建邦之教法，以稽國中，及四郊都鄙之夫家。大比之數，以辨其貴賤老幼廢疾。凡征役之施舍，與其祭祀飲食喪紀之禁令」。其下云「乃頒比法于六鄉之大夫」，又曰「及三年則大比」，正言其事也。乃承上之辭，亦爲發端之語，《尚書·堯典》「乃命羲和」是也。王氏引之謂下文始云「乃頒比灋」，何得於此遽言比？不知此所言者，其綱也；下所言者，皆其目也。九與大形似而誤。《大司樂職》「九聲之舞」，注曰：「九聲，讀當爲大韶，字之誤也。」「大」誤爲「九」，正與此同。王氏謂「九比」乃「人民」二字之誤，然民與比絶不相似，無緣致誤也。

小軍旅，巡役，治其政令。

注曰：「巡役，小田役之事則巡行之。」❶

樾謹按：《大司徒職》云：「大軍旅，大田役，以旗致萬民，而治其徒庶之政令。」故鄭君解「巡役」爲「小田役

❶ 「田」，阮刻《周禮注疏》作「力」。下同。

之事則巡行之」，與彼文相配也。然此文「小軍旅巡役」，自與上文所云「大軍旅帥其衆庶」相配。巡役即以小軍旅言，不得分爲二事。「小軍旅巡役」者，謂小軍旅則巡行其徒役也。《鄉師職》云「大軍旅，會同，正治其徒役」，疏曰「謂六軍之外別有民徒，使役皆出於鄉」，是軍旅亦有徒役之證。

國有大故，則令民各守其閭，以待政令。《鄉大夫》

注曰：「使民皆聚於閭胥所治處。」

樾謹按：「令民各守其閭者」，不使出二十五家之外也。閭之下尚有比，不言各守其比者，比止五家，爲數大少。若使此比之民不得至彼比，太近煩苛，故不言比而言閭。使此閭之民不得至彼閭，所以待政令也。

謂「皆聚於閭胥所治處」，非是。

使之相保相受，刑罰慶賞，相及相共。《族師》

注曰：「相共，猶相救相賙。」

樾謹按：「相受，猶相保也，說見《大司徒職》矣。相共，亦猶相及也。蓋既使之互相保受，故有罪而刑罰，有善而慶賞，亦相及相共也。鄭君誤以相共爲相救相賙，賈疏遂斷「刑罰慶賞相及」爲句，皆非經旨。

教皇舞。《舞師》

注曰：「鄭司農云：皇舞，蒙羽舞。書或爲翠，或爲義。玄謂：皇，析五采羽爲之，亦如帗。」疏曰：「先鄭之意，蓋見《禮記·王制》『有虞氏皇而祭』。皇是冕，爲首服，故以此皇爲鳳皇羽蒙于首，故云蒙羽舞。自古未見蒙羽于首，故後鄭不從之矣。玄謂，皇析五采羽爲之，亦如帗者，鍾氏染鳥羽象翟鳥鳳皇之羽皆五

采。樾謹按：此舞者所執，亦以威儀爲飾，言皇是鳳皇之字，明其羽亦五采，其制亦如帗舞。」樾謹按：「皇」字書或作「義」者，「義」乃「戁」之叚字，戁即鸄鶏也。《說文·鳥部》：「駿戁，鷔也。」「鷔，赤雉也。」古舞者或以雉尾飾冠。《文選·東京賦》曰「冠華秉翟，列舞八佾」，辭綜注曰：「冠華，以鐵作之，上闊下狹，飾以翟雉尾，舞人頭戴。」然則先鄭所謂蒙羽舞者，古有此制。後鄭易之，未爲得也。賈疏因書或作「義」，誤以爲「威儀」字，遂云以威儀爲飾，失之矣。

凡外祭毀事，用尨可也。《牧人》❶

注曰：「故書毀爲甈。杜子春云：甈當爲毀。毀謂副辜侯禳，毀除殃咎之事。」樾謹按：副辜侯禳之事謂之毀事，於義未安，杜讀非也。甈當讀爲禬，甈從臬聲，禬從會聲，二聲相近。《周易·困》九五「劓刖」，劓乃剠之或體，京房作「劊刖」。然則甈之通作禬，猶剠之通作劊也。《女祝職》曰「掌以時招梗禬禳之事」注曰：「除災害曰禬，禬猶刮去也。」此言甈事，即彼言禬禳之事，字有正叚耳。

碩牲則贊。《充人》

注曰：「贊，助也。君牽牲入，將致之，助持之也。」《春秋傳》曰：「故奉牲以告曰，博碩肥特。」樾謹按：「博碩肥特」乃封人歌舞之辭。《封人職》曰「歌舞牲」，注曰：「謂君牽牲入時，隨歌舞之，言其肥香以歆神也。」鄭司農云：封人主歌舞其牲，云博碩肥腯。」然則「碩牲則贊」者，謂封人歌舞云博碩肥

❶ 「牧人」，原無，今據上下文例補。

則充人從而和之也。注謂助君持牛，未得其義。

官田。《載師》

注曰：「鄭司農云：官田者，公家之所耕田。玄謂：官田，庶人在官者，其家所受田也。」

樾謹按：「牛人掌養國之公牛」，「巾車掌公車之政令」，注竝曰：「公猶官也。」然則官田猶公田矣，先鄭之説自不可易。《國語·晉語》曰：「吾觀君夫人也若爲亂，其猶隸農也。雖獲沃田而勤易之，將弗克饗，爲人而已。」所謂隸農者，蓋卽耕官田之農，此亦古有官田之證。

凡宅不毛者有里布，凡田不耕者出屋粟。

注曰：「宅不毛者，罰以一里二十五家之泉。空田者，罰以三家之稅粟。」

樾謹按：如注義，則近於苛政矣，非周公制禮所有也。里布屋粟乃當時之名目。宅不毛者有里布，田不耕者出屋粟，皆責其所應有，徵其所當出，非爲苛政以病之也。屋粟者，以夫三爲屋計之一屋之稅粟矣。孔氏廣森《禮學卮言》云：「里布，直謂治麻所作布。」今知不然者，此里布與《閭師職》之夫布合之，卽《孟子》所謂「夫里之布」。若以里布爲布帛之布，而非泉布之布，則於夫布不可通，卽於夫里之布不可通矣。里布以里計，夫布以夫計。江氏永《群經補義》謂「里布若後世地稅，夫布若後世雇役錢」，斯得之矣。

凡民無職事者，出夫家之征。

注曰：「民雖有閒無職事者，猶出夫稅、家稅也。夫稅者，百畝之稅。家稅者，出士徒車輦給繇役。」

樾謹按：此亦非也。《小司徒職》注曰：「夫家，猶言男女也。」凡經言夫家者，皆言男女。證以《媒氏職》云「司男女之無夫家者而會之」，則夫家之義，自以彼注爲塙。此以爲夫稅、家稅，失之矣。今按：《鄉大夫職》曰：「以歲時登其夫家之衆寡，辨其可任者。國中自七尺以及六十，野自六尺以及六十有五，皆征之」，即此經所謂「夫家之征」也。《閭師職》曰「凡無職者出夫布」，夫布亦即夫家之征。江氏永謂「若後世雇役錢」，斯説得之。「凡民無職事者，出夫家之征」，亦是責以所當出，非爲苛政以病之也。

孝德以知逆惡。《師氏》

疏曰：「以孝德之孝以事父母，則知逆惡不行也。」

樾謹按：逆惡之事，無取乎知之。「知」當讀爲「折」。《荀子·勸學篇》「鍥而舍之，朽木不折」《大戴記·勸學》篇作「朽木不知」，「知」即「折」之叚字也。知與折古音相近。《禮記·中庸》篇「既明且哲」，《釋文》曰：「哲，徐本作知。」「知」之通作「折」，猶「折」之通作「哲」也。《論語·顏淵》篇「片言可以折獄者」，鄭注曰「魯讀折爲制」，是折與制義通也。折猶制也。孝德以折逆惡者，言以孝德折其逆惡之心也。有子曰：「其爲人也，孝弟而好犯上者，鮮矣。不好犯上而好作亂者，未之有也。」是謂孝德以折逆惡。

凡過而殺傷人者，以民成之。《調人》

注曰：「鄭司農云：以民成之，謂立證佐成其罪也。一説以鄉里之民共相解之。」

樾謹按：司農二説均未得「民」字之義。民者對官而言。《史記·孝文紀》「五帝官天下」，《索隱》曰「官猶

公也」，然則民猶私也。「以民成之」，謂以私成之，蓋不歸于士，不歸于圜土，而使其自相和解也。古言民者皆對官而言。師古注《漢書・衛青傳》「民母」曰：「言鄭季正妻，本在編户之間，以別于公主家也。」又注《丙吉傳》「民夫」曰：「謂未爲宫婢時，有舊夫見在俗間者」皆可證明此經民字之義。

媒氏掌萬民之判。《媒氏》❶

注曰：「判，半也。得耦爲合，主合其半，成夫婦也。」

樾謹按：主萬民之判合而但曰主萬民之判，於義未安。《喪服傳》「夫妻判合」，鄭司農云：「主萬民之判合。」此判即判書之判。《朝士職》曰「凡有責者，有判書以治則聽」，注曰「判，半分而合者」，疏曰：「即質劑、傅别、分支、合同，兩家各得其一者也。」媒氏所掌萬民之判，亦與此同，蓋即婚書男女兩家各得其一者也，故先後鄭均不説判妻之義衍文，故先鄭之義相足，本不相違。後鄭因下言嫁子，此言入子者，其文小異，其義亦當有别，故曰「言入子者，容勝姪娣不聘之者」，此即據下文爲説。賈疏所據本已誤衍「判」字，乃謂判妻已是嫁女，後更言入子，明非嫁女。此説大誤，非經意，且非注意也。

下文曰「凡娶妻入子者，皆書之」，此「判」字疑衍文，故先後鄭均不説判妻之義。「凡娶妻入子者」，猶下文言「凡嫁子娶妻」。鄭司農云「入子者，謂嫁女者也」，此即據下文言嫁子，此言入子者，其文小異，其義亦當有别

禁遷葬者。

注曰：「遷葬，謂生時非夫婦，死既葬，遷之，使相從也。」

❶ 「媒氏」，原闕文，今據上下文例補。

樾謹按：禁遷葬與禁嫁殤兩事不同。禁嫁殤者，禁其不當合而合也；禁遷葬者，禁其不當離而離也。合葬之禮始于周公，故《禮記·檀弓》篇曰「周公蓋祔」。然則周初民間沿襲前代之制，其不合葬者多矣。遷葬者，謂夫婦不合葬，而又遷葬于他處也。《國語·晉語》云「成而不遷」，韋注曰：「遷，離散也。」遷葬則離矣。周公初定合葬之禮，故禁民間之遷葬者，而於媒氏特著其文也。如注所説，似非事之所有矣。

以量度成賈而徵價。《司市》

注曰：「徵，召也。價，買也。」

樾謹按：《説文·人部》「價，見也，從人賣聲」，此價字之本義，即今「覵」字，故聶氏音笛。然此經「價」字實當音育，乃「賣」之叚字，《説文·貝部》「賣，衙也，讀若育」是也。《行部》「衙，行且賣也」，是此字之義爲賣不爲買，明矣。僖二十七年《左傳》曰「民易資者不求豐焉，明徵其辭」，即此經「徵」字之義。徵之言明徵也，謂不相欺也。鄭誤以徵召釋之，因并價字之義而失之矣。

此字所訓不定。按下文所云「貴價者」鄭注『貴賣之』。鄭亦望文爲義，故注不同也。」《釋文》曰：「價，劉音育，聶氏音笛。」

注曰：「價，買也。」

樾謹按：價者，「賣」之叚字，訓賣不訓買，説已見前矣。《説文》云「賣讀爲育」，故經傳每以「鬻」爲之。鄭君訓價爲買，誤也。惟價既訓賣，則不得復與賣連文。而此云「掌其賣價之事」，《質人》云凡「賣價者質劑

掌其賣價之事。

注曰：「價，買也。」

焉」，《賈師》云「凡國之賣價，各帥其屬，而嗣掌其月」「賣價」，義似可疑。乃鄭君於《賈師》注云「故書賣爲買」，是知經文本作「買價」。鄭君既訓價爲買，因改「買價」爲「賣價」耳。此乃鄭之失，不可苟從，仍當以故書爲正。《胥師職》曰「察其詐僞飾行價慝者而誅罰之」，鄭司農云「價，賣也。慝，惡也」；後鄭亦以「行賣惡物」解之。《賈師職》曰「凡天患，禁貴價者」，先鄭無注，後鄭釋爲「貴賣」。夫賣之與買，截然異義。豈有價之一字，既可訓買，又可訓賣者乎？且《賈師》一職前云「禁貴價者」，後云「凡國之賣價」，同在一簡之中，乃「貴價」之價則訓爲賣，「賣價」之價則訓爲買，此其違失尤爲顯然。今定「價」爲「賣」之叚字，其音爲育，其義爲賣。凡經言「賣價」者，皆從故書作「買價」，則字義正而經義亦明矣。

襲其不正者。《胥》

注曰：「故書襲爲習。杜子春云：當爲襲，謂掩捕其不正者。」

樾謹按：讀習爲襲是也，以掩襲釋之非也。襲者，入也。《國語・晉語》曰「使晉襲于爾門」，又云「大國道，小國襲焉曰服。小國傲，大國襲焉曰誅」韋昭訓襲爲入，蓋古語然也。「襲其不正者」，即入其不正之物者，謂不正之物沒入之也。《司門職》曰「凡財物犯禁者舉之」，注曰「舉之沒入官」，與此同意。

共丘籠及蜃車之役。《遂師》

注曰：「丘籠之役，竁復土也，其器曰籠。」疏曰：「竁謂穿地，復土謂下棺之後，以壙上土反復而爲丘壟，皆須籠器以盛土也。」

樾謹按：穿地復土之事，雖皆須籠以盛土，然謂之丘籠之役，甚爲不辭。「籠」疑「壠」字之叚借，丘籠即丘

壠也。《禮記·月令》篇曰「營丘壠之大小、高卑、厚薄之數」，此疏亦云「爲丘壠」，是古謂墳冢爲丘壠。遂師共丘壠之役，則窆地復土之事皆包其中矣，因段籠作壟。而鄭君遂以本字讀之，殊失其義。

旅師掌聚野之耡粟、屋粟、閒粟。《旅師》❶

注曰：「耡粟，民相助作，一井之中所出九夫之稅粟也。屋粟，民有田不耕，所罰三夫之稅粟。閒粟，閒民無職事者所出一夫之征粟。」

樾謹按：耡粟者，卽殷人七十而助之助，《孟子》所謂「雖周亦助」者也。《說文·耒部》曰「商人七十而耡」，則古字正作耡矣。屋粟者，卽夫三爲屋，《小司徒職》曰「攷夫屋」，注曰「夫三爲屋，屋三爲井，出地貢者，三三相任」是也。至地力不能無厚薄，大司徒造都鄙，其地有不易、一易、再易之分；而遂人治野，亦有上地、中地、下地之別。是有不耕之田，卽有不徵之粟。如中地田百畮，萊百畮，則閒一歲矣；下地田百畮，萊二百畮，則閒二歲矣，是謂閒粟。閒之言閒厠也，非閒民之閒也。蓋周時取民有此三科，鄭君此注似失其義，至閒粟之閒，并失其讀矣。

以溝蕩水。《稻人》

樾謹按：「蕩」當讀爲「盪」。《說文·皿部》：「盪，滌器也。」《楚辭·惜賢》篇「盪渨湟之姦咎兮」，王逸注

注曰：「杜子春讀蕩爲和蕩，謂以溝行水也。」

❶ 「旅師」，原闕文，今據上下文例補。

以時舍其守。《川衡》

曰：「盪，滌也。」「以溝盪水」，謂盪滌其水，作「蕩」者，叚字耳。《釋名·釋言語》曰：「蕩，盪也，排蕩去穢垢也。」是蕩、盪義通，杜説未得。

樾謹按：如注義，則當云「以時戒其守」，不當云「以時舍其守」，注義非也。舍猶置也。《廣雅·釋詁》：「捨，置也。」舍捨古通用。襄十四年《左傳》曰「秦人竊與鄭盟而舍戍焉」，此經「舍」字與彼同義。「舍戍」即置戍，「以時舍其守」猶以時置其守也。

注曰：「舍其守者，時案視守者，於其舍申戒之。」

凡受羽，十羽爲審，百羽爲搏，十搏爲縛。《羽人》

注曰：「審、搏、縛，羽數束名也。」《爾雅》曰「一羽謂之箴，十羽謂之縛，百羽謂之緷」，其名音相近也。一羽有名，蓋失之矣。

樾謹按：《爾雅》從一羽起數，《周禮》從十羽起數，古書不同，往往有此，不足異也。惟就本經論之，搏、縛竝從專聲，古音相同，乃以爲百羽千羽之異名，殊不可解，疑《周禮》原文本作「十搏爲揮」。鄭公孫揮字子羽，其義即取諸此。「揮」即《爾雅》之「緷」，《爾雅》「緷」從糸，《周禮》竝從手也。後人因《爾雅》「緷」字從糸，因改此經「揮」字作「緷」，而傳寫又誤爲「縛」耳。《釋文》曰「縛，劉古本反」，疑其所據本正作「緷」，故其音如此也。

群經平議卷十三

德清俞樾

周官 二

以檜禮哀圍敗。《大宗伯》

注曰：「同盟者會合財貨以更其所喪。」《春秋》襄三十年冬『會于澶淵，宋災故』是其類。」疏曰：「必知檜是會合財貨，非會諸侯之兵救之者。若會合兵，當在軍禮之中，故知此檜是會合財貨以濟之也。」

樾謹按：《周禮》原文本作「會禮」，故鄭注直以會合財貨釋之。若經文是「檜」字，則爲「檜襘」之「檜」，非「會合」之「會」，鄭君必云檜讀爲會矣。鄭無讀爲會之文，知其所據本正作「會」也。因「會禮」連文，傳寫者涉下「禮」字從示，故亦誤從示耳。《詩·關雎》篇「展轉反側」，「展」字因下「轉」字而誤加車旁，《采薇》篇「玁允之故」，「允」字上「玁」字而誤加犬旁，古書類此者多矣。《大行人》云「致檜以補諸侯之災」，《小行人》云「若國師役則命犒檜之」，其「檜」字並從示，皆沿此文之誤。陸氏《釋文》亦作「檜」，則此字之誤久矣。觀賈疏云云，是其所據本不誤。蓋經文是「會」字，故惟有會合財貨及會諸侯之兵二義。若是「檜」字，則尚有檜襘一義，賈氏何不及之乎？

五命賜則。

注曰：「鄭司農云：則，法也，出爲子男。玄謂：則地未成國之名。王之下大夫，四命出封加一等，五命賜之以方百里二百里之地者，方三百里以上爲成國。王莽時以二十五成爲則，方五十里，合今俗說子男之地。獨劉子駿等識古有此制焉。」

樾謹按：先後鄭說皆本王莽諸公一同，侯伯一國，子男一則之說，然於古實無所據。莽制正因《周禮》此文而竊用之，未必其與古合也。今依《周禮》說之：《太宰職》曰「以八則治都鄙」，鄭君解「都鄙」曰：「公卿大夫之采邑，王子弟所食邑，周召毛聃畢原之屬。」《太史職》亦曰：「掌則以逆都鄙之治。」然則此所賜之則，即太史所掌之則，即并其所治之則而亦與之，故曰「賜則」也。《載師職》曰「以家邑之田任稍地，以小都之田任縣地，以大都之田任畺地」，注曰「家邑，大夫之采地。小都，卿之采地。大都，公之采地，王子弟所食邑也」，是采地有三等。此云「五命賜則」，當以大夫而言，賜則自大夫始也。先鄭訓則爲法，正得其義，但謂出爲子男則失之。後鄭解爲地未成國之名，此莽制，非周制也。

及葬，共其祼器，遂貍之。《鬱人》

樾謹按：遣奠之後貍其祼器，經無明文，疏引《司尊彝》文爲證。鄭彼注曰「奠者，朝夕乃徹也」，疏云：「其奠有此祼器也。此即《司尊彝》云『大喪存奠彝』是也。」

注曰：「遣奠之彝與瓚也，貍之於祖廟階間，明奠終於此。」疏曰：「知葬共祼器據遣奠時者，以葬時不見有設奠之事。祖祭已前奠小，不合有彝器。奠之大者唯有遣奠，故知於始祖廟中。厭明將葬之時，設大遣奠有此祼器也。」

大遣亦朝設，至夕乃徹。」然則所謂貍之者，亦無塙證矣。今按：《𠻳人職》云「凡祼事用概」，注云「祼當爲埋字之誤也」。𠻳人與𠻳人兩職相連，疑此文「祼」字本亦作「貍」，貍器卽謂明器也。明器之屬，有宜出人共之者，則鬱人共之而遂貍之也。上文云「大喪之澗，共其肆器」，注曰：「肆器，陳尸之器。」貍器與肆器文義一律，因涉上文「掌祼器」，遂并下文《𠻳人職》之「貍事」而亦誤爲「祼事」矣。鄭君於「祼事」旣正其誤，而于此文「祼器」未能是正，學者所宜舉一而反三也。

蜼彝。《司尊彝》

注曰：「鄭司農云：蜼讀爲蛇虺之虺，或讀爲公用射隼之隼。玄謂：蜼，禺屬，卬鼻而長尾。」

樾謹按：蛇虺之虺，於義固無所取。至蜼乃獼猴之類，古人亦何取而象之哉？疑此字實當爲「隼」。「翬氏掌攻猛鳥」注曰「猛鳥，鷹隼之屬」，然則虎彝、隼彝皆取其猛。司常掌九旗之物，熊虎爲旗，鳥隼爲旟。彝之有取於虎隼，猶之乎旗旟矣。

季冬，陳玉，以貞來歲之媺惡。《天府》

注曰：「問事之正曰貞。鄭司農云：貞，問也。」

樾謹按：此當從司農説，乃貞字本義也。《説文・卜部》「貞，卜問也，從卜，貝以爲贄。一曰鼎省聲，京房所説」，是「貞」字實無正義。其訓正者，卽讀「貞」爲「正」，乃古文叚字也。鄭君轉疑司農舊説之未安，遂足成其義曰「問事之正曰貞」，失之矣。

纁藉五采五就。《典瑞》

注曰：「就，成也。鄭司農云：五就，五帀也，一帀爲一就。」

樾謹按：此亦當從司農説。「就」讀爲「集」。《詩·小旻》篇「是用不集」，毛傳曰「集，就也」，《韓詩》正作「是用不就」。蓋就與集一聲之轉，故聲近而義通。集之言雜也。《孟子·公孫丑》篇「是集義所生者」，趙注曰：「集，雜也，古謂一匝爲一雜。」《説苑·脩文》篇「如矩之三雜，規之三雜，周則又始，窮則反本也」，三雜即三帀也。雜從集聲，市謂之雜，故亦謂之集。司農讀「就」爲「集」，故以帀訓之。後鄭改訓爲成，失之矣。至《弁師職》云「就，皆五采玉十有二」，注曰「就，成也，繩之每一帀而貫五采玉」，則既訓爲成，又依先鄭爲説，初未得其義也。

大喪既有日，請度甫竁，遂爲之尸。《家人》

注曰：「爲尸者，見《小宗伯》云『卜葬兆甫竁哭之』，又云『既葬，詔相喪祭之禮』，下乃云『成葬而祭墓爲位』。據彼文，則初穿地時無祭墓地之事，葬訖乃有祭墓地，即此遂爲之尸，一也。」

樾謹按：初穿地時無祭墓事，固也。然「遂爲之尸」即承「甫竁」而言，下乃云「及竁」，其文皆有次弟，不得于甫竁之下即言成葬祭墓之事。且下文言「凡祭墓爲尸」，然則成葬祭墓而家人爲尸，何必於此豫言之乎？疑後鄭所説亦未爲得也。今按：《爾雅·釋詁》曰「尸、職，主也」，郭注引《左傳》曰「殺老牛莫之敢尸」，《詩》曰「誰

其尸之」，是凡主其事皆得稱尸。「甫竁遂爲之尸」者，遂爲之主也，言冢人主其事也。先後鄭誤以爲祭祀之尸，故所解皆失其義耳。

大濩。《大司樂》

注曰：「大濩，湯樂也。湯以寬治民，而除其邪言，其德能使天下得其所也。」疏曰：「言濩者卽救護也，救護使天下得其所也。」

樾謹按：《漢書·禮樂志》及《風俗通·聲音》篇竝曰「濩言救民也」，賈疏卽用其義，然實非鄭意也。鄭蓋讀爲「獲」，故以得所爲說，「得」字正釋「獲」字。

以享先妣。

注曰：「先妣，姜嫄也。姜嫄履大人跡感神靈而生后稷，是周之先母也。周立廟自后稷爲始祖，姜嫄無所妃，是以特立廟而祭之，謂之閟宮。閟，神之。」

樾謹按：周人之祀先妣，自來不得其說。竊疑姜嫄乃帝嚳之妾，非其正妃，而實生后稷，爲周人所以其爲周人所自出，故不可以無廟；以其爲帝嚳妾，故不可以配帝嚳，於是別立廟以祀之，禮以義起也。魏文帝納袁熙妻甄氏，實生明帝。明帝卽位，追尊爲文昭皇后，於是三公奏曰：「周人始祖后稷，又特立廟以祀姜嫄。今文昭皇后之於萬嗣，聖德至化，豈有量哉！稽之古制，宜依周禮，先妣別立寢廟。」夫以魏人之尊甄后以姜嫄爲比，則姜嫄爲帝嚳之妾明矣。當時文帝之廟自有文德皇后郭氏爲之配，故別立廟以祀甄后，正周人祀先妣之義也。魏人去古未遠，疑必有所依據矣。

詔來瞽皋舞。《樂師》

注曰：「鄭司農云：瞽當為鼓，皋當為告。呼擊鼓者，又告當舞者持鼓與舞俱來也。玄謂：詔來瞽，詔視瞭扶瞽者來入也。皋之言號，告國子當舞者舞。」

樾謹按：先後鄭之義，皆以詔來瞽皋舞為一事，皋舞者舞。鄭彼注云：「皋，讀為卒嗥呼之嗥。來嗥者，皆謂呼之入。」若然，但云來瞽皋舞，文義已足，不必言令矣，鄭注殆非也。今按：「舞」當讀為「武」，古舞、武通用。《鄉大夫職》「以鄉射之禮五物詢衆庶，五曰興舞」《論語・八佾》篇馬注引作「五曰興武」，即其例也。武乃步武之武。皋者緩也，哀二十一年《左傳》「魯人之皋」，杜注曰：「皋，緩也。」然則皋武者，猶言緩步也。《禮記・曲禮》篇曰「堂上接武」，瞽人升堂作樂，亦宜接武而行，故詔之使舒緩也。舉步舒緩謂之皋，猶發聲舒緩謂之皋。《儀禮・士喪禮》曰「皋某復」，注曰「皋，長聲也」，是其義也。《太祝職》「來瞽令皋舞」，義與此同，殆亦所謂固相師之道者與！凡軍大獻，教愷歌，遂倡之。

注曰：「故書倡為昌。鄭司農云：樂師主倡也。昌當為倡，書亦或為倡」

樾謹按：此當從故書作「昌」，即「唱」之古文也。《說文・口部》：「唱，導也，從口昌聲。」夫「昌」字籀文作「昌」❶，其字本從口，小篆變而從日，即從口之意也。而「唱」字又從口，重複無理，疑古字止作「昌」❶。蓋

❶「昌」，原作「昌」，今據稿本及上下文改。「昌」，其字本從口，小篆變而從日，即從口之意也。

日出而人聲作，故其字從日從口，會意，而其義則爲導也。《廣雅·釋詁》曰「昌，始也」，又曰「昌，盛也」，蓋一聲既作，衆聲從之，故訓始，又訓盛。今經傳「昌盛」字作「昌」，而「昌始」字皆以「倡」爲之。《周禮》故書獨存本字，先鄭反破從「倡」，失之矣。説詳余所著《字義載疑》。

世奠繫。《瞽矇》

注曰：「故書奠或爲帝。杜子春云：帝讀爲定，其字爲奠，書亦或爲奠。世奠繫謂帝繫、諸侯卿大夫世本之屬是也。小史主次序先王之世，昭穆之繫，述其德行。瞽矇主誦詩，并誦世繫，以戒勸人君也。玄謂：世之而定其繫，謂書於世本也。」

樾謹按：《小史職》曰「奠世繫，辨昭穆」鄭司農云：「世繫謂帝繫、世本之屬是也。」小史主定之，瞽矇諷誦之。與《小史職》同。因故書叚「帝」爲「奠」，涉杜注「帝繫」二字，且曰「誦世繫以戒勸人君」，疑經文本當作「奠繫」，與杜注「帝繫」之文誤爲「世帝繫」，又依杜義讀之，遂爲「世奠繫」。而後鄭據以作注，乃曰「世之而定其繫」，於文義甚爲不安矣。《荀子·禮論篇》曰「其銘誄繫世，敬傳其名也」，繫世即世繫也。

教縵樂燕樂之鍾磬。《磬師》

注曰：「杜子春讀縵爲怠慢之慢。玄謂：縵讀爲縵錦之縵，謂雜聲之和樂者也。《學記》曰：『不學操縵，不能安弦。』燕樂，房中之樂，所謂陰聲也。」

樾謹按：慢聲者，大司樂之所禁，何得反教之乎？杜子春所讀誠非矣。至後鄭之説，義亦未安。下文云

「凡祭祀，奏縵樂」，豈祭祀所奏縵樂，專以雜聲爲重乎？「縵」當讀爲「曼而饋」之「曼」。《荀子·正論篇》「曼而饋」，楊倞注曰：「曼當爲萬，饋進食也。」是「曼」者「萬」之叚字。宣八年《公羊傳》曰：「萬者何？干舞也。」何休曰：「干謂楯也，能爲人扞難而不使害人，故聖王貴之，以爲武樂。萬者其篇名。」萬既是篇章之名，故主乎舞而言之謂之萬舞，主乎樂而言之謂之萬樂。萬樂者，干舞之樂，武樂也；燕樂者，房中之樂，文樂也。凡言萬舞者，謂舞縵之常，杜、鄭所讀胥失之矣。《鍾師職》曰「掌鼙鼓縵樂」，《詩·那》篇曰「庸鼓有斁，萬舞有奕」，此即鼓縵樂之證。《爾雅·釋草》「蔥青」，《釋文》曰「蔓音万」，即其例也。《荀子》叚曼爲萬，《周官》叚縵爲萬，立古書叚借之名。磬師主教萬樂、燕樂之鍾磬。

其經運十，其別九十。《太卜》注曰：「運或爲繯，當爲煇，是視祲所掌十煇也。王者於天日也，夜有夢則晝視日旁之氣，以卜其吉凶。凡所占者十煇，每煇九變。此術今亡。」

樾謹按：上文經兆即以三卜言，經卦即以三易言，此文經運宜亦以三夢言。注曰：「運當讀爲煇。」《莊子·天運》篇《釋文》曰「司馬本作天員」，是其證也。古運、員聲近，《說文·見部》：「覞，從見員聲，讀若運。」然則運之通作員，猶覞之讀若運矣。《說文·員部》：「員，物數也。」《漢書·高惠高后功臣表》「坐事國人過員」，師古注曰：「員，數也。」其經員十者，其經數有十也。三夢以員言，猶三卜以兆言，三易以卦言也。鄭注失之。

四日寤夢。《占夢》

注曰：「覺時道之而夢。」疏曰：「以其字爲覺寤之字，故知覺寤時道之睡而夢也。」

樾謹按：上文「三日思夢」，注曰「覺時所思念之而夢」，若依此注，則思夢亦可謂之寤夢矣。鄭君所説殆未得也。今按：寤夢者，寤而夢也，謂不寐而夢也。杜注曰：「忽如夢而相見」。十五年《傳》「寡人之從君而西也，亦晉之妖夢是踐」，注曰：「狐突不寐而與神言，故謂之妖夢。」然則狐突之夢，豈非所謂寤夢乎？

五曰闇。《眠㝱》

注曰：「鄭司農云：闇，日月食也。」

樾謹按：《周禮》所謂闇，即《春秋》所謂晦也。僖十五年己卯晦，成十六年甲午晦，《公羊傳》竝曰「晦者何？冥也」，是其事也。先鄭竟以日月食釋之，未得其旨。

掌六祈以同鬼神示。《大祝》

注曰：「天神人鬼地示不和，則六癘作見，故以祈禮同之。」

樾謹按：鄭解「同」字非也。同猶通也。《説文‧行部》「衕，通街也」，《竹部》：「筒，通簫也。」街之通者謂之衕，簫之通者謂之筒，衕筒竝從同聲，是同有通義也。「以同鬼神示」，猶曰以通鬼神示。下文曰「作六辭以通上下親疏遠近」，彼言通此言同，文異而義不殊也。必曰鬼神示不和，故以祈禮同之，失之迂曲矣。

贊徹，贊奠。《小祝》

注曰:「祭祀奠先徹後,反言之者,明所佐大祝非一。」

樾謹按:古人之文,固有到言之者。《大宗伯職》曰「以肆獻祼享先王」,若以次弟而言,則祼最在先,獻次之,肆又次之也。此經「贊徹,贊奠」,文與彼同。《大祝職》曰「隋釁,逆牲,逆尸」,若以次弟而言,則逆尸最在先,逆牲次之,隋釁又次之也。古人自有此例,無義理也。鄭必曲為之說,於《大宗伯職》則曰「逆言之者,與下文明六享俱然」,於《大祝職》則曰「既隋釁後言逆牲,容逆鼎」,於此經則曰「明所佐大祝非一」,皆非經意。此經下文曰「凡事佐大祝」,則所佐非一,自有明文,何必到文以見義。且到言奠徹,又豈足以見義乎?

禂牲禂馬。《甸祝》

注曰:「杜子春云:禂,禱也。為馬禱無疾,為田禱多獲禽牲。玄謂:禂讀如伏誅之誅,今侏大字也。為牲祭求肥充,為馬祭求肥健。」

樾謹按:「禂」字蓋即「禱」之古文,禂從周聲,故亦從壽聲。《玉篇·巾部》「幬」字下更出「帾」字,曰同上。《說文·示部》分禂禱為二,「禱」篆曰「禱牲,馬祭也」,蓋即因此經而誤。又出「驈」篆為「禂」之或體,則孳乳浸多,非古字矣。且其引《詩》「既禡既禂」,今《詩·吉日》篇及《爾雅·釋天》皆作「禱」,足證禂禱之同字。杜子春訓禂為禱,乃以今字釋古字耳。鄭讀如誅者,周聲與朱聲古亦相近。《集韻》引《廣雅》「祩,詛也」,「祩」字疑亦「禂」字之異文。鄭以禂有朱音,故以誅伐之誅擬其音,而以侏大之侏釋其義。然「侏」字不見于《說文》,侏大之訓亦無所據。惠氏士奇

《禮說》引《太玄》「修侏侏」爲證。按:《太玄·童》次七「修侏侏,比於朱儒」,范望注曰:「侏侏,無所知也。朱儒,未成人也。修,長也。七爲無道,雖長大而不學道,侏侏然若未成之人也。」是侏侏爲無知之貌,非長大之貌,惠説失之矣。漢時侏大之義疑即姝字之引申義。《詩·靜女》篇「靜女其姝」,毛傳曰「姝,美色也」,《説文·女部》:「姝,好也。」凡有美好義者皆有大義,美字從大,即其例也。然此經「裯」字必讀如誅,而訓爲大,義實未安,固不如仍從杜説之爲得矣。

國有大裁,則帥巫而造巫恒。《司巫》

注曰:「杜子春云:司巫帥巫官之屬,會聚常處,以待命也。玄謂:恒,久也。巫久者,先巫之故事,造之當按視所施爲。」

樾謹按:杜義固未得,鄭説亦有未盡。巫恒蓋即先巫也,造即類造之造。《大祝》「掌六祈以同鬼神示:一曰類,二曰造」,杜子春曰:「造,祭於祖也。」此云「造巫恒」,蓋用類造之禮祈禱之也。《龜人職》云「祭祀先卜」,注曰:「先卜,始用卜筮者。言祭言祀,尊焉,天地之也。」然則「巫恒」言造者尊之如祖也。鄭以「巫恒」爲先巫之故事,宜不得造字之解矣。

注曰:「杜子春云:道布,新布三尺也。或曰,布者以爲席也。玄謂:道布者,爲神所設巾。中霤禮曰:以功布爲道布,屬于几也。」

樾謹按:杜、鄭之義,均于「道」字無所發明。據或説「布者以爲席」,則「道」字當讀爲「簟」。道與簟雙聲,及道布。

字。《儀禮・士虞禮》記「中月而禫」，注曰：「古文禫或爲導。」《禮記・喪大記》「禫而内無哭者」，注曰：「禫或皆作道。」然則道之通作禫，猶道與導之通作導也。《說文・竹部》：「簟，竹席也。」簟布者，言以布爲席也。以布爲席，故即叚簟席之名，而名之曰簟布矣。或說蓋禮家舊說，因其字叚「道」爲之，其義遂晦，故後鄭不之從耳。又《既夕禮》「商祝執功布」，❶注曰「執之以接神」，然則此「道」字或當爲「導引」之「導」，蓋亦執以接神者與？

苴館

注曰：「杜子春云：苴讀爲俎。俎，藉也。館，神所館止也。書或爲苴館，或爲苴飽。或曰：苴飽，茅裹肉也。玄謂：苴之言藉也，祭食有當藉者。館，所以承苴，謂若今筐也。」

樾謹按：杜、鄭之說，義均未安。「館」字實「飽」字之誤，當從或說作「苴飽」。「苴」者「苞」之叚字，「飽」者「苞」之叚字，苴苞即苞苴也。《禮記・曲禮》篇注曰「苞苴，裹魚肉者也，或以葦，或以茅」，《少儀》篇注曰「苞苴，謂編束萑葦以裹魚肉也」，皆與或說合。苞苴所以饋遺，祭祀之有苞苴，殆所以卑煇胞翟閽者與？

春招弭，以除疾病。《男巫》

注曰：「杜子春讀弭如彌兵之彌。玄謂：弭讀爲敉，字之誤也。敉，安也，安凶禍也。」

樾謹按：經文「弭」字當作「彌」，注文「彌」字當作「弭」。蓋經文作「彌」，而杜子春讀爲「彌兵」之「彌」。《左

---

❶ 「既夕」，原作「士喪」，今據《儀禮注疏》改。

傳》弭兵字作「弭」，不作「彌」也。因經文誤作「弭」，遂改注文作「彌兵」，而義不可通矣。後鄭不從杜讀，而改讀爲「敉」。《小祝職》云「彌裁兵」，注曰「彌讀曰敉。敉，安也」，正與此同。彼經作「彌」，知此經亦作「彌」也。《儀禮・士喪禮》注曰「巫掌招彌，以除疾病」，即用此經之文，可據以訂正。

頒告朔于邦國。《大史》

注曰：「天子頒朔于諸侯，諸侯藏之祖廟，至朔朝于廟，告而受行之。」

樾謹按：「告」字衍文也。注云「天子頒朔于諸侯」，則經文本無「告」字，明矣。注又云「至朔朝于廟，告而受行之」，此乃因天子頒朔而終言之也。頒之者，天子之事；告而受行之者，諸侯之事。若合言之曰「頒告朔于邦國」，文不成義矣。司農讀頒爲班，訓班爲布，而曰「布告天下諸侯」，此乃以「告」字足成「布」之義，非因經文有「告」字而以布告釋之也。《大戴禮・小辨》篇盧辯注引此經作「頒朔于邦國」，可據以訂正。經文「告」字，蓋即涉注文兩「告」字而衍。然注文兩「告」字義實不同，依後鄭，告字之義當以「告朔」連文；依先鄭，告字之義當以「頒告」連文。若使經文本有「告」字，而先後鄭各爲之說，則義既乖異，讀亦不同，後鄭必有破先鄭之語，何得不置一詞乎？

以五雲之物，辨吉凶水旱，降豐荒之祲象。《保章氏》

注曰：「降，下也，知水旱所下之國。」疏曰：「云水旱降豐荒者，水旱降爲荒，凶也；風雨降爲豐，吉也。」

樾謹按：以「水旱降豐荒」五字連讀，甚爲不辭。疏又增出「風雨」字，更非經文所有矣。此當以「辨吉凶

水旱」爲句，「降豐荒之祲象」爲句。蓋既以雲色辨其吉凶水旱，因即下其狀於邦國，使知所備也。下文云「以十有二風察天地之和，命乖別之妖祥」，此云「以五雲之物辨吉凶水旱」，猶彼云「以十有二風察天地之和」也，此云「降豐荒之祲象」，猶彼云「命乖別之妖祥」也，可證舊讀之非矣。

然禩。《巾車》

注曰：「然，果然也。」疏曰：「果然，獸名，是以賈氏亦云：然，獸名也。」

樾謹按：果然似不得但謂之然，且果然之獸不見於他經，于義亦無所取。賈氏但以爲獸名，蓋不詳其何獸也。今按：「然」當讀作「麆」。然與麆聲相近，《史記・貨殖傳》「計然」，《越絕書》作「計硯」，即其例也。《國語・魯語》「獸長麆麌」，韋注曰：「鹿子曰麆。」《論語・鄉黨》篇「素衣麑裘」，《釋文》曰：「麑，鹿子也。」《說文》，鹿子本當作「麛」，而經典每通作「麆」。此作「然」者，又其叚字也。鄭以禩，蓋視鹿淺尤細矣。據《說文》上文藻車乃既練所乘，而用鹿淺毛爲禩，此駹車爲大祥所乘，故用鹿子之皮爲果然釋之，非是。

以檜國之凶荒，民之札喪。凡以神仕者

注曰：「杜子春云：檜，除也。玄謂：此檜讀如潰癰之潰。」

樾謹按：《女祝職》云「掌以時招梗檜禳之事」，鄭彼注曰「檜猶刮去也」，此說甚合檜字之義。《說文・刀部》：「劊，斷也。」「檜」即劊字，以神道言之，故不從刀而從示，猶禳即攘字，以神道言之，故不從手而從示也。鄭於《女祝職》注曰「禳，攘也」，然則檜，劊也。讀檜爲潰，雖亦依聲爲訓，而義轉迂矣。

司爟。《夏官・序官》

注曰：「故書爟爲燋。杜子春云：燋當爲爟，書亦或爲爟。爟爲私火。玄謂：爟讀如予若觀火之觀。今燕俗名湯熱爲觀，則爟火謂熱火與。」

樾謹按：此當從故書作「燋」，杜讀非也。「爟」乃「烜」之正字。《説文・火部》：「烜，取火於日，官名。從火亘聲。」重文「烜」，曰：「或從亘。」蓋亘聲與藿聲相近，故正篆從藿，或體從亘也。疑《秋官》「司烜氏」或作「司爟氏」，學者不知烜、爟之同字，轉因爟與燋字形相似，謂彼司烜之作司爟，乃此司爟之異文，遂改燋爲爟者，而杜子春誤從之耳。司爟自掌行火之政令，與《秋官・司烜氏》掌取明火明水者職本不同。許君所據《周禮・秋官》正作「司爟」，淺人因今本《周禮・夏官》作「司爟」，遂于許書從火藿聲之下增益其文曰「舉火曰爟」，《周禮》曰：『司爟掌行火之政令。』」夫許君明言「取火于日，官名」，乃不引掌取明火者爲證，而反引掌行火政令者爲證，何也？可知其非《説文》之舊矣。

環人。

注曰：「環，猶却也，以勇力却敵。」

樾謹按：鄭意蓋讀「環」爲「還」，故訓爲却。然以勇力却敵而謂之還，義實未安。據其職曰「掌致師，察軍慝，環四方之故」，是環與察同意，蓋取圍環巡察之義，故與候人之職相連。候者，候望；環者，環行也。使之周行四方，若循環然，四方有變，無不知之，是謂環四方之故。鄭注曰「却其以事謀來侵伐者」，夫人止下士六人，史二人，徒十二人耳，安能却之乎？至《秋官・環人》取環守之義，雖其職不同，然其取義

巫馬，下士二人，醫四人。若從鄭注，不可通於彼矣。

注曰：「巫馬，知馬祖、先牧、馬社、馬步之神者。馬疾若有犯焉則知之，是以使與醫同職。」

樾謹按：春祭馬祖，夏祭先牧，秋祭馬社，冬祭馬步，皆校人之事。至巫馬之職，但云「掌養馬疾而乘治之，相醫而藥攻馬疾」，無一字及祭，然則巫馬非巫也。巫猶醫也。《楚辭·天問》篇「化爲黃熊，巫何活焉？」王逸注曰：「言鯀死後化爲黃熊，入於羽淵，豈巫醫所能復生活？」是巫醫古得通稱，蓋醫之先亦巫也。《説文·酉部》曰「古者巫彭初作醫」是也，故《廣雅·釋詁》曰「醫，巫也」。其字亦或從巫，《爾雅·釋地》「醫無閭」，《釋文》曰「李本作毉」是也。巫馬卽馬醫，因其所屬有醫四人，故於其長尊之曰巫耳。其職曰「相醫而藥攻馬疾」，蓋巫醫不自醫，使醫四人治之，而自相助之。猶《天官·醫師》「掌醫之政令，聚毒藥以共醫事。凡邦之有疾病者、疕瘍者造焉，則使醫分而治之」，是亦不自醫也。醫師尊，故言使。巫馬卑，故言相也。

土方氏。

注曰：「土方氏主四方邦國之土地。」

樾謹按：「土」當讀爲「度」，此官主相度四方，故曰度方氏。其職云「以土地相宅」，注曰「土地，猶度地」，是鄭意正以土爲相度之度。乃於此注曰「主四方邦國之土地」，又似以本字讀之者，失之矣。土、度古通用，説見《大司徒》「以土圭土其地」。

撢人。

注曰：「撢人主撢序王意以語天下。」

樾謹按：「撢序」之言未知何解。《釋文》云「撢與探同」，鄭意殆未必然也。據其職云「掌誦王志，道國之政事，以巡天下之邦國而語之」，曰誦、曰道、曰語，皆言說之義，疑「撢」字當讀爲「譚」。《說文·言部》「談，語也」，無「譚」字。蓋古或叚「撢」爲「談」，因又變其字作「譚」耳。《莊子·則陽》篇「夫子何不譚我于王乎？」《釋文》引李注曰：「譚，說也。」《莊子》原文當亦作「撢」，傳寫者因其是談說字，變而從言。此「撢人」之「撢」則以不得其解而轉存其古字也。

暴內陵外，則壇之。《大司馬》

注曰：「壇讀如同坦之坦。《王霸記》曰：置之空壇之地。鄭司農云：壇讀從憚之以威之憚。」

樾謹按：先後鄭說義均未安。《說文·金部》「鏟，伐擊也。」疑「壇」卽「鏟」之叚字，蓋亦攻伐之名，與上文「賊賢害民則伐之」義相近也。

放弒其君，則殘之。

注曰：「殘，殺也。《王霸記》曰：殘滅其爲惡。」

樾謹按：「殘」當讀爲《秋官》「翦氏」之「翦」，鄭彼注曰：「翦，斷滅之言也。」古或以「踐」爲之，《書序》「遂踐奄」，鄭注曰「踐讀爲翦」是也。又或以「殘」爲之，《史記·周本紀》作「殘奄」是也。翦從前聲，與戔聲相近。《詩·甘棠》篇「勿翦勿伐」，《釋文》引《韓詩》作「勿剗勿伐」，是翦字古或作剗，與殘、踐同聲，故得通

用。「成王翦奄」，正用《大司馬》法也。成二年《左傳》曰：「余姑翦滅此而朝食。」《王霸記》所謂「殘滅其爲惡」者，猶云翦滅其爲惡也。依《說文》則字當作「戩」，《戈部》「戩，滅也。《詩》曰『實始戩商』」，今《詩·閟宮》篇作「翦商」。凡言翦滅者，皆「戩」之叚字。作「踐」，作「殘」，又「翦」之叚字矣。

鼓皆馻。

注曰：「疾雷擊鼓曰馻。」《釋文》曰：「馻，本亦作駭。」

樾謹按：《說文》無「馻」字。《大僕職》曰「始崩，戒鼓」，注曰「戒鼓，擊鼓以警衆也。故書戒爲駭」，是其本作「戒」。擊鼓所以警戒其衆，故卽名擊鼓爲戒鼓，故書作「駭」乃叚字也。傳寫者因駭字從馬，遂并戒字而亦從馬，因變其字爲馻矣。是故「戒」者本字，「駭」者叚字，「馻」者俗字也。上文曰「鼓戒三闋」，與此「馻」字同義。

凡宰祭，與鬱人受斝歷而皆飲之。《量人》

注曰：「鄭司農云：斝讀如嫁娶之嫁。斝，器名。玄謂：斝讀如椵尸之椵。」疏曰：「疏已具於《鬱人職》。

但此有歷字者，謂鬱人與量人歷皆飲之也。」

樾謹按：先後鄭均不解「歷」字，賈疏雖有解，然義甚未安。「歷」當讀爲「瀝」。《楚辭·大招》篇曰「吳醴白糵❶，和楚瀝只」，王逸注曰「瀝，清酒也」，《廣雅·釋器》亦曰「瀝酒也」。受斝瀝而皆飲之者，謂王酳尸，

❶ 「糵」，原作「蘗」，今據稿本及《楚辭》改。

射人掌國之三公孤卿大夫之位。《射人》❶

注曰：「位，將射，始入見君之位。」

樾謹按：所謂位者，非必因射入見而後有位也。下文曰「若有國事，則掌其戒令，詔相其事，掌其治達」，豈亦因射而有事乎？蓋此職自「掌其治達」以上，皆不專繫於射，其下云「以射瀍治射儀」乃始言射耳。所謂「三公孤卿大夫之位」凡賓客、喪紀、軍旅皆有之，所包者廣。其使射人掌之者，射之言序也。以六書之例言之，射與謝同聲。《詩·崧高》篇「于邑于謝」《潛夫論·志氏姓》篇引作「于邑于序」，射之通作序，猶謝之通作序，故《孟子·滕文公》篇曰「序者，射也」。射有序義，故使序次公孤卿大夫之位。注家因其官爲射人，乃專以射言之，失之拘矣。此職之末所言，自「會同朝覲，作大夫介」以下，皆與射事無涉，然則職首所言，何必專屬射乎？又曰「大喪，與僕人遷尸，作卿大夫掌事。比其廬不敬者，苟罰之」正與「掌公孤卿大夫之位」其事相同，以射有次序之義，故使比其廬也。

尸賦王，量人與鬱人受其卒爵之酒，而皆飲之也。因叚厯爲瀝，遂失其義耳。

士旁三揖。《司士》

樾謹按：鄭意以西南鄉解旁字，殆非也。《說文·上部》「旁，溥也」，是旁之義爲溥徧。「士旁三揖」者，士

注曰：「群士位東面，王西南鄉而揖之。」

❶「射人」原無，今據上下文例補。

毆方良。《方相氏》

賤不得與大夫同。「大夫以其等旅揖」，士則但以「三揖」，示溥及之意不以其等也。《男巫職》曰「旁招以茅」，此「旁」字義與彼同。

注曰：「方良，罔兩也。」

樾謹按：鄭君泥木石之文，其說轉近迂曲。據《魯語》曰「木石之怪曰夔蝄蜽，水之怪曰龍罔象」，賈注謂「有夔龍之形而無實體」，然則罔兩、罔象，其義一也。《楚辭‧哀命》篇「神罔兩而無舍」，王注曰：「罔兩，無所依據貌也。」《文選‧洞簫賦》「罔象相求」，李注曰：「罔象，虛無罔象然也。」蓋皆疊韻連語，爲怳惚窈冥之義。以其似夔而謂之夔罔兩，以其似龍而謂之龍罔象。罔象與罔兩聲近而義通，罔兩非必專屬木石，罔象非必專屬水也。韋昭注《國語》以蝄蜽爲山精，而宣三年《左傳》杜注則曰「罔兩，水神」，許氏《說文‧虫部》曰「蝄蜽，山川之精物也」，又兼山川而言之，是固無一定之所在矣。此經曰「及墓，入壙，以戈擊四隅，毆方良」，是其所毆者即壙中之罔兩，豈必因木石而有乎？

相醫而藥攻馬疾。《巫馬》

疏曰：「疾則以藥治之。」

樾謹按：如疏義，則當云「以藥攻馬疾」也。藥當讀爲療，《說文‧疒部》：「療，治也，或作療。」古書每以藥爲之，《大雅‧板》篇「不可救藥」，《韓詩外傳》作「不可救療」，毛用叚字，韓用正字也。《申鑒‧俗嫌》篇曰「藥者，療也」，蓋二字聲近而義通。「藥攻馬疾」者，療攻馬疾也。

藥與攻同義,非謂藥物也。

正校人員選。《廋人》

注曰:「正員選者,選擇可備員者平之。」

樾謹按:員選皆數也。《説文・員部》:「員,物數也。」選通作算,《説文・竹部》「算,數也。」「正校人員選」者,正校人之數也。古選、算通用。《詩・柏舟》篇「不可選也」,《後漢書》朱穆《絕交論》作「不可算也」。《論語・子路》篇「何足算也」,《漢書・公孫劉田王楊蔡陳鄭傳贊》作「何足選也」,竝其證也。鄭以本字讀之,而訓為選擇,失之矣。

其浸潁湛。《職方氏》

注曰:「湛或為淮。」

樾謹按:湛與淮形聲皆不相近,無由通借,「淮」乃「溠」字之誤,即古文「湛」字。《説文・水部》:「湛,從水甚聲。」又出重文「溠」,曰古文。疑《周禮》故書本作「潁溠」,許君所載古文即本之《周禮》,傳寫誤作「淮」耳。

辨其丘陵墳衍邍隰之名物、之可以封邑者。《邍師》

注曰:「物之謂相其土宜可以居民立邑。」

樾謹按:鄭君於「名」字斷句,非也。王氏引之從王安石説,以名物連讀,而謂「之可以封邑者」句上有闕文,當云「地之可以封邑者」,説詳《經義述聞》。今按:「名物」連讀是也,謂有闕文非也。「之名物、之可

以封邑者」兩「之」字，皆蒙「丘陵墳衍邍隰」而言。蓋既辨其丘陵墳衍邍隰之名物，又辨其丘陵墳衍邍隰之可以封邑者。若分言之，則於文累矣。故總言「辨其丘陵墳衍邍隰」於上，而以「之名物、之可以封邑者」分承於下也。

其能改者反，于中國不齒三年。《大司寇》

注曰：「反于中國，謂舍之還於故鄉里也。」

樾謹按：此以圜土聚教罷民，但實之圜土而未嘗屏之遠方，乃曰「其不能改而出圜土者殺」正相對成文。「于中國不齒三年」，義不可通矣。疑此文當以「反」字絕句，「其能改者反」與下文「其不能改而出圜土者殺」正相對成文。「于中國不齒三年」七字為句，中國者，國中也。昭二十五年《公羊傳》曰「非中國之禽也」，哀十四年《傳》曰「非中國之獸也」。「于中國不齒三年」，謂三年不齒于國中也。鄭君既失其讀，宜「中國」二字賈氏不得其解矣。

以兩造禁民訟。

注曰：「訟，謂以財貨相告者。」疏曰：「『訟，謂以財貨相告者』，以對下文『獄是相告以罪名』也。此相對之法，若散文則通。」

樾謹按：鄭君所說獄訟二字之義，未知何據。若以經文言之，殆當兩易其說。此云以「兩造禁民訟」，下云「以兩劑禁民獄」，是以財貨相告者，下云「以兩劑禁民獄」，是以罪名相告者。何以明之？據《小宰職》云「聽賣買以質劑」，

《質人職》云「凡賣價者質劑焉，大市以質，小市以劑」，是質劑乃賣買所執以爲信者，故凡以財貨相告，必使各齎質劑以察其信否。《士師職》云「凡以財獄訟者，正之以傅別約劑」，是其義也。此言「以罪名相告，則獄」，即《司市職》所謂「以質劑結信而止訟」。彼言訟，此言獄，正所謂「散文則通」耳。凡以罪名相告，則但使訟者皆至，已足斷之矣，故曰「以兩造禁民訟」。若以財貨相告，則雖其人皆在，非有質劑不能決也，故曰「以兩劑禁民獄」。鄭君所說似乎倒置矣。

若邦凶荒，則以荒辯之灋治之。《士師》

注曰：「鄭司農云：辯讀爲風別之別。救荒之政十有二，而士師別受其條教，是爲荒別之灋。玄謂：辯當爲貶，聲之誤也。遭飢荒則刑罰，國事有所貶損，作權時法也。」

樾謹按：先鄭之說，義無所據。後鄭近之，然讀辯爲貶，亦甚未安。辯當讀爲變。《周易·坤·文言傳》「由辯之不早辯也」，《釋文》曰「辯，荀作變」，《廣雅·釋言》曰「辯，變也」，《莊子·逍遥游》篇「而御六氣之辯」，《釋文》曰「辯，變也」，是辯與變聲近義通。《孟子·告子》篇「萬鍾則不辨禮義而受之」，《音義》引丁音曰「辨本作變」，然則叚辯爲變，猶叚變爲辨矣。荒變之法，謂因凶荒而變改，正所謂權時法也。權猶變也，後鄭得其義，未得其字耳。

凡盜賊軍鄉邑及家人，殺之無罪。《朝士》

注曰：「鄭司農云：謂盜賊群輩若軍，共攻盜鄉邑及家人者，殺之無罪。」

樾謹按：先鄭之意，蓋讀軍字絶句，故言「群輩若軍」。然「盜賊軍」三字甚爲不辭。今按：軍者，圍也。

《說文·車部》:「軍,圜圍也。從車,從包省。」《一切經音義》引《字林》曰:「軍,圜圍也。四千人為軍,二千五百人為師。」字從勹,音補交反。包車為軍,帀自為師,皆字意也。是軍字從勹,本有圍義,故《廣雅·釋言》曰:「軍,圍也。」「凡盜賊軍鄉邑及家人」者,言盜賊倚恃其衆,圍鄉邑及家人也。人字兼蒙鄉邑而言,鄉有鄉之人,邑有邑之人,家有家之人也。

及刑殺,告刑于王,奉而適朝士,加明梏以適市。《掌囚》

注曰:「奉而適朝者,重刑為王欲有所赦,且當以付士。士,鄉士也。鄉士加明梏者,謂書其姓名及其罪於梏而筸之也。」

樾謹按:下文云「凡有爵者,與王之同族,奉而適甸師氏以待刑殺」,然則親貴之人有罪刑殺猶不適朝,此庶姓無爵者乃必奉而適朝,何也?疑此文當以「奉而適朝士」為句。蓋既告刑於王,即奉之而適朝士者,示刑人殺人之命皆從朝出也。「奉而適朝士」與下文「奉而適甸師氏」文義一律。「加明梏」者,即朝士加之也。鄭君誤於「朝」字斷句,遂以士為鄉士,近于臆說矣。

禁殺戮掌司斬殺戮者,凡傷人見血而不以告者,攘獄者,遏訟者,以告而誅之。《禁殺戮》❶

注曰:「司,猶察也。察此四者,告於司寇罪之也。」

樾謹按:經文「凡」字衍文也。此以斬殺戮為一事,傷人見血而不以告為一事,攘獄為一事,遏訟為一事,

❶「禁殺戮」原無,今據上下文例補。

皆蒙上「司」字爲文，故注云「察此四者」。若「傷人見血」上有「凡」字，則是總冒下三事，而於「掌司斬殺戮」不相蒙矣。鄭注當言三者，不當言四者也。下文「禁暴氏掌禁庶民之亂暴力正者，撟誣犯禁者，作言語而不信者，以告而誅之」，文法與此正同。注曰：「此三者亦刑所禁也。」彼文疊用三者，字中閒無「凡」字，然則此文亦無「凡」字明矣。

若得其獸，則獻其皮革、齒須備。《冥氏》

注曰：「鄭司農云：須直，謂頤下。須備，謂搔也。」

樾謹按：備之訓搔，于義未聞，疏家亦不得其説。疑此文當于「革」字斷句，「齒須備」三字自爲句，謂齒須之屬亦備獻之也。《掌客職》云「王合諸侯，而饗禮則具十有二牢，庶具百物備」，與此文法正同。

春始生而萌之。《薙氏》

注曰：「故書萌作蕍。杜子春云：蕍當爲萌，謂耕反其萌牙。玄謂：萌之者，以兹其斫其生者。」

樾謹按：經文若言萌之，則止是萌牙耳，無以見其爲反之，爲斫之也。杜、鄭之説均不可通。萌當從故書作「蕍」。《釋名·釋宫室》曰：「蕍，蒙也，在上蒙覆屋也。」然則蕍之者，蒙之也，謂耕反其萌牙而以土蒙覆其上也。子春所説正得其旨，而破蕍爲萌則反失之矣。蕍之爲蒙，猶瞢之爲蒙。《眂祲》注曰：「瞢，日月瞢瞢無光也。」《釋名·釋天》曰：「蒙，日光不明，蒙蒙然也。」知瞢瞢即蒙蒙，則知蕍之即蒙之矣。

注曰：「交，或往或來者也。」歸脤以交諸侯之福。《大行人》

樾謹按：鄭說非也，「交」當爲「效」。襄二十七年《左傳》「使諸侯僞效烏餘之封者」，杜注曰：「效，致也。」又昭二十六年《傳》「宣王有志而後效官」正義曰：「效者，致與之義。」「歸脤以效諸侯之福」，謂以致諸侯之福也。《大戴記·朝事》篇作「教」，《廣雅·釋詁》、《釋名·釋言語》竝曰「教，效也」，是教與效義通。

殷相聘也。《大行人》

注曰：「殷，中也。久無事，又於殷朝者及，而相聘也。」

樾謹按：《大宗伯職》：「時見曰會，殷見曰同。時聘曰問，殷覜曰視。」鄭君解「殷見」曰「殷，猶衆也。十二歲王如不巡守，則六服盡朝」，解「殷覜」曰「殷覜，謂一服朝之歲，以朝者少，諸侯乃使卿以大禮衆聘焉」。一服朝在元年、七年、十一年，是殷字有此二解。《大行人職》云「殷同以施天下之政」，即「殷見曰同」也，「殷覜以除邦國之慝」，即「殷覜曰視」也。此文「殷相聘也」，鄭又別訓爲中，而所說又不了。今按：注云「又於殷朝者及」，蓋在殷見之前一年也。六服諸侯以明年天子當巡守，或不巡守，則當殷見於王，於是各使其卿聘焉。賈疏據《聘義》、《王制》皆云三年一大聘，即用以說此經，非經意，且非注意。按孟僖子如齊在昭公九年，上距襄二十年叔老聘齊二十一年。夫三年爲時甚近，安得云久無事乎？先鄭又引《春秋傳》「孟僖子如齊殷聘」爲證。按孟僖子如齊而再殷聘。春秋時天子不巡守，諸侯不殷見，又何殷聘之有？因其相距已二十一年，與再殷聘之期相近，故卽叚以爲名耳。

夫人致禮。《掌客》

樾謹按：經文「夫人致禮」，於上公則八壺、八豆、八籩，於侯伯亦八壺、八豆、八籩，於子男則六壺、六豆、六籩，此必誤也。以上文例之，降則公、侯、伯、子、男皆不降，如鼎簠十有二是也，未有侯伯不降而子男獨降者。疑致禮侯伯爲六壺、六豆、六籩，子男爲四壺、四豆、四籩。據《聘禮》，夫人致禮，于賓六豆、六籩、六壺，于介則四豆、四籩、四壺，降殺以兩，即其例也。因侯伯之六壺、六豆、六籩上半闕壞而成「八」字，則與上公同，於是學者疑子男四壺、四豆、四籩大相縣絕，遂臆改爲「六」矣。

妢胡之笴。《考工記》

注曰：「妢胡，胡子之國，在楚旁。杜子春云：妢讀爲焚咸丘之焚，書或爲邠。妢胡，地名也。」

樾謹按：此當從或本作「邠」，乃《汃》之叚字也。《説文・水部》：「汃，西極之水也。從水八聲。《爾雅》曰：『西至汃國謂四極。』」今《爾雅》作「邠」，與此經同。邠胡蓋西戎國名。燕之角，荆之幹，妢胡之笴，粤之金錫，經文舉此四者自有條理，燕北、荆南、妢胡西、吴粤東也。後鄭以楚旁之胡國當之，失其義矣。

凡斬轂之道，必矩其陰陽。《輪人》

注曰：「矩，謂刻識之也。故書矩爲距。鄭司農云：當作矩，謂規矩也。」

樾謹按：矩所以爲方，非所以刻物而識之也。先鄭所讀非是，當仍從故書作「距」，而讀爲「舉」。襄二十七年《左傳》「仲尼使舉是禮也」，《釋文》引沈注曰：「舉，謂紀錄之也。」然則舉其陰陽，即紀錄其陰陽也，作「距」者叚字耳。《爾雅・釋木》「椐樻柳」，《釋文》曰「椐，郭音舉」，然則距之讀爲舉，猶柜之讀如舉矣。

參分其牙圍而漆其二[一]。《輪人》

注曰：「不漆其踐地者也。」

樾謹按：記文止言漆其一，所漆者爲踐地一邊，抑爲建輈一邊，記固無文也。所以無文者，以下文見之也。下文「椁其漆内而中詘之，以爲之轂長」。夫曰漆内，則漆必在外，其爲踐地一邊可知也。凡木漆之然後耐久，故《弓人》曰「漆也者，以爲受霜露也」。車牙踐地一邊必漆之者，非以爲觀美也，正以其行泥淖中，恐易朽腐耳。注反謂不漆其踐地者，失之矣。

于上之攠謂之隧。《鳧氏》

注曰：「攠，所擊之處攠弊也。隧在鼓中，窐而有光，有似夫隧。」

樾謹按：注以夫隧釋隧字，非也。「隧」當讀如《匠人》「廣二尺深二尺」之「遂」。下文「爲遂六分其厚，以其一爲之深而圜之」，字正作遂，可證也。《釋文》於《匠人》出「隧」字，曰：「隧音遂，本又作遂。」蓋「隧」即「遂」之俗字，一簡之中正俗錯見，傳寫異耳。爲遂之法「六分其厚，以其一爲深」，注曰「深謂窐之也」，窐故以遂名之。注乃謂「窐而生光，有似夫隧」，失之矣。夫造鍾時但有窐無光也，安得逆計後日之必生光而爲之名乎？

眠其裏而易，則材更也。《函人》

❶ 「二」，原作「一」，今據《周禮注疏》改。

注曰：「鄭司農云：更，善也。」

樾謹按：更之爲善，猶易之爲善也。《周易·繫辭傳》「辭有險易」《釋文》引京房曰「險，惡也。易，善也」。易與更同義，變謂之更，亦謂之易；善謂之易，亦謂之更，正古訓之展轉相通者，疏家未得其義。

山以章，水以龍。畫繢之事

注曰：「章讀爲獐。獐，山物也，在衣，齊人謂麏爲獐。❶龍，水物，在衣。」

樾謹按：畫繢之事皆言作畫之法，故有土有天有水，與《虞書》十二章迥殊。説者必以十二章爲説，遂以龍爲山龍之龍，而并破章爲獐以對之，失之甚矣。今按：龍當讀爲尨，《玉人之事》曰「上公用龍」，鄭司農云「龍當爲尨」，即其例矣。《周易·説卦傳》『震爲龍』，鄭注亦讀爲尨，謂「取日出時色雜然」。則山以章，水以尨，皆以色言也。章之言明也，陽之象也。尨之言蒙也，陰之象也。《淮南子·天文》篇曰：「陰氣爲水，故水以尨也。」成五年《公羊傳》何休注曰：「山者陽精，故山以章也。」則山以章，水以尨，正對文成義。鄭君不破龍爲尨，而反破章爲獐。尨雜謂之蒙，蒙昧謂之尨，古訓相通，大率如此。尨與蒙通，《周易·雜卦傳》『蒙雜而箸』，「蒙雜」即尨雜也。此言畫山者以明顯爲貴，畫水者以幽晦爲宜耳。山以章，水以尨，正對文成義。鄭君不破龍爲尨，而反破章爲獐。夫山中之物莫尊於虎，故澤國用龍節，山國用虎節。若水必以龍，則山必以虎，何取於獐而畫之乎？

凡畫繢之事，後素功。

❶「麏」，原作「麇」，今據稿本及《周禮》鄭注改。

注曰：「素，白采也。後布之，爲其易漬汙也。」

樾謹按：鄭解「後」、「功」二字未得其義。《玉人》「璋邸射素功」，司農云：「素功，無琢飾也。」然則素功不專以畫繢言，凡不畫繢者、不雕琢者，皆謂之素功。《玉人》言其居素功之後也。《禮記·郊特牲》篇「酒醴之美，玄酒明水之尚，貴五味之本也。」「畫繢之事後素功」，言其居素功之後也。《禮記·郊特牲》篇「酒醴之美，玄酒明水之尚，貴五味之本也。大羹不和，貴其質也。大圭不琢，美其質也。黼黻文繡之美，疏布之尚，反女工之始也。莞簟之安，而蒲越稾鞂之尚，明之也。」皆足證明「後素功」之義。記人於畫繢一章，特以此言結之，正《賁》上九「飾終反素」之義。孔子言「繪事後素」，義亦如此。近解謂先以粉地爲質，則當云繪事先素矣。

侯用瓚。《玉人》

注曰：「瓚讀爲餐屡之屡。龍、瓚、將，皆雜名也。」

樾謹按：「屡」字《說文》所無，蓋卽「飱」字也。《詩·伐檀》篇正義引《說文》曰「飱，水澆飯也」，今《說文》無此語。然水澆飯爲飱，則古有此義，故《伐檀》篇《釋文》引《字林》曰「飱，水澆飯也」，《玉篇·食部》曰「飱，水和飯也」，《釋名·釋飲食》曰「飱，散也，投水於中解散也」，竝其證也。疑古本《說文》作「飱，餔也，一曰水澆飯也」。今本缺「一曰水澆飯也」六字，而重文「飱」又移置「餐」篆之下，皆非許書之舊，說詳余所著《字義載疑》。屡字從尸從米，尸者，夕之變也，米者，水之變

❶ 「簟」，原作「蕈」，今據阮刻《禮記正義》改。

❶ 從夕食。一曰水澆飯也」。又出重文「湌」，曰「飱或從水」。

也。蓋其字從夕從水，合飧湌兩體而一之耳。飧爲水澆飯，故有雜義。《玉篇》以爲水和飯，和與雜義相近也。《玉篇》又有屨字，亦卽飧字也。篆文飧作飱，夕在食上，引而長之，則成屨矣。瓚之通作飧，猶飧之通作饡。又加水於其中，則成屨矣。顧野王以屨爲饡古文，蓋因古書或叚飧爲饡，故誤耳。王氏《經義述聞》不知屨卽飧字，而以爲字當作屨，從食屢省聲，近于臆造矣。

參分其羽以設其刃。《矢人》

注曰：「刃二寸。」疏曰：「知刃二寸者，以其言『參分其羽以設其刃』，不可參分取二分作四寸刃，明知參分取一得二寸爲刃，故知刃二寸。」

樾謹按：如疏義，則當云「參分其羽爲刃長」，不當言「參分其羽以設其刃」也。且羽長六寸，但曰參分其羽，將取二分乎？抑取一分乎？古人之辭不應若是之鶻突也。今按：分字衍文也。羽長六寸，三六一尺八寸，加鋌一尺，刃二寸，適合矢長三尺之數，故曰「參其羽以設其刃」。明設鋌刃在一尺八寸之外也。上文云「五分其長而羽其一」，此就全矢計之。若除去鋌刃一尺二寸，則參其長而羽其一矣，所謂「參其羽以設其刃」也。誤衍分字，義不可通矣。

則雖有疾風，亦弗之能憚矣。《矢人》

注曰：「故書憚或作但。」鄭司農云：讀當爲憚之以威之憚，謂風不能驚憚箭也。」

樾謹按：矢無知之物，何驚之有？鄭說非也。但當讀爲顫。《玉篇・頁部》曰：「顫，動也。」弗之能顫者，弗之能動也。《衆經音義》引《通俗文》曰「四體寒動謂之顫頯」，矢遇風而動，猶人中寒而顫，故言顫也。

顋從亶聲,但從旦聲近而義通。《爾雅·釋訓》曰「戰戰,動也」,「戰」即「顫」之叚字。戰與憚並從單聲,今書以「憚」爲「顫」,猶《爾雅》以「戰」爲「顫」矣。

搏身而鴻。《梓人》

注曰:「鴻,傭也。」

樾謹按:訓鴻爲傭,未詳其義,疏亦無説。「鴻」當讀爲「䲴」。《説文·隹部》:「䲴,鳥肥大䲴䲴也。」或從鳥作鳴。」搏身而䲴者,亦謂其肥大也。作「鴻」者叚字,或學者多見「鴻」,少見「䲴」而臆改之耳。

則於眠必撥爾而怒。

樾謹按:「匪,采貌也。」故書撥作廢,匪作飛。鄭司農云:廢讀爲撥,飛讀爲匪,以似爲發。」

注曰:「以似爲發」與上兩句不一律,且經文「必似鳴矣」,豈可曰必發不鳴乎? 然則此注殆必有誤,疑故書「廢」字先鄭讀爲「撥」,後鄭以「撥」字無義,改讀爲「發」。《論語·微子》篇「廢中權」,《釋文》曰「鄭作發」,是鄭君注《論語》亦讀「廢」爲「發」,正可爲證也。傳寫奪誤,遂不可訂正矣。

強飲強食,詒女曾孫諸侯百福。

注曰:「詒,遺也。曾孫諸侯,謂女後世爲諸侯者。」

樾謹按:「諸侯」當作「侯氏」,此以「詒女曾孫侯氏百福」八字爲句,「曾孫侯氏」四字相連成文,《禮記·射義》篇引《詩》曰「曾孫侯氏」是其證也。鄭注本云「曾孫侯氏,謂女後世爲諸侯者」,經文「侯氏」字涉注文

三七〇

而誤作「諸侯」，遂并改注文以從既誤之經文，而莫之能正矣。《大戴記·投壺》篇載此辭曰「强食食爾，曾孫侯氏百福」，雖文有奪誤，而正作「曾孫侯氏」可據以訂正。

老牛之角紾而昔。《弓人》❶

注曰：「鄭司農云：昔讀爲交錯之錯，謂牛角觕理錯也。玄謂：昔讀履錯然之錯。」

樾謹按：昔字不必改讀，古昔、腊同字。《説文·日部》：「昔，乾肉也。」然則「紾而昔」者，紾而乾也。上句云「穋牛之角直而澤」，昔與澤義正相對。《廣雅·釋詁》：「焟，乾也。」「焟」即「昔」之俗字。下文「凡相膠，欲朱色而昔」，與此同義。

❶「弓人」，原無，今據上下文例補。

群經平議卷十三　周官二

群經平議卷十四

德清俞樾

考工記世室重屋明堂考

夏后氏世室。

樾謹按：世室即大室也，世大古通用。合五室而名之，故曰大室。

堂脩二七。

樾謹按：「二」字衍文也。《隋書·宇文愷傳》：「愷奏《明堂議》曰：《記》云『堂脩七』，山東《禮》本輒加『二七』之字，何得殷無加尋之文，周闕增筵之義？研覈其趣，或是不然。讎校古書竝無『二』字，此乃桑閒俗儒信情加減。」然則隋時古本竝作「堂脩七」，鄭君所據之本亦當如是。鄭意五室皆在一堂之上，疑堂脩七步不足容之，以爲是記人假設之數，使人以七步推算，非是止脩七步，故下注云「令堂脩十四步」，此乃鄭君以意說之，謂設以二七推算則是十四步也。下注又云「令堂如上制」，可見十四步之數是鄭君假設。若《記》文本作「堂脩二七」，則是實數如此，何言令乎？學者從鄭義作十四步，遂增《記》文作「二七」，改經從注，貽誤千古矣。今以下文證之，殷度以尋，堂脩七尋；周度以筵，堂脩七筵，然則夏度以步，堂脩七

步，理無可疑，當據宇文愷議訂正。大室之外四面有堂，其南明堂，其北玄堂，其東青陽之堂，其西總章之堂，凡堂皆脩七步。

廣四脩一。

樾謹按：廣四脩一者，廣二十八步也。堂脩七，其廣四七，廣之四，脩之一也，是謂廣四脩一。雖然，堂不已廣乎？曰：此兼四旁兩夾而言也。中央爲大室，四面爲堂。東堂之南卽南堂之東，南堂之西卽西堂之南，西堂之北卽北堂之西，北堂之東卽東堂之北，是故東西兩面各廣四七，而南北兩面之各脩一七者卽在其中矣；南北兩面各廣四七，而東西兩面之各脩一七者卽在其中矣。《記》文不曰廣四七，而變其文曰「廣四脩一」，明廣之數兼有脩之數也，於是堂基定而大室之基亦定。堂基方二十八步，大室之基方十四步，爲圖如下：

五室，三四步，四三尺。

樾謹按：三四步者，十二步也。不曰十二步而曰三四步，明四步者三也。四三尺者，十二尺也。不曰十二尺而曰四三尺，明三尺者四也。大室方十四步，於其中分爲五室：正中土室，正東木室，正南火室，正西金室，正北水室。室各四步，室之外各有餘地三尺，於是東西度之爲四步者三，爲三尺者四；南北度之亦爲四步者三，爲三尺者四，是爲「三四步四三尺」。古者六尺爲步，四步者三，三尺者四，適合大室方十四步之數，爲圖如左：

堂室既定，然後其制可得而言焉。堂必有棟，棟必居中。四堂則四棟可知，四棟則內外各四宇可知。青陽與總章爲東西兩下之屋，明堂與玄堂爲南北兩下之屋，蓋亦如門堂之有內外霤矣。爲圖如左：

（圖：墨北、棟北、內霤、霤西、棟西、內霤、子、內霤、棟東、霤東、內霤、棟南、霤南）

大室四面有堋，堋皆有戶有牖，故各就一面觀之，皆前堂後室。於是其中五室，各有棟宇，各有戶牖，以受天陽。其上面無棟宇而四堂之內霤皆注其中，乃古中霤之遺象也。木室戶牖東鄉，金室戶牖西鄉，其屋皆東西兩下；火室戶牖南鄉，水室戶牖北鄉，其屋皆南北兩下，蓋室各視其堂也。土室無堂，而四堂皆其堂，此土寄王四時之義也。其於四堂將奚視？董仲舒曰「土者，火之子也」，《淮南子》曰「土壯於午」，然則土室亦視明堂，戶牖宜南鄉，屋宜南北兩下矣。爲圖如左：

凡廟寢之制，兩牖夾一戶，於當戶設扆焉。《尚書·顧命》篇「設黼扆綴衣牖間」，南嚮曰牖間，則有兩牖明矣。至尋常宮室，皆左戶而右牖，制不備也，故設扆即在牖戶之間。自來說宮室者未達斯旨。

樾謹按：《禮記·明堂位》篇有中階、阼階、西階，則南面三階，禮有明證。鄭注謂南面三，三面各二，其義九階。

樾謹按：《禮記·明堂位》篇有中階、阼階、西階，則南面三階，禮有明證。鄭注謂南面三，三面各二，其義塙矣。然四堂之制如一，何以南面獨多一階？❶蓋土室戶牖南鄉，必由明堂而入，故於南面特設中階，

❶「何」，原無，今據清經解續編本補。

將有事乎土室則由中階升堂焉。秦制增爲十二階，惡知此意哉！

四旁兩夾，窗白盛。

樾謹按：「夾」字絕句。四旁者，堂之四旁也。堂基方二十八步，而中央大室方十四步，則堂之四旁各方七步。此方七步者，在東堂爲南，在南堂卽爲東，在南堂爲西，在西堂卽爲南，在西堂爲北，在北堂卽爲西，在北堂爲東，在東堂卽爲北，是謂「四旁兩夾」。以其夾於兩堂，不可屬之於堂，故爲窗白盛以隔之。白盛者，以蜃灰堊牆也。《爾雅・釋山》曰「山如防者盛」，白盛之名蓋取此義，卽《周書・作雒》篇所謂「山廧」矣。其上爲窗，其下爲白盛，若今窗上而牆下者然，故曰「窗白盛」。爲圖如左：

	窗白盛	
窗白盛	堂	窗白盛
	窗白盛	

（四周標註：靣曰圖、京、刻米、圖曰靣）

古制堂東西有牆，謂之東序西序，序外有室，謂之夾室，其制皆出於此。此記但言夾不言室者，室必四面有墉，而此惟兩面有窗有白盛，可以謂之堂不可以謂之室也。故《廣雅·釋室》曰「反坫謂之墇」，墇即序也。四旁兩夾之制，序外即反坫，故得通稱。若以常制論，則序與坫相去絶遠，不可得而通矣。據《月令》，四堂皆有左右个。《説文》無个字，个者介之變體，王氏引之《經義述聞·通説》言之詳矣。左个右个實即左个右介，而左介右介即四旁兩夾也。《史記·十二諸侯年表》曰「楚介江淮」，《索隱》曰「介者，夾也」，是介與夾義通矣。此記止言四旁兩夾，而《月令》分之爲八个，亦猶《月令》止言大廟大室，而此記分之爲五室也。《魏書·賈思伯傳》載其議曰：「青陽右个即明堂左个，明堂右个即總章左个，總章右个即玄堂左个，玄堂右个即青陽左个。」是説也，與《月令》之八个雖未必合，而與《考工記》之四旁兩夾則適合矣。《禮記·內則》篇注曰「達，夾室也」，而《後漢書·祭祀志》注引桓譚《新論》有四達八窗之文，四旁兩夾是即四達，其兩面各有窗，非四達而八窗乎！《白虎通·辟雍》篇亦有是文，而「達」字今誤作「闥」，則失之矣。彼以四達八窗古制也，是可剌取以爲四旁兩夾之證。堂一面本廣二十八步，除四旁兩夾，則一堂之廣止十四達八窗古制也，是可剌取以爲四旁兩夾之證。

三十六户七十二牖别而言之，非以達爲户，窗爲牖也，安得加門作闥乎？三十六户七十二牖非古制也。

門堂三之二。

樾謹按：門堂者，門基也。門居正中，其內其外皆謂之堂。正堂脩七步，廣十四步，門堂三之二，則脩二步矣。

丈八尺,廣五丈六尺。

室三之一。

樾謹按:門內外各有堂,堂左右各有室。以此方二丈八尺者分而左右之,又分而內外之,於是堂二而室四。大室方十四步,三分取一,方二丈八尺。以此方二丈八尺者分而左右之。堂取數於正堂,則室亦取數於正室。為圖如左:

亞室	扉 堂 扉	亞室
方十四尺	脩二丈八尺	方十四尺
方十四尺	廣五丈六尺	方十四尺

合堂室之廣共八十四尺,以步法六尺收之得十四步,與正堂之廣適合。聖人之制,固無齟齬不齊者也。世室之制定,而重屋明堂皆可以此而推矣。今為全圖如左:

不然,門堂何以必三之二,門室何以必三之一哉!凡此記所載之數,不可得而損益類如此。

殷人重屋,堂脩七尋。

樾謹按:殷制脩廣一如夏制,但夏度以步,殷度以尋,此爲異耳。故記者止標「堂脩七尋」之句,不箸「廣四脩一」之文,蒙上而省,從可知也。堂脩七尋,廣四脩一,則其廣二十八尋,中央大室方十四尋,五室各方四尋,四旁兩夾各方七尋,其數皆與夏同。惟易六尺之步爲八尺之尋,則五室之外各有餘地四尺,當曰「三四尋,四四尺」矣。門堂門室丈尺亦殊,以可推知,故不具說。

堂崇三尺。

樾謹按:此兼明夏制也。夏、殷之異,惟在變步爲尋,而其數皆同,故記文亦彼此互見矣。

四阿重屋。

樾謹按：下文「門阿之制」注曰「阿，棟也」，然則四阿卽四棟也。四堂各有棟，故曰四阿矣。「四阿重屋」者，於大室之上爲重屋，其四周覆冒乎四堂之棟上，自四面視之，棟上又有屋，是爲四阿重屋也。夏制無重屋，則以五室言，固成爲室矣。大室雖本古中霤之遺，然自堂入室，而以大室言，若未成乎室者，何也？室非可以露處也，且四堂內霤皆注，大室本古中霤之遺，固成爲室矣。然自堂入室，亦憂雨水之霑濡。殷人益以重屋，重屋四下之水皆由堂之外霤以注於庭，則大室之中無雨霤服失容之患矣。此殷人之鑒於夏制而益加詳焉者也。大室四隅，設礎立柱以載重屋，當自有制。記人旣無明文，故亦不敢輒爲之說。

樾謹按：上文言夏制曰「堂脩七，廣四脩一」，兼四旁兩夾而言也；此曰「東西九筵，南北七筵」，不兼四旁兩夾而言也。於夏制見四堂之全基，於周制見一堂之實數，前後互見，古人之文所以簡而備也。其曰東西，曰南北，蒙明堂爲文耳，在玄堂亦然。若靑陽、總章，則東西七而南北九矣。記不言者，旣以明堂標題，從可知也。上文言夏制，亦舉一面言之。然上文言脩廣而不言東西南北，則又其屬辭之密也。何也？東西南北固蒙明堂爲文也，記者之文豈有一字苟焉而已哉！世室之制旣定，則明堂之制不待更説，但明其數可矣。四堂全基方二十三筵，中央大室方九筵，爲圖如左：

周人明堂，度九尺之筵，東西九筵，南北七筵，堂崇一筵。五室，凡室二筵。

世室、重屋、明堂數各不同，然夏、殷之制竝廣四而脩一，則其數雖殊，其制不異也。周人明堂改而爲東西九筵，南北七筵，以七九爲差，不循廣四脩一之舊，於是門堂門室始有異於二代矣。何以知之？以其數知之也。正堂廣九筵，脩七筵，門堂三之二則廣五丈四尺，脩四丈二尺。大室方九筵，門室三之一則方二丈七尺。分而左右之，又分而内外之，則每室方一丈三尺五寸。置之於堂之兩頭，則其前其後各有餘地一丈二尺五寸，於是有門側之堂焉。周公作《爾雅》曰「門側之堂謂之塾」，此周制然也。爲圖如左：

	筵七九筵	
筵九七筵		筵九七筵
	九七筵	

附九室十二堂考

《大戴記》說明堂有九室十二堂，蓋秦、漢之制也。《藝文類聚》三十六引《三禮圖》曰「秦爲九室」，則九室始於秦明矣。古大室四隅，本有隙地，秦於其地各置一室，即并五室而九，於是自一面視之，皆中爲室，左右爲房。東南之室，木室之南房也；西南之室，火室之西房，金室之南房也；西北之室，金室之北房，水室之西房也；東北之室，水室之東房，木室之北房也。雖爲九室，而於五室配五行之始意，初不相背。何也？四隅之室，名室而實房也。《說文‧户部》「房，室在旁也」，是房者在旁之室。高誘注

《淮南子》，王逸注《楚辭》，竝曰「房、室也」。房之與室義得相通，故并五室而稱九室矣。《隋書·禮儀志》載梁武帝制曰：「明堂之義，本是祭五帝。九室之數，未見其理。」《魏書·賈思伯傳》載其議曰：「蔡邕論明堂之制，皆以天地陰陽氣數爲法，而室獨象九州何也？若立五室以象五行，豈不快也！」凡此諸論，皆由聞九室之名而不達九室之義。且秦分天下爲三十六郡，又何取乎古之九州而法之哉？審知四隅之室即爲左右之房，自無疑乎此矣。若夫十二堂者，通四堂八个計之也。个即介也，八个者八夾四旁兩夾各置一室，則皆後爲室，前爲堂。以室而言則四，以堂而言則八矣。是故東南夾室、青陽、明堂共之，其東爲青陽右个，其南爲明堂左个；西南夾室、明堂、總章共之，其南爲明堂右个，其西爲總章左个；西北夾室、總章、玄堂共之，其西爲總章右个，其北爲玄堂左个；東北夾室、玄堂、青陽共之，其北爲玄堂右个，其東爲青陽左个。於是青陽、總章有中堂，又有南北堂，明堂、玄堂有中堂，又有東西堂，而十二堂之名從此始矣。《魏書·袁翻傳》引裴頠云「漢氏作四維之个」，或即謂此乎？秦人旣於大室四隅置室，漢人又於堂之四旁兩夾置室，亦事之相因者矣。張衡《東京賦》曰「乃營三宮，布教頒常。複廟重屋，八達九房」，九房即九室也，八達即八个也，房、室、達、个古稱耳。明堂旣四面周回，是以室分而房合，堂分而夾室合，此其爲制非無思議。然而三代世室、重屋、明堂之制皆無是焉。《禮》曰：「所以交於神明者，不可同於所安，襲之甚也。」明堂所以事五帝尊嚴之地，宜與常制有殊，是故內之有室而無房，外之有堂而無夾室，固非古制之闊疏矣。兹故詳考之，俾學者無以秦、漢之制當古制也。

附圖如左：

樾既爲《世室重屋明堂考》，乃申論其後曰：粵惟上古，五德代興，徽號器械，莫不視此，故黃帝以來皆嚴事焉，此明堂所自始也。其制中央爲室，四面爲堂，則其專爲祀五帝而設可知矣。不然，聖人南面而聽天下，鄉明而治，何取乎四面之堂哉！世傳黃帝曰合宮，堯曰衢室。夫四面四堂環乎大室，非所謂合宮乎？中央大室若處乎四達之衢，非所謂衢室乎？然則自上古迄周，其制略同矣。明堂既爲祀五帝之地，故每月之朔，天子卽於其地聽朔焉。春三月於靑陽，夏三月於明堂，秋三月於總章，冬三月於玄堂，是以《禮》逸篇有「王居明堂禮」之名，鄭康成引以注《月令》，此建立明堂之本意，百王通行之典禮也。周制祀天於南郊，以后稷配；祀五帝於明堂，以文王配，故《孝經》曰「周公郊祀后稷以配天，宗祀文王於明堂以配上帝」，《詩序》曰「我將祀文王於明堂也」，竝其事也。《周書・明堂》篇載周公攝政六年，會方國諸侯

於宗周，大朝諸侯於明堂之位，此則禮以義起，乃有周一代之大事，而非有周一代之常法。蓋以成王幼弱，四方未靖，懼天下諸侯或有疑貳，故既定宗祀文王之大典，即於其地爲位以朝諸侯，欲天下思文王之德而歸心周室也。其曰「天子之位負斧依南面立」，然則所用者止明堂之一面，故曰明堂者，明諸侯之尊卑也。其東青陽，其西總章，其北玄堂，皆無取焉。明年而周公歸政，則此禮亦不復舉矣。然而有周一代以爲美談，周之史臣既備載其位，而魯之儒者又增益爲《明堂位》篇，明堂之名於是特箸。故夏曰世室，殷曰重屋，舉上以見下，而周曰明堂，則獨舉南之一面以包其三面，其義在此也。明堂之名既箸，故周人於制度之大者皆取法於明堂，而亦皆有明堂之名，於是有宗廟之明堂，有路寢之明堂，有辟雍之明堂，有方岳之明堂，豈其制皆如前所圖歟？曰：非然也。明堂者，其南面一堂之名也。以南面一堂之名名之，則亦南鄉可知也。其取法於明堂者，準其脩廣之數也。凡所稱與明堂同制者，胥視此矣。周室既衰，諸侯去籍，明堂之制，言人人殊。雖變筵爲雉，而其數則同。大略上圜下方，九室十二堂，室四户八牖，則皆秦、漢法程，難言古典。《説文》曰：「室，實也。」二筵之室才一丈八尺，而四面各設一户二牖，麗廔闓明，内外迥達，是爲樓觀之形，非復室實之義，此之虛罔，昭然可知，是故言明堂者，當以《考工記》爲主。古之工師識其遺言，高曾規矩於焉可見，非如禮家掇拾於煨燼之餘也。然其文辭簡古，前後互見，章句之儒莫能通曉。榪據《隋書·宇文愷傳》訂正一字之衍，而三代制度燦然復明，於記文八十一字無一字齟齬，明堂之制定於斯矣。鄭康成注《三禮》最號淹

通，而於此記抑何疏闊！其謬誤之處，蓋非一端，輒援鄭駁異義之例，駁而正之。匪曰好辯，亦惟求是。

「廣四脩一」注曰：「令堂脩十四步，其廣益以四分脩之一，則堂廣十七步半。」樾謹按：如鄭義，則當云益以四脩一，其文方明，不得但云廣四脩一也。且其數畸零不齊，於義無取，足知其非。

「五室三四步四三尺」注曰：「堂上爲五室，象五行也。三四步，室方也。四三尺，以益廣也。木室於東北，火室於東南，金室於西南，水室於西北，其方皆三步，其廣益之以三尺。土室於中央，方四步，其廣益之以四尺。此五室居堂，南北六丈，東西七丈。」樾謹按：前堂後室，乃堂室之定制也。而鄭謂堂上爲五室，其謬一矣；《藝文類聚》卷三十八引《三禮圖》曰：「明堂者，周制五室，東爲木室，南火，西金，北水，土在其中。」此五行之正位，三代之所同，未有能易者也。而鄭謂木室東北，火室東南，金室西南，水室西北，其謬二矣；下文言周制曰「凡室二筵」不言脩廣，是室脩廣如一也。即謂古人語簡，不層層分別，且如鄭注，則一室四室必當分別言之，不然則與周制之五室如一者，奚別焉？亦當云三四步，三四尺，方見以三尺益三步，四尺益四步之義乎？不於此深求其義而臆決焉，其謬四矣。

「四旁兩夾窗」注曰：「窗，助户爲明。每室四户八窗。」樾謹按：古言户牖，不言窗户。窗之與牖，義蓋有別。愚嘗有《窗牖辯》，其略曰：窗與窗同，古文作囧。觀其形，知其制。蓋以木縱橫界之，不可開闔者也。牖字從片，片者，判木也，故版字從片，牖爲木版亦從片，牏爲築牆短版亦從片。然則牖蓋以版爲之，可開可闔者也。鄭君以窗爲牖，無乃疏歟？且四户八牖，非古制也。義已具前，故不復說。

「門堂三之二」注曰：「門側之堂，取數於正堂。令堂如上制，則門堂南北九步二尺，東西十一步四尺。」《爾雅》曰：「門側之堂謂之塾。」樾謹按：鄭君誤以堂脩七爲假設之數，於是正堂之制亦失。今既訂正，可弗論矣。惟以門堂爲門側之堂，則亦非也。若門側有堂，而門中無堂，則《爾雅》直曰「門堂謂之塾」可矣，何必別之曰「門側之堂」哉？且夫門側有堂，周制也，夏、殷所不得而有也。鄭失其數，難與語此。

「室三之一」注曰：「兩室與門各居一分。」樾謹按：兩室各居一分，則於門堂占三分之二，何云三之一乎？且門堂既取數於正堂，則門室亦必取數於正室，安得卽於門堂取之！

「殷人重屋堂脩七尋」注曰：「其脩七尋，五丈六尺，放夏，周則其廣九尋，七丈二尺也。五室各二尋。」樾謹按：殷制一如夏制，鄭不達夏制，因不達殷制。而以周制說之，此大誤也。周制尚在下文，何得逆探爲說乎？

「四阿」注曰：「若今四注屋。」樾謹按：此當連下「重屋」爲文，謂於四棟之上作重屋也。《爾雅》曰：「偏高曰阿丘。」凡屋上棟下宇，自一面視之，有偏高之形，故棟宇通有阿稱。《儀禮》「當阿」，以宇言也，此記「四阿」，以棟言也，說詳《儀禮》。鄭斷「四阿」二字爲句，而訓爲「四注屋」，夫四阿則四注，可知鄭君此注於義無違。然學者因此便謂四注之屋始自殷人，夏后氏世室尚是兩下屋，則大不然矣。既爲四面之堂，豈得無後世廟寢皆爲四注屋，夏后以前廟寢之屋惟南北兩下，是以傳爲兩下之屋？所以有夏屋兩下之說者，蓋於此名也。若夫世室、重屋、明堂，異名同實，其東堂西堂東西兩下，其南堂北堂南北兩下，合而爲四注之

屋，是其四注也，實則皆兩下也。古者無可減，後世無可加。

「重屋」注曰：「複笮也。」樴謹按：古有重屋，有複屋。重屋者，於棟之下復為一棟以列椽，亦稱重橑。徐鍇《說文繫傳》於「橑」篆下引《東方朔傳》「後閤重橑」而釋之曰：「大屋廡下椽自上峻下，則自其中棟假裝其一旁為椽，使若合掌然，故曰重橑。」此說重屋之制至詳盡矣。《說文·木部》：「樓，重屋也。」《林部》：「棼，複屋棟也。」所謂累棟者，即複屋矣；所謂累屋者，即重屋矣。《周書·作雒》篇「重亢重廊」孔晁注曰：「重亢，累棟也。重廊，累屋也。」重屋複屋，不可混而一之。鄭君此注殆誤以複屋說重屋乎？《春秋》文十三年「大室屋壞」，《漢書·五行志》引左氏說曰：「前堂曰大廟，中央曰大室。屋，其上重屋，尊高者也。」《隋書·牛弘傳》引服虔說曰「大廟，大室之上屋也」。是古制明分為二，鄭君此注殆誤以複屋說重屋乎？

「堂崇一筵」注曰：「周堂高九尺，殷三尺，則夏一尺矣。相參之數，禹卑宮室，謂此一尺之堂與？」樴謹按：堂崇三尺，夏、殷同之。《禮》曰「天子之堂九尺，諸侯七尺，大夫五尺，士三尺」。是三尺之堂已為極卑，一尺之堂，古無有也。《呂氏春秋·召類》篇曰「明堂，茅茨、蒿柱、土階三等」，若有一尺之堂，則當有一等之階。呂氏方極言古制之儉，何不言一等而必言三等乎？

鄭注又以世室為宗廟，重屋為王宮正室，明堂為明政教之堂，不知三者一也，已具論於前，不復說矣。夫世室、重屋、明堂之制，雖大儒如鄭君猶不能曉，然則李謐、牛弘之議，又何譏焉？近代學者覃思古義，多所發明，而於斯制實猶未得，此《世室重屋明堂考》所以作也。雖然，世室、重屋、明堂，三代之制也。吾論

三代之制，而下及秦、漢者何也？秦、漢之制亦從三代出也。然則三代其遂無所出乎？蓋必出於唐虞可知矣。唐虞久遠，工師失傳，故《考工記》不載其制。乃文祖之名見於《堯典》，鄭康成謂若周之明堂。《史記·五帝本紀》正義引《尚書帝命驗》曰：「帝者承天立五府。五府者，唐虞謂之天府，夏謂之世室，殷謂之重屋，周謂之明堂，皆祀五帝之所也。赤帝熛怒之府名曰文祖，周曰明堂；黃帝含樞紐之府名曰神斗，周曰大室；白帝招矩之府名曰顯紀，周曰總章，黑帝光紀之府名曰玄矩，周曰玄堂，蒼帝靈威仰之府名曰靈府，周曰青陽。」然則唐虞之制，亦略可見矣。爲圖如左：

靈府	神斗	文祖

土居中央，有室無堂，以木、火、金、水四堂爲堂，明土於五行最尊，不自任部職也。木、火、金、水居四方，有堂無室，皆以土室爲室，明土最大，能包含物也。唐虞之制，豈後世所及哉！其脩廣之數雖無得而言，然後世五室如一，則唐虞五府亦必如一矣。夏后氏以五帝各有室，乃斥大其中央之室而置五室焉，因改天府之名而曰世室。自夏迄周，五室四堂遂爲定制，莫之易也。秦、漢以降，宏規大起，增五室爲九室，

分四堂爲十二堂,其於古制,去之彌遠矣。《月令》所說止有大廟大室,而無五室之別,或猶唐虞之遺制乎?然四堂各有左右个,又近乎十二堂矣。童牛角馬,不今不古者歟!《周書·明堂》篇止記周公明堂之位,而《太平御覽》、《事文類聚》載其逸文曰「明堂方一百一十二尺,室居中方百尺,室中方六十尺。東方曰青陽,南方曰明堂,西方曰總章,北方曰玄堂,中央曰大廟。左爲个,右爲个」,其制正與《月令》同。所謂「室居中方百尺」者,通堂上四維之室言之也;所謂「室中方六十尺」者,大室也。大室方六十尺,四維之室各方二十尺,爲四十尺,適合方百尺之數。然則大廟脩二十六尺,左右个各脩六尺矣。此制或即呂氏之徒所定,而後人載之《周書·明堂》篇之末,亦若《王會》篇載伊尹朝獻歟?附圖如左:

呂氏之說雖不足據,然而五府遺意猶有存焉。其青陽、總章諸名,亦未知所自始。《帝命驗》謂皆周制,非

也。《隋書·牛弘傳》稱「堯曰五府，舜曰總章」，然則四堂之名古矣。堂有四而舉總章者，自大室而言之也。土生金，金生水，水生木，木生火，是故總章者，四堂之首也。虞曰總章，猶周曰明堂。金爲土之子，而火爲土之母，故以總章統四堂可也，以明堂統四堂亦可也。要而論之，一室四堂，唐虞之制；五室四堂，三代之制；九室十二堂，秦、漢之制。孟子言性善必稱堯、舜，夫五性本於五行，然則言明堂者，其可遺唐虞之制乎！愚爲《世室重屋明堂考》，而以五府終焉，觀止矣。

群經平議卷十五

德清俞樾

儀禮一

筮人執筴，抽上韇，兼執之。《士冠禮》

樾謹按：敖繼公《集說》曰：「執筴當作「執筮」。上云「筮與席」，下云「徹筮席」，以上下文徵之，則此「筮」字乃傳寫誤也。」又《特牲》《少牢禮》皆云「執筮」，益可見矣。」阮氏《校勘記》斥爲臆說。今按：敖說固多不足據，然此文「執筴」之當作「執筮」，則《特牲》《少牢》兩篇塙有明證。《禮記·月令》篇、《少儀》篇鄭注竝曰：「筴，蓍也。」若此文是「筴」字，則亦必有注，以其無注，知其所據本作「執筮」，不作「執筴」也。筮、筴形似，又涉注文「韇，藏筮之器」，因而致誤，宜從敖說訂正。至注文「藏筴之器」，乃鄭君自釋「韇」字之義，不必因經文言筴亦順之曰藏筴之器也。朱子《經傳通解》改「筴」爲「筮」，則又非鄭君之舊矣。

主人戒賓。

鄭注曰：「賓，主人之僚友。古者有吉事則樂與賢者歡成之，有凶事則樂與賢者哀戚之。今將冠子，故就告僚友使來。」賈公彥疏曰：「論主人筮日訖三日之前，廣戒僚友使來觀禮之事也。」

王氏引之《經義述聞》曰：「按少牢饋食禮先宿戒尸、後筮尸、筮吉乃宿尸，與此先戒賓、後筮賓、最後宿賓正相似。少牢未筮尸之前，已有將以爲尸之人，則冠禮未筮賓之前，亦有將以爲賓之人，不得以戒賓爲戒衆人也。且鄉飲酒、鄉射之主人戒賓，皆指正賓言之，而冠禮之主人戒賓，則兼指衆賓，無是理也。下文曰冠者，曰主人，曰賓，曰贊冠者，曰擯者，曰兄弟爲類凡七，絶無所謂衆賓者，主人又安得而戒之乎！曰賓已戒矣，筮而不吉則如之何？曰改筮他人爲賓，吉而宿之，而前所戒之賓不宿。少牢先宿戒尸後筮尸，而云『吉則乃遂宿尸』『若不吉，則遂改筮尸』，冠禮之筮賓當亦如之，經但言其不改者耳。」

樾謹按：王氏之説非也。禮本人情，古今不異。凡所以爲尸者，於祭者子行也，先戒之而後筮之，不吉而又改之，狐埋狐搰，無乃非人情乎！王氏又引鄉飲酒、鄉射之主人戒賓皆戒正賓爲證，此不然也。鄉飲酒、鄉射皆不筮賓，則戒賓之時賓猶未定也。故所戒者專在正賓。冠禮筮賓，則戒賓之時賓當從舊説爲廣戒僚友。至下文「主人戒賓」當從舊説爲廣戒僚友。若亦如筮尸之例，未筮之前先有以爲賓之人，然則經文亦當曰「若不吉則改筮賓」矣，何以無文乎？蓋彼之筮尸，就一人而筮之也，故有「前期三日筮賓」，則卽所戒之人而枚筮之，擇其吉者一人以爲賓也。若筮則異姓之人，於主人爲僚友，先已戒之，不吉而又改之，使古禮果如此，無怪乎冠禮之行不非鄭尹而笑孫子矣。❶

---

❶「笑」，原作「芺」，今據上下文義改。

改筮之文。此之筮賓，卽所戒之眾人而枚筮之也。筮甲不吉則筮乙，筮乙不吉則筮丙，本非一筮，故亦不言改也。觀筮賓、筮尸之不同，知戒賓、戒尸之有異矣。戒賓之時，尚未知誰為正賓，及筮得其人而遂宿之，則正賓定矣。其餘諸人或不盡來，其來者皆以為贊。下文曰「贊者皆與」，注曰「贊者，眾賓也」，疏曰「鄭知贊者眾賓者，以其下別言贊冠者，明上文贊者是眾賓也」，此冠禮有眾賓之明證。然贊者與贊冠者經文固別而言之，將以此贊者為何許人乎？王氏謂下文絕無言眾賓者，豈以注義為非乎？然贊者與贊冠者經文固別而言之，將以此贊者為何許人乎？王氏讀書致為精審，乃有此千慮之失，故詳辨之，勿使後人因此病古禮之不近人情也。

贊者盥于洗西，升立于房中，西面南上。

注曰：「南上，尊於主人之贊者。」疏曰：「知與主人贊立者，以贊冠一人而已，而云『南上』，明與主人贊為序。」

樾謹按：自此文以前所言贊者，皆賓之贊也。下文「主人之贊者筵于東序」，始別言主人之贊者，則此文止言賓贊明矣。鄭以經言「南上」，明非一人，故兼主人贊言之，其實非也。下文「贊者皆與，贊冠者為介」別而言之，是其證也。西面南上，乃贊冠者與贊者並立之序，如緇布冠缺項以下凡六物，櫛又一物，皆須贊者奠之，一人往反，不太勞乎？故有贊冠者一人，必有贊者一二人也。然則經何以不明言其數也？曰贊者卽眾賓也，其多寡有無不可定也。若竟無之，則亦缺之矣。此經文所以不言其數，而但以南上之文見之也。

賓盥卒，壹揖，壹讓，升。

注曰：「揖、讓皆壹者，降於初。」

樾謹按：上文「三揖至于階，三讓」，注曰「入門，將右曲揖，將北曲揖，當碑揖」，此三揖之節也。此所言賓盥之事，據上文「設洗直于東榮，南北以堂深」，又據《聘禮》注曰「設碑近如堂深」，是設洗之處正與碑東西相直。盥卒之一揖，即當碑之一揖也，其餘二揖無所施矣。然則壹揖、壹讓乃是事所宜然，非故爲降殺也。

適子冠於阼，以著代也。

注曰：「醮，夏、殷之禮，每加於阼階。醮之於客位，所以尊敬之，成其爲人也。」《記》

《校勘記》補。

樾謹按：注中「階」字衍文也。上文行三加之禮，皆在東序少北，不在阼階，此所謂阼者即是東序。蓋阼之言酢也，上文鄭注曰「阼猶酢也，東階所以答酢賓客也」，是「阼階」之「阼」，其字本當爲「酢」，取答酢賓客之義。因而東序與阼階相值，亦得謂之阼，《禮記·內則》篇「夫入門，升自阼階，立於阼」是也。自變其字從旨作「阼」，於是阼之義專屬於階，而東序之爲阼不著矣。《喪大記》曰「君將大斂，子弁絰，即位于序端」，與《冠禮》「主人升，立於序端」其義一律。子冠于東序也，阼亦東序字，而父位于序端，父斂于東序而子位于序端，此古人制禮之意可比例而見者也。後人不知東序之爲阼，誤以爲阼階，故于此注加入「階」字耳。《禮記·郊特牲》篇「適子冠於阼」，鄭注曰「東序少北，近主位也」，

足知此注「階」字之衍矣。上文「庶子冠于房外」,注曰「不於阼階,非代也」,此「階」字亦衍文也。夫庶子之冠尚得在堂上,豈適子之冠反不得在階上乎?適子、庶子之冠,其地雖異,而實不甚相遠,皆在房之外,序之内。《士昏禮》曰「席于阼,舅即席」,此即適子冠處也。又曰「席于房外南面,姑即席」,此即庶子冠處也。上文説孤子冠事曰「禮於阼」,蓋父在則父爲主人,不得以客位自處,故禮於東序主人之位。自「阼」字之義不明,而禮意全失矣。疏言「周與夏、殷孤子同冠於阼階,禮之於客位」,夫經明言「禮於阼」,而疏乃言「禮之於客位」,何其踳歟!疏因經文「西」字而以地道尚右爲説,失之迂曲矣。

主人筵于戸西。《士昏禮》

注曰:「戸西者,尊處。」疏曰:「以戸西是賓客之位,故爲尊處也。必以西爲客位者,以地道尊右故也。」

樾謹按:凡室之制,戸左而牖右,戸之西即牖之東,所謂戸牖之間也。蓋設筵之地,當堂之正中。

賓升西階,當阿,東面致命。

注曰:「阿,棟也,入堂深,示親親,今文阿爲庪。」

樾謹按:鄭訓阿爲棟,甚爲違失。下文云「授于楹間」,豈有致命之時已深入當棟,而授鴈之時復却行至楹間者乎,非其理矣。阿者蓋即屋宇也。當阿而拜,示謙也。拜已,少進,授鴈于楹間,示親親也。今文作「庪」,疏謂「楣前接檐爲庪」,是今古文之義亦不甚相違。若從鄭注訓阿爲棟,棟之於庪則相去絶遠矣。近世學者頗知鄭義之非,惟「阿」字未有塙義。今按:阿者棟宇之通稱。《考工記·匠人職》曰「四阿重

屋」，言於四棟爲重屋也，是棟稱阿也。此經曰「當阿」，言當屋宇之下也，是宇稱阿也。《爾雅・釋丘》曰：「偏高阿丘。」《釋名・釋丘》曰：「阿，何也，如人儋何物一邊高也。」凡屋上棟下宇，自一面視之，有偏高之形，故自棟至宇皆得謂之阿。《爾雅・釋地》曰「大陵曰阿」，《釋名・釋山》曰「陵，隆也，體隆高也」，以其隆高而得阿名，此棟稱阿之義也。《子虛賦》曰「此宇稱阿之義也。《文選・思玄賦》「流目眺夫衡阿兮」，舊注曰「阿，山下也」，山下曰阿，似乎無別。然《説文・瓦部》「甍，屋棟也」，而《廣雅・釋室》又曰「甍謂之甌」，甌卽雷字，《楚辭・大招》「觀絶雷只」，王逸注曰：「雷，屋宇也。」夫棟與宇立謂之甍，何不可立謂之阿乎？以其狀自上而下，則皆曰「阿」可也；以其用在乎蒙覆，則皆曰「甍」可也。襄二十八年《左傳》「猶援廟桷動於甍」，杜注曰：「甍，屋棟。」程氏易疇《通藝錄》曰：「大公之廟必非容膝之廬，所援之桷必爲當檐之題。題之去極甚遠，安得援題而動於極也？」此説足正杜注之誤。

婦車亦如之有裧。

注曰：「裧，車裳幃。」

樾謹按：裧者，車裳幃之緣也。《禮記・雜記》篇「其輤有裧，緇布裳帷」，注曰「裧，謂黿甲邊緣。裳帷，圍棺者也」，卽其證矣。古字本當作「𧝐」。《説文・龜部》：「𧝐，龜甲邊也。」衣裳之有緣，猶龜甲之有邊，故卽以𧝐名之。因變其字從衣，下文「純衣纁袡」是也。又變從冄聲者爲從炎聲，此文「有裧」是也。注但以

「車裳幃」說之,未得其義。

設黍于腊北。

樾謹按:「腊」字疑「豚」字之誤。婦席之前,菹醢二豆在南,醬一豆在北。菹醢二豆之前設豚魚二俎,醬之前設黍稷兩敦,然則黍正在豚北明矣。腊為特俎,設于豚魚二俎之南,與黍相隔。言設黍者當據豚言之前設黍稷兩敦,不當據腊言北也。又按:上文云「腊特于俎北」者,此俎止謂魚俎,不兼謂豚俎,猶「俎入,設于豆東」止謂菹醢兩豆,不兼謂醬豆,皆據後設者言之也。如此,則稷與魚、腊三者為一列,腊與稷值,不與黍值,腊北之當為豚北,更可知矣。

於是與始飯之錯。

注曰:「始飯,謂舅姑。錯者,媵餕舅餘,御餕姑餘。」疏曰:「舅姑為飯始,不為餕始。俗本云『與始餕之錯』者,誤也。」

樾謹按:以始飯目舅姑,甚為不辭。疑「飯」字實當作「餕」,「始餕之」三字連讀。上文曰「婦徹于房中,媵御餕」,此即所謂「始餕之」也。其時蓋御餕舅餘,媵餕姑餘,及姑酳之後乃終餕之,於是改而為「媵餕舅餘,御餕姑餘」,是「終餕之」與「始餕之」相錯也,故曰「於是與始餕之錯」。鄭君所據本作「始飯之」,即從而為之說,而古本流傳尚有作「餕」者,後人以其與鄭義不合,反斥為俗本矣。

注曰:「妥,安坐也。傳言,猶出言也。」《士相見禮》

樾謹按：傳言者，相傳而言也。見於君者或非一人，必待前人言訖，後人乃接續而言，不相儳越也。鄭注似未得其義。

君爲之興，則曰：君無爲興，臣不敢辭。

樾謹按：「不」字衍文也，當作「君無爲興，臣敢辭」，涉下文「君若降送之，則不敢辭」，因而致誤。觀下文鄭注曰「辭君興而不敢辭其降，於已太崇，不敢當也」，明是下句言不敢，上句言敢，當據以訂正。

宅者在邦，則曰市井之臣，在野，則曰艸茅之臣。

注曰：「宅，謂致仕者，去官而居宅，或在國中，或在野。《周禮》載師之職以宅田任近郊之地。今文宅或爲託。」

樾謹按：仕與不仕皆有所居之宅，但曰宅者，無以見其爲致仕者也，鄭義殊有未安。敖繼公曰「宅者，未仕而家居者也」，然未仕而家居者，其見于君則亦庶人而已矣，安得別之曰宅者乎？王氏引之《經義述聞》謂「當從今文作託，蓋羈旅之人託于此國者」，然經文先言士大夫，次言宅者，次言庶人，次言他國之人，則宅者自是本國之人。若是寄託此國者，其文當次他國之人之下，不當次士大夫之下也。以上諸説，疑皆未得。今按：《尚書・顧命》篇「王三宿，三祭，三咤」，正義引鄭注曰「咤行曰咤。王徐行前三祭，又三却，復本位」，《釋文》曰「咤亦作宅」，是宅有却義也。此文「宅者」之「宅」亦當訓却，實則爲「斥」之叚字。《周易・解・象傳》「百果草木皆甲坼」，鄭本作「甲宅」，即其例也。《文選・思玄賦》「斥西施而弗御兮」，注曰：「斥，却也。」宅與斥通，故亦有却義。宅者蓋舊爲士大夫有過斥退者，不敢

自同于士大夫,而亦不得自同于庶人,故即其在邦、在野異文爲之稱以别之。經文次士大夫之下、庶人之上,正其所也。宅、託異文,猶宅、咤異文,止取毛聲,故無定字。必泥其字以求之,則失之矣。

主人阼階上,當楣,北面再拜。《鄉飲酒禮》

注曰:「楣,前梁也。」

樾謹按:《説文·木部》:「楣,秦名屋㮰聯也。齊謂之檐,楚謂之梠。」據此則楣即檐也。《廣雅·釋室》曰:「楣,檐櫋梠也。」《釋名·釋宮室》曰:「楣,眉也,近前若面之有眉也。」其文即次梠下,竝古人謂檐爲楣之證。《爾雅·釋宮》「楣謂之梁」,據《説文》「楣,門樞之橫梁」,是《爾雅》「楣」字之誤。《釋文》兩存其字,曰「楣,忘悲反。或作楯,忘報反」,實則「楣」是而「楯」非也。五架之屋,棟南一架爲前楣,棟北一架爲後楣。楣之言中也,謂正中也。楣之言冒也,謂覆冒也。門樞之有楣,即依此而名之。其制大小不同,其爲橫梁一也。自《爾雅》誤「楯」爲「楣」,而學者遂不知楣、楯之有辨矣。

右手取肺,却左手執本,坐,弗繚,右絶末以祭,尚左手。

注曰:「繚,猶紾也。大夫以上威儀多紾絶之。尚左手者,明垂紾之,乃絶其末。」疏曰:「云『繚猶紾也』者,弗繚即弗紾,一也。云『大夫以上威儀多』者,此鄉飲酒大夫禮故云『繚祭』;鄉射士禮云『絶祭』。但云『繚』必兼『絶』,言『絶』不得兼『繚』,是以此經云『繚』,兼言『絶』也。按《周禮·太祝》注曰:『繚祭以手從肺本,循之至于末,乃絶以祭。絶祭不循其本,直絶以祭。本同,禮多者繚之,禮略者絶則祭之。』亦據此與鄉射而言也。」

樾謹按：經文明言「弗燎」，而疏乃以爲燎祭，失之甚矣，由未解注中「垂」字之義故也。「垂紾之」者，言垂欲紾之，是弗紾也。鄉飲酒參用大夫、士禮，故記云「磬階閒縮霤」，注曰「大夫而特縣，方賓鄉人之賢者，從士禮也」，是其證也。大夫禮當燎祭，士禮當絕祭，故卻左手執本，示將紾之，而右手即絕其末也。注義簡古，疏未能達。近人或欲刪經文「弗」字，誤矣。

介揖讓升，授主人爵于兩楹之閒。

注曰：「就尊南授之。介不自酌下賓酒者，賓主共之。」

樾謹按：兩楹之閒乃東西正中之地。上文云「尊兩壺于房戶閒」，是設尊之處不當正中，與兩楹閒初不相直。鄭以爲就尊南授之，非也。今按：兩楹閒者，賓席之前也。賓席在戶牖閒，其前即兩楹閒矣。酒者賓主共之，介不敢有其酒，故授爵于賓席之前，見因賓而有也。注尚未得其旨。

司正洗觶，升自西階，阼階上，北面受命于主人。

疏曰：「按《鄉射》云司正『升自西階，由楹內適阼階上，北面』，彼此同。此不言『由楹內』者，省文也。」

樾謹按：《鄉射禮》云「豫則鉤楹內，堂則由楹外」，注曰：「鉤楹，繞楹而東也，序無室可以深也。」以是推之，此文不言「由楹內」者，所謂「堂則由楹外」也；彼文言「由楹內」者，所謂「豫❶則鉤楹內」也。其制不同，故行禮之節亦有別。疏說失之。

❶「豫」，原作「序」，據上文改。

公如大夫入。

注曰：「如，讀若今之若。」疏曰：「謂大夫之於公，更無異禮矣。」

樾謹按：如疏義，則作「公若大夫」可也，作「公如大夫」亦可也，鄭君何爲不以本字讀之，而必讀之爲若乎？然則疏義非注義矣。今按：若猶或也。古人之辭，凡不定者以若言之，《士昏禮》「若衣若笄」是也。急言之則曰某若某，《燕禮》「幂用綌若錫」是也。公若大夫，謂若公若大夫，不定之辭。經文作「如」字者，如與若同義。《論語‧先進》篇「方六七十如五六十」又曰「宗廟之事如會同」，如亦猶或也。鄭必讀如爲若者，取其義益顯耳，不謂疏家之猶未達也。

若有諸公，則大夫於主人之北西面。

注曰：「其西面者，北上統於公。」疏曰：「若無諸公，則大夫南面西上，統於遵也。」阮氏《校勘記》曰：「遵，閩本《通解》俱作賓。」

樾謹按：大夫卽是遵，乃云「統於遵」，義不可通，故後人臆改爲「賓」，其實非也。「遵」乃「尊」字之誤。尊在房戶之間，無諸公則大夫卽席于尊東，南面西上，故曰「統於尊」也。「統於尊」與上文注言「或統於堂」、「或統於門」文義一例。《鄕射禮》「大夫若有遵者，席於尊東」，注曰：「尊東，明與賓夾尊也。不言東上，統於尊也。」然則此疏卽用彼注之文耳。「尊」誤爲「遵」，其義遂失矣。

乏參侯道，居侯黨之一，西五步。《鄕射禮》

注曰：「侯道五十步，此乏去侯北十丈，西三丈。」疏曰：「『乏參侯道』者，謂三分侯道。云『居侯黨之一』

者，黨，旁也，謂在侯西北邪向之，故以旁言之。其居旁之一者，謂侯道內三分之，居一分之地十丈也。云「西五步」者，據侯之正北落西有五步，即三丈也。」

樾謹按：黨之訓旁，古訓未聞，且注文言「往黨衛侯，會公於沓。反黨鄭伯，會公於斐」，何休注曰「黨，所也」；《越語》黨猶所也。文十三年《公羊傳》「往黨衛侯，會公於沓。反黨鄭伯，會公於斐」，何休注曰「黨，所也」；《越語》「夫上黨之國」，韋昭注曰「黨，所也」，並古人謂「所」爲「黨」之證。「居侯黨之一」，謂在侯所之一分也。不直曰「乏居侯道參之一」，而必曰「乏參侯道，居侯黨之一」者，蓋但曰「參之一」，則有近侯之一分，又有近堂之一分，將近堂乎？抑近侯乎？於文未明，故必曰「乏參侯道，居侯黨之一」，於是南北之度可得而定矣。然猶未及東西之度，故又曰「西五步」也。經文既委曲詳盡，注文亦簡而明，但以未釋「黨」字之義，疏家遂不達其旨矣。王氏《經義述聞》訓黨爲所，與愚說合。然欲移經文「之一」兩字於「侯道」之下，則又大謬。使經文但曰「乏參侯道之一」，則此乏去侯北爲十丈爲廿丈皆不可知，鄭君何能臆決之曰「去侯北十丈」乎？

大夫若有遵者則入門左。

注曰：「謂此鄉之人爲大夫者也。謂之遵者，方以禮樂化民，欲其遵法之也。其士也，於旅乃入。鄉大夫、士非鄉人禮亦然，主於鄉人耳。」

樾謹按：《鄉飲酒禮》云「賓若有遵者，諸公大夫則既一人舉觶乃入」，先言「賓若有遵者」，乃言「諸公大夫」，明諸公大夫皆遵也。此文云「大夫若有遵者，諸公大夫若有遵者則入門左」，先言大夫，乃言若有遵者，明大夫不皆是遵夫」，明諸公大夫皆遵也。

也。蓋此經大夫有二:其一則鄉之人爲大夫者,來助主人樂賓也;其一則鄉大夫,來臨此射禮也。鄭《目錄》云:「州長春秋以禮會民,而射於州序之禮。謂之鄉者,州鄉之屬,鄉大夫或在焉,不改其禮。」又注「主人戒賓」云:「主人,州長也。鄉大夫若在焉,則稱鄉大夫。」疏曰:「謂大夫來臨禮之時,州長戒賓不自稱,稱鄉大夫以戒賓也。」乃經文並不言鄉大夫來臨禮,其位在何處,又不言行禮之節,蓋皆於大夫中包之矣。注文所謂「鄉大夫士非鄉人禮亦然」者,「士」字疑衍文,蓋謂大夫爲遵者是鄉人,鄉大夫來臨禮者非鄉人,而其禮皆同也。賈氏作疏時已衍「士」字❶,於是不得其說。

無射,獲。無獵,獲。

注曰:「射獲,謂矢中人也。獵矢從旁。」疏曰:「云『射獲謂矢中人也』者,人謂獲者,亦以事名。云『獵矢從旁』者,謂從乏旁也。」

樾謹按:《大射儀》亦有此文,注曰「射獲,矢中乏也。從旁爲獵」,義與此同,實非經旨也。鄭君之意,以獲爲獲者,故戒射者無令矢及之,然則「無獵獲」又何義乎?且乏在侯道西五步,中乏即是從旁,於義似複矣。今按:此二句當讀云「無射,逗。獲。句。無獵,逗。獲。句」。「無射」謂無射則獲,「無獵」則獲也。下文「獲者坐而獲」,注曰:「射者中則大言獲。獲,得也。」此獲字之義也。「無射」之「射」當讀爲「仰者謝」之「謝」,《爾雅·釋魚》曰「龜俯者靈,仰者謝」,《釋文》曰「謝,衆家本作射」,蓋古字通也。無射者,戒其矢從上

❶「賈」,原漫漶不清,今據清經解續編本補。

也，無獵者，戒其矢從旁也。《大射儀》曰：「大射正立于公後，以矢行告于公，下曰留，上曰揚，左右曰方。」揚即此所謂「射」也，方即此所謂「獵」也。下文言三耦，弟二番射事曰「不貫不釋」，注曰「不中正不釋也」，言弟三番射事曰「不鼓不釋」，注曰「不與鼓節相應不釋算也」觀彼文而此文之義益明矣。弟一番不釋獲，故言獲不言釋耳。其不曰「射者不獲，獵者不獲」而曰「無射，獲。無獵，獲。」以其始射意在誘勸之也。

賓、主人、大夫揖，皆由其階降揖。主人堂東祖決遂，執弓搢三挾一个。賓於堂西亦如之，皆由其階，階下揖，升堂揖，主人爲下，射皆當其物。北面揖，及物揖，乃射。卒，南面揖，皆由其階，階上揖，降階揖。賓序西，主人序東，皆釋弓説決拾，襲，反位。

注曰：「或言堂，或言序，亦爲庠榭互言也。」疏曰：「上云『榭則鉤楹內』，謂射於榭者也；『堂則由楹外』，謂射於庠者也。今『袒決遂』則言堂東西，見在庠也，在榭亦然。『釋弓説決拾』則言序東西，序則榭也，庠亦然，故曰序東西。周公省文，欲兩見之也。」

樾謹按：榭則鉤楹內，堂則由楹外，以有楹內楹外之分，故必兩見。若此文，則堂一也，又何兩見之有，鄭注非也。今按：《士喪禮》「襲経于序東」注謂「東夾前」，疏曰「經云『主人降自西階』，更無升降之文。而云『序東，東夾前』者，主人即位踊訖而去，襲経于序東，謂鄉堂東。東西當序牆之東，又當東夾之前。」《禮記·奔喪》篇亦云「襲経于序東」，正義曰「謂在堂下當序牆之東」然則此經「賓序西，主人序東」亦謂堂下當序牆之西、當序牆之東耳。上經云「乃納射器，皆在堂西，賓與大夫之弓倚於西序」，又云「主

人之弓矢在東序東」，所云西序及東序東，亦謂堂下之地，與序牆相值者，而此文之義益明矣。

獲者薦右東面立飲。

注曰：「立飲薦右近司馬，於是司馬北面。」疏曰：「知於是司馬北面者，此約獻釋獲者司射之位。按下文司射獻釋獲者，釋獲者薦右東面受爵，司射北面拜送爵，故知此時司馬亦北面也。」

樾謹按：上文「司馬西面拜送爵」以後更不見「司馬」字，鄭何知此時司馬北面乎？若據下文司射之位為説，則大不然。下文云「司射北面拜送爵」，是送爵之時司射北面，及釋獲者飲，司射仍北面，是司射不易處也。司射不易處，司馬宜亦不易處，然則此時司馬仍西面可知矣。蓋獲者東面，與司馬西面相對也。釋獲者北面，與司射北面相立也。一取相對，一取相立，事各不同。鄭君此説本誤，疏從而爲之辭，胥失之矣。

大夫與，則公士爲賓。《記》

注曰：「不敢使鄉人加尊於大夫也。公士，在官之士。鄉賓主用處士。」疏曰：「鄉飲酒貢士法，賢者爲賓，其次爲介，又其次爲衆賓。有大夫來，不易去之，以其賓擬貢故也。」

樾謹按：疏意以大夫即是來爲遵者，此大謬矣。自此以前，主人獻賓，賓酢主人，主人又酬賓，賓之尊久定矣，豈有大夫來而更易一賓之理乎！今按：此經大夫有二：其一則鄉之人爲大夫者，來助主人樂賓，所謂遵也；其一則鄉大夫來臨此禮，鄭《目錄》所謂「州鄉之屬，鄉大夫或在焉」者也，説詳上文「大夫若有遵者」下。此《記》言「大夫與，則公士爲

賓」，謂鄉大夫來臨此禮也。鄉飲酒禮鄉大夫爲主人，故不嫌以處士爲賓，主人不自尊也。鄉射之禮州長爲主人，不敢以無爵命之處士加於鄉大夫之上，故大夫與則必以公士爲賓也。鄉大夫來臨此射禮與否，主人戒賓之先已定，則賓之或用公士，或用處士，主人戒賓之時已定矣，豈因有無不定之遵者而輕易其至尊之賓乎！

西序之席北上。

疏曰：「謂衆賓有東面者則北上，此東面非常，故記之也。若然，此鄉射上設席，雖不言衆賓之數，上文云『三拜衆賓』，鄭云『三拜示徧也』，則衆賓亦三人矣。而復有東面者，若公卿大夫多尊東，不受則於尊西。賓近於西，則三賓東面北上，統於賓也。」

樾謹按：賓席無可移易之理，疏說非也。西序所以設席者，蓋以有諸公則大夫席於東序，《鄉飲酒·記》曰「若有諸公，則大夫於主人之北西面」是也。於是三賓之席亦移于西序以配之耳。

凡侯，天子熊侯，白質；諸侯麋侯，赤質；大夫布侯，畫以虎、豹；士布侯，畫以鹿、豕。

注曰：「此所謂獸侯也，燕射則張之，鄉射及賓射當張采侯二正。而記此侯，由是云焉。白質、赤質，皆謂采其地，其地不采者白布也。熊、麋、虎、豹、鹿、豕，皆謂畫其頭象於正鵠之處耳。」

樾謹按：虎、豹、鹿、豕言畫而熊、麋不言畫，則熊侯、麋侯、豹侯設其鵠，諸侯則其熊侯、豹侯、卿大夫則其麋侯，皆設其鵠。」鄉射之禮綱於大射，故天子降侯、熊侯、豹侯、鹿、豕言畫而熊侯、麋侯皆皮侯也。《周官·司裘》曰：「王大射，則共虎

凡畫者丹質。

而諸侯之熊侯，諸侯降而用卿大夫之麋侯，於是大夫不得用皮侯，降而用獸侯矣，其說詳後。鄭君因《燕禮》云「若射，則大射正爲司射，如鄉射之禮」而《考工記·梓人》云「張獸侯，則王以息燕」，是王燕射用獸侯，故謂天子、諸侯鄉射亦用獸侯。不知所謂如鄉射之禮者，如其禮非必如其侯也。此《記》專言鄉射之事，而云「天子熊侯，諸侯麋侯」，則天子、諸侯鄉射之用皮侯，塙有明證，安得以《周禮》之熊侯、麋侯爲皮侯，而此《記》之熊侯、麋侯爲獸侯乎！

注曰：「賓射之侯、燕射之侯皆畫雲氣於側以爲飾，必先以丹采其地。丹淺於赤。」

樾謹按：「凡畫者丹質」即承上文「畫以虎豹」「畫以鹿豕」而言。欲明丹質之義，當先明「質」字之義。質之名因皮侯而起。鄭君注《周禮·司裘》曰「以虎、熊、豹、麋之皮飾其側，又方制之以爲準，著於侯中，所謂皮侯」，是皮侯者以布爲質，以皮爲飾也。所節止在四側，則侯中無飾之處，其質見矣。是故「熊侯白質」者，以熊皮飾侯四側，而侯中不飾之處以白塗其質也。「麋侯赤質」者，以麋皮飾侯四側，而侯中遂專有質名。此皆周人尚文之意，相沿既久，而侯中不飾之處以赤塗其質也。《詩·賓之初筵》篇「發彼有的」，毛傳曰「的，質也」，所謂質者，以侯中言也。至鄭司農注《周禮·司裘》云「方十尺曰侯，四尺曰鵠，二尺曰正，四寸曰質」，則又從侯中而極言之，愈失其初意矣。獸侯不用皮爲飾，則止是白布的。布侯者，別以皮侯而言之也。然侯中仍以丹塗其質，非特爲觀美而已，所以表其爲侯中也。《考工記》曰「參分其廣而鵠居一焉」，注曰「謂侯中也」，是皮侯棲鵠之處居侯中三分之一，然則獸侯畫獸之處，

亦當居侯中三分之一。是故侯中以丹塗其質，所以表其爲侯中，凡畫虎、豹、畫鹿、豕，皆於是取節焉。《記》曰「凡畫者丹質」，明大夫與士同也。鄭君誤謂鄉射當用采侯二正，故所說皆非是。《梓人》文云「張五采之侯則遠國屬」，不云「張五采之侯則以鄉射」也，鄭何據而知鄉射之必用采侯乎？大夫、士之用獸侯者，誤以爲用采侯，於是天子諸侯之用皮侯者，誤以爲用獸侯，而《鄉射·記》之明文轉爲注義所晦矣。

注曰：「躬，身也，謂中之上下幅也，用布各二丈。」疏曰：「身謂中上中下各橫接一幅布，故鄭云『中之上下幅，用布各二丈也』」。

樾謹按：侯以中爲主，故《記》文先言中、後言躬，其實有躬而後有中也。中者躬之中也，中方十尺，則其躬方二十尺，所謂「倍中以爲躬」也。於是其上有左右舌，舌出於躬各十尺，并其屬於躬者而計之則四十尺，所謂「倍躬以爲左右舌」也。其下亦有左右舌，舌出於躬各五尺，所謂「下舌半上舌」也。鄭君未得倍中爲躬之義，故所說侯制非是。若依鄭說，幅廣二尺二寸，兩畔各削一寸爲縫，則每幅止二尺，而其長至二丈，無乃大狹而長乎？中方十尺，而其身狹長如此，不相稱矣。且如此則躬之廣出中外者即可以爲左右舌，何必更倍躬以爲舌乎？今訂定侯制爲圖，明之如左：

楅髤橫而奉之。

阮氏《校勘記》曰：「奉，《釋文》、唐石經、徐本俱作『拳』，《通解》、楊氏、敖氏俱作『奉』。」

樾謹按：橫而奉之，於文甚明，且與下句「南面坐而奠之」文義相貫。唐石經作「拳」，朱子謂字之誤，是也。陸氏所據亦誤，故音權。《大射儀》「司射適次」，疏引《鄉射·記》曰「設楅橫奉之，南面坐奠之，南北當洗」，是賈公彥所據本正作「奉」，不作「拳」也。「奉」字易曉，故鄭無注，疏亦不及焉。若是「拳」字，則不容無說矣。近世學者好古而不知所裁，輒從誤本作「拳」，恐非經文之舊，當據《大射儀》疏正之。若命長致。《燕禮》

舊圖

今圖

注曰：「命長致者，公或時未能舉自優暇也。」

樾謹按：注所說非經意也。蓋脫屨升坐以前，公爲賓、爲卿、爲大夫三舉旅，此一定之節也。三舉旅則止須三觶，而媵爵者皆二大夫，兩次媵爵則有四觶，是多一觶矣。是以周公制禮有皆致，又有長致。皆致者，二大夫序進奠觶，長致者，一人升奠觶也。如此則兩次媵爵適得三觶。在制禮之意，止欲其適得三觶，初無他義，故或弟一次皆致而弟二次長致，或弟一次長致而弟二次皆致，皆無不可。上文曰「小臣請致者，若君命皆致」，明其可以皆致也，此經文互見之義也。且上文以皆致言，則有二觶在薦南，已行一觶，尚有一觶，乃小臣必於此時請媵爵者，正以皆致、長致無一定也。禮意以推闡而愈見矣。❶

樂正由楹内東告于公。

注：「言由楹内者，以其立于堂廉也。」疏曰：「言由楹内者，以其樂正與工俱在堂廉，則楹南無過處，故由楹内適東楹之東告于公。」

樾謹按：鄉飲及鄉射禮，其席工之處，均與此同。彼止云「樂正告于賓」，不言「由楹内」。此所以必由楹内者，以燕禮或有諸公，諸公之席在阼階西北面，樂正若由楹外則必由諸公席前，其地迫促，故由楹内也。疏謂樂正與工俱在堂廉，楹南無過處，此大不然。工止四人耳，何遽無過處乎？鄉飲與鄉射何以又得

❶ 「見」，稿本作「得」。

鼗倚於頌磬，西紘。《大射儀》

注曰：「紘，編磬繩也。設鼗於磬西，倚於紘也。」

樾謹按：此當讀云「鼗倚於頌磬」，句。「西紘」，句。猶上文云「建鼓在阼階西」，句。「南鼓」也。鄭解紘爲編磬繩，未得其義。紘者，所以維鼗之柄也。《周禮·小師》注曰「鼗如鼓而小，持其柄搖之，旁耳還自擊」，其説鼗之制視此注加詳。鼗有兩耳，必用繩繫之，所謂紘也。「西紘」者，言其倚于頌磬東面也。倚於頌磬東面則紘垂向西，若倚于西面紘必垂向東矣，所以明其倚在磬東也。鄭誤解「紘」字，故不得其旨。若如鄭義，則當云「鼗設於頌磬西倚於紘」，其文方明，安得但云「鼗倚於頌磬西紘」乎？

司宮掃所畫物自北階下。

注曰：「工人士、梓人、司宮位在北堂下。」疏曰：「知工人士、梓人、司宮位在北堂下，雖無正文，南方不見有位，其人升降自北階，明位在北堂下。」

樾謹按：此未足據也。《燕禮》「執幕者升自西階」，注云「羞膳者從而東，出堂東，升自北階」，疏謂「南方不見有位」，然則此經工人士、梓人、司宮皆升自北階，亦由堂東可知，安見其位必在北堂下乎？工人士、梓人、司宮三者皆士也。《燕禮》注曰「司宮，天子曰小宰」，此説殊誤。小宰爲卿之貳，豈宜設尊設筵及執燭掃所畫物，爲諸勞辱之事乎？《公食大夫禮》注曰「司宮，太宰之屬，掌宮廟者」，疏以《周禮》宮人當之，可正《燕

中離維綱

《禮》注之誤。胡氏匡衷《儀禮釋官》已辨之矣。

注曰：「離，猶過也，獵也。」

樾謹按：「離」讀爲「麗」。宣十二年《左傳》「射麋麗龜」，杜注曰：「麗，著也。」「中麗維綱」，謂或著維，或著綱也。離、麗古通用字。如鄭注，轉涉迂曲矣。

揚觸梱復

注曰：「揚觸者，謂矢中他物，揚而觸侯也。梱復，爲矢至侯不著而還復。復，反也。」

樾謹按：注、疏均未説「梱」字之義，「梱」當讀「捆」。《孟子·滕文公》篇「捆屨」，趙注曰：「捆，猶叩椓也。織屨欲使堅，故叩之也。」然則揚觸者，謂矢中他物揚而觸侯；捆復者，謂矢雖中侯，但叩椓之而仍復也。《説文》無「梱」字，蓋古字止作「捆」耳。

司馬升，命去侯如初。還右，乃降。

注曰：「還右，還君之右也，猶出下射之南還其後也。今文曰右還。」

樾謹按：司馬立于物閒而命去侯，則本在下射之右，又出其南而還其後，則從下射東南而至東北而西南適階，明矣。是還下射之左，非還下射之右也。乃云「還君之右」，義不可通，當從今文作「右還」。右還者，不還君之右也。蓋司馬升自西階，由上射之後東南面立于物閒，命去侯訖，即右還而西北面，仍從上射之後降階也。經文曰「司馬升，命去侯如初」，升如初則降不如初可知矣。所以然者，以君尊，故變

壹發，中三侯皆獲。

注曰：「矢揚觸，或有參中者。」疏曰：「卿大夫主射參侯，士主射豻侯。其中或揚觸，容中別侯，皆與釋。」

樾謹按：鄭意蓋以經有「壹發」二字，故云「矢揚觸或有參中者」，謂壹發而中三侯也，疏家未得其旨。今按：「壹發」二字當自爲句，蓋上文每射必發四矢，至壹發中三侯，實非事之所有，疑鄭注亦非經意也。此文公命復射，則曰旰君勤矣。雖云欲者射，不欲者止，然制禮者豈能逆料人之不欲而爲之制乎？是故正射發乘矢，復射則止發一矢，所以使人人得射也。又以射止壹發，恐不中者多，故曰「中三侯皆獲」，所以寬假之，使易中也。聖人之禮，委曲詳盡如此，禮本人情，於此見矣。

於常人，以示敬也。且上文言上射下射，皆履物合足而俟，然後司馬升堂命去侯。至此文則賓爲上射，先待於物北，司馬卽升堂命去侯，司馬降，釋弓反位之後，始云「公就物」。然則司馬命去侯時，公尚在阼階上，未及物也，司馬豈得還君之右乎？亦可知注義之疏矣。

群經平議卷十六

德清俞樾

儀禮 二

上介出，請入告。《聘禮》

注曰：「每所及至，皆有舍。其有來者，與皆出，請入告。于此言之者，賓彌尊事彌錄。」《釋文》曰「者與音餘。」

樾謹按：注文「與」字乃「舉」字之誤，謂舉皆出請入告也。《周官·師氏》「王舉則從」，故書「舉」爲「與」，是古字本通用耳。陸氏音餘，未得其旨。朱文公《通解》疑本「介」字，則亦失之。

賓迎再拜。

疏曰：「賓迎再拜者，賓在館如主人，故先拜也。卿不言答拜，答拜可知，但文略耳。」

樾謹按：此文卿以君命致館，故不答拜，非略也。凡爲人使者，皆不答拜，乃禮經之通例也。上文「君使卿朝服，用束帛勞。上介出，請入告。賓禮辭，迎于舍門之外，再拜，勞者不答拜」，注云「凡爲人使，不當其禮」，然則致館者亦不答拜，可知矣。疏說非是。

乃陳幣。

注曰：「有司入于主國廟門外，以布幕陳幣，如展幣焉。圭璋賈人執櫝而俟。」

樾謹按：是時賓尚在次，擯者猶未出請事，有司安得先入，而陳幣於廟門外乎？然則陳幣者，即於次內陳之也。及擯者出請事，大夫納賓，於是賓入，而上介與眾介俱入，則有司之屬亦隨之而入可知矣。「及廟門，公揖入」之後，公與賓每門每曲揖，介與擯皆在後鴈行，則群有司亦不得淩躐而前，其在後序進又可知。「及廟門，公揖入，立于中庭，賓立接西塾」，此時主國有司在堂上設几筵，則賓之有司亦得於門外陳幣，初無緩不及事之患，又何必先賓而入乎？

三揖。

注曰：「君與賓也，入門，將曲揖。既曲，北面又揖。當碑，揖。」

樾謹按：主君先待于中庭，賓後獨入，乃得如常。三揖者，蓋賓入門北面，主君在中庭南面，相向一揖，此即所謂「入門將曲揖」也。揖訖，主君東面行，賓西面行，及堂塗則皆北面矣，於是又揖，所謂「既曲北面揖」也。是時主君與賓雖皆北行，然前後不相當，所謂君行一，臣行二者，當在此時。及當碑，則賓東主西，適相當矣，於是又揖，所謂「當碑揖」也。既曲一揖，主南面，賓北面。既曲一揖，主在前，賓在後耳。然則三揖之節與平常不異，故鄭無異文。其不同者，將曲一揖，注義未分晰言之，而疏文又譌奪，幾不可讀，故具説之。

公側襲受玉于中堂，與東楹之間。

注曰：「中堂，南北之中也。」入堂深，尊賓事也。」棟南一架謂之楣，則楣北有二架，楣南有一架。今於當楣北面拜訖，乃更前，北侵半架於南下有壁開戶。」疏曰：「凡廟之室堂皆五架，棟南北皆有兩架，棟北一架北之中，乃受玉。」

樾謹按：古人五架之屋，棟以南爲堂，棟以北爲室，兩楹之閒居堂東西南北之中，即是中堂。若更前北侵半架，則與東楹不相值矣，安得云中堂與東楹之閒乎？蓋自鄭君誤解《士昏禮》「當阿」爲「當棟」，於是說者遂謂棟後一架始爲室，而堂室之制盡失矣。《鄉射記》曰「序則物當棟，堂則物當楣」，可見無室則以棟爲南北之中，有室則以楣爲南北之中。凡畫物之處，皆居正中也。孔氏廣森《禮學卮言》說堂室之制與愚合，然引《士喪禮》注「中以南謂之堂」爲證，則未足據也。彼注云：「東西牆謂之序，中以南謂之堂。」疏曰：「謂於序中半以南乃得堂稱，以其堂上行事，非專一所。」若近戶即言戶東戶西，若近階即言東階西階，若自半以南即言房外之東房外之西，若近序即言東序下西序下，若近房即言房外之東者，即以堂言之，然則中以南非謂棟以南也。蓋鄭君既以當阿爲當棟，必不以棟之下爲即是室，鄭注爲證，轉滋後學之疑矣。

士介四人，皆奉玉錦束請覿。
注曰：「玉錦，錦之文纖縟者也。」疏曰：「聘義孔子論玉，而云纖密以栗知也，是玉有密致。錦之纖縟，似玉之密致者。」

樾謹按：古謂美好者爲玉。《尚書・洪範》篇「惟辟玉食」，《史記集解》引馬注曰：「玉食，美食。」《呂氏春

秋·貴直》篇「身好玉女」，高注曰：「玉女，美女也。」然則玉錦猶言美錦矣，疏說尚未得古義。阮氏《揅經室集》謂《說文》「玉」字無點，有點者解云朽玉也，讀如「畜牧」之「畜」。凡爲美好之義者，其字立當爲有點之「玉」。然金玉之玉，與畜聲亦相近，阮說未必然也。

擯者執上幣，士執衆幣，有司二人舉皮從其幣出請受。

注曰：「此請受，請于上介也。擯者先卽西面位請之，釋辭之時，衆執幣者隨立門中而俟。」

樾謹按：此文言請受者，明上文執幣舉皮而出，爲將請受于上介之故，實則此時固未請受也。至下文云「委皮南面，執幣者西面北上，擯者請受」，方是請受于上介之實事。鄭君誤以爲兩次請受，乃曰「上言其次，此言其位，互約文也」，失之矣。

賓請有事於大夫。

注曰：「請，問也。問，問卿也。」不言問聘，聘亦問也，嫌近君也。」盧氏文弨《詳校》曰：「不言問聘，此聘字疑衍。」

樾謹按：「請問問卿」，下一「問」字亦爲衍文。「請問卿也」正釋經文「請有事于大夫之義」，請有事卽請問也。然則何以不言「賓請問于大夫？」故又自釋之曰：「不言問，聘亦問也，嫌近君也。」經文止言「請有事」，不言請問，注安得舉請問而釋之乎？足知今本之非矣。

鼎九，設于西階前，陪鼎當内廉。

注曰：「當内廉，辟堂塗也。」

樾謹按：凡側邊皆謂之廉，堂有堂之廉，階有階之廉。此經云「當内廉」，則是階之廉也。階兩邊皆有廉，

東階以西邊爲內廉，西階以東邊爲內廉。「當內廉」者，當西階東邊之廉也。學者止知有堂廉，不知有階廉，則內廉之義不可曉矣。《尚書‧顧命》篇「夾兩階戺」，程氏瑤田謂：「戺者，階之兩旁，自堂至地斜安一石，搘階齒而輔之，如今樓梯必有兩髀以安步級者。」今按：程說是也，戺即是廉。枚傳「堂廉曰戺」當作「階廉曰戺」，於義方明。或原文本是「階廉」，淺人以意改之耳。

```
        東夾              
               稻 豕 牛 黍 稷 糜 昌 醓
               粱 羊 牛 黍 稷 菁 鹿 韭
                                  蠯 菹  本 醢
                                          菹 蠯
                    東序

        西序
                     
        西夾
```

西夾六豆，設于西墉下北上，韭菹其東醓醢屈。

疏曰:「六豆者,先設韭菹,其東醓醢,又其東昌本。南麋臡,麋臡西菁菹,又西鹿臡。」

樾謹按:如此説,則兩夾之豆亦如堂上户西所設,南北兩兩陳之矣。然經於堂上曰「兩簋繼之,梁在北」,梁在北,明稻在南也,是南北兩兩陳之者也。於此文曰「兩簋繼之,梁在西」,梁在西,明稻在東也,是東西兩兩陳之者也,安得謂兩夾之豆亦如堂上乎?今按:西夾之豆東面,東夾之豆西面,皆自北墉之下以次而南。豆最北,簋在豆南,鉶在簋南,皆兩兩陳之,經文所謂「二以並」也。今爲圖明之如左,至堂上所設,舊説無誤,故不列焉。

又按:下文「饌于東方亦如之」,賈疏曰「於東壁下南陳西北有韭菹,東有醓醢,次昌本,次南麋臡,次西有菁菹,次北有鹿臡」,則又似不誤者,豈前疏傳寫失之乎?讓大夫先升一等。

注曰:「讓不言三,不成三也。凡升者,主人讓于客三,敵者則客三辭,主人乃許升,亦道賓之義也。使者尊主人三讓,則許升矣。今使者三讓,則是主人四讓也。」

樾謹按:注文「令」字乃「今」字之誤。此蓋申説上文「讓不成三」之義。禮有三讓,無四讓。若令使者三讓,則主人必又一讓,然後使者乃升,是主人四讓矣,禮所無有也。鄭君説此,正破古文作三讓之非。自「令」誤爲「今」,其義遂晦。疏謂鄭君兩言之,失其旨矣。

乃入陳幣于朝西上。

注曰:「其禮於君者不陳。」疏曰:「禮於君者不陳者,謂賄用束紡,禮用束帛乘皮。以其禮於君者,是其

正，故不陳之，禮於己者，以其榮，故陳之。」

樾謹按：鄭見此經所陳止有上賓之公幣、私幣，及上介之公幣，而無禮於君之幣，經何以無之乎？故曰「禮於君者不陳」。下文「執賄幣以告」，注云「賄幣在外也」，若然，則當有出取賄幣之文，經何以無之乎？今按：下文「卿進使者，使者執圭垂繅北面，上介執璋屈繅立于其左」。使者反命訖，又受上介璋致命，於是「執賄幣以告曰：『某君使某子賄。』」以上介執璋例之，疑賄幣乃衆介奉之以入，上介授璋後，衆介從而授幣，故使者得執之以告也，經文不具耳。陳于朝者雖有公私之分，實皆使介所自得之幣，其禮于君者固不得與之俱陳。然謂賄禮等幣尚在外不入，則又非也。

辭曰「非禮也敢」，對曰「非禮也敢」。《記》

注曰：「辭，不受也。對，答問也。二者皆卒曰敢，言不敢。」

樾謹按：此記文雖專爲聘禮言之，實爲一經辭對之通例。《士冠禮》「賓降，主人降。賓辭，主人對」，注曰「辭對之辭未聞」，不知辭對之辭卽此是也。凡賓主相敵者，主人爲賓降則賓辭，賓爲主人降則主人辭；主人爲賓洗則賓辭，賓爲主人洗則主人辭，有辭必有對。《鄉飲》、《鄉射》諸篇皆然，卽《燕禮》宰夫爲王人亦然。其辭其對皆不載其言，記亦無文焉。而特於此篇箸之，明凡稱辭者皆曰「非禮也敢」，猶言不敢當主人之降，不敢不降，不敢不洗也。鄭君注此時偶有未照，於是凡辭對者皆不得其辭矣。

將授志趨。

注曰：「志猶念也。念趨，謂審行步也。」

樾謹按：鄭義迂曲，殆非也。「趨」當讀爲「促」，古字通用。《禮記‧樂記》篇「衛音趨數煩志」，鄭注曰「趨數讀爲促速」，《荀子‧哀公篇》「趨駕召顏回」，楊注曰「趨讀爲促」，竝其證也。「將授志趨」者，謂賓將授玉之時，其志彌促也。《士相見禮》「至下容彌蹙，字異而義同。下文云「下階，發氣怡焉。再三舉足又趨」，注曰：「蹙，猶促也。促，恭愨貌也。」此文言趨，下文云舉足則志趨，卷豚而行也。」夫卷豚而行，其可言趨乎？足知不然矣。今按：「又趨」者，又促也。發氣怡焉之後，而云又促者，猶《鄉黨》記孔子「出，降一等，逞顏色，怡怡如也」之後，又云「復其位，踧踖如也」。促與踧踖義同，但言有緩急耳。鄭既誤解上趨字，故於下趨字亦引「逞顏色怡怡如也」爲「發氣怡焉」之證，而不知引「踧踖如也」爲「又趨」之證，斯於經意未得矣。

宰夫自東房薦豆六，設于醬東。《公食大夫禮》

樾謹按：「醬東」疑當作「醬南」，字之誤也。若作「醬東」，是豆與醬竝設，豆西爲醬，而設鉶不得在豆西矣。乃云「宰夫設鉶四于豆西」，可知豆之設必在醬南，故其西尚未有物，可以設鉶也。

注曰：「稻粱將食乃設，去會於房蓋以幂。幂，巾也。」疏曰：「簠簋相將，簠既有會，明簋亦有會可知。但黍稷先設，故却會于敦南。簠盛稻粱，將食乃設，故鄭云『去會於房蓋以幂。幂，巾也』。至於陳設，幂亦去之。經云『有蓋幂』者，據出房未設而言。」

《記》
簋有蓋幂。

樾謹按：《月令》「食齊視春時，以飯宜温也」，必無去會於房之理。鄭以經文公設梁後其下即云「左擁簠梁」，不見有却會事，故爲此説。不知六簋乃宰夫所設，故宰夫爲之却會也。然則孰却之？賓將食，自却之也。經云「賓卒食會飯」，卒食者，謂卒初時所飯之梁也，會飯者，復加會於簠，明食訖也。以卒食後賓自會之，知將食時賓自却之，經文固前後互見矣。鄭君不達此義，乃云「會飯，謂黍稷也。此食黍稷，則初時食稻梁」，是大不然。《荀子·禮論篇》曰「食先黍稷而飯稻梁」，然則黍稷固不飯也。至此經則豈獨黍稷不飯，雖稻亦不飯也。是故公所親設者，此梁也，賓擁之以降，又取之而升，反奠于其所者，亦此梁也，而稻皆不與焉。然則賓飯梁，不飯稻，明矣，而謂其食黍稷乎？

重賜無數。《覲禮》

注曰：「重，猶善也。所加賜善物，多少由恩也。」

樾謹按：重之言重累也。《少牢饋食禮》「蓋二以重」，注曰「重累之」，是其義也。「重賜」即加賜耳。鄭訓重爲善，而增成之曰「加賜善物」，於義轉迂矣。

爲宮方三百步，四門，壇十有二尋，深四尺。

樾謹按：「深四尺」疑當作「深三尺」。上文「四享」注曰「四當爲三。古書作三、四或皆積畫。此篇又多四字，字相似，由此誤也」，即其例矣。楊倞注《荀子·彊國篇》引或説曰：「明堂，壇也，謂巡狩至方岳之下，會諸侯爲宮方三百步，四門，壇十有二尋，深四尺，加方明其上，《左氏傳》『爲王宮於踐上』亦其類也。」據

楊氏所説，則此方三百步之宮亦有明堂之名，宜如明堂之制。《考工記》説殷人重屋曰堂，崇三尺，《大戴記·盛德》篇説明堂亦曰堂，高三尺，然則三尺之崇乃古制也。周人增益古制，三三而九，故崇九尺，所謂「堂崇一筵」是也。若合諸侯而爲壇，則仍準古制，此經言「深三尺」是也。鄭君據《周禮·司儀職》「爲壇三成」，知此壇有上中下三等。若然，則所謂深三尺者，蓋每等皆然，自壇上計之，堂高九尺，與堂崇一筵未始不合也。

公、士、大夫之衆臣，爲其君布帶繩屨。《喪服》

注曰：「士，卿士也。公卿大夫厭於天子諸侯，故降其衆臣布帶繩屨，貴臣得伸，不奪其正。」

樾謹按：書傳之文，無稱公卿爲公士者，鄭説非也。公士大夫者，公也，士也，大夫也。公謂諸侯，大夫則兼卿大夫而言，士則直謂士也。傳曰：「公卿大夫室老士貴臣其餘皆衆臣也。」此傳之文自來不得其讀，今正之曰「公，逗。卿；句。大夫，逗。室老；句。士，逗。貴臣，句。其餘皆衆臣也。」句。蓋傳釋經文「衆臣」之義，謂公之臣惟卿不在衆臣之例，大夫之臣惟室老不在衆臣之例，士之臣惟貴臣不在衆臣之例，其餘則皆衆臣也。卿字包大夫在内，猶大夫亦包卿在内，以卿大夫本通稱也。鄭君之意總以士賤無臣，故於此經此傳均失其解。按：《周官·司裘》云：「王大射則共虎侯、熊侯、豹侯，諸侯則共熊侯、豹侯，卿大夫則共麋侯。」注曰：「王將有郊廟之事，以射擇諸侯及群臣與邦國所貢之士可以與祭者。」鄭謂士無臣者，蓋據士無大射故也，不知大夫以上其臣衆多，得容選擇，士之臣少，取給而已，若加選擇，恐有不給，此士所以無大射也，非士無臣也。士之貴臣亦即士之室老，以其賤，故不得異夫則共麋侯。」注：「王不大射，士無臣祭，無所擇。」

為之名，猶大夫之妻曰孺人，士則直曰婦人也。士之眾臣爲其君布帶繩屨，則士之貴臣爲其君絞帶菅屨可知矣。蓋卽包于上文君字之內，傳曰「君至尊也」。君者，自天子至于士皆得稱之。敖繼公謂諸侯及公卿大夫士有臣者皆曰君，可正舊説之誤。

繼母如母。傳曰：繼母何以如母？繼母之配父，與因母同，故孝子不敢殊也。

注曰：「因，猶親也。」

樾謹按：如注義，則但曰與母同足矣，何必曰「因母」乎？徧考書傳，無謂親母爲因母者，注義非也。因讀如因國之因，有繼母，卽有因母。就前母而言之則後母爲繼，就後母而言之則前母爲因，此因母之義也。

庶人爲國君。

注曰：「不言民而言庶人，庶人或有在官者。」

樾謹按：經言庶人而不言民，則庶人專指在官者言，不兼民言，民於國君蓋無服也。何以知之？下文曰「大夫在外，其妻長子爲舊國君」，若是凡民皆爲國君齊衰三月，則其次子獨非民乎，何獨長子有服乎？傳於寄公及舊君竝云「言與民同也」，則混民與庶人而爲一，其誤自傳始矣。

惡笄有首，以髽。《記》

樾謹按：「惡」字衍文也。記文止曰「笄有首，以髽。卒哭，子折笄首，以笄布總」，不言何者爲惡笄，何者

爲吉筓，故傳必申明之曰「筓有首者，惡筓之有首也」。惡筓者，櫛筓也。折筓首者，❶折吉筓之首也。吉筓者，象筓也」。若記文明言「惡筓有首」，則傳可不釋矣。記文「惡」字蓋即涉傳文而衍。下文「妾爲女君、君之長子，惡筓有首，布總」又因此文而衍也。

握手用玄纁裏長尺二寸，廣五寸，牢中旁寸。《士喪禮》

注曰：「牢讀爲樓，樓謂削約，握之中央以安手也。」

樾謹按：牢讀爲樓，雖古文聲近叚借之常例，然訓爲削約，于義未安。鄭說此制，疑未得也。今按：握手者，所以韜尸之手，其制似直橐，與下文冒同，但小耳。長尺二寸，廣五寸，以今尺計之，蓋長七寸有奇，廣三寸有奇，適足容一手矣。牢讀爲婁，《說文·女部》「婁，空也」，婁中者，空中也，空其中所以韜手也。旁寸者，言其兩旁深一寸也。此古握手之制，舊說失之矣。

夏葛屨，冬白屨。

注曰：「冬皮屨，變言白者，明夏時用葛亦白也。」

樾謹按：此說非也。變皮言白，不足以見夏屨之亦白，而反無以見冬屨之用皮，古人之文不若是迂拙也。變皮言白者，明夏屨之亦白也。白當讀爲帛。《詩·六月》篇「白斾央央」，孫炎《爾雅注》引作「帛斾」，閔二年《左傳》「大帛之冠」，《禮記·

❶ 「首」，原無，今據阮刻《儀禮注疏》補。

《雜記》注引作「大白」，立古文白帛通用之證。「冬白屨」者，謂冬以帛爲屨也。生則夏葛屨而冬皮屨，死則夏葛屨而冬帛屨，古人制禮具有深意，蓋不欲以獸之皮革與尸體同朽也。是故生人之決以象骨爲之，死則以棘爲之，生人之極以韋爲之，死則以繢爲之，其義並如此。鄭於上文「繢極二」但曰「明不用也」，猶未得其義矣。

布席如初。

注曰：「亦下莞上簟，鋪於阼階上，於楹間爲少南。」疏曰：「云『鋪於阼階上』者，按《喪大記》云『小斂於戶內，大斂於阼』是也。云『於楹間爲少南』者，取南北節，以其言阼階上，故知於楹間爲少南，近阼階也。」

樾謹按：此大斂之席布于東序，東序即阼也。凡經言阼不言階者，並謂東序也。若如鄭說爲在阼階上，則喪事每加於遠，大斂在堂下，殯應在堂，今殯在西階上，則與阼階上但有東西之分，而無遠近之別矣，不可從也。詳見《士冠禮記》「適子冠于阼」。

婦人即位于堂南上哭。

疏曰：「《喪大記》云『祥而外無哭者』，則此外位皆有哭。今直云婦人哭，則丈夫亦哭矣，但文不備也。」

樾謹按：此一經直言婦人、丈夫即位之事。婦人從闈門入，由側階升，自北堂而至房，又出房戶而至堂，此所以先丈夫而即位也。既即位于堂見殯，故不容不哭，此所以先丈夫而哭也。及丈夫以次即位于門外而門辟，則婦人之哭亦止矣。下文「婦人拊心不哭」，注云「方有事止讙囂」，此不然也。所以不哭者，以丈夫未哭，故止哭以待之也。蓋此時婦人所即之位已爲哭位，而丈夫所即之位尚是門外之位，不過少立以

待門辟,而非哭位,故哭與不哭有異。經文既明箸之,而疏乃混而一之,不亦誤乎!

商祝免袒,執功布人。《既夕》

注曰:「功布,灰治之布也,執之以接神,爲有所拂仿也。」疏曰:「拂仿猶言拂拭。下經云『商祝拂柩,用功布』,是拂拭去塵也。此始告神而用功布拂仿者,謂拂仿去凶邪之氣也。」

樾謹按:「拂仿」即「仿佛」也。《漢書·楊雄傳》「猶仿佛其若夢」,注曰:「仿佛,即髣髴字也。」疑此注本作「仿佛」,涉下文「商祝拂柩」而誤「佛」爲「拂」,又倒作「拂仿」耳。《釋文》出「拂扐」,云「本又作仿佛」,此正「仿佛」字也。因「佛」字誤從手,遂并「仿」字而亦誤從手,知「扐」字之非,則知「拂」字之亦非矣。疏謂拂拭去凶邪之氣,此大不然。夫人君臨臣下之喪,則有桃茢以祓除不祥,安有人子啟父之殯,亦嫌其有凶邪之氣而拂拭之乎?注明言「執之以接神」,則有所仿佛者,正見鬼神於此式憑。若解作拂拭,則與接神之義不屬矣。《周官·司巫職》有「道布」,疑取導引之義,其即執之以接神者歟?

正柩于兩楹閒。

注曰:「兩楹閒,象鄉戶牖也。」疏曰:「若言鄉戶牖,則在兩楹閒而近西矣。」

樾謹按:賈氏因大夫士無右房,故爲此說,然鄭君士大夫東房西室之言,頗爲後人所譏。愚謂士無右房似尚可信,但其戶牖之閒,仍當居堂之正中,必無偏處西北隅之理也。別有圖說詳之。至謂大夫亦無右房,則鄭之疏矣。

乃行禱于五祀。《記》

注曰：「盡孝子之情。五祀博言之，士二祀，曰門，曰行。」疏曰：「今禱五祀，是廣博言之，望助之者衆。」

樾謹按：疏說非注義也。鄭君之意，蓋以所禱止門、行二祀，而曰五祀者，博言之耳。若如疏說爲實禱五祀，則不得曰博言之矣。《荀子・正論篇》「雍而徹乎五祀」，謂雍而徹乎竈也，即《周禮・膳夫職》所謂王「卒食，以樂徹于造」也，說詳劉氏端臨《荀子補注》。夫竈爲五祀之一，而得通言之曰五祀，然則門與行亦得通言之曰五祀矣。

設明衣，婦人則設中帶。

注曰：「中帶，若今之褌衫。」疏曰：「鄭舉目驗而言。但男子明衣之狀鄭不明言，亦當與中帶相類，有不同之處故別。雖名中帶，亦號明衣，取其圭潔也。」

樾謹按：中帶猶言内帶也。蓋男子惟外有緇帶，而内無帶，婦人則親身之明衣亦有帶也。以其在内，故謂之中帶。而鄭注舉褌衫釋之，疑漢時名褌帶爲褌衫矣。明衣者，男子與婦人同有之也。❶中帶者，婦人獨有之也。賈疏謂明衣與中帶相類，❷夫衣是衣，帶是帶，安得而相類乎？蓋由賈氏所據本褌誤作禪，以爲禪衫即單衫也，故有此誤。按《釋文》禪音昆，並無作「禪」之本。今各本皆從《釋文》作「禪」，惟宋單疏本作「禪」，此正其致誤之由。學者習于賈說，或反以「禪」爲是，謬矣。

❶「子與」，原闕文，今據清經解續編本補。
❷「明衣」，原闕文，今據清經解續編本補。

志矢一乘，軒輖中亦短衛。

注曰：「無鏃短衛，亦示不用生時志矢骨鏃。」

樾謹按：無鏃則不成爲矢，鄭說非也。上文猴矢必言骨鏃者，以生時猴矢金鏃，此變用骨鏃，故特箸之也。至志生時骨鏃，此亦用骨鏃，故不必言，但言其異於生時者曰「亦短衛」而已。鄭見經文不言鏃，直以爲無鏃，殊失記人之旨。

泰羹湆自門入，設于鉶南。《士虞禮》

疏曰：「云設于鉶南者，以泰羹湆未設，故繼鉶而言之，其實鉶北留空處以待泰羹。」

樾謹按：此疏有奪誤。因上文云「祝奠觶于鉶南」，恐學者疑鉶南有觶，不得復設泰羹，故言此以明之，謂上言「奠觶于鉶南」者，以泰羹湆未設，故繼鉶而言之，其實觶北留空處以待泰羹也。今不舉上文，則文義不見矣，蓋傳寫失之，非賈氏之舊。

祝出戶，西面告利成。

注曰：「不言養禮畢，於尸閒嫌。」疏曰：「若言養禮畢，即於尸中閒有嫌諷去之。或本閒作閑，音以，養尸事畢，而尸空閑嫌諷去之。」

樾謹按：注文「閒」字疑「聞」字之誤，於尸聞嫌，謂於尸聞之嫌若諷使去也。疏兩說均似未安。又下文「死三日而殯，三月而葬，遂卒哭」，注曰「此記更從死起，異人之閒，其義或殊」，此「閒」字亦「聞」字之誤，謂異人之所聞，故有異義也。鄭君《駁五經異義》輒曰「玄之聞也」可以爲證，聞與閒相似，因而致誤耳。

無尸，則禮及薦饌皆如初。《記》注曰：「無尸，謂無孫列可使者也。」

樾謹按：《禮記·曾子問》篇「祭成喪者必有尸，尸必以孫。孫幼，使人抱之；無孫，則取於同姓可也」，然則祭男子之成喪者，無無尸之理。此《記》所謂無尸者，專以女尸言也。上文云「男，男尸。女，女尸。必使異姓，不使賤者」，其「必使異姓」二句專以女尸言，然則此文「無尸」句亦專以女尸言矣。蓋死者或未有孫婦，同姓孫列亦或無婦，則竟無尸矣，故禮有此變通之法也。

祝從，啟牖鄉如初。

注曰：「鄉，牖一名也。」疏曰：「按《詩》云『塞鄉墐戶』❶注云『鄉北出牖也』，與此注不同者，語異義同。

樾謹按：鄉是牖之一名，則記人止言啟牖足矣，何必言牖又言鄉乎？疑「鄉」字之義當從毛傳作「北出牖」。《說文·宀部》「向，北出牖也」，是許說亦與毛同也。「啟牖鄉」者，啟牖亦啟鄉也。上文「祝闔牖戶」，不言鄉者，文不具耳。實則牖鄉並闔之，故此並啟之也。有牖有鄉，蓋士室之制，大夫以上則無矣。是故陽厭于西北隅，大夫士同之。而少牢饋食禮則南面，以其北墉無向，故即設于北墉下也。此篇及《特牲饋食禮》竝云「几在南」，則東面可知矣。以其北墉有向，故設于西墉下，不設于北墉下，亦猶陰厭

❶「鄉」，原作「向」，今據阮刻《儀禮注疏》改。

于西南隅，以南牖有牖，故設于西牖下，不設于南牖下也。不然均是陽厭，何以大夫必南面，士必東面乎？即此可推見其故矣。別有圖說詳之。

哀顯相。

注曰：「顯相，助祭者也。顯，明也。相，助也。《詩》曰『於穆清廟，肅雍顯相』。」

樾謹按：「哀顯相」即謂主婦也，故繼「哀子某」而言之。《士昏禮・記》載醮辭曰「往迎爾相」，是主婦得稱顯相之證。若是賓客來助祭者，豈得曰「哀子某，哀顯相，夙興夜處不寧，敢用絜牲剛鬣」云云，明是主祭者之辭。施之助祭之賓客，則不稱矣。且其文曰「哀子某，哀顯相」，注引《詩》說之，恐未得此經之義。今文他爲它。

三虞卒哭他，用剛日。

注曰：「後虞改用剛日，剛日，陽也，陽取其動也。士則庚日三虞，壬日卒哭。他謂不及時而葬者，假設言之。

樾謹按：鄭說「他」字甚爲不安。「他」疑「也」字之誤，「卒哭也」三字連文。《儀禮》每有此文法，如《士昏禮》「皆祭舉食舉也」《特牲饋食禮》「籩巾以綌也」《少牢饋食禮》「爲之于襓也」，竝用「也」字爲語辭，是其證也。三虞與卒哭，大夫以上則爲兩事，士則爲一事。《禮記・雜記》曰：「上大夫之虞也少牢，卒哭成事附皆太牢。下大夫之虞也犆牲，卒哭成事附，皆少牢。」鄭注曰：「卒哭成事附言皆，則卒哭成事與虞異矣。」不知此固言大夫之禮也，士禮不與大夫同。《雜記》曰：「士三月而葬，是月也卒哭。大夫三

月而葬，五月而卒哭。諸侯五月而葬，七月而卒哭。」此大夫以上與士禮不同之明證。「三虞卒哭也」，謂三虞之日遂以卒哭也，正見與大夫以上不同之意。三虞之日遂以卒哭，故不用辛日而用剛日。如丁日始虞，己日再虞，則當以辛日三虞，乃不用辛日，而用次日壬日即爲卒哭之日。是故三虞改用剛日者，移後一日以就卒哭耳，非有取乎剛日也。若依鄭義，謂庚日三虞，則無端移前一日，有何義乎？至大夫以上，卒哭與葬相隔一月，則三虞仍用柔日可知矣。敖繼公知三虞與卒哭同日，而不知大夫、士禮之不同，則又失之。

主婦亦拜賓。

注曰：「女賓也，不言出，不言送，拜之於闈門之內。闈門，如今東西掖門。」

樾謹按：《特牲》、《少牢》兩篇皆不言主婦拜送女賓之事，何以此獨有之，疑此賓即男賓也，承上文「賓出，主人送拜稽顙」而云。主婦亦拜賓，則即主人所拜之賓明矣。蓋是時主婦之位即在主人之北，故賓之出也，主人固拜，而主婦亦不容不拜，所異者主人送而主婦不送耳。主婦亞獻後有獻佐食之禮，佐食即賓中之一人，是主婦與賓固得相拜矣。凡祭畢，賓出，婦人在房中，故無拜賓之事。惟此卒哭餕尸，則婦人亦出寢門外，故賓出必拜之。注家不得此義，謂主婦所拜合是女賓，而又怪其不言送，遂臆決之曰「拜之於闈門之內」，失經旨矣。其下曰「丈夫說絰帶于廟門外」，廟門即寢門也，上經云「側亨于廟門外」，然後丈夫與婦人俱入耳。若主婦所拜爲女賓，其拜爲在闈門之內，則當云「主婦人拜賓」，於義方備，不然主婦本在寢門之注謂「尊言之」是也。蓋自主人出即位于門東，以下諸事皆在寢門外，至下云「入徹」，

腊特于俎北。《特牲饋食禮》

外，何時而入至闈門之内乎？禮於出入之節皆詳言之，何得無入字乎？

注曰：「腊特，饌要方也。」疏曰：「按經豆在神坐之前，豕俎入設於豆東，魚俎又次其東。若腊俎復在東，則饌不得方，故腊俎特于俎北，取其方故也。」

樾謹按：疏但言腊俎復在東，則饌不得方，於義殊未明。此當合下文兩敦言之。蓋俎南設黍稷兩敦，俎有三而敦止兩，齟齬不齊矣，故以腊俎特設于俎北，然後兩俎兩敦適相當也。古人設饌，其前必齊，所謂方也。若左右兩畔，則不必皆齊矣。

酢如主人儀。

注曰：「不易爵，辟内子。」

樾謹按：「尸酢，主婦無不易爵者，此但云『如主人儀』而不言易爵，文不具耳，鄭說非也。凡飲酒，男女不相襲爵，乃禮之通例。至夫婦，則夫不襲婦之爵，而婦得襲夫之爵。《禮記·祭統》篇曰『酢必易爵』，特以夫言耳。此篇主婦致爵于主人，受爵酌酢，不言易爵；《有司徹》篇主婦酢主人之爵，受爵酌以酢，亦不言易爵，是主婦得襲主人之爵，而於《有司徹》篇注曰「自酢不更爵，殺」，似皆失之矣。

主人之爵，而於《有司徹》篇注曰「自酢不更爵，殺」，似皆失之矣。鄭不知男女無襲爵之理，又不知主婦得襲

嗣舉奠，盥入。

注曰：「嗣，主人將爲後者。舉，猶飲也。」

樾謹按:「嗣舉奠」三字連文,乃以事目其人。上文「三獻作止爵」,注曰「賓也,謂三獻者,以事命之」,是其例也。此「舉」字仍就尸言,蓋嗣子盥入,而尸爲舉觶南所奠之觶,故即以事命之曰「嗣舉奠」。鄭訓舉爲飲,非也。徧考經文,無以舉爲飲者,何得于此獨生異義乎!

尸謖祝前。

樾謹按:「尸謖」上當有「祝入」二字。《既夕》篇曰「祝入尸謖」,注曰:「祝入而無事,尸則知起矣。」蓋祝出户告利成後,必復入室,以爲尸謖之節。《少牢饋食禮》曰「祝入尸謖」,其下篇曰「祝入,主人降,立于阼階東西面尸謖」,竝其證也。此篇無「祝入」二字,于文爲不備矣。

篡有以也。

注曰:「以,讀如『何其久也,必有以也』之以。」疏曰:「云『其坐篡其餘亦當以之也』者,亦謂亦似其先祖而享於此祭,其坐篡其餘,亦當以之也。」疏釋此句云『謂亦似其先祖』,下注『似先祖之德』皆作似字,乃復云似字誤,殊所不解。」阮氏元《校勘記》曰:「『必有以也』《毛詩》作以,不作似,鄭注禮時未見《毛詩》。此注引《詩》必作似,後人妄據《毛詩》改之。至賈疏當云已上皆爲似,爲以者誤也。」

盧氏文弨《詳校》曰:「字作以,其義爲似。陸於經文云以,依注音似。祝告篡,釋辭以戒之,言女篡此,當有所以也。以先祖有德而享于此祭,其坐篡其餘,亦當以之也。」已上皆爲以,爲似者誤也。」

樾謹按:盧、阮之説皆非也。鄭意謂篡有以也,欲其有以篡之也,何以篡之,蓋以德也,故曰「以先祖有

德」云云,明先祖以德享此,女當以德饗此也。注中兩「以」字正相應,然則鄭不讀作「似」字可知矣。疏謂「亦似其先祖」,此非鄭意也。然云「已上皆爲以」,是賈氏之意,惟「亦當以之也」「以」字當作「以」字皆如字。而阮氏并謂「賈疏當云已上皆爲以」,則更非賈意也。疏家誤會注意,後人又誤會疏意,於是并欲改《毛詩》「必有以也」爲「必有似也」,而其誤更甚矣。然則下注何以言「似先祖之德」?曰:此「似」字後人據賈疏改之,鄭君原文固作「以」,不作「似」也。按:下經云「酳有與也」,注曰:「『與』讀如『諸侯以禮相與』之『與』。既知似先祖之德,亦當與女兄弟。」鄭蓋謂兄弟以先祖之德相與,亦猶諸侯以禮相與也。以先祖之德與女兄弟,此「以」字卽「以德相與」之「以」,此「與」字卽「以德相與」之「與」,然則「似」字當作「以」字明矣。

酳有與也

注見上。

樾謹按:與、以古通用,「酳有與也」卽酳有以也,與上文「饗有以也」一律。上作「以」,此作「與」,文異而義同。《史記・貨殖傳》曰「智不足與權變,勇不足以決斷,仁不能以取予」,《漢書・揚雄傳》曰「建道德以爲師,友仁義與爲朋」,以、與互用,卽其例也。鄭解與爲相與之與,恐非經旨。

陳鼎于東方,當序南,于洗西。《少牢饋食禮》

注曰:「南于洗西,陳于洗西南。」

樾謹按:如鄭注,則直云于「洗西南」足矣,乃必曰「南于洗西」,何其文之迂曲乎?且上言「當序」,則東

西之節已見,而此又云「南于洗西」,則亦是東西之節,而非南北之節,所謂南于洗者,終不知其幾許也,注義殆非經意矣。今按:此以「當序南」爲句,「于洗西」爲句。「當序南」者,當序之南,此東西之節也。「于洗」者,于洗之西,此南北之節也。鄭失其讀,故失其旨矣。

樾謹按:納諸内者,納諸房也,古謂房室爲内。《特牲饋食禮》「主人出寫齍于房,祝以篚受」。彼士禮,故主人自入房寫之,此大夫禮,故宰夫受而納諸内。雖禮有不同,然内即房也。注、疏均不説内字,敖繼公因誤以爲篚中,失之矣。

宰夫以篚受齍黍,主人嘗之,納諸内。

祝拜于席上,坐受。

注曰:「室中迫狹。」疏曰:「言迫狹,大夫、士廟室也,皆兩下五架。正中曰棟,棟南兩架,北亦兩架。棟南一架爲室,南壁而開户,即是一架之開廣爲室,故云迫狹也。必知棟北一架後乃爲室者,《昏禮》『主人延賓升自西階,當阿,東面致命』,鄭云『阿,棟也,入堂深』,明不入室,是棟北乃有室也。」

樾謹按:自鄭君誤解阿爲棟,而堂室之制遂失。又因此經「拜于席上」之文解爲「室中迫狹」,於是棟北後一架爲室遂成定論,莫能破之矣。夫室止一架,則房亦止一架,合房室計之,其廣與堂同,而其修止居堂五分之一,東西太寬,南北太窄,于制不稱矣。且房之制既東西寬而南北窄,則何必又分其半而有北堂之名乎?是故棟後一架爲室,非古人堂室之制也。然則此經「拜于席上」何也?曰:古人行禮,自有拜于

席上之例。《有司徹》篇「主婦洗爵於房中，出實爵，尊南西面拜，獻尸。尸拜于筵上受」。彼所說乃堂上儐尸之禮，堂上之地不爲迫狹明矣，而亦拜于筵上者，禮殺故也。賈疏云「以婦人所獻，故尸不與行賓主之禮」，以是言之，拜于筵上者，禮殺故也。尸尊，以主婦所獻而殺禮，故拜于席上。祝賤，以主人所獻不敢當禮，而自從其殺，故亦拜于席上。禮意不同，其爲殺一也，豈繫乎地之廣狹哉？

載右體，肩臂臑骼膞正脊一，脡脊一，橫脊一，短脅一，正脅一，代脅一，腸一，胃一，祭肺一，載于一俎。《有司徹》

司馬枕羊，亦司馬載。

注曰：「二俎，謂司士所設羊俎西弟一俎。」疏曰：「此俎在俎之南，故下文注俎云『羊鼎西之北俎也』。

樾謹按：阼階下三鼎皆西面北上，羊鼎最在北，其南豕鼎，其南魚鼎。二俎在羊俎之西，二俎在豕、魚二鼎之西，皆正俎也。鼎以北爲上，則俎亦應以北爲上。尸俎最尊，宜用羊鼎西之北俎；俎次之，宜用豕鼎西之南俎；阼俎又次之，主婦俎又次之，宜用魚鼎西之俎，是其次也。鄭于此云「羊俎西弟一俎」，不言其在南在北，而于「俎」云「羊鼎西之北俎」，則此爲南俎矣。疏家因而曲爲之說，其實大不然也。

夫羊與豕較則羊尊矣，若羊肉湆與豕較則豕又尊矣，安得因羊肉湆在豕南而謂尸俎必在俎南乎？若尸俎在俎南，則阼俎當在主婦俎南，而何以鄭注「阼俎」曰「豕鼎，西俎」，「主婦俎」曰「在魚鼎西」？以尸俎、俎例之，是主婦之俎反居主人之俎之上，豈可通乎？疑下注「俎」曰「羊鼎西

之北俎」，此北字乃南字之誤，此云「弟一俎」則以北俎言也，疏所引或説正得鄭意。其下疏文蓋有奪誤，不可讀矣。

眾賓長升，拜受爵。

注曰：「言眾賓長拜，則其餘不拜。」

樾謹按：此説似未然也。下文「若是以辯」則每一賓升，無不若是可知矣，何有拜與不拜之別乎？賈疏于此無説。然據下疏云：「上賓拜受爵，又拜既爵。眾賓拜受爵，不拜既爵。長兄弟得與眾賓同，眾兄弟又不拜受爵，是其差也。」然則賈所據本疑無此十字。若鄭注明言眾賓長拜，其餘不拜，賈安得謂眾賓拜受爵乎？

辯受爵，其位在洗東西面北上。升受爵，其薦脀設于其位。

注曰：「亦辯獻乃薦。既云辯矣，復言升受爵者，爲眾兄弟言也。」

樾謹按：上文云「兄弟之長升拜受爵，主人在其右答拜，坐祭立飲，不拜既爵，皆若是以辯」，若然，則眾兄弟已包其中矣。此文止「升受爵」三字，其上又無眾兄弟之文，安知其爲眾兄弟言乎？鄭説非也。據上文説眾賓受爵云「辯受爵，其薦脯醢與脀，設于其位。其位繼上賓而南，皆東面」，以是例之，則此文亦當云「辯受爵，其薦脀，設于其位。其位在洗東西面北上」，於文方明。傳寫誤倒之，而又衍「升受爵」三字耳。鄭君不能訂正，而輒以意增益其説，謂「眾兄弟升不拜受爵」，此恐不然。下文獻私人時，主人答其長

拜，於其群私人不答拜，然則群私人猶必拜受爵，曾謂衆兄弟而不如群私人乎？

附東房西室說

古人宮室之制，自朱子《儀禮釋宮》以後，儒者考訂益詳，至今日已無遺議矣。然尚有爲先儒所疑而未決者，莫如東房西室之說。鄭君注《禮》謂人君左右房，大夫、士東房西室，宋後儒者咸以鄭注爲誤。《漢書·鼂錯傳》曰「家有一堂二内」，東房西室與二内合，鄭君實目驗而得之，非臆說也。今按：《聘禮》卿館于大夫，而君使卿還玉于館，有「負右房」之文，是大夫有右房明甚。惟士之右房，於經無文。《特牲饋食禮》曰「豆籩鉶在東房」，說者謂有東即有西。然對西室言之，亦可云東房，不必其有西房也。《士冠禮》言房者七，《士昏禮》言房者五，言房中者各四，《士喪禮》言房者四，《士虞禮》言房者二，言房中者各一，而皆不指目其爲東西左右，然則士固惟一房矣。竊疑古者自天子以至于大夫皆有左右房，自士以至于庶人則皆東房西室。嬴秦以後，大家巨室灰滅無遺，而民間尚沿襲舊制，至漢未改。鄭君據所見推之，疑古者大夫以下皆然，故致此誤耳。士所以無右房者，以其制狹小。若必分而三之，中央爲室，左右爲房，則太逼窄，不足回旋，故自室以西通而爲一，至其室之戶牖仍如常制。又嫌其西北隅不當戶牖，過于幽闇，故于北墉之下啟牖以助明，謂之北牖，《禮記·喪大記》「寢東首於北牖下」是也。是故陽厭於西北隅，大夫士同之。北牖者，士室之制，大夫以上無有也。或疑東房西室則戶牖之閒不居正中，無以爲賓位，又疑割截中央以益東北墉有牖，故不得而南面也。

西房室,與堂齟齬不合,此皆未明乎古制矣。又按:前堂後室,以棟爲畍,自鄭君誤解《士昏禮》「當阿」爲「當棟」,賈公彥乃謂棟北楣下爲室,而堂室之制全失。《鄉射記》曰「序則物當棟,堂則物當楣」,蓋有室則棟下即室之南堛,故棟不可得而當也,可據以正舊說之誤。今爲此圖,明士庶人東房西室之制。惟修廣之數,於經無徵,姑依《尚書大傳》說。堂廣九丈,所謂「士三雉」也;東西序相距六丈,所謂「三分廣,以二爲内」也。《隋書・宇文愷傳》明堂議曰「三代堂基並方」,意此制也通乎上下。士之堂廣九丈,則合堂室之修亦九丈歟?

书籍史研究

[英] 彼得·伯克 著
李永生 译

《书籍史》编委会 编

北京大学出版社《书籍》编委会编 北京大学出版社

群經平議卷十七

德清俞樾

大戴禮記一

上樂施則下益諒。《王言》

樾謹按：樂施與益諒義不相應，「施」當讀爲「易」。《詩·皇矣》篇「施于孫子」，鄭箋曰「施，猶易也」，《何人斯》篇「我心易也」，《釋文》曰「易，《韓詩》作施」，是施與易古通用，樂施卽樂易也。《荀子·榮辱篇》「安利者常樂易」，楊注曰：「樂易，歡樂平易也。」《詩》所謂『愷悌』者也。」然則上樂易，猶言上愷悌。《禮記·樂記》以「易直子諒」連言，上樂易則下益諒，義正相應矣。

而民棄惡也如灌。

王氏引之《經義述聞》曰：「灌當爲濯，字之誤也。」

樾謹按：《素問·脈要精微論》「當病灌汗」，王注曰「灌謂灌洗」，然則棄惡如灌，言其如灌洗然。讀如本字，於義自通，不必改讀。

及其明德也。

孔氏廣森補注曰:「明德之所及也。」

樾謹按:經言「及其明德」,不言「明德所及」,孔注非也。「及」乃「伋」字之誤,「伋」當讀爲「服」。古書每以「伋」爲「服」,而學者尟見「伋」字,往往臆改爲「及」。《釋文》「服」作「及」,蓋由古本是「伋」字,故誤爲「及」也。《尚書·呂刑》篇「何敬非刑,何度非及」,「及」亦「伋」字之誤,言汝何所敬,非五刑乎?汝何所度,非五服乎?《堯典》篇「五刑有服,五服三就」是也。此經「伋其明德」即「服其明德」,字誤作「及」,而義不可通矣。

故天下之君可得而知也。

樾謹按:知猶交也。《呂氏春秋·明理》篇「弟兄相誣,知交相倒」,是知與交同義。《後漢書·宋弘傳》「貧賤之交不可忘」,《群書治要》交作知。「天下之君可得而知」,言天下之君可得而交也。《墨子·經》篇曰「知,接也」,接與交義亦相近。

明王之所征,必道之所廢者也。彼廢道而不行,然後誅其君,弔其民而不奪其財也。

樾謹按:「致其征」三字當在「誅其君」之上,其文曰「彼廢道而不行,然後致其征」,此乃申說上文。又曰「誅其君,弔其民而不奪其財也」,則起下文「時雨」之意,文義甚明。自傳寫者誤移「致其征」三字於「誅其君」之下,於是義不可通。王蕭作《家語》遂易「致其征」爲「改其政」,而學者又據《家語》以改此經,故《藝文類聚·武部》、《太平御覽·兵部》引此文竝作「改其政」,實非《戴記》之舊。

口不能道善言,而志不邑邑。《哀公問五義》

樾謹按：「口不能道善言與志不邑邑自是兩事，不當以「而」字連屬之，合兩事爲一也。疑《戴記》原文「而」字在「志不」兩字之下，「志不而邑邑」即志不能邑邑，古能、而字通。《鹽鐵論・授時》章「忠焉能勿誨乎？」愛之而勿勞乎？」崔駰《大理箴》「或有忠能被害，或有孝而見殘」，皆以能、而互用。此文「口不能道善言，志不而邑邑」，上句用「能」字，下句用「而」字，其義一也。學者不知而之即爲能，移「而」字於「志」字之上，失之矣。《荀子・哀公篇》作「口不能道善言，心不知色色」其文雖與此異，然心即志也，不知即不能也。下文「不能選賢人善士」，《荀子》亦作「不知」，是其證也。據《荀子》句法以訂正此文，則「而」字當讀作「能」，古本在「志不」二字之下，明矣。

故其事大。　配乎天地，參乎日月。

樾謹按：「大」字絕句，「故其事大」乃結上之辭，當連上文讀之曰：「大道者，所以變化而凝成萬物者也；情性者，所以理然不然取舍者也，故其事大。」《禮記・禮運》篇「大順者，所以養生送死，事鬼神之常也，故事大」，與此文法正同。「配乎天地，參乎日月」相對成文，不連「大」字讀。《荀子・哀公篇》作「大道者，所以變化遂成萬物也；情性者，所以理然不取舍也，是故其事大。句。辨乎天地，察乎日月」，與此文小異，而句法正同。今作「明察乎日月」，則由後人不知大字絕句，而誤以「大辨乎天地」連讀，遂於下句增明字以配之耳。《禮運》篇正義引皇氏説亦誤以「故事大積焉而不苑」八字爲句，蓋古書之失其讀久矣。

君何以謂已重焉。　《哀公問於孔子》

樾謹按：此文本作「君何謂以重焉」，「以重」即已重，以、已古字通也。後人據《小戴記》改作「已重」，因移

「以」字於「謂」字之上耳。

利省之不卒也。《禮三本》

樾謹按：《荀子・禮論篇》作「利爵之不醮也」，此文叚「雀」爲「爵」，因誤爲「省」，説詳王氏《經義述聞》。

惟「利爵」之義，盧注不傳，楊倞注《荀子》曰：「祭禮必告利成。利成之時，其爵不卒奠于筵前也。」今按：

楊氏所説未盡其義，利謂佐食也。《儀禮・特牲饋食禮》「利洗，散獻于尸。酢及祝，如初儀」，鄭注曰：

「利，佐食也，言利以今進酒也。」更言獻者，以利待尸，禮將終，宜一進酒，嫌於加酒，亦當三也。不致爵，

禮又殺也。」然則利爵即指此而言。惟云「如初儀」，則上文主人、主婦、賓長三獻，及長兄弟、眾賓長加爵，

無不卒爵者，此文乃言不卒，於禮亦不合。且不卒爵，又何酢焉，於義亦不可通。所謂「利爵之不卒」者，

蓋據大夫儐尸之禮。《有司徹》篇「利洗爵獻于尸，尸酢，獻祝，祝受祭酒，啐酒奠之」，然則不卒者，祝不卒

爵也。利既獻尸，尸卒爵酢利，利又獻祝，祝受奠之不卒，示祭事畢也。《少牢饋食禮》注曰「啐酒而不卒

爵，祭事畢，示醉也」是其義矣。

大昏之未發齊也。

樾謹按：齊當讀爲醮，《禮記・郊特牲》篇「壹與之齊」，鄭注曰「齊或爲醮」，是其例也。昏禮父親醮子而

命之迎，未發醮者，未致醮也。《呂氏春秋・報更》篇「因發酒於宣孟」，高注曰：「發，猶致也。」父致酒以

醮其子，是謂發醮。學者不知齊爲醮之叚字，而以齊戒説之，誤矣。

日月以明。

樾謹按：此當在「四時以洽」之上，其文曰「天地以合，日月以明，四時以洽，星辰以行」。兩句一韻，自此至終篇竝同。今本在「四時以洽」之下，則失其韻矣。《荀子·樂論》《史記·樂書》皆不誤，可據以訂正。

萬物以倡。

孔氏補注曰：「倡，作也。」

樾謹按：「倡」乃「昌」之叚字，言萬物以之昌大也。《荀子》及《史記》均作「萬物以昌」，可證孔注失之。

聘射之禮廢。《禮察》篇

樾謹按：聘謂聘禮，射謂射禮。古者諸侯貢士於天子，天子試之於射宮，進爵絀地，於此乎在，是天子之射禮，亦所以御諸侯也。故「聘射之禮廢，則諸侯之行惡」矣。今《禮記·經解》篇作「聘覲之禮廢」，疑後人不得其旨而臆改之，非《戴記》之舊。《朝事》篇曰「古者天子爲諸侯不行禮義，不脩法度，不附於德，不服於義，故使射人以射禮選其德行，職方氏、大行人以其治國、選其能功」可證明此篇之義。

禽獸草木廣育，被蠻貉四夷。

樾謹按：上文云「湯武置天下於仁義禮樂而德澤洽」，此文卽承上而言。「禽獸草木廣育」，以德澤育之也；「被蠻貉四夷」，以德澤被之也。「禽獸草木」文在「廣育」之上，「蠻貉四夷」文在「被」下，正古書句法之變。《漢書》於「被」字上又增「德」字，則文複矣。孔氏廣森謂當於「木」字絕句，讀云「德澤洽禽獸草木，句。廣育被蠻貉四夷」，則變參差之文法而爲整齊，且廣育與德澤虛實不倫，而云「廣育被蠻貉四夷」，義尤未安，不可從也。

今子或言禮義之不如法令。

樾謹按：上文曰「我以爲秦王之欲尊宗廟而安子孫與湯武同」，故此文曰「今子或言禮義之不如法令，教化之不如刑罰」，子字與我字前後相對。《漢書》上文無「我以爲」三字，故此文亦無「子」字，乃後人所刪也。戴氏震校聚珍本，以「子」爲衍字，非是。

束其末云爾者，用是見君之亦有末也。《夏小正》

孔氏補注曰：「傳意以此農爲農官也。將有事于藉田，故脩君末。」

樾謹按：如孔説，則但曰「君之末也」，於文已足，何必曰「亦有」乎？傳意蓋以經文不直曰「農緯末」而必曰「農緯厥末」，厥者，其也，其農民也。以此末專屬農民，知外此者更有君之末矣。用民之末，見君之末，故曰「用是見君之亦有末也」。孔氏未達此旨，并以經文農爲農官，失之。

寒日滌。

王氏引之曰：「徧考經傳，無以寒日二字連文者，春日之日亦不得謂之寒日。日當爲日，日之爲言爰也，於也。『寒日滌』者，寒氣於是乎變也。」

樾謹按：以「寒日」二字連讀，誠失之矣。謂「日」字當作「日」，亦非也。此當以「日滌」二字連讀，「寒日滌」者，言寒氣日以滌也。傳曰「滌也者，變也，變而煖也」，蓋今日變而煖，明日又變而煖，日日不同，故不直曰「寒滌」，而必曰「寒日滌」。滌之義爲除，《周官・條狼氏》注曰：「滌，除也。」變與除義固相近，然傳必訓滌爲變者，正見其日日日不同耳。改「日」爲「日」，則全失其義矣。

緹縞。

樾謹按：「緹」字古《夏小正》當作「是」，是與寔通，寔與實通，故傳曰「是也者，其實也。」上文「梅、杏、杝桃則華」，先言梅、杏、杝桃而後言華，此文「實縞」，先言實而後言縞，正古人文法之錯綜。傳曰：「先言緹而後言縞何也？緹先見者也。」此曲爲之説，未必經有此意。如《春秋》經書「隕石于宋五，六鷁退飛過宋都」，《穀梁傳》曰「後數，散辭也。先數，聚辭也」，蓋作傳之體例如此，非經意也。「縞」字從糸，遂并「是」字而亦誤從糸，於是莫知其爲「實」之叚字矣。《爾雅》曰「薃侯莎，其實媞」，此猶下文「狸子肇肆」傳曰「肆，遂也」，而《爾雅》曰「狸子貗」。蓋由夏至周，歷年既久，古語沿襲，遂爲定名。必執以説此經，則不可通矣。

初俊羔助厥母粥。

樾謹按：經文言初者，如「初歲祭末」，「初服于公田」，皆以人事言。至禽獸之事，自啟蟄至隕麋角，無一言初者，且不曰「俊羔初助厥母粥」，而曰「初俊羔助厥母粥」，卽論文義，亦似未安。疑此經「初」字當在上經「禪」字之上。蓋上經云「往耰黍初禪」，此經曰「俊羔助厥母粥」，因「初」「禪」二字傳寫誤倒，遂於「往耰黍禪」爲句，而其義不可通矣。今正「初禪」二字爲句，謂往耰黍者始著單衣，故傳曰「禪，單也」，文義甚明。此文云「俊羔助厥母粥」，傳曰「俊也者，大也。粥也者，養也。言大羔能食草木而不食其母也」云云。傳義竝不及「初」字，可知「初」字當在上文，而不在本文矣。

鳩則鳴。

鳩者，百鷯也。鳴者，相命也。其不幸之時也，是善之，故盡其辭也。

孔氏《補注》曰:「辜,略也。」不曰鳴鳩而曰鳩鳴則鳴,是不略之也。不略之者,以記夏至之時也。」

樾謹按:如孔說,當曰「其不辜之記時也」,於文方足,今但曰「時也」,文不成義矣。仍當從舊讀,以「其不

辜之時也」六字爲句。「辜」讀作「固」。襄二十七年《公羊傳》「女能固納公乎」,《秦策》「王固不能行也」,

何休、高誘注竝曰:「固,必也。」古或以「辜」爲之,故《漢書·律曆志》注引孟康曰「辜,必也」。不辜猶言

不必。《詩·七月》篇「七月鳴鵙」,是鵙之鳴盛於七月,今方五月,鵙或鳴或不鳴,故曰「其不辜之時也」,

猶言其不可必之時也。又曰「是善之,故盡其辭也」,此解經文則字之義。凡言「則」者,急辭也。於不可

必之時而卽記之,所謂「是善之,故盡其辭也」。

主夫出火。 主夫也者,主以時縱火也。

洪氏震煊《夏小正疏義》曰:「主,古文作丶。《説文》云『有所絶止,丶而識之也』。主夫出火,謂絶止人出

火。主以時縱火,謂絶止人以此時縱火焚燒也。」

樾謹按:九月非出火之時,故訓主爲絶止。然古書言主者,皆是主領之義,洪説恐非傳意也。《周禮·司

爟》云「季春出火,民咸從之。季秋内火,民咸從之」,此自周制如此。《小正》於三月無出火之文,然則於

九月安得有絶止出火之事,未可據周制以説夏制矣。《月令》「季秋之月,草木黄落,乃伐薪爲炭」,疑此傳

所謂「以時縱火」者,卽伐薪爲炭之事,是故九月言出火,猶三月言頒冰。頒冰於三月,爲暑備也;出火於

九月,爲寒備也。言各有當,執一以求之,轉近於迂曲矣。

黑鳥浴。

樾謹按：傳曰「浴也者，飛乍高乍下也」，飛乍高乍下何以謂之浴，於義殊不可曉。「浴」疑當作「俗」，字之誤也。《說文·人部》：「俗，習也。」黑鳥俗，猶黑鳥習也。俗、習雙聲，此「俗」字即讀爲「習」，猶集、就雙聲，而「集」字即可讀爲「就」，《詩·小旻》篇集與猶、咎、道爲韻是也；戎、汝雙聲，而「戎」字即可讀爲「汝」，《詩·常武》篇戎與祖、父爲韻是也。古書用字往往有此。《說文·習部》「習，數飛也」，傳所謂「飛乍高乍下」者，正合數飛之義。後人不知「俗」之即爲「習」，而臆改爲「浴」，則不可通矣。

於時月也，萬物不通。

樾謹按：戴氏震謂此八字應爲《小正》元文，孔氏廣森作《補注》即用戴說，升此八字爲經，然與《小正》一經文法實不相似，疑戴說未爲得也。戴氏之意，直以此傳解經「嗇人不從」之義絕遠，故決其非傳文。今按：上文云「不從者，弗行」，是「嗇人不從」業已解訖。又云「於時月也，萬物不通」，則又統解上經也。經云「王狩、陳筋革、嗇人不從」，此三經本爲一事，故傳既每句解訖，又申說狩義於後。　按：《管子·五行》篇「令民出獵禽獸，不擇巨少而殺之，所以貴天地之所閉藏也」，然則十有一月王狩，正於天地閉藏之時舉行狩禮，故傳曰：「於是月也，萬物不通。」學者不知此八字爲申說狩義，於是異義橫生，誤傳爲經矣。桓四年《公羊傳》「春正月，公狩于郎」，何休注曰：「譏不時也。周之正月，夏之十一月，陽氣始施，鳥獸懷任，草木萌芽，非所以養微。」其說與《小正》不同。蓋《小正》以十一月爲萬物不通之月，故可以狩；而公羊家以十一月爲鳥獸懷任，草木萌芽之月，故不可以狩。師說相傳，各執一說。然而此傳之義，則轉可因以見矣。

於是比選天下端士孝悌閑博有道術者。《保傅》

樾謹按：「孝悌」二字平列，「閑博」二字亦平列。其下云「不博古之典傳，不閑於威儀之數」，然則博者博
通典傳，閑者閑習威儀，以後證前，可知「閑博」二字之義。《漢書・賈誼傳》、賈子《新書》竝作「博聞」，乃
涉下「博聞强記」而誤。王氏《經義述聞》反以「閑博」爲誤，失之。

習與智長，故切而不攘。

盧辯注曰：「量知授業，故雖勞能受也。」

樾謹按：「攘」字《漢書》及《新書》均作「壤」，然此二句以長、壤爲韻，下二句以成、性爲韻，皆有韻之文，若
作媿字，失其韻矣。僖四年《公羊傳》「攘夷狄」，何休注曰「攘，却也」，然則不攘者，不却也，故盧以能受解
之。至以勞字解切字，未聞其義。疑《大戴記》原文作「勤而不攘」，故注以爲「雖勞能受」。今作「切」者，
字之誤也。《後漢書・桓郁傳》引《禮記》曰「習與知長，則切而不勤」，此「勤」字乃《大戴》之原文。後人竄
改，失其本真，而其迹幸未盡泯，尚可考見也。

心未疑而先教諭，則化易成也。

盧注曰：「心未疑，謂未有所知時也。」

樾謹按：未有所知之時，不得謂之未疑，盧注非也。心未疑者，心未定也。《詩・桑柔》篇「靡所止疑」，毛
傳曰「疑，定也」，是其義。

簡聞小誦。

樾謹按：「小」當作「少」。簡聞者，聞之簡而不詳也。少誦者，誦之少而不多也。古字少、小通用。《儀禮‧鄉飲酒禮》「主人少退」，注曰「少退，少避」，《釋文》作「小避」，《特牲饋食禮》「挂於季指」，注曰「季，小也」，《釋文》作「季，少」；定十四年《左傳》「從我而朝少君」，《釋文》曰「本亦作小君」，正義曰「少君，猶小君也」，竝其證。

盧注曰：「宴室，郊室，次宴寢也。」

樾謹按：「宴室」當從《新書》作「蕢室」。《爾雅‧釋宮》「陝而脩曲曰樓」，「蕢」卽「樓」之叚字，故盧注以郊室解之，郊卽陝也。蕢、宴字形相似，又涉注文「宴寢」而誤耳。若經文是「宴室」，則當爲宴寢之室，盧何知其爲郊室乎？

古者胎教，王后腹之七月，而就宴室。

盧注曰：「諸記多爲唐雎。」又《賈子‧胎教》與此同。安或爲隱。或云：秦破韓滅魏，而隱陵君獨以五十里國存者，周瞻、唐雎之力。」孔氏《補注》曰：「周形近唐，瞻形近雎，竝寫傳之誤。《戰國策》曰『韓魏滅亡，而安陵以五十里之地存者，徒以有先生也』，是其事矣。獨上元本有不字。」

安陵任周瞻，而國人獨立。

樾謹按：《史記‧魏世家》：齊、楚攻魏，而秦救不至。魏人有唐雎，年九十餘矣，曰：「老臣請西說秦王，令兵先臣出。」此事在魏安釐王二十年之前，而其人已九十餘歲。至《國策》所載安陵君使唐雎於秦，有「韓、魏滅亡」之語，則在始皇二十二年之後，相距又三十餘年，計其人已一百數十歲矣，必非一人，乃《國

策》之誤，當以此記周瞻爲正。又按：「國人獨立」，甚爲無義，疑《大戴》原文作「安陵任周瞻而國以獨

立」。國以獨立，猶國以獨存也。「以」字闕壞，止存右畔「人」字，遂作「國人獨立」矣。學者疑國人獨立似

非美談，遂於「獨」上妄增「不」字，與注所謂「獨以五十里國存者」不合，不足據也。

己雖不能，亦不以援人。　《曾子立事》

孔氏《補注》曰：「不引人以自解。」

樾謹按：經文止曰「不以援人」，若如孔注，則經文爲不備矣。《方言》曰「爰，惠也」，援與爰通，「不以援

人」者，不以惠人也。小人恥己之不能，因而忌人之能。君子不然，故己雖不能，亦不以援人也。援字得

有惠義者，蓋援、愋雙聲。《説文・火部》「愋，温也」，愋謂之援，猶温謂之煖矣。

成人之美。

樾謹按：上文曰「君子不先人以過，不疑人以不信，不説人之過」，此云「成人之美」，與上三句不一律。據

《群書治要》「成人」上有「而」字，疑《大戴》原文作「不説人之過而成人之惡」。古人之辭，凡兩事連及者每

用「而」字，昭二十年《左傳》「齊豹之盗而孟縶之賊」，《韓子・説林》篇「以管子之聖而隰朋之智」，皆是也。

今試連上文讀之曰「君子不先人以過，不疑人以不信，不説人之過而成人之惡」，則文法一律矣。又試連

下文讀之曰「存往者，在來者。朝有過，夕改則與之。夕有過，朝改則與之」，皆以改過爲言，與成人之美

無涉，益知此文之當作「惡」字，不當作「美」字矣。後人不知此句本蒙「不」字爲義，改爲「成人之美」，傳寫

者遂并「而」字節去。阮氏元《曾子注釋》據《群書治要》增「而」字，然未知「美」字爲「惡」字之誤，於義猶未

得也。

來者不豫，往者不慎也。

盧注曰：「慎，故於物來者不猶豫，往者無所慎。」

樾謹按：盧說未了，疑有錯誤。孔氏《補注》曰：「豫，謂未來而推度之也。慎古通以爲順字，順猶遂也。今事已往者無所繫戀，不必期於遂成之。」此說不豫之義視盧注爲長，至破慎爲順，又訓爲遂，義亦迂曲。今按：《禮記·儒行》篇「往者不悔，來者不豫」，文與此同，此文「慎」字疑卽「悔」字之誤。襄二十九年《公羊傳》「尚速有悔於予身」，何休注曰「悔，咎」，然則往者不悔，言不追咎也。蓋不推度未來，不追咎已往，皆與人相接忠厚之道，故下文曰「亦可謂忠矣」。

衆信弗主。

盧注曰：「不主，謂僉議所同不爲主。」

樾謹按：「信」乃「言」字之誤，「衆言弗主」與上文「亂言而弗殖，神言弗致也」，下文「靈言弗與，人言不信不和」文法一律。盧注「僉議所同」正釋「衆言」之義。今作「信」者，卽涉下文「人言不信不和」句而誤。

多知而無親，博學而無方，好多而無定者，君子弗與也。

樾謹按：下文云「君子多知而擇焉，博學而算焉，多言而慎焉」，據此則本文「好多」二字亦當作「多言」。蓋傳寫奪言字，又誤衍好字耳。

亟達而無守。

盧注曰：「亟，數也，數自達而無所守。」孔氏《補注》曰：「亟，急也，急於求通達。」

樾謹按：盧訓亟爲數，數亦急也。上文云「行無求數有名，事無求數有成」，注曰「數，猶促速」，此古人以

數爲急之證。《爾雅·釋詁》「數，疾也」，《禮記·曾子問》篇「不知其已之遲數」，鄭注曰「數，讀爲速」。孔

氏《補注》當申明數字之義，以存古訓，不必改訓爲急。

巧言令色能小行而篤，難於仁矣。

孔氏《補注》曰：「篤難，甚難也。」

樾謹按：「篤難」二字甚爲不辭，孔注非也。「而」字疑不字之誤。隸書不字或作市，《司農劉夫人碑》「非

禮帀行」是也。其形與而字相似，《論語·雍也》篇「而有宋朝之美」，朱子《或問》引侯氏説曰「而字疑爲不

字」。此經本作「巧言令色能小行不篤」，能、而古通用，謂巧言令色而小行不篤也，故曰「難於仁矣」。上

文諸句竝用「而」字，此句用「能」字，能、而互用，與《哀公問五義》篇「口不能道善言，志不而邑邑」一律。

學者不知「能」字之即爲「而」字，宜皆不得其解矣。

能取朋友者，亦能取所予從政者矣。賜與其宮室，亦猶慶賞於國也。

孔氏《補注》曰：「所予之予當爲與、賜與之與當爲予，寫者互之。」阮氏元《曾子注釋》曰：「二字古人每通，

非誤。」

樾謹按：「所與」字實當作「予」，予字篆作「♀」，其上之⊖乃古文「環」字。《韓子·五蠹》篇曰「自環者謂之

私」，予字從古文環會意，乃古「黨與」字也。此文言「所予從政」，正其本義也。「賜予」字實當作「與」，與

字從异從与，异而与之，乃古「取予」字也。此文言「賜與其宮室」，正其本義也。予、與同聲，古每通用，遂

各失其本義。說詳余所著《字義載疑》。孔氏以爲誤固非，阮氏以爲通抑猶未得。古字古義幸而僅存，故

特表而出之。

庶人之孝也以力惡食。《曾子本孝》

盧注曰：「分地任力致甘美。」

樾謹按：「以力惡食」義不可通，疑本作「以任善食」，言各以力之所任，甘美其食以養父母也。盧注「分地

任力致甘美」，正釋「以任善食」之義。今「任善」二字誤在下句之上，其文曰「任善不敢臣三德」，甚爲無

義。盧注又無解，可知「任善」二字不當在下句也。蓋由此句本作「以任善食」，傳寫奪之而補於句末，遂

誤置下句之首。此文「力惡」二字則後人竄入，非盧所見之舊也。

可人也，吾任其過；不可人也，吾辭其罪。《曾子立孝》

樾謹按：德州盧氏見曾本謂兩「人」字皆「入」字之誤，孔氏《補注》本逕改爲「入」，戴氏震校本又改爲「不

可入也，吾任其過；可入也，吾辭其罪」，其實諸説皆非也。上文雖有「致敬而不忠則不入也」，及「敬以入

其忠」，然是曾子之言，不得與孔子之言并爲一談。此兩「人」字仍當依本字讀之。人與仁通。《釋

名・釋言語》曰：「仁，忍也，好生惡殺善含忍也。」然則「可人也」，猶言可含忍也，親之過小者也，「不可人

也」，猶言不可含忍也，親之過大者也。親之過小，吾則任其過；親之過大，吾則辭其罪。下文引《詩》云

「有子七人，莫慰母心」，此任過之謂也。又引《詩》云「夙興夜寐，無忝爾所生」，此辭罪之謂也。《禮記・

表記》篇「故仁者之過易辭也」，鄭注曰「辭，猶解説也」，「吾辭其罪也」者，解説其罪也。然非以空言解説而

已，必也夙興夜寐，不敢少息，而後可以無忝所生，故曰「言不自舍也」。不恥其親，君子之孝也」。不自舍

猶不自息，釋「夙興夜寐」之義也，「不恥其親」釋「無忝所生」之義也。蓋任過易而辭罪難。任過者任之已

耳，辭罪者必有以辭之，非進德修業，安能貽父母令名乎？自來説此經者不達可人、不可人之旨，故所説

多失其解。

言必齊色。　《曾子事父母》

盧注曰：「嚴敬其色。」

樾謹按：「言必齊色」者，言必正色也。《詩·小宛》篇「人之齊聖」，毛傳曰「齊，正」《周易·繫辭上傳》

「齊小大者存乎卦」，王肅注曰「齊，猶正也」，是其義也。盧但訓爲嚴敬，於義未盡。

故士執仁與義而明行之。　　《曾子制言》

樾謹按：此當於「行之」絕句。《誥志》篇曰「明，孟也」，《禹貢》「孟豬」，《史記·夏本紀》作「明都」，是明與

孟聲近而義通。《爾雅·釋詁》「孟，勉也」，故「士執仁與義而明行之」，謂執仁與義而勉行之，此「明」字卽

讀如「孟勉」之「孟」。《群書治要》作「執仁與義而不聞」，此由不知「明」字之義而臆改之，不可從也。「未

篤故也」二句乃古人文法上下互見之妙，蓋謂其莫之聞也由於未篤之故，篤則胡爲其莫之聞也。猶上文

曰：「天下無道故。」句。　若天下有道，則有司之所求也。」「天下無道」上亦有省文，言所以得免者，天下無

道故也。　盧氏讀「天下無道故若」爲句，失其義，因失其讀矣。

使之爲夫人則否。

盧注曰：「夫人，行無禮也。」

樾謹按：盧注未明。《淮南子·本經》篇「夫人相樂」，高注曰：「夫人，眾人也。」《漢書·賈誼傳》「夫將爲我危」，師古注曰：「夫，夫人也，亦猶彼人耳。」然則夫人之者，外之之辭，蓋言他人也。「爲」字讀如《論語》「爲衛君乎」之「爲」，鄭注曰：「爲，猶助也。」「使之爲夫人則否」，言使之助他人則否也。此節本論君子爲弟之道，此句即外禦其侮之意。

行無據旅。

盧注曰：「守直道無所私。」

樾謹按：「據旅」猶「旅距」也。《後漢書·馬援傳》「黠羌欲旅距」，李賢注曰：「旅距，不從之貌。」距從巨聲，據從豦聲，兩聲相近。《說文·酉部》「釀或作酲」，是其證也。故「距」字可通作「據」。彼言「旅距」，此言「據旅」，語有到順耳。凡雙聲疊韻之字，往往如此。「行無據旅」即「行無旅距」，蓋言其行之無所違也。

盧注尚未達古語。

苟若此，則夫杖可因篤焉。

盧注曰：「言行如此，則其所杖者皆可因厚焉。」

樾謹按：盧注於義未得。阮氏《曾子注釋》謂此句及上文「使之爲夫人則否」兩「夫」字並「老」字之譌，尤爲不安。此文曰「近市無賈，在田無野，行無據旅，苟若此，則夫杖可因篤焉」，與上文各自成義，初不相

蒙，安得謂皆老子之讛乎？汪氏中《大戴正誤》引朱氏筠説，謂「杖」乃「材」之讛，此説得之。《中庸》曰

「故天之生物，必因其材而篤焉」，曾子、子思竝述孔門之緒論，故辭旨相近。上文「近市無賈」三句，盧注

均失其解。今按：「近市無賈」，言雖近市而無商賈之心也；「在田無野」，言雖在田而無鄙野之態也，「行

無據旅」，説已見前矣。人能如此，其材之美可知，故曰「苟若此，則夫材可因篤焉」，言可因而篤之也。隸

書「材」字或作「杅」形，與「杖」似，因讛爲「杖」，而義不可通矣。

其功守之義，有知之，則願也；莫之知，苟吾自知也。

樾謹按：「其功守之義」五字乃盧注之誤入正文者，孔本、阮本已訂正矣。「有知之」至「吾弗親也」二十六

字當在下文「故君子無悒悒於貧」之上，其文曰：「有説，我則願也；莫我説，苟吾自説也。有知之，則願

也；莫之知，苟吾自知也。吾不仁其人，雖獨也，吾弗親也。故君子無悒悒於貧，無勿勿於賤，無憚憚於

不聞。」今誤移在前，則有知、有説兩文不得以類相從矣。　蓋因下文「故君子不假貴而取寵」亦有「故君子」

三字，致成此誤，先儒未及訂正。

直行而取禮，比説而取友。

樾謹按：「比説」二字義不可曉，疑「比説」乃「宛言」二字之誤，句上又奪不字。「直行而取禮，不宛言而取

友」二句反覆相明。下文曰「是以君子直言直行，不宛言而取富，不屈行而取位」，是其證也。直行而取

禮，則直言可知矣；不宛言而取友，則不屈行可知矣，其義蓋互見也。「宛」字下半與「比」相似，又涉上文

「不比譽」而誤作「比」。「言」字即「説」字左旁，又涉下文「有説我」而誤作「説」。學者又不知此兩句反覆

相明，遂刪去「不」字，非《大戴》之舊矣。

意亦忽不可得見與。《武王踐阼》

盧注曰：「言忽然謂不可得見。」

樾謹按：《爾雅·釋詁》『忽，滅盡也』，是忽與滅同義，故《詩·皇矣》篇「是絕是忽」，毛傳曰「忽，滅也」。

「忽不可得見」，言滅沒不可得見，非忽然之謂。

安樂必敬。

樾謹按：此與下文「前右端之銘『無行可悔』，後左端之銘『一反一側，爾不可不志』，後右端之銘『所監不遠，視爾所代』通爲一韻。「敬」字乃「苟」字之誤。《說文·苟部》：「苟，自急敕也。」安樂必苟，言雖處安樂，而必自急救也。學者多見敬，尟見苟，因加攴作「敬」耳。《廣雅·釋詁》「呕，敬也」，呕與苟古字通，故《爾雅·釋詁》「呕疾」之呕，《釋文》曰「字又作苟」。然則苟之與敬，義自可通，但作敬則失其韻矣。下文「爾不可不志」，今本誤作「亦不可以忘」，王氏引之已訂正，惟未正「敬」字之誤，故於韻仍未盡得耳。

食自杖，食自杖。

盧注曰：「無求醉飽，自杖而已。」

樾謹按：自杖之義與食不合。下文「無懃弗及，而曰我杖之乎？」孔氏《補注》曰：「杖，朱子謂別本作枝。今以韻讀之，當從枝字。」然則此文兩「杖」字疑亦「枝」字之譌。枝與攴通。《保傅》篇「燕支地計衆」，注曰：「支，猶計也。」「食自枝」者，每食必自計度，不過於醉飽也。又按：下文「矛之銘曰：『造矛造矛』」，盧

注曰：「重言造矛，見造矛之不易也。」此文亦是重言，而盧不注，疑其所見本作「飲自枝，食自枝」。蓋觴

所以飲，豆所以食也。若重言食而不及飲，則與觴無與矣。卽盧注「醉飽」二字，知經文必以飲食竝言，可

據以訂正。

戒之憍，憍則逃。

樾謹按：此兩句乃上履屨之銘，誤移在此者也。蓋履屨之銘曰「慎之勞，勞則富。戒之憍，憍則逃」，兩文

相對。觴豆之銘曰「飲自枝，食自枝」，以飲食竝言，其義已足。今誤移「戒之憍」兩句於「食自枝」之下，則

文義不倫矣。此兩句盧氏無注，疑其所見本無此兩句也。

夫子之門，蓋三就焉。《衛將軍文子》

盧注曰：「大成，次成，小成也。」

樾謹按：《禮記・學記》篇但有大成、小成，而無次成之說，盧氏此注殊爲無稽。「三就」者，三帀也。《周

官・典瑞職》「繅藉五采五就」，鄭司農云「五就，五帀，一帀爲一就」，然則三就是三帀明矣。《說苑・修

文》篇「如矩之三雜，規之三雜，周則又始，窮則反本也」，三雜亦卽三帀也。《淮南子・詮言》篇「以數雜之

壽憂天下之亂」，高注曰「雜，帀也」，是其證也。此經言三就，《說苑》言三雜，其義竝爲三帀，蓋古有此語。

夫子之門三就，言其多也。《家語・弟子行》篇作「蓋有三千就焉」，此乃王肅不達古語而臆改。或欲據以

增人《戴記》，謬矣。

故國一逢有德之君，世受顯命，不失厥名，以御于天子以申之。

樾謹按：「故國一逢有德之君」至「以御于天子」二十一字當在「孔子説之以《詩》」之上，其文曰：「夙興夜寐，諷誦崇禮，行不貳過，稱言不苟，是顏淵之行也。故國一逢有德之君，世受顯命，不失厥名，以御于天子。孔子説之以《詩》；《詩》云「媚兹一人」，應侯順德。永言孝思，孝思惟則」，以申之。」下文説冉雍之行曰：「《詩》云「靡不有初，鮮克有終」，以告之。」彼文「以告之」三字即繋詩詞之後，則此文「以申之」三字亦宜繋詩詞之後。今羼入此數語，則文義不屬矣。

君陳則進，不陳則行而退。

盧注曰：「陳，謂陳其德教。」

樾謹按：「陳」古文作「阤」，與「伸」字相似。此文兩「陳」字皆「伸」字之誤也。伸與信通，師古注《漢書》每云「信讀曰申」，是其證也。「君伸則進，不伸則行而退」，謂君信已則進，君不信已則退也。盧以「陳」字釋之，故義不可通矣。

自設於隱栝之中。

樾謹按：「設」當讀爲「翕」。《尚書·盤庚中》篇「各設中于乃心」，漢石經「設」作「翕」，是設與翕古字通也。《爾雅·釋詁》「翕，合也」。「自翕于隱栝之中」，謂自合於隱栝之中也。《群書治要》引《尸子·勸學》篇作「自娛於隱栝之中」，蓋「設」譌作「誤」，後人因改爲「娛」耳。或反以「娛」字爲是，失之甚矣。

群經平議卷十八

德清俞樾

大戴禮記二

閽昏忽之意。《五帝德》

王氏念孫曰：「『閽昏忽之意』不辭，昏字蓋盧注之誤入正文者，《家語》正作『闇忽之意』。」

樾謹按：「昏」乃「昬」字之誤，《説文·日部》「昬，尚冥也」，《史記·司馬相如傳》『昬爽闇昧』，此以闇昬連文，義正相近。古字昬忽通用，《漢書·楊雄傳贊》「時人皆昬之」，昬卽忽也。《大戴》原文本作「闇昬之意」，《家語》作「闇忽之意」，文異而義同。「昬」誤爲「昏」，學者據《家語》校正作「忽」，而傳寫兩存之，遂爲「闇昏忽」矣。王氏以「昏」字爲盧注之誤入正文者，非是。

東至于蟠木。

孔氏《補注》曰：「《海外經》曰：『東海中有山焉，名曰度索。上有大桃樹，屈蟠三千里』，裴駰謂蟠木卽此也。」

樾謹按：蟠木卽榑木也。《淮南·時則》篇「榑木之地」，高注曰「榑木，榑桑」，《吕氏春秋·求人》篇「禹東

至榑木之地」，此云「東至于蟠木」，文與彼同，蟠與榑一聲之轉耳。《荀子·富國篇》「則國安于盤石」，楊注曰：「盤石，盤薄大石也。」榑木猶盤石，竝取盤薄之義。《文選·海賦》注引《聲類》曰：「磐，大石也。」《說文》無「磐」字，而有「榑」字，實皆後出之字。以其言石，故字從石；以其言木，故字從木耳。此作「蟠」者，「蟠」與「盤」通，「榑木」字通作「蟠」，猶「磐石」字通作「盤」也。東方者春，盛德在木，故有盤薄之大木。必以度索桃樹實之，鑿矣。

其服也士。

孔氏《補注》曰：「服士之服，尚質儉也。」

樾謹按：天子與士不得同服，孔說非也。士當讀爲事。上句云「其動也時」，言順其時也。此句云「其服也事」，言順其事也。祭祀、軍旅、田獵之類各有當服之服，服從其事，是謂「其服也事」。士與事通。《論語·鹽鐵論·貧富篇》作「雖執鞭之事」；《荀子·致仕篇》「然後士其刑賞而還與之」，楊注曰「士當爲事」；《詩·裳裳》篇、《東山》篇、《祈父》篇、《桓》篇毛傳竝曰「士，事也」，是士與事聲近義通之證。

南撫交趾大教。

孔氏《補注》曰：「大，大人，汪芒氏之國也。教，教民也。其爲人黑，《山海經》有焉。」

樾謹按：「大教」即大交也。《通鑑前編》引《書大傳》「中祀大交」與「秋祀柳谷」、「冬祀幽都」對文，鄭注曰：「南交稱大交，《書》曰『宅南交也』。」然則大交爲南方之地，猶柳谷爲西方之地，幽都爲北方之地也。

群經平議

此作「大教」者，教與交聲近。《孟子·滕文公》篇「校者，教也」。交之爲教，猶校之爲教矣。孔氏以大人教民釋之，非是。

黃帝娶于西陵氏之子，謂之嫘祖氏，產青陽及昌意。《帝繫》

王氏引之曰：「『氏產青陽』之氏讀爲是，古書是字多作氏，説見惠氏《儀禮古義》。後凡❶『氏產』二字相連者放此。」又下文『昆吾者，衛氏也』以下六氏字亦放此。」

樾謹按：上文有「是爲帝嚳」、「是爲帝堯」諸「是」字，下文有「是爲昆吾」、「是爲參胡」諸「是」字，本篇「是」字十一見，竝不叚「氏」爲之，何以「是產」之是必叚「氏」爲之乎？王説非也。此仍當以「氏」字上讀，謂之「嫘祖氏」，與下文「謂之昌濮氏」、「謂之女祿氏」、「謂之高緺氏」、「謂之女嬇氏」句法一律，蓋古人自有此稱。若從王説，以「氏」字下讀，則下文「帝堯娶于散宜氏之子，謂之女皇氏。帝舜娶于帝堯之子，謂之女匽氏」，皆不言其所產，此二「氏」字將何屬乎？可知其非矣。下文「昆吾者，衛氏也」六「氏」字，戴氏震亦疑其不可通，謂當從《世本》作「是」，孔氏《補注》曰「氏，是也」。今按：此文所稱衛氏、韓氏、彭氏、鄭氏、郱氏、楚氏，猶上文言西陵氏、蜀山氏也。西陵、蜀山皆國名，而以氏稱之，然則衛、韓之屬亦皆國名，豈不可以氏稱乎？《勸學篇》「蘭氏之根，懷氏之苞」，孔注曰「氏，語詞」，誠如此解，則篇中諸「氏」字皆可通矣，不必改讀也。

❶「凡」，原作「几」，今據清經解續編本改。

帝嚳卜其四妃之子，而皆有天下。

樾謹按：此本作「皆而有天下」。而、能古通用，「皆而有天下」者，言皆能有天下也。後人不達「而」字之義，誤移之「皆」字之上，則義不可通。《禮記・檀弓》及《詩・生民》篇正義引此文，竝删去「而」字矣。

失言勿蹄。《子張問入官》

盧注曰：「蹄，邪也。出言既失，勿爲邪途以成之。」

樾謹按：「失言勿邪」義不可通，盧說非也。「蹄」當爲「倚」。僖三十三年《公羊傳》「匹馬隻輪無反者」，何注曰「隻，蹄也」，《穀梁傳》作「匹馬倚輪無反者」，是蹄與倚古字通。《說文・人部》：「倚，依也。」《老子》「禍兮福所倚」，注曰：「倚，因也。」然則倚有因依之義，謂過失之言勿更因依之以爲說也。

且夫忿數者獄之所由生也。

樾謹按：此數字當讀如「范宣子親數之朝」之「數」。忿怒而數責人過，此獄之所由生也。盧校云「數疑敖字之誤」，孔《補注》云「數音促數之數」，均未得其旨。

量之無狡民之辭。

盧注曰：「狡，害也。恒言無害也。」

樾謹按：「狡」當讀爲「校」，校之言校量也。上文曰「臨之無抗民之志，勝之無犯民之言」，此文曰「量之無校民之辭」，三句文義一律。臨之則似乎抗之矣，而無抗民之志；勝之則似乎犯之矣，而無犯民之言；量之則似乎校之矣，而無校民之辭，所以身安譽至也。盧注未得。

惆悦者情之道也。

盧注曰：「言調悦者治人情之道也。」

樾謹按：如盧注，必增出「治」字，於義方足，殆非也。「道」當爲「首」。上句曰「躬行者政之始也」，此句曰

「調悦者情之首也」，兩句一律，言政以躬行爲始，情以調悦爲首也。古字首與道通。《周書·芮良夫》篇

「子小臣良夫稽道」，《群書治要》作「稽首」，《史記·秦始皇紀》「追首高明」，《索隱》曰「會稽刻石文首作

道」，竝古人叚「道」爲「首」之證。

邇臣便辟不正廉，而群臣服汙矣。

盧注曰：「服，事也。汙，濫也。」

樾謹按：事汙之語不可通，「服」當爲「僕」，聲之誤也。上文曰「邇臣便辟者，群臣僕之倫也」，故此文曰

「邇臣便辟不正廉，而群臣僕汙矣」，正承上文而言。盧據誤本作注，失于訂正。

司會均入以爲輪。《盛德》

樾謹按：「均入」二字盧注無解，其義亦不可曉，疑「均入」當作「均人」，字之誤也。天官之司會主天下之

大計，地官之均人主平土地之力政，其職竝重，故竝言之。

孔氏《補注》曰：「按下文『貧則飭司空』，此爲對文，似定當作富，字形之誤也。」

樾謹按：定與富雖皆從宀，然字形絕不相似，無緣致誤。「定」疑當爲「足」，此云「以之禮則國足」，故下文

以之禮則國定。

云「貧則飭司空」也。必謂貧宜與富對，失之拘矣。

以財投長曰貸。《千乘》❶

樾謹按：「貸」字義不可通，乃「貨」字之誤。《尚書・呂刑》說五過之疵有曰惟貨者，即此是矣。上文曰

「利辭以亂屬曰讒」，讒之與貨，古人並戒之，《中庸》「去讒賤貨」是也。貨、貸形似，因而致誤。或謂貸讀

爲慝，古書雖多以讒慝並言者，然與以財投長之義不合，不可從也。

陳刑制辟，以追國民之不率上教者。

孔氏《補注》曰：「追，窮捕之也。」

樾謹按：《周官・追師職》鄭注曰：「追，猶治也，《詩》云『追琢其璋』。」賈疏云：「引《詩》『追琢其璋』者，證

追是治玉石之名。」蓋治玉石謂之追，故追有治義。「追國民之不率上教」，謂治其不率者也。孔以窮捕釋

之，非是。

臣願君之立知而以觀聞也。《四代》

孔氏《補注》曰：「言公不能行，但可守其所知，以觀其所聞。」

樾謹按：知猶見也，《呂氏春秋・自知》篇「文侯不說，知於顏色」，高注曰：「知猶見也。」此文以知與聞對，

猶以見與聞對，所知者謂近者也，所聞者謂遠者也。「立知而以觀聞」，猶言立近而以觀遠。孔氏未得

❶ 「千乘」，原無，今據上下文例補。

其義。

於時雞三號以興，庶虞庶虞動蚩征作。

橄謹按：「庶虞」二字不當疊，疊者衍文也。「於時雞三號以興」七字爲句，興即謂雞也。雞夜而伏，晨而興，故曰「三號以興」也。學者誤讀以「興庶虞」爲句，遂重出「庶虞」字耳。楊氏大訓本「庶虞」字不疊，當據以訂正。

願富不久妨於政。

孔氏《補注》曰：「不久，無恒也。」

橄謹按：無恒之義與願富不屬，孔說非也。久當讀爲宆。《説文・宀部》「宆，貧病也」，《廣雅・釋詁》「宆，貧也」，是宆有貧義，故與富爲對文。《詩・召旻》篇「維昔之富不如時，維今之疚不如茲」《釋文》曰「疚字或作宆」，是其證也。「願富不宆」，謂願常富而不貧也。

昔有虞戴德何以。《虞戴德》

孔氏《補注》曰：「問民戴舜之德何以致之。」

橄謹按：此言有虞之戴德，非言民戴有虞之德也，孔注誤矣。「戴」當讀爲「載」，古字通用。《詩・絲衣》篇「載弁俅俅」，《爾雅・釋言》注引作「戴弁俅俅」，《禮記・郊特牲》篇「載冕璪」《釋文》曰「載，本亦作戴」，並其證也。「載德何以」與《四代》篇「載事何以」文法一律。孔氏彼注曰「載，行也」，「載德何以」亦謂行德何以也。下文曰「深慮何及？高舉安取？」並以舜言，不以民言，可知孔注之非矣。

有臣不事君必叉。

孔氏《補注》曰：「叉，殺也。」

樾謹按：訓叉爲殺，於義未安，叉當爲忍。《詩·將仲子》篇毛傳「彊忍之木」，《抑》篇鄭箋「柔忍之木」，《釋文》竝曰：「忍，本作叉。」蓋忍從叉聲，古文以聲爲主，故或卽以叉爲之。「必叉」卽「必忍」，所謂人將忍君也。上文云「有子不事父不順」，此云「有臣不事君必忍」，不順與必忍語有輕重，而大意略同。若以本字讀之而訓爲殺，則與上句不倫矣。

堅物。

樾謹按：「堅」乃「畫」字之誤，物者射時所立處也，畫物卽《大射儀》所謂「若丹若墨，度物而午」者也。字誤爲「堅」，義不可通。楊氏大訓本又改爲「竪」，物畫于地，非竪立于地也，安得言竪歟？孔氏《補注》從楊氏作「竪」，遂訓物爲獲旌。按：《鄉射記》「旌各以其物」，鄭注曰：「雜帛爲物，大夫士之所建也。」此文言天子射宮之事，不當建物。

以此怨省而亂不作也。《誥志》

樾謹按：「以此」當作「此以」。《千乘》篇曰「此以怨省而亂不作也」，與此篇文同。今作「以此」者，傳寫誤到之耳。楊氏大訓本不誤，可據以訂正。

在國統民如恕，在家撫官而國。

孔氏《補注》曰：「如，而也。而，如也。君統民而能恕，大夫撫私臣如在國。」

樾謹按：孔以下「而」字爲如字，是也，以上「如」字爲「而」字，非也。上「如」字乃本字，下「而」字爲「如」之

段字。《孟子·離婁》篇「文王視民如傷，望道而未之見」，上句用「如」字，下句用「而」字，正與此同。「恕」

當爲「帤」，字之誤也。《禮記·中庸》篇「樂爾妻帤」，鄭注曰：「古者謂子孫曰帤。」「統民如帤」猶言愛民

如子也。「帤」誤作「恕」，因并「如」字之解而失之，且與下句義不一律矣。

川谷不處。

樾謹按：「處」乃「虛」字之誤。上文云「川澤不竭」，此文云「川谷不虛」，虛與竭同義。《淮南子·說林》篇

「川竭而谷虛」，高注曰「虛，無水也」，是其義也。虛、處形近，因而致誤。《荀子·大略篇》「仁非其里而虛

之，非禮也」，「虛」乃「處」字之誤，楊注讀爲「居」，非也。此「虛」字誤爲「處」，彼「處」字誤爲「虛」，正可

互證。

雒出服。

孔氏《補注》曰：「服，馬也。圖書靈異之物，不必河恒出馬，雒恒出龜，故於雒言服，亦互見之。」

樾謹按：孔注乃曲說也。洪氏頤煊《孔子三朝記注》曰「服讀爲負，謂神龜負文以出」，義亦未安。今按：

服從艮，艮從卩，卩，事之制也，故鄭石制字子服，是服有法制之義。《呂氏春秋·樂成》篇「都鄙有服」高

注曰「服，法也」，今誤於「法」下衍「服」字，義不可通，辯見《諸子平議》。此云「雒出服」，猶云雒出法也。

《漢書·五行志》曰「禹治洪水，賜雒書，法而陳之，《洪範》是也」，此卽雒出法之義。説者不知服之爲法，

故失其解矣。

其老觀其意憲慎。《文王官人》

孔氏《補注》曰:「憲,法也。」《學記》曰『發慮憲』。」

樾謹按:《學記》以「發慮憲」、「求善良」爲對文,良猶善也,則憲猶慮也。原憲字子思,是憲有思義,故義

與慮同。此云「其意憲慎」者,言其意思慎也。《周書·官人》篇曰「其老者觀其思慎」,可證此文「意憲」之

義。若訓憲爲法,則兩字不倫矣。

二曰方與之言以觀其志。

樾謹按:「方與之言以觀其志」八字當在「此之謂觀誠也」之上,「志殷如溾」句上當有「其」字,説詳《周

書》。

喜怒以物而變易知。

樾謹按:「知」字當在「變易」之上,「知」讀爲「志」。《禮記·緇衣》篇「爲上可望而知也,爲下可述而志

也」,鄭注曰:「志,猶知也。」此經云「喜怒以物而知變易,煩亂之而志不裕」,知志互用,正與彼同。彼志

猶知也,此知猶志也。學者不解「知」字之義,誤移於「變易」之下,則義不可通。《周書·官人》篇作「喜怒

以物而心變易」,心亦猶志也。以《周書》句法證之,可見此文之誤。

執之以物而邀決。

樾謹按:「執之以物」義不可通,「執」當爲「慹」。《漢書·陳萬年傳》「豪彊執服」,師古注曰「執,讀曰慹」,

是其例也。《説文·心部》「慹,悑也」,「悑」卽今「怖」字。「慹之以物」猶怖之以物,與下句「驚之以卒」文

義一律。

雖欲故之中，色不聽也。

盧注曰：「言雖欲故隱之於中，而無奈色見於外。」

樾謹按：盧讀「中」字絕句，是也，惟「故」字尚未得其解。故與固通，《史記・魯周公世家》「咨於固實」，徐

廣曰「固，一作故」，《儀禮・士昏禮記》「某固敬具以須」，《白虎通・嫁娶》篇作「某故敬具以須」，《論語・

子罕》篇「固天縱之將聖」，《論衡・知實》篇作「故天縱之將聖」，竝其證也。《漢書・楊雄傳》師古注曰

「固，閉也」，《呂氏春秋・音律》篇「黃鐘之月，土事無作，慎無發，蓋以固天閉地」，是固與閉同義。「雖欲

固之中」猶言雖欲閉之中也。《周書・官人》篇「故」作「改」，乃字之誤。朱氏右曾作《周書集訓》，遂讀「雖

欲改之」爲句，「中色弗聽」爲句，「中色」二字於義難通矣。

小讓而好大事。

樾謹按：「事」當作「爭」。《玉篇・受部》「爭」下有古文「事」，「小讓而好大事」即小讓而好大爭也，《周書》

作「小讓而爭大」是其證。學者尟見「爭」字，因改爲「事」耳。

分白其名以私其身。

樾謹按：此當作「白分其名以私其身」。「白」非「黑白」之「白」，乃「自」字也。《說文・白部》曰「白，此亦

自字也」，百字從白，古文作百從自，是白自同字，「白分其名」即自分其名。學者不識「白」字，而誤移之

「分」字之下，失之矣。《周書》作「自以名私其身」，雖字句小異，而正作「自」字，可以爲證。

明知賢可以徵，與左右不同而交，交必重己。

盧注曰：「言知其賢而不與交，交必取其重己者也。」

樾謹按：「而交」當作「不交」。「明知賢可以徵，與左右不同不交」，正注所謂「知其賢而不與交」也。若如今本，則與注義不合矣。而、不形似，往往致誤，說見《曾子立事》篇。

微忽之言。

盧注曰：「謂微細及忽然之語。」

樾謹按：忽亦微也。《孫子算經》曰「蠶所吐絲爲忽，十忽爲秒」，是忽乃一絲之名，物之至微者。字亦作「緫」，《廣雅·釋詁》曰「緫，微也，曹憲音忽」，是緫即忽也。《漢書·律曆志》曰「無有忽微」，此云「微忽」，猶彼云「忽微」，二字一義，盧注失之。

人有六徵，六徵既成，以觀九用，九用既立。

樾謹按：「以觀九用」之下即當繼以「一曰取平仁而有慮者，二曰取慈惠而有理者」云云，於文方合。如下文「九用有徵，乃任七屬」，即繼以「一曰國則任貴，二曰鄉則任貞」云云，是其例也。「九用既立」四字當在下文「此之謂九用也」之下。傳寫者誤移于此，則文氣隔絕矣。

《諸侯遷廟》

脯醢陳于房中。

盧注曰：「房，西房也。諸侯左右房也。」汪氏中《大戴禮記正誤》「房，東房也」。喜孫按：「各本東房作西房。《戴氏文集》曰：『西字別本或作曰，或作由，據禮訂之當作東房。』先君校正此字與戴合。」

樾謹按：盧氏以此經言諸侯之禮，故以房爲西房，又申說之曰「諸侯左右房也」，正見其與他經言士大夫

之禮不同。若作東房，則無庸申說矣。《荀子·正論篇》曰：「執薦者百人侍西房。」楊注曰：「薦，謂薦陳

之物，籩豆之屬也。」然則脯醢當在西房，古書自有明文，足證戴氏、汪氏改西爲東之謬。

卿大夫有司執事者皆出廟門，告事畢，乃曰擇日而祭焉。

樾謹按：「告事畢」下文有奪誤，當作「君曰：『諾。』乃擇日而祭焉」。下篇《諸侯釁廟》禮「宗人曰：『釁某

廟事畢。』君曰：『諾。』」即其例也。今本奪「君」字、「諾」字，而「乃」字又誤移「曰」字之上，❶則義不可

通矣。

是故昔者先王學齊大道，以觀於政。《小辨》

洪氏頤煊《孔子三朝記注》曰：「齊，同也。」

樾謹按：「齊」當讀爲「濟」。下文曰「如此猶恐不濟，奈何其小辨乎？」洪注曰：「濟，成也。」然則「學濟大

道」者，學成大道也，上下文義相應。齊之與濟，古字通耳，不當以齊同釋之。

爾雅以觀於古，足以辨言矣。

盧注曰：「爾，近也，謂依於雅頌。孔子曰：『詩可以言，可以怨。邇之事父，遠之事君，多識鳥獸草木之名

也。』」孔氏《補注》曰：「爾雅即今《爾雅》書也。《釋詁》一篇周公所作。詁者古也，所以詁訓言語，通古今

❶ 上「字」字，原作「字」，今據清經解續編本改。

之殊異，故足以辨言。

樾謹按：上文云：「循弦以觀於樂，足以辨風矣。」循弦者，循乎弦也，則爾雅者，爾乎雅也，不得以爾雅爲書名，孔説非也。盧注謂依乎雅頌，則是觀樂辨風之事，而非觀古辨言之事矣，其説亦未盡得。今按：雅之言故也。《史記·高帝本紀》「雅不欲屬沛公」《集解》引服虔曰：「雅，故也。」《漢書·張禹傳》「忽忘雅素」，是雅與素同，素亦猶故也。《方言》「舊書雅記」，是雅與舊同，舊亦猶故也。《孟子》曰：「天之高也，星辰之遠也，苟求其故，千歲之日至可坐而致也。」爾雅以觀於古者當依乎故以求之也。若謂依乎雅頌，失其義矣。至《爾雅》一書，其名義卽取之此，「爾雅」猶言近古也。《釋名·釋典藝》曰「爾，昵也，昵，近也。雅，義也，義，正也。五方之言不同，皆以近正爲主也」，張晏《漢書注》亦云「爾，近也。雅，正也」，恐非古人命名之旨。

禮樂而力忠信其君其習可乎。

樾謹按：「君其習」三字當在「禮樂」之上，其文曰：「君其習禮樂而力忠信，其可乎？」傳寫者奪「君其習」三字，而誤補之「其」字之下，義不可通。楊氏大訓本遂於「禮樂」上加「行」字以足其句，而孔本從之，誤也。

禮樂不行，而幼風是御。《用兵》

盧注曰：「任童幼之人使專政。」

樾謹按：上文已言「疎遠國老，幼色是與」矣，彼對國老言，此對禮樂言，則兩「幼」字文同義異，且童幼之

人亦不得謂之幼風，盧注非也。洪氏《三朝記注》曰：「幼風，謂幼眇之樂。《漢書》曰：『每聞幼眇之聲，不知涕泣之橫集』，卽所謂靡靡之音也。御，陳也。」今按：洪説得之矣，而有未盡者。「幼」當讀爲「幽」，《詁志》篇曰「幽，幼也」，《史記・曆書》亦曰「幽者，幼也」，是幽與幼聲近義通。《禮記・玉藻》篇「再命赤韍幽衡」，鄭注曰「幽讀爲黝」，然則幼之讀爲幽，猶幽之讀爲黝也。是故幼眇卽幽眇也，幽風者幽眇之風也。風之所至必有聲，故曰風聲，文六年《左傳》「樹之風聲」是也。因而古人卽謂聲爲風。《管子・宙合》篇「君失音則風律必流」，風律卽聲律也。《輕重己》篇「吹壎篪之風」，猶言壎篪之聲也。《淮南・原道》篇「結激楚之遺風」，高注曰「遺風，猶餘聲。」

《少聞》

昔堯取人以狀，舜取人以色，禹取人以言，湯取人以聲，文王取人以度，此四代五王之取人以治天下如此。

盧注曰：「四代據文距殷。或曰：文王取人以度四代，謂兼之也。」

樾謹按：據注則四代上無此字。自堯至文謂之四代者，蓋堯、舜合爲一代也。孔子删《書》而《堯典》、《舜典》同謂之《虞書》，是其證矣。盧説不了，所引或説以四代上屬，更失其讀。

作宮室高臺汙池土察以民爲虐。

盧注曰：「汙，窪也。察，深也，言洞地爲池也。」孔氏《補注》曰：「察之字從宀，土察蓋窟室之屬與？」

樾謹按：盧説固非，孔説更爲無據。疑「土察」二字不連上讀，「作宮室高臺汙池」其文已足。「土察」當爲「土蔡」。《説文・丰部》：「丰，艸蔡也，象艸生之散亂也。讀若介。」哀元年《左傳》「以民爲土芥」，「芥」卽

「丰」字，因「丰」讀如「介」，故即以「介」為之，而又叚用從艸之「芥」耳。此文言「土察」，猶彼文言「土芥」

也。「察」者「蔡」之叚字，猶「芥」者「丰」之叚字也。疑《大戴》原文本作「以民為土察」，猶云以民為土芥

也。「以民為」三字傳寫偶奪，而校補者誤著之「土察」二字之下，則文不成義，遂據下文說紂事有「以為民

虐」之文，臆增「虐」字。不知「以為民虐」文義可通，「以民為虐」文義不可通，即此知非《戴記》原文矣。

以客事天子。

盧注曰：「客事天子，謂忍而臣之也。」

樾謹按：據盧注，則「客」乃「容」字之誤，盧注「忍而臣之」，蓋取容忍之義。洪氏頤煊謂「客當作窓，窓，敬

也」，於義雖通，然恐非盧氏所見之舊。

水土未綑。

盧注曰：「綑猶亂，《韓詩外傳》『陰陽相勝，氛祲綑氳』也。」

樾謹按：盧說迂曲，殆非也。「綑」當讀為「堲」。《說文・土部》：「堲，塞也。」《尚書》曰『鯀堲洪水』」字亦

作「垔」，襄二十五年《左傳》「井堙木刊」，《國語・周語》「墮高堙卑」，杜、韋注並曰：「堙，塞也。」此文叚

「綑」為「堲」者，綑從因聲，與垔聲相近。「煙」之或體作「烟」，即其例矣。「水土未堲」，謂水土猶未堲

塞也。

糟者猶糟，實者猶實，玉者猶玉，血者猶血，酒者猶酒。

樾謹按：「酒者猶酒」句當在「糟者猶糟」之下，二語相對成文，糟濁而酒清也。「玉者猶玉，血者猶血」二

群經平議

語亦相對成文，玉白而血赤也。《山海經·南山經》俞者之山有木名白䔃，可以血玉」，然則玉者本色，血

者染色，古有此語，故以爲對文耳。「實者猶實」句或別有對文，❶而今闕之，或衍句也。自《千乘》以下七

篇爲《孔子三朝記》傳寫奪誤，視餘篇尤甚，故學者多不能讀，往往失其解矣。

與之大射，以考其習禮樂，而觀其德行。《朝事》

樾謹按：「習」字衍文也。「考其禮樂」、「觀其德行」相對成文，不應有「習」字，蓋涉下文而衍。

儐而禮之，三饗、三食、三宴，以與之習立禮樂。

樾謹按：「習立禮樂」當作「習其禮樂」，與上文「考其禮樂」文義一律。其字古文作「亓」，見《玉篇》。後人

不識古文，因誤加一畫於下，而成「立」字矣。王氏念孫竟以「立」爲衍文，非是。

禮樂謂之益習，德行謂之益脩。

樾謹按：「謂之」即爲之也。謂爲古通用，説見王氏引之《經傳釋詞》。孔氏從高安本，竟改作「爲」，義則

是而古字亡矣。《少閒》篇「何謂其不同也」，「何謂」即何爲也。孔氏亦從俗本作「爲」，失與此同。德州盧

氏本尚未誤。

歸脈以教諸侯之福。

樾謹按：「教」當作「效」，字之誤也。襄二十七年《左傳》「使諸侯偈效烏餘之封者」，杜注曰「效，致也」，又

❶ 「猶」原作「自」，今據上文改。

四八○

昭二十六年《傳》「宣王有志而後效官」，正義曰「效者，致與之義」。歸脈所以致福於諸侯

之福」也。《周禮·大行人職》作「以交諸侯之福」，「交」亦當爲「效」。

致會以補諸侯之災。

樾謹按：汪氏中《大戴記正誤》作「致襘」，非也。此字實當作「會」。《周禮·大宗伯職》「以襘禮哀圍敗」，

鄭注曰：「同盟者會合財貨以更其所喪，《春秋》襄三十年冬『會于澶淵，宋災故』是其類。」賈疏曰：「必知

襘是會合財貨，非會諸侯之兵救之者，若會合兵，當在軍禮之中，故知此襘是會合財貨以濟之也。」合注疏

以觀之，則鄭、孔所據經文作「會」不作「襘」可知矣。因「會禮」連文，「禮」字從示，遂并「會」字而亦誤從

示，於是《大行人職》之「致會」，《小行人職》之「犒會」，竝誤爲「襘」矣，説詳《周禮》。此記「致會」，正其本

字。下文云「師役則令犒襘之」，「會」字從示，後人據《周禮》改之也。汪氏以不誤爲誤，失之矣。

有勝則司射以其算告。《投壺》

戴氏震《東原集》曰：「以其算告，當從袁氏本作奇。」

樾謹按：投壺與射禮同。《儀禮·鄉射禮》曰「釋獲者遂進取賢獲，執之由阼階下，北面告于公」，

《大射儀》曰「釋獲者遂進取賢獲，執以升自西階，盡階不升堂，告于賓」，鄭注竝曰：「賢獲，勝黨之算也。」此記曰

「有勝則司射以其算告」，其字指勝者而言，然則「其算」即勝黨之算，所謂賢獲是也。《禮記·投壺》篇誤

作「遂以奇算告」，此乃《小戴》之誤文，説詳《禮記》。而袁氏本遂據以改《大戴》。夫既以奇算告，何以所

告之辭又曰「賢若干純」乎？且使勝黨之算有純而無奇，則將何執乎？可知袁本之非矣。

矢八分。

孔氏《補注》曰：「八分，矢圓徑也。」

樾謹按：下文云「矢以柘若棘，無去其皮，大七分」，與此文義涉兩歧。孔氏云「大七分者，似謂室中五扶之矢」，然室中與堂上庭下矢有長短，而圓徑不異。《禮記・投壺》篇鄭注曰「舊説矢大七分」，而不言有八分者，然則孔説非也。今按：下文言「矢大七分」而此文不云「矢大八分」，則非謂圓徑可知矣。「八分」當作「八勿」，字之誤也。「勿」讀爲「物」，古字通用。《尚書・立政》篇「時則勿有間之」，《論衡・譴告篇》作「時則物有間之」，《莊子・天道》篇「中心物愷」，《釋文》曰「物，本亦作勿」，是其證也。「矢八物，堂上七扶，室中五扶，庭下九扶」，猶《周官・槀人》所謂「矢八物，皆三等也」。賈疏曰「蓋據長短爲三等法」，此文七扶、五扶、九扶亦是據長短爲三等。三等之義既同，八物之義亦當不異，即《司弓矢》之八矢，曰枉矢、絜矢、殺矢、鍭矢、矰矢、茀矢、恒矢、痺矢者是也。蓋投壺本與射同，故矢之制亦如之，而有八物。八物之名，雖不必竟與《司弓矢》之八矢合，要亦略近之矣。古文叚勿爲物，而勿又誤作分，遂使古制不傳，惜哉！

天子擬焉。《公冠》

孔氏《補注》曰：「天，盧本作太，以下注推之，近是。」

樾謹按：下文云「太子與庶子，其冠皆自爲主」，注云「重言太子，誤也」，故盧本改此文天子爲太子，以合盧注重言之説，而孔氏亦以爲然，其實非也。「天子擬焉」謂天子冠禮與公同也。下云「太子與庶子，其冠

皆自爲主」，卽蒙天子而言，乃天子之太子與庶子也。

盧氏誤以爲諸侯之太子與庶子，故解自爲主曰「主，侯自主之」，此大不然。據上文「公冠自爲主」，自字指

冠者而言之，然則此云「自爲主」，文與彼同，亦指冠者而言之明矣。若從盧說，則是冠者之父也。冠者之

父爲主，豈可云「自爲主」乎？《說苑・修文》篇所載無此句，而有云「諸侯太子、庶子冠，公爲主」。今

按：兩文相輔，其義方足。彼明言「諸侯太子、庶子冠，公爲主」，則知天子之太子、庶子冠，王不爲主矣。

疑此文當云「天子擬焉，太子與庶子其冠皆自爲主，諸侯太子、庶子冠公爲主」，如此則於義爲備，而文亦

明白矣。　傳寫偶闕耳。

嗇於時。

樾謹按：《小辨》篇曰「社稷之主愛日」，嗇時與愛日同義，王肅《家語》注訓嗇爲愛是也。以爲不奪民時，

則失其旨矣。

推遠稚免之幼志。

盧注曰：「免，猶弱也。」

樾謹按：「免」當爲「鮸」，蓋壞字也。《爾雅・釋獸》「兔子娩」，郭注曰「俗呼曰鮸」，《釋文》曰「鮸，《字林》

云兔子也，乃俱、乃侯二反」，然則此字從兔需聲。兔之小者謂之鮸，猶人之稚者謂之孺也。此云「推遠稚

鮸之幼志」，蓋叚「鮸」爲「孺」耳。劉昭注《續漢志》引《博物志》載此辭云「推遠沖孺之幼志」，字正作「孺」，

可證。

合於八十也。《本命》

樾謹按：上文「合於三」也，不言三十，「合於五也」，不言五十，皆因此文有「十」字而省也，古書自有此例。

《堯典》《舜生三十，徵庸三十，在位五十載》因下句有「載」字，而上兩句皆不言「載」。《孟子·滕文公》篇

「夏后氏五十而貢，殷人七十而助，周人百畝而徹」，因下句有「畝」字，而上兩句皆不言「畝」，竝其例也。

孔氏本作「合於八」也，刪去「十」字，蓋未達古書之義例，亦足見古書之難于輕改矣。

機其文之變也？ 其文變也。

盧注曰：「機，危也。 謂二禮動行九事，皆有其文，每變不同也。」

樾謹按：盧訓機爲危，文不成義矣。「機」當作「幾」，古書每以「幾」爲「豈」字。《荀子·榮辱篇》曰「幾直

夫芻豢稻粱之縣糟糠爾哉」❶ 又曰「幾不甚善矣哉」，《大略篇》曰「幾爲知計哉」，楊倞注曰「幾讀爲豈」，

《史記·黥布傳》「人相我當刑而王，幾是乎」，徐廣曰「幾一作豈」，竝其證也。「幾其文之變也」猶曰豈其

文之變邪。古書也、邪字通用，陸德明《經典釋文序》所謂「如而靡異，邪也弗殊」是也。此兩句乃自爲問

答之辭，「豈其文之變也」 其文變也。因叚「幾」爲「豈」，叚「也」爲「邪」，而「幾」字又從木

作「機」，於是其義難通，孔氏遂疑「其文變也」四字爲衍文矣。

是故女及日乎閨門之內。

❶ 「粱」，原作「梁」，今據《荀子》改。

孔氏《補注》曰：「及日，猶終日。」

樾謹按：「及」即「終」字之誤。《説文》「終」古文作「冬」，隸變作「冬」，與「及」字相似。學者尟見「冬」字，因臆改爲「及」耳。

不順父母去爲其逆德也。

樾謹按：「去」字衍文也。上文説婦有七去，故曰「不順父母去」。此申説七去之義，則但曰「不順父母」，爲其逆德也」，不必更有「去」字矣。下文「無子，爲其絕世也；淫，爲其亂族也；妒，爲其亂家也，有惡疾，爲其不可與共粢盛也；口多言，爲其離親也；盜竊，爲其反義也」，竝無「去」字，可證此「去」字之衍。

是故堅土之人肥，虛土之人大，沙土之人細。《易本命》

盧注曰：「肥者象地堅實，大者象地虛縱也。沙土養薄，乃細。」王念孫曰：「此當依《淮南子》作『堅土之人剛，弱土之人肥，盧土之人大，沙土之人細』。今本『堅土』之人下脱去『剛弱土之人』五字，『盧』字又譌作『虛』，則義不可通。盧注皆誤。」

樾謹按：王説是矣，而未盡也。堅土、弱土相對，肥與剛則不相對，而轉與「盧土之人大」其義相混矣。疑「肥」字乃「脆」字之誤。《廣雅·釋詁》「脆，弱也」，「脆」即「脆」之俗體。「弱土之人脆」與「堅土之人剛」正相對成文。《家語·執轡》篇作「堅土之人剛，弱土之人柔」，王氏謂「柔」字爲王肅所改。然惟本是「脆」字，故肅改作「柔」。若本是「肥」字，肅何得以「柔」字易之乎？

食桑者有絲而蛾。

樾謹按：「桑」字當從《淮南子》作「葉」。凡食葉之蟲，無不有絲而蛾，非獨蠶也。此句所包者眾，若作食桑者，則專以蠶言矣。

食穀者智惠而巧。

樾謹按：既言「智惠」，不必更言「巧」矣。「巧」當作「夭」，聲之誤也。「食穀者智惠而夭」與下句「食氣者神明而壽」相對。《淮南子》正作夭，當據以訂正。

此乾坤之美，類禽獸萬物之數也。

盧注曰：「三百六十，乾坤之筴。萬一千五百二十，當萬物之數也。」

樾謹按：「美」字乃「筴」字之誤，當讀云「此乾坤之筴」句。類禽獸萬物之數也」。」句。筴與美形似，因而致誤，當據盧注訂正。「類禽獸」三字疑亦衍文，故盧注無解也。

群經平議卷十九　　　　　　　　　　　　　　　　　　　　德清俞樾

禮記　一

禮聞取於人，不聞取人。《曲禮》

鄭注曰：「謂君人者。取於人，謂高尚其道；取人，謂制服其身。」

樾謹按：「取」當讀爲「趣」。《釋名‧釋言語》曰「取，趣也」，是「取」與「趣」聲近義通。《莊子‧齊物論》篇「趣舍不同」，「趣舍」即取舍也。字亦通作「趨」。《史記‧伯夷傳》「趨舍有時」，「趨舍」亦即取舍也。《漢書‧藝文志》「苟趨省易」，師古注曰：「『趨』讀曰『趣』，謂趣向之也。」然則取於人者，爲人所趣向也；取人者，趣向人也。此即王前士前之意。《釋文》出「取於」字，曰：「舊七樹反，爲趣就師求道也。」舊讀正得其字，但以「就師求道」爲言，則義轉隘矣。

食饗不爲概。

注曰：「概，量也。不制待賓客饌具之所有。」

樾謹按：「不爲概」與下句「不爲尸」一律，鄭以概量說之，非也。「不爲概」者，不爲主也。《廣雅‧釋詁》

曰：「摡，主也。」「摡」與「概」古字通用。定四年《左傳》「吳夫概」，《史記・項羽紀》正義作「夫摡」，是其證

也。父母在，則食饗賓客，不敢爲主。《廣雅》摡訓爲主，疑本禮家之舊説矣。

孝子不服闇。

注曰：「服，事也。闇，冥也。不於闇冥之中從事，爲卒有非常，且嫌失禮也。男女夜行以燭。」

樾謹按：鄭訓服爲事，雖亦古訓，然「不事闇」之義甚爲迂曲，殆非也。「服」當讀爲「伏」。《周易・繫辭

傳》釋文曰：「伏，服也」，是服與伏聲近義通。《文選》陸士衡《吳王郎中時從梁陳詩》「誰謂伏事淺」，注

曰：「『服』與『伏』同，古字通。」《檀弓》篇「扶服救之」，昭二十一年《左傳》「扶伏而擊之」，「扶伏」即「扶服」

也。又十二年《傳》「奉壺飲冰以蒲伏焉」，《史記・蘇秦傳》「嫂委蛇蒲服」，「蒲服」即「蒲伏」也。竝服、伏

通用之證。「不服闇」者，不伏闇也，謂不潛伏於闇冥之中也，與下句「不登危」文義一律。危言不登，闇言

不伏，正古人用字之審。若以本字讀之，失之矣。

毋勸説。

注曰：「勸猶擎也，謂取人之説以爲己説。」

樾謹按：此「勸」字即《説文》「劋」字。《説文・刀部》曰「劋，絕也。」《夏書》曰：「天用劋絕其命」，今《甘

誓》正作「劋絕」。然則「劋」者，古文「勸」者或體也。「毋勸説，毋雷同」，皆承上文「正爾容，聽必恭」而言。

長者有言當敬聽之，若不待其言之畢而橫發議論以絕斷之，是爲勸説；或從而附和之，是爲雷同，二者均

所當戒也。鄭訓爲擎，於義未得。又按：此「勸」字當從刀。曹憲《博雅音》云：「《禮記》『無勸説』，鄭注

云：「勤，由擎也，謂取人之説。」《春秋左傳》『無及於鄭而勤民焉用之』，杜訓爲勞。是則勲從刀，而勤從

力，明矣。」其說甚是。錢氏大昕因《説文》有勤無勲，謂曹憲俗儒，未達六書之指。然《説文·力部》「勤，

勞也」，施之於此其可通乎？凡經典中字，《説文》所無者多矣。學者當求其字義之通，不當徒取其字形

之合也。

遊毋倨。

正義曰：「遊，行也。倨，慢也。身當恭謹，不得倨慢也。」

樾謹按：自此以下所戒各事，皆是爲其不敬也。如立毋跛、坐毋箕、寢毋伏之類，末一字皆與上一字文義

相應。此云「毋倨」，則凡事皆不可倨慢，何獨於遊戒之乎？正義所説，殆非經旨也。今按：「倨」當讀爲

「踞」，謂雖遊戲也，不可蹲踞也。昭二十五年《左傳》曰「公徒釋甲執冰而踞」，二十七年《傳》曰「豈其伐

人而説甲執冰以游」同一事而前言踞，後言游，可知游者多蹲踞也，故記人因以爲戒耳。倨、踞古通用。

《史記·酈生陸賈傳》曰「方倨牀」，亦是叚「倨」爲「踞」也。

毋放飯，毋流歠。

注曰：「去手餘飯於器中，人所穢。大歠，嫌欲疾。」

樾謹按：「放」與「流」同義。《説文·放部》：❶「敖，光景流也。從白從放。」是放有流義，故「敖」字從之

❶ 「放」，原作「方」，今據《説文解字》改。

也。《尚書‧堯典》篇「流共工于幽州，放驩兜于崇山」，流、放對文，自古然矣。「放飯」、「流歠」蓋是古語，

故《孟子‧盡心》篇亦有此言。若從鄭注，則兩句意義不倫矣。「放飯」者，放散其所飯也；「流歠」者，流

離其所歠也。人或恣情飲食，不知檢制，放散流離，狼戾滿案，其可厭惡莫甚于此，故記人以爲戒耳。

爲大夫累之。

注曰：「累，倮也，謂不巾覆也。」

橫謹按：不巾覆者，大夫至庶人所同也，何獨于大夫特言累之乎？鄭義非矣。「累」

與「解」本疊韵字。《荀子‧富國篇》「則和調累解」，「累」「解」二字同義，猶「和」「調」二字亦同義也。楊倞

注謂「累累解釋」，此未得其義。《儒效篇》「解果其冠」，楊氏引《說苑》「蟹螺者宜禾」爲證，累解與蟹螺一

也。古書雙聲疊韵之字，皆兩字一義，且其義存乎聲，亦無一定，讀者當各隨文解之，然後其旨可見。此

文云「爲大夫累解之」，猶云爲大夫累解之。蓋長言之曰累解，短言之則曰解可也，曰累亦可也。後人不達

古語，斯不得其說矣。

言不惰。

注曰：「憂不在私好。」正義曰：「言不惰者，惰訛不正之言。」

橫謹按：「惰」當讀爲「媠」。《說文‧女部》：「南楚之外謂好曰媠。」《方言》曰「媠，美也」，郭注曰：「媠，言

婐媠也。」字亦作「嫷」，《列子‧楊朱》篇「皆擇稚齒婐媠者以盈之」。據《說文》，「婧」乃「惰」之古文，蓋古

字通用也。「言不惰」與「行不翔」一律，皆不求美好之意。正義以「惰訛不正」釋之，於義未得。

生與來日，死與往日。

注曰：「與猶數也。生與來日，謂成服杖以死明日數也。死數往日，謂殯斂以死日數也。」

樾謹按：古無謂數為與者，「與」當讀為「舉」。《周官·師氏》「王舉則從」，故書「舉」為「與」，是舉、與古字通。舉猶用也。《國語·周語》「唯能釐舉嘉義」，韋注曰：「舉，用也。」《呂氏春秋·遇合》篇「凡舉人之本」，《分職》篇「魯國之匹夫也」，而我舉之」，高注曰：「舉，用也。」然則「生舉來日」者，三日成服，生者之事也，用死之明日為始，是生舉來日也。「死舉往日」者，三日而殯，死者之事也，用死之日為始，是死舉往日也。

二名不偏諱。

樾謹按：偏者對全而言，言二字為名，全舉之則不可，偏舉之則可也。夫子之母名徵在，此全舉之也；言在不稱徵，言徵不稱在，此偏舉之也。若謂孔子不當言徵，不當言在，如「足則吾能徵之矣」，及「某在斯某在斯」之類，皆以母名而避之，則不特諱其全，并諱其偏矣。故記人特明之曰「二名不偏諱」。此於文義甚明。自唐石經以下，各本皆同。而宋毛居正作《六經正誤》，乃曰「偏本作徧，與徧同，作偏誤」，此臆說，不足據。唐律奏事犯諱條「二名偏犯不坐」，此律即本于禮經。犯其一字謂之偏犯，則避其一字謂之偏諱矣。偏犯者不坐，是即不偏諱之謂，可證古本《禮記》作「偏」不作「徧」，而毛氏引舊杭本柳文作「二名不徧諱」者，未可據以說經矣。顧氏千里《禮記攷異》已辨正毛氏之誤，而段氏玉裁《經韵樓集》反用毛氏說，謂「徧」是而「偏」非，何哉？今就二字之義論之。偏之言皆也，言不徧諱，則疑若二名止諱一字，其一字可

群經平議

以不諱者。偏之言單也，言不偏諱，則見二名固皆當諱，然語言之間，必不可避，則或言上一字而不言下一字，或言下一字而不言上一字，可也。此正禮經用字之密。使從毛説改「偏」爲「徧」，則幸有《檀弓》「言徵不稱在，言在不稱徵」之文足以證明其義。不然，鮮不謂二名止當諱一字，臣子於君父二名者，幾不知所當諱之爲何字矣！一字之譌，文義縣絕，段君無乃未之深思乎？

夫人之諱，雖質君之前，臣不諱也。

注曰：「質，猶對也。」

樾謹按：「質」有「致」音。襄三十年《左傳》「用兩珪質于河」，《釋文》「質如字，又音致」，昭十六年《傳》「與蠻子之無質也」《釋文》「質，之實反，或音致」，竝其證也。故古字質與至通用。《史記·蘇秦傳》「趙得講於魏至公子延」，《索隱》曰「至當爲質，謂以公子延爲質也」，此質，至通用之證。「雖質君之前」者，雖至君之前也。鄭訓爲對，則但云「雖質君」足矣，何必加「之前」二字乎？

效駕。

注曰：「白已駕。」正義曰：「效，白也。僕監視駕竟而入白君，道駕畢，故鄭云『白已駕』也。」

樾謹按：《廣雅·釋言》曰：「效，考也。」「效駕」者，考驗其駕也。此二字題目，下文其下云「奮衣由右上，取貳綏。跪乘，執策分轡，驅之五步而立」，皆效駕之事也。此節所記，自將駕而已駕，而效駕，次弟秩然。鄭君不知「效駕」二字爲記人題目之辭，故失其解矣。

步路馬必中道。

四九二

正義曰：「此謂單牽君馬行時，步猶行也。」

樾謹按：襄二十六年《左傳》曰：「左師見夫人之步馬者」，杜注曰：「步馬，習馬。」然則此記言「步路馬」者，亦是調習路馬也。《玉篇·馬部》：「駷，盆故切，習馬。今作步。」正義但以牽行釋之，未盡其義。

大夫不名世臣姪娣。

注曰：「世臣，父時老臣。」

樾謹按：上句「國君不名卿老世婦」，世婦非父時老婦，則世臣亦非父時老臣矣。古字世與大通。桓九年《左傳》正義曰「諸經稱世子及衛世叔申，經作『世』字，傳皆爲『大』」，是其證也。世臣者，大臣也，亦猶世子者，大子也。蓋家臣中之最貴者，非父時老臣之謂。至世婦之稱，義亦猶此。以其卽次夫人之下，故從尊大之名。下文「天子有后，有夫人，有世婦」，正義曰「以其猶貴，故加以世言之，亦廣世胤也」，似非古義。

天子同姓謂之伯父。

《釋文》出「天子謂之伯父」，云：「本或有『同姓』二字，衍文。」

樾謹按：正義本亦無「同姓」二字。今正義云「天子同姓謂之叔父」者，此「同姓」二字後人所加也。何以知之？下文「天子同姓謂之叔父」，正義曰「一本云天子同姓」，則所據本無「同姓」二字明矣。蓋下旣別言異姓，其爲同姓自見，乃古人屬辭之省也。唐石經誤衍「同姓」二字，而各本從之，非鄭、孔所據之舊矣。

使者自稱曰某。

注曰：「使，謂使人於諸侯也。某，名也。」正義曰：「『使者自稱曰某』者，某，名也。若此卿爲使在他國，與

彼君語，則稱名也。若與彼臣民言，則自稱寡君之老。」

樾謹按：上文「諸侯使人使於諸侯，使者自稱曰寡君之老」，而此又云「使者自稱曰某」，故正義有與彼君

語、與彼臣民言之別。然《儀禮・燕禮》篇載公與客燕之禮，有曰「寡君，君之私也。君無所辱賜于使臣，

臣敢辭」，又記載「若與四方之賓燕，媵爵曰臣受賜矣，臣諸贊執爵者」，是使者於主國之君亦稱臣，或稱使

臣，無稱名之禮，正義所説非也。今按「使者自稱曰某」與上文本不相蒙，乃通言凡爲人使之禮。上篇

「賀娶妻者曰：某子使某，聞子有客，使某羞」，正義曰「使某者，使自稱名也」，此即使者自稱曰某之塙證。

《儀禮・昏禮》記昏辭曰：「某有先人之禮，使某也請納采。」注曰：「某也，使名也。」又納吉曰「使某也敢

告」，納徵曰「使某也請納徵」，請期曰「使某也請吉日」，是使者自稱曰某乃禮之通例。疏家必合上事爲

一，斯失之矣。且如上文曰「子於父母則自名也」，亦於上事不蒙，然則此文何妨自爲一事乎？

幣曰量幣。

樾謹按：注疏均不説「量」字之義。「量」當讀爲「良」。《釋名・釋言語》曰：「良，量也。量力而動，不敢越

限也。」是良與量聲近義通，故古得叚用。《山海經・海内北經》犬封國有文馬名曰吉量，注曰「量，一作

良」，是其證也。「幣曰良幣」與「玉曰嘉玉」文義一律。若讀如本字，則不得其解矣。

孔子少孤，不知其墓。《檀弓》

注曰：「孔子之父郰叔梁紇與顏氏之女徵在野合而生孔子，徵在恥焉不告。」

樾謹按：古者墓而不墳，孔子合葬其母之後，然後封之，崇四尺，是叔梁紇之葬本無此四尺之封也，但有

兆域而已。孔子少孤，既未能躬親窆穸之事，母亦年少，未必親見。據《歷聘記年》孔子年二十四歲母顏

氏卒，距三歲喪父已二十一年，安能實知其體魄之所在哉？孔子曰「丘也東西南北之人也」，不可以弗識

也」，蓋亦鑒於父葬時之墓而不墳，不易識別，故不得不爲此也。後世學者不知古今異制，遂以孔子不知

父墓爲一大疑，鄭氏乃有徵在野合，恥焉不告之説，誣之甚矣。

殯於五父之衢。

注曰：「欲有所就而問之，孔子亦爲隱焉。殯於家則知之者無由怪己，欲發問端。五父，衢名，蓋郰曼父
之鄰。」

樾謹按：此孔子欲訪求父墓，故先淺殯其母，以爲遷葬之地也。士禮三月而葬，孔子既不敢過其期，而父
墓未得，又不能合葬，故爲此權宜之計。先擇地於五父之衢，掘埳埋棺，以便訪求父墓也。鄭氏謂欲發問
端，此大不然。孔子欲訪求父墓，自可就故老而詢之，何必迂迴如此哉？近世高郵孫邃人澟孫箸《檀弓
論文》，讀「不知其墓殯於五父之衢」十字爲句，「謂殯淺而葬深。孔子父墓實淺，葬於五父之衢，因少孤不
得其詳，至是母卒，欲從周人合葬之禮，卜兆于防，惟以父墓淺深爲疑。如其殯而淺也，則可啟而遷之；
若其葬而深也，則疑體魄已安，不可輕動。其慎也，蓋謂夫子再三審慎，不敢輕啟父墓也。」今按：孫氏之
説巧矣，而實於事理未得。古者大斂之後，掘埳埋棺，以木覆棺上而塗之爲火備，所謂殯也。殯與葬自是
二事，未聞以深者爲葬，淺者爲殯也。顏氏之卒，孔子必用殷禮殯于兩楹之間。未得父墓，而又不敢久留

母殯，故就五父之衢掘肂埋棺，略如殯制，因亦謂之殯，所謂禮以義起也。若叔梁紇之葬，歲月已久，豈可

復謂之殯哉？且如孫氏之說，孔子之父墓卽在五父之衢，然則孔子奉母合葬，亦于五父之衢可矣，何必

卜兆于防哉？江氏永《鄉黨圖考》盛推孫說，❶恐疑誤後學，故附辨之。

人之見者，皆以爲葬也。其慎也，蓋殯也。

注曰：「慎當爲引，禮家讀然，聲之誤也。殯引飾棺以輤，葬引飾棺以柳翣。孔子是時以殯引，不以葬引，

時人見者謂不知禮。」

樾謹按：此見聖人舉事不苟，雖是暫時淺殯而附於棺者，必誠必信，與大葬不殊，故人之見者皆以爲葬

也，以其慎之至也。及徐察之，止是殯而非葬，故又曰「蓋殯也」。鄭破慎爲引，旣無依據。且如其說，則

殯與葬之別在棺飾而不在引，何不曰「其飾也」而必曰「其引也」？足知鄭讀之非矣。

公曰：末之卜也。

注曰：「末之，猶微哉，言卜國無勇。」

樾謹按：馬驚敗績，是御之罪，非右之罪。公乃舍縣賁父而責卜國，理不可通，鄭注非也。《小爾雅·廣

詁》曰「蔑，末也」，是末與蔑義相近，「末之」猶蔑之也。《論語·雍也》篇「亡之命矣夫」《漢書·宣六王

傳》引作「蔑之命矣夫」，蓋皆痛惜之之辭。是時莊公之意，以敗績之罪坐縣賁父，其死其生，皆不足問，而

❶「永」，原作「慎」。《鄉黨圖考》作者江永，字慎修。今據上下文例改。

車右無罪，深可痛惜，故既就佐車，而曰「末之卜也」。蓋深惜卜國，正所以深罪縣賁父也。於是縣賁父卽

以無勇自責，赴敵而死。死者止縣賁父一人，記文甚明，而鄭注乃謂二人赴敵而死，非其實矣。縣賁父雖

死於敵，而實死于公之一言，故公後悔而誅之。鄭解「末之卜也」句不得其旨，故於此事委曲未能明也。

狐死正丘首。

注曰：「正丘首，正首丘也。」

樾謹按：「正」之言「當」也。《廣韵》曰：「正，正當也。」「正丘」者，當丘也。狐之死也首必當丘，於文應云

「狐死首正丘」，其義方明，乃云「正丘首」者，古人屬文之曲也。鄭注不云「首正丘」而云「正首丘」，似於正

字之義未得矣。

子思之哭嫂也爲位。

正義曰：「皇氏以爲原憲字子思，若然，鄭無容不注。鄭既不注，皇氏非也。」

樾謹按：伯魚不聞更有長子，子思安得有嫂？ 疑當從皇氏之説。且此節乃曾子之言。下文申詳、言思

皆斥其名，而於子思獨稱其字者，曾子與原憲竝事夫子，行輩相同，故字之也。若子思是伯魚之子，下文

曾子謂子思曰「伋，吾執親之喪也」，水漿不入於口者七日」，未聞稱其字也。卽此以論，其爲原憲明矣。

爲爾哭也來者，拜之；知伯高而來者，勿拜也。

正義曰：「若與伯高相知而來哭者，女則勿拜也。」

樾謹按：「知」猶「爲」也。《國語·周語》「若是而知晉國之政，楚、越必朝」，韋注曰：「知政，謂爲政也。」

《呂氏春秋・長見》篇「三年而知鄭國之政」，高注曰：「知，猶爲也。」然則知伯高而來即是爲伯高而來，與

上句「爲爾哭也來者」文義一律。上句言「爲」，下句言「知」，文異而義同，古書多有此例。正義以「相知」

解之，失其旨矣。

使西河之民疑女於夫子。

正義曰：「使西河之民疑女道德與夫子相似。皇氏言疑子夏是夫子之身。然子夏魏人，居在西河之上，

姓卜名商，西河之民無容不識。而言是魯國孔丘，不近人情，皇氏非也。」

樾謹按：「疑」乃「擬」之叚字。《漢書・食貨志》「遠方之能疑者」，《何武王嘉師丹傳贊》「疑於親戚」，師古

注竝曰「疑讀曰擬」是也。「疑女於夫子」者，擬女於夫子也。皇氏之說固爲不情，正義所解亦於「疑」字未

得也。

孔子之喪，公西赤爲志焉。

注曰：「志，謂章識。」

樾謹按：《哀公問》篇「子志之心也」，注曰：「志讀爲識。」此注以「章識」釋「志」字，蓋亦讀爲「識」也。然其

下所陳，皆飾棺之事，用三代之禮尊崇夫子，非以爲章識也。「志」當讀爲「職」。職與識竝從戠聲，古字通

用，《周官》「職方氏」，《修華嶽碑》作「識方氏」是也。「志」通作「識」，故亦通作「職」。《楚辭・懷沙》篇「章

畫志墨」，《史記・屈原賈生傳》「志」作「職」是也。《爾雅・釋詁》：「職，主也。」「公西赤爲職」者，「爲職」猶

爲主也，言孔子之喪，公西赤主其事也。下文「子張之喪，公明儀爲志焉」，義與此同。

從母之夫，舅之妻，二夫人相爲服。

注曰：「二夫人，猶言此二人也。」

樾謹按：「夫」字衍文也，「二人」兩字誤合爲「夫」字。學者旁識「二人」以正其誤，而傳寫者誤合之，遂成「二夫人」矣。鄭君作注時已如此，遂因而爲之說。然「二夫人」之文實不成義，故知其非也。

滕伯文爲孟虎齊衰，其叔父也。爲孟皮齊衰，其叔父也。

正義曰：「謂滕國之伯名文，爲叔父孟虎箸齊衰之服，其虎是滕伯文叔父也。『爲孟皮齊衰，其叔父也』，謂滕伯爲兄弟之子孟皮箸齊衰之服，其滕伯是皮之叔父也。言滕伯上爲叔父，下爲兄弟之子，皆箸齊衰，是上不降遠，下不降卑也。」

樾謹按：記文兩言「其叔父也」，竝無異辭，何以見孟虎是滕伯之叔父，滕伯是孟皮之叔父哉？正義之說殊不可通。孟虎、孟皮疑是一人，虎與皮蓋一名一字。鄭罕虎字子皮，卽其例也。縣子本得之傳聞，或故老所說不同，或簡策所載互異，疑以傳疑，故竝存之。疏家必泥上文「上下各以其親」，謂一是叔父，一是兄弟之子，殆不然矣。

所識，其兄弟不同居者皆弔。

正義曰：「此文連上『有殯』之下。皇氏以爲別更起文，不連有殯之事。所識者謂識其死者之兄弟，是小功以下之親。既識兄弟，雖不同居者，皆一一就弔之。」

樾謹按：此當從皇氏之說，不連上「有殯」爲義。惟皇氏謂「識其死者之兄弟」，則是讀「所識其兄弟」五字

爲一句，文義未安。今按：所識者，與我相識之人也。其人既與我相識，往來同恩好，則其兄弟之不同居者，雖或未必相識，然亦當引而近之，故聞其死則必往弔也。

君之適長殤，車三乘。公之庶長殤，車一乘。大夫之適長殤，車一乘。

注曰：「庶子，言公卑遠之。」

樾謹按：如鄭義，則君與公一也，特於庶長故作尊稱耳，其説殊爲無理。公者，大國之孤也。《儀禮》所説皆侯國之禮而有諸公，鄭注《燕禮》曰：「諸公，謂大國之孤也。孤一人言諸者，容牧有三監。」《檀弓上》篇「國亡大縣邑，公卿大夫士皆厭冠。」哭於大廟三日，君不舉。或曰：君舉而哭於后土」正義引《士喪禮》鄭注曰：「公，大國之孤，四命者也。」此文先言君，後言公，別而言之，明非一人，當從鄭君《儀禮》説解爲大國之孤。君之適長殤，車三乘，則其庶長殤，車當二乘矣。公之庶長殤，車一乘，則其適長殤，車當二乘矣。記文正以君、公互見也。

齊轂王姬之喪。

注曰：「轂，當爲告，聲之誤也。王姬，周女，齊襄公之夫人。」

樾謹按：《檀弓》一篇所記如公儀仲子之喪、司寇惠子之喪、將軍文子之喪、孟獻子之喪、晉獻公之喪、滕成公之喪，此類多矣，齊轂王姬之喪宜亦同此。鄭破「轂」爲「告」，殆非也。據下文「或曰：外祖母也，故爲之服」，此王姬疑是齊僖公之夫人。齊僖公名禄父，轂與禄聲近義通。《爾雅·釋言》曰「轂，禄也」；《周官·天府》「若祭天之司民司禄」，鄭注曰「禄之言轂也」，《淮南子·人間》篇「不轂親傷」，高注曰「不

五一〇

穀，不禄也」，竝其證也。「齊穀」即齊禄父，亦猶晉重、魯申、衛武、蔡甲午、鄭捷、齊潘、宋王臣、莒期之比。襄十八年《左傳》曰「齊環怙恃其險」，昭二年《傳》曰「莒展之不立」，皆斥其名而繫以國，古人自有此稱。是故「齊穀」猶云齊潘、齊環也。「齊穀王姬」者，以夫名妻，猶昭元年《左傳》所稱「武王邑姜」也。此王姬不見于《春秋》，然《春秋》之爲書，本託事以見義，而非紀事之史，不得因其不見《春秋》而遂謂無此王姬也。且魯莊公爲齊襄女弟文姜之子，其事甚箸。若此王姬是齊襄夫人，則於魯莊爲舅之妻，而非外祖母，誰不知之，何至有或曰外祖母之説？即或有之，記人豈不覺其謬妄，而肯録其説哉？鄭君不知「齊穀王姬」之義，而反以或説爲非，殊非以經治經之意矣。

望反諸幽，求諸鬼神之道也。

樾謹按：「反」字衍文也。據正義曰『「望諸幽者，求諸鬼神之道也」，言鬼神處在幽闇，故望幽以求之』，此二者皆禮之所有也。若夫直情徑行者，戎狄之道也，禮道則不然，是非禮之所有，安得言有乎？今云「禮有微情者，有以故興物者，有直情而徑行者」，似乎三者皆禮之所有，與下文不合矣，故知此「有」字爲衍文也。

樾謹按：此「有」字涉上二句而衍也。上云「禮有微情者，有以故興物者」，則記文無「反」字明矣。蓋涉上注文「庶幾其精氣之反」，因而誤衍，當删。

有直情而徑行者。

既葬，慨焉如不及其反而息。

吳氏澄《禮記纂言》曰：「既葬，謂迎精而反，在路之時，其謂已葬之親。如親已還反至家，已尚追逐不及，

力已疲憊，行不能前而暫焉休息，言其悵悗不安之甚，故曰慨焉。或曰：其反而息，謂親已還反而休息也。」

樾謹按：正義讀「慨焉如不及」爲句，「其反而息」爲句，所解殊未明了。吳氏以「慨焉如不及」九字連讀，洵長於舊說矣。但謂暫焉休息，則非也。不及其反正當急行以求及，安得休息乎？又引或說爲親已還反而休息，亦非也。上文「始死，皇皇焉如有求而弗得。及殯，望望焉如有從而弗及」，皆自爲子者言之。此云「而息」，與上文「而弗得」、「而弗及」一律，安得自親言之乎？然則吳氏二解，於「息」字之義均未得也。今按：《說文·心部》：「息，喘也。」《口部》：「喘，疾息也。」凡人行急則喘，「如不及其反而息」者，如不及其反而喘也。孝子之心，若親已還反而追之不及，故慨然爲之喘息也。息之義本爲喘息，引申之則有休息之義。猶勞之義本爲勞苦，而又爲勞來也。相沿既久，學者止知有休息一義，故於此經「息」字莫得其解耳。

脩其班制，以與四鄰交。

注曰：「班制，謂尊卑之差。」

樾謹按：尊卑之差，自有一定，無所用其脩也。「脩」當作「循」。「反本脩古」，正義曰「脩，定本及諸本作循」，是其證也。「循其班制，以與四鄰交」，謂若魯以周班後鄭之類。「脩」與「循」字形相似，傳寫易誤。《禮器》篇

般爾以人之母嘗巧，則豈不得以其毋以嘗巧者乎？則病者乎？

注曰：「以，已字。言誰有强使女者與僭於禮，有似作機巧，非也。以與已字本同。毋，無也。於女甯有

病苦與止之。」

樾謹按：鄭讀「不得以」爲「不得已」，非也。此「以」字即上「爾以」之「以」，亦即下「毋以」之「以」。言爾以

人之母嘗巧，豈不得以人之母嘗巧即無以嘗巧者乎？三「以」字一氣相生，見嘗巧之事甚多，不必以人之

母也。鄭讀「以」爲「已」，失之矣。至「毋」字，鄭訓爲無，《釋文》音無，其非「母」字甚明。近或作「母」字解

之，立說雖巧，不可從也。

嗟來食。

樾謹按：「來」乃語助之辭。《莊子·大宗師》篇子桑戶死，孟子反、子琴張相和而歌曰：「嗟來桑戶乎！

嗟來桑戶乎！」此云「嗟來食」，文法正同。下云「予唯不食嗟來之食」，是「嗟來」二字連文之明證。正義

解爲嗟呼來食，誤以「來食」連讀，失之。

曾子聞之曰：「微與？」

注曰：「微，猶無也。無與止其狂狷之辭。」正義曰：「微與者，微無也，與語助，言餓者無得如是與。」

樾謹按：餓者已不食而死，曾子於事後發論，乃復言無得如是以止之，殊於語意不合。下文「雖微晉而

已」，注曰「微猶非也」，此「微」字亦當訓爲非，「微與」猶言非與。曾子聞其事而非之，特以不食而死，亦人

所難，故不敢質言，而言與以疑之也。

執女手之卷然。

注曰：「說人辭也。」正義曰：「言孔子手執斤斧，如女人之手卷卷然而柔弱，以此歡説仲尼，故注云『說人辭也』。」

樾謹按：以女人之手比人之手，謂以此歡説仲尼，殊爲不情。《釋文》云「女如字，徐音汝」，當從徐讀爲長。「執汝手」者，猶《詩・遵大路》篇所謂「摻執子之手」也。「卷然」猶云拳拳然。《廣雅・釋訓》：「拳拳，愛也。」王氏念孫《疏證》曰：『《漢書・劉向傳》云『念忠臣雖在畎畝，猶不忘君惓惓之義也』，《賈捐之傳》云『敢昧死竭卷卷』，《貢禹傳》云『臣禹不勝拳拳』，竝字異而義同。』此「卷然」字據《釋文》亦有作「拳」者。「執女手之卷然」，謂執汝之手，而拳拳然相親愛也，故鄭以爲説人之辭。正義所説，非經意，亦非注意。

所舉於晉國管庫之士。

注曰：「管，鍵也。庫，物所藏。」

樾謹按：管鍵所以啟閉之物，然不謂之啟庫閉庫而謂之管庫，文不成義矣。「管」當讀爲「館」。館，館人也。庫，庫人也。管與館古通用。《儀禮・士喪禮》「管人汲」注曰「管人，有司主館舍者」，是其證也。《儀禮釋文》曰：「管如字，劉又音官。」蓋「官」爲「館」之本字，作「館」者後出字也，説詳余所箸《字義載疑》。《曲禮》篇「在官言官，在府言府，在庫言庫」，鄭注曰「官謂版圖文書之處」，然則官卽館也。《曲禮》之「官庫」，此文之「管庫」，文異而義同。訓管爲鍵，失之矣。

蠶則績而蟹有匡，范則冠而蟬有緌，兄則死而子皋爲之衰。

注曰：「蟲兄死者，言其衰之不爲兄死，如蟹有匡、蟬有綏，不爲蠶之績、范之冠也。」

樾謹按：下云「兄則死而子皋爲之衰」，上當云「蠶則績而蟹爲之匡，范則冠而蟬爲之綏」，文義始一律，注

義殆非也。蟹有匡者，蟹爲匡也。蟬有綏者，蟬爲綏也。《孟子・滕文公》篇：「夫滕壤地褊小，將爲君子

焉？將爲野人焉？」趙注曰：「爲，有也。」爲與有一聲之轉，故爲可訓有，有亦可訓爲。《國語・周語》

「胡有子然其效戎狄也」「胡有」即胡爲也；《晉語》「其有吉孰大焉」「有吉」即爲吉也，説詳王氏引之《經

傳釋詞》。《莊子・大宗師》篇「莫然有間」，《釋文》曰「本亦作爲間」，是有與爲古字通矣。此文本云「蠶則

績而蟹爲匡，范則冠而蟬爲綏，兄則死而子皋爲之衰」，上二句用「有」字者，文異而義同。古人疊句成文

而虛字不同，往往有之。《文王世子》篇「文王九十七乃終，武王九十三而終」，即其例也。《鹽鐵論》「忠焉

能勿誨乎，愛之而勿勞乎」，一句用「能」字，一句用「而」字。《史記・貨殖傳》「智不足與權變，勇不足以決

斷，仁不能以取予」，一句用「與」字，兩句用「以」字。如此之類，不可勝舉。

三十國以爲卒。《王制》

注曰：「屬、連、卒、州，猶聚也。」正義曰：「屬是繫屬，連是連接，卒是卒伍，州是聚居，故云『屬連卒州猶聚

也』。」

樾謹按：「卒」當讀爲「萃」。《周易・序卦傳》曰：「萃者，聚也。」萃從卒聲，故即以「卒」爲之耳。正義謂取

卒伍之意，失之。

不及以政。

注曰：「役賦不與。」正義曰：「既是罪人被放，不干及以政教之事，謂不以王政賦役驅使。」

樾謹按：鄭蓋讀「政」爲「征」。《周禮・地官・均人》「均人民牛馬車輦之力政」鄭注曰

「政讀爲征。力征人民，則治城郭、涂巷、溝渠。牛馬、車輦則轉委積之屬」，是其義也。凡賦稅亦謂之征。

《天官・小宰》「聽政役以比居」，注曰：「政謂賦也。」凡其字或作正，❶或作征。以多言之宜從征，如《孟

子》「交征利」云是其義也。「不及以征」即是不及以力役賦稅之事，故注云「役賦不與」。正義以本字讀

之，非是。

天子賜諸侯樂則，以柷將之；賜伯子男樂則，以鼗將之。

樾謹按：自來讀者於「樂」字斷句，非也。此當於「則」字斷句：「天子賜諸侯樂則，」句。以柷將之；賜伯子

男樂則，句。以鼗將之。」樂則者，九賜之一也。《曲禮》篇「三賜不及車馬」，正義引《含文嘉》云：「九賜一

曰車馬，二曰衣服，三曰樂則，四曰朱戶，五曰納陛，六曰虎賁，七曰斧鉞，八曰弓矢，九曰秬鬯。」又引《公

羊》說：「一曰加服，二曰朱戶，三曰納陛，四曰輿馬，五曰樂則，六曰虎賁，七曰斧鉞，八曰弓矢，九曰秬

鬯。異人之說，故文有參差，大略同也。」此記言賜樂則、賜弓矢、賜鈇鉞、錫圭瓚，❷皆九賜中事。正義誤

以「則」字屬下讀，又云「非九賜之樂」，失之矣。

❶ 「字」下，稿本有「或作政」三字。

❷ 「錫」，稿本作「賜」。

用地小大，視年之豐耗。

注曰：「小國、大國，豐凶之年各以歲之收入制其用多少，多不過禮，少有所殺。」正義曰：「用，謂制國之

用。凡制國用多少，必計地小大，又視年之豐耗。」

樾謹按：如此則「用」字爲句，「地小大」爲句，文不成義矣。「用」當讀爲「以」。《明堂位》篇「加以璧散璧

角」，《周官·司尊彝》注引作「加用璧散璧角」，《雜記》「杜以桑」《儀禮·特牲饋食禮》引作「杜用桑」，是

用與以古通也。「用地小大」卽以地小大。此當連上文爲義，其文曰「冢宰制國用，必於歲之杪，五穀皆

入，然後制國用，用地小大」，言制國用必以地之小大也。「視年之豐耗」則當連下文爲義，其文曰「視年之

豐耗，以三十年之通制國用，量入以爲出」，言必視年之豐耗，合三十年而通計之，以制國用也。鄭誤合二

句爲一義，則當云「用視地小大與年之豐耗」，文義方明，不當云「用地小大視年之豐耗」也，可知其非矣。

喪祭用不足曰暴。

注曰：「暴，猶耗也。」正義曰：「暴是殘暴。物被殘暴則虛耗，故云『暴猶耗也』。」

樾謹按：正義所説，望文生訓，非塙義也。「暴」當讀爲「薄」。《漢書·宣帝紀》注曰「薄亦暴也」，今俗語

亦云「薄曬」，是暴與薄古通用。《方言》曰：「膊，暴也。」「暴」之通作「薄」，猶「膊」之通作「暴」也。「用不足

曰暴」，猶用不足曰薄。以殘暴解之，失其義矣。

夫圭田無征。

注曰：「夫，猶治也。征，稅也。《孟子》曰『卿以下必有圭田』，治圭田者不稅，所以厚賢也。」

樾謹按：夫之訓治，他無所徵，殆曲説也。此「夫」字疑當讀爲「大夫」二字。古人書大夫字，或止於夫下積二畫，如《嶧山碑》「御史夫二臣德」是也。故或譌作「夫夫」，《莊子·田子方》篇「于是旦而屬之夫夫」，《釋文》曰「夫夫，古讀爲大夫」是也。又或傳寫奪去二畫而僅存一夫字，《晏子春秋·問》篇「晏子聘於魯，魯昭公問曰『夫儼然辱臨』」是也。「夫圭田無征」即大夫圭田無征。圭田，卿、大夫、士皆有之，獨言大夫者，舉中以包上下耳。

史以獄成告於正。

注曰：「史，司寇吏也。正，於周鄉師之屬，今漢有正平，承秦所置。」正義曰：「按《周禮》鄉師屬地官，不掌獄訟，而云『鄉師』者，鄉謂鄉士也，師謂士師也，云『之屬』者，謂遂士、縣士、方士之等。云『今漢有正平，承秦所置』者，按《漢書·百官公卿表》廷尉，秦官，掌刑辟，有正、左右監。宣帝地節三年初置左右平。鄭見古有正，連言平耳。此《王制》多是殷法，秦則放置之。」

樾謹按：鄉士、士師并言之曰鄉師，甚爲不辭，疑鄭注本作「鄉士之屬」，傳寫誤耳。正義承誤本而曲爲之説，非也。至鄭以漢制説「正」字，亦爲失之。《爾雅·釋詁》：「正，長也。」古謂官長曰正，《周禮·天官·序官》注曰「酒正，酒官之長」是也。史即府史胥徒之史。《秋官·序官》鄉士、遂士、縣士、方士之下各有史以干人。史掌文書，故成獄辭則史各以告之其正。縣之史即以縣士爲正，遂之史即以遂士爲正，鄉之史即以鄉士爲正。鄭君誤釋「正」字，未得古義。而孔穎達遂據此文，定《王制》之作爲在秦、漢之際，恐未必然也。《尚書·立政》篇曰「其勿誤于庶獄庶慎，惟正是乂之」，蔡沈《集傳》曰「正」猶《康誥》所謂「正

人」與「宮正」、「酒正」之「正」，指當職者爲言」，此説轉得之矣。

執左道以亂政。

注曰：「左道，若巫蠱及俗禁。」

樾謹按：如注義，則當與下文「假於鬼神、時日、卜筮以疑衆」者同科，乃與「析言破律，亂名改作」者相次，殊爲不類矣。蓋左道非必巫蠱之流，凡不便於民者皆是。人有左右，右便而左不便，故凡不便者曰左。昭四年《左傳》「不亦左乎」，杜注曰「左，不便」是也。古之君子禮從宜，使從俗，是故修其教不易其俗，齊其政不易其宜。若乃生今之世，反古之道，又或作聰明以亂舊章，皆謂之左道可矣。

六十宿肉。

正義曰：「六十宿肉者，轉老故恒宿肉在帳下，不使求而不得也。」

樾謹按：如正義所説，則與「九十飲食不離寢」無異矣，疑非經旨。宿者，進也。《儀禮·少牢饋食禮》鄭注曰：「宿讀爲肅。肅，進也。」古文「宿」皆作「羞」，然則「宿肉」猶羞肉。《爾雅·釋詁》：「羞，進也。」五十之年但異其糧而未有肉，至六十則每食必進肉矣，故曰「宿肉」。

八十月告存。

正義曰：「告，謂問也。君每月使人致膳告問存否。」

樾謹按：存者，問也。《説文·子部》「存，恤問也」；《國策·秦策》「無一介之使以存之」，高誘注曰「存，勞問也」；《漢書·嚴助傳》「使重臣臨存」，師古注曰「存，謂省問之」，竝古人謂問爲存之證。「八十月告存」

群經平議

者，每月使人以存問之辭致告也。正義不知存之訓問，而反訓告爲問，古訓無徵，不可從也。且人君優禮

老臣，而每月以存否爲問，亦非所以安老臣之心。《周禮·大行人》「歲徧存，三歲徧覜，五歲徧省」，所謂

「存」者，豈亦問其存否乎？足知其非矣。

瘖聾、跛躃、斷者、侏儒，百工各以其器食之。

正義曰：「百工，謂有雜技藝。」

樾謹按：國有六職，百工與居一焉，乃與瘖聾、跛躃之類一律視之，殊爲不合。「百工」字疑當屬下讀，「百

工」即百官也。《尚書·堯典》篇「允釐百工」，《史記·五帝紀》作「信飭百官」是也。瘖聾、跛躃、斷者、侏

儒皆有疾病，所宜矜恤，故使百官各隨其器以食之。《晉語》文公問於胥臣曰：「奈夫八疾何！」對曰：「官

師之所材也，戚施直鎛，蘧蒢蒙璆，侏儒扶盧，矇瞍修聲，聾聵司火。童昏、嚚瘖、僬僥，官師之所不材也，

以實裔土。」此言「百工以其器食之」，即彼言「官師之所材」，可知其義矣。

群經平議卷二十

德清俞樾

禮記 二

其神句芒。《月令》

注曰：「此蒼精之君，木官之臣，自古以來箸德立功者也。」正義曰：「此之言據死後享祭之時，不論生存之日，故云『其神句芒』。句芒言其神，則太皞亦神也。太皞言帝，則句芒當云臣，互而相通。」

樾謹按：正義所說，非古義也。《國語·魯語》：「昔禹致群神於會稽之山。」又曰：「山川之靈，足以紀綱天下者，其守爲神，社稷之守者爲公侯，皆屬於王者。」然則神之名不必據死後而稱之也。太皞言帝，句芒言其神，皆是生存之號。鄭注謂是蒼精之君，木官之臣，以君釋帝，以臣釋神，正得古義。《詩·皇矣》篇毛傳「致其社稷群神」《釋文》曰「本或作群臣」，是「神」猶「臣」也。正義層層分別，反失之矣。

其器疏以達。

注曰：「器疏者，刻鏤之象。物當貫土而出也。」正義曰：「刻鏤爲文，使文理麁疏，直而通達也。」

樾謹按：注中「刻鏤」字卽釋經文「疏」字。《明堂位》篇「殷以疏勺」，注曰：「疏，通刻其頭。」《儀禮·有司

五一一

《徹》篇「覆二疏匕于其上」，注曰：「疏匕，匕柄有刻飾者。」竝其證也。正義不知刻鏤即爲疏，而又以文理

麓疏增成之，殊失注意。

祀，不用犧牲用圭璧。更，皮幣。

注曰：「更，猶易也。」正義曰：「非但用圭璧更易，又用皮幣以更之，故在圭璧皮幣之中，上下有也。」

樾謹按：如此則文不成義甚矣，殆非也。「更皮幣」三字當自爲句。《周官·女御》「掌以時招梗禬禳之

事」，注曰：「杜子春讀梗爲更。玄謂：梗，御未至也。」此文「更」字即「招梗禬禳」之「梗」，與杜讀合。正義

引蔡氏云：「此祀不用犧牲者，祈不用犧牲，謂祈禱小祀也。」然則祀謂祈禱，更謂梗御，其事相近。凡有

祈禱之事，不用犧牲而用圭璧，若梗御之事，則止用皮幣而已，以其事尤輕也。當讀云「祀，句。不用犧牲

用圭璧。更，句。皮幣」，則得其義矣。

天子乃薦鞠衣于先帝。

注曰：「鞠衣，黃桑之服。」正義曰：「鄭注《內司服》云：『鞠衣，黃桑服也，色如鞠塵，象桑葉始生。』菊者草

名，花色黃，故季秋之月云菊有黃華，是鞠衣黃也。」

樾謹按：《周官·內司服》賈公彥疏云「鞠塵不爲麴字者，古通用」，是「鞠塵」之「鞠」當讀爲「麴」。《齊民

要術》說作女麴如作麥麴法，「以青蒿上下奄之，置牀上三七二十一日，開看徧有黃衣則止。三七日無衣

乃停，要須衣徧乃止」。然則麴塵者，即謂麴上黃衣也。《呂氏春秋·季春紀》高注曰「衣黃如菊花，故謂

之菊衣」，此別是一説，與鄭義異。《釋文》曰「鞠，居六反，如菊華也。又去六反，如麴塵」，分晰甚明。而

角齒羽箭榦。

正義乃合而一之，既用鄭君「鞠塵」之義，又引「鞠有黃華」爲説，違失甚矣。

正義曰：「熊氏云：各以類相從，金鐵爲一庫，皮革筋爲一庫，角齒爲一庫，羽箭榦爲一庫，脂膠丹漆爲一庫。義或然。」

樾謹按：羽與箭榦非同類之物也。《周禮·地官》「角人掌以時徵齒角凡骨物于山澤之農」「羽人掌以時徵羽翮之政于山澤之農」，二職相連，則角、齒、羽三者自當共爲一庫。賈公彥疏曰：「此羽人所徵羽者，當入於鍾氏，染以爲后之車飾及旌旗之屬也。」是羽之爲用甚廣，非獨供矢人之用，何見其必與箭榦同庫乎？

命國難，九門磔攘，以畢春氣。

注曰：「此難，難陰氣也。」

樾謹按：《月令》三難，惟季冬之難爲難陰氣。若季春及仲秋，則皆難陽氣也。仲秋曰「天子乃難以達秋氣」，秋氣者，陰氣也，以達秋氣，則其所難者爲陽氣，亦可知矣。夫季春之難以畢春氣，猶季冬之難以送寒氣也。送之、畢之，皆欲其氣之去也。鄭以季春之難爲難陰氣，則當如仲秋之例曰「以達春氣」，於義方合，不當言畢也。若畢春氣爲難陰氣，豈送寒氣爲難陽氣乎？鄭又引《王居明堂禮》曰「季春出疫于郊，以攘春氣」，是則因春氣太盛，攘而去之。禮文甚明，而鄭顧以爲難陰氣，直誤以春氣爲陰氣矣。

贊傑俊。

注曰：「贊，猶出也。」正義曰：「贊是贊佐之義，故云『出』。」

樾謹按：贊佐之義與出絶遠，古書訓贊爲出者他無所見，鄭義非也。贊從炗爲意，《説文・先部》「炗，進

也」，故贊亦有進義。師古注《漢書・東方朔傳》《孔光傳》竝曰：「贊，進也。」「贊傑俊」之「贊」當訓爲進。

下句「遂賢良」注曰「遂，猶進也」，贊與遂文異義同。

調竽笙箆簧。

正義曰：「簧者，竽笙之名也。」阮氏《校勘記》曰：「段玉裁云：名當作舌。」

樾謹按：簧是竽笙之舌，則已包於竽笙中矣，何必言竽笙又言簧乎？簧蓋自成一樂器。竽笙不能無簧，

而簧不必定施於竽笙。《一切經音義》卷八引《古史考》曰「女媧作簧，其後隨作竽三十六管」，是簧固先竽

而有矣。《釋名・釋樂器》曰「簧，橫也，於管頭橫施於中也」，此言竽笙之簧也。又曰「以竹鐵作，於口橫

鼓之，亦是也」，此則自成樂器，不施於竽笙矣。《詩・鹿鳴》篇「吹笙鼓簧」即所謂「於口橫鼓之」者，故吹

笙與鼓簧各爲一事，猶鼓瑟與吹笙各爲一事也。此文「調竽笙箆簧」，《呂氏春秋・仲夏紀》作「調竽笙壎

篪」，蓋由學者不知簧之自爲一器，疑言竽笙不當復言簧，又習見壎篪之文，故妄改之耳，非呂氏之舊也。

仲夏行冬令，則雹凍傷穀。

注曰：「陽爲雨，陰起脅之凝爲雹。」

樾謹按：鄭注未釋「凍」字，「凍」當讀爲「涷」。《爾雅・釋天》「暴雨謂之涷」，郭注曰：「今江東呼夏月暴雨

爲凍雨。《離騷》云「令飄風兮先驅，使涷雨兮灑塵」是也。「涷」音「東西」之「東」。」然則「雹涷」者，雹與暴

雨也。夏日暴雨往往與雹俱至，故竝言之。字不作「涷」而作「凍」者，古字通也。《隸釋‧張納功德碑》

「屾澹涷餒」，此段「凍」爲「涷」也。《文選‧思玄賦》「涷雨沛其灑塗」，此段「凍」爲「涷」也。古文聲同之字

例得叚借，字可爲「涷」，讀當從「涷」。《釋文》音丁貢反，失之矣。

土潤溽暑大雨時行。

注曰：「潤溽，謂塗溼也。」正義曰：「土既潤溽，又大雨應時行也。」

樾謹按：鄭所據本疑無「暑」字，故但釋「潤溽」之義而不及「暑」字。下文注曰「土潤溽膏，澤易行也」，是

鄭本無「暑」字之明證也。正義言「土既潤溽，又大雨應時行」，是孔氏所據本亦無「暑」字矣。《周書‧時

訓》篇有「暑」字，且曰「土潤不溽暑，罰不應物」，則「潤溽」二字不連讀，與鄭義異。然「土潤不溽暑」文義

殊爲不安，疑《周書》原文亦作「土潤溽」，其下則云「土不潤溽，罰不應物」。今本乃傳寫之誤，不足據也。

其日戊己。

樾謹按：《月令》於四時各舉其日。夫木、火、金、水，各王一時，豈繫乎其日哉？蓋因中央土而設也。土

無定位，寄王四時。凡一歲之中，所有戊日、己日，皆土所寄王之日。天子居太廟太室以應之，四時皆然。

記人因文無可繫，故特繫之夏秋之交，以其爲四時之中也。合四時計之，孟、仲、季三月以九十日爲率，則

戊日九，己日九，其大較也，總計得七十二日，爲土所寄王之日，而五行之氣無偏勝矣。此所以於中央土

特箸「其日戊己」之文也。中央土既特箸「其日戊己」之文，故於四時亦各舉其日以配之。學者不知「其日

「戊己」爲土所寄王之日，記有明文，而但見其文次季夏之月之後，因推之於春、於秋、於冬，謂土之寄王皆

在四季之末，謬矣。余有説存集中，撮其大略如此。

文繡有恒。

樾謹按：「恒」當作「常」。此由學者不知「常」是本字，誤以爲漢人避文帝諱所改，如「恒山」作「常山」之

例，遂改正之，而轉失其本字矣。「文繡有常」與上文「裳」字、下文「長」字、「量」字、「常」字爲韵。今「常」

誤作「恒」，而下文「度有短長」句又誤作「長短」，則皆失其韵矣。《吕氏春秋・仲秋紀》皆不誤，可據以

訂正。

量小大。

阮氏《校勘記》曰：「惠棟校宋本同。宋監本、岳本、嘉靖本同。石經同。閩、監、毛本『小大』二字倒，衛氏

《集説》同。」

樾謹按：衛湜本是也。上文云「制有小大，度有短長」，則「小」字當在「大」字之前，以下句「短」字在「長」

字之前，小大短長各相當也。此文云「量大小，視長短」，則「大」字當在「小」字之前，以下句「長」字在「短」

字之前，大小長短亦各相當也。乃自唐石經以下，各本皆作「小大」，則涉上文「制有小大」而誤，猶上文

「度有短長」涉此文「視長短」而誤作「長短」也。「度有短長」句有《吕氏春秋》可據以訂正。至此文，則《吕

氏春秋》亦作「量小大」矣。然孔氏正義曰：「量小大者，大謂牛羊豕成牲者，小謂羔豚之屬也。」先釋「大」

字，後釋「小」字，是孔所據本正作「大小」不作「小大」。而所述經文云「量小大」，此必後人據已誤之經文

改之也。閩、監、毛本固不可據，然此句實當從之。阮氏反以爲倒，誤矣。

易關市。

注曰：「易關市，謂輕其稅使民利之。」正義曰：「關市之處輕其賦稅，不爲節礙，是易關市也。」

樾謹按：孔氏蓋讀「易」爲「平易」之「易」，然非輕稅之意也。「易」當讀爲「弛」。《爾雅・釋詁》「弛，易也」，是易與弛聲近義通。《管子・大匡》篇「桓公乃輕稅，弛關市之征」，此言「易關市」，猶彼言「弛關市」，故鄭以輕稅說之也。

是察阿黨則罪無有掩蔽。

注曰：「阿黨，謂治獄吏以私恩曲撓相爲也。」正義曰：「是察阿黨者，謂當是正審察獄吏阿黨之事，則在下犯罪之人獄吏不能掩蔽，故云無有掩蔽。」

樾謹按：決獄訟必端平，見于孟秋之月，斬殺必當，毋或枉橈，見于仲秋之月，已不啻三令五申矣。至季秋之月云「乃趣獄刑，毋留有罪」，然則凡獄事皆決矣，何待孟冬之月始察獄之阿黨乎？注義非也。今按：此文本連上文爲一節，鄭失其讀，故失其義。今正其讀曰：「命太史釁龜筴，句。占兆審卦，句。吉凶是察，句。阿黨則罪，句。無有掩蔽。句。」蓋此一節皆命太史之辭也。兆卽大卜所掌三兆之法，其經兆之體皆百有二十，其頌皆千有二百者也。卦卽大卜所掌三易之法，其經卦皆八，其別皆六十有四者也。占之、審之，皆所以求吉凶也，故繼之曰「吉凶是察」也。「阿黨則罪」者，古卜筮之法，必用三人，若雷同附和，則罪之也。「無有掩蔽」者，懼其有所隱諱，不以實告，故又以此戒之也。《呂氏春秋》作「於是察阿上

亂法者則罪之」，此必經後人增益，非呂氏之舊。然云「阿上亂法者則罪之」，可見古讀固於「罪」字絕

句矣。

以固而閉地氣沮泄。

注曰：「而，猶女也。」

樾謹按：此本作「以固天閉地」，句。陽氣且泄。句。《呂氏春秋·音律》篇曰「黃鍾之月，土事無作，慎無發，蓋以固天閉地，陽氣且泄」，是其證也。師古注《漢書·楊雄傳》曰：「固，閉也。」然則「固天閉地」文義正一律。因「天」字而字篆文相似，故「天」誤作「而」，傳寫又奪「陽」字，遂以「地」字屬下讀，而文義不可通矣。《呂氏春秋·仲冬紀》作「無發蓋藏，無起大眾，以固而閉。發蓋藏、起大眾，地氣且泄」，此必後人據已誤之《月令》改之也。《呂氏》原文當作「無發蓋藏，無起大眾，以固天閉地。發蓋藏、起大眾，陽氣且泄」，如此乃與《音律》篇合。幸後人所改者止《仲冬》篇，而於《音律》篇固未及改，尚得考見其舊耳。至「沮泄」之為「且泄」，則古本《月令》皆然。《釋文》不為「沮」字作音，可見矣。

祝聲三。《曾子問》

注曰：「聲，噫歆，警神也。」正義曰：「直云祝聲，不知作何聲。按《論語》云：『顏淵死，子曰：「噫！」天喪予！』《檀弓》云：『公肩假曰：「噫！」』是古人發聲多云『噫』，故知此聲亦謂噫也。凡祭祀神之所享謂之歆，今作聲欲令神歆享，故云『歆警神』也。」

樾謹按：《儀禮·既夕》篇「聲三」鄭注曰：「聲三，三有聲，存神也。舊説以為聲噫興也。」又《士虞禮記》

「聲三」注曰:「聲者,噫歆也。」歆與興字異而聲同。賈疏于《既夕》篇曰:「按《曾子問》亦云『祝聲三』,鄭

云『警神也』,即此『存神也』。云『舊説以爲聲噫興』者,鄭注《曾子問》云『聲噫歆』,亦是舊説也。」然則此

注當以「噫歆」爲句,「警神也」爲句。孔氏不得其讀,而以「歆警」連文,殊非鄭義矣。又按:孔氏既以「歆

警」連讀者,乃其釋經文則標「祝聲至敢告」五字,而曰「聲謂噫歆之聲三」,又似不誤者,蓋正義非一人之書。

孔穎達序云:「恐獨見膚淺,不敢自專,謹與中散大夫守國子司業臣朱子奢、國子助教臣李善信、守大學

博士臣賈公彥、行太常博士臣柳士宣、魏王東閣祭酒臣范義頵、魏王參軍事臣張權等共量定。」然則此以

「噫歆」連讀者,與《儀禮》疏合,必賈公彥所量定者矣。

壻弗取而后嫁之,禮也。

樾謹按:此句之義在「而后」兩字。壻弗取而后嫁之,可知壻取則即歸是壻矣。下文曰「女之父母死,壻

亦如之」,蓋亦女弗許而後娶,非謂三年喪畢女必別嫁,壻必別娶也。男女妃匹之際,情事萬變,聖人緣情

制禮,不敢繩以一律。況三年之久,或昔富而今貧,或昔貴而今賤,久要不忘之義,豈可概責之中人以下

者哉?與其强合於始而不能善保其終,固不如各從其便也。此節兩曰「禮也」,自有精義。其上文曰「女

氏許諾而不敢嫁」,蓋論禮之正也。若論其變,則固有女氏許諾而即嫁之者矣,聖人所不禁也。此

文曰「壻弗取而后嫁之,禮也」,蓋論禮之變也。若論其正,則壻當仍娶此女,女當仍嫁此壻。而聖人不敢

質言也,何也?古人自納采、問名以至于請期而成昏禮,相距初不甚遠,非如今人議昏於襁褓之中,受幣

於髫齔之歲也。故因遭喪而待至三年,已爲曠日持久,情隨事遷,不可概論矣。聖人制禮,所以委曲如

此。儒者不達古今之變，故不得制禮之意。　正義於「壻弗取而后嫁之」不置一詞，蓋疑之也。至陳澔《集

說》竟云「壻祥禫之後，女之父母使人請壻成昏，壻終守前説而不取，而後此女嫁於他族，禮也」，則大謬

矣。夫女既未嫁，女之父母又使人來請，壻何必固執前説而不取乎？誠如是也，遭喪之後，此女萬無復

歸是壻之理，則當壻家致命之後便可別嫁，必待壻免喪而請之，轉爲多事矣。此鄉曲無識者所不爲，曾謂

聖人制禮而有是乎！

曾子問曰：「父母之喪弗除，可乎？」

注曰：「以其有終身之憂。」正義曰：「曾子又疑云聖人制變受之期，情禮之殺，使送死有已，復生有節，是

不許人子有不除之喪。若適子，除君服後乃有殷祭之事，如喪久不葬者，此則可解。若庶子，除君服後無

復殷祭之事，便是其爲父母之服一生不有除之事，此於禮許得可乎？」

樾謹按：此節之義，鄭、孔各殊。鄭意此節不與上文相屬，推曾子之意以爲人子有終身之憂，卽當有終身

之服，故發此問，乃賢者過之之事也。孔穎達則與上文合爲一節，勿除可乎，疑其不可也。此與鄭注迥

異，故止釋經文，而於鄭注不釋一字也。據下文孔子曰：「先王制禮，過時弗舉，禮也。非弗能勿除也，患

其過於制也，故君子過時不祭，禮也。」然則此節之義，自當從鄭注爲得。何也？如正義所説，則曾子之

意主乎除者也，孔子當曰「非弗能除也，患其過於制也」，方與問意相對。今乃曰「非弗能勿除也，思其過

於制也」，則可見曾子之意主乎勿除矣。　鄭注曰「言制禮以爲民中，過其時則不成禮」，此卽賢者俯而就之

之意。　正義標「非弗至制也」五字而釋之，曰：「勿，猶不也。言今日不追除服者，非是不能除改也，爲此

不除，正是患其過於先王之禮制也。」❶夫經文明言「非弗能勿除」，而正義乃云「非是不能除改」，則易經文爲「非弗能除」矣，其爲違錯，顯然可見。孔氏誤解此經，蓋由「過時不祭」一語。不知此篇之例，每以輕重相形。上文「曾子問曰：『除喪則不復昏禮乎？』孔子曰：『祭過時不祭，禮也，又何反於初。』」鄭注曰：「重，喻輕也。」正義曰：「據重者尚廢，以明輕者廢可知也，故云『重喻輕也』。」此云「過時不祭禮也」，兩文正同。彼是重喻輕，此乃輕喻重，蓋以君子無過時之祭，明君子無過時之服也。孔氏牽合上文爲説，反糾繚而難明矣。且上文曰「君之喪服除而后殷祭，禮也」，是適子於除君服後未嘗不補行祥祭也。不得云過時不祭也。若支子不得追祭，則自因適子已行祥祭之故，而非以過時之故也。過時不祭之言與曾子問意全不相當，可知孔解之謬矣。

既明反，而后行。

正義曰：「既待日食光明反迴」，而後引柩行。

樾謹按：「既」當讀爲「曁」。《小爾雅·廣言》曰：「曁，及也。」「曁明反而后行也」者，及明反而后行也。《周官·閽胥》「既比則讀遷」，注曰「故書既爲曁，杜子春讀曁爲既」，是既與曁古字通用。

注曰：「節，謂居處故事。」

其有不安節。《文王世子》

❶ 「先王」，《禮記注疏》作「聖人」。

樾謹按：鄭注未得「節」字之義。節之言適也。《管子・禁藏》篇「故聖人之制事也，能節宮室，適車輿，以

實藏」，是節與適同義。《呂氏春秋・重己》篇「故聖人必先適欲」，高注曰「適，猶節也」，然則節亦猶適也。

「其有不安節」者，其有不安適也。訓爲「居處故事」，於義轉迂矣。

然而衆箸於君臣之義也。

正義曰：「俗本皆云『箸於君臣之義』，而定本無『箸』字，義亦通。」

樾謹按：無「箸」字義不可通矣。疑本云「定本無於字」，傳寫誤耳。

一有元良。

注曰：「元，大也。良，善也。」

樾謹按：《詩・桑柔》篇鄭箋云「善，猶大也」，是大與善義通。元訓大，故亦訓善。《王制》篇「天子之元

士」，鄭注曰：「元，善也。」然則元、良一也。注分爲二義，似轉失之。

其登餕獻受爵則以上嗣。

正義曰：「以特牲言之，則先受爵而後獻，獻而後餕。今此經先云餕者，以餕爲重。舉重者從後以嚮先逆

言之，故云『其登餕獻受爵』也。」

樾謹按：鄭注《儀禮・特牲饋食》篇曰：「使嗣子飲奠者，將傳重累之。」是受爵之事亦非所輕。且據《特

牲》篇嗣子與長兄弟爲上下兩蓋，是餕不止嗣子一人，而受爵則止嗣子一人，受爵視餕蓋尤重矣，安得反

云以餕爲重乎？　此經先言餕者，蓋古人自有倒言之例。《周官・大宗伯職》曰「以肆獻祼享先王」，若以

次弟而言，則裸最在先，獻次之，肆又次之也；《大祝職》曰「隋釁逆牲迎尸」，若以次弟而言，則逆尸最在先，逆牲次之，隋釁又次之也，此皆倒言之也。「餞獻受爵」義亦猶此。正義曲爲之説，反失之矣。

其刑罪則纖剸亦告於旬人。

注曰：「告讀爲鞠，讀書用法曰鞠。」

樾謹按：「告」當讀爲「造」，古字通用。《列子·楊朱》篇「密造鄧析而謀之」，《釋文》曰「造，本作告」，是其例也。《小爾雅·廣詁》曰：「造，適也。」「造于旬人」者，適于旬人也。《周官·掌囚》曰「凡有爵者與王之同族奉而適甸師氏，以待刑殺」，可證此文「造」字之義。因叚「告」爲「造」，其義不顯。鄭知「告」之爲叚字，而不能得其本字，乃讀爲「鞠」，是時已將用法矣，豈尚待讀書乎？

退脩之，以孝養也。

注曰：「退脩之，謂既迎而入，獻之以醴，獻畢而樂闋。」正義曰：「謂三老五更入而即位於西階下，天子乃退，酌醴獻之，以脩行孝養之道。」

樾謹按：「脩」當讀爲「羞」。《説文·丑部》：「羞，進獻也。」鄭以「獻之」解「脩之」，可知「脩之」猶「羞之」矣。上文曰：「適饌省醴養老之珍具。」正義曰：「天子親適陳饌之處，省視醴酒，并省視養老之珍具。」至此則遂奉而進之，以明孝養之道，故曰「退脩之以孝養也」。「退脩之」三字爲句，謂退至陳饌之處，「脩之」即羞此醴與珍具也。據《儀禮》，凡獻賓，必薦脯醢。此既獻醴，則珍具亦當並薦。鄭但云「獻之以醴」者，以醴爲主，故文不具耳。孔氏不知「脩」爲「羞」之叚字，而解爲「脩行」，與鄭義不合。若從孔解，則鄭君不

當於「脩之」斷句矣。

是故聖人之記事也。

正義曰:「記事,謂聖人親行養老之禮,記序前代之事也。」

樾謹按:此言聖人自行之事,非言其記序前代之事也。「記」當讀爲「紀」。《釋名·釋典藝》曰「記,紀也」;《釋言語》曰「紀,記也」,是二字義通。《國語·周語》「紀農協功」,韋注曰:「紀,猶綜理也。」「聖人之紀事」,猶言聖人之理事。下文「慮之以大,愛之以敬」數語,正見其綜理之微密也。

如有不由此者,在執者去,眾以爲殃。《禮運》

注曰:「執,執位也。去,罪退之也。殃,猶禍惡也。」正義曰:「若爲君而不用上謹於禮以下五事者,雖在富貴執位,而眾人必以爲禍惡,共以罪黜退之。」

樾謹按:如正義之説,則當云「眾以爲殃而去之」,於文方明,不當既云「在執者去」,乃始云「眾以爲殃」也。正義所説殆失之矣。蓋「如有不由此者」所包甚廣,在執位者而不由此,固當黜去之;若眾人不在執位者而不由此,則無位可去矣。然人有禮則安,無禮則危,未有不栽及其身者也,故曰「眾以爲殃」,言不在執位之眾人,亦以此爲禍惡也。

其燔黍捭豚。

樾謹按:「捭」者,「㪱」之叚字。《説文·手部》:「㪱,別也。從手卑聲,讀若罷。」其字亦或作「擺」。《文選·西京賦》『置互擺牲』,薛綜注曰:「互,所以挂肉。擺,謂破礫縣之。」此可證「捭豚」之義。《鹽鐵論·

散不足》篇曰「古者燔黍食稗，而煏豚以相饗」，即用《禮記》之文。而其字作「煏」者，蓋因「燔」字從火，遂并「煏」字而亦誤從火。古書中往往有此。《尚書·堯典》篇「在璿機玉衡」，「機」字本從木，因「璿」字從玉，而亦誤從玉；《爾雅·釋詁》「簡，菿，大也」，「菿」字本從艸，因「簡」字從竹，而亦誤從竹，即其例也。《玉篇·火部》：「煏，焦也。」《廣雅·釋器》曰：「煏謂之焦。」則因字形之誤而遂滋異說，未可據以說經也。

是天子之事守也。

注曰：「先祖法度，子孫所當守。」正義曰：「杞郊禹，宋郊契，蓋是夏、殷天子之事，杞、宋是其子孫，所當保守，勿使有失。」

樾謹按：正義以「是天子之事」爲句，「守也」爲句，文不成義矣。此當以「事守」二字連文。《說文·史部》：「事，職也。」「事守」猶言職守，謂是天子之職守也。

處其所存，禮之序也。

注曰：「存，察也。」正義曰：「言聖王能處其人所觀察之事以爲政，則禮得次序也。」

樾謹按：古人之辭，凡審度其事謂之處。文十八年《左傳》曰「德以處事，事以度功」，《呂氏春秋·有始覽》曰「察其情，處其形」，《淮南子·兵略》篇曰「相地形，處次舍」，竝其證也。「處其所存」，謂審度其所存者。鄭不知處有審度之義，而反訓存爲察，于是文義之平易者變而迂曲矣。

非意之也。

注曰：「意，心所無慮也。」正義曰：「謂於無形之處用心思慮。無慮即慮無也。宣十二年《左傳》云『前茅

慮無」，是備慮無形之處。一云：心所無慮，謂心無所思慮。」

樾謹按：正義解「無慮」二字甚爲迂曲。孔氏亦有所未安，故又出一說。然注云「心所無慮」，不云「心無

所慮」，是後說亦非也。注文「無」字疑「譕」字之誤。「譕」即「謨」之異文，《集韵》曰「謨，古文譕」是也。

「心所譕慮」猶云心所謀慮。《儀禮·大射儀》注曰「志，意所擬度也」，與此句法正同。正義曲爲之說，

非是。

故龍以爲畜，故魚鮪不淰。

注曰：「淰之言閃也。」正義曰：「讀淰爲閃者，淰是水中之形狀，故字從水；閃是忽有忽無，故字從門中人

也。人在門，或見或不見。」

樾謹按：鄭讀「淰」爲「閃」，是未得其本字也。《説文·走部》：「趛，低頭疾行也。」字或變作「趍」，《玉篇·

走部》：「趍，疾行也。」「趍」與「趝」實一字，蓋金與念竝從今得聲，故從金者或變而從念耳。「趝」即「魚鮪

不淰」之本字，因其字從走，與魚鮪不合，故變用從水之「淰」耳。

鳳以爲畜，故鳥不獝，麟以爲畜，故獸不狨。

注曰：「獝、狨，飛走之貌也。」

錢氏大昕《經史答問》曰：「獝爲鳥飛，不應從犬旁。《釋文》『獝』本作『矞』，《周禮·大司樂》注引此文亦

作『矞』。俗本從犬者誤也。《説文·走部》有『趫』字，訓狂走，即『鳥不矞』之『矞』。」

樾謹按：《玉篇·羽部》『翻，音聿，飛貌』，此「鳥不矞」之本字也。蓋「趫」訓狂走，故字從走，此爲鳥飛，則

不得從走，因變而從羽。文字所以孳乳寖多也。《玉篇·羽部》又有「狱」字，許出切；「狱」字，許月切，竝

曰「飛走貌」，即用鄭君注義。疑下句「狱」字有作「狱」者，并有誤作羽旁戍者。《文選·江賦》曰「濯翮疏

風，鼓翅翻狱」，以「翻狱」連文，蓋即本之《禮記》。然則今本兩字竝從犬，古本兩字或竝從羽矣。鄭君所

謂傳書世異，於此益信。學者通其意，正不必泥其文也。

其降曰命，其官於天也。

樾謹按：曰猶於也。《爾雅·釋詁》「粵、于、爰，曰也」，而爰、粵、于三字又訓於，是曰、於義同。「其降曰

命」即其降於命，言其降於教命者，皆其法於天者也。上句用「曰」字，下句用「於」字，古人每有此文法。

《尚書·洪範》篇「水曰潤下，火曰炎上，木曰曲直，金曰從革，土爰稼穡」，曰、爰互用，即其例也。

故事大積焉而不苑。

正義曰：「皇氏云：『事大積焉而不苑』者，既用順爲常，事無苑滯。事大者，天子事也。雖復萬機輻湊，而

應之有次序，不使苑積也。」

樾謹按：如正義所説，則當云「大事」，不當云「事大」也。「故事大」三字當連上文讀，其文曰「大順者，所

以養生送死，事鬼神之常也，故事大」，乃申説是謂大順之義，言其爲養生送死事鬼神之常，故其事至

大也。

細行而不失。

正義曰：「『細行而不失』者，謂大夫士出聘者也。天子不遺小國之臣，是不失也。」

樾謹按：「行」字衍文也。本作「細而不失」，涉上句「竝行而不繆」誤衍「行」字，則文不可通矣。正義以

「不遺小國之臣」解之，是其所據本正作「細而不失」，故以「小國之臣」解「細」字也。乃其述經文亦作「細

行而不失」，疑後人據已誤之經文增益之，非其舊矣。

故聖王所以順山者，不使居川，不使渚者居中原，而弗敝也。

注曰：「小洲曰渚，廣平曰原。山者利其禽獸，渚者利其魚鹽，中原利其五穀。使各居其所安，不易其利，

勞敝之也。」

樾謹按：「故聖王所以順」句於文似未足者，「而弗敝也」句於上句亦似不相屬，疑此經傳寫錯誤。本云：

「故聖王所以順而弗敝也。山者不使居川，不使渚者居中原。」因鄭注先解「山者」二句，乃曰「使各居其所

安，不易其利，勞敝之也」，於是學者移「而弗敝也」四字置「山者」二句之下，以合于鄭注，不知鄭注統解經

文，非必順其前後也。至鄭訓敝爲勞敝，於義未合。「敝」當讀爲「弊」。《詩·采薇》篇《釋文》引《埤蒼》

曰：「弊，弓末反戾也。」反戾謂之弊，正與順字之義相反。「順而弗弊」者，順而弗戾也。古無「弊」字，故

即以「敝」爲之。字亦作「弴」。《玉篇·弓部》：「弴，卑結、卑計二切，弓戾也。」「弴」有卑計切一音，即與

「敝」音同矣。

社稷山川之事，鬼神之祭，體也。《禮器》

注曰：「天地人之別，體也。」正義曰：「社稷山川爲天地之別體，鬼神是人之別體，各有軀體也。」

樾謹按：正義所説，非鄭意也。鄭注當以「天地人之別」爲句，「體也」爲句。社稷山川，地也；鬼則人鬼

也；神則天神也。社稷山川之事，鬼神之祭，其禮不同，是乃天地人之別，即所謂體也。孔氏誤以「別體」二字連讀，故其説不可通矣。

曾子曰：「周禮其猶醼與！」

注曰：「合錢飲酒爲醼，旅酬相酌似之也。」正義曰：「王肅《禮》作遻，注云：曾子以爲使六尸旅酬，不三獻，猶遻而略。」

樾謹按：王説是也。蓋夏立尸最質，殷坐尸則轉文矣，周旅酬六尸則文彌甚。曾子此言，正見三代之禮日趨于文，繼周而王者必有加而無已，故曰「周禮其猶醼與」。作「醼」者，叚字耳。鄭卽以本義説之，失曾子之旨矣。

是故君子之於禮也，非作而致其情也。

注曰：「作，起也，所以下彼。」

注曰：「作，起也。敬非己情也。」

樾謹按：鄭解「作」字非也。「作」當讀爲「迮」。《文選·歎逝賦》「漼薄莫而意迮」，注引《聲類》曰：「迮，迫也。」「非迮而致其情」，謂非迫而致其情也。襄二十九年《公羊傳》「今若迮而與季子國，季子猶不受也」，與此義同。「迮」正字，「作」叚字也。故下文曰「七介以相見也，不然則已愨；三辭三讓而至，不然則已蹙」，正見君子不迮而致其情也。

必先有事於頖宮。

注曰：「頖宮，郊之學也，《詩》所謂『頖宮』也。字或爲郊宮。」

樾謹按：注文「《詩》所謂『頖宮』」也」，此「頖」字當作「泮」。蓋諸經用字不同，《詩》作「泮宮」，《禮》皆作「頖宮」。《王制》「諸侯曰頖宮」，《明堂位》「頖宮周學也」，字皆作「頖」，不作「泮」。鄭謂《禮》之「頖宮」卽《詩》之「泮宮」，故釋之曰《詩》所謂「泮宮」也」。若如今本，則以「頖宮」釋「頖宮」，重複而不可通矣。

大明生於東，月生於西。

注曰：「大明，日也。」

樾謹按：日生於東，人所共見；月生於西，其理難言。正義於此無説。上文「爲朝夕必放於日月」，注曰：「日出東方，月生西方」，正義曰：「日旦出自東方，故於東方而朝之。月初生之夕見于西方，是其將入，非其始出也，豈得因此而謂月生西方乎？月生西方，蓋古渾天家説。渾天家謂地在其中，天包其外，猶如鷄卵白之繞黃。近來西人之説，謂水地合一圓球，四面居人，其地度經緯正對者，兩處之人以足版相抵而立。梅氏文鼎《天學疑問》極言其可信。然則日月出入，本無一定，在此處爲出者，在彼處正爲出矣。日東月西，聖人據理以斷之，以爲日生於東，從地上西行而入於地下，月生於西，從地下東行而出於地上，此陰陽之正位，亦升沈之定理。吾所立之處如是，卽與吾上下相對之處亦如是。學者不明乎此，則「月生於西」之説終莫能明矣。下文「君西酌犧象，夫人東酌罍尊」，鄭注曰：「象日出東方而西行也，月出西方而東行也。」下「出」字於理未圓。蓋日出東方，吾之所見也，月出西方，吾之所不見也。吾所不見不可以爲説，當依經文作「生」字，斯無語病矣。據上注云「日出東方，月生西方」，疑此注亦然，傳寫者誤耳。《祭義》篇亦曰「日出於東，月生於西」，不言「月出於

西」也。張氏敦仁作《鄭注考異》，據山井鼎說，反欲改上注「月生西方」爲「月出西方」，謬也。

觀其發而知其人之知。

正義曰：「觀其人之發動所爲，而知其人之有知。若發而皆中，則知有知；若發而不中，則知無知。」

樾謹按：正義說非也。「知其人之知」者，知其人之志也。「知」與「志」通。《緇衣》篇曰「爲上可望而知也，爲下可述而志也」注曰：「志，猶知也。」然則知亦猶志也，言觀其人之發動，即知其志意所在也。《大戴記·子張問入官》篇曰：「貫乎心，藏乎志。」《荀子·解蔽篇》曰「志也者，藏也」，「藏」即古「藏」字。觀其發而知其志者，以其所發知其所藏也。孔氏讀爲「智」，失其旨矣。

五獻察。

注曰：「察，明也。」

樾謹按：察當訓至。《書大傳》云「祭之爲言察也。察者，至也，人事至然後祭」，是察有至義。《淮南子·原道》篇「高不可際」，高注曰「際，至也」，察與際通。上文云「一獻質，三獻文」，蓋三獻已爲文矣，五獻則文之至也，故曰「察」也。下文曰「七獻神」，言七獻則又加重也。《爾雅·釋詁》曰「神，重也」，是其義也。鄭訓「察」爲明，而於「神」字無注，其意以爲曰察、曰神，猶云神明之也，然則何以爲五獻、七獻之別乎？

繡黼丹朱中衣。《郊特牲》

注曰：「繡黼丹朱以爲中衣領緣也。繡讀爲綃，綃，繒名也。」正義曰：「五色備曰繡，白與黑曰黼。繡黼不得共爲一物，故以繡爲綃也。」

樾謹按：繡黼二物，丹朱亦二物，言中衣之領或以繡爲之，或以黼爲之；中衣之緣或以丹爲之，或以朱爲之，是爲「繡黼丹朱中衣」，非必一時並用也。或繡或黼而謂之「繡黼」，或丹或朱而謂之「丹朱」，禮經自有此例。《儀禮・士喪禮》「魚鱄鮒九」，言或鱄或鮒，其數則九也。若必鱄鮒並用而欲合其數爲九，則執四執五，何以無文乎？《少牢饋食禮》「日用丁己」，言或丁或己也。《士虞禮》「冪用絺布」，言或絺或布也。「繡黼丹朱」義亦猶是。鄭必破「繡」爲「綃」，殆猶未達乎此矣。

鄉人禓。

注曰：「禓，強鬼也。」謂時儺索室毆疫，逐強鬼也。禓或爲獻，或爲儺。

樾謹按：如鄭注，則「禓」上必加「逐」字，於文方明。且他本有作獻者，作儺者，豈亦可訓爲強鬼乎？是不可通矣。「禓」者「禳」之叚字。《說文・示部》：「禳，磔禳祀除癘殃也。古者燧人氏禜子所造。從示襄聲。」然則「鄉人禳」猶鄉人儺也。「禳」者正字，「禓」者叚字也。禓、禳聲近。隱三年《穀梁傳》「吐者外壤，食者內壤，闕然不見其壤有食之者也」，疏曰：「壤字，爲《穀梁》者皆爲傷，徐邈亦作傷。」「禳」與「壤」並從襄聲，「壤」可讀爲「傷」，故「禳」可通作「禓」矣。下文「汁獻涗于醆酒」，注曰「獻讀當爲莎」，是獻與儺聲亦相近。

而君親誓社以習軍旅。

注曰：「君親誓社，誓吏士以習軍旅，既而遂田以祭社也。」

樾謹按：「誓社」二字文不成義，疑本作「誓士」，故鄭注曰「誓吏士以習軍旅」也。隸書士、土二字無別，

「士」誤爲「土」，學者見鄭注有「祭社」之文，疑爲「社」之壞字，❶因加示旁作「社」矣。不知鄭注所謂「遂田以祭社」者，以連前經祭社之事故云爾，非必本經有「社」字也。又鄭君此注疑亦未得經意。此經自言「季春出火」至「祭則受福」，本自爲一節，與上經初不相蒙。上經自言祭社之事，此經自言春蒐之事。鄭必合而一之，乃謂祭社是仲春之禮，而以季春出火爲記者之誤，記者所不受也。據《周官‧大司馬職》，蒐田亦在仲春，而此云季春者，說禮之家容有異聞，四時之田所傳不一。《爾雅‧釋天》「春獵爲蒐，夏獵爲苗，秋獵爲獮，冬獵爲狩」，惟《大司馬職》及隱五年《左傳》文與此同。桓四年《穀梁傳》「春曰田，夏曰苗，秋曰蒐，冬曰狩」，四時雖具而其名不同。至《公羊傳》云「春曰苗，秋曰蒐，冬曰狩」，則無獮名。《周語》云「蒐於農隙，獮於既烝，狩於畢時」，又無苗名。名且無定，安見四仲之月不可移至四季之月乎？《春秋》書蒐狩初無常時，此經云「季春出火爲焚也」，是亦一說也，何必彼是而此非乎？

樾謹按：鄭注不釋「質」字，蓋卽以爲「文質」之「質」。若然，當云「貴其質也」，文義方明，乃曰「於其質也」，義不可通矣。《廣雅‧釋言》曰：「質，地也。」《儀禮‧鄉射禮記》鄭注曰：「白質、赤質，皆謂采其地。」是古謂地爲質。郊本祭天，乃掃地而祭者，以天體空虛而地則實有形質，故就其有形質之處而祭之，所謂「於其質也」。下文曰「器用陶匏，以象天地之性也」，蓋於其質而祭之，故既取象于天，亦兼取象于地矣。

掃地而祭，於其質也。

❶ 「壞」，原漫漶不清，今據文義補。

群經平議

八蜡以記四方。

注曰：「蜡有八者，先嗇一也，司嗇二也，農三也，郵表畷四也，貓虎五也，坊六也，水庸七也，昆蟲八也。」

樾謹按：八蜡之神諸説不同，當從陳祥道説，去昆蟲而增百種。江氏永《鄉黨圖考》謂經文明言祭百種 ❶，何得遺之？其説是也。惟舊説皆數貓虎，則恐不然。貓虎者，就禽獸之中偶舉其二，以明蜡祭所以必及禽獸之故，非所祭專在貓虎也。《周官·大司樂》：「凡六樂者，一變而致羽物，再變而致臝物，三變而致鱗物，四變而致毛物，五變而致介物，六變而致象物。」注云：「此謂大蜡，索鬼神而致百物。」然則禽獸之所包者廣矣，豈獨貓虎乎？經文云「饗農及郵表畷、禽獸，仁之至義之盡也」，明以禽獸與農及郵表畷並列，然則禽獸爲八蜡之一明矣，當去貓虎而數禽獸，庶爲得之。貓虎者，特獸中之二物耳。王肅又分貓、虎爲二，何其所見之陋乎？

割刀之用而鸞刀之貴，貴其義也。

正義曰：「貴其聲和之義。」

樾謹按：經文先云「貴其義也」，乃申説之曰「聲和而後斷也」。若如正義之説，則但云「貴其聲和而後斷」足矣，何必先有此句乎？「義」當爲「善」，聲和而後斷，正直指其善之所在也。《緇衣》篇「章義癉惡」，《釋文》曰《尚書》作善。皇云：義，善也。是義與善同意。今各本皆作「章善癉惡」，乃後人以意改之。唐石

❶ 「永」，原作「慎」。《鄉黨圖考》作者江永，字慎修。今據上下文例改。

五三四

經初刻作「善」，後改作「義」，蓋知「義」是而「善」非也。此經「義」字，則因後人不得其解，而轉存其舊耳。

器用陶匏，尚禮然也。

注曰：「此謂太古之禮器也。」正義曰：「共牢之時，俎以外，其器但用陶匏而已，此乃貴尚古之禮自然也。」

樾謹按：正義以「尚」爲「貴尚」，「然」爲「自然」，則文不成義矣。「尚」當讀爲「上」，古字通用。《老子》曰「上禮爲之而莫之應」，河上公注曰「其禮無上，故言上禮」是上禮與上德、上仁、上義一律，皆無上之美名也。太古之禮無以尚之，是謂上禮。「上禮然也」，言太古之禮則然也。鄭注「太古」字正解「尚」字，正義未達其旨。

群經平議卷二十一

德清俞樾

禮記 三

不嘯不指。《內則》

注曰：「嘯讀爲叱。叱，嫌有隱使也。」

樾謹按：鄭意蓋以此二事皆爲嫌有隱使。嘯者以聲使人也，指者以手使人也，皆口不明言而微示以意，是爲隱使。嘯猶嗾也。《說文·口部》：「嗾，使犬聲。從口族聲。《春秋傳》曰：『公嗾夫獒。』」嘯與嗾古音相近，「不嘯」猶言不嗾矣。鄭不讀爲「嗾」而讀爲「叱」，其聲既遠，義又非也，於是并「嫌有隱使」之旨而亦晦矣。

由衣服飲食、由執事，毋敢視父母所愛。

注曰：「由，自也。」

樾謹按：《爾雅·釋詁》：「繇，於也。」「繇」卽「由」字，《釋水》篇《釋文》曰「繇，古由字」是也。故《詩·抑》篇「無易由言」鄭箋曰「由，於也」，卽本《釋詁》文。此經兩「由」字亦當訓於，蓋於衣服飲食、於執事，皆毋

敢視父母所愛也。注訓爲自，失之。

不友無禮於介婦。

注曰：「眾婦無禮，冢婦不友之也。善兄弟曰友，娣姒猶兄弟也。」

樾謹按：如注義，則當云「不友無禮之介婦」，於文方明。今云「不友無禮於介婦」，則注義不可通矣。「友」當讀爲「有」。《論語‧學而》篇「有朋自遠方來」，《釋文》曰：「有，本作友。」蓋友、有同聲，義亦相通。《荀子‧大略篇》「友者，所以相友也」，楊注曰「友與有同義」是也。「不友」即不有，乃戒之之辭，猶云無有矣。不曰「無有無禮」而曰「不有無禮」者，避不辭也。古人詞拙，學者不能盡通，又不知「友」之當讀爲「有」，於是經意益晦矣。下文於介婦曰「毋敢敵於冢婦」，此於冢婦曰「不有無禮於介婦」，意既相當，詞亦相儷，可以悟其旨矣。

鶉羹雞羹駕。

注曰：「駕在羹下，烝之不羹也。」《釋文》出「鶉雞羹」，云：「本又作『鶉羹雞羹』。」

樾謹按：此當從《釋文》作「鶉雞羹」。蓋經文止一「羹」字，「鶉雞」二字在「羹」字之上，「駕」一字在「羹」字之下，故鄭云「駕在羹下」也。若如今本，「鶉」下「雞」下並有「羹」字，惟「駕」之下無，則鄭當云「駕不言羹」矣。正義曰「鶉羹雞羹者，謂用鶉用雞爲羹」，「鶉」下「羹」字亦是衍文。蓋孔氏所據本作「鶉雞羹」，恐人疑二物合而爲羹，故必釋之曰「鶉雞羹者，用鶉用雞爲羹也」。若作「鶉羹雞羹」，則其義已了，不煩更釋矣。故知正義所據本與陸氏同，古本固如此也。自唐石經誤從或本

作「鶉羹」，而各本從之，當訂正。下文云「魴鱮烝雛燒雉」，正義曰：「魴鱮烝者，魴鱮二魚皆烝熟之。雛

燒者，雛是鳥之小者，火中燒之，然後調和，若今之臟也。雉者文在烝燒之下，或燒，或烝，或可爲羹，其用

無定，故直云雉。」然則此文并言「鶉雞羹」者，猶下文并言「魴鱮烝」也，此文單言

「雉」也。益知上一「羹」字之爲衍文矣。

夫不在斂枕簟席。

樾謹按：此當作「簟枕斂簟席」，傳寫誤倒其文也。上文言事父母舅姑之禮云：「斂席與簟，縣衾，簟枕。」

正義曰：「斂席與簟者，斂此所卧在下大席與上襯身之簟，又縣其所卧之衾，以簟貯所卧之枕也。」據此，

則簟席當言斂，枕當言簟，此誤明矣。

國君世子生，告于君，接以太牢。

注曰：「接讀爲捷。捷，勝也，謂食其母使補虛強氣也。」

正義曰：「王肅、杜預竝以爲接待夫人以太牢。鄭必讀爲捷、爲補虛強氣者，以婦人初產，必困病虛羸，❶

當產三日之內，必未能以禮相接，應待負子之後。今在前爲之，故知補虛強氣宜速故也。」

樾謹按：此卽所謂接子也。下文云「凡接子擇日，冢子則太牢，庶人特豚，士特豕，國君世子太牢」，然則

此云「接以太牢」，正謂此矣。子初生未能食，食而以太牢之禮接待之者，重其事也。說者必就夫人爲解，

❶ 「羸」，原作「贏」，今據清經解續編本改。

誤矣。

宰辯告諸男名。

正義曰：「此舉諸男，舉其卑者。卑者尚告，則告諸父可知。」

樾謹按：上云「辯告諸婦諸母名」，則此當云「辯告諸子諸父名」。乃曰「辯告諸男名」者，諸男之中固包諸子諸父而言。諸子諸父皆男子也，故曰「諸男」也。正義誤以諸男爲諸子，因謂「舉其卑者」，失之甚也。

四十始仕方物。

注曰：「方，猶常也。物，猶事也。」正義曰：「言年壯仕宦，行其常事。」

樾謹按：以「方物」爲「常事」，則必從正義之説增出「行」字，於義始明，殆非經旨矣。《國語·楚語》「不可方物」，韋昭注曰：「方，別也。」然則「方物」者，辯別其事也。惟能辯別其事，故能出謀發慮也。《周易·同人·象傳》曰「君子以類族辨物」，「方物」與「辨物」義同。

大夫齊車。鹿幦豹犆，朝車。士齊車鹿幦豹犆。《玉藻》

注曰：「臣之朝車與齊車同飾。」

樾謹按：如注義，則但曰「大夫、士齊車、朝車，鹿幦豹犆」，豈不簡而易明，乃必分別言之，而其義轉因之不顯，古人無此文法也。疑「大夫齊車」四字當連上爲義，其文曰：「君羔幦虎犆，句。朝車。句。」言人君羔幦虎犆之車，大夫以爲齊車也。又曰：「鹿幦豹犆，句。朝車。句。」言人君鹿幦豹犆之車，大夫以爲朝車也。「鹿幦」上亦當有「君」字，「朝車」上亦當有「大夫」字，蒙上文而省耳。「士齊車鹿幦豹犆」則自爲

句，明士之齊車，得與大夫朝車同也。但士之朝車禮文不具，無以言之耳。

連用湯。

注曰：「連，猶釋也。」

樾謹按：連之訓釋，未聞其義。「連」當讀爲「聮」。《説文・斗部》：「聮，抒滿也。」《手部》：「抒，挹也。」抒之義爲挹，聮之義亦爲挹。「聮用湯」者，謂履蹑席之上，更挹之以湯而去足垢也。「聮」從戀聲，與「連」聲相近。《周易・小畜》九五「有孚攣如」，《釋文》引馬注曰：「攣，連也。」《方言》：「凡人畜乳而雙産，秦、晉之間謂之僆子，自關而東趙、魏之間謂之攣生。」然則「聮」之爲「連」，猶「攣」之爲「連」，「攣」之爲「僆」矣。

史進象笏。

正義曰：「熊氏云：按下大夫不得有象笏，有象字者誤也。熊氏又解與明山賓同，云：有地大夫故用象。」

樾謹按：此蓋謂守外邑之大夫也。《呂氏春秋・離俗》篇「遇高唐之孤叔無孫」，注曰：「高唐，齊邑也。孤，孤特位尊。叔姓，無孫名，守高唐之大夫也。」是古者守外邑大夫得有孤稱，其尊可知矣。《儀禮》言侯國之禮而有諸公，鄭注以大國之孤釋之，又以孤止一人，不得言諸，乃爲之説曰「容牧有三監」。不知守外邑大夫亦有孤稱，卽亦有公稱，《儀禮》所謂諸公或包此而言歟？笏之用象，正以遠君而得申。若從熊氏以爲有地大夫，則大夫之有采地者多矣，豈得皆用象笏乎？上文云「將適公所，宿齊戒，居外寢」，此正守邑大夫有事於國，自其館舍而適公朝，故敬慎如此。若是在廷之臣，則朝夕趨公，自其常事。使必行此禮，則是無日不齊戒，無夕不居外寢矣，有是理乎？

揖私朝，煇如也，登車則有光矣。

正義曰：「煇，光儀也。」

樾謹按：以「煇如」爲形容君子之光儀，意尚可通。然下文又曰「登車則有光矣」，何其詞之複乎？煇如者，以其時而言，煇之言光也。人臣辨色而入，其出而揖私朝，天尚未明，若有光若無光，故曰「煇如也」。至登車則已辨色矣，故曰「則有光矣」，言東方既明也。蓋適公所者以此爲節。自來不得其解，遂謂此二句皆美其有光儀，記人何爲而作此詖詞乎？

縫齊倍要。

注曰：「縫，紩也。紩下齊倍要中，齊丈四尺四寸。縫或爲逢，或爲豐。」

樾謹按：「豐」本字，「逢」與「縫」均叚字也。《淮南子·天文》篇「五穀豐昌」，《史記·天官書》「豐」作「逢」，是豐、逢古通用。豐，大也，故逢亦大也。《儒行》篇「衣逢掖之衣」，鄭注曰：「逢，猶大也。」《荀子·非十二子篇》「其衣逢」，楊倞注曰：「逢，大也。」凡訓逢爲大者，卽讀「逢」爲「豐」也。「逢」者「豐」之叚字，「縫」者又「逢」之叚字。「縫齊倍要」，謂大其下齊，使倍要中也。《深衣》篇「要縫半下」，謂要之大半其下齊也。鄭氏以本字讀之，而訓爲紩，未得其旨。

大夫玄華。

注曰：「華，黃色也。」

樾謹按：華之訓黃，未詳其義。晉羊舌赤字伯華，孔子弟子公西赤字子華，古人名字相配，然則華非黃

色，乃赤色也。郭璞注《穆天子傳》曰「華騮，色如華而赤。今名馬標赤者爲棗騮」，此古人謂赤爲華之證。鄭因其與「玄」對文定爲黃色，殆失之矣。

君命屈狄。

注曰：「君，女君也。」正義曰：「以禮，君命其夫，后命其婦，則子男之妻不得受天子之命，故以爲君謂女君，是子男之妻受后之命或可。女君謂后也，命子男之妻，故云君命。」

樾謹按：正義前一說謂女君受命，後一說謂受女君之命，皆曲說也。由鄭注以此爲子男之夫人，故失其解耳。「君命屈狄」當承上文「王后褘衣，夫人揄狄」而言，蓋謂世婦也。下文云「唯世婦命於奠繭」，此經不直云「世婦屈狄」而云「君命屈狄」者，若言「世婦屈狄」，則是世婦皆得服之矣，故必曰「君命屈狄」，乃見因奠繭而君命之始得服也。又據下文鄭注曰「凡世婦已下，蠶事畢獻繭，乃命之以其服」，正義曰：「言惟王后夫人自有命服，此外自世婦以下，君有所命則皆屈狄也。以下則女御亦然。經唯云世婦，舉其貴者。」若然，因獻繭而命者不止世婦，經不言「世婦」而言「君命」，見「君命屈狄」本與上文「王后褘衣，夫人揄狄」相承，傳寫錯亂，其義遂不顯。鄭雖訂正其文，未能悉得其義也。

食棗、桃、李，弗致于核。

注曰：「恭也。」正義曰：「謂其懷核不置於地也。」

樾謹按：經言「弗致于核」，非言核不可置於地也。致之言極也。食棗、桃、李必極於核而後已，則近於貪味矣，故弗致也。下文曰「瓜祭上環，食中，棄所操」，正義曰「謂手所持者棄之不食」，是亦不貪味之意。

君與尸行接武，大夫繼武，士中武，徐趨皆用是。

注曰：「君、大夫、士之徐行也，皆如與尸之行迹也。」

樾謹按：尸在廟中則全乎君，是尸之尊與君同。君行接武，尸行亦接武，故曰「君與尸行接武」，非謂君與尸行之時如此也。「大夫繼武」直以大夫言，「士中武」直以士言，亦非謂大夫、士與尸行之時如此也。鄭説未得。

立容德。

注曰：「如有予也。」正義曰：「德，得也。立則磬折如人授物與己，己受得之形也。賀云：德，有所施與之名也。立時身形小俯嚮前，如授物與人時也。」

樾謹按：鄭注本非經旨，正義二説皆曲説也。「德」當讀爲「植」。植從直聲，古「德」字作「悳」，則亦從直聲，故字得通用。「立容德」者，立容植也。定十年《左傳》曰「步左右皆至而立如植」，是其義也。《説文》「植」或作「櫃」，故古音卽讀如「置」。《釋文》曰「德，徐音置」，斯或近之矣。

五狄之國，北門之外南面東上。《明堂位》

正義曰：「皇氏云：在北門外之東。今按：經云東上，則宜在北門外之西，故東上。」

樾謹按：「東上」乃「西上」之誤。上文云「八蠻之國，南門之外北面東上」，下文云「九采之國，應門之外北面東上」。夫北面者東上，則南面者西上可知矣。今作「東上」者，卽涉下句「應門之外北面東上」而誤也。

正義於九夷、八蠻、六戎引皇氏云「在東門外之南故北上」，「在南門外之西故東上」，「在西門外之北故南

上」，然則皇氏於此必曰「在北門外之東故西上」，與上三句一律。乃經文誤作「東上」，則學者必改皇疏以

從之，於是其說不可通，孔氏遂抄易其辭，而「西上」之文不可復見，無從據以訂正矣。然使經文果如今本

作「北面東上」，則皇氏必當別爲之說，安得與上文一律而論，煩孔氏之訂正乎？卽此言之，經文之誤自

見，不必更求左證矣。

九采之國，應門之外北面東上，四塞世告至。

注曰：「九采，九州之牧，典貢職者也。正門謂之應門。二伯帥諸侯而入，牧居外而糾察之也。四塞謂夷

服、鎮服、蕃服在四方爲蔽塞者，新君卽位則乃朝。《周禮》侯服歲一見，甸服二歲一見，男服三歲一見，采

服四歲一見，衛服五歲一見，要服六歲一見，九州之外謂之蕃國，世一見。」

樾謹按：此文當從《周書·明堂》篇作「四塞九采之國世告至者，應門之外北面東上」。傳寫錯亂，而「四

塞世告至」五字誤奪在「北面東上」之下，則如此等國，其位安在乎？ 鄭氏不能訂正，而從爲之辭，疏矣。

又按：此「采」字乃「采」之誤字。《說文·采部》：「采，辨別也。象獸指爪分別也。」又曰：「番，獸足謂之

番。從采，田象其掌。」《艸部》：「蕃，艸茂也。從艸番聲。」又曰：「藩，屏也。從艸潘聲。」是「蕃國」之「蕃」

本當作「藩」，其作「蕃」者，「藩」省字也。此經作「采」者，「蕃」省作「番」，又省作「采」也。是故「九采」卽「九蕃」

也，卽所云「九州之外謂之蕃國」也。字誤作「采」，失其義矣。

是故天下資禮樂焉。

注曰：「資或爲飲。」

樾謹按：《莊子·則陽》篇「或不言而飲人以和」，郭注曰：「飲，被也。」天下飲禮樂焉，言其禮樂被於天下也。鄭云「資或爲飲」而不言其誤，蓋義固可通。《考文》引古本作「資」，或爲「諮」，此乃以意改之。阮氏《校勘記》知古本不可信，而謂「飲」必誤字，則非也。凡「或作」之字，自有聲義俱遠者，何妨「資」或爲「飲」乎？

生不及祖父母諸父昆弟，而父稅喪，己則否。《喪服小記》

注曰：「謂子生於外者也。父以他故居異邦而生己，己不及此親存時歸見之，今其死，於喪服年月已過乃聞之，父爲之服，己則否者，不責非時之恩於人所不能也。當其時則服。稅讀如無禮則稅之稅，稅喪者，喪與服不相當也。」正義曰：「王云以爲計己之生不及此親之存，則不稅；若此親未亡之前而己生，則稅之也。又謂諸父爲諸父之昆弟也。❶劉知、蔡謨等解『生』義與王同，而以『弟』爲衍字。庾氏以爲己謂死者爲昆，則謂己爲弟。己不能稅昆，則昆亦不能稅己。昆弟尚不能相稅，則餘疏者不稅可知也。此等竝非鄭義。」

樾謹按：經文云「生不及」不云「生不見」，則鄭義非而王義是也。且以理言之，父在他邦娶妻生子，而其祖尚在，則不可謂無孫。徒以他邦閒隔，凶問不通，歲月雖久，名義故在，若孫可以不稅祖，則子亦可以不稅父矣，此鄭義之未盡善也。若祖没之時己尚未生，則本無所謂孫，安有所謂服？故

❶ 上「諸父」，孔疏作「昆弟」。

父稅服而己不稅，推之諸父諸昆亦然，此情理之允協者也。王說洵長於鄭矣。惟經文有「弟」字，義似可疑。己生之年所不及者，何得有弟乎？劉、蔡以「弟」爲衍字，庾氏又曲爲之說，義皆未安。今按：昆弟者，連類而及之也。昆弟並稱，人所恒言，故因昆而並及弟，猶《雜記》「爲妻父母在不杖不稽顙」，正義謂「因父而連言母」也。古書如此者往往有之。《文王世子》篇「養老幼於東序」，因老而並及幼，非謂養老兼養幼也。《玉藻》篇「大夫不得造車馬」，因車而並及馬，非謂造車兼造馬也。此經「昆弟」亦若是矣。

又按：鄭解「稅」字之義亦非也。稅之言遂也。《詩·碩人》篇「說于農郊」，箋曰「說當作禭」，即其例也。遂之言終也，成也。言始時不服，故終成之也。《檀弓》篇「小功不稅」，注但曰「日月已過乃聞喪而服曰稅」，疑此注云乃爲鄭學者增入之，不然，何不解於前而解於後乎？

陳器之道，多陳之而省納之，可也；省陳之而盡納之，可也。

注曰：「多陳之，謂賓客之就器也，以多爲榮。省陳之，謂主人之明器也，以節爲禮。」

樾謹按：經但言陳器之道，不別言其爲賓客爲主人，然則鄭義非也。此蓋明兩可之道。孔子之論明器也，曰：「之死而致死之，不仁而不可爲也；之死而致生之，不知而不可爲也。」蓋死生之際，有難言者，明器之作，其意微矣，是故陳器之道亦視乎此。多陳之而省納之，此其爲道近乎知，省陳之而盡納之，此其爲道近乎仁。兩曰「可也」，見其無不可也。若從鄭注，必別而言之，於文方明。且如下文曰「奔兄弟之喪，先之墓而後之家，爲位而哭。所知之喪，則哭於宮而後之墓」，兩事相反，必別而言之。使但謂奔喪之

道如是可也，如彼可也，則安知上句爲兄弟之喪，下句爲所知之喪乎？其妻爲大夫而卒，而后其夫不爲大夫，而祔於其妻，則不易牲。妻卒，而后夫爲大夫，而祔於其妻，則以大夫牲。

注曰：「妻爲大夫、夫爲大夫時卒不易牲，以士牲也。此謂始來仕無廟者。」正義曰：「若其有廟，則死者當祔於祖，不得祔於其妻。今夫死祔於其妻，故知是無廟者。」

樾謹按：祔必以其昭穆，夫死無祔於其妻之理，注義非也。祔於其妻者，謂行祔祭之禮於其妻也。自妻始死以至于祔，容有士爲大夫、大夫爲士之事，故禮家紀其變如此。自妻大斂之奠，本用大夫牲，至此仍不易之，則其爲大夫牲可知矣。若是改用士牲，則當言易牲，不當言不易牲也。且如鄭義，則下文所謂「以大夫牲」者亦是不易牲耳，何必變其文乎？蓋妻卒而夫升爲大夫，則以大夫牲祔祭其妻，固其宜也。若妻卒而夫黜爲士，是宜以士牲祔祭其妻，乃不易之者，以其既死，優假之也。鄭不解「祔於其妻」之義，故并「不易牲」之義而失之。

所且先者五。《大傳》

注曰：「且先，言未遑餘事。」正義曰：「謂聖人卽位，未遑餘事，所且欲先行者而有五種之事也。」

樾謹按：「且」疑「亟」字之誤。「亟」俗作「亟」，因誤爲「且」。《詩·假樂》篇「宜君宜王」，《釋文》曰「且，本作宜」，卽其例也。「所宜先者」文義甚明，若云「所且先者」，則迂曲甚矣。

五曰存愛。

注曰：「存，察也。察有仁愛者。」

樾謹按：有仁愛者不得但謂之愛，且察有仁愛者，上文「三曰舉賢」已包之矣，豈賢者無仁愛之心乎？

鄭注非也。「愛」當讀爲「薆」。《說文·竹部》：「薆，蔽不見也。」字亦作「薆」，《爾雅·釋言》：「薆，隱也。」

又或即以「愛」爲之，《詩·烝民》篇「愛莫助之」，毛傳曰：「愛，隱也。」「存愛」謂存察隱逸之士。蓋賢者宜

舉，能者宜使，隱逸之士則宜存察。若果是賢者、能者，亦宜舉而使之也，故文次「舉賢」、「使能」之後也。

財用足故百志成。

注曰：「百志，人之志意所欲也。」

樾謹按：「志」當讀爲「職」，「百志」即「百職」也。財用足則百事皆舉，故百職成也。訓爲人之志意，失之

矣。志與職古通用，說詳《檀弓》「公西赤爲志焉」下。

親者兄弟不以幣進。《少儀》

注曰：「不執將命也，以即陳而已。」正義曰：「此明親者相擯之法。進謂執之將命也。若非親者相擯，則

擯者傳辭將進以爲禮節。若有親者相擯，但直將進即陳之，不須執以將命也。」

樾謹按：親疏相擯，但有傳辭不傳辭之別，其必將之以進則一也。乃經云「不以幣進」，是直不以進矣，而

於傳辭不傳辭仍無文以見之。記者之文，何其拙乎？蓋由學者失其讀也。此當於「不」字斷句。「不」讀

爲「否」，鄭注曰「不執將命也」，此解「否」字也；又曰「以即陳而已」，此解「以幣進」三字也。蓋此文承上

文爲義。「臣致幣於君，則曰致廢衣於賈人，敵者曰幣。」至親者兄弟則不然，直以幣進而已，故曰「親者兄

弟不，句。以襚進。句。」正義讀「不以襚進」爲句，失之矣。

性之直者則有之矣。

注曰：「有之，有跪者也，謂受授於尊者，而尊者短則跪，不敢以長臨之。」正義曰：「性謂天性。言尊者天
性直自如此短小。」

樾謹按：直無短義，正義以爲直自如此短小，然則直自如此長大義亦可通，安見其必爲短小乎？以此說
經，宜後儒之不信矣。今按：「性之直者」當就授受者言，不就尊者言，方與「則有之矣」文義相貫。直訓
爲長，凡物曲則必短，直則必長，故直有長義。性與生古通用，《樂記》篇「方以類聚，物以群分，則性命不
同矣」，注曰「性之言生也」，是其證也。「性之直者」猶言生之長者，鄭謂「不敢以長臨之」正得其義，但於
「性之直者」未得其解耳。昭元年《左傳》「其生不殖」❶杜注曰：「殖，長也。」殖從直聲，直爲長大之長，故
殖爲滋長之長，其聲義立通也。

不擇馬。

注曰：「擇，去也，謂徹也。已徹馬嫌勝故專之。」正義曰：「凡投壺，每一勝輒立一馬，至三馬而成勝。但
頻勝三馬難得，若一朋得二馬，一朋得一馬，於是二馬之朋徹取一馬，足以爲三馬以成勝也。今若卑者
朋雖得二馬，亦不敢徹尊者馬足成己勝也。」

❶「殖」，原作「植」，今據阮刻《左傳正義》改。

樾謹按：正義所説非注意也。鄭所謂徹者，謂徹去之；孔所謂徹者，謂徹取之，去取二義懸絕矣。詳鄭君之意，蓋謂投壺禮畢，當請命於尊者，然後撤馬，不得自己擅撤，嫌若已勝故得專其事也。而正義乃以一馬從二馬説之，非注意矣。然注意亦非經意。今按：「不擢馬」者，不立馬也。投壺之禮，卒投，司射執算請數，命酌曰請行觴。正爵既行，請立馬，一馬從二馬以慶，此賓主投壺之常禮。若侍投於長者而卑幼者勝，則雖亦洗而以請，然不敢因長者受罰而謂己當受慶，故無慶多馬之禮，則亦無庸立馬矣，所以不擢馬也。《文選・西京賦》「徑百常而莖擢」，薛綜注曰「擢，獨出貌」；《吳都賦》「擢本千尋」，劉淵林注曰「擢本，高聳貌」，其義皆與立相近，故立馬謂之擢馬矣。

有貳車者之乘馬服車不齒。

注曰：「服車，所乘車也。車有新舊。」

王氏引之《經義述聞》曰：「齒者，年數也。車之新舊本無年數之可分，無由而齒之。『服車』當在下文『乘馬』之下，『弗賈』之上。」

樾謹按：王説非也。車固不當以齒言，因馬而并稱之，則亦得言齒。襄二年《左傳》「以索馬牛皆百匹」，正義曰「《司馬法》丘出馬一匹，牛三頭」，則牛當稱頭而亦云匹者，因馬而名牛曰匹，并言之耳。經傳之文，此類多矣。《易・繫辭》云「潤之以風雨」，《論語》云「沽酒市脯不食」，《玉藻》云「大夫不得造車馬」，皆從一而省文也。然則此文亦是從一而省，不得因此而疑其有誤也。

筴篇。

注曰：「筴，蓍也。籌，如笛三孔。」

樾謹按：龜筴之筴與羽籌之籌二者不倫，何得竝舉？疑注義非也。「筴」乃「簡策」之「策」。《顏氏家訓·書證篇》曰：「簡策字，竹下施束。末代隸書似杞宋之宋，亦有竹下遂爲夾者。」《曲禮》曰：「先生書策，琴瑟在前」，《釋文》作「筴」，是《禮記》「策」字固有作「筴」者矣。籌者，《說文·竹部》曰：「書僮竹笘也。」《一切經音義》卷二引《纂文》曰：「關西以書篇爲書籌。」然則筴與籌正同類之物矣。若謂上文已有書，此不當復有筴籌，則枕之與穎亦同物也，有枕復有穎，何妨有書復有筴籌乎？就其已書者言之則爲書，就其未書者言之則爲筴、爲籌，固不嫌於竝列矣。

凡膳告於君子。

樾謹按：「子」字衍文也，涉上文「致膳於君子」而衍，當作「凡膳告於君」，故下文云「主人展之以授使者于阼階之南，南面再拜稽首，送反命主人，又再拜稽首」。《周官·大祝》疏曰：「稽首，拜中最重，臣拜君之拜。」然則非膳告於君，無所用其稽首也。《郊特牲》篇：「大夫之臣不稽首，非尊家臣，以辟君也。」家臣且然，則士于大夫更可知矣。故知此爲膳告於君之禮。

發慮憲。《學記》

注曰：「憲，法也。言發計慮當擬度於法式也。」

樾謹按：「發慮憲」與「求善良」一律，善良二字同義，慮憲二字亦同義。《爾雅·釋詁》「慮，思也」，而原憲字子思，則憲亦思也。學者止知憲之爲法，莫知憲之爲思，故不得其解矣。

不學襍服，不能安禮。

注曰：「襍服，冕服、皮弁之屬。襍或作雅。」

樾謹按：冕服皮弁之屬不可謂之襍服，故有作「雅」之本，然鄭君但云「或作」，則非古本也。且冕服皮弁之屬，在今人視爲絕學，誠費講求，在古人則所習見習聞也，有何可學乎？此「服」字止當從《爾雅·釋詁》「服，事也」之訓。襍服者，襍事也。洒掃應對，無一非禮，故必學襍事然後能安禮，馴而至於動容周旋中禮不難矣。《曲禮》《少儀》諸篇所載，皆其事也。

或失則易。

注曰：「失於易，謂好問不識者。」正義曰：「至道深遠，非凡淺所識。而人不知思求，❶唯好汎濫外問，是失在輕易於妙道。」

樾謹按：或失則多，或失則寡，相對成義；或失則易，或失則止，亦必相對成義。讀爲「輕易」之「易」，則與「止」字不對矣。「易」當讀爲「變易」之「易」。「或失則易」者，謂見異而遷，此事未竟，又爲彼事也。「或失則止」者，謂畫地自限，但知其一，不知其二也。此兩者之失，事正相反。鄭注未得其解，故正義遂失其讀矣。

有遺音者矣。《樂記》

❶「知」，原作「之」，今據稿本及《禮記》疏文改。

注曰：「遺猶餘也。」正義曰：「樂聲雖質，人貴之不忘矣，食味雖惡，人念之不息矣，是有遺音遺味矣。熊氏云：聲有五聲，但有三人歎之，餘兩聲未歎，是有遺音，非其辭也。」

㮚謹按：皇氏之說雖拘，❶然其解「遺」字則實得鄭意。蓋注所謂「遺猶餘也」者，非美其音之有餘、味之有餘也，天下之音不盡於此，是謂有餘音，天下之味不盡於此，是謂有餘味。上文曰「樂之隆，非極音也；食饗之禮，非致味也」，兩言「有遺」，正見不極音、不致味之義。《史記・樂書》集解引王肅注曰「未盡音之極」，正與皇氏之說同，蓋古說固如此也。孔氏誤會「餘」字之義，而鄭義晦矣。

人生而靜，天之性也。感於物而動，性之欲也。

㮚謹按：《說文・心部》：「情，人之陰氣，有欲者」，「性，人之陽氣，性善者也。」然則欲屬情不屬性，古言情欲不言性欲，「性之欲也」義不可通。據《史記・樂書》作「性之頌也」，疑古本《禮記》如此。徐廣曰「頌音容」，當從之。「頌」即「容」之叚字。《月令》篇「有不戒其容止者」，注曰「容止猶動靜」也，以動訓容，以靜訓止，是容有動義。《孟子・盡心》篇「動容周旋中禮者」「動容」連文，其義一也。《說文・手部》「搈，動搈也」，《韓子・揚搉》篇曰「動之搈之」，容與搈、溶迬通。「感於物而動，性之容也」，上句言動，下句言容，文義相應。蓋「動容」本古人常語耳。且此兩句以動、容爲韻，上兩句以靜、性爲韻，皆有韻之文。「容」作「頌」者，古字通也，《周官・鄉大夫職》「四曰和容」，司農注曰「容與頌同」，是其證也。學者不得其義而改

❶ 「皇」，《春在堂全書・校勘記》作「熊」。

「頌」爲「欲」，失其義兼失其韻矣。下文曰「人化物也者，滅天理而窮人欲者也」，夫性者天之性也，若欲爲

性之欲，則是天欲而非人欲矣，安得云「窮人欲」乎？

樂著太始，而禮居成物。

注曰：「著之言處也。」正義曰：「著與居相對，故注以著爲處也。」

樾謹按：下文「著不息者天也，著不動者地也」即承此文而言。鄭解兩「著」字曰「著猶明白也」，然則「樂

著太始」亦當爲著明之義。鄭必別爲之解者，由未解下句「居」字故也。古人之辭，凡辨別其事謂之處，文

十八年《左傳》「德以處事，事以度功」，《吕氏春秋·有始覽》篇「察其情，處其形」，《淮南子·兵略》篇「相

地形，處次舍」，皆其證也。因而亦謂之居。《周易·未濟·象傳》曰「君子以慎辨物居方」，「居方」與「辨

物」相對，居猶辨也。樂著大始，禮居成物，謂樂所以著明太始，禮所以辨別成物。鄭未得「居」字之義，故

并「著」字之義而滅平和之德。

感條暢之氣而滅平和之德。

注曰：「感，動也。動人條暢之善氣，使失其所。」

樾謹按：鄭訓感爲動，而加「使失其所」四字增成其義，失之迂矣。「感」當爲「伐」。《説文·戈部》「伐，絕

也。讀若咸」，古書即以「咸」爲之。《尚書·君奭》篇「咸劉厥敵」，《周書·世俘》篇、《漢書·律曆志》引

《武成》篇竝云「咸劉商王紂」，「咸」皆「伐」之叚字也。「感」與「咸」通，昭二十一年《左傳》「宨則不咸」，《釋

文》曰「咸，本又作感」是也。此文叚「感」爲「伐」，亦猶他書叚「咸」爲「伐」。「伐條暢之氣」者，絕條暢之氣

也，正與「滅平和之德」文義一律。說者不達叚借之旨，遇「咸」字則訓爲皆，遇「感」字則訓爲動，而其義不可通矣。

六成復綴以崇

注曰：「崇，充也。」凡六奏以充武樂也。」

樾謹按：《毛詩‧螽斯》篇「崇朝其雨」，傳曰「崇，終也」，是崇與終聲近義通，故古字通用。《尚書‧君奭》篇「其終出于不祥」，《釋文》曰「終，馬本作崇」，是其證也。「以崇」猶言以終。上文曰「且夫武始而北出」，此云「六成復綴以崇」，正以始終對言。鄭訓爲充，未得其義。

釋箕子之囚，使之行商容而復其位。

注曰：「行猶視也。使箕子視商禮樂之官，賢者所處，皆令反其居也。」

樾謹按：武王左右自不乏人，何必箕子之是使？脫故主之幽囚而劾新君之奔走，稍有人心者所不爲，而謂箕子爲之乎？鄭注非也。「使之行商容而復其位」卽就箕子言，蓋釋其囚而使之復位也。「商容」猶言商禮。禮以容儀爲主，故行禮之臺謂之容臺，至漢世而徐氏之容與制氏之聲並傳，然則以容言禮，猶以聲言樂也。武王優禮箕子，不奪其志，俾得仍用殷禮，故曰「釋箕子之囚，使之行商容而復其位」。自鄭失其解，而陸德明復引孔安國説以商容爲殷之賢人，於是異説滋多，而經義益晦矣。

使其文足論而不息。

注曰：「文，篇辭也。息，猶銷也。」

樾謹按：此「息」字乃「孳息」之「息」，非「滅息」之「息」。《荀子·大略篇》「有國之君不息牛羊」，楊倞注曰

「息，繁育也」，《漢書·五行志》「不能則災息而禍生」，師古注「息，謂蕃滋也」，是其義也。「使其文足論而

不息」者，謂足可談論義理而不至於太繁，方與上句「使其聲足樂而不流」兩句一律。樂則易至於放蕩，故

以不流爲貴，論則易至于蕃滋，故以不息爲貴。正義解上句曰「使人愛樂，不至流逸放蕩也」，解此句曰

「足可談論義理，而不息止也」，兩句意義不一律，足知鄭注之非矣。

有勇有義，非歌孰能保此。

注曰：「保，猶安也，知也。」正義曰：「故有勇有義之人，不是歌聲辨之，誰能知其有勇有義？言觀其所宜

之歌：宜歌商者知其有勇，宜歌齊者知其有義。」

樾謹按：「保」字無訓知者，鄭注「知」字必「和」字之誤。和猶合也，言有勇者非歌商不足以合之，有義者

非歌齊不足以合之也。保之訓安，本屬恒訓，而施之于此，義尚未足，故鄭加「和」字以明之。孔氏所據本

「和」誤作「知」，因曲爲之説，失之矣。

纍纍乎端如貫珠。

正義曰：「言聲之狀纍纍乎感動人心，端正其狀如於珠。」

樾謹按：正義以「端」爲「端正」之「端」，則與纍纍如貫珠之義不合矣。「端」當讀爲「轉」，言其旋轉如貫

珠。端從耑聲，轉從專聲，兩音相近。《説文·言部》「端，從言耑聲，讀若專」，即其例也。又《卮部》有

「耑」、「端」二篆，竝訓小卮，疑亦一字。或從專聲，或從耑聲，許君誤分之耳。《禮記》篇「載以輴車」，注曰

「輪或爲槫」，然則「轉」之通作「端」，亦猶是矣。

使某實。《襍記》

注曰：「實當爲至，此讀周、秦之人聲之誤也。」

樾謹按：「實」當爲「致」，「使某實」者猶云使某致也。昭七年《左傳》曰「不敢以聞於君私致諸子」，是其例矣。又宣二年《傳》「致果爲毅」，杜注曰「致謂達之于敵」，是致有達義，故《史記索隱》曰「叔齊名致，字公達」。然則「使某致」即使某達也。致、至同聲，古亦通用。然讀「實」爲「至」，其義不顯，不如改讀爲「致」矣。

大夫次於公館以終喪，士練而歸。士次於公館。

注曰：「公館，公宮之舍也。練而歸之士，謂邑宰也。練而猶處公館，朝廷之士也。唯大夫三年無歸也。」

樾謹按：經文止曰「士練而歸」，鄭何知此士爲邑宰而非朝廷之士乎？誠如鄭意，朝廷之士次於公館者，何時得歸其終喪乎？抑不終喪乎？經亦安有明文，何以但曰「士次於公館」乎？反覆求之，義不可通。

疑下「士」字爲衍文。「大夫次於公館以終喪，士練而歸」，此以久暫言也。又出「次於公館」四字者，蓋與下經爲目，當連下文讀之，其文曰：「次於公館，大夫居廬，士居堊室。」

蓋同在公館而有廬與堊室之別，大夫恩重故居廬，士恩輕故居堊室，此又以精粗言也。鄭注云「士居堊室，亦謂邑宰也。朝廷之士亦居廬」，是則增益經文，尤爲臆說。其注《周官·宮正》云「親者貴者居廬，疏者賤者居堊室」，即引此經爲説，而不云朝廷之士亦居廬。然則此注之未安，鄭固知之矣。徒以經文衍一

「士」字，鄭不能訂正，故有此曲説耳。庾氏、熊氏又從而爲之辭，徒滋紛紜，今皆不取。

爲妻，父母在不杖不稽顙。

注曰：「尊者在，不敢盡禮於私喪也。」正義曰：「案《喪服》云大夫爲適婦爲喪主，父爲己婦之主，故父在不

敢爲婦杖。若父没母在，不爲適婦之主。所以母在不杖者，以父母尊同，因父而連言母。父没母存，爲妻

雖得杖而不得稽顙。以杖與稽顙文連，不杖屬於父，不稽顙文屬母在，故云『父母在不杖不稽顙』。」

樾謹按：經言「父母在」，則自爲父母俱在者而言，所以不杖者，雖因父爲喪主之故，然父母尊同，故亦得

竝言之。若母没而父在，其禮亦然。經無文者，從可知也。至父没母在，則己爲喪主，與父在不同，故下

文曰「母在不稽顙」，明父没母在得爲妻杖也。夫父没母在，既於下文别而言之，則此文專爲父母俱在者

而言明矣。學者必推論及于父没母存之在，於是其説始不可通。正義所載范宣子之説，以父在爲存在之在，

母在爲在側之在，豈非治絲而棼之乎？

夫人至，入自闈門，升自側階，君在阼。

正義曰：「君在阼者，謂主國之君，待之在阼階之上，不降階而迎也。」

樾謹按：夫人自側階升堂，而君顧於阼階之上待之，不相值矣。蓋所謂阼者，非阼階也。《内則》篇「夫入

門升自阼階，立於阼」，阼非阼階，於斯可見。《郊特牲》篇「適子冠於阼」，注曰：「東序少北，近主位也。」

然則「君在阼」者，謂君在東序也。蓋主位在是，故主國之君於此待之也。《喪大記》篇「祝先升阼階，負墉

南面立，君即位于阼」，夫曰祝先升，則君亦升明矣。既升自阼階，又即位于阼，則阼之非阼階又明矣。所

謂阼者，蓋亦謂東序。而正義云「即位于阼階」，由不知阼與阼階之別，故於經文所謂「阼」者往往失之。

《冠義》篇鄭注曰「阼謂主人之北也」，蓋冠時主人位於序端，而冠者在東序少北，故曰在主人之北。正義

謂「適子冠於阼階」，則是在主人之南矣，不且與注文大相刺謬乎？說詳見《士冠禮》。

百日之蜡，一日之澤，非爾所知也。

注曰：「言民皆勤稼穡，有百日之勞，喻久也。今一日使之飲酒燕樂，是君之恩澤。非女所知，言其義

大。」正義曰：「言民皆勤稼穡，有百日之勞，喻久也」者，解經「百日之蜡」言百日勞苦而有此蜡。其實

一年而云百日，舉其成數以喻其久也。云『今一日使之飲酒燕樂，是君之恩澤』者，解經『一日之澤』，言一

日之中由人君之恩澤。」

樾謹按：鄭注說「百日之蜡」其義未明。若如正義所解，則經文當言「百日而有此蜡」，不得但曰「百日之

蜡」也。且百日、一日相對，之蜡、之澤亦宜相對，所謂恩澤者即在蜡祭之時，安得以蜡與澤爲對文乎？

今按：「蜡」當作「昔」。據《說文》，昔與腊同字。《周官·腊人》注曰：「腊，小物全乾。」《釋名·釋飲食》

曰：「腊，乾昔也。」是昔有乾義，故與澤爲對文。昔之言乾昔也，澤之言潤澤也。《考工記·弓人》曰「橢

牛之角直而澤，老牛之角紾而昔」，亦以昔對澤言，是其證也。「百日之昔，一日之澤」，言以百日之乾昔而

始獲一日之潤澤也。僖二十六年《左傳》「公使展喜犒師」，正義引服虔曰「以師枯槁，故饋之飲食」其義

與此相近。後人不達「昔」字之義，又因此節是論蜡事，而加虫旁作「蜡」，於是其義遂晦矣。

其所與遊辟也，可人也。

注曰：「言此人可也。」但居惡人之中使之犯法。

橫謹按：經言「可人也」，而注以爲「此人可也」，非經旨矣。《方言》曰：「凡相憐哀，九疑湘潭之閒謂之人兮。」然則可人者，可憐哀也。言其居惡人之中使之犯法，甚可憐哀也。字亦通作「仁」。成十六年《公羊傳》：「此其言舍之何？仁之也。曰在招丘，悕矣。」何休注曰：「悕，悲也。仁之者若曰在招丘，可悲矣。閔錄之辭。」《表記》注引《公羊傳》「仁之」作「人之」，是可證明此經「人」字之義。

士之妻皆死于寢。《喪大記》

正義曰：「士之妻皆死于寢者，亦各死其正室也。夫妻俱然，故云皆也。」阮氏《校勘記》曰：「『士之妻』，閩、監、毛本同，岳本同，嘉靖本同，衛氏《集說》同。石經作『士士之妻』。」段玉裁校本曰：唐石經是也，各本脫一「士」字。

橫謹按：「士士之妻」甚爲不辭。若云士與妻皆死于寢，豈不簡而易明，乃必複疊其文曰「士士之妻」乎？且經文所謂「皆死于寢」者，非夫妻俱然之謂也。上文曰「君夫人卒於路寢，大夫世婦卒於適寢」，亦是夫妻俱然而不言皆，然則此言皆者，非謂夫妻俱然矣。士之妻皆死于寢，別于内子之有死于寢，有不死于寢也。上文曰「内子未命則死於下室，遷尸于寢」，是卿之妻未命者不得死于寢，而士之妻則無論命與未命皆死於寢。所以然者，大夫尊，故宜辨別之；士卑，故從同也。禮固有益之而損者，此類是也。說者誤以「皆死于寢」謂夫妻俱然，遂有於「士之妻」上更加「士」字者，而唐石經從之，實於經義不合，不足據也。

君設大盤，造冰焉。

注曰：「造，猶内也。」正義曰：「造是造詣。凡造詣者必入於内，故云「造猶内也」。」

樾謹按：鄭意蓋讀「造」爲「窘」。《説文・穴部》：「窘，地藏也。」窘之義爲藏，故鄭云「猶内也」，「内」即

「納」字。而正義謂「造詣者必入於内」，鑿矣。

君之喪，大胥是斂。

注曰：「胥，樂官也，不掌喪事。」「胥」當爲『祝』，字之誤也。」

樾謹按：「胥」與「祝」字形絶遠，無由致誤，乃聲之誤也。祝聲轉而爲詛，義亦相通。《後漢書・賈逵傳》

注曰「祝，詛也」，是其證也。詛與胥則聲近而易溷矣，此「大祝」所以誤爲「大胥」也。注但言字誤，學者莫

得其致誤之由，則或且議鄭君之輕于改字矣。

君大夫髦爪，實于綠中，土埋之。

注曰：「綠當爲角，聲之誤也。角中，謂棺内四隅也。」

樾謹按：棺内四隅直謂之角可矣，不必言角中也。「角中」之文甚爲不辭，鄭讀非也。此「綠」字當從段氏

玉裁説讀爲「裪」。❶《説文・衣部》：❷「裪，棺中縑裏也。」上文曰「君裹棺用朱綠，大夫裹棺用玄綠，士不

綠」，段氏《説文解字注》謂三「綠」字皆「裪」字之誤。今按：此「綠」字與上文三「綠」字文義相應。君大夫

❶ 「裪」，原作「綼」，今據《春在堂全書・校勘記》、《説文解字》及上下文改。下一「裪」字同。

❷ 「衣」，原作「系」，今據《春在堂全書・校勘記》、《説文解字》及上下文改。

皆有緑，故得實於緑中；士不緑，卽無緑中，故埋之也。然則此「緑」字亦當讀爲「祢」矣，「緑中」者，「祢

中」也。據《説文》祢讀若雕，雕從周聲，而此「緑」字鄭云「或爲蔂」，疑古本《禮記》四「緑」字皆作「蔂」。祢

之與蔂猶雕之與鏤，皆一聲之轉也。因上文與「朱」、「玄」連文，故聲譌爲「緑」。惟此經尚有作「蔂」者，而

鄭又不之從，於是其義益晦矣。段君因治《説文》，遂克訂正其誤，惜未能推及此「緑」字，且未明其致誤之

由。恐學者疑惑，故具説之如此。

振容。

《正義》曰：「振，動也。容，飾也。」

樾謹按：容之言容隱也。《爾雅·釋宮》「容謂之防」，郭注曰：「形如今牀頭小曲屛風，唱射者所以自防

隱。」《荀子·正論篇》曰：「居則設張容，負依而坐。」楊倞引《爾雅》及郭注而申之曰：「言施此容於戶牖

間，負之而坐也。」是容與依同類。人君所居必設之，故飾棺亦有容也。正義但以容飾説之，未得其義。

君裏椁虞筐，大夫不裏椁，士不虞筐。

注曰：「裏椁之物，虞筐之文未聞也。」

孔氏廣森《禮學卮言》曰：「《周官·司巫》祭祀則共匰主。匰，筐也。禮，喪主於虞，吉主於練。大夫以

上，虞而作主，於是有筐以盛之。士無主，故不虞筐矣。」

樾謹按：「虞筐」與「裏椁」連文，孔氏乃以爲是虞主之筐，事不類矣。「筐」當爲「匡」，古字同也。匡之言

匡當也。鄭注解上文「黼翣黻翣畫翣」曰：「漢禮翣以木爲筐。」正義曰：「謂以木爲翣之筐，若門戶四面筐

也。」然則裹椁虞筐亦謂椁四面之筐矣。虞之言安也。據上文「棺椁之閒，君容柷，大夫容壺，士容甒」，是君大夫棺椁之閒相距甚寬，故君裹椁虞筐，言旣爲之裹，而其四面匡當，又必有以承藉之，使棺在椁中得安也。學者不知筐、匡之同字，故莫得其解耳。

群經平議卷二十二

德清俞樾

禮記 四

瘞埋於泰折。《祭法》

注曰:「折,昭晳也。」

樾謹按:鄭意蓋讀「折」爲「晳」,然瘞埋祭地無取昭晳之義,鄭義非也。泰壇祭天,泰折祭地,文本相對,「折」疑「坎」字之誤。下文「相近於坎壇,祭寒暑也」,注曰「寒於坎,暑於壇」,又曰「四坎壇祭四方也」,注曰「祭山林丘陵於壇,川谷於坎」,是壇必與坎相對。祭天於泰壇,則祭地宜於泰坎矣。「坎」與「折」字形相似,因而致誤。鄭所見已然,則其誤久矣。

埋少牢於泰昭。

注曰:「昭,明也,亦謂壇也。」

樾謹按:埋牲不當於壇,鄭説非也。「昭」當讀爲「陘」。《説文‧自部》:「陘,耕以臿浚出下壚土也。」埋牲者亦必以臿出土,故亦謂之陘。其曰「泰陘」者,尊之也。陘從召聲,昭亦從召聲,故得通用矣。

七代之所更立者。

注曰：「七代，通數顓頊及嚳也。所不變者，則數其所法而已。變之則通數所不法，爲記者之微意也。」

樾謹按：上文曰「此五代之所不變也」，注曰：「五代，謂黃帝、堯、舜、禹、湯。」然則此承上文而言，亦當言五代，不當言七代，乃變五言七，義不可通。「七」疑「五」字之誤。古文「五」字作「✕」，與「七」相似，往往致誤。《郊特牲》篇「次路五就」，注曰：「《禮器》言『次路七就』，與此乖，字之誤也。」《考工記·玉人》「命圭七寸謂之躬圭」，注云：「故書或云『命圭五寸謂之躬圭』，杜子春云當爲七寸。」《詩·豳風·七月》篇「七月鳴鵙」，正義曰：「王肅云：蟬及鵙皆以五月始鳴，今云七月，其義不通也。古五字如七。」肅之此說理亦可通，但不知經文實誤否耳，是「五」、「七」兩字傳寫溷淆之證。「五代」之爲「七代」，亦猶是矣。鄭必曲爲之說，非是。

其薦之也敬以欲。《祭義》

注曰：「欲，婉順貌。」正義曰：「言孝子薦熟之時，容貌恭敬，顏色婉順，如欲得物然。」

樾謹按：欲猶好也。欲惡謂之好惡，嗜欲謂之嗜好，皆其證也。今讀美好之好上聲，喜好之好去聲，古人初無此分別。欲字之義通於喜好之好，卽通於美好之好，故鄭以婉順釋之。如正義所解，則恭敬是一義，婉順是一義，如欲得物然總承二義而言，其於經意、注意胥失之也。

致和用也。

注曰：「至於和用，謂治民之事以足用也。」正義曰：「和謂百姓和諧，用謂財用豐足。」

樾謹按：「和」疑「利」字之誤。《易》稱「利用安身，以崇德也」，傳稱「正德、利用、厚生謂之三事」，並可證「利用」二字之義。「利」與「和」字形相似。《荀子‧正名篇》「利而不流」，楊倞注曰「利或爲和」，又《臣道篇》「故君子安禮和樂」，今本作「安禮樂利」，與上文不合，蓋亦字之誤也，說詳《諸子平議》。此經「利用」誤爲「和用」，鄭君不能是正，而孔氏又曲爲之說，分和用爲二義，益非經旨。下文曰「致物用以立民紀也」，「物」亦「利」之誤字。古文「利」作「秒」，與「物」相似，因誤爲「物」耳。鄭云「變和言物，互之也」，夫和之與物，其義絕遠，安得互見乎？

見以蕭光。

注曰：「見及見閒，皆當爲覛字之誤也。」

樾謹按：「見以蕭光」卽閒以蕭光也。見、閒聲近，因而致誤耳。下文「見閒以俠甒」當亦作「見以俠甒」，經師相傳以此經兩「見」字皆當讀爲「閒」，故於下「見」字旁注「閒」字，以明「見」之爲「閒」，而傳寫誤入正文，遂成「見閒」矣，鄭又合「見閒」爲「覛」。夫閒字自有閒雜之義，何必作覛乎？「覛」字不見於《說文》，鄭讀恐未足據。

築宮仞有三尺。

樾謹按：此本作「築宮仞有三尺」。「官」與「館」古同字，說詳《尚書‧堯典》篇「鞭作官刑」。「築官」者，築館也。毛傳《瞻卬》篇引此文亦作「宮」，蓋由學者不知「官」字之義而誤改也。正義引《尚書》夏傳云「築官有三尺」，其字不誤，但脫「仞」字耳。鄭彼注反曰「官當爲宮」，信考古之難矣。

風戾以食之。

注曰：「風戾之使露氣燥。」正義曰：「戾，乾也。」

樾謹按：鄭意謂戾之使燥，非以燥字釋戾字也。《太玄·玄錯》篇曰「戾相反」，《玄衝》篇曰「戾內反」，是戾有反義。《淮南·覽冥》篇「舉事戾蒼天」，高注曰：「戾，反也。」此經「戾」字亦當訓反，言就風前反覆之，使露氣乾燥也。戾字絕無乾燥之義。乃《釋文》曰「戾，燥也」，正義曰「戾，乾也」誤會注意，妄爲之説。唐以後訓詁，此類多矣。

古之獻繭者，其率用此與。

注曰：「問者之辭。」正義曰：「夫人曰：獻繭之法，自古如此邪？　重事之義，故問之也。」

樾謹按：「與」字通作「邪」。陸德明《經典釋文序》曰「邪、也弗殊」，故「與」字亦通作「也」。「古之獻繭者，其率用此與」，言古之獻繭者，其法用此也。此記人之辭以結上文，非發問也。鄭不解「與」字之義，誤以爲問者之辭，正義并以爲夫人所問，其失經意更甚矣。上文「夫人曰：此所以爲君服與」，「與」字亦卽「也」字。世婦獻繭，本所以爲君服，初無可疑，何待致問乎？　王氏引之《經傳釋詞》謂「與」字與「也」字同，然所引止《論語》「於予與何誅」、「於予與改是」二語，不知此經兩「與」字皆卽「也」字，可補《釋詞》之闕。

國人稱願然，曰：幸哉有子如此。

注曰：「然，猶而也。」

樾謹按：此當於「然」字斷句。「然」猶「焉」也。《大戴記·曾子大孝》篇正作「國人皆稱願焉」可證。《檀

弓》篇「穆公召縣子而問然」，注曰：「然之言焉也。」此「然」字亦與彼同。鄭訓爲而，失之。

如語焉而未之然。

注曰：「如有所以語親而未見答。」

樾謹按：《廣雅·釋詁》「然，膺也」，鄭意以「未之然」爲「未之膺」，故其解如此。但此經自「如懼不及愛

然」至「如將復入然」，凡四句一律，句末皆用「然」字，安得以「未之然」連讀乎？鄭注誤矣。《説文·之

部》：「之，出也。」凡「之」字語詞居多，此「之」字乃其本義。「未之」者，未出也；「如語焉而未之」者，如語

焉而未出也。奠酒之時，如父母之在其前，故孝子常若有所告語而未出諸其口者。鄭不解「之」字之義，

因失其解耳。

宿者皆出，其立卑靜以正，如將弗見然。

注曰：「宿者皆出，謂賓助祭者，事畢出去也。如將弗見然，祭事畢而不知親所在，思念之深，如不見

出也。」

樾謹按：「如不見出」者，謂賓出而孝子如不見之，蓋孝子思念之深，不知祭事之已畢也。此「出」字即「宿

者皆出」之「出」，注義甚明。正義謂「如將不復見顏色出然」，則不知何語矣。

不求其爲。

注曰：「爲，謂福祐爲己之報。」

《祭統》

橄謹按：《詩・鳧鷖》篇「福禄來爲」，箋曰：「爲，猶助也。」然則「不求其爲」者，不求其祐助也。此「爲」字當從彼箋義。若依此注，則經文爲不備矣。

執醴授之執鐙。

注曰：「執醴授醴之人，授夫人以豆則執鐙。」正義曰：「謂夫人獻尸以醴齊之時，此人酌醴以授夫人；至

夫人薦豆之時，此人又執豆以授夫人，是獻之與薦皆此人所掌，故云『執醴授醴之人』。」

橄謹按：薦豆之時，不得復名此人爲執醴矣。且禮有五齊，即以用二齊之法而言，朝踐酌醴齊，饋食酌盎

齊，安得專以執醴爲名乎？「醴」當讀爲「禮」。《内則》篇「宰醴負之」，注曰：「醴當爲禮，聲之誤也。」儀

禮・士冠禮》《士昏禮》諸篇鄭注竝有此文，是醴、禮二字禮經通用，「執醴」即「執禮」也。《文王世子》篇

「秋學禮，執禮者詔之」，《雜記》篇「女雖未許嫁，年二十而笄禮之，婦人執其禮」，皆「執禮」二字之證。夫

人薦豆，由執禮者授之，故曰「執醴授之執鐙」也。

仁足以與之。

注曰：「仁足以與之，與其先祖之銘也。」非有仁恩，君不使與之也。」

橄謹按：「與」猶「爲」也，「仁足以與之」，言仁足以爲之。注云「與其先祖之銘」，言爲其先祖之銘；又云

「君不使與之」，言君不使爲之，此經及注三「與」字皆當讀作「爲」。《管子・戒》篇「自妾之身之不爲人持

接也」，尹知章注曰：「爲猶與也。」然則「與」亦猶「爲」矣。古與、爲二字通用。《孟子・公孫丑》篇「得之

爲有財」，此「爲」字當讀作「與」；《離婁》篇「所欲與之聚之」，此「與」字當讀作「爲」。

其在朝廷，則道仁聖禮義之序。《經解》

樾謹按：《大戴記·四代》篇曰「聖知之華也」，故聖與知得通稱，「仁聖禮義」卽仁知禮義也。《鄉飲酒義》曰：「仁義接，賓主有事、俎豆有數曰聖，聖立而將之以敬曰禮。」又《大戴記·盛德》篇曰：「宗伯之官以成仁，司馬之官以成聖，司寇之官以成義，司空之官以成禮。」凡以聖與仁義禮竝言者，聖卽知也。鄭於《鄉飲酒義》注曰「聖，通也，所以通賓主之意也」，殆猶未達古義矣。

昏姻之禮。

注曰：「壻曰昏，妻曰姻。」

樾謹按：《爾雅·釋親》曰：「壻之父爲姻，婦之父爲婚。」又曰：「婦之黨爲婚兄弟，壻之黨爲姻兄弟。」《白虎通·嫁娶》篇曰：「婚姻者何謂也？ 婚者昏時行禮，故曰婚；姻者婦人因夫而成，故曰姻。《詩》云『不惟舊姻』，謂夫也；又曰『燕爾新婚』，謂婦也。」《說文·女部》：「婚，婦家也。禮娶婦以昏時，婦人陰也，故曰婚。」「姻，壻家也。女之所因，故曰姻。」《廣雅·釋親》曰：[1]「婦之父曰婚，言壻親迎用昏，又恒以昏夜成禮也。」「壻之父曰姻。因也，女往因媒也。」博考古書，無以昏屬壻，姻屬婦者。鄭君注《昏禮》曰「女氏稱昏，壻氏稱姻」是也。此注獨言「壻曰昏，妻曰姻」，孤文無證，恐不足據。正義謂《爾雅》據男女父母，此據男女之身，斯亦曲說矣。

❶ 下引文出自《釋名·釋親屬》。

故昏姻之禮廢則夫婦之道苦。

注曰：「苦，謂不至不答之屬。」

樾謹按：《詩・四牡》篇「王事靡鹽」，傳曰：「鹽，不堅固也，字亦作楛。」《荀子・議兵篇》「械用兵革窳楛」，

楊倞注曰：「楛，不堅固也，字又作苦。」《周官・典婦功》「辨其苦良」，鄭司農讀「苦」爲「鹽」。《呂氏春

秋・誣徒》篇「從師苦而欲學之功也」，高誘注曰「苦讀爲鹽會之鹽」是也。「夫婦之道苦」，謂夫婦之道不

堅固也。鄭注但釋其大意，而不及「苦」字之義，學者遂以爲卽「甘苦」之「苦」，非古訓矣。

卽安其居，節醜其衣服，卑其宮室。《哀公問》

注曰：「卽，就也。醜，類也。就安其居處，正其衣服，教之節儉，與之同利者，上下俱足也。」正義曰：「節

醜其衣服者，節，正也；醜，類也。又正其民衣服，使得其類也。」

樾謹按：鄭君作注時蓋作「卽安其居，卽醜其衣服」，故曰「卽，就也」，又曰「就安其居處正其衣服」一

「就」字總釋兩「卽」字，「安其居處」釋「安其居」，「正其衣服」釋「醜其衣服」。「醜」字鄭訓爲類，而因其義

未顯，故又轉訓爲正。《周官・小宗伯職》「類社稷宗廟」，鄭注曰「類者，依其正禮而爲之」，是其義也。至

「教之節儉」四字，自釋「卑其宮室」以下四句之義，與此無涉。自經文「卽」字涉注文而誤作「節」，正義遂

謂鄭注「正」字是釋「節」字，臆爲之說曰「節，正也」，而經文之誤不可復正矣。然鄭解此經，亦有違失。按

兩「卽」字皆當讀爲「則」。《大戴禮・哀公問於孔子》篇作「則安其居處，醜其衣服」可證也。卽與則古同

聲而通用。《王制》篇「必卽天倫」，注曰「卽或爲則」是也。「卽安其居」者，則安其居也；「卽醜其衣服，卑

其宮室」者，則醜其衣服，卑其宮室也。兩「則」字皆承上之詞。《射義》篇「則燕則譽」疊用兩「則」字，與此

正同，但句有長短耳。「醜其衣服」謂惡其衣服。文十八年《左傳》「醜類惡物」，杜注曰：「醜亦惡也。」鄭

不解「即」字之義，故并「醜」字之義而失之。

物恥足以振之。

注曰：「振，猶救也。」

樾謹按：《儀禮·士喪禮》「抾用巾」，古文「抾」作「振」，是振與抾通。「物恥足以振之」者，「振」乃「抾」之

段字。《爾雅·釋詁》：「抾，拭刷清也。」然則抾與拭刷同義，言足以拭刷之也。鄭訓爲救，未得其旨。

大王之道也。

樾謹按：上文言三代明王之政，此乃獨舉一周之大王，於義可疑。即謂就周而言，豈文王不行此道乎？

「大」疑當讀如本字。「大王之道也」，言此是王之道也。王言大王，猶邑言大邑，邦言大邦，尊稱之耳。

《周易·臨》六五曰「大君之宜」，文法正與此同。上文言「三代明王」，《祭義》篇又言「天下之盛王」。明之

言盛也，《淮南子·說林》篇「長而愈明」，高注曰：「明，猶盛也。」盛之言大也，《國語·越語》「盛而不驕」，

韋注曰：「盛，元氣廣大時也。」然則或言明王，或言盛王，或言大王，其實一也。《詩·文王有聲》篇「皇王

維辟」，傳曰「皇，大也」，是皇王即大王也。《春秋》經書「天王」，《廣雅·釋詁》曰「天，大也」，是天王亦即

大王也。鄭不知古有大王之稱，而以周之大王當之，《釋文》遂音大爲泰，恐非經旨。《大戴記·哀公問於

孔子》篇文與此同，而《永樂大典》本作「先王之道也」，或疑《大典》本誤，非也。《小戴記》作「大王」，《大戴

記》作「先王」，文各不同，正以孔子所言本無專指之人，故學者傳述不妨異詞，曰「大王之道」可也，曰「先王之道」可也。自鄭注誤解以爲周之大王，於是并改《大典》之「先王」爲「大王」矣。《大典》本幸存其舊。若以爲誤，則此文載於《小戴記》，學者童而習之，鄭注、陸音犂然俱在，安得誤「大」爲「先」乎？以是言之，《大典》本「先」字正《大戴記》之本文，而《小戴記》之「大王」泛指先王，明矣。《墨子・非命下》篇曰「考先聖大王之事」，是其義也。又《孔子閒居》篇：「三代之王也，必先其令聞。《詩》云『明明天子，令聞不已』，三代之德也。『弛其文德，協此四國』，大王之德也。」此「大」字亦當讀如本字，「大王之德」猶云王之德也。蓋上文云「三代之王也，必先其令聞」，兩引《詩》皆所以明三代之王之德。乃一則曰「三代之德也」，一則曰「大王之德也」，言三代即不言王，言王即不言三代，正古人文法錯綜之妙。後世不達古人文法，無以得其義矣。

客出以《雍》，徹以《振羽》。《仲尼燕居》

注曰：「采齊、雍、振羽，皆樂章也。」

樾謹按：《論語・八佾》篇「三家者以《雍》徹」，《荀子・正論篇》「《雍》而徹乎五祀」，《淮南・主術》篇「奏《雍》而徹」，是徹宜歌《雍》，不歌《振羽》也。疑此經本作「客出以《振羽》，徹以《雍》」，傳寫互易之耳。鄭注時必猶未誤，故《周官・樂師職》「及徹，帥學士而歌徹」，注云：「徹者歌《雍》，《雍》在《周頌・臣工之什》」，又《小師職》「徹歌」注云：「於有司徹而歌《雍》。」蓋鄭見諸書皆言歌《雍》以徹，故雖經文不言所歌何詩，而可以決其爲《雍》也。若此經別言徹以《振羽》，則鄭何得決其必爲《雍》乎？且此經所論是大饗

之事，而《小師職》於徹歌之下卽繼之曰「大饗亦如之」，使此經論大饗有「徹以《振羽》」之文，鄭必不容無

说矣。乃鄭不置一語，及賈公彥作疏始爲之説曰：「其大饗，饗諸侯之來朝者，徹器亦歌《雍》。若諸侯自

相饗，徹器卽歌《振鷺》，故《仲尼燕居》云「大饗有四焉」，云「徹以振羽」。「振羽」當爲「振鷺」，是其事也。」

夫賈氏有此分別之論，何以鄭無一語，可知鄭所見《禮記》作「徹以《振羽》」，鄭所見《禮記》作「徹以《雍》

也。鄭注云「采齊、雍、振羽，皆樂章也」，先雍而後振羽，蓋亦後人所改，非鄭君之舊矣。

目巧之室則有奧阼。

注曰：「目巧，謂但用巧目善意作室，不由法度，猶有奧阼賓主之處也。」正義曰：「『奧阼賓主之處也』者，

《爾雅》云西南隅謂之奧，奧之外則有賓位所在，東階謂之阼，故曰『賓主之處』。」

樾謹按：凡經單言「阼」不言「阼階」者，皆謂東序。《郊特牲》篇「適子冠於阼」，注曰「東序少北，近主位

也」，是其地也。室中以奧爲尊，尊者居之，堂上以阼爲主，主人位焉。故無奧阼則亂於堂室，雖目巧之

室，而必有之也。鄭注「賓主之處」四字，義本未安。阼但是主之處，而非賓之處，至奧在室中，則

更與賓無涉。正義曲成鄭意，謂奧之外則有賓位所在，失之迂矣。經言奧而不言奧外，且賓位在户牖之

間，亦不正當奧外也。

耆欲將至。《孔子閒居》

注曰：「耆欲將至，謂其王天下之期將至也。」

樾謹按：《中庸》篇云「禍福將至」，此云「耆欲將至」，耆欲卽福也。以人而言則耆之欲之謂之耆欲；以事

物而言，則凡可耆可欲者亦謂之耆欲，猶「好之」謂之「好」，

經典中「美好」字是也；「樂之」謂之「樂」，經典中「喜好」字是也；「可好」者亦謂之「好」，

是也。後人不通古訓，妄分音讀。今按：上文云「禮之所至，樂亦至焉」，「可樂」者亦謂之「樂」，經典中「禮樂」字

此五句一氣貫注，「哀」卽上文「哀」字，無異讀也，然則「樂」亦上文「樂」字，有何異讀乎？明乎此，則知此樂之所至，哀亦至焉」，

篇之「耆欲」卽《中庸》篇之「福」矣。凡美惡不嫌同辭，《月令》篇之「節耆欲」、「禁耆欲」，以耆欲之不善者

言也；《祭統》篇之「興舊耆欲」及此篇之「耆欲將至」，以耆欲之善者言也，猶好德、好色同謂之好也。王

肅作《家語》，乃改爲「有物將至」，足徵其不達古義矣。

民猶得同姓以弒其君。《坊記》

樾謹按：「得」當讀爲「王德狄人」之「德」，古字通也。「德同姓以弒其君」，若宋公子鮑禮於國人，國人奉
之以弒昭公是也。鄭不釋「得」字，蓋誤以本字讀之。

惟朕文考無罪。

注曰：「文考，文王也。」

王氏引之《經義述聞》曰：「稱祖稱考，無冠以謚者。文考乃贊美之稱，謂有文德之考耳，非謚也。」

樾謹按：王説非也，古人稱祖稱考，未嘗不冠以謚。《周書·成開》篇「余小子思繼厥常，以昭文祖之守，
定武考之烈」，是成王稱文王爲文祖，武王爲武考也。《本典》篇王在東宮告周公曰，鳴呼朕聞武考云云，

周公拜手稽首曰，臣聞之文考云云，是成王稱武王爲武考，周公稱文王爲文考也。《祭公》篇以予小子揚

文、武大勲，宏成、康、昭考之烈，是穆王稱昭王爲昭考也。安得謂稱祖稱考無冠以諡者乎？

《易》曰：「不耕穫，不菑畬，凶。」

注曰：「田一歲曰菑，二歲曰畬，三歲曰新田。」正義曰：「案《爾雅・釋地》云田一歲曰菑，二歲曰新田，此

云三歲曰新田者，誤也。」

樾謹按：此鄭所據《爾雅》與今本不同，非誤也。《爾雅・釋天》曰「春爲蒼天，夏爲昊天」，《尚書・堯典》

正義曰「鄭玄讀《爾雅》曰：春爲昊天，夏爲蒼天」，即其例矣。《周易・无妄》虞注亦云二歲曰畬，可知鄭

說之有據。又《爾雅・釋山》曰「多草木岵，無草木峐，石戴土謂之崔嵬，土戴石爲砠」，而毛公《陟岵》篇

傳、❶《卷耳》篇傳其義皆正與《爾雅》反。凡此之類，當由所見本不同，非盡傳寫之誤。

橫從其畝。

注曰：「橫從，橫行治其田也。」《釋文》曰：「橫行治其田」，本亦作「遊行治其田」。

樾謹按：《毛詩》作「衡從其畝」，故傳曰「衡獵之，從獵之」。《釋文》引《韓詩》作橫由其畝，東西耕曰橫，南

北耕曰由，其說亦與毛同。此經引《詩》，上字既同《韓詩》作「橫」，疑下字亦同《韓詩》作「由」。「由」即

「從」也，《曲禮》篇「由客之左」，注曰「由，從也」是也。鄭君注《禮》時未見《毛詩》，故不悟「由」之即爲

「從」，而疑東西耕可謂之橫，南北耕不可謂之由，於是不用《韓詩》說，而自爲之說曰「橫由，橫行治其田

❶「陟」，原作「涉」，今據清經解續編本改。

也」。蓋由字本有行義，《廣雅·釋詁》曰「由，行也」，鄭訓「橫由」爲「橫行」，其意如此。若使經文本作「橫

從」，則鄭豈不知其爲一從一橫之義，而必別爲之說乎？自《毛詩》出而學者遂改《禮記》以就《毛詩》，於

是鄭之意晦矣。其一本作「遊行治其田」者，遊與由通，《左傳》「養由基」《後漢·班彪傳》作「遊基」，是

其證也。疑此經「由」字有作「遊」者，鄭注曰「橫遊，橫行治其田也」，傳寫奪下一「橫」字，遂作「遊行治其

田」矣。即此可爲經文作「橫由其畝」之證。

君子之中庸也，君子而時中；小人之中庸也，小人而無忌憚也。《中庸》

注曰：「君子而時中者，其容貌君子，而又時節其中也。小人而無忌憚，其容貌小人，又以無畏難爲常行，

是其反中庸也。」

樾謹按：鄭以容貌爲說，其義甚淺，蓋因句中有「而」字，當有兩義，故不得已爲此解耳。今按：兩「而」字

皆當讀作「能」，古書「能」字作「耐」，又或省作「而」。《周易·屯·象傳》「宜建侯而不寧」，鄭讀「而」曰

「能」；《履》六三「眇能視，跛能履」，虞翻本「能」作「而」。周、秦閒書以「而」爲「能」者不可勝數，故《呂氏春

秋·士容論》篇「柔而堅，虛而實」《淮南子·原道》篇「行柔而剛，用弱而強」高誘注竝曰「而，能也」。

「君子而時中」者，君子能時中也；「小人而無忌憚」者，小人能無忌憚也。下文曰「中庸其至矣乎，民鮮能

久矣」，又曰「中庸不可能也」，皆與君子能時中文義相應。小人不能時中而能無忌憚，無忌憚者，鄭注所

謂不畏難也。惟不畏難，故能爲人所不能爲，以求合乎中庸，而不知正與中庸之道相反，是謂小人之中庸

矣。小人之中庸，即其反中庸也。鄭不知兩「而」字當讀爲「能」，故此經之義不顯。而王肅本於「小人之

中庸」句又妄增「反」字，大非經旨矣。

夫政也者，蒲盧也。

注曰：「蒲盧，蜾蠃，謂土蜂也。蒲盧取桑蟲之子，去而變化之以成爲己子，政之於百姓，若蒲盧之於桑蟲然。」

樾謹按：此承「人存政舉」而言，下文即繼之曰「故爲政在人」。若從鄭注，則於下意不貫矣。孔子以蒲盧喻政，蓋以文、武之政不能自舉，而必待其人，猶蒲盧不能自生，而必待桑蟲之子也。鄭解未得經旨。近解皆從沈括《夢溪筆談》蒲葦之說，則更非矣。《家語》作「夫政者猶蒲盧也，待化而成」，此王肅所增益，固不足據。然「待化而成」頗合待人而舉之意，轉視鄭義爲長矣。

言前定則不跲。

注曰：「跲，躓也。」正義曰：「將欲發言，能豫前思定，然後出口，則言得流行，不有躓蹶之慮。」

樾謹按：言出於口，無躓蹶之慮。張參《五經文字》曰「踚，其劫反」，《禮》作『踚』，然則「跲」當讀爲「踚」。《老子》「將欲歙之」《釋文》引顧注曰：「歙，閉塞也。」「歙」即「踚」字，踚本從合聲，故或從翕聲耳。「言前定則不踚」，謂言得流行，不有閉塞也，非躓蹶之謂。

生乎今之世，反古之道。

注曰：「反古之道，謂曉一孔之人，不知今王之新政可從。」

樾謹按：古之道即先王之道。《孟子》曰：「遵先王之法而過者，未之有也。」乃以反古之道而裁及其身，義

殊可疑。《大戴記·哀公問五義》篇孔子對哀公曰:「生乎今之世,志古之道,居今之俗,服古之服,舍此

而爲非者,不亦鮮乎?」卽此而言,足知鄭義之非矣。反猶變也。《詩·猗嗟》篇「四矢反兮」《韓詩》作「四

矢變兮」,是反與變義通。故《列子·仲尼》篇「回能仁而不能反」,張湛注曰:「反,變也。」反古之道卽變

古之道,蓋既愚而好自用,賤而好自專,勢必生今之世而變改先王之道,宜乎栽及其身矣。

小德川流。

注曰:「小德川流,浸潤萌芽,喻諸侯也。」正義曰:「若以諸侯小德言之,如川水之流,浸潤萌芽。」

橫謹按:「小德川流」、「大德敦化」相對爲文,若解作如川水之流,則與「敦化」不對矣。「川」當讀爲「順」,

順從川聲,古文以聲爲主,故卽以「川」爲「順」。《周易·坤卦》釋文曰:「坤,本又作巛。」「巛」乃隸書「川」

字,以「川」爲「坤」者,讀「川」爲「順」也。《乾·象傳》曰「天行健」,「健」卽是「乾」,則「順」卽是「坤」矣,説

詳《周易》。「小德順流」,言小德順承而流行也。自叚借之義不明,而經文之平易者變爲艱深矣。

《詩》曰「衣錦尚絅」,惡其文之箸也。

注曰:「錦衣之美而君子以絅表之,爲其文章露見,似小人也。」正義曰:「《詩》本文云『衣錦褧衣』,此云

『尚絅』者,斷絕詩文也。又俗本云『衣錦褧裳』,又與定本不同。」

橫謹按:作「衣錦褧裳」者是也。 古本《禮記》蓋作「衣錦絅尚」,「絅」乃「褧」之異文,「尚」乃「裳」之叚字。

古文以聲爲主,裳從尚聲,故卽以「尚」爲「裳」也。《詩·鄭風·丰》篇曰「衣錦褧衣,裳錦褧裳」,記人撮舉

其辭曰「衣錦絅尚」,猶《雞鳴》篇「東方明矣,朝既昌矣」,《説文·日部》引作「東方昌矣」,《綿》篇「混夷駾

矣，維其喙矣」，《説文・口部》「呭」下引作「犬夷呭矣」，竝合兩句爲一句也。經師相傳以此「絅尚」卽《詩》

之「褻裳」，遂有改其字以從《毛詩》者，正義所謂俗本是也。雖非《戴記》之舊，然其文固未誤。自段借之

義不明，學者見古本作「衣錦絅尚」，而不知「尚」爲「裳」之叚字，則疑其義之不可通，遂移「尚」字於「絅」字

之上而作「衣錦尚絅」，於是唐人作定本從之，相沿至今，莫能是正矣。

仁者人也，道者義也。《表記》

注曰：「人也，謂施以人恩也。義也，謂斷以事宜也。」

樾謹按：下文「至道以王，義道以霸，考道以爲無失」，是道之所包者廣，義字不足以盡之。正義於下文曲

爲之説曰：「『道有至、有義、有考』，是一道之内兼有三種，與前經不同者，隨大小異言。」今按：此經云「仁

者右也，仁者人也，道者義也」，自是統論大體，豈反舉其小者而言乎？「義」疑「我」字之誤，

左、右、人、我相對成文，「道者我也」卽上文所謂「君子議道自己」也。「我」與「義」字形相似，又涉下文諸

「義」字而誤。《孟子・公孫丑》篇「非義襲而取之也」，王氏引之謂「義」字乃「我」字之誤，説詳《經義述

聞・通説》，正與此同。

又按：下文云「是故君子以義度人，則難爲人；以人望人，則賢者可知己矣」，此「義」字亦「我」字之誤。君

子議道自己，而置法以民，故不以我度人而以人望人，所謂「責己重以周，待人輕以約」也。鄭注曰「以先

王成法儗度人則難中也，當以時人相比方耳」，其説殊爲未安，由不知「義」字爲「我」字之誤耳。下文曰

「是故君子不以其所能者病人」，又曰「是故聖人之制行也，不制以己」，此卽不以我度人之意。

恥費輕實。

注曰：「恥費，不爲辭費，出空言也。」

樾謹按：不爲辭費而但曰「恥費」，安知所費之爲辭乎？注義非也。「費」當讀爲「拂」。《中庸》篇「君子之道費而隱」，《釋文》曰：「費，本又作拂。」鄭彼注曰「費猶佹也」，正義以「違費」解之。此「費」字與《中庸》篇同，「恥費」者，恥其違費也。蓋承「尊仁畏義」而言，惟恐有所違費乎仁義，以爲深恥，而財貨在所不重，是謂「恥費輕實」。

事君遠而諫則謟也。

正義曰：「若與君疏遠，强欲諫諍，則是謟佞之人望欲自達也。」

樾謹按：諫之與謟相去絶遠，且謟之術亦多矣，豈必藉諫以行其謟乎？即謂事所或有，然聖人立言，不當設或有之事以爲説，使後之爲君者得借此以拒遠臣之諫也。「謟」當讀爲「陷」，遠而諫則陷也，即古所謂陷諫也。《白虎通·諫諍》篇：「人懷五常，故知諫有五：其一曰諷諫，二曰順諫，三曰闚諫，四曰指諫，五曰陷諫。陷諫者，義也，惻隱發於中，直言國之害，勵志忘生，爲君不避喪身，此義之性也。」事君遠而諫，正所謂爲君不避喪身者，故謂之陷，言其將陷於罪也。孔子論諫曰「吾從於諷」，是陷諫本非聖人所貴。未信而諫，以爲謗己，古人所戒也。此經以「遠而諫則陷」、「近而不諫則尸利」相對爲文，皆非事君之正道。然以遠而諫爲謟，則又太過矣。「謟」或作「諂」，與「陷」並從臽聲，故得通用。乃鄭君無注，則已不知「謟」爲「陷」之叚字，正義曲爲之説，固無怪矣。

臣儀行。《緇衣》

注曰：「儀當爲義，聲之誤也。」言臣義事則行也。正義曰：「謂臣有義事則奉行之。」

樾謹按：鄭破「儀」爲「義」，非也，當仍讀如本字。儀之言儀度也。《說文·人部》：「儀，度也。」《國語·周語》曰「儀之于民而度之于群生」，又曰「不度民神之義，不儀生物之則」，是儀與度同也。「臣儀行」謂當儀度而行，下文「不援其所不及，不煩其所不知」皆是。

毋以嬖御士，疾莊士大夫卿士。

注曰：「莊士，亦謂士之齊莊得禮者，今爲大夫卿士。」正義曰：「大夫卿士覆說，言莊士卽大夫卿之典事者。士，事也。」

樾謹按：《禮記》原文當作「毋以嬖御士疾莊士」，與上文「毋以嬖御人疾莊后」兩句一律。鄭注「今爲大夫卿士」當作「或爲大夫卿士」，蓋鄭所據本作「莊士」，而別本有作「大夫卿士」者，故鄭記其異如此。《周書·祭公》篇作「汝無以嬖御士，疾大夫卿士」，無「莊士」二字，鄭所見別本蓋亦如此矣。乃注中「大夫卿士」四字傳寫誤入正文，又改注文「或爲」作「今爲」，正義乃從而曲爲之說，其義殊不可通，當訂正。

心莊則體舒。

注曰：「莊，齊莊也。」

樾謹按：下句「心肅則容敬」，肅與敬義相近，莊與舒則義不相近矣，鄭注非也。「莊」當讀爲「壯」。《檀弓》篇「柳莊」，《漢書·古今人表》作「柳壯」，是莊、壯古通用。《詩·君子偕老》篇鄭箋「顏色之莊與」，《釋

文》曰「莊，本又作壯」；《莊子・天下》篇「不可與莊語」，《釋文》曰「莊，一本作壯」，竝其證也。《說文・士

部》：「壯，大也。」心壯則體舒，言心廣大則體安舒也。《大學》篇「心廣體胖」義與此近。

大功貌若止。《閒傳》

注曰：「止，謂不動於喜樂之事。」

樾謹按：不動於喜樂之事，則是實言其情，何若之有。上云「斬衰貌若苴，齊衰貌若枲」，皆見其貌與服相

稱。此言「若止」，義亦宜然。「止」當讀爲「芋」。《說文・艸部》：「芋，麻也。」一曰芋卽枲也。」是枲與芋同

類。齊衰與大功竝牡麻絰，於齊衰曰若枲，於大功曰若芋，義蓋相近。作「止」者，音近而通用也。《廣

雅・釋室》：「芋，隉也。」芋之訓隉，疑卽讀爲止，止爲下基，故爲隉耳。「芋」可通作「止」，「止」亦可通作

「芋」。以本字讀之，非是。鄭注曰「枲或爲似，似者枲之叚字」，則「止」亦芋之叚字可知矣。

芐鬲不納。

注曰：「芐，今之蒲苹也。」

樾謹按：經文當作「平鬲不納」，注文當作「平，今之蒲平也」，皆傳寫之誤。《釋名・釋牀帳》曰：「蒲平，以

蒲作之，其體平也。」然則漢時自有蒲平之名，故鄭據以爲説。平乃席名，《說文・草部》「蒻蒲子可以爲平

席」是也。初非「苹萍」之「苹」，安得從艸？因「蒲」字從艸，而「平」字亦誤從艸，猶《月令》篇「地氣且泄」，

因「泄」字從水而「且」字亦誤從水；《樂記》篇「及優朱儒」，因「儒」字從人而「朱」字亦誤從人。古書如此

者多矣。「平」誤作「苹」，而上「苹」字又誤作「芐」，於是并改經文爲「芐鬲不納」。《釋文》遂音户嫁反，知

此字之誤由來已久。夫蒲與苹本非同類之物，安得並言之曰「蒲苹」？而苄者地黃也，非蒲亦非苹也，安

得以苄爲今之蒲苹？卽此可決其誤矣。《釋名》「蒲平」一條俗本誤作「蒲草」，畢氏沅據《太平御覽》所引

訂正，今從之。

因以飾群別親疏貴賤之節。《三年問》

樾謹按：此當以十一字爲句。《荀子・禮論篇》文與此同，楊倞注曰「群別，謂群而有別也」，是古人以「群

別」連讀。然楊氏解「群別」之義尚未盡得。群與別爲對文，群之與別猶親之與疏，貴之與賤也。親疏貴

賤至今猶爲恒言，而群別之語後世罕聞之。正義讀「因以飾群」四字爲句，失其旨，并失其讀矣。

然而從之。

樾謹按：「從」字注及正義皆無解，《釋文》無音，則當讀如本字。從與由同義。上云「將由夫患邪淫之人

與」，此云「然而從之」，從卽由也。《漢書・張騫傳》注曰「從，由也」，是其證也。下文曰「然而遂之」，遂卽

從也。《文選》嵇叔夜《與山巨源絕交書》注引《國語》賈注曰「遂，從也」，是其證也。《荀子・禮論篇》作

「然而縱之」，蓋後人不得其旨而加糸旁耳。王氏《經義述聞》謂當從《荀》作「縱」，非是。

袂之長短，反詘之及肘。《深衣》

注曰：「袂屬幅於衣詘而至肘，當臂中爲節，臂骨上下各尺二寸，則袂肘以前尺二寸。肘或爲腕。」正義

曰：「袂長二尺二寸，并緣寸半，爲二尺三寸半。除去其縫之所殺各一寸，餘有二尺一寸半在，從肩至手

二尺四寸。今二尺一寸半之袂得反詘及肘者，以袂屬於衣幅闊二尺二寸，身脊至肩但尺一寸也。從肩覆

臂又尺一寸，是衣幅之畔覆臂將盡，今又屬袂於衣又二尺一寸半，故反詘其袂，得及於肘也。」

槏謹按：袂長二尺一寸半，加衣幅之畔一尺一寸，則為三尺二寸半，除從肩至手二尺四寸，僅餘八寸半，

安得反詘之及肘乎？「肘」當從或本作「腕」，於義方安，否則必不能及。且使袂果及肘，亦嫌太長，不便

于事也。

遂以奇算告。《投壺》

注曰：「畢則司射執奇算以告於賓與主人也。」正義曰：「奇，餘也，謂左右數鈞等之餘算。」

槏謹按：左右數鈞等之餘算有純有奇，下文曰「某賢於某若干純，奇則曰奇」，然則餘算不得概謂之奇也。

且投壺與射禮同。《儀禮·鄉射禮》曰：「釋獲者遂進取賢獲，執以升自西階，盡階不升堂，告于賓。」《大

射儀》曰：「釋算者遂進取賢獲，執之由阼階下，北面告于公。」鄭注竝曰：「賢獲，勝黨之算也。」若然，則所

執以告者止是勝黨之算，非兼執左右之餘算以告也。此云「遂以奇算告」，義不可通，當作「遂以其算告」。

《大戴記·投壺》篇曰「有勝則司射以其算告」，是其證也。據《釋文》云：「一本此句上更有『有勝者司射』

五字，誤。」今按：有此五字者是也。《禮記》原文正作「有勝者司射遂以其算告」，與《大戴記》同。「其算」

謂勝者之算，即《儀禮》所謂「賢獲」也。「其算」誤為「奇算」，蓋以兩聲相近，又涉上下文皆有「奇」字而誤。

學者謂「遂以奇算告」即承一算為奇而言，乃刪去「有勝者司射」五字，其幸而存者反以為誤，而此經之義

不可通矣。注中「奇算」亦當作「其算」，乃後人所改，非鄭君之舊。若如今本，則上下文「奇」字皆謂一算

為奇，獨此「奇」字謂左右數鈞等之餘算，鄭安得無說乎？

不習其謀。《儒行》

注曰：「不習其謀，口及則言不豫其說而順也。」正義曰：「逢事則謀，不豫習也。」

樾謹按：注意甚晦，正義所解疑亦非經旨。習之言重也，《周易·坎·象傳》曰「習坎，重險也」是也。「不習其謀」猶不重其謀，言謀定則行不重習也，故爲特立之儒。

其飲食不溽。

注曰：「恣滋味爲溽，溽之言欲也。」正義曰：「溽之言欲也，卽濃厚也。」

樾謹按：《方言》：「蓐，厚也。」「溽」與「蓐」通，不溽卽不厚。鄭訓爲欲，其說轉迂。

静而正之。

注曰：「静而正之者，謂静退自居，而尋常守正不傾躁也。」正義曰：「静退自居，而尋常守正」。

樾謹按：「之」字疑衍文也。經文本作「静而正」，正義述經本作「静而正」者，故曰「謂静退自居，而尋常守正」。若作「静而正之」，則「之」字必有所指，正之者正何事乎，不得但以守正爲解矣。蓋「陳言而伏」，「静而正」兩句一律。下文曰「上弗知也，儻而翹之，又不急爲也」，鄭注曰：「君不知己有善言正行，則觀色緣事而微翹發其意使知之，又必舒而脫脫焉。」所謂「善言」者，卽「陳言而伏」之「言」，所謂「正行」者，卽「静而正」之「正」，注意甚明。後人誤謂「静而正」句與「儻而翹之」相對，遂于「正」下增「之」字使成偶句耳。

博學以知服。

注曰：「博學以知服，不用己之知勝於先世賢知之所言也。」正義曰：「謂廣博學問，猶知畏服先代賢人，言

不以己之博學淩夸前賢也。」

樾謹按：「服」非畏服之謂，「服」當讀爲「畐」。《説文・又部》：「畐，治也。從又從卩。卩，事之制也。」經

典無「畐」字，皆以「服」爲之。鄭石制字子服，此卽段「服」爲「畐」之證。畐從卩，故有制義。《尚書・盤庚》

篇「先王有服」，言先王舊有制度也。襄三十年《左傳》「上下有服」，言上下皆有節制也。其説各見本經。

博學而知服者，謂博學而知節制也，不然，則泛濫而無歸矣。

儒有不隕穫於貧賤，不充詘於富貴，不慁君王，不累長上，不閔有司，故曰儒。

樾謹按：上文所陳十五儒皆以「儒有」起，「有如此者」結。此文亦以「儒有」起，而以「故曰儒」結之，既不

與上文一律，且義亦未足，豈所謂儒者止以其不慁君王、不累長上、不閔有司乎？疑傳寫錯誤。「儒有不

隕穫」至「不閔有司」當在上文「其尊讓有如此者」之前，●與前所列十五儒一律。孔子説儒者之行，蓋十

有六也。不煩慁其君王，不負累其長上，不憂閔其有司，故謂之尊讓矣。上文「温良者仁之本也」至「猶且

不敢言仁也」一節爲聖人之儒行，説「儒有不隕穫於貧賤」一節爲孔子總論儒行也。自傳寫錯誤，而十六儒止存十五儒。鄭君説「温

良者」一節爲孔子自謂，異義橫生，大非經旨矣。今訂正如左：

「儒有不隕穫於貧賤，不充詘於富貴，不慁君王，不累長上，不閔有司，其尊讓有如此者。温良者仁之本

也，敬慎者仁之地也，寬裕者仁之作也，孫接者仁之能也，禮節者仁之貌也，言談者仁之文也，歌樂者仁之

❶ 「穫」，原作「獲」，今據清經解續編本改。

和也，分散者仁之施也。儒皆兼此而有之，猶且不敢言仁也，故曰儒。

舉而不能先。《大學》

注曰：「舉賢而不能使君以先己。」

樾謹按：如注義，則當曰「不能使之先己」，於文方足，不當但曰「不能先」也。「先」蓋「近」字之誤。「見善

而不能舉，舉而不能退，退而不能遠」正相對成文。「近」字古文作「岸」，篆書作

「先」，「先」字篆書作「炗」，兩形相似，因而致誤耳。

必自小人矣。

正義曰：「言為人君長於國家，而務積聚財以為己用者，必自為小人之行也。」

樾謹按：必自小人者，必用小人也。《詩·緜》篇「自土沮漆」、《江漢》篇「自召祖命」，毛傳、鄭箋竝曰：

「自，用也。」《大傳》篇「自仁率親」，鄭注亦曰：「自，用也。」正義所解未得其旨。

彼為善之。

注曰：「彼，君也。君將欲以仁義善其政。」

樾謹按：鄭注以彼屬君言，其義始不可通，❶或疑其有闕文矣。彼當以小人言。此句申說上文「必自小

人」之義，言長國家而務財用，所以必用小人者，以務財用之事，惟彼為善之也。善與能同義。《荀子·勸

❶ 「始」，清經解續編本作「殆」。

母拜之。《冠義》

正義曰：「今唐禮母見子但起立，不拜也。案《儀禮》，廟中冠子，以酒脯奠廟訖，子持所奠酒脯以見於母，

母拜其酒脯，重從奠者處來，故拜之，非拜子也。

樾謹按：經明言「母拜之」，「之」字即指冠者，與下文「兄弟拜之」一律，安得謂拜酒脯乎？疏義非也。古

人行禮，雖尊者亦拜。《儀禮・燕禮》篇「公立卒爵，坐奠爵，拜，執爵興，主人答拜」，是君拜臣也。《特牲

饋食禮》：「上賓洗爵，升酌，酢主人，主人拜受爵」，按上賓即主人之嗣子，是父拜子也。然則母之拜子，

本無可疑。必執唐禮以繩之，宜其不通矣。

敬慎重正而後親之，禮之大體而所以成男女之別，而立夫婦之義也。《昏義》

樾謹按：「禮之大體而」五字衍文也，此經本云：「敬慎重正而後親之，所以成男女之別，而立夫婦之義

也。」正義釋此經曰：「敬慎重正者，言行昏禮之時，必須恭敬謹慎，尊重正禮，而後男女相親」，此釋「敬慎

重正而後親之」一句也，其下並不及大體之義，是其所據本無此五字明矣。下經曰：「夫禮，始於冠，本於

昏，重於喪祭，尊於朝聘，和於射鄉，此禮之大體也。」正義曰：「此經因昏禮為諸禮之本，遂廣明禮之始

終。始則在於冠昏，終則重於喪祭，其間有朝聘、鄉射，是禮之大體之事也。」然則禮之大體所包者廣，❶

❶ 「體」，原作「禮」，今據清經解續編本改。

學篇》「非能水也」，楊注曰：「能，善也。」「彼為善之」，猶云彼為能之耳。

若敬慎重正而後親之即爲禮之大體，則與正義所説不合矣。故知此五字當爲衍文，不獨於義不當有，且

以文法論，「所以」上亦不當有「而」字也。

教成祭之。

注曰：「祭之，祭其所出之祖也。」正義曰：「教成祭之者，謂三月教之，其教已成，祭女所出祖廟，告以教成也。」

樾謹按：「教成祭之」當作「教成之祭」，傳寫誤倒之，説詳王氏引之《經義述聞》。惟「教成」二字尚未得其

義。今按：上文鄭注曰：「嫁女者，必就尊者教成之。教成之者，女師也。」然則「教成」二字當連讀，教成

者，教而成之也。蓋先嫁三月，或於公宮，或於宗室，受婦德、婦言、婦容、婦功之教，謂之教成。是曰也即

祭其所出之祖，謂之教成之祭。夫自十年受姆教以來，此四德者亦既備聞之矣，然不敢自以爲有成也，故

必就尊者教成之。教成乃禮之名目，於先嫁三月舉行此禮，一日而畢矣。禮畢即歸其家矣。若從正義

説，以爲三月教之，豈必待成昏之前一日而始歸乎？且成與不成，以何者爲效驗乎？自教成之義不明，

而「教成之祭」遂誤作「教成祭之」。經文之誤由於經義之晦也。

又按：鄭注曰：「教成之者，女師也。」阮氏《校勘記》曰：「惠棟校宋本無『成』字，岳本『教成之』作『其教

之』。」今按：此皆後人以意刪改也。上句云「必就尊者教成之」，此句云「教成之者女師也」，兩句相承，不

容有異。

民知尊長養老，而后乃能入孝弟。

民入孝弟，出尊長養老，而後成教。《鄉飲酒義》

正義曰：「而后乃能入孝弟者，人若知尊長養老，則能入孝弟之行也。民入孝弟，謂入門而能行孝弟。出尊長養老者，謂出門而能尊長養老也。」

樾謹按：上「入」字衍文也。經文本云「民知尊長養老，而后乃能孝弟」。今衍「入」字者，即涉下句而誤耳。如正義所説，則兩「入」字文同而義異，鄭何得無説乎？

愁之以時察。

注曰：「察，猶察察，嚴殺之貌。察或爲殺。」

樾謹按：「殺」本字也，「察」叚字也。「殺」之通作「察」，猶「粲」之通作「蔡」。《説文・米部》篆下，徐鍇引《左傳》「殺管叔而粲蔡叔」，今定四年《傳》作「蔡蔡叔」，是其例也。鄭訓嚴殺，正得其義。乃不知「察」之即爲「殺」，而必以「察察」釋之，於義轉迂矣。

與爲人後者。《射義》

注曰：「與，猶奇也。後人者一人而已，既有爲者而往奇之，是貪財也。」

樾謹按：與之訓奇，未聞其義。且奇爲人後，義亦未明。鄭君徒以爲人後者禮所不禁，乃與貪軍之將、亡國之大夫竝論，故不得已從「與」字生義，曲爲之説，恐不然也。「後」疑「役」字之誤。《孟子・公孫丑》篇「不仁不智，無禮無義，人役也。人役而恥爲役，由弓人而恥爲弓，矢人而恥爲矢也」，是古有爲人役之説。《王制》曰：「凡執技以事上者，祝史射御醫卜及百工。凡執技以事上者，不貳事，不移官，出鄉不與士齒。」此經爲人役者即其人矣。其人本賤，出鄉即爲士所不齒，故曰「貪軍之將，亡國之大夫與爲人役者不

人，其餘皆入」。「役」與「後」字形相似，又經中多言爲人後，罕言爲人役，因而致誤耳。

有庶子官。《燕義》

注曰：「庶子，猶諸子也，《周禮》諸子之官，司馬之屬也。」正義曰：「天子謂之諸子，諸侯謂之庶子，其所職掌，諸子、庶子同也。故此記雖明諸侯庶子職掌，其所載之事，皆諸子職文也。」

樾謹按：「庶」與「諸」乃疊韻字。《周官·庶氏》注曰：「庶，讀如藥煮之煮。」煮從者聲，諸亦從者聲，庶可讀如煮，故亦可讀如諸。《周官》作「諸子」，《儀禮》《禮記》作「庶子」，乃各經用字之不同。鄭明言「庶子猶諸子」，而正義必强爲區別，轉失之矣。

始死，三日不怠，三月不解，期悲哀，三年憂。《喪服四制》

注曰：「不怠，哭不絕聲也。不解，不解衣而居不倦息也。」

樾謹按：《雜記》篇「少連大連善居喪，三日不怠，三月不解，期悲哀，三年憂」文與此同。鄭彼注曰：「怠，惰也。解，倦也。」然則此經「不怠」、「不解」義亦當如彼注。乃訓爲不解衣，則前後異義矣。疑鄭注原文本曰「不解，不倦息也」，「不解衣而居」五字爲後人竄入，蓋本盧辯注《大戴記·本命》篇所謂不脫經帶者，非鄭義也。《釋文》曰：「解，佳買反。」又出「解衣」曰：「古買反。」即此兩字之異讀，可知其義之不同，不當混而一之。爲鄭學者所宜訂正矣。

群經平議卷二十三

德清俞樾

春秋公羊傳

葛爲褒之？爲其與公盟也。與公盟者眾矣，葛爲獨褒乎此？因其可褒而褒之。此其爲可褒奈何？漸進也。隱元年

何氏《解詁》曰：「漸者，物事之端，先見之辭。去惡就善曰進。譬若隱公受命而王，諸侯有倡始先歸之者，當進而封之，以率其後。不言先者，亦爲所褒者法，明當積漸，深知聖德灼然之後乃往，不可造次，陷於不義。」

樾謹按：如何說以「漸進」爲倡始先歸，則止是褒其始與公盟耳。凡始與公盟者皆得褒之，非所謂因其可褒而褒之也。又曰「明當積漸深知聖德」，則并與前說歧矣。今按：公羊家有七等之說：州不若國，國不若氏，氏不若人，人不若名，名不若字，字不若子。邾婁儀父本當在書名之等，進而書字，所謂漸進也。若邾婁本當書字，進而書子，則其進也太驟矣，非漸進之義矣。故與公盟者雖眾，而獨褒邾婁儀父者，取其適在書名之等也，斯謂「因其可褒而褒之」矣。

曷爲大鄭伯之惡？母欲立之，己殺之，如勿與而已矣。

《解詁》曰：「如卽不如，齊人語也。加克者，有嫌也。段無弟，又稱君甚之不明。❶又段當國，嫌鄭伯殺之無惡，故變殺言克，明鄭伯爲人君，當如傳辭，不當自己行誅殺，使執政大夫當誅之。克者詁爲殺，亦爲能，惡其能忍戾母而親殺之。」疏曰：「鄭伯爲人君之法，當如傳辭不與其國而已，不宜忍戾其母而親殺之。」

樾謹按：疏義未得注意也。傳所謂「勿與」者，卽不親殺之謂也，蓋使執政大夫秉國法以誅之，而己不與焉，斯合親親之道矣。何休又引「禮，公族有罪，有司讞于公，公曰宥之，及三宥，不對，走出，公又使人殺之，以不及反命」，蓋正所以證明「勿與」之義，非如疏所云也。

始滅防於此乎？二年

《解詁》曰：「防，適也，齊人語。」疏曰：「胡毋生齊人，故知之。若鄭《譜》云『然則詩之道放于此乎』之類。」

樾謹按：「防」乃俗字，當從漢石經作「放」，說詳阮氏《校勘記》。惟何休訓防爲適，以爲齊人語，其實未然。今按：放之言極也。《禮記・祭義》曰：「推而放諸東海而準，推而放諸西海而準，推而放諸南海而準，推而放諸北海而準。」「推而放諸」猶言推而極諸也。鄭注曰：「放猶至也。」至卽極也。《儀禮・聘禮記》「義之至也」鄭注曰：「至，極也。」是至與極義同也。僖二十八年《傳》曰：「文公逐衛侯而立叔武，使

❶ 「又」，何氏《解詁》作「文」。

人兄弟相疑，放乎殺母弟者，文公爲之也。」放亦極也，「放乎殺母弟」乃推極其後而言之也。「始滅放於此

乎」乃推極其前而言之也。若前此無滅國者，則推求滅國之事，極於此而止矣，故曰「始滅放於此乎」。何

解未得其義。宣六年《傳》「仡然從乎趙盾而入，放乎堂下而立」，十二年《傳》「勝乎皇門，放乎路衢」，凡言

「放乎」者，竝至極之義也。若訓爲適，則不可以爲達詁矣。

百金之魚公張之。 五年

《解詁》曰：「張，謂張罔罟障谷之屬也。」

樾謹按：《傳》文但言「張」，不言「張罔罟」，何解非也。《詩·韓奕》篇「孔脩且張」，毛傳曰：「張，大也。」桓

六年《左傳》「隨張必棄小國」，杜注曰：「張，自侈大也。」「百金之魚公張之」，蓋言棠有百金之魚，故公侈

大之也。上文曰：「公曷爲遠而觀魚？登來之也。」下文曰：「登來之者何？美大之之辭也。」然則此文

言「公張之」，正所謂美大之也。若以爲張罔罟，則與上下文不屬矣。

器之與人，非有卽爾。 桓二年

《解詁》曰：「卽，就也，若曰取彼器與此人異國物。凡人取異國物，非就有取之者，皆持以歸爲有，爲後不

可分明，故正其本名。」

樾謹按：何氏之意，蓋謂人之於器不能就而有之，必持歸爲己有，恐後不可分別，故以其名識之。然如此

則當云「非卽有爾」，不當云「非有卽爾」也。今按：《爾雅·釋詁》：「卽，尼也。」《釋文》曰：「尼，本亦作

昵。」昵與暱同字，古又通作「貀」。隱元年《左傳》「不義不暱」，《説文·黍部》引作「不義不貀」，貀，黏也。

「器之與人，非有卽爾」，言器與人不相黏箸，今日爲此人之器，明日可爲彼人之器，非如地有常所，雖數易

主不可遷移，故器必從其本名以識別之也。

貴者無後，待之如初也。七年

《解詁》曰：「無後者，施於所奔國也。

樾謹按：何氏此解雖本《郊特牲》「寓公不繼世」之義，然與下句「待之如初」義不相承，殆非也。今按：無

後謂失其國胙也。《說文·后部》：「后，繼體君也。」后與古通用，故繼體之君謂之后，亦謂之後，《尚

書·洛誥》「王命周公後」是也。無後者，其子孫不復繼體爲君也。然以其嘗託在侯伯之位，故雖其子孫

不復繼體爲君，而仍宜以侯伯之禮待之，是謂「貴者無後，待之如初也」。《國語·晉語》曰：「鄖之役，親

射楚王而敗楚師，以定晉國，而無後。」韋注曰：「無後，子孫無在顯位者。」是卿大夫之子孫不能嗣守先人

禄位亦爲無後，蓋古語如此矣。

近乎圍也。十年

《解詁》曰：「地而言來者，明近都城，幾與圍無異。」疏曰：「近讀如附近之近，國讀如圍。」

樾謹按：疏所據本蓋作「國」字，故云然，其實當從何邵公本作「圍」。隱五年《傳》曰：「邑不言圍，此其言

圍何？ 彊也。」然則「近乎圍」者，亦言其彊甚也。若作「近乎國」，則上文曰「郎者何？ 吾近邑也」一言足

以明之矣，乃又曰「吾近邑，則其言來戰于郎何？ 近也。惡乎近？ 近乎國也」，其辭不幾複乎？ 蓋吾近

邑也之近，以地之相去而言，近也之近，以事之相似而言，兩「近」字文同而義異。學者混而一之，遂至誣

「圍」字爲「國」字矣。孔氏廣森作《通義》反從疏本作「國」，恐後學疑誤，故詳辨之。

夫人固在齊矣，其言孫于齊何？念母也。正月以存君，念母以首事。莊元年

《解詁》曰：「禮，練祭取法存君，夫人當首祭事。時莊公練祭，念母而迎之，當書迎，反書孫者，明不宜也。」

樾謹按：何氏此解甚爲違失。《傳》言「正月以存君」，不言「練祭以存君」，一失也。練祭莊公主之，非夫人主之，乃曰「夫人當首祭事」，二失也。「迎母」，乃曰「念母而迎之」，三失也。然則此《傳》當作何解？曰：接練時録母之變，此《穀梁傳》之説，

《公羊》無此説也。莊公一篇先書「元年春，王正月」，繼書「三月夫人孫于齊」。其書「元年春王正月」者，明國有君也，所謂「正月以存君」也；其書「三月夫人孫于齊」者，明君有母也。是時夫人固在齊，而曰「孫于齊」者，猶曰夫人在齊云爾，亦猶「公在乾侯」之比，紀其實也。《春秋》記載莊公三十二年

之事，以此爲首，蓋推莊公之心，無有更先于此者也，所謂「念母以首事」也。《春秋》雖託文見義，然先世事實，豈容以意變亂？若使夫人實於此時迎歸，而反書曰「孫于齊」，是則記載失實甚矣，何以爲《春秋》乎？必於三月書之者，是年三月以前無事，其下始書「夏單伯逆王姬」，故欲書單伯逆王姬，而先書夫人孫于齊，正所謂「念母以首事」矣。

此未有言崩者，何以書葬？蓋改葬也。三年

樾謹按：「言」字衍文也，當作「此未有崩者」，蓋謂此年未有天王崩之事，非謂經文未有言崩者也。僖十九

年《傳》「此未有伐者」，三十一年《傳》「此未有伐曹者」，皆其例也。莊十八年《傳》「此未有言伐者」，唐石

經無「言」字，以彼例此，可知「言」字之衍矣。

曷爲畏齊也？ 辭殺子糾也。 九年

《解詁》曰：「時魯新見脅，畏齊，浚之，微弱恥甚，故諱使若辭不肯殺子糾也，齊自取殺之，畏齊怒，爲備。」

樾謹按：宣四年《傳》：「其言不肯何？」《解詁》曰：「爲公取向作辭也。恥行義爲利，故諱使

若莒不肯聽公平，伐取其邑，以弱之者，愈也。」然則此《傳》「辭殺子糾也」文法與彼同，亦當解云爲殺子糾

作辭也。恥行義不終，故託爲畏齊之甚，不得已而殺之也。蓋魯之納子糾，義也；其卒爲齊殺子糾，不義

也。《穀梁傳》曰：「以千乘之魯而不能存子糾，以公爲病矣。」疑當時諸侯必有以此病魯者，故魯人浚洙

以自解耳。此「辭」字乃「從而爲之辭」之「辭」，非「固辭不獲命」之「辭」。何氏以爲辭不肯殺子糾，失

之矣。

爾虜焉故，魯侯之美惡乎至。 十二年

《解詁》曰：「爾，女也，謂萬也。更向萬曰女嘗執虜於魯侯，故稱譽爾。惡乎至猶何所至。」

樾謹按：《韓詩外傳》、董仲舒《春秋繁露》引此文竝作「爾虜焉知魯侯之美惡乎」，是此傳「故」字古本作

「知」，何邵公所據本誤也。惟於「乎」字絕句，「至」字作「致」，屬下讀，甚爲不詞。今按：「爾虜焉知」四字

爲句，言爾虜何所知也。「魯侯之美惡乎至」即惡乎甚。《孟子·萬章》篇「充類至義之盡也」，

趙注曰：「至，甚也。」「惡乎至」即惡乎甚。因宋萬曰「甚矣魯侯之淑，魯侯之美也」，故折之曰「魯侯之美

「惡乎甚」也。若解作何所至，於義轉迂矣。

何危爾？我貳也。二十三年

《解詁》曰：「莊公有淫佚污貳之行。」疏曰：「謂莊公之行既不清潔，又不專一。」

樾謹按：《傳》文止言「貳」不言「污」，而何解以爲污貳，蓋以污釋貳也。若如疏義分污貳爲二，則「污」字增出矣。今按：「貳」當讀爲「膩」。《玉篇·肉部》：「膩，垢膩也。」垢膩則有污義，古字即以「貳」爲之。

《廣雅·釋言》：「貳，污也。」王氏念孫《疏證》曰：「貳當作膩。」

夫人不僂，不可使入。二十四年

《解詁》曰：「僂，疾也，齊人語。夫人稽留，不肯疾順公，不可使即入。」

樾謹按：夫人不肯疾順公，則當云「夫人不順，不可使入」，不當云「夫人不疾，不可使入」，然則何解「僂」字非也。「僂」當讀爲「摟」。《說文·手部》：「摟，曳聚也。」古或以「婁」爲之。《詩·山有樞》篇「弗曳弗婁」，毛傳曰「婁，猶曳也」。《釋文》引馬注曰「婁，牽也」，是摟有牽曳之義。公入而夫人亦入，是相牽曳而入也。不摟者，言不可牽曳也。摟、僂同聲，故得通用。人相牽曳謂之僂，猶絲相牽曳謂之縷也。《說文·辵部》：「遝，連遝也。」《言部》：「謱，謰謱也。」行步相連謂之遝，言語相連謂之謱，其義並通矣。

何以不稱使？以爲臧孫辰之私行也。二十八年

樾謹按：「爲」字衍文也。以臧孫辰之私行者，言以私事行，不以國事行也。今衍「爲」字，失其義矣。下文曰：「曷爲以臧孫辰之私行？」可證此文「爲」字之衍。

徒葬乎叔爾。三十年

疏曰：「謂不得與夫合葬，故言徒。徒者，空也。」

樾謹按：四年《傳》曰：「徒葬於齊爾。」《解詁》曰：「徒者，無臣子辭也。國滅無臣子，徒爲齊侯所葬。」然

則此云「徒葬於齊爾」，亦是無臣子之辭，非謂不得與夫合葬也。十二年《傳》曰「徒歸于叔爾也」，豈謂不

得與夫同歸乎？可知疏義之謬。

蓋以操之爲已蹙矣。三十年

《解詁》曰：「操，迫也。已，甚也。蹙，痛也。迫殺之甚痛。」

樾謹按：《詩‧江漢》篇正義引此文作「蓋以躁之爲已蹙矣」，「操」與「躁」竝叚字，其正字當作「剿」。《説

文‧刀部》：「剿，絕也。《周書》曰：『天用剿絕其命。』」然則「剿之爲已蹙」者，言齊桓之伐山戎，剿絕之太

痛也，故何解爲迫殺之。若操爲操持，躁爲躁疾，竝非其義。

旗獲而過我也。三十一年

《解詁》曰：「旗獲，建旗縣所獲得以過我也。」

樾謹按：閔二年《左傳》『佩衷之旗也』，杜注曰：「旗，表也。」然則「旗獲而過我」，謂表陳其所獲之物而過

我也。《素問‧四氣調神大論篇》王注曰「表謂表陳其狀也」，是其義也。蓋旌旗之屬本所以表示行列。

《國語‧晉語》『車無退表』，韋注曰「表，旌旗也」，故旌與旗竝有表義。僖二十四年《左傳》『且旌善人』，哀

十六年傳『猶將旌君以徇於國』，杜注竝曰：「旌，表也。」旗之爲表，猶旌之爲表也。若旗獲而過我爲縣所

獲於旗，豈旌君以徇於國，亦將縣之於旌乎？又旌旗謂之章，《晉語》「變非聲章，弗能移也」，注曰：「章，

旌旗也。」而章亦有表義，《詩·抑》篇「維民之章」，毛傳曰：「章，表也。」學者習知旌表、章表，而尟知旗之

爲表，故於此《傳》「旗獲」之文失其解矣。

孰滅之？ 蓋徐、莒脅之。 僖十四年 ❶

《解詁》曰：「言脅者，杞，王者之後，尤微，是見恐曷而亡。」

樾謹按：國雖微弱，無因恐曷而亡者，何解非也。「脅」當讀爲「拹幹而殺之」之「拹」，字亦作「搚」。《廣

雅·釋詁》：「搚，折也。」凡物折之則分，故折有分義。《楚辭·惜誦》篇「令五帝以折中兮」，王注曰：「折，

分也。」「徐、莒搚之」者，謂徐、莒搚而分之也。元年《傳》曰：「孰亡之？蓋狄滅之。」二年《傳》曰：「孰滅

之？ 蓋狄滅之。」彼惟狄一國，故直曰滅之；此則徐、莒二國，故不直曰滅之而曰搚之，正古人屬辭之

密矣。

此邑也，其言硴何？ 襲邑也。 十四年

《解詁》曰：「襲者，嘿陷入于地中。」

樾謹按：嘿陷入于地中而謂之襲，未聞其義。且如其說，則但曰「襲邑」足矣，不必曰「襲邑也」，然則何解

非也。今按：襲者，重襲也。《廣雅·釋詁》曰：「襲，重也。」《漢書·外戚傳》「災變相襲」，師古注曰：

❶ 「四」，原作「三」，今據《春秋公羊傳》改。

群經平議卷二十三　春秋公羊傳

六〇一

「襲，重累也。」沙鹿爲河上之邑，河岸有高下，沙鹿在其最高之處，故謂之襲邑，明其重累在上，異乎平地

之邑也。凡邑不言嶽，惟襲邑言嶽，正解所以言嶽之故。上句發問，不曰「嶽者何」，而曰「此邑也，其言嶽

何」，可知何解之非矣。

夷伯者，曷爲者也。

《解詁》曰：「孚，信也。」季氏之孚也。十五年

樾謹按：季氏所信任之臣而但曰「季氏之孚」，文不成義，殆非也。「孚」當讀爲「保」。據《說文》，「孚」古

文作「采」，從爪從禾，「禾」即「保」古文，而「保」又從采省，是其字轉展相從，故聲近而義亦通也。《國語・

晉語》曰「失趙氏之典刑而去其師保」，又曰「擇師保以相子」，是古大夫之家亦有師保。季子親爲桓公之

子，其有師保明矣，故曰：「夷伯者，曷爲者也？季氏之保也。」因其字叚「孚」爲之，而說者望文生訓，遂

失其解矣。

邑不言圍，此其言圍何？ 疾重故也。二十三年

《解詁》曰：「疾，痛也。重故，喻若重故創矣。襄公欲行霸，守正履信，屬爲楚所敗，諸夏之君宜雜然助

之，反因其困而伐之，痛與重故創無異。」

樾謹按：重故創而但曰「重故」，於文不明，何解非也。「故」當讀爲「固」，古字通也。《國語・周語》「咨於

故實」，《史記・魯世家》「故」作「固」；《論語・子罕》篇「固天縱之將聖」，《論衡・知實篇》「固」作「故」，並

其證也。閔元年《左傳》「親有禮因重固」，杜注曰「能重能固，則當成就之」，此重固二字之證。隱五年

《傳》曰：「邑不言圍，此其言圍何？」彊也。」《解詁》曰：「必欲爲得邑，故如其意言圍也。」然則此《傳》曰

「疾重固也」，義與彼同，疾其必欲得之也。《左傳》之「重固」以善者言也，此《傳》之「重固」以不善者言也，

蓋均是重且固也。以自守則善，以謀人則不善，善惡不嫌同辭矣。

其言來逆婦何？兄弟辭也。二十五年

《解詁》曰：「宋、魯之間，名結婚姻爲兄弟。」

樾謹按：二十年「郜子來朝」，《傳》曰：「何以不名？兄弟辭也。」《解詁》曰：「郜，魯之同姓。」文十二年

「盛伯來奔」，《傳》曰：「何以不名？兄弟辭也。」《解詁》曰：「與郜子同義。」以彼例此，則兄弟非謂昏姻

也，何氏此解殆失之矣。今按：隱二年「紀履緰來逆女」，《傳》曰：「然則紀有母乎？曰：有。有則何以不

稱母？母不通也。」可知婦人無外事，不得通於它國。蕩伯姬乃蕩氏之母，而得言「來逆婦」者，以其本魯

女也，故曰「兄弟辭也」。與郜、盛一律，不得輒爲異説。又三十一年「杞伯姬來求婦」，《傳》文與此同，杞

伯姬亦魯女也。

子撝師而行。三十二年

《解詁》曰：「撝其父於師中。」

樾謹按：撝其父於師中而但曰「子撝師」，文不成義，殆非也。「撝」當讀爲「輯」。《尚書·堯典》篇「輯五

瑞」，《史記·五帝紀》、《漢書·郊祀志》竝作「揖五瑞」，是揖與輯古字通。輯猶集也。《王莽傳》「大衆方

輯」，師古注曰：「輯與集字同。」字又作「檝」。《兒寬傳》「統檝群元」，注曰：「輯、檝與集三字竝同。」蓋古

文聲近者義卽相通、輯、楫竝與集同，故揖亦與集同。「子揖師而行」，謂其子會集師徒而行也。若解作揖

其父，義不可通矣。

以人心爲皆有之。文二年

《解詁》曰：「以人心爲皆有，疾痛不忍娶。」

樾謹按：此解上文「不於祭譏」之義。蓋吉禘于莊公譏，而此年大事于大廟不譏者，正以三年之喪疾痛至深，乃人心所皆有，非如它事微婉難明，故吉禘一譏，已足見義，其餘不悉譏也。若如何解，上下文皆不貫矣。

非王者，則曷爲謂之王者王者無求？九年

樾謹按：「王者」字不當疊。蓋因上文云「王者無求」，故此發問云：既非王者，何以言王者無求也？誤疊「王者」字，義不可通。

河曲疏矣，河千里而一曲也。十二年

樾謹按：《爾雅·釋水》注引此文作「河曲流，河千里一曲一直」也；阮氏《校勘記》因謂「疏」字誤，其實非也。此二句正答上文「曷爲以水地」之問。蓋惟河曲疏闊，千里而始一曲，非十里百里間所在皆有者，故得舉以目其地也。若作「流」字，於義全失矣。郭璞《爾雅注》所引以意增改，非《公羊》原文。何氏《解詁》曰：「河曲疏，句。以据地明，句。故可以曲地。句」其說甚爲明了。而「疏」字各本均誤作「流」，於是傳義愈晦矣。《校勘記》曰：「鄂本『流』作『疏』，當據以訂正。」郝氏懿行《爾雅義疏》謂郭注兼引《解詁》文，則

亦爲誤本所惑耳。

周公盛，魯公燾，群公廩。十三年

《解詁》曰：「盛者，新穀。燾者，冒也，故上以新也。廩者，連新於陳上，財令半相連爾。」盛者，滿也。

樾謹按：宗廟粢盛必無新故雜糅之理，何解疑非也。曰盛、曰燾、曰廩，蓋別異其在器之多寡耳。盛者，滿也。《素問·脈要精微論》「上盛則氣高，下盛則氣服」，王注曰：「盛謂盛滿。」然則「周公盛」者，謂滿其器也。燾者，冒也，覆也。何氏訓燾爲冒，疏謂燾詁爲覆，若《周書》「燾以黃土」之類，正得其義。「魯公燾」者，謂雖不滿其器，然足覆冒之，不見底也。廩者，少也。《爾雅·釋言》：「廩，廯也。」「廯」字《説文》所無，古本止作「鮮」，故《釋文》引舍人曰「廩，少鮮也」，是廩有少義，此疏亦曰「廩者，希少之名」是也。「群公廩」者，謂不能滿其器，并不能覆冒之，故在器中見其少也。「廩」古作「㐭」。《周易·文言傳》鄭注曰：「㐭讀如群公㐭之㐭。古書傳作立心，與水相近。」然則群公㐭猶群公廩也。《孟子·公孫丑》篇「吾何慊乎哉」，趙注曰「慊，少也」；《禮記·大學》篇正義曰「慊，不滿之貌」，是可得其義矣。

筍將而來也。十五年

《解詁》曰：「筍者，竹箯，一名編輿，齊、魯以北名之曰筍。將，送也。爲叔姬淫，惡魯類，故取其尸置編輿中，傳送而來，脅魯令受之。」

樾謹按：公孫敖之死，至此已閲八月，豈其尸猶可置編輿中？何解非也。今按：筍者，以橫木縣其棺，使人舁之也。其名蓋起於筍虡之筍。《攷工記》「梓人爲筍虡」，鄭注曰：「樂器所縣橫曰筍，從曰虡。」凡事

理之相近者名卽相通，橫木以縣鐘鼓謂之筍，故橫木以縣棺亦謂之杠，《說文·木部》：「杠，牀前橫木也。」而橫木以渡水亦謂之杠，《孟子·離婁》篇「十一月徒杠成」是也。車前橫木謂之扃，宣十二年《左傳》服注「扃，車前橫木也」；而橫木以舉鼎亦謂之扃，《儀禮·士冠禮》「設扃鼏」是也。皆其例矣。《釋文》曰：「筍，音峻。」《史記·張陳列傳》「上使泄公持節問貫高箯輿前」，服虔曰：「箯音編，編竹木，如今峻可以糞除也。」陸氏音筍爲峻，蓋本服氏之說。夫箯輿不妨亦有筍名。然敖死已久，而猶得於箯輿中傳致其尸，萬無是理。《釋名·釋樂器》曰：「筍，峻也。」是筍虡之筍亦可讀如峻也。

不與晉而與楚子爲禮也。 宣十二年

《解詁》曰：「不與晉而反與楚子爲君臣之禮，以惡晉。」

橫謹按：「爲禮」二字疑衍文也，其原文當云：「此其稱名氏以敵楚子何？不與晉而與楚子也。晉而與楚子？句。爲禮也。」蓋晉人不度德量力，以臣敵君，故斥言荀林父名氏以敵楚子者，正《春秋》之不與晉而與楚子也。其所以不與晉而與楚子，則以楚子有禮故也，故曰「爲禮也」，猶文三年《傳》曰「爲諼也」。今上句因下句而誤衍「爲禮」二字，遂作一句連讀之，義不可通矣。

君之不令臣交易爲言。

《解詁》曰：「交易，猶往來也。」言君之不善臣，屢往來爲惡言。」

橫謹按：如何解，則必增入「惡」字，於文方備，殆非也。「爲」當讀爲「譌」。《說文·言部》：「譌，譌言也。

從言爲聲。《詩》曰：「民之譌言。」今《詩·沔水》篇、《正月》篇竝作「民之訛言」，《沔水》箋曰：「訛，僞也，言小人好詐僞，爲交易之言，即此《傳》所云「交易爲言」也。爲、僞、譌、訛四字古人通用。《堯典》「平秩南訛」，《史記·五帝紀》作「南譌」，小司馬本作「南爲」，《漢書·王莽傳》作「南僞」，是其證矣。

大其平乎己也。十五年

《解詁》❶曰：「己，二大夫。」

樾謹按：二大夫而但謂之己，於文甚爲不明，殆非也。蓋平有因人而平者，如宣四年「公及齊侯平莒及郯」是也。平乎己對平乎人而言，不待人之爲平而自爲平，斯謂之平乎己矣。是年「春，公孫歸父會楚子于宋」，何氏《解詁》曰：「地以宋者，善內爲救宋行，雖不能解，猶爲見人之厄則矜之。」然則魯固欲平楚、宋，因楚不可而止，是楚子初心必欲得宋明矣；乃能聽子反之言引師而去，可謂能自克矣，故《春秋》大其平乎己也。

莊王曰：「諾。舍而止。」

《解詁》曰：「先以諾受，絕子反語。更命築舍而止，示無去計。」

樾謹按：下文曰「雖然，吾猶取此然後歸爾」，若如何解，則不必有「雖然」二字矣。何氏知其不可通，因曲爲之説曰「雖宋已知我糧短，欲徵糧待勝也」，其於文義終有未安。今按：此即《左傳》所謂「退三十里，宋

❶「詁」，原無，今據上下文例補。

群經平議卷二十三　春秋公羊傳

六〇七

群經平議

及楚平也」。軍行三十里爲一舍，僖二十八年《左傳》「退三舍避之」，杜注曰「一舍三十里」是也。「莊王曰：『諾。舍而止。』」諾者，受子反之言，舍而止者，命引軍而去之三十里，然後止也。莊王此時已欲去宋，而又曰「雖然，吾猶取此」，則又其轉念也。《傳》言「此」者，正見自克之難也。

使耕者東畝，是則土齊也。成二年

《解詁》曰：「則晉悉以齊爲土地，是不可行。」

樾謹按：使耕者東畝，晉非能遂得齊之土地也。且得齊之土地而謂之土齊，亦近不辭，何解殆失之矣。惠氏棟《九經古義》曰：「土讀曰杜。《周禮》及《司馬法》曰：『犯令陵政則杜之』，注云：『《王霸記》曰：杜之者，杜塞使不得與鄰國交通。』然耕者東畝，往來仍自可通，交鄰之路豈由此而杜塞乎？惠說亦未爲得也。今按：「土」當讀爲「度」，土與度聲相近。《尚書・柴誓》篇「杜乃擭」，《周官・雍氏》注引作「敼乃擭」。土之爲度，猶杜之爲敼也。《大司徒職》曰「以土圭土其地」，鄭注曰「土其地，猶言度其地」，又《典瑞職》曰「封國則以土地」，注曰「土地，猶度地也」，竝古文叚「土」爲「度」之證。故《土方氏職》曰「以土地相宅」，即度地相宅也。晉人使齊之封內盡東其畝，是有意規度齊國之土地，故曰「是則度齊也」。度與規同義。襄二十五年《左傳》曰「度山林」，又曰「規偃豬」，是規、度一也。《國語・楚語》曰：「實讒敗楚國，使不規東夏。」韋注曰：「規，猶有也。」其實規亦言規度也。此云度齊，猶彼云規東夏矣。因叚「土」爲「度」，學者遂失其義。僖四年《穀梁傳》曰：「不土其地，不分其民，明正也。」不土其地，亦即不度其地也。或曰日用然後郊。十七年

六〇八

《解詁》曰：「或曰用者，先有事，存后稷神名也。晉人將有事於河，必先有事於惡池。齊人將有事於泰山，必先有事於蟁林。魯人將有事於天，必先有事於泮宮。九月郊尤悖禮，故言用，小大盡譏之。」

檥謹按：如此説，則分用與郊爲二事，義不可通。且有事泮宮，豈可但謂之用乎？何氏始未得其解也。

此承上文「郊用正月上辛」而言，蓋郊之必用正月上辛，固其正也。然哀元年《穀梁傳》曰：「郊，三卜，禮也。」又曰：「郊自正月至于三月，郊之時也。我以十二月下辛卜正月上辛，如不從，則以正月下辛卜二月上辛，如不從，則以二月下辛卜三月上辛，如不從，則不郊矣。」此《傳》所載或説，蓋即穀梁子之説，「用而後郊」謂卜中而後郊也。《説文·用部》：「用，可施行也。從卜中。」是用字本從卜中，會意，故其義即爲卜中。卜中而後郊，是不必正月上辛矣，故附載其説以廣異義也。此年書「九月辛丑用郊」者，疑魯人於春三月卜之不吉，又改於秋三月卜之，至九月上辛而吉，遂用以郊，故《春秋》即如其實書之，以示譏耳。定十五年「夏五月辛亥郊」《傳》曰：「曷爲以夏五月郊也。」此年以九月郊，與彼年以五月郊其事正同。此書「用」而彼不書「用」者，於此一譏已足見義，其餘不悉譏也。莊四年《傳》曰：「不可勝譏，故將壹譏而已，其餘從同同。」

《解詁》曰：「昷爲以夏五月郊？三卜之運也。」《解詁》曰：「運，轉也。已卜春三正不吉，復轉卜夏三月，周五月，得二吉，故五月郊也。」此年以九月郊，與彼年以五月郊其事正同。此書

莒女有爲鄫夫人者，蓋欲立其出也。　襄五年

《解詁》曰：「時莒女嫁爲鄫後夫人，夫人無男有女，還嫁之于莒，有外孫。鄫子愛後夫人而無子，欲立其外孫。」

樾謹按：《傳》文但曰「莒女有爲鄫夫人者」，不言夫人有女還嫁莒也。且古謂姊妹之子爲出，不謂外孫爲

出，鄫子欲立外孫而曰欲立其出，更爲失之。今按：《爾雅·釋親》「男子謂姊妹之子爲出」，而《釋名·釋

親屬》但曰「姊妹之子曰出」，是男女得通稱之，凡女子謂姊妹之子亦曰出矣。莒女爲鄫夫人，而欲立其

出，蓋莒女無子，而其姊妹適莒大夫者有子，因欲立爲鄫子之後也。《傳》不曰「鄫子欲立其出」，則所謂

「其出」者，從夫人而言之明矣。

剽之立於是，未有説也。二十六年

《解詁》曰：「剽以公孫立於是位，尤非其次，故衛人未有説喜。」

樾謹按：「未」當作「末」，隸書未、末二字相溷。《蒼頡廟碑》「以化未造」，「未造」即「末造」也，是其證矣。

「説」當讀如本字，乃「言説」之「説」，非「喜説」之「説」也。末，無也，「末有説也」，謂無説也。蓋使剽以次

當立，則其立於是也猶爲有説，乃剽則公孫也，於昭穆遠矣，故曰「剽之立於是，末有説也」。何氏以爲衛

人未有説喜，失之矣。

刑人則曷爲謂之閽？刑人非其人也。二十九年

《解詁》曰：「以刑人爲閽，非其人，故變盜言閽。」

樾謹按：弟子問曷爲謂之閽，則當曉以書閽之故，方合問意。乃但言刑人之不合爲閽，則所以書閽之故

仍不可得而明，何解殆失之矣。今按：二十三年「晉人殺欒盈」，《傳》曰：「曷爲不言殺其大夫？非其大

夫也。」「非其人」與「非其大夫」文法一律，義亦當同。文十六年《傳》「大夫弑君稱名氏，賤者窮諸人」，則

此刑人正宜書人。乃不書人而書閽者，以非其人也。非其人者，謂非吳人也。《左傳》曰：「吳人伐越，獲俘焉以爲閽，使守舟。吳子餘祭觀舟，閽以刀弒之。」然則此刑人乃是越人，若書曰吳人弒其君，失其實矣。而又見在吳國，非自外來，不得從邾婁人戕鄫子之例，故如其實而書之曰「閽」，且因以爲人主近刑人之戒。《傳》意本極分明，何氏誤據哀四年「盜殺蔡侯申」《傳》文，謂此閽亦當書盜，遂以變盜書閽爲説，而於「非其人」句不得其解矣。

何以不名？　秦者，夷也。　匿嫡之名也。　其名何？　嫡得之也。　昭五年

《解詁》曰：「嫡子生，不以名令于四境，擇勇猛者而立之。」又曰：「獨嬰、稻以嫡得立之。」

樾謹按：此《傳》之義，甚不可曉。秦既匿嫡子之名矣，何以嫡子得立，其名又得書於《春秋》乎？今按：《説文·女部》「嫡，孎也」，「孎，謹也」，是嫡本非嫡庶字。凡嫡庶字古作「適」，隱元年《傳》「立適以長不以賢」，其字作「適」不作「嫡」可證也。此《傳》「嫡」字疑古本皆作「適」。兩「適」字異義。「匿適之名也」，此適庶之適，言秦人於適子之名皆隱匿之，其所以隱匿之者，正以欲立爲君之故，不使人指斥之，非如何氏所謂擇勇猛者而立之也。「適得之也」，此適然之適，言秦人於適子之名皆隱匿之，故秦諸君名竝不箸，惟文十八年秦伯罃卒、宣四年秦伯稻卒兩君獨名者，乃適得之也，猶云偶然得之也。襄八年《傳》「侵而言獲者，適得之也」，與此《傳》文正同。因字誤作「嫡」，遂不可解矣。

其序則齊桓、晉文，其會則主會者爲之也。十二年❶

《解詁》曰：「唯齊桓、晉文會能以德優劣、國大小相次序。非齊桓、晉文，則如主會者爲之，雖優劣大小相越，不改更信史也。」

樾謹按：其序、其會兩文對舉，何氏所解非《傳》意也。此蓋言諸侯之序皆伯主所定，諸侯之會皆主會者所爲，以見《春秋》所載二百四十年之事，悉據當時之實耳。其以諸侯之序爲桓、文所定者，蓋晉文躡事齊桓，無大變更，而其後又晉人世主夏盟，一循文、襄之舊，故推而上之，以爲皆桓、文所定也。此兩句皆證明《春秋》信史之義。若如何解，則齊桓、晉文句與上下文皆不屬矣。

復加一飯，則脱然愈；復損一飯，則脱然愈；復加一衣，則脱然愈；復損一衣，則脱然愈。十九年

樾謹按：何氏不解「復」字。復者，告也，請也。《管子・小問》篇「以復管仲」，尹注曰：「復猶告也。」《周官・宰夫職》「諸臣之復」，鄭注曰：「復，請也。」復加、復損，竝謂請於父母而加之、損之。

宋南里者何？若曰因諸者然。二十一年

《解詁》曰：「因諸者，齊放刑人之地。公羊子齊人，故以齊喻也。」疏曰：「舊説云：即《博物志》云『周曰圖圄，齊曰因諸』是也。」

樾謹按：南里者，《穀梁傳》曰「宋之南鄙也」，是南里爲宋南鄙地名。宋有南里，猶鄭有東里也。南里既

❶ 「二」，原作「一」，今據《春秋公羊傳》改。

為宋地名，則因諸亦當爲齊地名，以其同爲放逐刑人之地，故公羊子舉以爲比。而《博物志》乃有「周曰圜圍，齊曰圛諸」之說，則失之甚矣。《禮記・月令》正義引《鄭志》：「崇精問曰：獄，周曰圜土，殷曰羑里，夏曰均臺，圛圍何代之獄？」焦氏答曰：《月令》秦書，則秦獄名也。漢曰若盧，魏曰司空。」蔡邕《獨斷》曰：「夏曰均臺，殷曰牗里，周曰圛圍，漢曰獄。」《初學記》引《風俗通義》曰：「夏曰夏臺，殷曰羑里，周曰圛圍。」諸書所記，竝無齊曰圛諸之文，《博物志》謂周曰圛圍，齊曰圛諸，蓋誤解《公羊傳》文而爲此說，不足據也。如其說，亦將云宋曰南里乎？孔氏《通義》曰：「宋公之弟辰自曹入于蕭，蕭不繫宋，而此繫宋者，正以南里非地名也。宋南里者，猶曰宋獄也。」此說大謬。華氏自此年夏入于宋南里以畔，至次年春始自宋南里出奔楚，豈有伏處陞牢❶自同幽繫，從夏至春，歷時數月者乎？誠如是也，又何謂之畔矣？考之《左傳》，鄭亦有南里，襄二十六年楚子伐鄭入南里是也，豈亦入于鄭獄乎？《解詁》謂「因諸者，齊放刑人之地」，既謂之放，明非拘繫，即此一字可知非獄，不得以圛圍爲比。而「放」字各本皆誤作「故」，賴阮氏《校勘記》據鄂本訂正。

邑不言潰，此其言潰何？郟爲郟之？君存焉爾。二十九年

《解詁》曰：「郟，郟。」疏曰：「郟，郟者，郟之猶曰國之，但古今異語也。」

樾謹按：郟不訓國，疏謂「郟之猶曰國之」，失何氏之旨矣。何氏訓郟爲郭，郭，大也。《玉篇・邑部》曰：

❶ 「陞」原作「陛」，今據清經解續編本改。

「郭，大也。」郭爲大，故郛亦爲大。《初學記》引《風俗通義》曰「郭亦謂之郛，郛者，亦大也」，是其義也。郛之猶曰大之。邑不言潰而此言潰，乃張而大之之意。所以張而大之者，正以君存焉爾。古人之文，亦或避習用之字而代以它字。文八年《左傳》曰「珍之也」，杜注曰：「珍，貴也。」此《傳》不曰「大之」而曰「郛之」，猶彼傳不曰「貴之」而曰「珍之」矣。《莊子·秋水》篇曰「垺大之殷也」，「垺」即「郛」之異文也。

顏夫人者，嫗盈女也。三十一年

疏曰：「謂此老嫗是盈姓之女。」

樾謹按：既云夫人，不得又謂之嫗，疏義非也。嫗盈疑是顏夫人之母，以其老，故尊之曰嫗耳。古婦人或繫於母而稱之，襄二十九年《左傳》「齊侯娶於魯曰顏懿姬，無子，其姪鬷聲姬生光」，杜注曰：「顏、鬷皆二姬母姓。」然則盈亦夫人母姓也。

子沈子曰：「定君乎國，然後卽位。」定元年

《解詁》曰：「定昭公之喪禮於國。」

樾謹按：「定」當讀爲「正」，古字通用。《尚書·堯典》「以閏月定四時」，《史記·五帝紀》「定」作「正」；《國語·齊語》「正卒伍」，《漢書·刑法志》「正」作「定」，竝其證也。「正君乎國」即所謂正棺於兩楹之間。上文云「正棺於兩楹之間，然後卽位」，說其事也。此引「子沈子曰：『定君乎國，然後卽位』」，說其理也。《穀梁傳》曰：「何爲戊辰之日然後卽位也？正君乎國，然後卽位也。沈子曰：『正君乎國，然後卽位也。』正君乎國，然後卽位也。沈子曰：『正棺乎兩楹之間，然後卽位也。』」與此《傳》文雖互異，而義實相同。蓋惟正君乎國卽是正棺於兩楹之間，故以「正君乎國」爲沈子位也。」

之言可也，以「正棺於兩楹之閒」爲沈子之言亦可也。古經師口授，但求大旨之無乖，不斤斤於字句閒也。

孔氏《通義》不據《穀梁傳》讀「定」爲「正」，而自爲之説曰：季氏立定公之謀至戊辰然後定，❶因謂《穀梁

傳》與此相反，弟子乖其師説如此，失之甚矣。

此災菽也，曷爲以異書？

《解詁》曰：「據無麥苗以災書。」

樾謹按：「菽」字衍文也。蓋無麥苗以災書，則此經賈霜殺菽亦當以災書。而《傳》乃曰「記異也」，故弟子

問曰：「此災也，曷爲以異書？」今衍「菽」字，於義不可通矣。

闔廬曰：「士之甚。」四年

《解詁》曰：「言其以賢士之甚。」

樾謹按：「士」當作「大」，《穀梁傳》正作「大之甚」，可據以訂正。「大」字隸書每變作「土」，如赤、幸、壺、壹

等字，其上皆從大，而今皆作土，是其證也。「大之甚」譌作「士之甚」，何氏因曲爲之説，於義終不安也。

以季氏之世世有子。

《解詁》曰：「言我季氏累世有女以爲臣。」

樾謹按：何解未得「有」字之意。有者，相親有之謂也。昭二十年《左傳》「是不有寡君也」，杜注曰：「有，

❶「定」，原作「昭」，今據孔廣森《公羊春秋經傳通義》改。

相親有也。」宣十五年《公羊傳》「潞子離於狄，而未能合於中國，晉師伐之，中國不救，狄人不有」，不有亦
言不相親有也。「以季氏之世世有子」，謂季氏累世親厚於子，異於它人。若如何解，則爲不辭矣。

卻反舍于郊，皆説然息。

《解詁》曰：「説，解舍。然，猶如。」

樾謹按：何氏此解殊未明了。説猶脱也。《詩·野有死麕》篇「舒而脱脱兮」，毛傳曰：「脱脱，舒也。」重
言之爲脱脱，單言之即爲脱。《淮南子·精神》篇「則脱然而喜矣」，高注曰：「脱，舒也。」此《傳》云「説
然」，猶彼云「脱然」，乃舒遲之意。蓋陽虎意中無所畏憚，故與其徒脱然止息耳。脱與説古字通用。《荀
子·正名篇》楊倞注曰：「説讀爲脱。」

曷爲不言其所食？漫也。十五年

《解詁》曰：「漫者，徧食其身。」

樾謹按：「漫」即「曼」字，《校勘記》曰「唐石經元本作曼」是也。《説文·又部》：「曼，引也。」《漢書·禮樂
志》「世曼壽」，師古注曰：「曼，延也。」是曼有延及之義，故曰曼衍，《莊子·齊物論》篇「因之以曼衍」是
也。亦曰曼羨，《文選·封禪文》「沕潏曼羨」是也。古字本止作「曼」，以水言之則從水作「漫」，猶以艸言
之則從艸作「蔓」也。《詩·野有蔓艸》篇毛傳曰：「蔓，延也。」此經不言所食者，蓋初食雖止一處，而其傷
曼延，不能知其初食之處，故曰曼也。何氏謂徧食其身，於義尚未盡得。《漢書·揚雄傳》曰「爲其泰曼澷
而不可知」，即此「曼」字之義。

父有子，子不得有父也。哀二年

《解詁》曰：「明父得有子而廢之，子不得有父之所有。」

樾謹按：何氏所解未得《傳》意。父有子者，謂靈公已有輒爲子也。輒於靈公，孫也，非子也，而得爲子者，成十五年《傳》曰「爲人後者爲之子也」。彼嬰齊於歸父以弟爲兄後，而有子道，然則輒於靈公以孫爲王父後，其有子道明矣。靈公旣不以蒯瞶爲子，而別以輒爲子，則蒯瞶亦不得以靈公爲父。《國語·晉語》秦穆公使公子縶弔公子重耳於翟，重耳再拜不稽首，此卽不得有父之義也。「穆公曰：『吾與公子重耳。重耳仁，再拜，不稽首，不没爲後也。』」韋注曰：「没，貪也。」靈公逐蒯瞶而立輒，蒯瞶乃於父死之後介大國以求入，是父已有子，而必爭之曰此吾父也，是貪爲後也，故《春秋》不與也。

群經平議卷二十四

德清俞樾

春秋穀梁傳

仲子者何？惠公之母，孝公之妾也。禮，贈人之母則可，贈人之妾則不可，君子以其可辭受之。隱元年

樾謹按：范氏無解。王氏引之《經義述聞》曰：「君子以其歸贈非禮，魯人可以辭矣。今乃不辭而受之，故志以示譏。」此說未得《傳》意，如其說，當云「君子以其可辭而受之」，於文方明，不當但云「以其可辭受之」也。蓋可者，卽所謂贈人之母則可也。禮可贈人之母，不可贈人之妾。周人之來歸贈也，以其爲惠公之母而歸之，此辭之可者也；以其爲孝公之妾而歸之，此辭之不可者也。《春秋》書曰「惠公仲子」，繫仲子於惠公，明周之歸贈，以其爲惠公之母也，此所謂「以其可辭受之」也。下句曰：「其志不及事也」，王氏曰：「『其志』二字與上句文義不屬，『其』疑當爲『且』，形相似而誤也。」今按：此句與上句本不相屬，「其志」，句。「不及事也」，句。言歸贈常事，本不必記，其所以記者，以其不及事也。莊十一年《傳》「其志過我也」，二十年《傳》「其志以甚也」，文元年《傳》「其志重天子之禮也」，昭十八年《傳》「其志以同日也」，文與此同，可證「其」字之非誤。王氏誤解上句，故於此句亦失之矣。

六一八

聘弓鍭矢，不出竟場。

疏曰：「聘弓鍭矢者，麇信云：聘，問也。古者以弓矢相聘問，故《左傳》云：「楚子問郤至以弓。」[1]《爾雅・釋器》云：「金鏃翦羽謂之鍭」，郭璞云：「今之鏲箭是也。」」

樾謹按：鍭矢之名雖本《釋器》文，然以之說此《傳》，則聘弓與鍭矢不倫矣。「鍭」當讀爲「候」，候與聘義同。候之言視也，望也，故迎送賓客之官謂之候，襄二十一年《左傳》「使候出諸轘轅」是也。使人於它國有所覘察亦謂之候，《呂氏春秋・貴因》篇「武王使人候周」是也。「聘弓候矢」謂以弓聘問，以矢候視也。疑《穀梁》原文本作「候矢」，蓋古字侯與候通，故《白虎通・爵篇》曰：「侯者，候也。」後人不知「侯」之爲「候」，而以爲卽《爾雅》之鍭矢，因加金旁耳。下句曰：「束脩之肉，不行竟中。」按：脩者，脯也。既曰脩，又曰肉，甚爲不辭。「肉」疑「問」字之誤，《禮記・檀弓》篇曰「古之大夫束脩之問不出竟」，是其證也。莊二十七年范氏《集解》又引董仲舒「大夫無束脩之餽」，餽與問同。蓋聘弓、候矢與束脩之問，竝謂以物與人也。弓也、矢也、束脩也，其物也；聘也、候也、問也，其事也。以弓相聘，以矢相候，以束脩相問，皆事之至微者，猶且不敢焉，此人臣之義也。「候」誤作「鍭」，「問」誤作「肉」，而《傳》義不見矣。

或曰：紀子伯，莒子而與之盟。或曰：年同爵同，故紀子以伯先也。　二年

《集解》曰：「紀子以莒子爲伯而與之盟。伯，長也。」又曰：「年爵雖同，紀子自以爲伯而先。」

❶ 「郤」，原作「郤」，今據清經解續編本改。

群經平議卷二十四　春秋穀梁傳

六一九

樾謹按：《傳》列二說，其讀「伯」字不同。「紀子以伯先」則以本字讀之，伯者，長也。「伯莒子而與之盟」

則當讀爲「歧」。《說文・攴部》：「歧，迮也。」從支白聲。《周書》曰：『常歧常任。』」今《尚書・立政》篇作

「常伯」，是伯、歧古字通。「歧莒子而與之盟」者，迮莒子而與之盟也。襄二十九年《公羊傳》「今若是迮而

與季子國」，是其義也。哀十五年《左傳》「迫孔悝於廁，强盟之」，歧與迫同。兩說之中，前說爲長。范氏

曰「紀子以莒子爲伯」，失其義矣。

日葬，故也，危不得葬也。 三年

是也。」

《集解》曰：「《傳》例曰：諸侯時葬，正也。月葬，故也。日者憂危最甚，不得備禮葬也。」疏曰：「時葬，正

也」，襄七年《傳》文；『月葬，故也』隱五年《傳》文。日者憂危最甚，此《傳》云『日葬，故也，危不得葬也』

樾謹按：《集解》與疏均不說「故」字之義。文十八年《傳》「子卒不日，故也」《集解》曰：「故，殺也。」然施

之此《傳》，則義不可通，殆未可爲達詁矣。今按：莊二十三年《傳》「往時，正也」，「致月，故也」三十二年

《傳》「子卒日，正也；不日，故也」，並以故與正爲對文。然則故者變也，《荀子・王霸篇》「不敬舊法而好

詐故」，楊倞注曰「故，事變也」，是其證也。《穀梁傳》每有「故也」之文。隱十一年《傳》「公薨，不地，故

也」，莊三年《傳》「志葬，故也」，僖元年《傳》「夫人薨不地，地，故也」，昭三十年《傳》「中國不存公，存公

故也」；其義並同。桓元年《傳》「繼故不言即位，正也」，文元年《傳》「繼正即位，正也」，繼故與繼正對文。

繼故猶言繼變，謂先君遇弒，國之大變也。《集解》曰：「故謂弒也。」此爲目言其事則可，若以古訓求之，

則故可訓變，不可訓弑，范氏殆失之矣。

始屬樂矣。 五年

《集解》曰：「言時諸侯僭侈，皆用八佾。魯於是能自減屬，而始用六。穀梁子言其始僭，尸子言其始降。」

樾謹按：穀梁子謂諸侯當用四佾，故以初獻六羽爲僭樂。尸子謂自天子至諸侯通用八佾，故以初獻六羽爲屬樂。屬與僭竝言其失，非謂其能自減屬也。「屬樂」與《孟子》「屬陶冶」、「屬農夫」同。屬者，病也。始屬樂者，始病樂也，言自是之後樂日以壞，故爲始病也。屬字竝無減義，范氏以減屬說之，非是。

城爲保民爲之也。 七年

《集解》曰：「建國立城邑，有定所，高下大小存乎王制。刺公不修勤德政，更造城以安民。」

樾謹按：范氏訓保爲安，則造城以安民，於事未爲甚失，《春秋》何以譏之乎？其說非也。保者，小城也，古字作「堢」。《說文・土部》：「堢，高土也。」俗字作「堡」。《一切經音義》引《聲類》曰：「堡，高土也。」經傳通以「保」爲之，《禮記・月令》篇「四鄙入保」《檀弓》篇「遇負杖入保者息」，《國語・晉語》「抑爲保鄙乎」。鄭、韋注竝訓爲「小城」是也。此《傳》曰「城爲保民爲之也」，蓋言爲保中之民更作城也。民本有保，乃更爲作城，故《春秋》書以示譏。下文曰「民衆城小則益城，益城無極」，可知其爲城小之故而益城，初非無城也。然則「保」字當訓爲小城明矣。

郜鼎者，郜之所爲也。曰宋，取之宋也，以是爲討之鼎也。孔子曰：名從主人，物從中國，故曰郜大鼎也。 桓

二年

樾謹按：以是爲討之鼎也，文義未安。范氏《集解》曰：「討宋亂而更受其賂鼎」❶ 則當云「賂之鼎」，不當

云「討之鼎」。且稷之會，經明書以成宋亂，又何討之有乎？ 今按：「討」乃「糾」字之誤。《釋文》曰：「麋

氏云：討或作糾。」蓋其所見尚有作「糾」之本。後人不知「糾」字之義，因臆改爲「討」耳。糾字從糸從丩，

《説文・丩部》：「丩，相糾繚也」；又曰：「丩，艸之相丩者」，又曰：「糾，繩三合也。」蓋丩、糾二字竝從丩

爲意，艸相丩謂之丩，絲相丩謂之糾，其義一也。此鼎本部所爲，則爲郜鼎；而取之於宋，則又爲宋鼎，一

鼎而郜、宋共之，故曰以是爲糾之鼎也，言其糾繚而難明也。乃孔子則以爲名從主人，物從中國，於是書

之曰「郜大鼎」，而其名自此定矣。今「糾」誤爲「討」，則《傳》義全失，宜從麋氏訂正。下文「紀侯來朝」，

《傳》曰：「於是爲齊侯、陳侯、鄭伯討數日以賂。」「討」亦誤字，唐石經作「計」是也。 觀彼「討」字之誤，則

此「討」字之誤更無疑矣。

謹言而退。 三年

樾謹按：「謹」當爲「結」，《公羊傳》正作「結言而退」，是其證也。 結與謹一聲之轉，長言之則結音如謹，古

經師多口授，因誤爲謹耳。《廣雅・釋詁》曰：「劫，勤也。」結言與謹，猶劫之與勤，竝雙聲字。

四時之田用三焉，唯其所先得，一爲乾豆，二爲賓客，三爲充君之庖。 四年

❶ 「鼎」，原作「器」，今據阮刻《穀梁傳注疏》改。

《集解》曰：「上殺中心，死速，乾之以爲豆實，可以祭祀。次殺射髀髂，死差遲。下殺中腸汙泡，❶死最遲。」

樾謹按：范氏所解與何邵公注《公羊》雖其說不同，大旨一也，然非《傳》意也。《傳》曰「唯其所先得」，則自以所得先後爲次，最先得者以供祭祀，次以供賓客，次以供庖廚耳。上殺、次殺、下殺雖經師相承有此說，然自《禮記・王制》及《公》、《穀》兩傳說此事者並以一、二、三爲次，不以上、中、下爲次，則疑其不足據矣。設也所獲之獸無可當上殺者，將遂無以供祭祀之用乎？不如據《穀梁》，此《傳》謂以所得先後爲次，其說簡而當也。又按：此《傳》「一」字衍文也，《傳》文本曰：「唯其所先得爲乾豆，二爲賓客，三爲充君之庖。」言二、言三不言一者，唯其所先得卽是一也。後人因《公羊傳》「一曰乾豆」之文而於此《傳》亦加「一」字，則「唯其所先得」五字不可通矣。夫《公》、《穀》兩傳文自不同，彼用「曰」字而此用「爲」字，則此《傳》弟一句蒙上五字爲文可知，知其蒙上爲文，而「一」字之爲衍文可知；知「一」字之衍，而其以所得先後爲次又可知矣。

六年春正月，寔來。

《集解》曰：「來朝例時。月者，謹其無禮。」疏曰：「州公不以禮朝，又至魯不反，是無禮之事。」

樾謹按：至魯不反乃《左氏傳》之說，而《公》、《穀》絕無此文。至「寔來」之義，《公羊傳》曰：「曷爲謂之寔

---

❶ 「汙」，原作「汙」，今據阮刻《穀梁傳注疏》改。

來？慢之也。曷爲慢之？「化我也。」此《傳》曰：「其謂之是來何也？以其畫我，故簡言之也。」簡、慢義

同，化聲近，兩傳大旨略同。惟《公羊》於化我下不置一詞，此《傳》又申明之曰「諸侯不以過相朝也」，

於是其義明矣。蓋諸侯惟過天子之國必行朝禮，成十三年《公羊傳》所謂「不敢過天子也」是也。若諸侯

之於諸侯，本非臣屬，但須假道，不必相朝。而州公乃以如曹之故，道出魯境，遂行朝禮，朝不以禮與無禮

同，故謂之化我。何休曰：「行過無禮謂之化，齊人語也。」此其說必有師承。又曰：「諸侯相過，至竟必假

塗，入都必朝，所以崇禮讓，絕慢易，戒不虞也」則大非《傳》義矣。

時日，同乎人也。

《集解》曰：「時人僉曰，齊侯之子，同於它人。」

樾謹按：《左傳》載桓公之言曰：「是其生也，與我同物，名之曰同。」然則同之命名，桓公以爲同乎己也，故

時人卽反其言以譏之，曰同乎人也。范氏所解尚未盡得其旨。

故略之也。八年

樾謹按：「故」字衍文也。上文曰「不正其以宗廟之大事卽謀於我，故弗與使也」，則當有「故」字。此文曰

「遂，繼事之辭也。其曰遂逆王后，略之也」，則不當有「故」字。蓋卽涉上文「故弗與使」而誤衍耳。

内失正，曹伯失正，世子可以已矣。則是故命也。九年

樾謹按：「故」字唐石經作「放」，《御覽》百四十七引庾信注曰「放，違也」，當從之。放命卽方命。《尚書·

堯典》篇「方命圮族」，《漢書·傅喜傳》《王商傳》竝作「放命圮族」，正義引鄭注曰「方讀爲放，謂放棄教

命」，是「方」者借字，「放」者正字也。此《傳》言曹伯使世子來朝，則曹伯爲失正；魯以待人父之道待人

子，則内爲失正，故曰「内失正，曹伯失正，世子可以已矣」，明世子可以止而不行也。然止而不行，疑若放

棄父命者，故又發難曰「則是放命也」。下乃引尸子之言以斷之曰「夫已，多乎道」，明雖放命不足爲罪也。

尸子曰：夫已，多乎道。

《集解》曰：「邵曰：已，止也。止曹伯使朝之命，則曹伯不陷非禮之惡，世子無苟從之咎，魯無失正之譏。」

樾謹按：《論衡·本性篇》引陸賈曰「人能察己所以受命則順，順之謂道」，是道有順義。《國語·楚語》以

「違而道」、「從而逆」相對，然則道即順也。多者，賢也。《小爾雅·廣詁》曰：「賢，多也。」凡相較而勝謂

之賢，亦謂之多。《論語·陽貨篇》「爲之猶賢乎已」，皇侃義疏曰：「賢，猶勝也。」《禮記·檀弓》篇「多矣

乎予出祖者」，正義曰：「多，猶勝也。」是多與賢義同。「尸子曰：夫已，多乎道」言此事之已，雖若放棄父

命，而實勝乎從順也。范氏不知「道」之爲順，乃解爲合道多。夫合道多而但曰「多乎道」，近於不辭矣。

三者正，則合道多矣。

樾謹按：決者，明也。《儀禮·大射儀》、《鄉射禮》、《士喪禮》注竝曰：「決，猶闓也。」《廣雅·釋詁》曰：

「闓，明也。」然則決亦爲明矣。范氏正以「明」字釋「決」字，而楊疏乃謂決宜書日，非其旨也。

《集解》曰：「明二事皆當日也。」疏曰：「決日者，謂二事決宜書日，故經兩舉日文也。」

再稱日，決日義也。十二年

國非無良農工女也，以爲人之所盡事其祖禰，不若以己所自親者也。十四年

樾謹按：「盡」當讀爲「進」。以農女所爲者事祖禰，是以人之所進者事祖禰也，豈若己所自親者乎？進、

盡聲近，故得通用。《漢書·高帝紀》「主進」，師古曰：「進，字本作賮，又作賮，音皆同耳。古字叚借，故

轉而爲進。」然則進之爲盡，猶賮之爲進矣。《爾雅·釋詁》：「蓋，進也。」蓋與盡古亦通用。

以夫人之伉，弗稱數也。 十八年

《集解》曰：「濼之會，夫人驕伉，不可言及，故舍而弗數。」

樾謹按：范氏但曰「舍而弗數」，未及「數」字之義。數者，説也。《詩·擊鼓》篇「與子成説」，毛傳曰：「説，

數也。」説爲數，故數亦爲説。《禮記·儒行》篇「遽數之不能終其物」，正義曰：「數，説也。」蓋稱説者必一

一數之，故數與説其義得通。「弗稱數也」，猶曰弗稱説也。《穀梁傳》每用「數」字。隱十一年《傳》曰：

「犆言同時也，累數皆至也。」范解曰：「累數，總言之也。」文十八年《傳》曰：「不正其同倫而相介，故列而

數之也。」范解曰：「是以同倫爲副使，故兩言之。」並得其義矣。 昭三年《左傳》曰：「善哉，吾得聞此數

也。」「聞此數」即「聞此説」也。

築之外變之爲正，何也？ 莊元年

樾謹按：「變之爲正」當作「爲變之正」。蓋上文曰「築之外，變之正也」，故此發問曰：「築之外爲變之正，

何也？」今作「變之爲正」，義不可通矣。

使之如下齊而來我然。 六年

《集解》曰：「若衛自歸寶於齊，過齊然後與我。」

樾謹按：下者，後也。《詩‧下武》篇「下武維周」，鄭箋曰：「下，猶後也。」蓋古人謂前爲上，謂後爲下。《呂氏春秋‧安死》篇曰：「自此以上者，亡國不可勝數。」高注曰：「上，猶前也。」然則下猶後矣。「使之如下齊而來我」，謂若後齊而至我也。范解未甚明了，故具說之。定元年《傳》曰「以其下成、康爲未久也」，下亦後也。

疑戰而曰敗勝內也。 十年

《集解》曰：「勝內，謂勝在內。」

樾謹按：經書「公敗齊師」，則勝在內自不待言，又何必舉以爲說乎？且勝在內而曰勝內，亦近不辭，范氏此解殆未得《傳》意也。勝與其同義。《論語‧衛靈公》篇「甚於水火」，皇氏義疏曰：「甚，猶勝也。」然則勝亦猶甚也，勝內也猶曰甚內也。隱元年《傳》曰：「賤段而甚鄭伯也。何甚乎鄭伯？甚鄭伯之處心積慮成於殺也。」彼言「甚」，此言「勝」，文異而義同。蓋公以詐勝，故書敗以甚之耳。

中國不言敗，此其言敗，何也？中國不言敗，蔡侯其見獲乎？其言敗何也，釋蔡侯之獲也。 十年

樾謹按：此《傳》有衍文，當云：「中國不言敗，此其言敗，何也？中國不言敗，蔡侯其見獲乎？其言敗，釋蔡侯之獲也。」《傳》意謂中國不敗，則蔡侯無由見獲，故言敗以釋蔡侯之獲也。「中國不敗」句涉上文而衍「何也」字，則辭複矣。昭二十三年《傳》曰：「中國不敗，胡子髡、沈子盈其滅乎？其言敗，釋其滅也。」正與此同，可據以訂正。

不言公，外內寮一疑之也。 十六年

《集解》曰:「十三年春,會于北杏,諸侯俱疑齊桓非受命之伯,欲共以事推之,可乎? 今于此年,諸侯同共推桓,而魯與齊讎,外内同一疑公可事齊不。會不書公,以著疑焉。同官爲寮,謂諸侯也。」

樾謹按:此《傳》當從舊解之説,疏引舊解謂「會于北杏不言諸侯,是外疑也;今此會不言公,是内疑也。自此以後外内不復疑之,故曰一疑也」。其説最爲明了。成十一年「周公出奔晉」《傳》曰:「其曰出,上下一見之也。」《集解》引鄭嗣曰:「上謂僖二十四年天王出居于鄭,下謂今周公出奔,上下皆一見之。」然則此《傳》與彼文法相同,彼謂上下各一見,此謂内外各一疑,舊解之説正得之矣。楊氏乃曲徇范注,謂外内諸侯同一疑公,又云外内者諸侯之國,或遠或近,故以外内總之也。夫《傳》文言内外者,皆以魯爲内,它國爲外,豈有總言它國而以遠近分内外者乎? 足知其説之非矣。

失故也。二十二年

《集解》曰:「今失之者,以文姜之故。」

樾謹按:以文姜之故而但曰「故也」,不辭甚矣。「故」疑當作「放」。唐石經桓九年《傳》「則是放命也」,今各本皆作「故」,其誤正與此同矣。上文曰「肆,失也」,乃釋經文「肆」字。此曰「失,放也」,則又自解「失」字,謂失者放縱之也。范氏作解時已誤作「故」,乃曲爲之説,而文不可通矣。

以是爲尸女也。二十三年

《集解》曰:「尸,主也。主爲女往爾以觀社爲辭。」

樾謹按:如范解,則當云「以是爲尸女乎爾」,於文方明,不得但曰「尸女」,范解非也。《爾雅·釋詁》「尸,

主也」，又曰「尸，案也」，是尸訓主，亦訓案。郭注曰「謂案地」，其實古無「案」字。襄十五年《公羊傳》何休

注曰：「所謂采者，不得有其土地人民，采取其租稅耳。」是「案地」之「案」本亦作「采」。尸訓案，即訓采

矣。二十二年《傳》曰：「禮有納采。」《集解》曰：「采擇女之德性也。」此《傳》「尸女」即采女也。蓋公以觀

社爲名，實則自往擇女，故曰「以是爲尸女也」。學者但知尸之訓主，不知尸之訓采，因失其義矣。

既戒鼓而駭衆。二十五年

疏曰：「既戒鼓駭衆者，謂既警戒擊鼓，而駭動衆人。」

樾謹按：楊氏以戒鼓爲警戒擊鼓，非也。戒即擊鼓之名，字亦作「駴」。《周官·大司馬職》「鼓皆駴」，鄭

注曰「疾雷擊鼓曰駴」，是其義也。《文選·西京賦》「駴雷鼓」，《七啟》「駴鐘鳴鼓」，是凡擊鐘、擊鼓皆謂之

駴矣。《説文》無「駴」字，古字蓋止作「戒」。《周官·大僕職》曰「始崩戒鼓」，正與此《傳》同。

大者，有顧之辭也。二十八年

疏曰：「顧，猶待也。」徐邈云：「至冬無禾，於是顧錄無麥，其意亦謂待無禾然後顧錄無麥，故云大也。」

樾謹按：《説文·頁部》：「顧，還視也。」《詩·蓼莪》篇「顧我復我」，鄭箋曰：「顧，旋視也。」旋視與還視

同，有顧謂有所還視也。蓋至冬無禾，乃還顧秋之無麥而并録之，徐邈所説正得其旨。楊氏謂顧猶待也，

則失之矣。方無麥之時，豈逆知其并將無禾而待之乎？訓顧爲待，義不可通。《傳》曰「於無禾及無麥

也」，是可知顧之爲還視矣。

古之君人者，必時視民之所勤：民勤於力則功築罕，民勤於財則貢賦少，民勤於食則百事廢矣。二十九年

樾謹按：「勤」字范氏無解。僖二年「冬十月，不雨」，《傳》曰：「不雨者，勤雨也。」《釋文》：「勤，如字，廉氏音觀。」《集韻・去聲二十二稕》：「勤，渠斈切，憂也。《春秋傳》『勤雨』廉氏說。」然則此「勤」字亦當與彼同。「民之所勤」即民之所憂也。勤於力，勤於財，勤於食，皆謂憂其不足也。蓋勤與勞同義。《淮南子・精神》篇「竭力而勞萬民」，《氾論》篇「以勞天下之民」，高誘注竝曰：「勞，憂也。」勤之爲憂，猶勞之爲憂也。范氏解「勤雨」曰「是欲得雨之心勤也」，仍以本字讀之。此《傳》無解，則亦讀如本字，胥失之矣。

男子不絶于婦人之手，以齊終也。 三十二年

樾謹按：范解非也。《詩・小宛》篇「人之齊聖」，毛傳曰：「齊，正。」《周易・繫辭上傳》「齊小大者存乎卦」，王肅注曰：「齊，猶正也。」是齊之義爲正，「以齊終也」猶曰以正終也。上文曰：「寢疾居正寢，正也。」《釋文》曰「齊，本亦作齋」，蓋卽因范說而誤。

《集解》曰：「齊，絜。」疏曰：「齊者，齊絜之名，故《記》稱『齋之爲言齊也』，是齊、齋意同，故范訓爲絜。」若訓齊爲絜，則與上義不蒙矣。

諱莫如深，深則隱。

《集解》曰：「深，謂君弑賊奔。隱，痛之至也。」

樾謹按：此謂避諱之道，莫如深沒其文，深沒其文然後其迹隱矣。如子般卒書日，若以正終者，公子慶父如齊，若以使事往者，此皆諱之深而隱者也。下文曰：「苟有所見，莫如深也。」蓋閔公不書卽位，則子般之弒自見；而子般卒之下卽書公子慶父如齊，則慶父之與於弒亦見。既已有見於後，又何必以內之大惡而詳箸之哉？故莫如深諱之也。《傳》文本明，范氏所解未得其指。楊疏從而衍之，宜更糾繚矣。

于召陵，得志乎桓公也。得志者，不得志也。　僖四年

《集解》曰：「屈完來盟，桓公退于召陵，是屈完得其本志。」

樾謹按：「得志乎桓公」者，謂以得志之辭加之乎桓公也。蓋召陵乃楚地，故特箸之，明桓公之得志也。

然合諸侯以伐楚，僅得盟其大夫，實不足爲得志，故又曰：「得志者，不得志也。」范氏以得志屬屈完，不得

志屬桓公，失其解矣。下文曰：「以桓公得志爲僅矣。」若從范解，則桓公此役直謂之不得志已耳，又何譏

其得志之僅乎？

執不言所於地，緼於晉也。　五年

樾謹按：「執不言所於地」六字古本止作「不地」二字，疏引舊解曰「此云『不地，緼於晉也』者」，是其證也。

又曰「或以爲執不言所於地」，蓋是別本如此，楊氏以爲理亦通耳，則其所據本必止作「不地」二字也。其

標起訖當曰「『不地』至『晉也』」，今乃曰「『執不』至『晉也』」，非楊氏之舊矣。

如加力役焉，湎不足道也。　十九年

《集解》曰：「如使伐之而滅亡，則淫湎不足記也。　使其自亡，然後其惡明。」

樾謹按：《傳》言「如加力役焉」，非伐之之謂也，范氏所解由未解「如」字之義故耳。「如」當讀爲「而」。古

書如、而通用，不可勝舉。上文歷言梁之湎於酒，淫於色，以見梁之所以自亡，此又云「而加力役焉，湎不

足道也」，則又舉其甚者言之也。《左傳》曰「梁伯好土功，亟城而弗處，民罷而弗堪」，是梁之亡正以民罷

於力役之故。淫湎之罪，尚其小者也，故曰「湎不足道也」。

梁亡，出惡正也。

《集解》曰：「正，謂政教。」

樾謹按：「正」卽「政」之叚字，范氏以政教解之，是矣。「出」當讀爲「黜」，古字通用。襄二十七年《公羊傳》曰「黜公者非吾意也」，何休注曰：「黜，猶出、逐。」然則此《傳》叚「出」爲「黜」，猶彼《傳》叚「黜」爲「出」矣。「梁亡黜惡政也」，謂梁不行善政，故黜之也。「黜」亦通作「絀」。《禮記・王制》篇「簡不肖以絀惡」，「黜惡政」與「絀惡」義同，此「惡」字乃「罪惡」之「惡」。下文曰「鄭棄其師，惡其長也」，則「怨惡」之「惡」，文同而義異。范氏所解未明，故具說之。

雖失天下，莫敢有也。二十四年

《集解》曰：「邵曰：雖實出奔，而王者無外，王之所居則成王畿，鄭不敢有之以爲國。」

樾謹按：「莫敢有」者，謂莫敢有天下也。凡物，此失之則彼有之矣。天下不然，天子雖失之，諸侯莫敢有之也，故曰「雖失天下，莫敢有也」。何解謂鄭不敢有之以爲國，非是。

會于溫言，小諸侯。二十八年

樾謹按：「于」字乃「以」字之誤。「會以溫言」四字爲句，蓋溫與河陽本是一地，諸侯之會以溫言之者，小之也；天子之守以河陽言之者，大之也。下文曰「以河陽言之，大天子也。」然則此文作「會以溫言，句小諸侯句。」明矣。

古者君之使臣也，使仁者佐賢者，不使賢者佐仁者。今趙盾賢，夜姑仁，其不可乎？文六年

《集解》曰：「邵曰：賢者多才也。戰主于攻伐，仁者有惻隱之恩，不如多才者有權略。」

樾謹按：范解非也。《傳》本泛言君使臣之道，不專主攻伐，豈得謂仁者有惻隱之恩，不如多才者有權略乎？今按：「仁」當讀爲「佞」。《説文・女部》「佞」篆大徐本作從女信省，小徐本作從女仁聲，段氏玉裁曰晉語佞與田韵，則仁聲是也。佞字本從仁得聲，故古或即以「仁」爲之。《尚書・金縢》篇「予仁若考」，「仁」即「佞」之叚字，「考」即「巧」之叚字。「予仁若考」猶言予佞而巧也，説詳《尚書》。此《傳》三「仁」字皆當讀爲「佞」。「使佞者佐賢者，不使賢者佐佞者」，猶言使不肖者佐賢者，不使賢者佐不肖者也。「趙盾賢，夜姑不肖」，謂趙盾賢，夜姑不肖也。何氏以本字讀之，遂不得其解，而曲爲之説，於義不可通矣。

日之，甚矣，其不葬之辭也。九年

樾謹按：「其」乃「是」字之誤。疏云：「天子志崩，不志葬，而又書日，是不葬之辭也。」然則楊氏所據本尚未誤也，當據以訂正。

弟兄三人，佚宕中國。十一年

《集解》曰：「佚，猶更也。」《釋文》出「佚害」，云：「害，本又作宕。」

樾謹按：范氏所據本疑亦作「佚害」，故訓佚爲更，言其更相爲害於中國也。其實字當作「宕」，宕與害相似，又涉下文「瓦石不能害」而誤耳。「佚宕」乃雙聲字，本作「跌踼」，《説文・足部》：「踼，跌踼也。」又作「泆蕩」，《説文・水部》：「泆，水所蕩泆也。」此作「佚宕」者，佚與跌、泆竝從失聲；宕字《説文》云從碭省聲，則與踼、蕩竝從昜得聲，故其義通也。亦作「跌宕」，《文選・恨賦》「跌宕文史」，李善注引楊雄《自敘》

曰「雄爲人跌宕」是也。「佚宕中國」言肆行乎中國。「宕」誤作「害」，范氏遂訓佚爲更，失其旨矣。

一曰就賢也。　十八年

《集解》曰：「若竝有子，則就其賢，謂年同也。」

樴謹按：此《傳》非明立子之義，不得謂年同則就其賢也，范解失之矣。上文曰：「姪娣者，不孤子之意也。一人有子，三人緩帶。」此云「一曰就賢也」，則又承上文而別爲一說，言姪娣之從夫人，以其賢而就之也。成十年《公羊傳》何休注曰「伯姬以至賢，爲三國所爭媵」，是其義也。今宣公不使其母頃熊奉養姜氏，而使之大歸于齊，既違一人有子三人緩帶之情，又失就賢之義，故《傳》竝列二說，所以深譏之也。

言盡其衆以救其將也。　宣二年

《集解》曰：「先言敗績而後言獲，知華元得衆心，軍敗而後見獲。晉與秦戰于韓，未言敗績，而君已獲，知晉侯不得衆明矣。」

樴謹按：《傳》言「救其將」，而范氏此解無一救字，疑《傳》文「救」字乃「獲」字之誤。「盡其衆以獲其將」，謂先盡其衆，而後得獲其將也，即所謂先言敗績而後言獲也。試連上文讀之曰：「獲者，不與之辭也。言盡其衆以獲其將也。」若作「救」字，則與上文不相蒙矣。又試連下文讀之曰：「言盡其衆以獲其將也。以三軍敵華元，華元雖獲不病矣。」蓋宋衆既盡，則華元止是一人，而鄭以三軍敵之，是謂以三軍敵華元，故雖見獲而不病。若作「盡其衆以救其將」，則宋衆具在，何得謂之以三軍敵華元乎？以上下文義求之，此「救」字當作「獲」字無疑。今誤作「救」者，因下文范注引鄭君說有「宋師懼華元見獲，皆竭力以救之」之

文，故改《傳》文以合之。不知鄭君云云，特以明先書敗績之故耳，非說此句之義也。

何用弗受也？　不使夷狄爲中國也。十一年

《集解》曰：「楚子入陳，納淫亂之人，執國威柄，制其君臣，慎倒上下，錯亂邪正，是以夷狄爲中國。」

樾謹按：爲者，治也。襄三十年《左傳》「不可爲也」，杜注曰：「爲，猶治也。」《周語》「是故爲川決之使導」，

韋注曰：「爲，治也。」經傳中爲訓治者，不可勝舉。《春秋》之義，以中國治夷狄，不以夷狄治中國。上文

「楚人殺陳夏徵舒」，《傳》曰：「其外徵舒於陳，何也？明楚之討有罪也。」此文「楚子入陳」，《傳》曰：「何

用弗受也？」不使夷狄爲中國也。」其義若相反，而實則一也。蓋陳夏徵舒有可討之罪，而楚子非討罪之

人，故書「楚人殺陳夏徵舒」以正弒君之罪，而又書「楚子入陳」以嚴中外之防。《傳》曰「不使夷狄爲中國

也」，猶曰不使夷狄治中國也。范解未得其義。

丘甲國之事也。　丘作甲，非正也。成元年

樾謹按：此《傳》文有誤，當云「作甲，國之事也。丘作甲，非正也」，蓋言作甲乃國之事，而非丘之事耳。

下文曰：「古者立國家，百官具，農工皆有職以事上。」此言國之可使作甲也。又曰：「古者有四民，有士

民，有商民，有農民，有工民。夫甲，非人人之所能爲也。」此言丘之不可使作甲也。蓋以國中農工皆集，

而丘則四民分處故也。若曰「丘甲國之事」，則義不可通矣。

曰天子何也？　曰見一稱也。八年

《集解》曰：「天王、天子，王者之通稱。自此以上，未有言天子者。今言天子，是更見一稱。」

樾謹按：如范解，則《傳》文當曰「更見一稱」，於文方備。今但曰「見一稱也」，范解非也。《國語·晉語》

「勠力一心」，《戰國策·秦策》「諸侯不可一」，韋昭、高誘注竝曰：「一，同也。」昭十年《左傳》「桃之謂甚矣

而壹用之」，杜注曰「壹，同也」，壹與一古通用。「見一稱」猶曰見同稱也。蓋不書天王而書天子者，見

天子與天王同爲王者之稱也。《公羊傳》曰：「其稱天子何？元年春王正月，正也，其餘皆通矣。」彼言

「通」，此言「一」，文異而義不殊也。

傳曰：夫無逆出妻之喪而爲之也。 九年

疏曰：「言其不合爲而爲之也。 徐邈云：爲猶葬也，言夫無逆出妻之喪而葬，理亦通矣。但范不訓爲爲

葬也。」

樾謹按：徐云「爲猶葬也」，乃目言其事耳，訓詁家自有此例，非訓爲爲葬也。爲當訓治，經傳中爲訓治者

不可勝舉。宣十一年《傳》「不使夷狄爲中國也」爲亦治也，說已見前矣。既出之妻義與夫絕，不當更治

其喪，故曰「夫無逆出妻之喪而爲之也」，「爲之」卽「治之」也。

言其上下之道無以存也。 十二年

樾謹按：此十字爲一句。道，猶通也。襄三十一年《左傳》「不如小決使道」，杜注曰：「道，通也。」《法言·

問道》篇亦曰：「道也者，通也。」蓋道與通一聲之轉，故聲近而義同。「道無以存」猶通無以存。通之言同

也，蓋謂其上下之同，無以自存也。《漢書·夏侯勝傳》「先生通正言，無懲前事」，師古注曰：「通，謂陳道

之也。」然則通同之通以道爲之，猶陳道之道以通爲之。若於「道」字絕句，則失之矣。

公不周乎伐鄭也。十七年

《集解》曰：「周，信也。公逼諸侯爲此盟爾，意不欲更伐鄭。」

樾謹按：公不欲伐鄭不可謂之不信乎伐鄭，范解非也。《離騷》經曰「雖不周於今之人兮」，王注曰：「周，合也。」此《傳》「周」字亦當訓合，言伐鄭之役，與公意不合也。

及以及，與之也。襄三年

樾謹按：此當曰「及又及」句。與十年《傳》曰「會又會，外之也」文法一例。蓋此經書叔孫豹及諸侯之大夫，及陳袁僑盟，凡再言及，故曰「及又及」。猶彼經書「公會晉侯、宋公、衛侯、曹伯、莒子、邾子、滕子、薛伯、杞伯、小邾子、齊世子光、會吳于柤」，凡再言會，故曰「會又會」也。《集解》曰：「通言叔孫豹及諸侯之大夫，則無以表袁僑之得禮，故再言及，明獨與袁僑，不與諸侯之大夫。」疑范氏所據本正作「及又及」，故以再言及釋之。疏標「及以至之也」五字而釋之，曰《傳》解經所以再言及者，以及與之也，謂與袁僑，故言及以殊之」，則其所據本已與今同矣。

家有既亡，國有既滅。襄六年

《集解》曰：「滅猶亡，亡猶滅。家立異姓爲後則亡，國立異姓爲嗣則滅。既，盡也。」

樾謹按：既固訓盡，而此「既」字則非盡之謂也。既亡、既滅猶言已亡、已滅也。家立異姓爲後，其家固未亡，而實則已亡矣，是謂「家有既亡」。國立異姓爲嗣，其國固未滅也，而實則已滅矣，是謂「國有既滅」。下文曰：「滅而不自知，由別之而不別也。」正見繒之既滅，而不自知其滅也。昭四年「九月取繒」，自繒人

群經平議

言之，以爲至是始爲魯所滅耳，不知其於襄六年已爲莒所滅矣。然則自襄六年至昭四年，繒國乃既滅之

國也，此「國有既滅」之義也。

稱盜以殺大夫，弗以上下道，惡上也。

樴謹按：《傳》文本曰「稱盜以殺大夫，弗以上下道」句。惡上也。「弗以上下道道」，傳寫奪一「道」字耳。「弗以上下道道」

者，弗以上下之道言也。哀四年《傳》稱「盜以弒君，不以上下道道也」，正與此《傳》文同，可據以訂正。

行人者，掔國之辭也。十一年

《集解》曰：「行人，是傳國之辭命者。」

樴謹按：凡言「之辭」者，皆釋經意如此。上文「公至自鄭」《傳》曰「不以伐鄭致得鄭伯之辭也」，即其例

也。而此「掔國之辭」，范乃以爲傳國之辭命，失之矣。今按：《說文·手部》：「掔，縣持也。」使臣出

竟，與國一體，榮則俱榮，辱則俱辱，國之榮辱縣于一人，故曰「行人者，掔國之辭也」。襄十八年、昭八年

《傳》竝曰：「稱行人，怨接於上也。」范氏於襄十八年《傳》解曰：「怨其君而執其使。稱行人，明使人爾罪

在上也。」然則此云掔國者，或罪在使臣歟？

莊公失言，淫于崔氏。二十五年

《集解》曰：「放言將淫崔氏，爲此見弒也。」邵曰：「淫，過也。言莊公言語失漏，有過於崔子，而崔子弒之。」

樴謹按：此二解皆未明「失言」之義。失言猶失道也。《詩·東門之池》篇「可以晤言」，毛傳曰：「言，道

也。」言爲道說之道，亦即爲道德之道。《法言·問道》篇曰：「道也者，通也。」道德之道與道說之道皆取

六三八

通達之義，無二義也。後人歧而二之，而古訓遂不可通矣。莊元年《傳》曰：「人之於天也以道受命，於人也以言受命。不若於道者，天絶之也；不若於言者，人絶之也。」此以道與言分屬天與人，蓋以天不言之故，其實對文則別，散文則通，不若於言即不若於道也。此《傳》曰「莊公失言，淫于崔氏」，猶曰莊公失道，淫于崔氏，《左傳》所載東郭姜之事是也。范氏兩説皆未得其義。《禮記‧禮器》篇「苟無忠信之人則禮不虛道」，鄭注曰：「道，猶從也。」《廣雅‧釋詁》曰：「言，從也。」言之訓從，猶道之訓從。然則失言之即失道明矣。

以伐楚之事，門于巢卒也。

《集解》曰：「所以攻巢之門者，爲其伐楚之事故也。」

樾謹按：以「門于巢」爲攻巢之門，此《左傳》説也，《公》、《穀》則皆不然。《公羊傳》曰：「門于巢卒者何？入門乎巢而卒也。入巢之門而卒者何？入巢之門而卒也。」此《傳》曰：「吳子謁伐楚，至巢，入其門。門人射，吳子有矢創，反舍而卒。」是皆以「門于巢」爲入巢之門，與《左傳》異。范以《左傳》説此《傳》，失之矣。若從范解，則吳方攻巢，又何以責巢之不飾城請罪乎？

一事注乎志。昭十一年❶

《集解》曰：「一事輒注而志之也。」

❶「昭」，原無，今據上下文例補。

樾謹按：范解非也。《傳》文曰：「此子也，其曰世子何也？」不與楚殺也。一事注乎志，所以惡楚子也。」

推尋《傳》意，蓋謂此本二事，而以一事書之也。蓋夏四月丁巳，楚子虔誘蔡侯般殺之于申，此一事也；冬

十有一月丁酉，楚帥滅蔡，執蔡世子友以歸用之，此又一事也。若分而書之，則蔡侯般已于夏四月爲楚誘

殺，其子嗣立，至是又爲楚執，當從諸侯在喪稱子之例，書曰「蔡子」，不當曰「蔡世子」矣。今乃仍書「蔡世

子」，是以一事書之，見楚子既誘殺其父，又執用其子，爲暴虐之甚也。故曰「一事注乎志」，所以惡楚子

也。《廣雅·釋詁》曰：「注，識也。」《周官》「外史掌四方之志」，鄭注曰：「志，記也，謂若魯之《春秋》、晉之

《乘》、楚之《檮杌》。」然則「注乎志」者，謂識之於史策也，非謂輒注而志之也。注而志之，不得曰注乎志

矣。乃自何邵公讀此《傳》已不得其義，故有反貶蔡稱世子之疑。而鄭君解之，謂變子言世子，使若不得

其君，則仍未得《傳》義也。蓋由讀者於「一事」兩字未遑深求，故經意《傳》意胥失之矣。

因是以見雖有文事必有武備，孔子於頰谷之會見之矣。定十年

樾謹按：上既云「因是以見」，則下不必又云「見之」。「見之」疑當作「尋之」，尋，古得字也。頰谷之會，正

所謂有文事必有武備者，故曰「孔子於頰谷之會尋之矣」。《史記·趙世家》「踰年歷歲未得一城」，《趙策》

「得」作「見」，「見」亦當作「尋」，誤與此同。

嘗置之上帝矣。哀元年

《集解》曰：「嘗置之滌宮，名之曰上帝牲矣。」

樾謹按：《荀子·大略篇》楊注曰：「置質，猶言委質也。」《呂氏春秋·執一》篇「今日置贄爲臣」，高注亦

曰：「置，猶委也。」「嘗置之上帝矣」猶曰嘗委之上帝矣。成二年《左傳》「王使委于三吏」，杜注曰「委，屬也」，是其義也。范解增字太多，未得其旨。

欲因魯之禮，因晉之權，而請冠端，而襲。十三年

《集解》曰：「襲，衣冠。端，玄端。」疏曰：「云請冠端而襲者，請著玄冠玄端而相襲。」

樾謹按：此當於「端」字絕句，「而襲」二字合下文「其藉于成周」五字爲句。《傳》文本曰：「欲因魯之禮，因晉之權，而請冠端，句。而襲其藉于成周。句。」藉者，貢獻也，范解曰「藉謂貢獻」是也。襲之言入也。《國語·晉語》曰「使晉襲於爾門」，韋注曰：「襲，入也。」其下云「大國道小國襲焉曰服，小國敖大國襲焉曰誅」，韋氏竝訓爲入，蓋古語如此也。「襲其藉于成周」者，入其貢獻于成周也。蓋吳之意，欲因魯之禮而請冠端，因晉之權而襲其藉於成周。范氏誤於「襲」字絕句，則下文「其藉于成周」五字不成句矣。

群經平議卷二十五

德清俞樾

春秋左傳一

有文在其手曰爲魯夫人。

孔氏正義曰:「成季、唐叔亦有文在其手,曰友、曰虞、曰下,不言爲。此《傳》言『爲魯夫人』者,以宋女而作它國之妻,故《傳》加『爲』以示異耳,非爲手文有『爲』字,故魯夫人之上有『爲』字也。」

樾謹按:《傳》文「曰」字衍文也。閔二年《傳》「有文在其手曰友」,昭元年《公羊傳》「有文在其手曰虞」,彼《傳》無「爲」字,故有「曰」字,此《傳》有「爲」字,則不必有「曰」字。猶桓四年《公羊傳》「一曰乾豆、二曰賓客、三曰充君之庖」,《穀梁傳》作「一爲乾豆,二爲賓客,三爲充君之庖」,有「爲」字則無「曰」字,亦其例也。僖二十八年《傳》「聽輿人之誦曰稱舍於墓」,「曰」字亦衍文,既有「稱」字,則不必有「曰」字矣。哀十六年《傳》「曰請三之後有罪殺之」,「曰」字亦衍文,既有「請」字,則不必有「曰」字矣。凡此之類,皆後人所加,《太平御覽·兵部》引僖二十八年《傳》文正無「曰」字,可證也。

不如早爲之所。 隱元年

杜氏《集解》曰：「使得其所宜。」

槐謹按：杜未解「所」字之義，故增「宜」字以足成之。《尚書·無逸》篇「君子所其無逸」，《詩·殷武》篇「有截其所」，鄭注、鄭箋竝曰：「所，猶處也。」然則「早爲之所」猶云早爲之處矣。《國語·晉語》「蚤處之」，與此《傳》文異而義同。

大叔完聚。

《集解》曰：「完城郭，聚人民。」正義曰：「服虔以聚爲聚禾黍也。段欲輕行襲鄭，不作固守之資，故知聚爲聚人，非聚糧也。完城者，謂聚人而完之，非欲守城也。」

槐謹按：段既不作固守之資，又何必完其城郭？若謂借此爲聚人之計，則《傳》文必當詳述其事，不得但曰「完聚」也。今按：完、聚二字同義。「完」當讀爲「捖」，捖之言摶也。《淮南子·俶真》篇「摶捖剛柔」，「摶」即「摶」字。《玉篇·手部》：「捖，摶圜也。」「捖聚」猶言摶聚。大叔將欲襲鄭，故先摶聚其民也。《商子·農戰》篇「凡治國者，患民之散不可摶也，是以聖人作壹摶之」，又曰「摶民力以待外事」，即此《傳》「捖聚」之義。杜以本字讀之，而分完、聚爲二義，殆失之矣。

君義臣行。三年

《集解》曰：「臣行君之義。」

槐謹按：杜氏所解，似尚未得「義」字之旨也。「義」當讀爲「儀」。《周官·肆師》「治其禮儀」，鄭注曰「故書儀爲義。鄭司農云：義讀爲儀。古者書儀但爲義，今時所謂義爲誼」，是義者古儀字也。《説文·人

部：「儀，度也。」《國語・周語》曰「儀之于民而度之于群生」，又曰「不度民神之義，不儀生物之則」，是儀

與度同也。鄭注《尚書大傳》曰：「射，王極之度也。」射人將發矢，必先于此儀之，發矢則必中于彼矣。君

將出政，亦先于朝廷度之，出則應于民心」，此正君義之謂也。「君義臣行」言君儀度於上，臣奉行於下也。

若如杜解，則君義與臣行不一律矣。

陳魚而觀之。 五年

《集解》曰：「陳，張設也。公大設捕魚之備而觀之。」

樾謹按：上文云「公將如棠觀魚者」，正義曰：「魚者，猶言獵者也。」《釋文》曰：「魚者，本亦作漁者。」此文
云「陳魚而觀之」，卽承上文而言，謂陳列漁者而觀之也。凡陳列其物謂之陳，陳列其人亦謂之陳。定四
年《穀梁傳》「徒陳器」，此以物言也。《詩・采芑》篇「陳師鞠旅」，此以人言也。然則陳魚爲陳列漁者明
矣。僖四年《傳》「齊侯陳諸侯之師，與屈完乘而觀之」，與此《傳》「陳魚而觀之」文義正同。杜解謂大設捕
魚之備，未得其旨。

鄭人侵衛牧，以報東門之役。

《集解》曰：「牧，衛邑。」

樾謹按：牧若是邑名，則當云「鄭人侵衛牧」，如莊十四年《傳》「鄭厲公自櫟侵鄭及大陵」，成十五年
《傳》「楚子侵鄭及暴隧」，皆其例也。今乃連言之曰「衛牧」，疑牧非地名矣。《爾雅・釋地》：「邑外謂之
郊，郊外謂之牧，牧外謂之野。」此《傳》「牧」字卽郊外之牧也。四年宋、陳、蔡、衛伐鄭，圍其東門，五日而

還，是迫近之至，故此亦侵及衛牧，所以報也。杜以邑名釋之，誤矣。江氏永《春秋地理考實》曰：「牧即

牧野也。」今按：牧野之牧，亦即郊外之牧也。《尚書·牧誓》篇曰：「王朝，至于商郊牧野。」此當以「郊牧

野」連文，即《爾雅》所謂邑外郊、郊外牧、牧外野也，説詳《尚書》。《國語·周語》曰：「庶民弗忍，欣戴武

王，以致戎於商牧。」彼云「商牧」，此云「衛牧」，其義正同，皆非地名也。

周之宗盟，異姓爲後。 十一年

正義曰：「賈逵以宗爲尊，服虔以宗盟爲同宗之盟；孫毓以爲宗伯屬官，掌作盟詛之載辭，故曰宗盟；杜

無明解。盟之尊卑，自有定法，不得言尊盟也。《周禮》司盟之官乃是司寇之屬，非宗伯也。唯服之言得

其旨矣。」

樾謹按：同宗之盟則無與異姓，何論先後？孫毓所難，服氏殆無以解也。而孔氏曲引公與族燕，異姓爲

賓之文，謂宗盟無與異姓，則族燕不得有異姓也，此説雖似有理，其實不然。夫族燕者，公與族人燕也。

燕之本意主乎族人，特以族人皆父子兄弟，以賓禮待之反若疎外，故立異姓者爲賓也。若天子之盟諸侯，

使之共獎王室，則於同姓、異姓無所偏主，安得執族燕爲比乎？是服氏之説亦未爲得也。今按：宗者，

主也。《一切經音義》九引《字林》曰：「宗，尊也，亦主也。」昭二年《傳》「禮之宗也」，杜曰：「宗，猶主也。」

此《傳》「宗盟」之宗亦當訓主。「周之宗盟異姓爲後」，謂以王官主諸侯之盟，則先同姓也。正義引《釋例》

曰「斥周而言，指謂王官之宰臨盟者也」，斯或得其義矣。

君謂許不共。

《集解》曰：「不共職貢。」

樾謹按：不共職貢而但曰「不共」，則所不共者何事邪？杜解非也。《詩·長發》篇「受小共大共」，毛傳曰：「共，法也。」《書序》《九共》九篇」，馬融注曰：「共，法也。」然則「君謂許不共」者，君謂許不法也。下文曰「許無刑而伐之」，杜注曰「刑，法也」，「許不共」與「許無刑」其義正同矣。

序民人。

樾謹按：「序」當讀爲「豫」。《爾雅·釋地》《釋文》引《春秋元命苞》曰：「豫之言序也」，《禮記·射義》篇「卿大夫序」鄭注曰：「序或爲豫。」是序與豫古通用。《爾雅·釋詁》曰：「豫，安也。」豫民人猶言安民人。正義以爲次序民人，非其義矣。

大羹不致。 桓二年

《集解》曰：「大羹肉汁不致五味。」

樾謹按：不致五味而但曰「不致」，於文未明，杜解非也。「致」當讀爲「緻」。《詩·鴇羽》篇傳曰：「鹽不攻緻也。」《說文》無「緻」字，新附始有之。古字止作「致」，《詩正義》曰「緻，定本皆作致」是也。又或作「至」。《呂氏春秋·誣徒》篇「從師苦而欲學之功也」，高誘注曰：「苦讀如鹽會之鹽，不精至也。」不精至與不緻義同。《考工記·弓人》「覆之而角至」，鄭注曰：「至，猶善也。」至之訓善，蓋即精至之義。「大羹不致」，謂其不精至也。下文「粢食不鑿」，杜注曰：「不精鑿。」然則不致謂不精至，不鑿謂不精鑿，文義正同。

我張吾三軍，而被吾甲兵。　六年

樾謹按：甲可言被，兵不可言被。《釋文》曰「被，皮寄反。下注被甲同」，失之矣。「被」當讀爲「披」。《廣雅·釋詁》曰：「披，張也。」披吾甲兵與張吾三軍同義，披亦張也，竝謂張設之也，作「被」者叚字耳。《莊子·知北遊》篇「齧缺問道于被衣」，《釋文》曰「被，本作披」，是被、披古字通。

嘉栗旨酒。

《集解》曰：「嘉，善也。栗，謹敬也。」正義曰：「杜訓栗爲謹敬，言善敬爲酒。劉炫以栗爲穗貌，而規杜過於理，恐非。」

樾謹按：善敬兩意不倫，若以爲穗貌，則於説酒更遠，疑皆非也。「栗」當讀爲「冽」，冽從列聲，與栗相近。《詩·四月》篇「冬日烈烈」，鄭箋曰：「烈烈，猶栗栗也。」《考工記·弓人》「苗栗不迆」，鄭注曰：「栗讀爲裂繻之裂。」然則以栗爲冽，猶以栗爲裂矣。《説文·水部》：「冽，水清也。」《周易·井》九五「井冽寒泉食」，王弼注曰：「冽，潔也。」「嘉冽旨酒」，言其既嘉善而又清潔也。

鄭伯因櫟人殺檀伯，而遂居櫟。　十五年

《集解》曰：「檀伯，鄭守櫟大夫。」

樾謹按：昭十一年《傳》曰：「鄭京櫟實殺曼伯。」蓋曼與檀本疊韵字，《莊子·至樂》篇「澶漫爲樂」，《史記·司馬相如傳》「案衍壇曼」是也。檀伯之爲曼伯，前後異文，亦猶蔿氏之爲蔿氏，鍼尹之爲箴尹矣。隱五年《傳》「鄭祭足、原繁、洩駕以三軍軍其前，使曼伯與子元潛軍軍其後」，又曰「鄭二公子以制人敗燕師

于北制」，杜注曰「二公子，曼伯、子元」，是曼伯者莊公之子也。而於此《傳》乃止云守櫟大夫，何邪？昭

十一年《傳》「鄭莊公城櫟，而寘子元焉，使昭公不立」，杜注曰：「子元，鄭公子。莊公寘子元於櫟。桓十

五年，厲公因之以殺櫟大夫檀伯，遂居櫟，卒使昭公不立而見殺。」正義述杜意，以為莊公城櫟而寘子

元，又使檀伯為櫟邑大夫，故厲公得因子元而殺檀伯。夫櫟既為子元之邑，何以又使檀伯為櫟邑大夫？

正義引晉封桓叔于曲沃，而以欒賓傅之；鄭使許叔居許，而以公孫獲為佐；楚使太子建居城父，而以奮揚

佐之，證一邑之內得有二人。此不然也。夫子元與曼伯，所謂二公子也，非如桓叔之於欒賓、許叔之於公

孫獲、太子建之於奮揚也。❶ 二公子竝居一邑，勢均力敵，孰為之主，孰為之佐乎？是可決其不然矣。

今按：顧氏炎武《左傳補注》謂子元卽厲公之字，其說是也。莊公時厲公居櫟，故《傳》云「城櫟而寘子

元」。莊公卒，厲公立，又為祭仲所不容，出之，而立昭公。昭公既立，以櫟為厲公舊邑，不可無親公子以

鎮撫之，因使厲公居櫟。乃厲公因櫟之舊人殺曼伯而居其地，卽此《傳》所載是也。說經者不知子元之卽

厲公，而又不知曼伯之亦為公子，於是事之本末不可見矣。昭十一年《傳》曰：「鄭京櫟實殺曼伯，宋蕭亳

實殺子游，齊渠丘實殺無知，衛蒲戚實出獻公。」獻公乃衛君，卽子游與無知亦嘗居君位。若曼伯止是櫟

邑大夫，而非親公子，安足與之並論邪？顧氏以子元為厲公字，於《傳》雖無所證，惟古人名字必相應。

《漢書·刑法志》曰「是猶以鞿而禦駻突」，師古注引如淳曰：「突，惡馬也。」鄭厲公名突而字子元者，「元」

❶ 「揚」，原作「楊」，今據上文及阮刻《左傳正義》改。

或「軓」字之省邪？附著之以證成顧氏之説。

高伯其爲戮乎？復惡已甚矣。 十七年

《集解》曰：「復，重也。本爲昭公所惡，而復弑君，重爲惡也。」

樾謹按：昭公既已見弑矣，重爲惡之説義不可通。復者，報也。《漢書・谷永傳》「報德復怨」，師古注曰：「復，亦報也。」復惡之義與復怨同，言高渠彌因爲昭公所惡而遂弑之，則其報復爲已甚矣，故將爲戮也。

築王姬之館于外，爲外禮也。 莊元年

樾謹按：爲猶于也，古于、爲二字通用。《儀禮・士冠禮》曰「宜之于假」，鄭注曰「于猶爲也」，然則爲亦猶于也。又《聘禮記》曰「賄在聘于賄」，注曰「于讀曰爲」，然則爲亦可讀曰于也。「爲外禮也」猶曰「于外，句。禮也」。蓋上句「築王姬之館于外」乃是經文，《傳》舉經文而釋之。若但曰「禮也」，則疑若通言築之爲得禮，而無以明築于外之爲得禮，故疊「于外」二字而曰「于外，禮也」，爲外即于外也。莊二十二年《傳》「涖于正卿」，《釋文》曰「涖于，本或作涖」，此爲、于通用見於本書者也。正義曰：「正爲築之于外，是應變之禮。」又曰：「爲之於外，是其得禮之變也。」雖於《傳》義未失，然不知「爲外」之即「于外」，則古訓湮矣。

夫能固位者，必度於本末而後立衷焉。 六年

《集解》曰：「本末，終始也。衷，節適也。」

樾謹按：衷與中古通用。《國語・楚語》「又能齊肅衷正」，《周禮・春官・序官》注引作「中正」，是其證也。《傳》文「衷」字杜訓中者多矣。閔二年《傳》「用其衷」，僖二十八年《傳》「天誘其衷」，《集解》並曰：

「衷，中也。」然則此《傳》「衷」字亦當訓中。「度於本末而後立衷」，猶言執其兩端用其中也。哀二十七年

《傳》曰：「君子之謀也，始衷終皆舉之，而後入焉。」亦是叚「衷」爲「中」，正與此《傳》之義相近。

衣食所安。 十年

正義曰：「公意衣食二者，雖所以安身，然亦不敢專己有之，必以之分人。」

樾謹按：《傳》文但言「所安」，不言「所以安」，孔義非也。《國語·晉語》曰：「孝敬忠貞，君父之所安也。」

韋注曰：「安，猶善也。」然則「衣食所安」亦謂所善也，言雖己之所善，而必以分人也。《説文·人部》「便，

安也」，是安與便同義，猶言己之所便安耳。

桀、紂罪人，其亡也忽焉。 十一年

《集解》曰：「忽，速貌。」

樾謹按：上文「禹、湯罪己，其興也悖焉」，杜解曰「悖，盛貌」，是悖與興義相應也。忽訓速，則與亡字義不

相應，豈亡可言速，而興不可言速乎？《爾雅·釋詁》：「忽，盡也。」《詩·皇矣》篇「是絶是忽」，毛傳曰：

「忽，滅也。」忽訓盡，又訓滅。「其亡也忽焉」，言其盡滅而無遺也。文五年《傳》「皋陶庭堅不祀忽諸」，亦

盡滅之意。

且寡人出，伯父無裏言。 十四年

《集解》曰：「無納我之言。」

樾謹按：納我之言不可但謂之「裏言」，杜解非也。「裏」當讀爲「理」。《荀子·解蔽篇》「制割大理而宇宙

裏矣」，楊倞注曰「裏當爲理」，是裏、理古字通用。理之言治也，「伯父無訟治之言也」。僖二十

八年《公羊傳》『然後爲踐土之會，治反衛侯』，何休注曰「叔武訟治于晉文公，令白王者，反衛侯使還國

也」，訟治卽所謂理矣。古聽訟之官曰理，蓋訟于人謂之理，故聽人之訟亦謂之理，其義正相因耳。今俗

語凡爭辯曲直曰理論，乃古之遺語也，可證明理言之義。

莫之與京。二十二年

《集解》曰：「京，大也。」

樾謹按：「莫之與京」猶云莫之與競也。「京」當讀爲「勍」。《說文‧力部》：「勍，彊也。」凡彊者謂之勍，相

與爭彊亦謂之勍。僖二十二年《傳》「勍敵之人」，杜解曰：「勍，彊也。」下文曰「今之勍者」，杜解曰：「今之

勍者，謂與吾競者。」同一「勍」字而前後異訓，蓋兩義正相因耳。勍從京聲，故此《傳》卽以京爲之。杜讀

如本字，而訓爲大，然莫之與大不辭甚矣。

儌，德之共也。二十四年

樾謹按：杜氏不釋「共」字。「共」當讀爲「洪」。《爾雅‧釋詁》：「洪，大也。」「德之洪也」猶曰德之大也。

下文曰「侈，惡之大也」，洪與大文異而義同。下文又曰「先君有共德而君納諸大惡」，猶云有大德也，杜解

曰「以不丹楹刻桷爲共」，似未得其旨。洪從共聲，故卽叚「共」爲之。《尚書大傳》「維時供祀六沴」，鄭注

曰「供，謂大也。」「供」亦「洪」之叚字也。

女贄不過榛栗。

群經平議

正義曰：「先儒以爲栗取其戰栗也，棗取其早起也，脩取其自脩也。唯榛無説，蓋以榛聲近虞，取其虞於事也。」

樾謹按：「榛」古作「亲」。《説文·木部》「亲，果實如小栗。從木辛聲。《春秋傳》曰『女摯不過亲栗』，是亲字本從辛得聲。《禮記·郊特牲》篇「郊之用辛也」《南齊書》卷九引盧植注曰：「辛之爲言自新潔也。」然則女摯用亲，亦取自新潔之義。孔氏謂取其虞于事，非也。

屯固。閔元年

《集解》曰：「屯，險難所以爲堅固。」

樾謹按：屯固猶純固也。《國語·周語》曰「守終純固」，又曰「敦庬純固」，又曰「思慮純固」，竝其證也。純從屯聲，故屯即與純通。説經者不通古訓，而但執《易》義求之，乃曲爲之説曰「險難所以爲堅固」，失之迂矣。且《屯》卦象辭、爻辭皆不言難，孔子作傳始曰「剛柔始交而難生」，然則辛廖占《易》時恐未必有險難之説。

今命以時卒，閟其事也。二年

《集解》曰：「冬十二月，閟盡之時。」

樾謹按：「閟」當讀爲「畢」，閟從必聲，與畢聲相近。《考工記·弓人》「天子圭中必」，鄭注曰「必讀如鹿車縪之縪」，即其例也。《爾雅·釋詁》：「畢，盡也。」杜讀閟爲畢，故以閟盡釋之，正義未能申明其義。

授方任能。

六五二

《集解》曰：「方，百事之宜也。」正義曰：「授方，授民以事，皆有方法也。任能，其所委任信用能人也。」

橶謹按：孔氏以方爲方法，是也，謂授民以事皆有方法，非也。成十八年《傳》及襄九年《傳》竝曰「官不易

方」，昭二十九年《傳》又曰「官脩其方」，《國語·周語》亦曰「官不易方」，《晉語》又曰「官方定物」，凡言方

者，竝以官言，不以民言也。此《傳》言「務材訓農，通商惠工，敬教勸學」，則四民已皆包之矣，又言「授方

任能」，則由民而臣，言其能官人也。授方者，授之以百官之常法也；任能者，任用其才能之人也。不授

以方則無治法，不任其能則無治人。授方任能，衛之所以興也。正義謂授民以事，失其旨矣。

五侯九伯。 僖四年

《集解》曰：「五等諸侯九州之伯。」正義曰：「鄭玄以爲周之制，每州以一侯爲牧，二伯佐之，九州有九侯十

八伯。❶ 大公爲東西大伯中分天下者，當各統四侯半，一侯不可分，故言五侯，其伯則各有九耳。侯爲

牧，伯佐之，言是周制，其事無所出也。校數煩碎，非復人情，故先儒無同之者。」

橶謹按：鄭義煩碎，且每州一侯二伯，亦無塙證，其說固不可從矣。《詩·旄邱》篇正義注曰「五侯

公、侯、伯、子、男。九伯，九州之長」，與杜義同。然《禮記·王制》篇曰「八州八伯」，正義引《鄭志》曰「畿

内之州不置伯」，是古有八伯，無九伯也。以九伯爲九州之長，亦臆說耳。今按：五侯九伯統言天下諸侯

也。周制有公、侯、伯、子、男五等，而止言侯伯者，舉中以包上下也。僖二十九年《傳》曰：「在禮，卿不會

❶ 「侯」，原作「牧」，今據阮刻《左傳正義》改。

公侯，會伯子男可也。」是公侯爲一等，伯子男爲一等，故舉侯以包公，舉伯以包子、男也。侯言五，伯言九

者，數始於一而終於九，至十則復爲一矣。《素問・三部九侯論》曰「天地之至數始於一終於九焉」，是其

義也。自一至九，五爲中數，故古人之言，凡至少者以一言之，如《孟子》「一杯水」、「一鉤金」之類是也；

至多者以九言之，如《公羊傳》「叛者九國」是也；舉其中數則以五言之，如《左傳》「不可以五稔」是也。五

侯舉中數，九伯舉終數。後人不達古語，而曲爲之説，宜皆不可通矣。宣十二年《傳》「夷於九縣」，昭十二

年《傳》「五大不在邊，五細不在庭」凡言五、言九者皆此類也。

取號之旆。　五年

正義曰：「旆者，晉軍旆也。」而往取號，故云取號之旆。

樾謹按：此直言戰勝而取號之旆耳。哀二年《傳》：「鄭人擊簡子中肩，斃于車中，獲其蠭旗。」又十三年

《傳》「彌庸見姑蔑之旗，曰，吾父之旗也」，杜解曰：「彌庸父爲越所獲，故姑蔑人得其旌旗。」然則勝敵而

獲其旆，古所恒有，正義之説失之迂曲矣。

其在亂乎。　君務靖亂，無勤於行。　九年

《集解》曰：「在，存也。　微戒獻公，言晉將有亂。」

樾謹按：上文「齊侯不務德而勤遠略」云云，無一字及晉，此忽云晉將有亂，義不可通。蓋宰孔之意，謂齊

將有亂，非謂晉將有亂也。《爾雅・釋詁》曰：「在，終也。」「其在亂乎」乃逆料之辭，言齊之將終於亂也。

「君務靖亂」言君務靖齊國之亂，蓋以代興諷晉也。首止之盟，「王使周公召鄭伯曰：『吾撫女以從楚，輔

之以晉，可以少安」，周公卽宰孔。然則此數語卽勸晉叛齊之意，杜氏未得其旨。

《集解》曰：「功勳美德，可謂正而不可忘者。」正義曰：「應，當也。懿，美也。督，正也。言我善女功勳，當女美德，謂女功德正而不可忘，宜受此禮。」

樾謹按：應猶報也。《周易・文言傳》正義曰：「應者，報也。」「督」當讀爲「篤」，偽《古文尚書・微子之命》篇用此文作「曰篤不忘」是也。《爾雅・釋詁》曰：「篤，厚也。」「應乃懿德」，謂篤不忘言以上卿之禮報女之美德，且示相厚而不忘也。杜解未了，正義所說亦近迂曲矣。

先君之敗德及，可數乎？　十五年

正義曰：「韓簡之意，以爲惠公及禍，自由先君獻公廢嫡立庶之敗德，不由卜筮，故云先君之敗德既定，致公今及此禍，可由筮數始生之乎？」

樾謹按：正義所說甚爲迂曲，非《傳》義也。此句《釋文》有兩讀。今按：當以「先君之敗德及」絕句。「及」讀爲「急」。《說文・心部》「急，從心及聲」；《釋名・釋言語》曰「急，及也，操切之使相逮及也」，是及與急聲近義通。「急」又通作「亟」，《爾雅・釋詁》「亟，疾也」，《釋文》曰「亟本亦作急」是也。《穀梁》文十二年傳「秦晉之戰已亟」，范注曰：「亟，數也」，與此《傳》文法相似。韓簡之意，謂先君之敗德亟矣，不可勝數也，故曰：「先君之敗德及」，句。「可數乎？」「及」乃「急」之叚字，「急」又「亟」之叚字。學者不知轉展相叚之旨，宜其不可通矣。

是崇夛濟而修祀紓禍也。二十一年

樾謹按：「祀」當作「禮」。上文曰：「崇明祀，保小寡，周禮也。蠻夷猾夏，周禍也。」修禮承周禮而言，紓禍

承周禍而言。因「禮」字古文作「礼」，與「祀」相似，又涉上「崇明祀」之文，故誤爲「祀」耳。《國語·周語》

「宗祝執祀」，韋注曰：「賓將有事於廟，則宗祝執祭祀之禮。」夫賓至不行祭禮，安得云執祀？「祀」亦

「禮」字之誤也，説詳《國語》。此《傳》「修禮」之誤爲「修祀」，猶《外傳》「執禮」之誤爲「執祀」矣。

弗可赦也已。二十二年

《集解》曰：「言君興天所棄，必不可，不如赦楚勿與戰。」

樾謹按：如杜解，當於「弗可」絶句，「赦也已」三字文不成義矣。此五字宜連讀，蓋卽違天必有大咎之意。

天固棄之，君必興之，是得罪於天也，故曰「弗可赦也已」。

不以阻隘也。

《集解》曰：「不因阻隘以求勝。」

樾謹按：《傳》文曰：「古之爲軍也，不以阻隘也。寡人雖亡國之餘，不鼓不成列。」下文子魚曰：「隘而不

列，天贊我也。阻而鼓之，不亦可乎？」是阻與鼓對，隘與不成列對，故又曰：「利而用之，阻隘可也。聲

盛致志，鼓儳可也。」鼓、儳二字不平列，則阻、隘二字亦不平列。阻者，挖也。《尚書·堯典》篇「黎民阻

飢」，正義引鄭注曰：「阻，挖也。」方楚人之未既濟，卽挖而擊之，是謂阻其隘。杜解未得其旨。

金鼓以聲氣也。

《集解》曰：「鼓以佐士眾之聲氣。」

樾謹按：《傳》文止言「以聲氣」，不言「以佐聲氣」，杜解非也。顧氏炎武《補正》曰：「聲如『金聲而玉振』之聲。」劉用熙曰：聲，宣也，宣倡士卒之勇氣。」今按：《孟子》言「金聲而玉振」，又曰「金聲也者」，「金聲」下皆無「之」字，與「玉振之」不同。金聲而玉振之謂金聲始洪終殺，必以玉聲振起之也，說詳《孟子》。顧氏習于時解，遂若金聲與玉振一律，因取以解此《傳》「聲」字，失之矣。且如其解，謂宣倡士卒之氣，則此句當以「氣」字爲主。下文曰「聲盛致志」，乃言聲不言氣，何也？然則顧解亦非也。今以文義求之，「金鼓以聲氣也」與上句「三軍以利用也」一律。「氣」當讀爲「鎎」，鎎者，怒也。《說文·金部》「鎎，怒戰也」，引《春秋傳》曰：「諸侯敵王所鎎。」今文四年《左傳》作「愾」，杜解曰：「愾，恨怒也。」蓋愾、鎎義通，凡怒謂之愾，戰而怒謂之鎎，雖有從心從金之別，實一字耳。三軍之用在利，不利則不可以用，故曰「三軍以利用」。金鼓之鎎在聲，非聲則不見其鎎，故曰「金鼓以聲鎎」。

蒲人、狄人，余何有焉？ 二十四年

《集解》曰：「當二君世，君爲蒲、狄之人，於我有何焉。」

樾謹按：「余何有焉」猶云余何愛焉。昭二十年《傳》「是不有寡君也」，杜解曰：「有，相親有也。」此「有」字義與彼同。乃云「於我有何義」，失之。又襄二十九年《傳》「以杞封魯猶可，而何有焉」，有亦親有之有，言何愛於杞也。杜云何有盡歸之，則亦未得其義。

況貪天之功以爲己力乎？

群經平議

樾謹按：杜氏不解「貪」字，蓋卽以本字讀之，然非也。「貪」當讀爲「探」。《釋名‧釋言語》曰：「貪，探也，

探取入它分也。」《後漢書‧郭躬傳》「捨狀以貪情」，李賢注曰「貪與探同」，是貪、探聲近而義通。《爾雅‧

釋詁》：「探，取也。」「探天之功」者，取天之功也。《國語‧周語》曰：「而邸至佻天以爲己力，❶不亦難

乎？」韋注曰：「佻，偷也。」偷亦取也。《淮南子‧說林篇》「偷肥其體」，高注曰：「偷，取也。」此《傳》「探天

之功以爲己力」與《外傳》「佻天以爲己力」，文異而義同。

鄭伯與孔將鉏、石甲父、侯宣多省視官具于氾，而後聽其私政。

《集解》曰：「三子，鄭大夫。省官司，具器用。」正義曰：「鄭伯與三大夫每日省視當國官司，令具其器用，

送之於氾，而後聽其私政也。」

樾謹按：省視官司令具器用，而但曰「省視官具」，則《傳》文爲不備矣。顧氏《補正》引傅氏曰「官，官司。

具，器用」，於文較明，然亦未得「官」字之義。《史記‧孝文紀》「五帝官天下」，《索隱》曰：「官，猶公也。」

然則「官具」與「私政」相對成義。《周官‧載師》注司農曰：「官田者，公家之所耕田。」官具猶官田也。公

家之田謂之官田，故公家之具謂之官具矣。鄭伯以己之政爲私政，因以天子之具爲官具。先省視官具，

而後聽私政，明先公而後私也。官、私對文，今時語猶然，蓋古之遺言矣。襄四年《傳》「無失官命」，官亦

公也。蓋魯尊事晉國，故以晉命爲公家之命令也。二年《傳》鄭子駟曰「官命未改」，《補正》引陸氏曰「官

❶「邸」原作「卻」，今據清經解續編本改。

六五八

命猶言公命，其說是也。以臣子言之，則君命爲公命，以小國言之，則伯主之命爲官命，兩「官命」義同。即彼《傳》「官命」可證此《傳》「官具」之義。杜解兩「官命」異義，正義曲爲之說，皆非也。

王章也。二十五年

《集解》曰：「章，顯王者與諸侯異。」

樾謹按：《廣雅·釋器》曰：「章，程也。」《素問·氣交變大論》篇「政令者氣之章」，王注曰：「章，程也，式也。」然則「王章」者，猶言王者之程式也。如杜解，則當云「所以章王也」文義方明，而《傳》文爲不備矣。

昔趙衰以壺飧從徑，餒而弗食。

《集解》曰：「徑，猶行也。」正義曰：「杜以徑猶行者，以《傳》文爲『徑』，故釋爲行，上讀爲義。劉炫改『徑』爲『經』，謂經歷饑餒，下屬爲句，輒改其字以規杜氏，非也。」

樾謹按：杜、劉二說雖有上讀下讀之不同，然實則此字皆贅設也。如杜說，則但曰「餒而弗食」足矣，何必曰「從徑」乎？如劉說，則但曰「餒而弗食」四字句，何必曰「經餒」乎？且以情事言之，重耳與趙衰同行，餒則俱餒，重耳不食，衰自無獨食之理，此亦何足爲異乎？焦氏循《左傳補疏》曰：「徑，小道也。蓋衰本以壺飧從重耳，有時重耳行大道，衰由小道，有時重耳行大道，衰由小道，亦餒而不食，謂不以相違而自私也。「徑」字絕句，「徑」一字句，『餒而不食』四字句。」按此說於情事爲合，惟句讀似尚未得。「趙衰以壺飧從徑」者，謂以壺飧從小道也，猶《史記·欒布傳》所云「從閒道」也。重耳行大道，衰由小道，故謂之「從徑」。師古注《漢書·張騫傳》曰：「從，由也。」是從徑即由徑也。《韓子·外儲說左》篇以此爲箕鄭事，其曰「迷而失

道，與公相失，飢而道泣，寢餓而不敢食」，雖與《左傳》紀載不同，然可證其與重耳分道而行。舊說均未得其義也。

公使展喜犒師。二十六年

正義曰：「犒者，以酒食餉饋軍師之名也。」服虔云：以師枯槀，故饋之飲食。」

樾謹按：《說文》無「犒」字。《漢斥彰長田君碑》作「勞醻」，「醻」亦《說文》所無。蓋以犒師者必以牛酒，故從牛，又或從酉，迺俗字耳。《周禮·小行人》云「若國師役則令犒檜之」，注云「故書犒爲槀。鄭司農曰：槀當爲犒」，惠氏棟《左傳補注》謂與服子慎枯槀之說合。然師枯槀而犒之飲食，則不枯槀矣，乃反謂之犒師，義實未安。今以服氏枯槀之說推之，其字實當作「膏」，蓋因其枯槀而以酒食膏澤之也。《魯語》曰「使展喜以膏沐犒師」，疑古本《國語》作「以膏沐膏師」，上「膏」字如字，下「膏」字古報反。襄十九年《傳》「如百穀之仰膏雨焉，若常膏之」，《釋文》曰「膏雨，如字。膏之，古報反」，是其例也。此《傳》「犒」字，《釋文》曰「苦報反」，與「膏之」之「膏」音正相近，疑古本《左傳》亦作「膏師」，故服氏以枯槀爲說耳。《玉篇·食部》又有「餻」字，曰「勞也」，蓋古義亡而俗字滋多矣。

說禮、樂而敦《詩》《書》。二十七年

正義曰：「敦，謂厚重之。」

樾謹按：敦，治也，猶言治《詩》《書》也。《詩·閟宮》篇「敦商之旅」，鄭箋曰「敦，治也」，是其義。

民懷生矣。

正義曰：「劉炫云：生既厚，民皆懷戀居處。」

樾謹按：「懷，安也，言民安其生也。《論語·里仁》篇「君子懷德」，《公冶長》篇「少者懷之」，孔注竝曰「懷，

安也」，是其義。

楚子伏己而鹽其腦。二十八年

《集解》曰：「鹽，唼也。」正義曰：「鹽之爲唼，未見正訓，蓋相傳爲然。服虔云：如俗語相罵云唼女腦矣。」

樾謹按：服氏蓋讀「鹽」爲「䀈」。䀈從胡聲，胡從古聲，鹽亦從古聲，故得通用。䀈之義爲食。《說文·食

部》：「䀈，寄食也。」蓋以隱十一年《傳》言「䀈口」，故以寄食言之，實非達詁。昭七年《傳》正考父《鼎

銘》亦言䀈口，豈亦寄食之謂乎？據《爾雅·釋言》云「䀈，饘也」。隱十一年正義曰「䀈是饘鬻別名。今

人以薄鬻塗物謂之䀈紙、䀈帛，則䀈者以鬻食之名，故云䀈其口也」，此說得之。鬻謂之䀈，而食鬻亦謂

之䀈，古義引申，往往有此。如飯字有符萬、扶晚二切，即其例也。得此說，則《雅》訓與《傳》義均可貫通

矣。此《傳》言「䀈其腦」者，腦亦柔物，喢之與饘鬻同，故亦言䀈也。因叚「鹽」爲之，而其義遂晦矣。

天禍衛國，君臣不協，以及此憂也。

《集解》曰：「衛侯欲與楚，國人不欲，故不和也。」

樾謹按：《白虎通·號》篇「君之爲言群也」，是君與群聲近義通。《管子·大匡》篇「桓公使鮑叔識君臣

之有善者」，《問》篇「君臣有位而未有田者幾何人」，王氏念孫謂君臣即群臣，說見《讀書雜志》。此《傳》

「君臣不協」，君臣亦即群臣也。故下文曰：「今天誘其衷，使皆降心以相從也。」不有居者，誰守社稷？

不有行者，誰扞牧圉？」又曰：「自今日以往，既盟之後，行者無保其力，居者無懼其罪。」皆以居者、行者

爲言，居者、行者即所謂群臣也。若以本字讀之，而曰君臣不協，與下文不貫矣。

獻俘授馘。

《集解》曰：「授，數也。」

樾謹按：授不訓數，當讀爲「受」。《周官・典婦功》「凡授嬪婦功」《司儀》「登，再拜授幣」❶鄭注竝曰「授

當爲受」，是其例也。「獻俘受馘」文異而實同。自下言之謂之獻，自上言之謂之受矣。

刖鍼莊子。

樾謹按：「刖」當作「刵」，字之誤也。《尚書・康誥》、《呂刑》竝有「劓刵」之文。《康誥》篇正義引鄭康成

説，以刵爲臣從君坐之刑。所謂臣從君坐者，即據此《傳》爲説。因鍼莊子爲坐而得刵刑，故云然，是鄭所

見《左傳》作「刵」也。若如今本作「刖」，則《左傳》言刖者多矣，莊十六年「刖强鉏」成十七年「刖鮑牽」，豈

得概謂之臣從君坐乎？乃因此《傳》「刵」誤作「刖」，或并疑《尚書》「刵」字亦當作「刖」，誤矣。

踐修舊好。　文元年

《集解》曰：「踐，猶履行也。」

樾謹按：履行而修舊好，甚爲不辭。「踐」當讀爲「纘」。《詩・崧高》篇「王纘之事」，《釋文》引《韓詩》作

❶「幣」，原作「弊」，今據阮刻《周禮注疏》改。

「王踐之事」，是踐與纘古字通用。「踐修舊好」即纘修舊好。《說文·糸部》：「纘，繼也。」經典通作「纂」，

《爾雅·釋詁》「纂，繼也」，《國語·周語》「纂修其緒」，「纂」與「踐」竝「纘」之叚字。

子雖齊聖。 二年

《集解》曰：「齊，肅也。」

樾謹按：齊猶明也。《禮記·祭統》篇曰：「齊者，精明之至也。」《北堂書鈔》卷九十引《白虎通》曰：「齊

者，言己之意念專一精明也。」是齊有精明之義，故古人每以「齊明」竝言。《禮記·中庸》篇「齊明盛服」，

《國語·周語》「其君齊明衷正」，《荀子·脩身篇》「齊明而不竭」，皆其證也。「齊聖」猶言明聖耳。《詩·

小宛》篇「人之齊聖」，毛公訓齊爲正，則古義之湮久矣。

晉侯伐秦，圍祁新城。 四年

《集解》曰：「祁、新城，秦邑也。」

樾謹按：新城疑卽祁，非二邑也。蓋秦人新於祁邑築城，故謂之新城。晉人用《司馬法》攻其所產，故

《傳》稱「圍祁新城」也。僖六年經書「伐鄭，圍新城」，《傳》曰：「圍新密，鄭所以不時城也。」杜解曰：「實新

密而經言新城者，鄭以非時興土功，齊桓聲其罪以告諸侯。」正義引劉炫云：「先王之制，諸侯無故不造

城，造城則攻其所造。《司馬法》曰『產城攻其所產』是也。」然則秦之新城，亦猶鄭之新城矣。又按：僖四

年《傳》「太子奔新城」，杜解曰：「新城，曲沃。」曲沃之爲新城，疑亦以新築城得名。雖曲沃爲晉宗邑，故

宕有城，然《傳》稱晉侯使士蔿爲二公子築蒲與屈，則太子之居曲沃，亦必因其舊城而新之可知也。文十

四年「同盟于新城」，杜云「宋地」，宋之新城疑亦此類。僖十八年《傳》「梁伯益其國而不能實也，命曰新

里」，新里、新城義正同耳。

則天子當陽，諸侯用命也。

正義曰：「《湛露》詩云：『湛湛露斯，匪陽不晞。』陽謂日也。言天子當日，諸侯當露也。」

樾謹按：當猶對也。南方爲陽，天子南面而立，故當陽也。《禮記‧郊特牲》篇曰「君之南鄉答陽也」，鄭

注曰「答，對也」，是其義矣。正義失之。

陳之藝極。　六年

《集解》曰：「藝，準也。極，中也。貢獻多少之法。《傳》曰：『貢之無藝。』又曰：『貢獻無極。』」

樾謹按：藝、極一也。《國語‧魯語》曰「貪無藝也」，《晉語》曰「貪欲無藝」，韋注竝曰：「藝，極也。」是極與

藝同義。藝準也，極亦準也。故《詩‧殷武》篇「四方之極」，《後漢書‧樊準傳》引作「四方是則」，李賢注

曰：「《韓詩》之文也。」《毛詩》作「極」，《韓詩》作「則」，是極字即有準則之義。杜分藝、極爲二義，失之。

事長則順。

樾謹按：事猶立也，《禮記‧郊特牲》篇「信事人也」，鄭注曰：「事猶立也。」字亦作「倳」，《周官‧太宰職》

「以任百官」，鄭注：「任猶倳也。」《釋文》曰：「倳，側吏反，猶立也。」賈疏曰：「東齊人物立地中爲倳。」蓋

「倳」即「事」之變體，古字止作「事」。「事長則順」言立長則順也。昭二十六年《傳》「立長則順」與此《傳》

文異而義同。

且復致公壻池之封。八年

《集解》曰：「公壻池，晉君女壻，又取衛地以封之，今幷還衛也。」

樾謹按：公壻池乃晉大夫，不過采地而已，非建國爲附庸，不得言封也。成十四年《傳》「許人平以叔申之封」，杜解曰：「四年，鄭公孫申疆許田，許人敗之，不得定其封疆。今許以是所封田求和於鄭。」然則此《傳》「公壻池之封」與彼《傳》「叔申之封」文義一律。蓋晉侯曾使公壻池定其封疆，故卽謂之公壻池之封耳。

乃皆出戰交綏。十二年

《集解》曰：「《司馬法》曰：『逐奔不遠，從綏不及。』」正義曰：「綏訓爲安。蓋兵書務在進取，恥言其退，以安行卽爲大罪，故以綏爲名焉。」然則古名退軍爲綏。逐奔不遠則難誘，從綏不及則難陷。

樾謹按：綏與退古同聲。《禮記·檀弓》篇「文子其中退然如不勝衣」，鄭注曰：「退或爲妥。」《玉篇·肉部》：「腿，他偏切，腿脛也。本作骽。」竝其證也。「交綏」卽是「交退」，乃古文同聲叚借之常例。正義引舊說訓綏爲卻，得其旨矣。乃又以綏之訓安附會其義，反失之也。

能賤而有恥。十三年

正義曰：「服虔云謂能處賤，且又知恥。」

樾謹按：能與耐古字通。《詩·漸漸之石》篇鄭箋曰「豕之性能水」，《釋文》曰：「能，本又作耐。」《漢書·食貨志》「能風與旱」，《鼂錯傳》「其性能寒」，師古注竝曰「能讀曰耐」是也。「能賤」猶曰耐賤。《一切經音

群經平議

義》引《蒼頡》曰：「耐，忍也。」

莒紀公生太子僕。 十八年

《集解》曰：「紀，號也。莒夷無謚，故有別號。」

樾謹按：紀乃莒邑名，昭十九年《傳》「莒子奔紀鄣」，杜解曰「東海贛榆縣東北有紀城」是也。紀公蓋以邑
爲號者。成八年《傳》「與渠丘公立于城上」，杜曰：「渠丘公，莒子朱也。渠丘，邑名。莒縣有蓮里。」然則
莒子庶其號紀公，小猶莒子朱號渠丘公矣。

德以處事。

《集解》曰：「處，猶制也。」

樾謹按：物居其所謂之處，使物各得其處亦謂之處。《魯語》曰「夫仁者講功，而知者處物」，是其義也。
故處即有審度之義。《呂氏春秋・有始覽》曰「察其情，處其形」，處猶察也。《淮南子・兵略》篇曰「相地
形，處次舍」，處猶相也。此《傳》曰「則以觀德，德以處事，事以度功」，處亦猶觀也，度也。《漢書・谷永
傳》曰「臣愚不能處也」，《淮南子・主術》篇曰「援白黑而示之則不處焉」，其義並同。《史記・扁鵲倉公
傳》「醫之所病」，「所病」猶處病也，處與所同義。

其器則姦兆也。

《集解》曰：「兆，域也。」

樾謹按：兆雖訓域，然「姦兆」二字文義未安。「兆」當讀爲「佻」。《國語・周語》曰「姦仁爲佻」，此姦佻之

六六六

義也。其下文曰：「畔國卽讎佻也。」莒僕弒君父而奔魯，乃正畔國卽讎者，故謂之佻矣。

謂之八愷。

《集解》曰：「愷，和也。」

樾謹按：下文「謂之八元」，杜解曰：「元，善也。」八元、八愷名異而實同，愷亦善也。《詩·桑柔》篇鄭箋曰：「善，猶大也。」故凡有大義者卽有善義。《六月》篇、《采芑》篇毛傳曰：「元，大也。」《呂氏春秋·不屈》篇高注曰：「愷者，大也。」元、愷同爲大，卽同爲善矣。《廣雅·釋詁》凱與賢竝訓大，凱卽愷字也。賢爲善亦爲大，愷爲大亦爲善，其義正可互明。上文曰「不度於善，而皆在於凶德」，以善與凶對言。元、愷皆訓善，方與下文四凶相對。杜訓愷爲和，未得其義。

掩義隱賊。

正義曰：「掩蓋義事而不行，隱蔽其外而陰爲賊害也。」

樾謹按：「掩義」與「隱賊」一律。掩猶隱也，義猶賊也。《大戴禮·千乘》篇曰：「作於財賄、六畜、五穀曰盜；誘居室家有君子曰義；子女專曰娸，飭五兵及木石曰賊，以中情出，小曰間，大曰諜；利辭以亂屬曰讒；以財投長曰貸。」此《傳》「義」字正與彼同。義也，賊也，皆不善之事，故掩蓋之、隱蔽之也。學者但知義爲仁義之義，而不知古書義字有作姦邪解者。《管子·明法解》篇曰：「姦邪之人用國事，則姦人爲之視聽者多矣，雖有大義，主無從知之，故《明法》曰：『佼眾譽多，外內朋黨，雖有大姦，其蔽主者多矣。』」是大義卽大姦也。王氏念孫曰：義與俄通，俄，衺也，得其旨矣。

群經平議卷二十六

德清俞樾

春秋左傳二

又會諸侯于扈，將爲魯討齊，皆取賂而還。宣元年

《集解》曰：「文十五年、十七年，二扈之盟皆受賂。」正義曰：「劉炫云：案《傳》數晉罪，近發宋弒昭公前扈之盟，文所不及，何當虛指其事？言皆取賂，炫謂宋及晉平，取宋賂；爲魯討齊，取齊賂也。」

樾謹按：二說皆非也。以文義求之，皆者，皆魯、齊也。蓋先受魯賂，許爲討齊；又受齊賂，而不討，故曰「皆取賂」。

華元爲植。二年

《集解》曰：「植，將主也。」

樾謹按：「植」當讀爲「職」。職，主也。爲職卽爲主，故杜以將主釋之。職從戠聲，與直聲相近，凡從戠、從直之字古每相通。宣十五年《傳》「羊舌職」，《說苑·善說》篇作「羊舌殖」；《儀禮·鄉射禮記》「薦脯用籩五臟」鄭注曰「今文臟或作植」；《考工記·弓人》注曰「樴，脂膏腫敗之腫」，竝其證也。

于思于思。

《集解》曰：「于思，多鬚之貌。」正義曰：「賈逵以爲白頭貌。」

樾謹按：二說皆以意言之，無他證也。「思」字疑助語辭。《禮記·中庸》篇「神之格思，不可度思，矧可射思」，鄭注曰「思，皆聲之助」是也。「于思于思，棄甲復來」，猶韓退之文所謂于于然來耳。語助之詞即以爲韵，三百篇中亦往往有之，《關雎》篇正義所謂「即將助句之字以當聲韵之體」也。莊二十八年《傳》：

乃宦卿之適子而爲之田，以爲公族。

《集解》曰：「爲置田邑以爲公族大夫。」

樾謹按：杜不解「爲」字之義，因加「置」字以足成之，非也。爲猶與也，爲之田言與之田也。《管子·戒》篇曰「自妾之身之不爲人持接也」，尹知章注曰「爲猶與也」，是其證也。襄二十三年《傳》「齊侯將爲臧紇田」，義與此同。

使疾其民。 六年

《集解》曰：「驕則數戰，爲民所疾。」

樾謹按：爲民所疾不得言「疾其民」。疾猶病也，「疾其民」猶言病其民也。疾病連文，則義有別，《論語》「子疾病」是也。散文則亦可通。《國語·晉語》「吾不幸有疾」，韋昭注曰：「疾，病也。」《易·象上傳》「出入无疾」，王弼注曰：「疾，猶病也。」

鄭公子曼滿與王子伯廖語，欲爲卿。

《集解》曰：「二子，鄭大夫。」惠氏棟《補注》曰：「王子疑非鄭大夫。」

樾謹按：襄八年鄭有王子伯騈見于《傳》，則惠氏所疑偶不照耳。惟以本《傳》而言，則此王子伯廖實爲楚大夫。蓋此《傳》本與上文「楚人伐鄭，取成而還」連屬爲一。楚與鄭成，故其大夫交相見，因而鄭公子曼滿得與楚王子伯廖語也。王子伯廖不繫於楚者，蒙上「楚人伐鄭」而省耳。不然，曼滿見殺不在是年，左氏何爲橫發此《傳》乎？

晉胥克有蠱疾。八年

《集解》曰：「惑以喪志。」

樾謹按：此與昭元年《傳》所謂「疾如蠱」者不同。「蠱」當讀爲「痼」，痼，❶久病也。《説文》作「痼」，從广古聲，與蠱同音，故得通用。痼疾之爲蠱疾，猶故事之爲蠱事。《尚書大傳》曰：「乃命五史以書五帝之蠱事。」蠱事卽故事也。襄七年《傳》「公族穆子有廢疾」，與此《傳》「胥克有痼疾」文正相同。因叚「蠱」爲之，而杜遂以蠱惑説之，誤矣。《漢書·賈誼傳》曰「必爲錮疾」，❷字又作「錮」。古書多叚借，不必本字也。

卜臨於大宮。十二年

❶ 「痼」，原無，今據清經解續編本補。

❷ 「曰」下，原有「曰」字，今據清經解續編本刪。

《集解》曰：「臨，哭也。」

樾謹按：「臨」即「弔臨」之「臨」。《周官·鬯人》「凡王弔臨」鄭注曰：「以尊適卑曰臨。」其實臨亦上下通稱，隱元年《傳》「改葬惠公，公弗臨」，是非必以尊臨卑乃爲臨也。襄十二年《傳》：「凡諸侯之喪，異姓臨於外，同姓於宗廟，同宗於祖廟，同族於禰廟。」此蓋因道遠不能親臨其喪，故或於城外，或於廟中代之。其後相承，凡哭於廟者皆謂之臨矣。臨於周公之廟。《傳》「卜臨於大宮」是也。然其下曰「國人大臨，守陴者皆哭」，此蓋國人皆至大宮而哭則謂之臨，守陴者因各有所守，不得至大宮，則但謂之哭。是哭與臨未始無別。使到其文曰「國人大哭，守陴者皆臨」，即于義不通矣。

耆昧也。

《集解》曰：「耆，致也。」致討于昧。

樾謹按：致討于昧不可但曰「致昧」。《釋文》：「耆，音旨。徐其宜反。」今以義求之，當從徐音讀爲「耆老」之「耆」。耆者，養也。此引《詩》「遵養時晦」而釋之，「昧」字釋詩「晦」字，則「耆」字釋詩「養」字可知矣。耆得訓養者，耆猶艾也。《爾雅·釋詁》曰：「耆、艾，長也。」是耆與艾同義。又曰：「艾，養也。」艾爲養，則耆亦得爲養矣。雖經典無徵，然此《傳》以「耆昧」釋詩「養」、「晦」，即其塙證也。

御下兩馬。

《集解》曰：「兩，飾也。」

樾謹按：兩之訓飾，未聞其義。《釋文》曰「徐云或作柄」，於義更遠。阮氏《校勘記》曰「北宋本、葉抄本、

盧文弨本作挩」，挩字從手，雖若近之，然其字實非古所有。若《左傳》有「挩」字，《說文》不應遺之。《玉

篇》所收廣矣，而尚無「挩」字，則其字後出可知也。《左傳》原文止作「兩馬」，兩者，兩兩排比之也。一車

有四馬，兩馬在中口服，兩馬在邊曰驂。《詩》曰「兩服齊首，兩驂如手」，皆言其整齊也。是時車右入墊而

車在墊外留待之，故御者下車排比其馬，使兩驂、兩服不至儳互不齊，亦示閒暇之意也。《周官・太宰》

「以九兩繫邦國之民」，鄭注曰：「兩，猶耦也。」然則兩馬者，使服與服耦、驂與驂耦也。因服、杜竝訓爲

飾，遂變其字從手。又因古無「挩」字，而以「柄」字爲之。《玉篇》柄訓松脂，於馬無涉也。惠氏《補正》反

以「柄」字爲正，失之矣。

知莊子以其族反之。

《集解》曰：「族，家兵。」

樾謹按：族者，部屬也。其字從放從矢，放所以指麾也，❶矢所以自衛也。《國語・楚語》曰「在中軍王族

而已」，韋昭注曰：「族，部屬也。」此說得之。文二年《傳》「以其屬馳秦師」，宣十七年《傳》「請以其私屬」，

「屬」皆「族」之叚字。族、屬聲近，古每通用。《後漢書・靈帝紀》注曰：「五屬，五服內親也。」凡親屬字皆

當作「屬」，而今相承作「族」。部族字皆當作「族」，而今相承作「屬」。說經者不達字之本義，因失其解。

❶「麾」原作「摩」，今據上下文義改。

成十六年「欒范以其族夾公行」，杜解云「二族強，故在公左右」，明是誤解「族」字，劉光伯規之是也。正義

曲爲杜諱，豈其然乎。

有麥麴乎？曰：無。有山鞠窮乎？曰：無。

溼，賈逵有此言，則相傳爲此說也。」

《集解》曰：「麥麴、鞠窮，所以禦溼，欲使無社逃泥水中。」正義曰：「麥麴、鞠窮所以禦

樾謹按：此二物實非所以治溼，正義云云，蓋已疑之。梁簡文《勸醫論》曰「麥麴、芎藭，反止河魚之疾。」

亦以杜氏所說，出乎藥性之外也。然則叔展隱語，杜氏殆未之喻乎？夫楚師是時始傅于蕭，尚未知必克

與否，何以卽教以逃死之策？揆之情理，殊不可通。叔展此問，蓋先探其國中之虛實也。《神農本草》

載：「芎藭，味辛、溫，主中風氣入腦、頭痛、寒痺、筋攣。」麥麴不載於《本草》，《名醫別錄》小麥下言「作麴，

溫，消穀止利」，然則麥麴之功，主於消食；芎藭之用，主於去風。食自內積，喻內亂也；風自外受，喻外患

也。問有麥麴者，問消弭內亂之方也；問有山鞠窮者，問袪除外患之術也。乃二者俱無，則蕭之君臣

手無策。外之強寇壓境，內之姦民生心，雖楚或未能卽克，而蕭亦必將自潰矣，故又問曰「河魚腹疾奈

何」。杜氏誤解上文，謂欲使逃泥水中，故解「河魚腹疾」曰：「無禦溼藥將病。」夫逃死之法亦多矣，無社

之逃于智井，亦偶然事，叔展何爲必使之逃泥水中，因其不解，又再三言之也哉？今按：僖十九年《公羊

傳》曰：「其自亡奈何？魚爛而亡也。」何休《解詁》曰：「百姓一旦相率俱去，狀若魚爛。」然則河魚腹疾，

亦是此義。叔展既知蕭之將潰，因問蕭潰之後將何以自免，故曰：「河魚腹疾奈何？」無社因曰「目於智

井而拯之」，乃始告以逃匿之處，令其拯救也。三問三答，杜氏全未喻其旨，反謂無社不解，古人有知，必將笑之矣。

吾若善逆彼以懷來者。十七年

樾謹按：若猶當也，言吾當善逆彼以懷來者也。若與如同義。《戰國策・宋策》曰：「夫宋之不足如梁也，寡人知之矣。」高注曰：「如，當也。」《左傳》每以「如」字爲當然之「當」。昭二十一年《傳》曰：「君若愛司馬，則如亡。」杜解曰：「言若愛司馬，則當亡走失國。」定五年《傳》曰：「不能如辭。」杜解曰：「言自知不能，當辭勿行。」竝以「如」爲「當」之證。此《傳》又以「若」爲之者，如、若一也。不達古語，即不得其解矣。

楚莊王卒，楚師不出。既而用晉師，楚於是乎有蜀之役。十八年

樾謹按：此二十一字乃錯簡也，本在上文「夏，公使如楚乞師，欲以伐齊」之下。編次者因經書「甲戌楚子旅卒」在「邾人戕鄫子于鄫」之後，遂割《傳》文而綴諸此，使經事相次耳，非左氏之舊。

石成子曰：師敗矣。子不少須，衆懼盡。成二年

《集解》曰：「衛師已敗，而孫良夫復欲戰，故成子欲使須救。」

樾謹按：須之言待也。《詩・匏有苦葉》篇「卬須我友」，《儀禮・士昏禮記》「某敢不敬須」，鄭君箋、注竝曰：「須，待也。」「子不少須」者，子不少待也。詳其文義，蓋未戰之前，孫良夫欲戰；既敗之後，又懼而欲先歸，故石成子以此言止之。邲之戰，隨武子殿其卒而退，故不敗。杜解曰：「以其所將卒爲軍後殿。」石子初意，亦欲孫子以所將之卒爲殿，故曰：「子不少須，衆懼盡。子喪師徒，何以覆命？」及三子皆不對，

則知其莫肯爲殿矣，故又曰「子以衆退」也。讀前後文，文義自明，杜解失之。

卿不書，匱盟也。於是乎畏晉而竊與楚盟，故曰匱盟。

《集解》曰：「匱，乏也。」

樾謹按：匱固訓乏，然與畏晉竊盟之義不合。《廣雅·釋訓》「讀，欺也」，疑即「匱盟」之「匱」。畏晉而竊

與楚盟，故爲欺也。《國語·晉語》曰「其言匱」，義與此同，說詳《國語》。

其惡易覯。　六年

《集解》曰：「惡，疾疢。覯，成也。」

樾謹按：杜蓋讀「覯」爲「構」，《詩·四月》篇「我日構禍」，毛傳曰「構，成也」，杜即用其義耳。鄭箋曰「構，

猶合集也」，又《青蠅》篇「構我二人」箋曰「構，合也」，此《傳》「覯」字當從鄭義爲長。又按：杜解「惡」字爲

疾疢，於義未得。下文曰「有汾澮以流其惡」，杜曰：「惡，垢穢。」然則此所謂惡，亦垢穢也。蓋謂郇瑕氏

土薄水淺，故其垢穢不流，易於積聚，不如新田土厚水深，有汾澮以流之也。下文「流其惡」與此文「其惡

易覯」正相對成義。

民受天地之中以生，所謂命也。　十三年

正義曰：「天地之中，謂中和之氣也。」

樾謹按：此方論成子之不敬，無取言中和之氣。中者，正也。《淮南子·主術》篇「是以中立」，高誘注曰：

「中，正也。」《儀禮·聘禮》篇鄭注曰：「門中，門之正也。」是古謂正爲中。「民受天地之中以生」，言受天

地之正以生也。《論衡・命義篇》曰「正者，稟五常之性也」，《管子・法法》篇曰「正也者，所以正定萬物之命也」，竝與此《傳》之義相近。下文曰：「是以有動作禮義威儀之則，以定命也。」定猶正也。《爾雅・釋天》「營室謂之定」，孫炎、郭璞注竝曰：「定，正也。」民之生本無不正，所謂人生而静也」，及感於物而動，則不定矣。不定即不正矣，故必有動作禮義威儀之則以定之也。若訓中爲中和之氣，則全失其義矣。

穆爲不弔。

《集解》曰：「不見弔傷。」

樾謹按：不弔猶不祥也。下文曰「君又不祥」，杜解曰：「祥，善也。」此曰「穆爲不弔」，弔亦善也。《書・柴誓》篇「無敢不弔」，《詩・節南山》篇「不弔昊天」，鄭注、鄭箋竝曰：「弔，至也。」至猶善也。《家語・終記》篇「昊天不弔」，王肅注曰：「弔，善也。」王氏引之《經義述聞・通説》説「弔」字甚詳而未及此，故具説之。

我偽逃楚，可以紓憂。 十六年

樾謹按：范文子欲反，則真逃楚矣，何偽之有？「偽」當作「爲」，古偽、爲二字通用。成九年《傳》「爲將改立君者」，定十二年《傳》「子爲不知」，《釋文》竝曰「偽，本作爲」，是其證矣。爲猶如也。《呂氏春秋・長見》篇曰「臣之御庶子鞅，願王以國聽之」，爲不能聽，勿使出境」，猶言如不能聽也。《韓子・内儲説》篇曰「王甚喜人之掩口也。爲見王，必掩口」，猶言如見王也。古書以「爲」字代「如」字者甚多，王氏引之《經傳釋詞》所引凡十數事可證。「我爲逃楚，可以紓憂」，言我如逃楚，可以紓憂也。疑古本作「爲」，後人不達「爲」字之義，又增人旁耳。

邲之師，荀伯不復從。

《集解》曰：「荀林父奔走，不復故道。」《釋文》曰：「從，徐子容反。或如字。」

樾謹按：杜言不復故道，故徐讀爲「蹤跡」之「蹤」，不復蹤之語殊爲不辭。若讀如字，則「不復從」之下須加「故道」二字，其義始明。且林父兵敗而歸，何必不由故道歸乎？王氏念孫曰❶：「從」蓋「徒」字之誤。邲之敗，徒衆之不反者多，故云不復徒，說見《經義述聞》。然不復徒之語亦爲不辭。「從」疑「役」字之誤。復者，反也。《周易·雜卦傳》曰：「復，反也。」復，反義通，故亦得通用。《儀禮·特牲饋食禮》「皆復外位」，鄭注曰「今文復爲反」是也。「不復役」即不反役。襄三年《傳》曰：「反役，與之禮食，使佐新軍。」定十年《傳》曰：「反役，晉人討衛之叛故，曰：『由涉佗、成何。』」是古人謂師還爲反役。此云「復役」，義亦同耳。邲之戰，師徒撓敗，故謂之不復役，猶上文言不振旅也。役、從相似，因而致誤耳。

請攝飲焉。

《集解》曰：「攝，持也。持飲往飲子重。」

樾謹按：攝之言代也。《周官·大宗伯職》「若王不與祭則攝位」，鄭注曰：「代行其祭祀。」又《禮記·明堂位》注「周公攝王位」，正義曰：「攝，代也。」「請攝飲」者，請使人代己往飲子重也。下文曰「寡君乏使，使鍼御持矛，是以不得犒從者，使某攝飲」，則因不得親往而使人代往，其義甚明。杜訓攝爲持，未得其義。

❶ 「念孫」，當作「引之」。

宋、齊、衛皆失軍。

《集解》曰：「將主與軍相失。」正義曰：「服虔以失軍爲失其軍糧。」

樾謹按：如杜解，則直曰「師潰」可矣，何以謂之「失軍」乎？如服解，則又增出「糧」字，疑皆非《傳》義也。軍者，謂營壘也。《說文・車部》：「軍，圜圍也。從車從包省。」《一切經音義》卷十八引《字林》曰：「軍，圜也。包車爲軍。」是軍字本義車在其中而包裹其外，正爲營壘之象。《傳》文「軍」字，如「晉軍函陵」、「秦軍汜南」之類，其本義也。如「郤縠將中軍」❶、「狐偃將上軍」之類，其引申義也。桓六年《傳》「王毀軍而納少師」，毀軍者，毀其營壘也。若是三軍之人，豈可言毀乎？此《傳》言失軍者，亦謂失其營壘也。服、杜二解皆失之。宣十二年《傳》曰「君盍築武軍」，杜解曰「築軍營以章武功」，襄二十三年《傳》「張武軍於熒庭」，解曰「張武軍，謂築壘壁」，斯得之矣。襄二十七年《傳》「以藩爲軍」，昭十三年《傳》「乃藩爲軍」，可見「軍」字之義。

公薨于路寢，言道也。 十八年

《集解》曰：「在路寢得君薨之道。」

樾謹按：下文曰「葬我君成公，書順也」，道與順同義，《論衡・本性篇》引陸賈曰「順之爲道」是也。《國語・楚語》以「違而道」、「從而逆」相對，道即順也。此《傳》曰「言道也」猶曰言順也。杜解未得其旨。

❶ 「縠」，原作「榖」，今據阮刻《左傳正義》改。

使臣斯司馬。 襄三年

《集解》曰：「斯，此也。」

樾謹按：使臣此司馬，甚爲不辭。「斯」疑「廝」字之誤。《文選•秋興賦》「攝官承乏，猥廁朝列」，李善注引《蒼頡注》曰「廁，次也」，是其義也。哀二年杜解「去斯役」，《釋文》曰：「斯本作廝。」廝與廁相似，「廁」誤作「廝」，因改爲「斯」矣。《國語•晉語》曰「使臣狃中軍之司馬」，狃亦廁也。《廣雅•釋詁》曰：「粗、廁也。」粗、狃義通，說詳《國語》。

子爲正卿，而小君之喪不成，不終君也。 四年

《集解》曰：「慢其母，是不終事君之道。」

樾謹按：人子事親，以送死爲終事。君母之喪不成，則君於事親之道不終，故曰不終君，謂不終君之事也。杜解爲不終事君之道，則是不終臣之事矣。君喪不成，方可以此責之；君母之喪不成，不得以此責之也。

我心扃扃。 五年

《集解》曰：「扃扃，明察貌。」

樾謹按：杜蓋讀「扃」爲「炯」。《文選•幽通賦》「又申之以炯戒」，曹注曰：「炯，明也。」然以扃扃爲明察，則與下文「講事不令，集人來定」義不相蒙，殆非也。扃扃猶耿耿也。《詩•柏舟》篇「耿耿不寐」，傳曰：「耿耿，猶儆儆也。」《廣雅•釋訓》：「耿耿，警警，不安也。」此詩之旨，言我心耿耿然不敢自安，故思聚致

賢人以定之也。作「扃」者,叚字耳。《说文·耳部》「耺,從耳炯省聲」,故耺與炯古通用。《文選》顔延年

《登巴陵城樓詩》「炯介在明淑」,李善注引《楚辭》「彼堯、舜之耿介」,而曰「耿與炯同」是也。杜知「扃」可

通作「炯」,而不知「炯」可通作「耿」,故未得其解矣。

子駟使賊夜弒僖公,而以瘧疾赴于諸侯。 七年

樾謹按:瘧疾無致死之理,以是赴于諸侯,不且欲蓋而彌彰乎? 疑古本止作「瘧疾」。《尚書·金縢》篇

「遘厲虐疾」,枚氏傳曰:「虐,暴也。」虐疾猶言暴疾。弒之而以暴疾赴,於情事爲近。

職競作羅。 八年

《集解》曰:「言既卜且謀多,則競作羅網之難,無成功。」

樾謹按:杜解「羅」字文義迂迴,殆非也。「羅」當讀爲「罹」。《爾雅·釋詁》:「罹,憂也。」《詩·兔爰》篇

「逢此百罹」,《斯干》篇「無父母詒罹」,《小弁》篇「我獨于罹」,傳、箋竝曰:「罹,憂也。」「職競作罹」者,職競

作憂也。《说文》無「罹」字,蓋古字止以「羅」爲之。今《毛詩》皆作「罹」,而此《傳》引逸《詩》作「羅」。班孟

堅謂《左傳》多古字古言,於此可見。

鄙我是欲。

《集解》曰:「楚欲以鄭爲鄙邑而反欲與成。」

樾謹按:《傳》言「是欲」,不言「欲與成」,杜解非也。欲猶好也,凡可欲者即可好,故曰者好,亦曰者欲,曰

好惡,亦曰欲惡。《孟子·告子》篇「所欲有甚於生者」;《中論·夭壽》篇作「所好」;《荀子·不苟》篇「欲

利而不爲所非」，《韓詩外傳》作「好利」，是欲與好義通。「鄙我是欲」猶言鄙我是好，蓋謂晉親我而我不與

之成，楚鄙我而我反與之好也。

悉索敝賦。

《集解》曰：「索，盡也。」

樾謹按：悉盡敝賦甚爲不辭，杜解非也。二年《傳》「以索馬牛皆百匹」，杜曰「索，簡擇好者」，是索有簡擇

之義。「悉索敝賦」謂盡國中之車徒而簡擇之也。蓋索之言蒐索也。《白虎通・田獵》篇曰：「秋謂之蒐

何？蒐索肥者也。」《漢書・百官公卿表》注引服虔曰：「蒐，索也。」然則索亦猶蒐也。昭十一年《公羊

傳》曰「大蒐者何？簡車徒也。」此卽「悉索敝賦」之謂矣。

巡丈城。 九年

《集解》曰：「巡，行也。丈，度也。」正義曰：「十尺爲丈。巡行其城以丈度之，故云丈城。」

樾謹按：國有大災，巡視城垣，固其所也，然豈必丈而度之乎？方倉卒之時，又豈暇執尺以度城之高卑

乎？且上文曰「陳畚挶，具綆缶，備水器，量輕重，蓄水潦，積土塗」，下文曰「繕守備，表火道」，諸句皆以

下二字相連爲義，而此句「巡丈城」乃以上二字相連爲義，與上下文不一律矣。竊疑「丈」爲誤字。據阮氏

《校勘記》，「丈」字有作「文」者，然「文」字亦無義。今按：「丈」當作「女」。「巡女城」者，巡視城堞也。《說

文・土部》：「壤，城上女垣也。」《阜部》：「陴，城上女牆俾倪也。」《釋名・釋宮室》曰：「城上垣曰睥睨，言

於其孔中睥睨非常也。亦曰女牆，言其卑小，比之於城，若女子之於丈夫也。」然則此《傳》言女城，卽女

牆，女垣之異名，本所以睥睨非常，故使人巡視之也。

宋災，於是乎知有天道，何故？

《集解》曰：「問宋何故自知天道將災。」

樾謹按：《傳》言「宋災，於是乎知有天道」者，疑宋國相傳謂國有火災，必主禍敗，故士弱對曰「商人閱其禍敗之釁，必始於火」。觀「始」之一字，則因災而知天道明矣。下文「公曰：『必乎？』對曰：『在道。國亂無象，不可知也』。自此年宋災之後，宋國無大禍敗，則在道之言信矣。杜氏誤解此句，故於上文「樂喜爲司城以爲政」卽云「知將有火災，素戒爲備火之政」，殊非《傳》意。所謂「爲司城以爲政」者，言以司城之官而執國政也。宋六卿之次，右師、左師、司馬、司徒、司城、司寇，是司城班在弟五。宋以子罕之賢，特使爲政，故《傳》言「爲司城以爲政」，豈徒爲備火之政乎？哀七年《傳》曰「使爲司城以聽政」，與此《傳》同義，足徵杜注之非矣。

棄位而姣。

《集解》曰：「姣，淫之別名。」正義曰：「服虔讀『姣』爲『放效』之『效』，言效小人爲淫。淫自出於心，非效人也。今時俗語謂淫爲姣，故以姣爲淫之別名。」

樾謹按：《說文・女部》：「姣，好也。」《孟子・告子》篇曰：「至於子都，天下莫不知其姣也。」《荀子・非相

篇曰：「古者桀、紂長巨姣美，天下之傑也。」《韓詩外傳》曰：「以爲姣好邪？則太公年七十二，暉然而齒

墮矣。」《鹽鐵論・殊路》篇曰：「毛嬙，天下之姣人也。」《史記・司馬相如傳》曰：「姣冶嫺都。」《漢書・東

方朔傳》曰：「左右言其姣好。」古書「姣」字並美好之義。而杜乃以爲淫之別名，正義又以俗語證之，陋

矣。然如服子慎之說，實亦未安。「姣」當讀爲「恔」。《方言》曰：「逞、曉、恔、苦，快也。自關而東或曰曉，

或曰逞，江淮陳楚之間曰逞，宋、鄭、周、洛、韓、魏之間曰苦，東齊海岱之間曰恔；自關而西曰快，

恔與逞同義。「棄位而恔」與僖二十三年《傳》「淫刑以逞」、成十六年《傳》「疲民以逞」文義相近，言棄位而

自快其意也。穆姜齊女，習於齊之方言，故曰恔耳。

而以偪陽光啟寡君。　十年

正義曰：「光昭宋國，開其疆竟，以賜寡君。」

樾謹按：昭二十八年《傳》曰「光有天下」，杜解曰：「光，大也。」然則「光啟」者，猶言大啟也。《國語・鄭

語》「必光啟土」，韋昭注曰「光，大也」，得其義矣。　正義失之。

先王先公。　十一年

《集解》曰：「先王，諸侯之大祖，宋祖帝乙、鄭祖厲王之比也。先公，始封君。」

樾謹按：下文更言「七姓十二國之祖」，則此當泛言周之先王先公，杜解非是。

七姓十二國之祖。

《集解》曰：「實十三國，言十二，誤也。」正義曰：「服虔云：晉主盟，不自數。」

樾謹按：《傳》言「十二國」，知鄭猶未與盟也。是時鄭雖行成，而猶未受盟，故范宣子曰「諸侯敝而無成」。若鄭亦同盟，則不應爲是言矣。至九月，諸侯復伐鄭，鄭人使王子伯駢行成，於是晉趙武入盟鄭伯，鄭子展出盟晉侯，正以鄭未與盟，故特與之盟也。《傳》文本不誤，亦不必曲爲之説。據二十二年《傳》「寡君盡其土實，重之以宗器，以受齊盟」，然則此時歌鐘鎛磬之屬尚未入晉，其尚未受盟可知。説者泥「同盟」之文，謂鄭亦與焉，未必然也。

衛北宮括不書於向，書於伐秦，攝也。十四年

《集解》曰：「能自攝整，從鄭子蟜俱濟涇。」

樾謹按：攝非攝整之謂。攝之言佐也，助也；言北宮括於此役有佐助之功也。《詩・既醉》篇「朋友攸攝，攝以威儀」，毛傳曰：「言相攝佐者以威儀也。」襄三十一年《傳》引此詩，杜解曰「攝，佐也」，即用毛義。《白帖》三十四引此詩，而曰「攝，助也」。助與佐義同，是攝有佐助之義，古訓然也。昭二十六年《傳》曰：「晉爲無道，是攝是贊。」與此《傳》「攝」字義可互明。杜於彼《傳》訓攝爲持，亦未得也。

寡君不以即刑而悼棄之。

樾謹按：杜氏不解「悼」字，則讀如本字矣。然「悼棄」連文，甚爲無義。「悼」當讀爲「卓」。《史記・魯周公世家》「里克殺其君奚齊卓子」，《集解》引徐廣曰「卓，一作悼」，是悼與卓古字通也。卓之本義爲高，《説文・匕部》「卓，高也」。高則必遠，故或訓爲高遠，《漢書・劉輔傳》「必有卓詭切至」，師古注曰：「卓，高遠也。」亦或徑訓爲遠，《楚辭・逢尤》篇「世既卓兮遠眇眇」，王逸注曰：「卓，遠也。」《説文・走部》：「趠，

遠也。」《辵部》：「逴，遠也。」趠、逴皆卓之後出字，遠即高之引申義耳。「卓棄之」者，遠棄之也。上文曰

「聞君不撫社稷而越在它竟」，杜解曰：「越，遠也。」故此答之曰「寡君不以即刑而卓棄之」，卓亦遠也。

王室之不壞，繄伯舅是賴。 十四年

正義曰：「服虔本『壞』作『懷』」，解云：懷，柔也。繄，蒙也。賴，恃也。王室之不懷柔諸侯，恃蒙齊桓之匡
正也。」

樾謹按：《傳》文若是「王室之不壞」，則下句當云「繄伯舅之功」。今乃云「繄伯舅是賴」，疑當從服本作
「懷」。然子慎訓懷爲柔，而云不懷柔諸侯，於義未得。《詩·雄雉》篇「我之懷矣」《揚之水》篇「懷哉懷
哉」，❶鄭箋竝曰：「懷，安也。」「王室之不懷」猶云王室之不安也。王室不安，惟伯舅能安之，故曰「繄伯舅
是賴」也。

改服修官。 十六年

《集解》曰：「既葬，改喪服。 修官，選賢能。」

樾謹按：上文已歷敘羊舌肸爲傅云云，此何以又云修官？且修官與改服事亦不倫，杜解殆非也。官與
館古字通。《周易·隨》初九「官有渝」《釋文》曰：「官，蜀才本作館。」蓋「官」字從宀，實爲館舍之本字，
從食作「館」，乃後出字也，說詳余所箸《字義載疑》。「修官」即修館也。晉侯將烝于曲沃，又順河東下，會

❶ 「揚」，原作「楊」，今據阮刻《毛詩正義》改。

群經平議

于溴梁，故所在館舍先爲修理也。

晉人使司馬斥山澤之險。　十八年

《集解》曰：「斥，候也。」

樾謹按：《小爾雅·廣詁》曰：「斥，開也。」《漢書·司馬相如傳》「除邊關益斥」，師古注曰：「斥，開廣也。」《禮記·王制》正義曰：「斥大，謂開斥廣大。」此《傳》「斥山澤之險」正斥大之義，言凡山澤險阻之地，皆開斥之，使容車徒也。杜訓爲候，未得其旨。

齊侯見之，畏其衆也，乃脫歸。

《集解》曰：「脫，不張旗幟。」

樾謹按：不張旗幟謂之脫，近於臆説矣。脫之言突也。《詩·緜》篇「混夷駾矣」，毛公訓駾爲突。駾從兌聲，故或即以「兌」爲之，《孟子·梁惠王》篇注引《詩》作「昆夷兌矣」是也。脫亦從兌得聲，故得與駾通。「乃脫歸」者，乃突歸也。《廣雅·釋詁》曰：「突，猝也。」猝然而歸則有輕速之意，故太子曰：「社稷之主，不可以輕也。」《國語·晉語》「脫會秦伯於王城」，義亦與此同。

先吳壽夢之鼎。　十九年

《集解》曰：「古之獻物必有以先，今以璧馬爲鼎之先。」

樾謹按：惠氏《補注》曰：「馬爲庭實，未聞以馬爲先。且馬不上堂，安得先之？」其説是也。至以先吳爲先秦、先漢之比，則亦未得。夫郜鼎不稱先郜，紀甗不稱先紀，吳鼎何必言先吳邪？「先」疑「兂」字之誤。

「旡」讀爲「曁」。曁，及也，猶言賄荀偃束錦、加璧、乘馬及吳壽夢之鼎也。曁從旣聲，旣從旡聲，古文以聲爲主，故卽以「旡」爲之。所謂《左傳》多古字、古言者，此也。旡、先形似，學者多見「先」，尟見「旡」，因誤爲「先」矣。

圭媯之班亞宋子，而相親也，士子孔亦相親也。十九年

樾謹按：「士子孔亦相親」者，謂因其母之故，而亦親於宋子也。既親於子然、子孔不待言矣。此所以三室如一也。唐石經作「二子孔亦相親也」，則但是士子孔與司徒孔相親，而子然不與矣，何以云「三室如一」乎？「二」字乃「士」字之誤。阮氏《校勘記》反謂作「二」者不誤，恐後學疑惑，故詳辨之。

軌度其信。二十一年

正義曰：「謂使其臣信有軌則法度，可明以爲徵驗也。」劉炫曰：軌，法也。行依法度而言有信也。」

樾謹按：正義所説迂迴難明，且不成義，殆非也。「軌」當讀爲「究」。軌字從九得聲，古音卽如九；究亦從九得聲，故軌、究音同，得相叚借。《詩·皇矣》篇「爰究爰度」，此以「究度」連文，卽其義也。「究度其信」

者，言必究度之，使信而合義也。上云「洗濯其心」，此云「究度其信」，洗、濯二字同義，究、度二字亦同義。學者不知「軌」爲「究」之叚字，因失其解矣。二十五年《傳》「度山林，鳩藪澤」，「鳩」亦「究」之叚字，説見王氏引之《經義述聞》。此叚「軌」爲「究」，猶彼叚「鳩」爲「究」也。

生在敬戒。二十二年

樾謹按：此「敬」字與上文「敬共事君」「敬」字不同。「敬共」之「敬」乃本字也，「敬戒」之「敬」當讀爲「儆」。

《説文・人部》：「儆，戒也。」儆、戒一義，故下文君子但曰知戒。

君子謂慶氏不義，不可肆也。二十三年

《集解》曰：「肆，放也。」正義曰：「君子自論慶氏之罪，所爲不義，不可放肆，以爲宜其誅滅。」然襄九年「肆眚圍鄭」，杜解曰：

樾謹按：杜訓肆爲放，未詳其義。若從正義之説，則當爲「肆眚」之「肆」。今按：肆者，長也。《詩・崧高》篇「其風肆好」，毛傳曰：「肆，長也。」「不可肆」即不可長。言慶氏不義，不可長也，故下文即引《書》「惟命不于常」以證之。「肆」字古作「隸」，在《説文・長部》。然則訓肆爲長，正合字之本義。杜解既不了，正義以「宜其誅滅」足成之，殆非《傳》意。

趙勝帥東陽之師以追之，獲晏氂。

《集解》曰：「東陽，晉之山東，魏郡廣平以北。」正義曰：「昭二十二年《傳》曰：『荀吳略東陽，遂襲鼓，滅之。』鼓在鉅鹿，居山之東。山東曰朝陽，知東陽是寬大之語，總謂晉之山東，故爲魏郡廣平以北。服虔以東陽爲魯邑，謬之甚矣。東陽之師，謂下文叔孫豹所帥者也。」

樾謹按：《魯語》曰：「昔欒氏之亂，齊人閒晉之禍，伐取朝歌。我先君襄公不敢甯處，使叔孫豹悉帥敝賦，踦跂畢行，無有處人，以從軍吏，次於雕俞，與邯鄲勝擊齊之左，掎止晏萊焉。」服氏以東陽爲魯邑，蓋據此。正義既斥其謬，而又曰「東陽之師，謂下文叔孫豹所帥者也」，則仍無以易服氏之舊説矣。今按：晉東陽之地雖或遼闊，然所謂「東陽之師」者，必非盡大行山以東之師而悉起之也。趙勝即邯鄲午之父，見

定十三年正義。《外傳》謂之邯鄲勝，蓋父子世守邯鄲者。邯鄲今屬廣平府，東陽必與邯鄲相近。顧氏棟

高《春秋大事表》謂今冀州爲晉之東陽地是也。至叔孫豹之師尚在雍榆，杜謂汲郡朝歌縣東有雍城，其地

在今衛輝府濬縣，相去甚遠，安得謂東陽之師卽叔孫豹所帥者乎？正義此說仍未免爲服氏所惑也。然

則《外傳》所載子服惠伯之言，豈其飾無爲有，以欺大國邪？曰雍榆，去朝歌甚近。是役也，齊取朝歌而

不能守，未必非叔孫一軍之力，於是趙勝得以追擊之，而獲晏氂。其後魯人居以爲功，晉亦不能斥爲誣

也。若必執《國語》以説《左傳》，失之矣。

若能孝敬，富倍季氏可也。

《集解》曰：「父寵之則可富。」

樾謹按：富與福古通用。《周易·謙·象傳》「鬼神害盈而福謙」，《釋文》曰「福，京作富」，是其證也。「富

倍季氏」即福倍季氏，與下句「禍倍下民」相對，正承上文「禍福無門，惟人所召」而言。杜以本字讀之，失

其旨矣。其下云「故公鉏氏富」，此則當讀如本字。閔子馬所謂福者，非止以富言也，富固福也，得爲公右

宰亦福也。悼子雖得立，而竟早死，雖謂之無福可矣。

公曰不。爲崔子，其無冠乎？ 二十五年

《集解》曰：「言不爲崔子，猶自應有冠。」

樾謹按：杜説不了，由未得其句讀故也，此當以「公曰不」絕句。「公曰不」猶「孟子曰否」，乃甚不然之辭。

不與否古字通也。「爲崔子，句。其無冠乎？」言既爲崔子，豈患無冠？吾以其冠賜人，於崔子無損也。

《説文・丶部》：「音，相與語唾而不受也。從丶，否聲。」「孟子曰否」及此《傳》「公曰不」疑皆「否」之叚字，今世俗猶有此言。

公踰牆，又射之。

樾謹按：上無射公之文，則此不得言「又」。「又」當讀爲「有」。《石鼓文》「汧又小魚」，《詛楚文》「又秦嗣王」，竝以「又」爲「有」，古字通也。因不知射者主名，故但曰「有射之」。定八年《傳》「有自門閒射陽越殺之」，即其例也。有與或聲近而義通。《考工記・梓人》曰「毋或若女不寧侯」，《禮記・祭義》篇曰「庶或饗之」，《孟子・公孫丑》篇曰「夫既或治之」，鄭注、趙注竝曰：「或，有也。」故「又」字亦與「或」通。《禮記・檀弓》篇曰「或敢有他志」，《國語・晉語》作「又何敢有他志」，哀元年《左傳》曰「或將豐之」，《史記・吳世家》作「又將寬之」，竝其證也。然則「又射之」猶云或射之。不通古人之言而泥乎其文，斯難得其解矣。

會于夷儀之歲，齊人城郟。

《集解》曰：「《傳》爲後年修成起本，當繼前年之末，傳寫失之。」

樾謹按：杜謂此《傳》當繼前年之末，非也。此《傳》實當在下文「二十六年春」之上。蓋左氏作《傳》，本未嘗分每年爲一篇，故文十年《傳》云「厥貉之會，麇子逃歸」，十一年《傳》即云「楚子伐麇」；宣十一年《傳》云「厲之役，鄭伯逃歸」，十二年《傳》即云「楚子伐鄭」。如此之類，竝當合下文爲一，不當綴諸前年之末。

莊十九年《傳》曰「十九年春，楚子禦之」，僖二十四年《傳》曰「二十四年春，王正月，秦伯納之」，但言禦之、

納之，不言所禦何師，所納何人。蓋左氏原文自「初楚武王克權」至「巴人因之以伐楚」此數十字皆在「十

九年春」之上，自「晉公子重耳之及於難也」至「重耳敢不拜」此數百字皆在「二十四年春」之上。後之編次

者因每年必欲以年冠首，年上不容更著一字，於是割置前年之末，而文義之不安者多矣。「惠公元妃孟

子」至「是以隱公立而奉之」此五十八字本在「元年春王周正月」之上，若非杜氏合傳於經，卽無經文橫隔

其間，豈不連屬爲一？ 卽此可見左氏之舊。此《傳》與彼不殊，杜氏以經文隔之，遂若孤縣卷首，無所繫

屬，因以爲傳寫跳此，而左氏之舊不可復矣。

樂、范易行以誘之。

《集解》曰：「易行，謂簡易兵備。欲令楚貪己，不復顧二穆之兵。」正義曰：「賈逵、鄭眾皆讀『易』爲『變易』

之『易』。《楚語》説此事云：『若易中下，楚必歆之。』韋昭云：『簡易樂、范之行，示之弱以誂楚也。』是韋昭

已讀爲『簡易』之『易』，故杜從之也。」

樾謹按：《傳》言「誘之」，則韋氏示弱之説信矣。惟簡易之義，終有未安。「易」當讀爲「陁」。《方言》及

《廣雅・釋詁》竝曰：「陁，壞也。」字亦作「弛」。《國語・魯語》曰：「文公欲弛孟文子之宅。」韋注曰：「弛，

毀也。」然則「弛行以誘之」者，毀行以誘之也，猶桓六年《傳》曰「王毀軍而納少師」也。《詩・何人斯》篇

「我心易也」，《韓詩》作「我心施也」。「易」之通作「施」也。王氏引之謂《魯語》「弛孟

文子之宅」與「景公欲更晏子之宅」同，弛者，易也，説見《經義述聞》。然則《外傳》「弛宅」當爲「易宅」，此

《傳》「易行」當爲「弛行」，竝古文叚字。而學者泥本字以求之，則胥失之矣。

晉人將與之縣，以比叔向。

《集解》曰：「以舉材能比叔向。」

樾謹按：《周易・比・象傳》曰：「比，輔也。」《詩・枤杜》篇「胡不比焉」，《國語・齊語》「足以比成事」，鄭箋、韋注竝曰：「比，輔也。」《爾雅・釋詁》曰「比，俌也」，俌與輔同。然則「以比叔向」者，以輔叔向也。杜解失之。

能歆神人。 二十七年

《集解》曰：「歆，享也。使神享其祭，人懷其德。」

樾謹按：《國語・周語》曰「民歆而德之」，韋注曰：「歆猶欣。欣，喜服也。」然則「能歆神人」謂神人皆喜之也。《周語》曰「事神保民，莫不欣喜」，是其義也。一「歆」字兼神人而言，杜解未得其旨。

季蘭尸之，敬也。 二十八年

《傳》曰：『蘭有國香，人服媚之。』知是女之服蘭也。

《集解》曰：「使服蘭之女而爲之主。」正義曰：「《詩》言季女，而此言季蘭，謂季女服蘭草也。案宣三年

樾謹按：蘭雖人所服媚，然女不必皆服蘭。且服蘭之女，豈可卽謂之蘭乎？杜解非也。「蘭」疑「變」之叚字。變從䜌聲，蘭從闌聲，二聲相近。《説文・門部》：「闌，妄入宮掖也。從門䜌聲，讀若蘭。」《漢書・

成帝紀》「闌入尚方掖門」卽以「闌」爲之。然則「蘭」之通作「變」，猶「闌」之通作「闌」也。《詩・車舝》篇

「思變季女逝兮」，傳曰：「變，美貌。」此《傳》所謂「季變」，即《詩》所謂「思變季女」，言年少而美好也。

請觀於周樂。二十九年

樾謹按：《儀禮·聘禮記》「歸大禮之日，既受饗餼，請觀」，鄭注曰：「聘於是國，欲見其宗廟之好，百官之富，若尤尊大之焉。」然則古禮於所聘之國本有請觀之事，故季札因而請觀周樂耳。

美哉其細。已甚，民弗堪也。

《集解》曰：「美其有治政之音，譏其煩碎，知不能久。」

樾謹按：「美哉」之下不箸一字，而遽云「其細已甚，民弗堪也」，文義不屬。疑「其細」二字當為一句，「美哉其細」，蓋美其細也。《說文·糸部》：「細，微也。」《荀子·解蔽篇》楊注曰：「微者，精妙之謂也。」是細亦未始非美，但過甚則涉于煩碎矣，故又曰「已甚，民弗堪也」。杜解未得其旨。《詩》正義引服虔曰「其風細弱已甚」，亦失之。

用而不匱，廣而不宣。

樾謹按：此文自「直而不倨，曲而不屈」以下共十四句，每二句相對成義。直與曲對，邇與遠對，遷與復對，哀與樂對，施與取對，處與行對，獨此二句用與廣不對。「用」疑「困」字之誤。「困而不匱，廣而不宣」，語意一律。困者窮乏之名，廣者博大之號，正相對也。

辯而不德。

《集解》曰：「辯，猶爭也。」

樾謹按：杜氏不解「德」字。《史記》注引服虔曰「夫以辯爭，不以德居之，必加於刑戮也」，其說非是。苟

能以德居之，又何爭乎？「德」當讀爲「直」。「德」字古文作「悳」，本從直聲，故卽與「直」通。《周易·繫

辭傳》「有功而不德」，蜀才本作「置」。「德」之通作「直」，猶「置」之通作「德」也。爭辯而不直，故宜加於刑

戮矣。

其君弱植。三十年

正義曰：《周禮》謂草木爲植物，植爲樹立。君志弱，不樹立也。」

樾謹按：如正義所說，當云「其君弱不植」，於文方明，不得云「其君弱植」。蓋「弱植」連文，乃古語也。

「植」當讀爲「脂膏膩敗」之「膩」。《考工記·弓人》注曰「樴，脂膏膩敗之膩」是也。字本作「殖」。《說文·歺

部》：「殖，脂膏久殖也。」亦或作「膩」，《釋名·釋地》曰：「土黃而細密曰埴。埴，膩也，黏昵如脂之膩也。」

然則人之弱者謂之膩，猶土之黏者謂之埴矣。《考工記》「摶埴之工二」，❶ 司農曰：「埴，書或作植。」此叚

「植」爲「膩」，與彼叚「植」爲「埴」同。若以本字讀之，而訓爲樹立，則「弱植」二字義不相屬矣。

上下有服。

《集解》曰：「公卿大夫服不相踰。」

樾謹按：經傳「服」字半皆「𠬝」字之叚借。《說文·又部》：「𠬝，治也。從又從卩。卩，事之制也。」凡服事

❶ 「摶」，原作「搏」，今據阮刻《周禮注疏》改。

字，降服字竝當作「戾」，而經、傳皆以「服」爲之，「戾」行而「戾」廢矣。鄭石制字子服，見宣十二年《傳》，此即段「服」爲「戾」之明證。戾從卩，故亦有節制之義。名制字戾，正相應也。「上下有制，與上句「都鄙有章」一律。杜不知「服」爲「戾」之段字，而以本字讀之，失其旨矣。《吕氏春秋‧樂成》篇曰「都鄙有服」，高注曰：「服，法也。」疑高氏原文本曰「服，法也」，蓋服爲制，故亦爲法。後人不知其義，妄增「服」字耳，説詳《吕氏春秋》。

寇盜充斥。三十一年

《集解》曰：「充，滿。斥，見。言其多。」

樾謹按：「充斥」連文，其義一也。《淮南子‧説山》篇「近之則鐘音充」，高誘注曰「充，大也」；《吕氏春秋‧必己》篇「禍充天地」，高注亦曰「充猶大」，是充之義爲大也。《文選‧魏都賦》「墳衍斥斥」，李善引《蒼頡》曰：「斥，大也。」《史記‧司馬相如傳》「除邊關益斥」，《索隱》引張揖曰：「斥，廣也。」廣與大同，是斥之義亦爲大也。凡有大義者，皆有衆多之義，如殷訓大亦訓盛，豐訓大亦訓滿，皆其例也。《説文‧多部》「誃，大也。從多圣聲。」其義爲大，而其字從多，可知其義之通矣。《玉篇‧多部》「姼，多也，大也」；《大部》「奯，大也，多也」，皆多、大義通之證。充、斥竝訓大，故亦竝訓多。「寇盜充斥」言寇盜之多也。杜訓斥爲見，義反不倫矣。

令尹似君矣。

正義曰：「言令尹威儀，已是國君之容矣。服虔云：言令尹動作以君儀，故云以君矣。服言以君儀者，明

年《傳》云「二執戈者前矣」，是用君儀也。俗本作「似君」。若云「似君」，不須言矣。今定本亦作「似君」，恐非。

樾謹按：其字當從古本作「以」，其義當從定本作「似」。《周易·明夷》彖辭「文王以之」、「箕子以之」，荀向本作「似」，即其例也。就字義而言，「以」即「似」字。古「似」字作「佀」，亦或移人旁於右作「㠯」，真書變作「以」，而借爲「㠯」字。行之既久，莫知其即「佀」字也，於是又加人旁於左作「似」字，此尤俚俗之甚者。服氏所據本作「令尹以君矣」，正左氏之舊。乃不知「以」字之即「似」字，蓋六書之學，自漢已失之矣。

群經平議卷二十七

德清俞樾

春秋左傳三

帶其褊矣？ 昭元年

《集解》曰：「言帶褊盡，故裂裳，示不相逆。」

樾謹按：「褊」字不訓盡，即以叚借之例求之，亦不得其說。杜云褊盡，殆失之矣。《說文·衣部》：「褊，衣小也。」「帶其褊矣」猶曰以是爲帶，不其褊小乎？蓋既以與之，又爲謙辭謝之也。古書或以「矣」字代「乎」字，如隱三年《公羊傳》曰「盍終爲君矣」，《禮記·文王世子》篇曰「女何夢矣」，皆是也。杜氏不達古語，故失其解。

處不辟汚。

《集解》曰：「汚，勞事。」正義曰：「處國之所辟者，惟有辟勞事耳，故以汚爲勞事也。言事之勞身，若穢之污物也。」

樾謹按：《廣雅·釋詁》曰：「辱，汚也。」汚爲辱，故亦爲勞。《禮記·檀弓》篇鄭注曰「勤，勞辱之事也」，是

勞、辱同義。成九年《傳》「大夫勤辱」、「勤辱」猶勤勞也。汙者辱事，即爲勞事。正義所説未達古訓。

弗去懼選。

《集解》曰：「選，數也。恐景公數其罪而加戮。」

樾謹按：懼數其罪則曰「懼罪」足矣，乃曰「懼選」，於文不明，杜解始非也。「選」當讀爲「篡」。《説文・厶部》：「芏而奪取曰篡。」古人之言，上下不嫌同辭，以臣奪取於君謂之篡，以君奪取於臣亦謂之篡。鍼之適晉，其車千乘，對司馬侯曰，若能少此，吾何以得見？是鍼以車多故出奔。其母所謂「弗去懼選」者，言弗去則必爲景公所篡取，故欲使適它國，以保其所有也。《方言》曰：「秦、晉閒凡取物而逆謂之篡。」鍼母此言，正秦之方言也。作「選」者叚字耳。選從巺聲，篡從算聲，二聲相近，故得通用。《詩・柏舟》篇「不可選也」，《後漢書》朱穆《絶交論》作「不可算也」。《論語・子路》篇「何足算也」，《漢書・公孫劉田王楊蔡陳鄭傳贊》作「何足選也」。然則「選」之通作「篡」，猶「選」之通作「算」矣。《國語・魯語》：「君不命吾子，吾子請之，其爲選事乎？」「選」亦「篡」之叚字，謂其自篡取之也，説詳《國語》。

臺駘能業其官。

《集解》曰：「纂昧之業。」

樾謹按：杜未解「業」字也。「業」讀爲「剿」。《方言》曰：「剿，續也。秦、晉繩索謂之剿。」《廣雅・釋詁》亦曰：「剿，續也。」「能剿其官」者，能繼續其官守也。《説文》無「剿」字，蓋古字止作「業」耳。

四姬有省猶可。

《集解》曰：「據異姓，去同姓，故言省。」

樾謹按：「省」當讀爲「眚」。莊二十二年經文「肆大眚」，《公羊》作「肆大省」，是省與眚相通。上文曰：「美先

盡矣，則相生疾。」相之云者，兼男女而言，明男娶同姓之女固當生疾，女嫁同姓之男亦當生疾也，故此云

「四姬有眚猶可」。眚之言疾眚也，《楚語》曰「夫誰無疾眚」是也。四姬有疾眚，則四姬當之矣，故曰「猶

可」也。杜解未得其旨，正義申說之，徒爲辭費耳。

女陽物。

《集解》曰：「女常隨男，故言陽物。」

樾謹按：以《易》義言之，坎爲中男，爲月；離爲中女，爲日，此所以女爲陽物也。後世言丹術者，有取坎填

離之說，實本於此。杜以女常隨男爲說，失之矣。

十二月，晉既烝，趙孟適南陽，將會孟子餘。甲辰朔，烝于溫。

《集解》曰：「烝，冬祭也。孟子餘，趙衰，趙武之曾祖。其廟在晉之南陽溫縣。往會祭之。趙氏烝祭。甲

辰，十二月朔。晉既烝，趙孟乃烝其家廟，則晉烝當在甲辰之前。《傳》言十二月，誤。」

樾謹按：《左傳》以周正紀事，十二月者，建亥之月也。桓五年《傳》「閉蟄而烝」，杜解曰：「建亥之月，昆蟲

閉戶，萬物皆成，可薦者衆，故烝祭宗廟。」然則烝祭當在建亥之月，此《傳》十二月不誤也。疑「甲辰朔」三

字當在《傳》首「十二月」之下，左氏原文蓋云「十二月甲辰朔，晉既烝」。傳寫者誤移「甲辰朔」三字置「烝

于溫」之上，而文不可通矣。又按：「將會孟子餘」句義亦難明。趙衰字子餘，不字孟，會祭孟子餘不得但

曰「將會」，然則此文亦必有誤。今按：孟者，地名。《尚書·泰誓》篇《序》正義曰：「孟者，河北地名，《春秋》所謂向、盟是也。」據隱十一年《傳》「王取鄔、劉、蒍、邘之田于鄭，而與鄭人蘇忿生之田溫、原、絺、樊、隰城、欑茅、向、盟、州、陘、隤、懷」，杜曰：「凡十二邑，皆蘇忿生之田。」而成十一年《傳》曰「蘇忿生以溫為司寇」，止言溫不言餘邑，則知餘邑皆附屬於溫者也。是時溫屬趙氏，則孟亦必屬趙氏矣。且溫與州同在蘇忿生十二邑中，是時州亦屬趙氏，昭三年《傳》可證，然則孟屬趙氏從可知矣。「子餘」當作「餘子」，左氏原文蓋曰：「趙孟適南陽，將會孟餘子，烝于溫。」餘子者，即宣二年《傳》所謂「又宦其餘子，亦為餘子」者也。趙孟蓋將會餘子之在孟者，至溫烝祭，故曰「將會孟餘子，烝于溫」。因「甲辰朔」三字誤移在「烝于溫」之上，而「餘子」二字又誤作「子餘」，其事遂晦，雖服子慎不得其解矣。

不敢擇位，而數於守適。　三年

《集解》曰：「不敢以其位卑，而令禮數如守適夫人。」

樾謹按：《傳》言「數於守適」，不言「數如守適」，杜解非也。文十六年《傳》曰：「無日不數於六卿之門。」杜曰：「數，不疏也。」不疏則有煩密之意。蓋數從婁聲，考《說文》從婁得聲之字，《辵部》「遱，連遱也」；《言部》「謱，謰謱也」；《水部》「漊，雨漊漊也」，並有煩密之意。然則「數於守適」者，言視適夫人之喪更為煩密也。杜解為禮數之數，失之。

道殣相望，而女富溢尤。

阮元《校勘記》❶曰:「淳熙本『溢』誤『益』。」

樾謹按:作「益」者是也。上文曰「庶民罷敝,而宮室滋侈」,杜曰「滋,益也」,然則滋與益同義。上言滋

侈,此言益尤,文義一律。襄二十六年《傳》「而視之尤」,服注曰:「尤,甚也。」「益尤」猶言滋甚耳。當從

淳熙本作「益」爲正。

二惠競爽。

《集解》曰:「競,彊也。爽,明也。」

樾謹按:此對下文「又弱一个」而言。競猶争也,《莊子·齊物論》篇「有競有争」,郭注曰「並逐曰競」,是

其義也。爽之義爲明,《淮南·説林》篇「長而愈明」,高注曰「明,猶盛也」,然則爽亦猶盛也。競爽猶争盛

也。《廣雅·釋詁》曰:「爽,猛也。」猛與盛義相近。杜解以「競爽」二字平列,未得其義。哀十六年《傳》

曰:「與不仁人争明,句。無不勝。」此言「競爽」,彼言「争明」,文異而義同。杜讀彼《傳》誤於「争」字絶句,

失之,辨見王氏《經義述聞》。

毀中軍于施氏,成諸臧氏。五年

正義曰:「劉炫以爲施者,舍也;臧者,善也。成諸臧氏,取其令名也。」

樾謹按:「臧」之爲善是矣,其説「施」字於義未盡。「施」猶「阤」也。《方言》及《廣雅·釋詁》竝曰:「阤,壞

❶「元」,原無,今據清經解續編本及全書體例補。

也。」字亦通作「弛」。《國語・魯語》曰「文公欲弛孟文子之宅」，韋注曰：「弛，毀也。」「毀中軍于施氏」正

取弛毀之義。施、弛古字通，《周官・遂人》「與其施舍者」鄭注曰：「施，讀爲弛。」

葬鮮者自西門。

《集解》曰：「不以壽終爲鮮。西門，非魯朝正門。」

樾謹按：《御覽・時序部》引《書大傳》曰：「西方者何也？鮮方也。」《白虎通・五行》篇曰：「西方者，遷

方也，萬物遷落也。」然則鮮方與遷方同，亦言萬物鮮落也。《禮記・月令》篇「季夏行春令則穀實鮮落」，

《周書・時訓》篇「腐草不化爲螢，穀實鮮落」，是其義也。人死謂之鮮，正取鮮落之義。葬死者自西門，正

取西爲鮮方之義。叔仲帶謂此言受之叔孫，疑叔孫生時因論喪禮曾有此言，然未嘗行之魯國，使爲常法

也。叔仲帶謂追述之，蓋欲貶損叔孫不依舊典，故借此言爲由耳。杜謂不以壽終爲鮮，夫帶乃豎牛之黨，豈肯

發其餓死叔孫之罪？又謂西門非正門，然則東亦非正，何必西乎？

南遺使國人助豎牛，以攻諸大庫之庭。

《集解》曰：「魯城内有大庭氏之虛，於其上作庫。」

樾謹按：《傳》言「大庫之庭」，不言「大庭氏之庫」，與十八年《傳》不同。疑魯國別有大庫。庫曰大庫，猶

府曰長府，長、大竝美名也。杜據十八年《傳》爲説，失之。

誰其重此？

《集解》曰：「言怨重。」

樾謹按：重猶任也。《詩·大明》篇箋曰：「重，懷孕也。」《說文·女部》：「姙，任身懷孕也。」懷孕謂之任，

亦謂之重。蓋重與任義本相因，故亦得相通。「誰其重此」即誰其任此，言誰其咎也。下文曰「若有其

人，恥之可也；若其未有，君亦圖之」，有與未有，正承「誰其重此」而言。若從杜解以重爲怨重，則與下文

不貫矣。

皆成縣也。

《集解》曰：「成縣，賦百乘也。」

樾謹按：襄十四年《傳》「成國不過半天子之軍」，杜曰：「成國，大國也。」然則成縣亦猶大縣也。《釋名·

釋言語》曰：「成，盛也。」盛與大義相近。《禮記·檀弓》篇鄭注曰：「成，猶善也。」善與大義亦相近，《詩·

桑柔》篇鄭箋曰：「善，猶大也。」

羊舌四族，皆彊家也。

《集解》曰：「四族，銅鞮伯華、叔向、叔魚、叔虎兄弟四人。」

正義曰：「按《世本》叔向兄弟有季夙，疑季夙即是虎也。故服氏數伯華、叔向、叔魚、季夙。劉炫以爲叔

虎於時已死，別有季夙，而規杜氏，非也。」

樾謹按：季夙不見於《左傳》。《唐書·宰相世系表》曰：「羊舌職五子，赤、肸、鮒、虎、季夙。赤字伯華，肸

字叔向，鮒字叔魚，虎字叔羆，號羊舌四族。」是季夙不在四族之内，且又不傳其名，然則其人有無不可知

也。孔氏謂季夙即是叔虎，未可深非。惠氏棟《補注》因叔季是兄弟之次，故從劉氏以爲別有季夙。然魯

之仲孫卽爲孟孫，何必晉之叔虎不爲季夙乎？ 今以《左傳》爲定。 是時叔虎已死，羊舌氏兄弟見于傳者止伯華、叔向、叔魚三人，疑《左傳》原文本云「羊舌三族，皆彊家也」。 韓氏七，羊舌氏三，其數正十，故下文曰「因其十家九縣」也。 古書「三」字每誤作「四」。 《儀禮·覲禮》「四享」，鄭注曰「四當爲三。 古書作三、四或皆積畫，字相似，由此誤也」；《周官·內宰》疏引《鄭志》曰「純四衹。 四當爲三。 古三、四積畫，是以三誤爲四」；《大戴記·公冠》篇「公冠四加玄冕」，盧注曰「四當爲三字之誤」，定十五年《穀梁》傳疏曰「范云四，四當爲三。 古者四、三皆積畫，字有誤耳」，竝其證也。 昭十二年《傳》曰：「是四國者，專足畏也。」據《楚語》曰：「是三城者，豈不使諸侯之惕焉。」然則《傳》文「四」字亦「三」字之誤。 此《傳》「三族」誤爲「四族」，彼《傳》「三國」誤爲「四國」，其誤正同。 杜於彼《傳》分不、羹爲二以當之，至此《傳》「三」誤爲「四」，則下文十家之數不合，乃云「言十家，舉大數也」，皆曲說也。 劉光伯不知考定《傳》文，而漫欲規正杜失，謂韓須是起之門子，不必更稱家，去韓須之外，韓氏唯有六家，并羊舌四族，故爲十家。 夫韓須之於韓起，猶楊石之於叔向也。 晉人旣亡韓起、叔向，必以韓須、楊石代之，安得不數？ 若不數韓須，則亦當不數楊石矣。 劉氏所規，豈可通乎？ 今正羊舌四族爲三族，則十家之數固無不合，無待辭費。

正義曰：「四」，謂往日也。」

日我先君共王，引領北望，日月以冀。 七年

樾謹按：上文曰「昔先君成公」，旣言昔，不必又言往日矣。 「日」疑「自」字之誤。 「自我先君共王，引領北望，日月以冀。 傳序相授，於今四王矣」，文義甚明，故杜無解。 正義承誤本而爲之說，不足據也。 文七年

《傳》「曰衛不睦」，襄二十六年《傳》「曰其過此也」，昭七年《傳》「曰君以夫公孫段爲能任其事」❶，昭十六

年《傳》「曰起請夫環」，凡以曰言者，皆謂其事相距未久。此言「傳序相授，於今四王矣」，則當極言其久，

不得以曰言也。阮氏《校勘記》曰濬熙本、纂圖本作『曰』，則又「曰」之誤字。

孟縶之足不良能行。　七年

《集解》曰：「跛也。」

樾謹按：「良能」二字相連成義。《孟子‧盡心》篇「人之所不學而能者，其良能也」，趙岐注曰「良，甚也」，

即可説此《傳》「良能」之義，蓋古語也。二十年《傳》杜解曰「縶足不良」，是誤於「良」字絶句，監本、毛本遂

改「能行」爲「弱行」矣。

子大叔曰：「若何弔也。」其非惟我賀，將天下實賀。」八年

《釋文》曰：「若何弔也，本或作若可弔也。」

樾謹按：可與何古本通用。至此《傳》之義，實當從或本作「可」。因史趙曰「可弔也」，故子太叔曰「若可

弔也」，即承史趙之語而言也。太叔此言極爲微婉。蓋平公承悼公之後，席全盛之勢，諸侯賓服，秦、楚無

釁，安坐西陲，偷焉自樂。銅鞮始作，虒祁繼成，而文、襄之業隳，三家之勢張矣，晉之式微，實基于此。倘

平公早世，晉人更立賢君得如悼公者，起而振之，或尚可爲乎？故曰「若可弔也，其非惟我賀，將天下實

❶　「段」，原作「叚」，今據清經解續編本改。

「賀」。弔者，弔晉之喪；賀者，賀晉之不失諸侯也。上文叔向曰「是宮也成，諸侯必叛，君必有咎」，史趙所

謂可弔者，其意殆亦同此。大叔之意則以爲君苟有咎，諸侯轉可不叛也，所謂微辭也。倘如今本作「若何

弔也」，則了無意義，人人能言之，左氏又何必録此諛辭以污簡牘乎？且「其」字、「將」字皆與「若」字相

應，今作「若何弔也」，則但曰「非惟我賀，天下實賀」足矣。是時魯使已在晉廷，其餘諸侯亦必廱至，何必

爲擬議之辭曰其、曰將乎？

王使詹桓伯辭於晉。九年

《集解》曰：「辭，責讓之。」

樾謹按：辭猶訟也。古謂訟爲辭訟，《周官・小司徒職》曰「聽其辭訟」是也。亦作治訟，《小宰職》曰「聽

其治訟」是也。僖二十八年《公羊傳》「治反衛侯」，何休曰：「叔武訟治於晉文公，令白王者，反衛侯使還

國也。」此《傳》言「辭於晉」，猶言訟治於晉。成十一年《傳》：「晉郤至與周爭鄇田，王命劉康公、單襄公訟

諸晉。」彼因鄇田故而訟諸晉，此因閻田故而辭於晉，兩事正同。杜訓爲責讓，非古義矣。

火，水妃也，而楚所相也。

《集解》曰：「相，治也。楚之先祝融，爲高辛氏火正，主治火事。」

樾謹按：祝融治火，楚不治火也，乃以火爲楚所相，何也？「相」疑當作「祖」，字相似而誤。昭三年《傳》

曰「其相胡公大姬已在齊矣」，正義曰「定本作其祖」是其例也。上文曰：「陳，水屬也。」據八年《傳》曰：

「陳，顓頊之族也。」族與屬聲近而義通，陳爲顓頊之後，故爲水之屬；楚爲祝融之後，故以火爲祖矣。

桓子授甲而如鮑氏，遭子良醉而騁。 十年

《集解》曰：「欲及子良醉，驅告鮑文子。」

樾謹按：「醉而騁」者，子良醉而騁也。桓子遭之，但見其騁，不知其故，則愈疑其將攻己矣。及見遭子良之後，使視二子皆將飲酒，然後知其不然。而因授甲之故，勢不容已，乃有及其飲酒先伐諸之謀。若遭子良時已知其醉，又何必使視二子乎？ 杜解於當日情事未得。

忠爲令德，其子弗能任，罪猶及之，難不慎也。

正義曰：「言人居身難可不謹慎。」

樾謹按：正義說此殊未明了，疑《傳》文「難」字乃衍文也。上文曰「爲人子不可不慎也」，此文曰「忠爲令德，其子弗能任，罪猶及之，不慎也」，義正相應，而文亦甚明，故杜無解。若是「難不慎也」，則文義不可曉，杜不得無說矣。唐石經每行十字，而此行自「子」字起，「慎」字止，十一字，疑石經本無「難」字也。惜「之」字以下刓缺，不能據以訂正。

有酒如淮，有肉如坻。 十二年

《集解》曰：「淮，水名。坻，山名。」正義曰：「劉炫以爲淮、坻非韵，淮當作濰。又以坻爲水中之地，以規杜氏。今知不然者，以古之爲韵，不甚要切。此若齊侯之語，容可舉地濰水。此是穆子在晉，何意舉齊地水乎？又酒肉相對，多少相似。《爾雅》：『小洲曰陼，小陼曰沚，小沚曰坻。』何得以坻之小地對淮之大水？故杜以坻爲山名。劉炫又以山無名坻者，按楚子觀兵於坻箕之山，坻非山乎？」

樾謹按：淮、泜是韵，❶無煩改讀爲瀦，誠如孔氏之説矣。至泜爲山名，古籍無徵。孔氏舉泜箕之山爲證，

穆子晉人，何意舉楚山乎？然從劉光伯之説以泜爲水中地，則以小地對大水，誠若不倫。今按：「泜」乃

「陼」之叚字也。《説文·阜部》：「陼，秦謂陵阪曰陼。」「有酒如淮，有肉如陼」與下文「有酒如瀦，有肉如

陵」文義一例。淮與瀦皆以水言，陼與陵皆以土阜言。杜於下句「陵」字止曰「大阜也」，不以爲山名，然則

以泜爲山名，固杜之失矣。劉氏規正杜失，而不知「泜」爲「陼」之叚字，則亦未爲得也。

殺獻太子之傅庚皮之子過。

樾謹按：左氏原文當作「庚皮之過」。成十六年《傳》「潘尫之黨」，杜解曰：「黨，潘尫之子。」襄二十三年

《傳》「申鮮虞之傅摯」，杜解曰：「傅摯，申鮮虞之子。」蓋古人以父名子，自有此例，庚皮之過亦猶是也。

不然，庚過自因爲獻太子傅而見殺，不因其父而起，何必曰庚皮之子乎？《釋文》于成十六年曰「一本作

潘尫之子黨」，于襄二十三年曰「本或作申鮮虞之子傅摯」，蓋皆後人所加。而杜氏所據本尚未衍「子」字，

故各爲之解。至此《傳》杜無解，則已衍「子」字矣。

湫乎，攸乎。

《集解》曰：「湫，愁隘。攸，縣危之貌。」正義曰：「湫是湫隘，故以湫爲愁隘之意也。《詩》云『攸攸旆旌』，

故以攸爲縣之貌也。

❶ 「泜」，《春在堂全書·校勘記》作「泜」。

樾謹按：「湫」卽「愁」之叚字。《春秋繁露·陽尊陰卑》篇曰「湫者，悲憂之狀也」，是湫與愁同義。杜訓湫

爲愁，已得其解。乃因其字是「湫隘」之「湫」，又加「隘」字以足之，則反失之矣。至以湫爲縣危之貌，此臆

説也。「攸」卽「悠」之叚字，古書「悠」字或省作「攸」，蓋亦聲近而義通。正義引《詩》「攸攸旆旌」，今《詩·

車攻》篇作「悠悠旆旌」，卽其證也。《説文·心部》：「恤，憂也」、「愁，憂也」、「悠，憂也」。「恤乎，愁乎，

悠乎」三句一意，深憂之故重言之也。

南蒯枚筮之。

《集解》曰：「不指其事，汎卜吉凶。」正義曰：「今人數物云一枚、兩枚，是籌之名也。《尚書·大禹謨》『枚

卜功臣』，孔安國云：『枚謂歷卜之，而從其吉。』彼謂人下一籌，使歷卜之也。此則不告筮者以所筮之事，

空下一籌，而使之筮。或以爲杜云『汎卜吉凶』，謂枚雷總卜。」

樾謹按：古卜筮不下籌，謂空下一籌而使筮，臆説也。枚雷之語，于古未聞。乃據唐時俗語以説經，更爲

失之。今按：「枚」當讀爲「微」。《詩·東山》篇「勿士行枚」，毛傳曰「枚，微也」，是其證也。襄十九年《傳》

「崔杼微逆光」，服虔曰：「微，隱匿也。」哀十六年《傳》「其徒微之」，杜曰：「微，匿也。」匿其事而使之筮，故

爲微筮。哀十六年《傳》「王與葉公枚卜子良以爲令尹」，義亦同此。東晉《古文尚書》竊取其語，而僞傳以

爲「歷卜」，然則楚所卜者止子良一人，何歷卜之有乎？

秦復陶。

《集解》曰：「秦所遺羽衣也。」正義曰：「文在冠下鳥上，知是衣也。目之以秦，明是秦所遺也。冒雪服之，

知是毛羽之衣，可以禦雨雪也。」

樾謹按：此皆臆説，不可以説經。「秦復陶」者，蓋即所謂紕也。《説文・糸部》：「紕，氐人䌷也。」紕謂之
復陶，猶蚍謂之復陶。《説文・虫部》：「蚙，復陶也。」劉歆説蠜，蚍蜉子也。古人之語，凡聲同者名義卽
相通。紕與蚍聲同。《廣雅・釋詁》曰：「紕，緣也。」緣與蠜亦聲同，此復陶之名所以得通于紕也。《周
書・王會》篇載伊尹爲四方獻，令正西以紕罽爲獻。《後漢・西南夷傳》冄駹夷能作毞罽，毞卽紕也。秦
近西戎，故宜有此。襄三十年《傳》「使爲君復陶」，或亦主爲罽歟？

唯是桃弧棘矢，以共禦王事。

《集解》曰：「桃弧棘矢，以禦不祥。」

樾謹按：古字共與供通，禦與御通。隱九年《傳》「不共王事」，僖四年《傳》「王祭不共」《釋文》竝曰：「共，
本作供。」文七年《傳》「華禦事爲司寇」《釋文》曰「禦，本作御」，是其證也。「以共禦王事」者，以供御王事
也。《廣雅・釋詁》：「供、奉、獻、御、進也。」供御與奉獻同。如杜解，則當云「以共王禦事」，不當云「以共
禦王事」矣。

形民之力。

《集解》曰：「言國之用民，當隨其力任，如金冶之器，隨器而制形，故云形民之力。」

樾謹按：杜釋「形」字迂迴難通。《後漢書・陳蕃傳》注引此作「刑民之力」，則古本不皆作「形」。必以隨
器制形解之，不可通矣。今按：形猶容也。形與容一聲之轉，故古語以形容連文。《爾雅・釋詁》：「刑，

法也。」《廣雅‧釋詁》：「容，法也。」刑與容同義，猶形與容同義也。《說文‧土部》：「型，鑄器之法也。」

《金部》：「鎔，治器法也。」型與鎔同義，亦猶形與容同義也。「容」字古通作「庸」，《莊子‧胠篋》篇「容成

氏」，《六韜‧大明》篇作「庸成氏」，是其證也。《爾雅‧釋詁》刑、庸並訓爲常。刑與庸同義，亦猶形與容

同義也。故以聲求之，「形民之力」猶「容民之力」，「容民之力」猶「庸民之力」。《傳》意止言用民力者不可

有醉飽過盈之心耳。不以聲求之，而泥字義以求之，則古書之難解者多矣。

楚公子比、公子黑肱、公子棄疾、蔓成然、蔡朝吳帥陳、蔡、不羹、許、葉之師，因四族之徒以入楚。十三年

樾謹按：「蔓成然」三字當作「觀從」，於事方合。此《傳》敍楚亂凡有二：蔓氏之族及蓮居、許圍、蔡洧、蔓

成然因群喪職之族，啟越大夫常壽過作亂，圍固城，克息舟，城而居之，此其一也；觀從、朝吳在蔡，以蔡

公之命召子干、子晳而盟于鄧，依陳、蔡人以國，又其一也。此當云：「楚公子比、公子黑肱、公子棄疾、觀

從、蔡朝吳帥陳、蔡、不羹、許、葉之師，因四族之徒以入楚。」公子比即子干也，公子黑肱即子晳也，公子棄

疾即蔡公也。觀從與朝吳同謀起事，必不當漏。至蔓成然自在息舟，並不在蔡，安得與朝吳同帥師乎？

且下云「因四族之徒」，杜解曰：「四族，蓮氏、許圍、蔡洧、蔓成然。」然則蔓成然正四族之一。若既列名於

上，而又云「因四族之徒」，義不可通矣。故知此文「蔓成然」三字乃「觀從」之誤，所宜訂正也。

先歸復所，後者劓。

《集解》曰：「劓，截鼻。」

樾謹按：杜解非也。刑有五，豈必專截其鼻乎？「劓」當讀爲「劊」。《說文‧刀部》：「劊，斷也。」經傳無

群經平議

「劓」字，皆以「劓」字爲之。《周易·困》九五「劓刖」，京房作「劓刖」，是劓與劓古通用。《尚書·多方》篇

「劓割夏邑」，「劓割」即「劓割」也。《盤庚》篇「我乃劓殄滅之無遺育」，枚傳曰：「劓，割也。」哀十一年《傳》

「則劓殄無遺育」，杜解亦曰：「劓，割也。」凡訓割之「劓」，皆「劓」之叚字。此《傳》曰「先歸復所，後者劓」，

言後者則劓殄滅之也。棄疾欲散乾谿之衆，必爲危言以恐愒之，豈徒曰吾將截其鼻而已乎？

王虐而不忌。

《集解》曰：「靈王暴虐，無所畏忌，將自亡。」

樾謹按：以不忌爲無所畏忌，則與下文意不相屬，故杜加「將自亡」三字以聯貫之，然非《傳》文所有也。

今按：「虐而不忌」者，謂靈王雖暴虐，而尚不忌克也。觀其赦芋尹無宇及使穿封戌爲陳公二事，殊有君

人之度，異乎晉吾之必殺慶鄭者矣，故曰「虐而不忌」。而子干涉五難以弒之，宜其不濟也。

司徒老、祁慮癸僞廢疾。 十四年

《集解》曰：「廢」當讀爲「發」。「僞發疾」者，言僞爲疾發也，猶二十年《傳》曰「華亥僞有疾也」。下文曰「臣

願受盟而疾興」，興，即發也。若廢疾，則是痼病矣，豈能即愈，乃曰請待閒而盟乎？廢與發古字通用。

《莊子·列禦寇》篇「曾不發藥乎」，《釋文》曰「發，司馬本作廢」，《論語·微子》篇「廢中權」，《釋文》曰「廢，

鄭作發」，竝其證也。

任良物官。

《集解》曰：「物，事也。」

樾謹按：物謂物色之也。《周官‧載師職》曰「以物土事」，鄭注曰：「物，物色之以知其宜之事。」然則物

官者，亦謂物色之使各當其官也。成二年《傳》「物土之宜」，顧氏《補正》曰：「如昭三十二年《傳》『物土

方』之『物』。」此《傳》「物」字與彼相近，杜解非也。

庸次比耦以艾殺此地。 十六年

《集解》曰：「庸，用也。用次更相從耦耕。」

樾謹按：杜讀「庸次比耦」四字爲句，非也。此當以「庸次比耦以艾殺此地」九字爲句。「庸次比」三字一

義。《方言》曰：「庸、佂、比、㑄、更、佚、代也。」「庸次比」卽庸佂比，言更代相耦以艾殺此地也。古人之文

不避煩複。如襄三十一年《傳》「繕完葺牆以待賓客」，亦當以八字爲句，質言之則當云「葺牆以待賓客」

耳。乃以「葺」上更加「繕完」二字，猶此文於「比」上更加「庸次」二字也。後人不達文義，因并失其句讀，

而異說滋多矣。

今茲火出而章。 十七年

樾謹按：經書「冬有星孛于大辰」，冬則非火出時也。乃云「今茲火出而章」者，蓋彗星始見實在此年之

夏，史官恐其逐日遷移，不能定其所在，待其既伏而後書之，故書於冬也。此蓋史之舊例。莊七年《公羊

傳》：「列星不見，何以知夜之中星反也？」何休曰：「反者，星復其位也。」然則待彗星之既伏而始書「有星

孛于大辰」，亦猶待列星之既反而始書「恒星不見」矣。

郳人藉稻。 十八年

樾謹按：左氏原文當作「鄅子藉稻」，故杜解曰「其君自出藉稻」，正義曰：「其君自出觀行之。」若《傳》文止曰「鄅人」，而杜氏解爲其君，則正義必當有說矣。今作「鄅人藉稻」者，蓋涉下文「鄅人將閉門」而誤。

邾人羅攝其首焉。

《集解》曰：「斬得閉門者頭。」正義曰：「攝訓爲持也。」

樾謹按：此蓋以手相搏而攝持其頭，非斬之也。閉門者既爲所持，不能自脫，邾衆遂乘閒而入耳。正義訓攝爲持，是矣。又云「斬得閉門者首而持其頭」，則徇杜說而誤。

振除火災。

《集解》曰：「振，棄也。」

樾謹按：「振」當讀爲「抵」。《儀禮・士喪禮》「抵用巾」，古文「抵」作「振」，是振與抵古字通也。《禮記・喪大記》鄭注曰：「抵，拭也。」《爾雅・釋詁》曰：「抵，拭刷清也。」是抵與拭刷同義，「抵除」猶刷除也。杜解未得其義。

莒子奔紀鄣。 十九年

《集解》曰：「紀鄣，莒邑也。東海贛榆縣東北有紀城。」

樾謹按：《傳》末言「七月丙子，齊師人紀」，不言「人紀鄣」，疑「鄣」乃衍文。《左傳》原文蓋作「莒子奔紀」，紀者，莒邑名也。今作「奔紀鄣」者，涉下「託於紀鄣」而衍也。下文曰「初，莒有婦人。莒子殺其夫，已爲嫠婦。及老，託於紀鄣。紡焉，以度而去之」，此「鄣」字乃「障」之叚字。《文選・北征賦》注引《蒼頡篇》

曰：「障，小城也。」然則「紀障」猶言紀城。蓋此婦人所居附近紀之城下，故曰「託於紀障」。紀障者，紀之

障，猶十三年《傳》曰「遇諸棘闈」，棘闈者，棘之闈也。下文「以度而去之」，解曰「因紡纑連所紡，以度城而

藏之」，是《傳》文「度」字本謂度城，而《傳》無「城」字者，蒙上文「障」字而言也。今以紀障為邑名，則所謂

以度而去之者果何所度乎？其下云「及師至則投諸外」，不言「城外」，又曰「子占使師夜縋而登」，不言

「登城」，皆蒙上文「障」字而言也。障、郭同聲，古得通用。又從邑從𠦝之字隸變皆作阝，但以在左在右為

別。而漢隸又往往亂之，如《敦煌長史武斑碑》「領校秘鄭」，「鄭」即「隩」字也，《李翕析里橋郙閣頌》，

「郙」即「䣛」字也。然則「障」之為「郭」，亦猶是矣。阮氏《校勘記》所據本正作「紀障」，乃云「石經、宋本、

宋殘本、淳熙本、岳本「障」作「郭」，是也」，則誤以叚字為正字。又曰：「按《說文》，郭，紀邑也。」夫紀邑則

明非莒邑，安得并而一之乎？

城上之人亦誤。

《釋文》無「城」字，曰：「一本作『城上之人亦誤』。」

樾謹按：此當以無「城」字者為正。上文「託於紀郭」，「郭」者「障」之叚字，小城也，說見前矣。其下諸

句皆蒙此「障」字為文，曰「以度障而去之」者，以度障而去之也，曰「及師至則投諸外」者，投諸障外也；曰

「子占使師夜縋而登」者，縋而登障也。此曰「上之人亦誤」者，障上之人亦誤也。上即障上，猶外即障外，

皆蒙「障」字為文，正左氏文法之變也。今增「城」字，失左氏雅意矣。

以周事子，而歸死於公孟，其可也。二十年

《集解》曰：「周猶終竟也。」

樾謹按：《說文・口部》：「周，密也。」「以周事子」者，以密事子也。蓋宗魯知齊豹欲殺公孟，而不泄其言，所謂周也。宗魯之意，蓋以不泄報齊豹，而又以一死謝公孟，爲兩盡之道矣。杜解非是。下文曰「不蓋不義」，解曰「以周事豹，是蓋不義」，則得之矣。

是以鬼神不饗，其國以禍，之祝史與焉。

樾謹按：「之」字衍文也。此當以「鬼神不饗」爲句，「其國以禍」爲句，言其國以之而受禍也。上文曰「是以鬼神用饗，國受其福，祝史與焉」，與此文正相對。彼云「鬼神用饗」，故此云「鬼神不饗」；彼云「國受其福」，故此云「其國以禍」。後人誤讀「鬼神不饗其國」爲句，因于「禍」下妄增「之」字耳。

翟僂新居于新里，既戰，説甲于公而歸。華妊居于公里，亦如之。二十一年

樾謹按：翟僂新既居新里，安得脱甲于公？可疑一也。新里者，華氏所居之邑名，既戰，説甲而歸。于公居爲公里？可疑二也。左氏原文當云：「翟僂新居于新里，既戰，説甲而歸。」上句「而歸于公」傳寫誤到其文，下句「居于公」誤增「里」字，皆非左氏之舊。但自唐石經以下，各本皆同，無可訂正耳。

若華氏知困而致死，楚恥無功而疾戰，非吾利也。二十二年❶

❶ 「二十二年」，原無，今據上下文例補。

正義曰：「華氏知困而致死戰，或敗諸侯之師。楚恥無功而疾戰，戰勝則楚獨有功。二者均非吾諸侯之利。」

樾謹按：是時楚蘧越帥師逆華氏，非與華氏戰者也。「楚恥無功」者，謂不得逆華氏也。楚不得逆華氏，則華氏困而楚師爲無功，於是華氏與楚師勢不容已，在華氏必致死，在楚師必疾戰，并力與諸侯爲難，大非諸侯之利矣。如正義之說，若楚恥無功而與華氏疾戰者，於情事未得也。

王子朝因舊官百工之喪職秩者，與靈、景之族以作亂。

《集解》曰：「百工，百官也。」

樾謹按：百工若是百官，則百工之喪職秩者即舊官耳，於文不幾複乎？且下文云「百工叛」，豈百官皆叛乎？疑百工之工乃工匠之工。古者國有六職，百工與居一焉，是亦可謂之職秩也。哀十七年《傳》：「石圃因匠氏攻公。」二十五年《傳》：「褚師比、公孫彌牟、公文要、司寇亥、司徒期因三匠與拳彌以作亂，皆執利兵，無者執斤。」杜解曰：「斤，工匠所執。」蓋百工居肆，其勢常聚，故四民之中工匠獨強。王子朝因百工作亂，與衛事正相類。百工非百官也。

士伯御叔孫，從者四人，過邾館以如吏。二十三年

正義曰：「御，謂進引也。引叔孫詣於獄也。」

樾謹按：「御」當讀爲「圉」。《詩·召旻》篇「我居圉卒荒」，《韓詩外傳》作「我居御卒荒」，是其例也。古御、圉通用。《烝民》篇「不畏彊禦」，《漢書·王莽傳》作「不畏彊圉」。《蕩》篇「曾是彊禦」，《漢書·敘傳》

作「曾是彊圉」。然則「御」之通作「圉」，猶「禦」之通作「圉」矣。圉叔孫以如吏者，囚叔孫以如吏也。宣四

年《傳》「圉伯嬴於轅陽而殺之」，杜解曰「圉，囚也」，與此《傳》「御叔孫」同義，「圉」亦「圉」之叚字也。凡圉

圉字，依《説文》當作「圉」，而經、傳多以「圉」爲之。《釋名·釋宮室》曰：「圉，禦也。」蓋御、禦、圉、圉皆聲

近而義通。孔氏不達叚借之旨，而以進引説之，非也。

取其冠法，而與之兩冠，曰、盡矣。

《集解》曰：「既送作冠模法，又進二冠以與之。」

樾謹按：如杜解，則冠法與冠皆叔孫與獻子者，乃一謂之取，一謂之與，何也？且叔孫如晉，亦未必以作

冠模法自隨，杜氏所解殆非《傳》意。蓋「取其冠法」者，叔孫就獻子取之也。既取得其冠法，乃以兩冠與

之，而告之曰「盡矣」，言如此模法者，止有兩冠也。

同德度義。 二十四年

《集解》曰：「度，謀也。言唯同心同德，則能謀義。」正義曰：「同德度義，《尚書·大誓》文也。劉炫云：

『案孔安國云：「德鈞則秉義者彊。」杜爲不見古文，故致有此謬。』」

樾謹按：劉氏爲僞《古文尚書》所誤，妄規杜失，固不足論矣。惟杜解亦未得《傳》義。今按：度猶在也。

文十八年《傳》曰：「不度於善，而皆在於凶德。」度與在互言之耳，其實一也，不度於善即不在於善。杜解

曰：「度，居也。」《廣雅·釋詁》曰：「在，居也。」是度與在義同也。「同德度義」猶曰同德在義，言所謂同德

者，惟在於義耳。子朝躬爲不義，雖甘氏又往，不足爲同德也。下文引《大誓》曰「紂有億兆夷人，亦有離

德。余有亂臣十人，同心同德」，正證明「同德在義」之旨。

陽不克莫，將積聚也。

《集解》曰：「陽氣莫然不動，乃將積聚。」

樾謹按：莫然不動而但謂之莫，甚爲不辭。《漢書・五行志》引此《傳》文蘇林注曰「莫，莫爾不勝，爲積聚也」，義亦與杜近，殆皆非也。今按：古曰暮字止作「莫」。《詩・東方未明》篇「不夙則莫」，毛傳曰「夙，早也。莫，晚也」，是夙與莫對文。未及其時則爲夙，已過其時則爲莫。日過分而陽猶不克，是陽之不克爲已莫矣，必將積聚而爲旱也，故曰「陽不克莫，將積聚也」。舊解失之。

王子朝用成周之寶珪于河。

《釋文》曰：「于河，本或作沈于河。」

樾謹按：「用成周之寶珪于河」文義已足，不必更言沈。僖十九年《傳》曰「宋公使邾文公用鄫子于次睢之社」，昭十一年《傳》曰「楚子滅蔡用隱太子于岡山」，竝與此《傳》「用寶珪于河」文法一律。蓋皆本於莊二十五年經文「用牲于社」，而經文又本於《尚書・召誥》「用牲于郊」也。《史記・周本紀》引《傳》作「子朝用成周之寶珪沈於河」，疑史公以意加之。《漢書・五行志》作「王子蠆目成周之寶珪湛于河」，即因《史記》之文。《釋文》所載或作之本，蓋後人據《史》、《漢》以改《左傳》也。王氏《經義述聞》反以有「沈」字者爲是，故詳辨之。

生其六氣，用其五行。二十五年

正義曰：「因上則天，之下更復本之於天。《傳》稱天有六氣，此言生其六氣，謂天生之也。用其五行，謂天用之也。」

樾謹按：上文曰：「天地之經，而民實則之。則天之明，因地之性。」此承上文而言，若復本之於天，則文義不屬矣。且「其」之云者，指天地也，曰「其六氣」、「其五行」，則生之、用之者明屬人矣。襄二十七年《傳》曰「天生五材，民並用之」，此即「用其五行」之義。惟六氣乃天之所生，非人之所生，而云「生其六氣」，義不可解，故孔氏有此説。今按：生者，養也。《周官·大宰》「生以馭其福」，鄭注曰：「生，猶養也。」「生其六氣」猶曰養其六氣。《國語·周語》曰「所以宣養六氣九德也」，是其義。

氣為五味。

正義曰：「五行之氣，人人之口為五味。」又曰：「味之為異，入口乃知。」言氣為五味，謂氣入口，與下章也、發也者據人知為文。❶

樾謹按：上文言「生其六氣，用其五行」，此即云「氣為五味」，明即上文之六氣，不得以為五行之氣也。元年《傳》曰「天有六氣，降生五味」，與此《傳》文義正同。蓋五味雖生於五行，然五行亦六氣所生，故言五味者必推本於六氣也。彼《傳》於「天有六氣，降生五味」之下曰「發為五色，徵為五聲，淫生六疾」，此《傳》於「氣為五味」之下曰「發為五色，章為五聲，淫則昏亂，民失其性」，義皆相近。然則「氣為五味」與下二句自

❶ 「者」，原作「皆」，今據阮刻《左傳正義》改。

不一律，必以爲皆據人知而言，亦曲説也。

徵襄與襦。

《集解》曰：「襄，袴。」正義曰：「以可襄行，故以襄爲袴。」

樾謹按：《説文·衣部》：「襄，袴也。從衣寒省聲。」《手部》：「攘，摳衣也。從手襄聲。」是二字義別。經

典皆叚「襄」爲「攘」，正義因以叚義爲本義，失之矣。

進胙者莫不謗令尹。二十七年

《集解》曰：「進胙，國中祭祀也。謗，詛也。」

樾謹按：《吕氏春秋·慎行》篇載此事曰「動作者莫不非令尹」，疑《傳》文「進胙」乃「動作」之誤。「動」字

古文作「運」，「運作」與「進胙」相佀，因而致誤耳。凡國人有所動作者，莫不誹謗令尹，非必祭祀也。杜因

《傳》是「進胙」，因以祭祀釋之，而又訓謗爲詛以成其義，失之矣。當據《吕氏春秋》訂正。成十三年《傳》

「是以有動作禮義威儀之則」，襄三十一年《傳》曰「動作有文」，皆「動作」二字之證。

忿纇無期。昭二十八年

正義曰：「賈逵云：忿怒狠戾，無有期度。」

樾謹按：《荀子》書每用「綦」字爲窮極之義。《王霸篇》「目欲綦色，耳欲綦聲」楊倞注曰：「綦，極也。」《宥

坐篇》曰「綦三年而百姓往矣」，《議兵篇》曰「已碁三年，然後民可信也」，是期與綦義同。「忿纇無期」者，

忿纇無極也。賈説未得。

擇善而從之曰比。

樾謹按：「之」字衍文也。「心能制義曰度」以下九句一律，此作「擇善而從之」則不一律矣。《詩‧皇矣》篇傳曰「擇善而從曰比」，是毛公所見本無「之」字。《周書‧謚法》篇亦無「之」字，當據以訂正。

豈將軍食之而有不足。

樾謹按：此本作「豈將軍之食而有不足」，言將軍之食自必豐腆，無慮不足也。《晉語》載其言曰「豈主之食而有不足」，正作「之食」，不作「食之」，可據以訂正。

屬厭而已。

《集解》曰「屬，足也。」言小人之腹飽猶知厭足，君子之心亦宜然。

樾謹按：屬之訓足，非古訓也。厭之訓足，則經傳屢見，疑杜氏原文曰「厭，足也」，故卽繼之曰「言小人之腹飽猶知厭足」。傳寫者誤「厭」為「屬」，而義不可通矣。《晉語》亦載此語，韋注曰：「屬，適也。厭，飽也。已，止也。適小飽足則自節止。」杜義蓋亦與韋同。

官宿其業。二十九年

《集解》曰：「宿，猶安也。」正義曰：「夜宿所以安身，故云宿猶安也。」服虔云：宿，思也。今日當預思明日之事，如家人宿火矣。

樾謹按：服、杜二說義皆迂曲，疑皆非也。《小爾雅‧廣詁》曰：「宿，久也。」「官宿其業」，言官久於其職業也。下文曰「世不失職」，卽「官宿其業」之義。

又加范氏焉，易之亡也。

正義曰：「宣子刑書久已廢矣，今復變易興之，以成其滅亡也。劉炫云：范氏取蒐之法以爲國制，雖則爲非，書已廢矣，縱應有禍，亡釁已歇。今荀寅更述其事，又加增范氏之惡焉。范氏已欲免禍，今復改易之而使亡。」

樾謹按：杜氏不解「易」字，正義所説迂曲甚矣。近世學者各爲之説：孔氏廣森讀「易」爲「難易」之「易」，謂易之亡猶云亡之易，乃到句也，説詳《經學卮言》；王氏念孫謂易有疾速之義，❶易之亡猶云速之亡，説詳《經義述聞》，視舊説似皆勝之。然加之范氏，何爲而易且速，其義終不可得而通。今按：易者，延也。《詩·皇矣》篇「施于孫子」，鄭箋曰：「施，猶易也，延也。」是易與延同義，故有延易之語。《爾雅·釋詁》「弛，易也」，郭注曰「相延易」是也。《國語·魯語》曰：「譬之如疾，余恐易焉。」言恐如疫癘之相延易也。此《傳》「易」字卽「余恐易焉」之「易」，言中行寅擅作刑器，宜其亡矣。而所刻者爲范宣子之刑書，是又加范氏焉，必延及范氏，而使之俱亡也，故曰「易之亡也」。下文曰「其及趙氏」，則又不止延及范氏，而并及趙氏矣。說者未得「易」字之義，故失其解耳。

《集解》曰：「少，年少也。」　三十年

漱邑之少卿也。

❶　「念孫」，當作「引之」。

樾謹按：年少之卿謂之少卿，甚爲不辭，杜解非也。古字少與小通。定十四年《傳》「從我而朝少君」，《釋

文》曰：「本亦作小君。」正義曰：「少君，猶小君也。」然則少卿亦猶小卿也。靈王之喪，鄭上卿有事，而使

印段往，印段非上卿，故曰小卿。《禮記・燕義》篇「席，小卿次上卿，大夫次小卿」，是其證。

徐子章禹斷其髮。

《集解》曰：「斷髮，自刑示懼。」

樾謹按：斷髮，從吳俗示服也。哀十三年《穀梁傳》曰：「吳，夷狄之國也，祝髮文身。」

子必來，我受其無咎。三十一年

《集解》曰：「言我爲子受無咎之任。」

樾謹按：「受其無咎」猶保其無咎也。《尚書・召誥》曰「保受王威命明德」《儀禮・士冠禮》「字辭曰永受

保之」，是受與保義相近。

寡君其罪之恐，敢與知魯國之難。

《集解》曰：「言恐獲不納君之罪。今納而不入，何敢復知邪？」

樾謹按：如杜解，必加「今納而不入」一句於義方明，不然兩句不屬矣，杜解非也。「寡君其罪之恐，敢與

知魯國之難」，猶昭元年《傳》曰「老夫罪戾是懼，焉能恤遠也」，蓋託言晉君，惟恐自蹈罪戾，非恐獲不納君

之罪也。又二十四年《傳》曰「老夫其國家不能恤，敢及王室」，文義亦與此同，足徵杜解之非。

不爲義疚。

《集解》曰：「疢，病也。」見義則爲之。」

樾謹按：「不爲義疢」，其説迂曲。且上文曰「君子動則思禮，行則思義」，此句不應獨承義説。「義」字疑

「威」字之誤。此《傳》曰「不爲利回，不爲威疢」，猶哀十六年《傳》曰「不爲利諂，不爲威惕」也。《晉語》曰

「其勇不疢於刑」，即「不爲威疢」之義。《中論・考僞》篇引此《傳》文亦作「不爲義疢」，則此字之譌久矣。

乃執仲幾以歸，三月，歸諸京師。定元年

《集解》曰：「知以歸不可，故復歸之京師。」

樾謹按：「執仲幾以歸」者，歸之晉侯也。是時晉侯不在會，故先歸諸晉，而後以晉侯之命歸諸京師，正見

大夫執人必歸于諸侯，諸侯執人必歸于天子也。杜解非是。

明日或施以會。四年

《集解》曰：「或，賤者也。繼旆曰施。令賤人施其旆，執以從會，示卑鄭。」

樾謹按：襄十四年《傳》曰：「范宣子假羽毛於齊而弗歸，齊人始貳。」此《傳》之事與彼相同。上文「晉人假

羽毛於鄭」，杜謂借觀之，然則非借用之也。至明日而或施以會矣，是卽假而弗歸，諸侯所以貳也。或之

言有也。作《傳》者就鄭人言之，但見昨日所假之羽毛已有人建之，一時莫得其主名，故言或也。或之爲

言，非必賤者。謂晉人故使賤人服用之，示卑侮鄭，失其義矣。

所謂臣義而行，不待命者。

正義曰：「臣見義則行，不待君命。」

樾謹按：「義」當讀爲「儀」，儀之言儀度也。《少牢下》篇「其脀體儀也」，鄭注曰：「儀者，儀度餘骨，可用者而用之。」然則「臣儀而行」，謂臣自儀度而行也。古人書「儀」字止作「義」，見《周官·肆師》鄭司農注。《左傳》多古字，故亦作「義」也，説互詳隱三年《傳》「君義臣行」。

楚人爲食，吳人及之。

《集解》曰：「奔食，食者走。」

樾謹按：食者走而謂之「奔食」，不辭甚矣。此當以「奔」字爲句，言楚人奔也。「食而從之」爲句，言吳人食楚人之食，食畢而遂從之也。於文當云「楚人奔，吳人食而從之」，蒙上文而省「楚人」、「吳人」四字耳。

王使執燧象以奔吳師。

《集解》曰：「燒火燧繫象尾，使赴吳師驚卻之。」正義曰：「執燧象者，既繫火於尾，執而牽向吳師乃放之。」

樾謹按：繫火於尾，象必驚逸，豈復人力所能執？「執」疑「熱」之壞字。《説文·火部》：「熱，燒也。」《傳》云「熱燧象」，故杜解云「燒火燧繫象尾」，「燒」字正解「熱」字，是杜所據本未誤也。

我必復楚國。

《集解》曰：「復，報也。」

樾謹按：此「復」字當讀爲「傾覆」之「覆」。《國語·魯語》「夕而習復」，韋注曰：「復，覆也。」《論語·學而》篇「言可復也」，孔注曰：「復，猶覆也。」是復、覆聲近義通。《周易·乾》傳「反復道也」《釋文》曰「本亦作反覆」，是其證也。「我必復楚國」言我必傾覆楚國也。哀八年《傳》曰：「今子以小惡而欲覆宗國。」彼作

「覆」者正字，此作「復」者叚字耳。故申包胥答之曰：「子能復之，我必能興之。」若訓復爲報，則復之與興

之意不相對矣。

季平子行東野。五年

《集解》曰：「東野，季氏邑。」

樾謹按：「東野」猶言東鄙也。野與鄙同義，桓十一年《公羊傳》「遷鄭焉而野留」，《周官·大司徒》注引作

「鄙留」是也。《孟子·萬章》篇曰：「齊東野人之語也」，是齊亦有東野之名，魯之東野猶是矣。東野之名

所包者廣，下文曰「既葬，桓子行東野及費」，蓋費亦東野之一邑也。《傳》稱「平子行東野，還，未至，卒于

房」，疑是巡行未竟，遇疾而還，故既葬之後，桓子復行之。若從杜解，以東野爲季氏之一邑，則平子既行

之，桓子何必復行之乎？

魯人聞余出，喜于徵死。八年

《集解》曰：「徵，召也。陽虎召季氏于蒲圃，將殺之。今得脫，必喜，故言喜于召死。」❶

樾謹按：「喜于徵死」文不成義。「徵」疑「救」字之誤。襄十九年《傳》「今將借人之力以救其死」，昭十七

年《傳》「請藉取之以救死」，皆其證也。「喜于救死」者，喜于免死也。救與徵字形微侶，又涉上文「違之徵

死」而誤耳。杜據誤本而爲解，失之迂曲矣。

❶ 「故言喜」，原無，今據阮刻《左傳正義》補。

東郭書讓登。 九年 ❶

《集解》曰：「登城非人所樂，故讓眾使後，而己先登。」

樾謹按：己先乎人，非遜讓之道，杜解非也。《說文・言部》：「讓，相責讓也。」《廣雅・釋詁》：「讓，責

也。」然則「讓登」者，責眾人使登城也。隱十一年《傳》「瑕叔盈又以蝥弧登，周麾而呼曰：『君登矣』」，此

即讓登之類也。犁彌從之，曰「子讓而左，我讓而右」，蓋二人分行城上督率之。又曰「使登者絕而後下」，

則其使眾人畢登明矣。下文曰「書左，彌先下」，蓋犁彌欲以先入為己功，故以此語欺書。合觀前後文，竝

無遜讓之道。杜云「彌遂自先下，亦讓也」，皆謬說也。古推讓字作「攘」，《說文・手部》：「攘，推也。」而

經傳每叚責讓之「讓」為推攘之「攘」，杜因失其義耳。《傳》於此事後又載東郭書與王猛語，至欲甲欲擊

猛，故衛褚師圃謂齊師克城而驕。而杜反謂齊師和所以能克，誤解一字，而《傳》義盡失矣。

吾從子，如驂之靳。

《集解》曰：「靳，車中馬也。猛不敢與書爭，言己從書，如驂馬之隨靳也。」正義曰：「《說文》云：『靳，當膺

也。』則靳是當胸之皮也。驂馬之首當服馬之胸，胸上有靳，故云我之從子，如驂馬當服馬之靳。杜言

『靳，車中馬也』，言靳是中馬之駕具，故以靳表中馬。」

樾謹按：「如驂之靳」猶云如驂與靳也。文十一年《傳》「皇父之二子死焉」，賈注曰「皇父與穀甥、牛父三

❶「九年」，原無，今據上下文例補。

子皆死」，杜義亦同。然則之猶與也。此《傳》之義，杜與正義不同，不得牽合爲一。如杜說，則靳卽服馬

也，謂如驂馬與服馬也。如孔說，則靳是當胸之皮也，謂如驂馬之首與服馬之胸也。義皆可通。至《詩・

小戎》篇《釋文》引沈重《音義》云：「靳者，言無常處，游在驂馬背上，以驂馬外轡貫之，以止驂之出。」引

《左傳》云「如驂之有靳」，此乃別是一說，陸氏蓋不之從，故於此《傳》云「本或作『如驂之有靳』，非也」。王

氏《經義述聞》謂三說不同，「靳」上皆當有「有」字，失之甚矣。

使死士再禽焉，不動。 十四年

《集解》曰：「使敢死之士往，輒爲吳所禽。欲使吳師亂取之，而吳不動。」

樾謹按：如杜解，則當云「使死士再爲之禽」，文義方明。且吳人既不動矣，又何以云輒爲吳所禽乎？然

則杜解非也。禽謂禽吳之士卒也。蓋句踐使敢死之士再犯吳陣，禽其前列者以歸，欲使吳師驚亂，而吳

竟不動，是其整也。顧氏《補正》引傅氏曰「禽如鷙鳥之發，急持以衝其陳」，蓋亦知杜解之未安。然既以

爲禽鳥字，又以爲捦持字，其說仍未明也。

八人衰絰，偪自衛逆者。 哀二年

《集解》曰：「欲爲衛人逆，故衰絰成服。」

樾謹按：此《傳》古本當作「爲自衛逆者」，故杜解如此。然其義非也。《史記》注引服虔曰「衰絰，爲若從

衛來迎太子也」，則服本亦作「爲」，而讀作「偪」。爲、偪古通用，其字作「爲」，其義作「偪」，斯兩得矣。

庶人工商遂。

《集解》曰：「得遂進仕。」

樾謹按：遂卽進也。《周易·大壯》上六曰「不能退，不能遂」，《老子》曰「功遂身退」，竝以退與遂爲對文。

虞翻注《周易》曰：「遂，進也。」「庶人工商遂」者，言能克敵則進之於朝也。杜不知遂卽爲進，而曰「得遂

進仕」，則於「遂」下又增出「進」字矣。

羅無勇麋之。

《集解》曰：「麋，束縛也。」

樾謹按：八年《傳》曰「麋之以入」，杜解曰：「麋，亦束縛。」此兩「麋」字實皆「困」之叚字也。困爲圜廩，其

字從禾在口中，故《釋名·釋宮室》曰「困，綣也，藏物繾綣束縛之也」，是困有束縛之義。《說文·禾部》有

「稇」篆曰「絭束也」，實則絭束者「困」之引申義，而「稇」者「困」之變體也。困旣從禾，稇又從禾，重複無

理，其爲後出字明矣。古無「稇」字，故或叚「麋」爲之。麋從鹿從困省聲，籀文作「廲」，其聲同，故其義通

也。《廣雅·釋詁》「稇」與「圉」立訓束，圉卽廲也。《廣韵·十八吻》「麋，丘粉切」，引《左傳》「無勇麋之」，

此乃後人不明叚借之例，妄造此從糸之字。惠氏棟《補注》反疑麋、廲字通，失之甚矣。

官人蕭給。三年

樾謹按：「官人」當爲「館人」。《儀禮·士喪禮》「管人汲」，鄭注曰：「管人，有司主館舍者。」《釋文》曰：

「管，如字。」劉又音官。」然則「官人」之卽「館人」，此可證矣。古官、館同字，說互詳襄十六年「改物修官」。

蔡昭侯將如吳，諸大夫恐其又遷也。承。四年❶

《集解》曰：「承，音懲，蓋楚言也。」

樾謹按：「承」當為「乘」，聲之誤也。《顏氏家訓・音辭篇》引劉昌宗《周官音》讀乘若承是也。上言「蔡昭侯將如吳，諸大夫恐其又遷也」，下言「公孫翩逐而射之，入于家人而卒」。夫昭侯不出，公孫翩何從逐而射之？故知此「承」字當讀為「乘」，乘謂乘車也。昭侯乘車，卽將如吳，公孫翩因於其啟行之時作亂耳。自「乘」字誤為「承」，而當日情事不見，下句「逐」字亦無因矣。

辟君之執事。七年

《集解》曰：「辟，陋。」

樾謹按：辟者，遠也。《呂氏春秋・愼行論》曰：「晉之霸也，近於諸夏。而荊僻也，故不能與爭。」高注曰：「僻，遠也。」僻、辟古通用。「辟君之執事」者，遠君之執事也，言以君之執事為遠，而無所畏忌也。上文曰「魯弱晉而遠吳」是也。杜訓辟為陋，未得其義。

若夏盟於鄖衍。

《集解》曰：「鄖衍，卽鄖也。」

樾謹按：襄二十五年《傳》「井衍沃」，《釋文》引賈逵曰：「下平曰衍。」《釋名・釋地》曰：「廣平曰原，高平

❶ 「四年」，原無，今據上下文例補。

曰陸，下平曰行。」然則鄙衍者，以其地下平故名之也。鄙衍之即爲鄙，猶清原之即爲清。僖三十一年

《傳》「晉蒐于清原」，宣十三年《傳》「赤狄伐晉及清」，杜解曰：「清，一名清原。」蓋鄙也，清也，乃其本名

也。因其爲廣平之原，而謂之清原；因其爲下平之衍，而謂之鄙衍，其義一也。僖二十九年《傳》「舍于昌

衍之上」，杜解曰：「魯縣東南有昌平城。」昌衍之衍蓋亦以下平得名，故又謂之昌平矣。

從之固矣。十二年

樾謹按：固猶必也。襄二十七年《公羊傳》「我卽死，女能固納公乎」，《戰國策·秦策》「王固不能行也」，

何休、高誘注竝曰：「固，必也。」「從之固矣」猶曰從之必矣。襄三十一年《傳》「公作楚宮，穆叔曰《大誓》

云：『民之所欲，天必從之』」，與此《傳》義正相近，言衛侯效夷言，終必死于夷也。顧氏《補正》曰「固，如

與人而不固之固」，非是。

叔孫氏之車子鉏商獲麟。十四年

《集解》曰：「車子，微者。鉏商，名。」正義曰：「杜以車子連文爲將車之子，故爲微者，鉏商是其名也。《家

語》說此事云：『叔孫氏之車士曰子鉏商。』」王肅云：「車士，將車者也。子，姓；鉏商，名。今《傳》無『士』

字。服虔云：車，車士，微者也。子，姓，鉏商，名。以子爲姓，與杜異。」

樾謹按：《漢書·古今人表》有子鉏商，杜以車子連讀，誠非古義矣。服虔以車爲車士，而後出之《家語》

從之，王肅遂以將車者釋之，則未得服意也。今按：魯自作中軍以來，國之車乘皆歸三家。襄十一年

《傳》正義曰：「往前民皆屬公，國家自有二軍，若非征伐，不屬三子，故三子自以采邑之民爲己私乘，如子

産出兵車十七乘之類。今既三分公室，所分得者即是己有，不須更立私乘」云云，是其事也。至昭五年毀

中軍，四分公室，季氏擇二，二子各一，皆盡征之，則車乘之悉屬私家，更不待言矣。定八年《傳》「戒都車

曰癸巳至」，此即季孫氏之車也。西狩之時，三家之車咸在，而子鉏商則屬叔孫氏者也，故以「叔孫氏之

車」冠之。服虔釋爲車士，車士即謂之車也。猶甲士即謂之甲。《公羊》閔二年《傳》「桓公使高子將南陽之

甲」，是其例也。王肅以爲將車者，失其義矣。至「子鉏商」三字，服虔以子爲其姓，則亦非是。古婦人稱

姓，男子稱氏族，未有男子而稱姓者也。《傳》文所稱如子儀克、子越椒之類，上二字皆其字；如子人九、

子服何之類，上二字皆其氏。此《傳》以「子鉏商」連文，「子鉏」二字或字或氏，未可知也。

子我夕。

《集解》曰：「夕，視事。」

橄謹按：人臣見於君，朝見謂之朝，莫見謂之夕。昭十二年《傳》『子革夕』，杜曰「夕，莫見」是也。此《傳》

「子我夕」亦當與彼同。蓋子我將夕見公，適遇陳逆殺人，遂執之以入也。《史記》注引服虔曰：「子我將

往，夕有事於君，而逢逆之殺人也。」夕有事於君即是夕見君，杜改爲夕視事，失之矣。

所難子者。

《集解》曰：「言雖誅魋，要不負言，使禍難及子。」

橄謹按：《傳》言「難子」，不言「使難及子」，杜解非也。《周官・典瑞》「穀圭以和難」，鄭注曰：「難，仇讎。」

又「調人掌司萬民之難而諧和之」，注曰：「難，相與爲仇讎。」然則「難子」猶讎子也，言與子爲讎，則上有

天，下有先君也。《戰國策・中山策》「陰簡難之」，注曰「難，惡也」，亦與仇讎義相近。

迫孔悝於廁，強盟之。 十五年

樾謹按：「廁」當讀爲「側」。《漢書・張釋之傳》「上居外臨廁」，師古曰：「廁，岸之邊側也。」《汲長孺傳》必「大將軍青侍中，上踞廁廁視之」，孟康曰：「廁，牀邊側也。」疑皆古文叚「廁」爲「側」。師古于《汲長孺傳》必從如淳之說，以「廁」爲「溷」，非其理也。此《傳》曰「迫孔悝於廁，強盟之」，蓋亦邊側之義。孔悝見衆至，必走避之，故迫之至邊側之處，使無可走避，乃得與之盟也。《釋文》「廁」音初吏反，未得其旨。

樂寗將飲酒，炙未熟，聞亂，使告季子。召獲駕乘車。行爵食炙，奉衛侯輒來奔。

《集解》曰：「季子，子路也，爲孔氏邑宰。召獲，衛大夫。駕乘車者不欲戰。」正義曰：「丘明爲傳，雖詳於當時，而此太煩碎。計樂寗飲酒無可記錄。又此句顛到，辭義不允。若倒此一句，則上下各自相連，當是後來誤耳。」

樾謹按：杜以「召獲」二字連讀爲人名，而解爲衛大夫，則是召獲自駕車奉衛侯出奔，而「行爵食炙」四字遂無著矣，正義所謂辭氣顛倒也。然如正義之說，移此於「召獲駕乘車」之上，則是樂寗告季子之後，遂自行爵食炙，而此後更無一事，然則樂寗之飲食何必屑屑及之乎？今按：獲者人名，而非衛大夫，蓋與季子同仕於孔氏者也。召者，樂寗召之也。樂寗將飲酒，炙未熟而聞亂，于是使告季子，又召獲使駕乘車。其告季子也，蓋將使之救孔悝，而其召獲駕車，則將奉輒出奔也。部署既定，而炙亦熟，遂飲食之，而奉衛侯來奔。非獨獲奉之，乃樂寗奉之也。其後敘季子入事，止有公孫敢而樂寗不見，則其與輒俱出可知矣。

方天之休。 十六年

《集解》曰：「言天方授爾以休。」

樾謹按：《詩·鵲巢》篇「維鳩方之」，毛傳曰：「方，有之也。」然則「方天之休」者，欲其保有天之休命也。杜解非是。

晉人使諜於子木，請行而期焉。

樾謹按：「而」字衍文也，左氏原文本作「請行期焉」。昭七年《傳》曰「君若不來，使臣請問行期」，與此《傳》文義相似。今衍「而」字，則文不成義矣。杜解曰「請行襲鄭之期」，是其所據本未衍「而」字。

復言非信也，期死非勇也。

《集解》曰：「期，必也。」

樾謹按：上文曰「吾聞勝也，好復言而求死士」，此云復言非信，期死非勇也，皆承上文而言。復言謂好復言也，期死謂求死士也。期與求古音相近。《禮記·學記》篇「良冶之子必學爲裘，良弓之子必學爲箕」，以裘與箕爲韵，是其例也。據《說文》，求、裘同字。而《詩·終南》篇裘與梅、哉韵，《七月》篇裘與貍韵，《大東》篇裘與來、服、試韵，言古韵者遂以求、裘爲異字異音，則大不然。《周書·酆保》篇「令之有求，遂以生尤」，考尤字《詩·載馳》篇與思、之爲韵，然則求字古音未始不與裘同也。此《傳》前云「求死士」，後云「期死」，文異而義同。求字古音，因可考見矣。

六卿三族降聽政。 二十六年

《集解》曰：「降，和同也。」

樾謹按：杜以「降聽政」有降以相從之義，故以和同釋之，其實非也。「降聽政」即共聽政。《尚書·禹貢》篇「北過降水，至于大陸」，《水經注》引鄭注曰「今河內北共山，淇水、共水出焉，東至魏郡黎陽入河，近所謂降水也。降讀當如鄴降於齊師之降。蓋周時國於地者惡言降，故云共耳」，此降與共聲近之證。《離騷》曰「五子用失乎家巷」，楊雄《宗正箴》曰「五子家降」。「降」之通作「共」，猶「降」之通作「巷」，巷字從共得聲也。下文曰：「三族共政，無相害也。」「降聽政」即是「共政」，前用叚字，後用正字耳。

奉喪殯于大宮。

樾謹按：大宮者，宋之祖廟也。宣十二年《傳》「卜臨于大宮」，杜解曰：「大宮，鄭祖廟。」宋之大宮，猶鄭之大宮也。「殯于大宮」者，宋人用殷禮也。《禮記·檀弓》篇曰「殷朝而殯于祖」，是其事矣。僖八年及襄四年《傳》並曰「不殯于廟」，疑傳家據殷禮言之。

群經平議卷二十八

德清俞樾

春秋外傳國語一

商王帝辛大惡於民。《周語》

韋解曰:「大惡,大爲民所惡。」

樾謹按:下句「庶民弗忍」始以民言,若此句已言大爲民所惡,則不必更言庶民弗忍矣。「大惡於民」猶云大虐於民也。《廣雅·釋詁》曰「虐,惡也」,是惡與虐同義。

其無乃廢先王之訓,而王幾頓乎?

解曰:「幾,危也。頓,敗也。」

樾謹按:幾乃語詞。《易·小畜》上九「月幾望」,虞注曰:「幾,其也。」「王幾頓乎」猶言王其頓乎。頓者勞罷之意。《戰國策·秦策》「吾甲兵頓」,高誘注曰:「頓,罷也。」穆王廢先王之典,而勤兵以遠,故言王其頓乎。下云「得四白狼四白鹿以歸」,是穆王此行未嘗危敗。若從韋解,則祭公所言爲已甚矣。

近臣盡規。

解曰：「盡規，盡其規計以告王也。」❶

樾謹按：韋解「盡」字未得其義。盡者，進也。《爾雅•釋詁》：「藎，進也。」藎、盡義通。《漢書•高帝紀》「主進」，師古注曰：「進」，字本作賮，又作賥，音皆同耳。古字叚借，故轉而爲進。」然則「進規」之爲「盡規」，猶「主賮」之爲「主進」也。韋氏以本字讀之，失其義矣。

而後王斟酌也。

解曰：「斟，取也。酌，行也。」

樾謹按：韋以斟酌爲取而行之，此非古義也。《白虎通•禮樂》篇：「周公曰酌，言周公輔成王，能斟酌文、武之道而成之也。」《說文•女部》：「妁，酌也，斟酌二姓者也。」然則斟酌乃古時常語。蓋斟酌本雙聲字，《廣雅•釋詁》曰「斟，酌也」，是二字同義。凡酌酒不可太過，亦不可不及，貴適其中。孔明《出師表》曰「斟酌損益」，以斟酌與損益並言，最得古人語意。此傳所謂「斟酌」者，蓋合公卿以下諸人之言而可否之，去取之也。今俗語凡度量事物皆曰斟酌，乃古語之存者。

夫王人者，將導利而布之上下者也。

解曰：「導，開也。」

樾謹按：導與道同。《法言•問道》篇曰「道也者，通也」，故導亦爲通。上文「是故爲川者決之使導」注

❶ 「計」原無，今據《國語集解》補。

曰：「導，通也。」下文「川氣之導也」，注曰「導，達也」，達亦通也。然則「導利而布之」者，通利而布之也。

韋訓爲開，於義稍迂。

夫事君者，險而不懟。

解曰：「在危險之中不當懟。」

樾謹按：如韋義，則與下句「怨而不怒」不一律矣。「險而不懟」疑當作「慊而不懟」。《淮南子·齊俗》篇

「衣若縣而意不慊」，高注曰：「慊，恨也。」「慊而不懟」言雖恨而不懟，正與下句「怨而不怒」同義。古字

險與嗛通。《爾雅·釋山》篇《釋文》引《字林》曰「嶮，山形似重甗」，《集韵》引《字林》曰「嶮，山形如重

甗」，是其證也。險與嗛通，故亦與慊通矣。

廩於藉東南，鍾而藏之，而時布之於農。

解曰：「廩，御廩，一名神倉。東南，生長之處。鍾，聚也。謂爲廩以藏王所藉田，以奉齍盛。布，賦也。」

樾謹按：上文曰「是日也，瞽帥音官以省風土」，是日卽耕藉之日也。此承上文而言，則亦與同日可知。

是時甫耕，未及收也，何遽及此？且王所藉田以奉齍盛，何以布之於農乎？竊疑「廩於藉東南鍾而藏之

而時布之」此十三字爲錯簡，當在下文「耤穫亦如之」之下。「於農」二字爲衍文，涉下句「民用莫不震動

恪恭於農」而衍也。當云「耤穫亦如之。廩於藉東南，鍾而藏之，而時布之。民用莫不震動，恪恭於農」。

如此，則文義自順矣。簡策錯亂，誤入上文。幸衍「於農」二字，轉可因以訂正耳。

司商協民姓。❶

解曰：「司商，掌賜族受姓之官。商，金聲，清。謂人始生，吹律合之，定其姓名。」

樾謹按：聲有五，不當獨舉商之一聲以名官也。「商」當讀爲「章」，古音相近。《尚書·柴誓》「我商賚女」，《釋文》曰：「商，徐邈音章。」又《水經·漯水注》：「商、漳聲相近。」竝其證也。《漢書·律曆志》曰：「商之言章也。」是二字聲近義通。《呂氏春秋·勿躬》篇「臣不如弦章」，《韓子·外儲說》篇作「弦商」，僖二十五年《左傳》杜注曰「商密，今南陽丹水縣」，《續漢書·郡國志》南陽郡丹水有章密鄉，竝古字通用之證。《說文·音部》：「章，樂竟爲一章。從音、十。十，數之終也。」然則司樂者謂之司章，正取樂竟爲一章之義。因段「商」爲之，學者遂不得其解矣。

陽失而在陰。

解曰：「在陰，在陰下也。」

樾謹按：在陰下而但曰「在陰」，文義未了。「在」當讀爲「載」。載從戈聲，在從才聲，亦或從戈聲。《州輔碑》「栽貴不濡」，「在」作「栽」，是其證也。故在、載古得通用。「陽失而載陰」，謂陽在陰下，以陽載陰也。

淫而得神，是謂貪禍。

解曰：「以貪取禍。」

❶ 「民」，原作「名」，今據《國語集解》改。

樾謹按：如韋義，則與上文「道而得神，是謂逢福」不一律矣。「貪」當讀爲「探」。《釋名‧釋言語》曰：

「貪，探也。」是貪與探聲近而義通。《後漢書‧郭躬傳》『捨狀以貪情』，章懷注曰「貪，與探同」，是其證也。

《爾雅‧釋詁》曰：「探，取也。」探禍猶言取禍也。韋不知「貪」爲「探」之叚字，其義卽爲取，乃曰「以貪取

禍」，失之矣。

拜不稽首，誣其王也。

解曰：「誣，罔也。」

樾謹按：拜不稽首乃不敬，非誣罔也。「誣」蓋「輕」字之誤。古書從巫、從㞷之字往往相溷，《顏氏家訓‧

書證篇》所謂「巫混經旁」是也。《大戴記‧曾子立事》篇「喜之，而觀其不誣也」，《周書‧文王官人》篇作

「喜之以物，以觀其不輕」。《戰國策‧韓策》「輕強秦之禍」，《韓子‧十過》篇作「輕誣強秦之禍」，蓋「誣」

卽「輕」字之誤而衍者，竝其證也。拜不稽首，故爲輕其王。下文云「誣王無民」，又云「故晉侯誣王，人亦

將誣之」，諸「誣」字皆當作「輕」。韋據誤本作注，失其義矣。

樹於有禮，艾人必豐。

解曰：「樹，種也。艾，報也。豐，厚也。」

樾謹按：艾之訓報，其義未聞。《詩‧鴛鴦》篇「福禄艾之」，《南山有臺》篇「保艾爾後」，毛傳竝曰：「艾，養

也。」此「艾」字亦當訓養，蓋從上句「樹」字生義。凡樹蓻五穀及蔬果之類，皆所以養人，故曰「樹於有禮，

艾人必豐」。又《晉語》曰「樹於有禮，必有艾」，義亦同此，言必得其養也。韋訓爲報，雖於語意未失，恐非

古訓。

且夫兄弟之怨，不徵於他。

解曰：「徵，召也。他，謂狄人。」

樾謹按：徵猶證也。《禮記·中庸》篇「雖善無徵」，又曰「徵諸庶民」，鄭注曰「徵，或爲證」，是徵、證義通。「不徵於他」言兄弟雖有怨，不就他人而證驗其是非也。韋注失之。

王而蔑之，是不明賢也。

解曰：「蔑，小也。」

樾謹按：《詩·桑柔》篇「國步蔑資」，鄭箋曰：「蔑，猶輕也。」《周易·剝》六二「蔑貞凶」，《釋文》引鄭注曰：「蔑，輕慢。」然則蔑之猶輕之也。《説文·心部》：「懱，輕傷也。」蔑即懱之叚字。韋訓爲小，失其旨矣。下文「單襄公聘于宋」章曰「是蔑先王之官」也，蔑亦輕慢之意。韋訓爲欺，亦非是。

叔父若能光裕大德，更姓改物，以創制天下，自顯庸也。

解曰：「創，造也。庸，用也。謂爲天子創造制度，❶自顯用於天下。」

樾謹按：韋解「創制」、「顯庸」竝未得其旨。創制二字同義。創，造也。《孟子·梁惠王》篇「可使制梴」，趙注曰：「制，作也。」作亦造也。故《論語·憲問》篇「裨諶草創之」，《釋文》曰：「創，制也。」然則創、制一

❶「創」，原無，今據《國語》集解補。

也。「創制天下」猶言創造天下耳。顯、庸二字亦同義。顯，明也。庸讀爲融。《鄭語》「命之曰祝融」，韋

解曰：「融，明也。」下文「縠洛鬭」章「顯融昭明」，彼作「融」者正字，此作「庸」者叚字。然則顯、庸亦一也。

「自顯庸」猶言自顯明耳。韋氏解「顯融」章「融」曰「融，長也」，亦失其旨。顯融與昭明止是一義。

余敢以私勞變前之大章。

解曰：「章，表也，所以表明天子與諸侯異物也。」

樾謹按：《廣雅·釋器》曰：「章，程也。」下文「隨會聘於周」章曰「將以講事成章」，韋注亦曰「章，章程也」。

是章與程同義。《詩·小旻》篇「匪先民是程」，毛傳曰：「程，法也。」然則大章猶大法也，謂以私勞變前人

之大法也。韋注非是。

五色精心。

解曰：「五色之章，所以異賢不肖，精其心也。」

樾謹按：「精」當讀爲「旌」。精從青聲，青從生聲，旌亦從生聲，故聲近而義通。《釋名·釋兵》曰：「旌，精

也，有精光也。」《列子·説符》篇「東方有人焉，曰爰旌目」，《後漢書·張衡傳》注引作「爰精目」，是二字相

通之證。「五色旌心」與下句「五聲昭德」一律，言五色所以旌表其心，五聲所以昭明其德也。上文「賜晉

惠公命」章曰「故爲車服旗章以旌之」，韋注曰「旌，表也」，正得其義。此文作「精」者，叚字耳。

宗祝執祀。

解曰：「宗，宗伯。祝，大祝也。執祀，賓將有事於廟，則宗祝執祭祀之禮。」

樾謹按：賓雖有事於廟，然非祭祀也，何以執祭祀之禮乎？「執祀」疑當作「執禮」。《禮記·文王世子》

篇「秋學禮，執禮者詔之」；《雜記》篇「女雖未許嫁，年二十而笄，禮之婦人執其禮」；《論語·述而》篇「子

所雅言，《詩》《書》執禮，皆雅言也」，竝「執禮」二字之證。「宗祝執禮」，言賓至則宗祝執其禮也。古文

「禮」字作「礼」，與「祀」字相似，因誤爲「執祀」矣。

棄袞冕而南冠以出，不亦簡彝乎？

解曰：「簡，略也。」彝，常也。言其棄禮，簡略常服也。

樾謹按：以簡彝爲簡略常服，文義未安。《爾雅·釋詁》曰：「夷，易也。」彝與夷古通用，簡彝即簡易。棄

袞冕而南冠以出，是簡易也，故曰「不亦簡彝乎？」

寬肅宣惠，君也。

解曰：「宣，徧也。」

樾謹按：《說文·心部》：「悹，寬閒心腹貌。從心宣聲。《詩》曰：『赫兮悹兮。』」今《毛詩》作「咺」，《釋文》

引《韓詩》作「宣」。蓋悹、咺、宣三字聲近而義通，是宣有寬義也。又《長發》篇「玄王桓撥」，毛傳曰：「桓，

大也。」宣與桓亦聲近而義通。《易林·需之萃》曰「大口宣舌」，《大有之蠱》曰「大口宣脣」，皆其證也。文

十八年《左傳》曰：「宣慈惠和。」宣惠與宣慈義正相近。蓋宣有寬大之義，故配慈、惠言之。韋訓宣爲徧，

雖本《爾雅》，然下文曰「教施而宣則徧」，若從韋解，是「教施而徧則徧」矣，豈可通乎？

魯執政唯强，故不歡焉而後遣之。

解曰：「魯執政之人唯畏其強禦，難距其欲，故不歡説而後遣之。」

樾謹按：如韋義，則當云「唯畏其強」，不得但云「唯強」，注義非也。「魯執政唯強」即指叔孫僑如而言。

僑如於魯亦卿也，故以執政言之。王孫説之意，蓋謂魯執政之臣皆強，故君雖不歡，而不得不從其請耳。

且夫戰也微謀，吾有三伐。

解曰：「微，無也。言軍無計謀。」

樾謹按：韋解「微謀」二字未得其旨。謀卽上文「五勝」、「五敗」之説，乃郤至之謀也。郤至蓋謂是戰也，

吾固有謀矣，卽無此謀，吾尚有三伐。二句承上以起下。「微」字、「有」字相應，正見郤至自伐其功，有悉

數難終之意。

夫仁、禮、勇，皆民之爲也。

解曰：「民力所爲。」

樾謹按：仁、禮、勇三者非民力所爲也。「民」疑「義」字之誤。下文曰「以義死用謂之勇，奉義順則謂之

禮，畜義豐功謂之仁」，是三者皆以義爲本，故曰「夫仁、禮、勇，皆義之爲也」。「義」字缺壞，但存其下「我」

字，因誤爲「民」耳。

制朝以序成。

解曰：「序，次也。朝不越爵，則政成。」

樾謹按：上句曰「制戎以果毅」，「果毅」二字平列，則「序成」二字亦平列，不當如韋氏所解也。蓋序、成二

字同義。序，次也，成，亦次也。言制朝廷之位則以次弟也。《儀禮·觀禮》篇鄭注曰：「成，猶重也。」《爾

雅·釋丘》曰「丘一成爲敦丘」，《呂氏春秋·音初》篇曰「九成之臺」，郭璞、高誘注竝與鄭同。《廣雅·釋

詁》亦曰：「成，重也。」凡相重者即有相次之義。成之義爲重，故亦爲次，猶序之義爲次，而亦爲重也。

《史記·趙世家》「序往古之勳」，正義曰：「序，重也。」足證其義之通矣。又上文「穆王將征犬戎」章曰：

「有不祭則修意，有不祀則修言，有不享則修文，有不貢則修名，有不王則修德，序成而有不至則修刑。」

「序成」二字義亦當與此同，言依此次弟而有不至也。「序成」蓋古語，後人不得其解耳。

步言視聽必皆無讁。

《漢書·五行志》引此文亦作「讁」。

樾謹按：無讁猶無咎也。上文「秦師將襲鄭」章曰「秦師必有讁」，韋注曰：「讁，猶咎也。」讁即讁之異文。

解曰：「讁，譴也。」

視遠日絕其義。

解曰：「言日絕其宜也。」

樾謹按：「視遠日絕其義，足高日棄其德，言爽日反其信，聽淫日離其名」，四「日」字均當作「曰」，猶云是

謂絕其義，是謂棄其德，是謂反其信，是謂離其名也。日、曰二字形似易混，故陸氏《釋文》遇此二字每加

音以別之。《周易·大畜》九二「曰閑輿衛」，《釋文》云：「曰音越，鄭人實反。」《詩·七月》篇「曰爲改歲」，

《釋文》云：「曰，音越，一讀人實反。」如此之類，并兩存其讀矣。

厚味實腊毒。

解曰：「腊，疧也，讀若廟。昔酒焉味厚者，其毒疧也。」

樾謹按：《文選・七命》注引賈逵曰：「腊，久也，言味厚者其毒久也。」此說視韋解爲長。古昔、腊同字。《詩・墓門》篇「誰昔然矣」毛傳曰：「昔，久也。」故腊亦久也。《鄭語》曰「毒之酉腊者，其殺也滋速」此「腊」字亦當訓久。《周禮・酒正》「三曰昔酒」，鄭注曰：「昔酒，今之酋久、白酒。」酋腊即酉久也。久則有積滯之義，故久與積義相通。《漢書・嚴助傳》注曰：「積，久也。」「厚味實腊毒」言味厚則毒積也。《說文・水部》：「渚，所以擁水也。」毒積謂之腊，猶水積謂之渚矣。

吾聞之《大誓故》曰：「朕夢協于朕卜，襲于休祥，戎商必克。以三襲也。」

解曰：「故，故事也。」

樾謹按：既云「大誓」，而又云「故」者，「故」即「詁」字。《爾雅・釋詁》《釋文》引樊光、李巡本作「釋故」是也。毛公釋《詩》謂之《故訓傳》，蓋周公所作《爾雅》有《釋故》《釋言》《釋訓》諸篇，皆是解釋《詩》義，毛公承之而作傳，故謂之《故訓傳》也。以《詩》例《書》，疑當時亦必有《故訓》，單襄公所引《大誓故》即是矣。其曰「朕夢協于朕卜，襲于休祥，戎商必克」，乃《大誓》之正文，其曰「以三襲也」，則《故訓》之辭也。襄公特引之以自證其三襲之語耳。《爾雅》每舉《詩》句而釋之，與此體例正同，可見自古說經之例。韋以故事解之，未得也。

決汩九川。

解曰：「汩，通也。」

樾謹按：下文「汩越九原」，注曰「越，揚也」，而不釋「汩」字，蓋韋氏之意，謂兩「汩」字義同。王氏念孫解

「汩越九原」句曰：❶汩、越，皆治也。《說文》「汩，治水也。」《廣雅》：「越，治也。」汩與越聲相近，故義相

通。說詳《經義述聞》。今按：王說下句是矣，而於「決汩九川」句不置一詞，則亦未得其義。蓋兩「汩」字

義各不同。「汩越」之「汩」其本字也；「決汩」之「汩」，則當爲「抇」，乃「抇」之或體也。《玉篇·手部》：

「抇，胡没切。掘也。」又曰：「抇，亦搰字，穿也。」《說文》有「搰」無「抇」。然《荀子·堯問篇》曰「深抇之而

得甘泉焉」，《正論篇》曰「亂今厚葬，故抇也」，《列子·說符篇》曰「俄而抇其谷」，則不得謂古無「抇」字矣。

決、抇義相近，抇亦決也。《尚書·益稷》篇「予決九川」，即其義矣。

宅居九隩。

解曰：「隩，内也。九州之内皆可宅居」。

樾謹按：「九隩」疑當作「四隩」，即《禹貢》所謂「四隩既宅」也。涉上文「九山」、「九川」、「九澤」、「九藪」、

「九原」而亦誤作「九隩」耳。不知上五句自作「九」，此句自作「四」，正與下句「合通四海」以類相從。《說

文·土部》：「墺，四方土可居也。」「隩」即「墺」之叚字，可知古有四墺之說，無九墺之說也。

賜姓曰姜，氏曰有呂，謂其能爲禹股肱心膂，以養物豐民人也。

❶ 「念孫」，當作「引之」。

解曰：「氏曰有呂者，以四岳能輔成禹功，比於股肱心膂。呂之爲言膂也。」

樾謹按：上文「賜姓曰姒，氏曰有夏，謂其能以嘉祉殷富生物也」，注曰：「姒，猶祉也。夏，大也。以善福殷富天下爲大也。」然則此文亦當兼「賜姓曰姜」言之，不得專以「氏曰有呂」爲說也。姜從羊聲，養亦從羊聲，疑「養物」即說「姜」字之義。依聲爲訓，古書類然。以養訓姜，猶以祉訓姒也。韋氏未見及此，當補注曰「姜，猶養也」，於義方備。

使至於爭明以妨王宮。

解曰：「明，精氣也。」

樾謹按：《爾雅·釋詁》曰：「明，成也。」古成、盛二字通用，明訓成，故亦訓盛。《淮南·說林》篇「長而愈明」，高注曰：「明，猶盛也。」《禮記·明堂位》正義曰：「明堂，盛貌。」然則「爭明」猶爭盛也。《呂氏春秋·悔過》篇曰「此其備必已盛矣」，高誘訓盛爲彊。然則爭盛猶爭彊。韋氏以精氣釋之，義轉迂矣。哀十六年《左傳》：「與不仁人爭明無不勝。」「爭明」蓋古人常語，後人不達古語，故失其解。杜預以「明無不勝」爲句，則并失其讀矣。昭三年《傳》曰「二惠競爽」，競猶爭也，爽猶明也，亦即爭明之意，說詳《左傳》。

若能類善物以混厚民人者。

解曰：「混，同也。」

樾謹按：混、厚二字同義，混亦厚也。「混」當讀爲「惲」。《說文·心部》：「惲，重厚也。」今惲厚字皆以「渾」爲之，而混與渾又通用，故「混厚」即「渾厚」，實則「惲」之叚字也。注訓爲同，失之。

是去其藏而翳其人也。

解曰：「翳，猶屏也。人，民也。奪其資，民離叛，是遠屏其民也。一曰，翳，滅也。」

樾謹按：此當從一曰滅也之訓。韋疑翳無滅義，故先以屏釋之，不知「翳」通作「殪」。《詩·皇矣》篇「其菑其翳」，毛傳曰：「自斃爲翳。」《釋文》曰：「《韓詩》作『殪』。」是翳與殪聲近義通。《釋名·釋喪制》曰：「殪，翳也。」然則翳亦猶殪也。「翳其民」即殪其民，故其義爲滅。若訓爲屏，則義轉迂矣。

三曰姑洗，所以脩潔百物，考神納賓也。

解曰：「姑，潔也。洗，濯也。言陽氣養生，洗濯枯穢，改柯易葉也。」

樾謹按：「姑」字無訓潔者，韋注原文當作「姑，枯也」，故其下云「洗濯枯穢」。今作「潔」者，蓋其字偶缺，淺人妄以意補之耳。高誘注《淮南子·天文》篇、《時則》篇並曰「姑，故也。洗，新也」，韋義正與高同。姑之爲枯，猶姑之爲故，並以聲爲訓。

四閒林鍾，和展百事，俾莫不任肅純恪也。

解曰：「展，審也。」

樾謹按：展與布同義，故《小爾雅·廣言》曰：「布，展也。」然則展亦猶布也。「和」當讀爲「宣」。《尚書·禹貢》篇「和夷厎績」，《水經·桓水》篇注引鄭注「和」讀曰「桓」。桓與宣並從亘聲，和之讀爲宣，猶和之讀爲桓也。「和展百事」者，宣布百事也。《周官·小司寇職》曰「正歲帥其屬而觀刑象，乃宣布于四方」，《布憲職》曰「執旌節以宣布于四方」，是其義也。韋讀和如本字，而訓展爲審，則和與展義不相屬矣。

故謂之《嬴亂》，所以優柔容民也。

解曰：「亂，治也。柔，安也。」

樾謹按：下文「齊閭丘來盟」章曰「其輯之亂」，韋注曰：「凡作篇章，義既成，撮其大要以爲亂辭。詩者，歌也，所以節舞者也。如今三節舞矣，曲終乃更，變章亂節，故謂之亂也。」然則「嬴亂」之「亂」當與彼同。上文曰「故長夷則之上宮，名之曰羽」，注曰：「長謂先用之也。」是此樂以羽爲始，以嬴爲亂，故曰《嬴亂》。其命名之意在「嬴」，不在「亂」。「優柔容民」乃釋「嬴」字之義。嬴之言嬴也。《爾雅·釋天》夏爲長、嬴，《釋文》曰「嬴，本或作羸」，是嬴、嬴古通用。襄三十一年《左傳》「以嬴諸侯」，杜注曰：「嬴，受也。」《荀子·解蔽篇》「故曰心容」，楊注曰：「容，受也。」嬴，容義既相近，以容訓嬴，正古義矣。亂乃樂終之名，非義所在，故無説也。韋注未得其義。

昭明大節而已，少曲與焉。

解曰：「曲，章曲也。與，類也。言飲禮所以教民敬戒，昭明大體而已，故其詩樂少，章曲威儀少，比類也。」

樾謹按：韋説「曲與」二字，其義甚迂，殆非也。與，古通作「舉」。《周官·師氏》「王舉則從」故書「舉」爲「與」；《史記·呂后紀》「蒼天舉直」，徐廣曰「舉，一作與」，竝其證也。「曲舉」與「大節」正相對成義。明道本「曲」作「典」，疑誤。

夫惠本而後民歸之志，民和而後神降之福。《魯語》

樾謹按：「本」乃「大」字之誤。下文曰「今將惠以小賜，祀以獨恭。小賜不咸，獨恭不優」，即承此文而言。

惠不大爲小賜，民不和爲獨恭也。又曰「夫民求不匱於財，而神求優裕於享者也，故不可以不本」，「本」亦

「大」字之誤。民求不匱而神求優裕，故不可以不大也。若作「本」字，於義皆失矣。大與本上半相似，因

而致誤。《漢書·董仲舒傳》曰「元者，辭之所謂大也」，《漢紀·武帝紀》作「元者，辭之所謂本也」，是

其證。

今齊社而往觀旅非先王之訓也。

解曰：「旅，衆也。」

樾謹按：此當作「齊社而旅往觀也」。《説文·放部》曰：「扸，古文旅，古文以爲魯、衛之魯。」然則「齊社而旅

往觀」即齊社而魯往觀也。上文曰：「夫齊棄太公之法而觀民於社，君爲是舉而往觀之。」彼文「君」字即

此文「魯」字，異名而同實。若「往觀」上無「魯」字，則於文爲不備。且不曰「觀社」，而曰「觀旅」，於義又爲

不通。蓋由淺人不知「旅往觀」即「魯往觀」，因誤到其文耳。

臣聞聖王公之先封者，遺後之人法，使無陷於惡。其爲後世，昭前之令聞也，使長監於世。

解曰：「爲，猶使也。」

樾謹按：既云「使無陷於惡」，又云「其使後世昭前之令聞」，則於義複矣。下又云「使長監於世」，殆無此

文理也。今按：此六句當分兩意，上三句以先祖言，謂王公之先封者宜遺法後人，使無陷於惡也；下三句

以子孫言，謂爲後世子孫者當昭前之令聞，使長監於世也。「其爲後世」四字爲句，韋誤連下六字讀之，遂

失其義。

君不命吾子，吾子請之，其爲選事乎？

解曰：「選事，自選擇其職事也。」

樾謹按：「選」當讀爲「篹」。《爾雅·釋詁》曰：「篹，取也。」《一切經音義》引《爾雅》舊注曰：「盜位曰篹。」其實古語凡逆而取之皆謂之篹。《說文·厶部》曰：「厹而奪取曰篹。」《方言》曰：「秦、晉之間，凡取物而逆謂之篹。」《後漢書·逸民傳序》「鴻飛冥冥，弋者何篹焉」❶李賢注引宋衷曰：「篹，取也。」君不命而請之，是自取也，故曰「其爲篹事乎」？古巽聲、算聲字往往通用，《說文·食部》「篹」或作「饌」，是其證也。《詩·柏舟》篇「不可選也」，《後漢書》朱穆《絕交論》作「不可算也」。《論語·子路》篇「何足算也」，《漢書·公孫劉田王楊蔡陳鄭傳贊》作「何足選也」。然則「選」之通作「篹」，猶「選」之通作「算」耳。韋以本字讀之，而訓爲選擇，義轉迂矣。

大懼殄周公、太公之命祀。

解曰：「賈、唐二君云：周公爲太宰，太公爲太師，皆掌命諸侯之國所當祀也。或云：命祀謂命祀二公也。昭謂：《傳》曰：『衛成公祀夏后相，甯武子曰：「不可以間成王、周公之命祀。」』如此，賈、唐得之。」

樾謹按：神不歆非類，民不祀非族，太公乃齊之先君，魯人豈得祭之？下文云：「豈惟寡君與二三臣實受

❶ 「弋」，原作「戈」，今據《後漢書》改。

君賜，其周公、太公及百辟神祇永饗而賴之。」以此告齊，尤近不情，或説非也。賈、唐之説亦無確據，韋氏舉甯武子之言爲證，則亦非也。武王崩，周公攝政，康叔之封，周公主之，故甯武子舉成王必兼及周公，乃據實而言。若伯禽受封，與太公無與，何必并舉之乎？是二説胥失之矣。今按：此太公非齊之太公，乃魯之太公也。周初諸侯猶沿殷制，往往無諡，衛之始封曰康叔，曰康伯；晉之始封曰唐叔虞，曰晉侯燮，蔡之始封曰蔡仲胡，曰蔡伯荒，曹之始封曰曹叔振鐸，曰太伯脾，曰仲君平，杞之始封曰東樓公，曰西樓公，曰題公，曰謀娶公；宋之始封曰微子，曰微仲，曰宋公稽，皆無諡也。齊之有諡自哀侯始，哀侯以前曰丁公伋，曰乙公得，曰癸公慈母，凡三君無諡。而太公者，始封之君，又有大功，故尊之曰太公。猶周之王業始于古公亶父，而尊之曰太王也。非獨齊國如此，吳自太伯適吳，遂以有國，至武王追封爲伯，謂之太伯，義猶是也。《左傳》曰「武王邑姜方震太叔」，則唐叔虞亦有太叔之稱，義亦猶是也。魯之受封，實始于伯禽，伯禽無諡，在他人稱之曰魯公可也，在魯之臣民稱之曰魯公不可也，則當尊之曰太公，固其宜矣。齊有太公，魯亦有太公，猶吳有太伯，曹亦有太伯，各尊其祖，不嫌同名。後人但知齊有太公，而不知魯亦有太公，始失其解矣。昭三年《左傳》曰「豈惟寡君，舉群臣實受其賜。」其曰「齊先君太公」者，別于魯先君太公也。彼云「唐叔以下」，舉晉先君而言，則此「周公、太公」舉魯之先君而言無疑矣。下文「齊孝公來伐」章曰：「昔者成王命我先君周文公及齊先君太公曰：『女股肱周室，以夾輔先王。』」其曰「齊先君太公」，別于魯先君太公也。可見當日屬辭之慎。至《左傳》易之曰「昔周公、太公股肱周室，夾輔成王」，則失之矣。蓋《國語》乃國史原文，《左傳》

則已經左氏刪改也。

臧文仲欲以辭告病焉。

解曰：「欲以文辭告謝齊也。病不能爲辭也。」

樾謹按：此當以九字爲句。臧文仲欲以辭告病焉，謂欲以魯之病告齊也。宣十五年《左傳》曰「寡君使元以病告」，義與此同。韋氏因下文「問於展禽」，遂讀「病焉」二字爲句，以「病不能爲辭」釋之，失其義矣。

展禽使乙喜以膏沐犒師。

樾謹按：《國語》原文疑當作「以膏沐膏師」，上「膏」字如字，下「膏」字古報反。襄十九年《左傳》「如百穀之仰膏雨焉，若常膏之」，《釋文》曰「膏雨，如字。膏之，古報反」，即其例也。「犒」字《說文》所無，《漢斥彰長田君碑》作「䐿」，亦《說文》所無，蓋皆俗字。《周禮》故書作「稾」，乃叚借字，司農讀爲「槀」，似亦未得也。僖二十六年「公使展喜犒師」，正義引服虔曰「以師枯槁，故饋之飲食」，疑《左傳》原文亦作「膏」矣，說詳《左傳》。

爵同則厚其好貨。

解曰：「爵與魯同者，特厚其好貨。」

樾謹按：當云「爵與晉同者」，於義方合。蓋晉人感魯、衛同班相恤之故，因自加厚於同爵之國也。晉、魯皆侯爵，則與晉同爵者亦卽與魯同爵。然在晉人之意，因其與己同而厚之，非因其與魯同而厚之也。韋注非是。

文王以文昭，武王去民之穢。

橋謹按：《禮記・祭法》篇曰：「文王以文治，□□武王以武功，去民之菑。」「武王」下有闕文。據《周語》曰「成王能明文昭，能定武烈者也」，文昭與武烈相對。此文疑亦與彼同，當作「文王以文昭，武王以武烈，去民之穢」。

既其葬也，焚，煙徹於上。

解曰：「已葬而火焚其棺槨也。」

橋謹按：韋以「已葬」二字解「既其葬也」四字，於義未安。王氏《經義述聞》曰：「既，猶既而也。言既而夏父弗忌之葬也，火焚其棺槨，煙達於上也。」是讀「既」字爲一句，義亦未得。今按：「既其葬也」四字仍當連讀。既猶暨也。《禮記・喪大記》篇「塗不暨于棺」，鄭注曰：「暨，及也。」《史記・秦始皇本紀》「東至海暨朝鮮」，正義曰：「暨，及也。」「既其葬也」猶曰及其葬也。既與暨古字通。《周官・閽胥》「既比則讀法」，注曰：「故書既爲暨，杜子春讀暨爲既。」

若爲元侯之所，以怒大國，無乃不可乎？

解曰：「之所，謂作三軍元侯所爲。」

橋謹按：《禮記・哀公問》篇「求德當欲不以其所」，鄭注曰：「所，猶道也。」「若爲元侯之所」者，若爲元侯之道也。蓋作師以承天子，乃元侯之道也。若如韋解，則所下更當有「爲」字矣。

事其君而任其政，其誰由己貳？

解曰：「言楚臣方事其君而當其政，其誰肯從己時而使諸侯有攜貳者乎？」

樾謹按：「由」當作「曰」，「己」當作「已而已而」之「已」，皆字之誤也。「其誰曰已貳」與上文「其誰曰不如

先君」、「其誰曰非侮也」文法一律。言楚臣方事其君而當其政，誰謂其已有二心也？下文「執政不貳」即

承此句而言，韋注曰「其執政之臣無二心也」，則不貳屬執政言，不屬諸侯言明甚。因此句誤作「由己」，韋乃

曲爲之説，則與下意不貫矣。「平丘之會」章曰「其執政貳也」，貳字亦就晉執政言，可證此文韋解之非。

今大夫而設諸侯之服，有其心矣。若無其心，而敢設服以見諸侯之大夫乎？將不入矣。

解曰：「若不見討，必爲篡，不復入爲大夫也。」

樾謹按：此言楚圍以大夫設諸侯之服，必有異心。若無異心而敢於爲此，則是狂易失心，不久將死，故曰

「將不入矣」，言不復能入國也。下文曰「若楚公子不爲君，必死」，正其義也。韋謂不復入爲大夫，失之。

季桓子穿井獲如土缶，其中有羊焉。

解曰：「或云：得土如瓦缶狀，中有土羊。」

樾謹按：如此説，則當云「獲土如缶」，不當云「獲如土缶」。韋氏託之或説，蓋亦有所未安耳。疑《國語》

原文本作「如獲土缶」。如、而古通用，《日知録》卷三十二所引凡二十餘事可證。「季桓子穿井如獲土缶」

者，季桓子穿井而獲土缶也。下文曰「吾穿井而獲狗」，此「如」字即下「而」字。後人不知如、而古通用，而

誤到其文，遂不可解矣。

與太史、司載糾虔天刑。

解曰：「載，天文也。司天文謂馮相氏、保章氏，與太史相儷偶也。」

樾謹按：載之爲天文，於義無取，殆非也。「載」當爲「烖」，即災字篆文也。載、烖竝從戈聲，古音相同，故

《周易・剝・象傳》災、載爲韵。又《詩・大田》篇「俶載南畝」，鄭箋曰：「載讀如菑栗之菑。」菑與災古亦

通用，《生民》篇「無菑無害」是也。菑栗之「菑」可以「載」爲之，則菑害之「菑」亦可以「載」爲之矣。司載即

司災也。《漢書・天文志》文昌六星，五曰司禄，六曰司災，是司災乃星名。《周官》有司禄，以星名官，司

災亦其例也。司災所掌必天文災異之事，故與之糾虔天刑也。

周恭王能庇昭穆之闕而爲恭。

解曰：「庇，覆也。」

樾謹按：「庇」當讀爲「裨」。比聲與卑聲相近。《詩・皇矣》篇「克順克比」，《禮記・樂記》篇引作「克順克

俾」；《節南山》篇「天子是毗」，《荀子・宥坐篇》引作「天子是庳」，竝其證也。《晉語》：「子若能以忠信贊

君而裨諸侯之闕。」注曰：「裨，補也。」此云「能庇昭穆之闕」，庇與裨字異而義同。韋以本字讀之，而訓爲

覆，於義轉迂矣。

修舊法，擇其善者而業用之。《齊語》

解曰：「業，猶創也。」

樾謹按：既云舊法，不得謂之創用，韋注非也。《爾雅・釋詁》：「業，敍也。」又曰：「業，緒也。」緒與敍同

義。《説文・攴部》：「敍，次弟也。」是業有次弟之義。《孟子・盡心》篇「有業屨於牖上」，趙注曰「業，織

之有次業而未成也」，蓋亦謂織之已有次弟也。《晉語》「信於事則民從事有業」，韋彼解曰：「業，猶次

也。」然則「擇其善者而業用之」，言擇其善者而次弟用之耳，非創用之謂。

政不旅舊，則民不偷。

解曰：「舊，君之故舊也。偷，苟且也。不以故人爲師旅則民相與不苟且也。」

樾謹按：韋訓此句其義迂曲，殆非也。旅之言拒也。《御覽》二十七引《風俗通》曰：「旅，拒也。」言陽氣欲

出，陰不許也。字亦通作呂。《白虎通・五行》篇曰：「呂者，拒也。」言陽氣欲

出，陰不許也。」又曰：「呂之

言拒者，旅抑拒難之也。」蓋旅與拒本疊韵字，故聲近而義通。又或連言之曰「旅距」。《後漢書・馬援傳》

「黮羌欲旅距」，注曰「旅距，不從之貌」，距即拒也。「政不旅舊」者，言爲政不拒絕故舊之人也。韋以師旅

解之，失其義矣。

反胙於絳。

解曰：「胙，賜也。説云：胙，位也。絳，晉國都也。晉獻公卒，奚齊、卓子死，國絕無嗣，晉侯失其胙位。桓公以諸

侯討晉，至高梁，使隰朋帥師立公子夷吾，復之於絳，是爲惠公。事在魯僖九年。昭謂：人君即位謂之踐

胙。此言桓公城周，尊事天子，又討晉亂，復其胙位，善之也。按《内傳》宰孔於葵丘致胙肉賜命，無辭讓

反覆之文，賈君得之。唐從賈也。」

樾謹按：葵丘之會，宰孔致胙，不特無辭讓反復之事，且桓公是時亦不至絳，舊説固失之矣。至人君即位

謂之踐阼，不謂之踐胙。即使古字通用，然不曰「立晉侯於絳」，而曰「復胙於絳」，義甚不安。且惠公之

立，雖自外入，實則父死子繼，非鄭厲自櫟、衛獻自夷儀，失國復歸者可比，安得謂之復胙乎？是賈侍中

説亦非也。今按：反者，歸也。《孟子·盡心》篇「君子反經而已矣」❶趙岐注曰：「反，歸也。」《廣雅·釋

詁》亦曰：「反，歸也。」「反胙」猶言歸胙。「歸胙於絳」承上句「南城周」而言。《周書·作雒》篇載周公既

城成周，乃設丘兆于南郊，以祀上帝，配以后稷，日月星辰先王皆與食。然則齊桓城周之後，因祭而歸胙

諸侯，亦事所宜有也。其獨舉絳言之者，是時諸侯莫不事齊，惟晉獻特強不服，故齊桓藉寵王室，因城周

而歸胙，以風示之耳。

嶽濱諸侯莫不來服。

解曰：「嶽，北嶽常山也。」

樾謹按：《傳》言「嶽」，不言「北嶽」，注義非也。《爾雅·釋山》曰「河西嶽」，郭璞注曰：「嶽，吳嶽也。」《周

官·職方氏》《周書·職方》篇「正西曰雍州，其山鎮曰嶽山」，鄭注及孔晁注並同。此《傳》所謂「嶽濱諸

侯」，即吳嶽也。上文「西服流沙、西吳」，注曰「雍州之地」，故此即舉雍州之鎮言之。韋氏以爲北嶽常山，

失之遠矣。

隱武事。

❶「盡」，原作「養」，今據《孟子》改。

樾謹按：此「隱」字韋氏無注。下文「定三革，隱五刃」，注曰「隱，藏也」，則未得其義也。「隱」當讀爲「偃」。《漢書·古今人表》「徐隱王」，師古注曰「卽偃王也」，是隱、偃古通用字。《荀子·儒效篇》「偃五兵」，楊倞注曰：「偃，仆也。」《莊子·徐无鬼》篇「偃兵其可乎」，《呂氏春秋·蕩兵》篇「古聖王有義兵而無有偃兵」，《應言》篇「公孫龍說燕昭王以偃兵」，凡言「偃兵」者其義竝同。此作「隱」者，叚字耳。韋卽以隱藏釋之，非是。

群經平議卷二十九

德清俞樾

春秋外傳國語二

今晉國之方。《晉語》

解曰：「方，大也。」

樾謹按：訓方爲大，則與下文「其土又小」義不相屬矣。古建國者，如方百里、方七十里之類，皆以開方法計之，故四竟謂之四方，竟內謂之方內，《史記・孝文紀》「方内安謐」是也。「晉國之方」蓋舉晉之四境言之。

非禮不終年。

解曰：「非有禮法，不能終十年，齊懿公商人是也。賈、虞云十年而數終。唐云不能終其年，與下不盡齒同。非也。」

樾謹按：不終年者，謂不終一年也。上文「非謀不卒時」，注曰：「三月一時，非有善謀，不能盡一時。」然則不終年爲不終一年明矣。昭元年《左傳》「趙孟不復年矣」，杜注曰：「言將死不復見明年。」此卽不終年之

義也。唐云不能終其年，固非。韋謂不能終十年，則亦與正文不合，胥失之矣。

驪姬請使申生處曲沃以速縣。

解曰：「虞御史云：速，疾也。縣，繾也。」

樾謹按：此說最爲無理。方驪姬請于公而使太子居曲沃，必言其當居曲沃之故，豈宜曰如此則太子可速

縊乎？「速」當讀爲「束」，「以速縣」者，以束縣也，使太子約束其所屬之縣大夫也。晉之大邑必有屬縣。

昭三年《左傳》曰：「晉之別縣不惟州。」蓋以州縣舊屬於溫，故云然。然則曲沃爲晉宗邑，亦必有所屬之

縣。太子居曲沃，則諸縣皆受其約束，故曰「以束縣」也。下文曰「宗邑無主，則民不威」，正其義矣。

夫人知極，鮮有慢心。

解曰：「鮮，寡也。言人自知其極，則戒懼不敢違慢覬欲也。」

樾謹按：韋注非也。「鮮」當讀爲「斯」。此言人知其位已極，斯有怠慢之心也。鮮與斯古音相近。《說

文·雨部》：「霹，從雨鮮聲，讀若斯。」《詩·瓠葉》篇鄭箋曰：「今俗語斯白之字作鮮，齊、魯之閒聲近斯。」

竝其證也。下文曰：「雖其慢乃易殘也。」「雖」當讀爲「唯」，言唯其怠慢，乃易於殘毀也，說見王氏引之

《經義述聞》。乃王氏知「雖」之爲「唯」，而不悟「鮮」之爲「斯」，因欲於「鮮」下增「不」字，失之矣。

苟衆利而百姓和，豈能憚君。

解曰：「豈憚殺君也。」

樾謹按：《傳》言「豈能憚君」，不得增益其文而曰「豈憚殺君」，注義非也。「憚」當讀爲「怛」。《考工記·

矢人》「雖有疾風，亦弗之能憚矣」，鄭注曰：「故書憚或作但。」惠氏士奇《禮説》謂當作但，是其證也。但

之言痛也，傷也。《方言》曰：「怛，痛也。」《詩·匪風》篇「中心怛兮」，毛傳曰：「怛，傷也。」豈能怛君言豈

能痛傷君也。因公言夫豈惠其民而不惠其父，故云苟衆利而百姓和，豈復能痛傷君乎？下文曰「以衆故

不敢愛親」，正承此句而言，則「憚」爲「怛」之叚字益明矣。

里克辟奠，不飱而寢。

解曰：「熟食曰飱。」

樾謹按：飱者，夕食也。《孟子·滕文公》篇「饔飱而治」，趙注曰：「饔飱，熟食也，朝曰饔，夕曰飱。」「不飱

而寢」謂不夕食而寢也。韋注但以熟食釋之，於義未盡。

殺君以爲廉。

解曰：「賈侍中云：廉，猶利也，以太子故殺君以自利。唐尚書云：爲太子殺奚齊，不有其國以爲廉也。

昭謂是時太子未廢，獻公在位，而以君爲奚齊，非也。君，獻公也。虞御史云：廉，直也，讀若鬮廉之廉。

此説近之。」

樾謹按：奚齊未立，固不可謂之君。至以君爲獻公，義亦未安。里克豈欲爲太子殺獻公乎？苟殺獻公，

則犯大不韙之名，又何廉直之有乎？故此文「殺」字苟以本字讀之，則皆不可通。「殺」當讀爲「弑」。《考

工記·矢人》「弑矢參分」，鄭注曰：「弑，當爲殺。」然則「殺」之通作「弑」，猶「弑」之通作「殺」也。《説文·

口部》：「咈，違也。」咈君以爲廉者，違君所欲，而自以爲廉直也。下文曰「抑撓志以從君」，「從君」與「咈

君」正相對成義。

棄寵，求廣土而竄伏焉。

解曰：「棄寵，令太子棄位也。求廣土，奔他國也。」

樾謹按：廣與曠古通用。《荀子·王霸篇》「人主胡不廣焉」，楊注曰：「廣，或讀爲曠。」又《解蔽篇》「則廣焉能弃之矣」，注曰：「廣讀爲曠。」然則廣土猶曠野也。「求廣土而竄伏」謂若吳公子札之棄其室而耕也，非奔他國之謂。

以吾存也。

解曰：「以吾存者，以吾在梁依秦也。」

樾謹按：「以吾存也」四字當連下「且必告悔」爲義。以猶及也。《周易·小畜》九五「富以其鄰」，虞翻曰：「以，及也。」此言子若往梁，驪姬懼吾至秦乞援，必及吾在梁之時而先告悔也。韋不知「以」字之義，故說此不了。

宗國既卑。

解曰：「宗國，公族也。」

樾謹按：公族不得謂之宗國，注義非也。哀八年《左傳》曰「今子以小惡而欲覆宗國」，杜注曰：「輒，魯公族，故謂之宗國。」又十五年《傳》子贛謂公孫成曰：「子，周公之孫也，多饗大利，猶思不義。利不可得而喪宗國。」是古者公族之人謂其國爲宗國也。舟之僑疑亦虢之公族，故稱虢爲宗國歟？

夫二國士之所圖，無不遂也。

解曰：「二國士，里克、荀息也。」

樾謹按：上文里克將殺奚齊，荀息曰：「死吾君而殺其孤，吾有死而已，吾蔑從之矣。」是里克、荀息初不同謀，乃曰「二國士之所圖」，何哉？二國士者，其一謂里克，其一丕鄭自謂也。故下文曰：「我爲子行之。子帥七輿大夫以待我，我使翟以動之，援秦以搖之。立其薄者可以得重賂，厚者可使無入。國，誰之國也。」此正與里克共圖之事。蓋里克之意，止欲殺奚齊、卓子，而於重耳、夷吾二公子中擇立一人。丕鄭則并不欲立二公子，而別立疏屬以專晉國，故曰「立其薄者可以得重賂，厚者可使無入」。厚薄喻親疏也，言欲立疏遠者以要重賂，而重耳、夷吾可使無入也。及里克不可，而丕鄭亦許諾，于是仍從里克之始謀，殺奚齊、卓子而請君于秦矣。韋氏不知丕鄭之意，故誤解二國士爲里克、荀息，而説「立其薄者」二句亦不了也。

吾誰使先若夫二公子而立之。

解曰：「當先立誰。」又曰：「若，之也，使之二公子擇所立也。」

樾謹按：韋氏讀「吾誰使先」四字爲句，非也。此當以十二字共爲一句。若者，擇也。《説文·艸部》：「若，擇菜也。從艸右。右，手也。」是若字本有擇義。秦穆之意，欲擇立二公子，而未知誰可使者，故曰「吾誰使先若夫二公子而立之」。下文「大夫子明曰：『君使縶也』」，正與問意相對。若從韋注，則穆公但謀所立，不謀所使，何爲以使縶對乎？

魄，意之術也。

解曰：「術，道也。」

樾謹按：「術」當讀爲「述」。下文「述意以導之」即承此文而言，可知「術」爲「述」之叚字矣。魄所以傳述

其意，故曰「意之述也」。韋訓爲道，失之。

若無天乎，云若有天吾必勝之。

解曰：「云，言也。晉所行，若言無有天也。」

樾謹按：韋讀「若無天乎云」五字爲句，文不成義。王氏念孫曰：「『云』字當在『若』字下，而以「若無天乎」

爲句，『若云有天』爲句。《魏志·公孫淵傳》：『若無天乎，臣一郡吉凶尚未可知；若云有天，亦何懼焉。』

『若無天乎』、『若云有天』皆用《晉語》文。蓋所見本『云』字在『若』字下也。」説詳《經義述聞》。今按：王

説是矣，而未盡也。古本蓋止作「若無天」、「若云天，吾必勝之」。云即有也。《廣雅·釋詁》曰：「云，

有也。」文二年《公羊傳》曰：「大旱之日短而云災，故以災書。此不雨之日長而無災，故以異書也。」云災、

無災相對成文，云災即有災也。説亦見《經義述聞》。此《傳》以若無天、若云天相對成文，正與彼同。其

作「若云有天」者，因「云」或作「有」，而傳寫誤合之也。今本作「云若有天」，則又傳寫誤到之也。古本亡

而古義遂不可見矣。

臣怨君。始入而報德不降，降而聽諫不戰，戰而用良不敗。

解曰：「不自降下而背秦也。」又曰：「慶鄭諫公，使與秦羅。若公降心聽之，可以不戰。」

樾謹按：此文當以「臣怨君」三字斷句，「始入而報德不降」三句文法相承，皆慶鄭所怨者也。韋解「降」字

非是，「降」當讀爲「鬨」。古降、共聲同。《尚書・禹貢》篇「北過降水」。《水經注》引鄭注曰：「河內共

山，淇水、共水出焉，東至魏郡黎陽入河，近所謂降水也。」「降」讀當如「郕降於齊師」之「降」。蓋周時國於

地者惡言降，故云共耳。此古人降、共同聲之證。鬨字從共得聲，故叚「降」爲之。《呂氏春秋・察微》

篇「吳、楚以此大隆」，「隆」乃「鬨」之叚字，大隆即大鬨也。隆字從降得聲，然則降之爲鬨，猶隆之爲鬨矣。

《孟子・梁惠王》篇「鄒與魯鬨」，《音義》引劉熙注曰：「鬨，構也，構兵以鬭也。」鬨、構雙聲，蓋以聲相訓。

此文言鬨，又言戰，則鬨止謂彼此搆釁也。慶鄭之意，蓋言始入而報德，則不至于鬨；鬨而能聽諫，則不

至于戰；戰而能用良，則不至于敗也。韋不明叚借之旨，故失其解耳。

不可以封國。

解曰：「不可以守封國也。」

樾謹按：「國」字衍文也。不可以封卽不可以國。《楚語》曰「其生不殖，不可以封」，韋彼注曰「封，國也」，

得其義矣。此作「不可以封國」者，蓋一本作「封」，一本作「國」，而傳寫誤合之也。古書往往有此。韋據

誤本作注，失之矣。下文「文公在翟」章亦曰「恥門不閉，不可以封」，可證此「國」字之爲衍文。《楚語》「叔

段以京患莊公，❶鄭幾不封」，猶言幾不國也。又曰「民多闕則有離畔之心，將何以封矣」，猶言將何以國

❶ 「莊」，原作「嚴」，今據《國語集解》改。

也。竝可爲證。

吾觀晉公子，賢人也。其從者皆國相也，以相一人，必得晉國。

樾謹按：僖二十三年《左傳》曰：「吾觀晉公子之從者，皆足以相國，若以相，夫子必反其國。」疑此文「一人」二字乃「夫」字之誤。「以相」絕句，即《左傳》所謂「若以相」也。「夫必得晉國」絕句，即《左傳》所謂「夫子必反其國」也。夫者，指目其人之辭。桓十三年《左傳》「夫固謂君」、「夫豈不知」，服虔云：「夫，謂鬬伯比也。」二十六年《傳》「夫不惡女乎」，服、杜竝云：「夫，謂大子也。」其年又曰「夫獨無族姻乎」，杜云：「夫，謂晉也。」三十一年《傳》「夫亦愈知治矣」，杜云：「夫，謂尹何。」竝見襄二十三年《左傳》正義。《漢書‧賈誼傳》注曰「夫，夫人也，亦猶彼人耳」，是其義也。古書多有一字誤爲二字者。《禮記‧祭義》篇「見間以俠甒」，鄭注曰：「見間，當爲覵。」《史記‧蔡澤傳》「吾持粱刺齒肥」，《索隱》曰「刺齒肥，當爲齧肥」，皆其例矣。

楚成王以周禮享之。

樾謹按：「周」字當作「君」，古文相似而誤也。「以君禮享之」謂以國君之禮享之。其下所云九獻，庭實旅百，皆君禮也，故子犯曰「亡人而國薦之，非敵而君設」，君設謂設君禮也。下文秦穆饗公子如饗國君之禮，正與此同。

唯青陽與倉林氏同於黃帝，故皆爲姬姓。

樾謹按：上文曰：「黃帝之子二十五人，其同姓者二人而已，唯青陽與夷鼓皆爲己姓。」黃帝之子不應有兩

青陽，疑此文當云「唯倉林氏同於黃帝，故皆爲姬姓」。蓋黃帝姬姓，倉林亦姬姓，故云「皆」焉。上云「其

得姓者十四人，爲十二姓」，「四」字乃「三」字之誤，司馬貞《史記索隱》引此文謂「舊解破四爲三」是也。因

其下增出青陽，於是十二姓中己姓者二，姬姓者二，而十三人誤爲十四人矣。不知上文明云其同姓者二

人而已，若己姓者二，姬姓者二，則當云同姓者四人，於事方合，安得云二人乎？

保其土房。

解曰：「房，居也。」

樾謹按：「房」當讀爲「方」。《詩・大田》篇「既方既皁」，鄭箋曰「方，房也」，是方與房義通。「保其土房」

卽保其土方也。《書序》「禹敷下土方」，《釋文》云：「『下土』絕句。一讀至『方』字絕句。」又《詩・長發》篇

「禹敷下土方，外大國是疆」，朱文公《集傳》亦以「方」字絕句。《楚辭・天問》篇：「禹降省下土方。」蓋「土

方」二字連文，乃古語也。此作「土房」者，「房」卽「方」之叚字耳。

又爲惠公從予於渭濱。

解曰：「重耳在翟，從翟君獵於渭濱。勃鞮爲惠公就殺之。」

樾謹按：韋氏訓從爲就，則必增出「殺」字，於文方明，殆非也。「從」當讀爲「蹤」，蹤猶迹也。《漢書・季

布傳》「迹且至臣家」，師古注曰：「迹，謂尋其蹤迹也。」「蹤予於渭濱」猶迹予於渭濱，正尋其蹤迹之意。

古「蹤」字止作「從迹」。《詩・羔羊》篇毛傳曰「行可從迹也」，是其證。

若干二命以求殺予。

解曰：「干，犯也。二命，獻、惠之命。」

樾謹按：勃鞮奉獻、惠之命而殺文公，何干犯之有？「二命」當作「上命」，專指渭濱一事而言。蓋惠公命

三日至，而勃鞮一宿卽至，是所謂干上命以求殺予也。《左傳》曰：「雖有君命，何其速也。」此云「上命」，

卽彼云「君命」矣。《說文・上部》「帝」篆下說解曰：「古文諸上字皆從一，篆文皆從二。二，古文上。」然

則此「上命」作「二命」者，「二」乃古文「上」字也。讀者不識，而妄爲「二」之「二」，於是其義不可通。

陽有夏、商之嗣典，有周室之師旅。

解曰：「典，法也。旅，衆也。言有夏、商之後嗣及其遺法，與周室之師衆。」

樾謹按：嗣典與師旅對文，若以嗣爲後嗣，典爲遺法，則分爲二義，與師旅不對矣。且因文公將殘其民，

故倉葛爲此言，則言有夏、商之後嗣可也，何必言有夏、商之遺法乎？韋說非也。「嗣」當讀爲「司」，古字

通用。《書・高宗肜日》篇「王司敬民」，《史記・殷本紀》作「王嗣敬民」，是其證也。《詩・鄭風・羔裘》篇

「邦之司直」，《禮記・文王世子》篇「樂正司業」，毛傳、鄭注竝曰：「司，主也。」《周禮・天官・典婦功》鄭

注曰：「典，主也。」是司與典同義，故《禮記・曲禮》篇曰「典司六典」、「典司五衆」、「典司六職」，莊十四年

《左傳》曰「典司宗祐」，竝以「典司」連文。司典卽典司，語有到倒耳。「有夏、商之司典」，猶云有夏、商之

典司。古者官有世職，雖易代而不廢，故夏、商之典司至周猶存也。《周官・宰夫》掌百官府之徵令，辨其

八職，二曰師，掌官成以治凡；三曰司，掌官灋以治目；四曰旅，掌官常以治數，此文「有夏、商之司典」卽

所謂司也，「有周室之師旅」卽所謂師也、旅也。韋氏所說，胥失之矣。

今陽子之貌濟，其言匵，非其實也。

解曰：「濟，成也。言不副貌爲匵，匵，乏也。」

樾謹按：此「濟」字以貌言，不當訓成。「濟」當讀爲「齊」。《詩·采蘋》篇「有齊季女」，傳曰：「齊，敬也。」《思齊》篇「思齊太任」，傳曰：「齊，莊也。」是齊有莊敬之義。《廣雅·釋訓》曰：「濟濟，敬也。」蓋濟與齊義通。「陽子之貌濟，其言匵」，謂陽子之貌雖若莊敬，而其言則匵也。「匵，辨察也」，義亦未合。《説文》無「匵」字。《心部》：「慧，儇也。」匵字蓋與慧同，謂陽子之情儇利，而故爲莊敬之貌以揜蓋之也。至匵之訓乏，固爲恒訓，然言不副貌何以謂之乏，韋説亦未了。蓋匵乏即有空虛之義，實者誠也，則虛者不誠也，故言而不實謂之匵，盟而不實亦謂之匵。成二年《左傳》「卿不書匵盟也」是也。因而其字又變作「讀」。《廣雅·釋訓》曰「讀，欺也」，「讀」即「其言匵」之「匵」矣。

襲侵之事，陵也。

注曰：「陵，以大陵小也。」

樾謹按：襲侵之事非必皆以大陵小，韋説非也。《説文·夊部》：「夌，越也。」陵與夌通。《禮記·樂記》篇「迭相陵謂之慢」，正義曰：「陵，越也。」「襲侵之事陵也」，謂乘其不備，超越而至也。然則陵有超越之義。《漢書·天文志》「陵歷鬬食」，師古注曰「突掩爲陵」，是其義矣。

獻子曰：「戒之，此謂成人。成人在始。與善。」

樾謹按：「與善」二字衍文也。「成人在始」包下「始與善、始與不善」兩意而言。《文選》張茂先《勵志詩》

曰「川廣自源，成人在始」，正用《國語》文可證。

吾聞君人者，刑其民成而後振武於外，是以內龢而外威。

樾謹按：「刑其民」當作「刑其內」，刑其內而振武於外，所以內龢外威也。下文曰：「內猶有不刑，而況外乎？」正承此文「刑其內」而言，可知「民」字之誤。韋解曰「以刑正其民」，則所據本已誤。按下文曰「今吾

司寇之刀鋸日獘，而斧鉞不行」，注曰：「刀鋸，小人之刑也。獘，敗也。日敗，用之數也。斧鉞，大刑也。不行，不行於大臣。」然則文子之意欲以刑正其臣，非欲以刑正其民，豈反以刑其民為勸乎？

夫戰刑也，刑之過也。

樾謹按：之猶其也。《呂氏春秋·音初》篇「之子是必大吉」，高誘訓「之」為「其」。成十五年《公羊傳》「為人後者為之子也」，是之與其同義。故《孟子·公孫丑》篇「天下之民皆悅而願為之氓矣」，《周官·載師》注引作「皆悅而願為其氓」矣。此云「刑之過也」，猶云刑其過也。韋云刑殺有過者，正得其義，但未解「之」字耳。王氏《經義述聞》謂下句「過由大而怨由細」，「過」字乃衍文，當以「刑之過也由大」為句，與文義不合，不可從也。

今吾刑外乎大人，而忍於小民。

樾謹按：「外」當作「惠」，聲之誤也。上文曰：「過由大而怨由細，故以惠誅怨，以忍去過。」韋訓「誅」為「除」，蓋謂欲除小民之怨當用惠，欲去大人之過當用忍，是惠與忍正相對。此文云「今吾刑惠乎大人而忍於小民」，則用惠與用忍皆失其所矣，此所以刀鋸日獘而斧鉞不行也。若作「刑外乎大人」，非特文義迂

迴，且與上文不合矣。

鄢陵之役，荊壓晉軍，軍吏患之，將謀。范匄自公族趨過之，曰：「夷竈堙井，非退而何？」

解曰：「夷，平也。堙，塞也。使晉軍平塞井竈，示必死，不復飲食。非退而何，言楚必退。」

樾謹按：韋氏所説非范匄之意也。夷竈堙井，乃因楚壓晉軍而陳，地勢迫狹，故平塞井竈以爲戰道，《左傳》所謂「將塞井夷竈而爲行也」，非示死不復飲食也。其解「非退而何」更爲不了。夫晉人平塞井竈，楚人何以必退？即謂畏其致死，不敢與戰，亦當云「楚師必退」文義方明，安得云「非退而何」也？然則「非退而何」當作何解？曰：楚壓晉而陳，地勢迫狹，無以爲戰道，軍吏患之。將謀者，蓋將謀退也，非畏楚而欲逃，乃欲少退，使有戰地耳。然軍勢一動，不可復止，必有潰敗之憂，故范匄爲夷竈堙井之策，如此則不必退而自有戰地，乃不退之退也，故曰「非退而何」。《傳》文不敍軍吏之謀，而但載范匄之策，於是讀者不得其解矣。所宜以意逆志而善會之也。

夫利君之富富以聚黨，利黨以危君。

解曰：「利君寵禄以爲富，得富故有徒黨。」

樾謹按：下「富」字衍文也，當作「利君之富以聚黨，利黨以危君」。利者，「賴」之叚字，利、賴聲近而義通。《周語》「先王豈有賴焉」，解曰：「賴，利也。」然則利亦猶賴也。《廣雅·釋詁》：「賴，恃也。」恃君之富以聚徒黨，又恃徒黨以危君，不義甚矣，故曰「君之殺我也後矣」。衍一「富」字，文義反隔。然觀韋注，是其所據本已衍也。

夫以果戎順行，民不犯也。

解曰：「戎，帥也。」以果敢帥順道而行之，故民不犯也。

樾謹按：韋解「戎」字未合。《爾雅・釋詁》曰：「戎，止也。」止與行正相對。「以果戎順行」謂以果戎，以順行也，非謂以果帥順而行也。止所當止，其止也果矣，是謂果戎。行所當行，其行也順矣，是謂順行。上文曰「其身果而辭順，順無不行，果無不徹，犯順不祥，伐果不克」，竝以果、順二字平列，此亦當同之。韋説非也。

年過七十者，公親見之，稱曰王父、王父，不敢不承。

解曰：「稱曰王父，尊而親之，所以盡其心也。故王父不敢不承命。」

樾謹按：韋讀「稱曰王父」四字爲句，非也，當連下「王父」讀之。「稱曰王父王父」者，蓋所見不一人，故不一稱也。猶《孟子・盡心》篇曰「古之人，古之人」，亦不一稱之辭也。「不敢不承」乃公自謙之辭，謂不敢不承教耳。注以爲王父不敢不承命，失之矣。

曰君乏使，使臣狃中軍之司馬。

解曰：「狃，正也。」

樾謹按：狃之訓正，未聞其義。「狃」當讀爲「粗」。《廣雅・釋詁》曰：「粗，廁也。」猶曰使臣廁中軍之司馬也。《文選・秋興賦》曰「攝官承乏，猥廁朝列」，注引《蒼頡篇》曰「廁，次也」，是其義也。《左傳》作「使臣斯司馬」，疑「斯」即「廁」字之誤。古「斯」或作「廝」，「廁」誤爲「廝」，因改爲「斯」矣，説詳《左傳》。

非上不舉。

注曰：「舉，動也，放上而動。」

樾謹按：放上而動而但曰「非上不舉」，甚爲不辭。《周語》「賓之禮事放上而動」，豈可曰「賓之禮事非上不舉」乎？「上」疑「止」字之誤。《詩·小旻》篇「國雖靡止」，鄭箋曰：「止，禮也。」《荀子·不苟篇》「見由則恭而止」，《大略篇》「盈其欲而不愆其止」，楊注竝曰：「止，禮也。」非止不舉即「非禮不舉」，與上句「非義不變」一律。今誤爲「上」，則義不可通矣。

其仁可以利公室不忘。

解曰：「不忘利公室也。」

樾謹按：如韋義，則當云「其仁不忘利公室」，於文方明，乃曰「可以利公室不忘」，不可通矣。「忘」當讀爲「亡」。《漢書·武五子傳》「臣聞子胥盡忠而忘其號」，師古注曰「忘，亡也」，是忘與亡義通。《莊子·刻意》篇：「無不忘也，無不有也。」忘與有對文，忘即亡也。《周語》曰「故能光有天下而龥甯百姓，令聞不忘」，又曰「萬年也者，令聞不忘之謂也」，令聞不忘即令聞不亡，猶《漢書·賈山傳》曰「功德立於後世，而令聞不亡也」。是可證忘爲亡之叚字矣。《大玄·交》次四曰：「往來熏熏，得亡之門」，范望注曰：「亡，猶絕也。」然則「利公室不亡」言利公室不絕也，「令聞不亡」言令聞不絕也。《詩·有女同車》篇「德音不忘」，《蓼蕭》篇「壽考不忘」，凡言「不忘」者其義竝同。若以本字讀之，則胥失之矣。

公室之不回。

解曰：「回，邪也。」

樾謹按：「不」字衍文也。「公室之回」與下句「内事之邪，大夫之貪」文義一律。今涉上句「公族之不恭」而誤衍「不」字，則義不可通矣。明道本作「公室之有回」，雖勝今本，然恐亦後人所改也。

輯訓典。

解曰：「輯，和也。」

樾謹按：輯之義固爲和，然訓典不可言和，韋注非也。輯與集古字通。襄十九年《左傳》「其天下輯睦」，《釋文》曰：「輯，本作集。」《詩・板》篇「辭之輯矣」《新序・雜事》篇引作「辭之集矣」。師古注《漢書》，每曰輯與集同。「輯訓典」謂集合先代之訓辭及其典禮也。《周語》言隨武子講聚三代之典禮，修執秩以爲晉法，即其事矣。

夫楚令尹有欲於楚，少懦於諸侯。

解曰：「欲，欲得楚國也。懦，弱也，以諸侯爲弱。」

樾謹按：韋注未得《傳》意。此言令尹之志專在于楚，而於諸侯之事少偷懦也。襄二十五年《左傳》齊崔杼帥師伐我北鄙，公患之，孟公綽曰：「崔子將有大志，不在病我，必速歸，何患焉？其來也不寇，使民不嚴，異於他日。」正與此文大旨相同。有欲於楚，少懦於諸侯，即所謂將有大志，不在病我也。下文曰：「諸侯之故，求治之，不求致也。」解曰：「故，事也。必欲治之，非但求致之而已。」此亦未得《傳》意。致之言至也，極也，言求治之而已不深求也，故又曰：「其爲人也，剛而尚寵，若及，必弗避也。子盍逃之？」蓋

群經平議

不逃則彼及治之，故弗可避；逃則彼不及治之，即可免矣。此正求治不求致之之明驗也。

昔先主文子少舋於難。

解曰：「舋，猶離也。」

樾謹按：舋之訓離，未聞其義。「舋」當讀爲「興」。《禮記·文王世子》篇「既興器用幣」，鄭注曰：「興，當爲舋字之誤也。」其實興與舋亦聲近而通用。襄二十六年《左傳》「舋於勇」，杜注曰：「舋，動也。」訓舋爲動，即讀舋爲興矣。「舋於難」謂興起於患難之中也。

以其五賢陵人，而以不仁行之，其誰能待之。

解曰：「待，猶假也。」

樾謹按：待猶忍也。《周語》「有是寵也，而益之以三怨，其誰能忍之」，與此文詞異義同。蓋留待則有忍耐之意，故待猶忍也。上文「長魚矯既殺三郤」章曰：「臣脆弱弗能忍俟也。」俟與忍同義，則待與忍亦同義矣。

沈竈産鼀，民無畔意。

解曰：「沈竈，縣釜而炊也。産鼀，鼀生於竈也。」

樾謹按：縣釜而炊謂之沈竈，於義未安。「沈」當讀爲「煁」。沈從冘聲，煁從甚聲，兩聲相近。《詩·蕩》篇「其命匪諶」，《說文·心部》引作「天命匪忱」。《常棣》篇「和樂且湛」，《禮記·中庸》篇引作「和樂且耽」，竝其證也。「煁」之通作「沈」，猶「諶」之通作「忱」、「湛」之通作「耽」矣。《詩·白華》篇「卬烘于煁」，

毛傳曰：「煁，烓竈也。」《爾雅・釋言》：「煁，烓也。」郭注曰：「今之三隅竈。」沈竈生電，謂城中煁竈皆生蝦蟆也。因叚「沈」爲之，讀者遂失其義矣。鄭禪諶字竈，「諶」卽「煁」之叚字。《漢書・古今人表》作「禪湛」，「湛」亦「煁」之叚字。《漢書》每以「湛」爲「沈」字，師古注輒曰「湛讀曰沈」。李善注《文選》鄒陽《上吳王書》曰：「湛，今沈字也。」又注《答賓戲》曰：「湛，古沈字也。」是沈、湛古同字，以沈爲煁，猶以湛爲煁矣。

收經入。《鄭語》

解曰：「經，常也。」

樾謹按：此文云「合十數以訓百體，出千品，具萬方，計億事，材兆物，收經入，行姟極」，自十至姟皆數名也。韋訓經爲常，失之矣。《御覽》卷七百五十引《風俗通》曰「十十謂之百，十百謂之千，十千謂之萬，十萬謂之億，十億謂之兆，十兆謂之經，十經謂之姟」，正與《國語》文合。又《楚語》曰「百姓、千品、萬官、億醜、兆民、經入、姟數以奉之」，義亦同此。

故王者居九畡之田收經入以食兆民。

解曰：「九畡，九州之極數也。」《楚語》曰：『天子之田九畡，以食兆民，王取經入焉，以食萬官。』」

樾謹按：此文有闕誤，當云「故王者居九畡之田，以食兆民，收經入，以食萬官」，故韋氏引《楚語》以解之。若如今本，則與《楚語》不合，韋不當無説矣。且民之數曰兆，而田之數曰畡，正一夫百畝之制；田之數曰畡，而王所取之數曰經，正什而取一之制，可知此文之誤矣。

味一無果。

解曰：「果，美也。」

樾謹按：果之訓美，未聞其義。「果」當訓爲「成」。《論語・子路》篇「行必果」，皇侃義疏引繆協曰：「果，成也。」又《文選》謝宣遠《於安城答靈運詩》注引許慎《淮南子注》曰：「果，成也。」五味合然後可食，若止此一味，則不成味矣，故曰「味一無果」。

物一不講。

解曰：「講，論校也。」

樾謹按：物一不講，甚爲無義。「講」當讀爲「構」，講與構並從冓聲，古音相同，故得通用。僖十五年《左傳》注「則講虛而不經」，《釋文》曰「講，本又作構」，是其證也。《詩・四月》篇「我日構禍」，鄭箋曰：「構，猶合集也。」又《青蠅》篇「構我二人」，箋曰：「構，合也。」是構有合集之義。「物一不構」謂物一則不合集也。

明招利以道之文。❶ 《楚語》

解曰：「昭，明也。」

樾謹按：昭訓爲明，則明昭利爲明明利矣，殆非也。「昭」當讀爲「招」。《左傳》「楚康王昭」，《史記・楚世家》作「招」，又《管蔡世家》「陳司徒招」，《索隱》曰「或作昭」，是昭、招古通用也。「明招利以道之文」與下

❶ 「招」，《國語・楚語》作「昭」。

句「明除害以道之武」正相對成義。《廣雅・釋詁》曰：「除，去也。」《釋言》曰：「招，來也。」招利謂招而來

之，除害謂除而去之。若以本字讀之，失其旨矣。

舉國留之。

解曰：「留治之。」

樾謹按：「留」當讀爲「摺」。《詩・斯干》篇「椓之橐橐」，鄭箋曰：「椓，謂摺土也。」正義曰：「摺者，以手平

物之名。」靈王爲章華之臺，國人皆爲之摺土，故曰「舉國摺之」。作「留」者，省偏旁耳。

是知天咫，安知民則。

解曰：「咫，言少也。言少知天道耳，何知治民之法。」

樾謹按：咫與則竝語辭，王氏引之《經傳釋詞》曰「咫與只同」是也。然王氏知咫爲語辭，而不知則爲語

辭，故其說猶未盡。今按：則亦與只同。「是知天咫，安知民只」，猶言是知天只，安知民只。《楚辭・大

招》篇每句末皆用「只」字，蓋楚語然也。咫與只古通用。《賈子・連語》篇「牆薄咫壞，繒薄咫裂，器

薄咫毀，酒薄咫酸」，《新序・雜事》篇「咫」竝作「則」，是其證也。咫可讀爲只，故則亦可讀爲只矣。

其下曰「民天之生也，知天必知民矣」，但言「知民」，不言「知民則」，可見則爲語辭矣。下文「昭王問於觀

射父」章「神狎民則」、「則」亦與只同，「神狎民只」謂神與民狎也。注曰「則，法也」，亦失之。

史不失書，矇不失誦，以訓御之。

解曰：「御，進也。」

樾謹按：如韋解，則訓與御異義矣。「御」當讀爲「語」，語從吾聲，與御聲相近。《説文・金部》「鋙」或作「鋙」，是其例也。《釋名・釋言語》曰：「御，語也。尊者將有所欲，先語之也。」是御與語聲近義通。「訓御」即訓語。「史不失書，矇不失誦，以訓語之」，猶上文曰「必誦志而納之以訓道我也」。《春秋》桓十四年經文「鄭伯使其弟語來盟」，《穀梁》作「禦」。「語」之通作「御」，猶「語」之通作「禦」矣。

接誠拔取以獻具。

解曰：「接誠於神也。拔毛取血，獻其備物也。」

樾謹按：「接誠」上有闕文。「接誠」與「獻具」相對，疑當作「□□以接誠」。注曰「接誠於神也」與「獻其備物也」相對，句上亦有闕文，其闕幾字不可知矣。

道其順辭。

樾謹按：順與訓古字通，「道其順辭」即道其訓辭。下文「王孫圉聘於晉」章曰「若諸侯之好幣具而道之以訓辭」，正與此同義。

扮其讒慝。

解曰：「扮，覆也。」

樾謹按：扮之訓覆，其義未聞。「扮」當讀爲「扴」。《説文・手部》：「扴，刮也。」字又作「硈」。《周易・豫》六二《釋文》引鄭注：「硈，謂磨硈也。」「扴其讒慝」正取磨刮之義，作「扮」者叚字耳。

夫民心之慍也，若防大川焉，潰而所犯必大矣。

解曰：「慍，怒也。」

樾謹按：「慍」當讀爲「蘊」。「民心之蘊」承上文「蓄怨滋厚」而言。昭二十五年《左傳》曰：「衆怒不可蓄

也，蓄而弗治將蘊。」杜注曰：「蘊，積也。」與此文語意相近。下云「若防大川，潰而所犯必多」，惟其蘊積

於心，故以防川爲喻也。慍、蘊同聲，古字通用。《禮記·檀弓》篇《釋文》引庾皇曰：❶「慍，積也。」慍之訓

積，卽讀爲蘊矣。

吾聞君子唯獨居思念前世之崇替。

解曰：「崇，終也。替，廢也。」

樾謹按：韋解「崇」字未得其旨。《文選·東京賦》「進明德而崇業」，薛綜注曰：「崇，猶興也。」然則崇替猶

言興廢耳。

龜足以憲臧否則寶之。

解曰：「憲，法也。取善惡之法。」

樾謹按：龜所以示人吉凶，不當言取法，注義非也。「憲」當讀爲「顯」。《詩·假樂》篇「顯顯令德」，《禮

記·中庸》篇作「憲憲令德」，是顯、憲古通用。《爾雅·釋詁》：「顯，見也。」《廣雅·釋詁》：「顯，明也。」龜

足以明見善惡，故曰「顯臧否」。

❶ 「庾」，原作「庚」，今據《經典釋文》改。

夫盈而不偪，憾而不貳者，臣能自壽也。

解曰：「壽，保也。」

檥謹按：「壽」當讀爲「壔」。《説文・土部》：「壔，保也。」經傳卽以「保」爲之。《禮記・檀弓》篇「遇負杖入

保者」，《月令》篇「四鄙入保」皆是也。然則以壔爲保，猶以保爲壔矣。《國語》原文本作「臣能自壔也」，隸

變作「壔」，又省作「壽」。古字亡而古義亦晦矣。

思舊怨以脩其心。

解曰：「脩其報讎之心。」

檥謹按：脩者，勉也。《淮南子・脩務》篇高注訓脩爲勉是也。「思舊怨以脩其心」，言思舊怨以勉勵其心

也。《魯語》『吾冀而朝夕脩我』，《楚語》『必交脩余』，竝與此「脩」字同義。

昔者越國見禍，得罪於天王。《吳語》

解曰：「言天王，尊之以名。」

檥謹按：天王猶大王也。《廣雅・釋詁》：「天，大也。」《尚書・多士》篇曰「肆予敢求爾于天邑商」，《孟

子・滕文公下》篇云「惟臣附于大邑周」，天邑與大邑文異而義同。此《傳》越人稱吳爲天王，至戰國時無

不稱大王者，天王與大王亦文異而義同。然則《春秋》書「天王」，其義亦如此而已。

天王親趨玉趾，以心孤句踐而又宥赦之。

解曰：「孤，棄也。」

樾謹按：心棄句踐與下句不屬，卽連上文讀之，義亦未安，韋解非也。孤之言顧也。《釋名・釋親屬》曰：

「孤，顧也。」是孤有顧義。《詩・那》篇「顧予烝嘗」鄭箋曰：「顧，念也。」「以心孤句踐而又宥赦之」，言天

王親趨玉趾，本將治越之罪，因顧念句踐，而又宥赦之也。

使寇令焉。

解曰：「若禦寇之號令。」

樾謹按：韋未解「使」字，則此句文義未明。《爾雅・釋詁》曰：「使，從也。」《廣雅・釋詁》曰：「從，使也。」

是從與使義通。「使寇令焉」卽從寇令焉，謂從禦寇之令也。《史記・龜策傳》「大將不彊，卒不使令」，使

令卽從令，正可證明此文之義。

吾將許越成，而無拂吾慮。

解曰：「拂，絶也。」

樾謹按：《說文・口部》：「咈，違也。」字通作「拂」。《周易・頤》六二「顚頤拂經于丘頤」，《釋文》曰：「拂，

違也。」《詩・皇矣》篇「四方以無拂」，《禮記・大學》篇「是謂拂人之性」，其義竝同。「而無拂吾慮」者，

「而」卽「爾」字，蓋吳王欲許越成，而懼大夫之不從，故先戒之曰爾無拂吾之計慮也。韋解失之。

遵汶之上，不敢左右，唯好之故。

解曰：「不敢左右暴掠齊民，唯有恩好之故也。」

樾謹按：韋解似未得「左右」二字之義。此「左右」二字卽承上句「遵」字而言，謂遵循汶水而行，不敢左右

迆裹，以犯獵齊地也。

挾經秉枹。

解曰：「在掖曰挾。　經，兵書也。」

檥謹按：世無臨陣而讀兵書者，「經」當讀爲「莖」，謂劍莖也。《考工記·桃氏》曰「以其臘廣爲之莖圍」。

注曰：「鄭司農云：莖，謂劍夾，人所握鐔以上也。玄謂：莖在夾中者，莖長五寸。」此云挾莖，正謂此矣，

作「經」者叚借字耳。韋不達叚借之旨，望文生訓，失之。

伯父多歷年以沒元身。

解曰：「元，善也。」

檥謹按：以沒元身，甚爲無義。「元」疑「亓」字之誤。亓，古文其字，蓋言伯父多歷年以沒其身也。《集

韵》曰：「亓，古作亓。」亓與元相似，因而致誤。

若事幸而從我，我遂踐其地。

解曰：「言從我而戰。」

檥謹按：上文曰：「吳王將恥不戰，必不至之會也，而以中國之師與我戰。」然則吳從我戰乃意中之事，

何以云若事幸而從我乎？吳從我戰，我又安能遂踐其地乎？韋注非也。今按：上「我」字乃衍文，《國

語》原文本云：「若事幸而從，句。我遂踐其地。」《廣雅·釋詁》曰：「從，就也。」「事幸而從」者，事幸而就

也。《晉語》曰「今日之事幸而集」，韋注曰：「集，成也。」幸而從與幸而集義同。此言吳王不待遠兵之至，

而以國中之兵與我戰，我若幸而戰勝，則我可遂踐其地也。因涉下句而衍「我」字，韋以「從我而戰」釋之，失其旨矣。

夫吳，良國也。

解曰：「良，善也。」

樾謹按：良國者，大國也。凡有善義者，即有大義。《詩·桑柔》篇鄭箋曰：「善，猶大也。」故《爾雅·釋詁》介訓大，亦訓善；《廣雅·釋詁》佳訓善，亦訓大。然則良之本義爲善，其引申義爲大矣。《禮記·文王世子》篇「一有元良」，鄭注曰：「元，大也。良，善也。」不知元爲大亦爲善，良爲善亦爲大，其義互通。

王曰：「無，是貳言也。」《越語》

解曰：「貳，二也。二言，陰謀淫佚也。」

樾謹按：韋讀「無是貳言也」五字爲句，猶言無此二語也，殊非古人語意。此當以「無」字爲句，「王曰無」乃不然之辭。襄九年《左傳》「姜曰亡」，杜注曰「亡，猶無也」，與此正同。「是貳言也」謂是乃疑貳之言也。王欲伐吳，而范蠡力言不可，故以爲疑貳之言。其下曰「吾已斷之矣」，正明已之不疑也。

卑辭尊禮。

解曰：「言當卑約其辭，尊重其禮。」

樾謹按：此「尊」字與下文「尊之以名」之「尊」兩字異義。下「尊」字讀如本字，此「尊」字當讀如《曲禮》「恭敬撙節」之「撙」。《後漢書·光武十王傳贊》「沛獻尊節」，章懷注曰：「尊，音祖本反。」《禮記》曰：「恭敬尊

節。」此「尊」讀如「撙」之明證也。《説文》無「撙」字,《刀部》「劗,減也」,疑卽其本字。古多以「尊」爲之,

又或以「繜」與「僔」爲之。《荀子·不苟篇》「不能則恭敬繜絀以畏事人」,楊注曰:「繜與撙同,絀與黜同,

謂自撙節貶損。」又《仲尼篇》「恭敬而僔」注曰:「僔與撙同,卑退也。」「卑辭尊禮」謂卑約其辭,撙節其禮

也。卑與撙同義,而非對文。辭也,禮也,皆在己者,故曰卑、曰撙,名則在人者,故曰尊。不達叚借之旨

而混同之,失其解矣。

雜受其刑。

解曰:「雜,猶俱也。」

樾謹按:雜訓爲俱,於義迂曲。雜者,帀也。《呂氏春秋·圜道》篇「圜周復雜」,高注曰:「雜,猶帀也。」

《淮南子·詮言》篇「以數雜之壽憂天下之亂」,高注曰:「雜,帀也。」《説苑·脩文》篇「如矩之三雜,規之

三雜,周則又始,窮則反本也」,亦以雜爲帀。《説文·帀部》:「帀,周也。」周帀則有反復之義。《大玄》有

周首以象復卦,范望注曰:「周,復也。」然則帀亦復也。「帀受其刑」者,復受其刑也,猶上文言「反受其

殃」也。

天有還形。

解曰:「還,反也。形,體也。」

樾謹按:「形」當讀爲「刑」,言天必反而刑之也。上文曰「得時不成,反受其殃」,此文曰「得時弗成,天有

還刑」,其義正同。還猶反也,刑猶殃也。作「形」者叚字耳。古形、刑通用,不可勝舉。

皇天后土四鄉地主正之。

解曰：「天神地祇四方神主當征討之，正其封疆也。」

樾謹按：封疆非鬼神所能正，韋注非是。正猶聽也。《周官·夏官·序官》曰「家司馬各使其臣以正於公司馬」，鄭注曰：「正，猶聽也。」「皇天后土四鄉地主正之」，猶言鬼神與聞此誓也。

群經平議卷三十

德清俞樾

論語 一

有朋自遠方來。《學而》

何晏《集解》引包曰：「同門曰朋。」

樾謹按：《釋文》曰：「有，或作友。」阮氏《校勘記》據《白虎通·辟雍》篇引此文作「朋友自遠方來」。洪氏頤煊《讀書叢錄》又引《文選》陸機《輓歌》「友朋自遠來」證舊本是「友」字。今按：《說文·方部》：「方，併船也，象兩舟省，總頭形。」故方即有並義。《淮南·氾論》篇曰「乃爲窬木方版」，高誘注曰：「方，並也。」《尚書·微子》篇曰「小民方興」，《史記·宋世家》作「並興」，是方、並同義。「友朋自遠方來」猶云友朋自遠並來。曰友、曰朋，明非一人，故曰並來。然則「有」之當作「友」，尋繹本文即可見矣。今學者誤以「遠方」二字連文，非是。凡經言「方來」者，如《周易》「不寧方來」，《尚書》「作兄弟方來」，義皆同此，其說各具本經。

孝弟也者，其爲仁之本與？

樾謹按：「爲」字乃語詞。阮氏《校勘記》曰：「足利本無『爲』字。」蓋語詞無實義，故省之也。「其爲仁之本

與」猶云其仁之本與。《子路》篇曰「如有王者，必世而後仁」，此所謂仁正與彼同。此章之旨，即孟子所謂

人人親其親，長其長，而天下平者。其爲人也孝弟，則自不至於犯上而作亂，故以爲仁之本。《禮記・經

解》篇曰「上下相親謂之仁」，即此「仁」字之義也。《緇衣》篇曰：「禹立三年，百姓以仁遂焉。」所謂仁者，

無他，人人親其親，長其長而已。有子之言本自平實。後人恥事功而虛談心性，於是其說始多矣。

主忠信，無友不如己者。

樾謹按：主與友對。《大戴記・曾子制言》篇曰：「曾子門弟子或將之晉，曰：『吾無知焉。』曾子曰：『何

必然，往矣！有知焉，謂之友；無知焉，謂之主。』此文「主」字義與彼同，言所主者必忠信之人，所友者

無不若己之人。孔子主顏讐由，主司城貞子，即是主忠信之謂。

禮之用和爲貴。

樾謹按：古以、用二字通。《周易・井》九三「可用汲」，《史記・屈原傳》引作「可以汲」，《尚書・呂刑》篇

「報虐以威」，《論衡・譴告》篇引作「報虐用威」；《詩・板》篇曰「勿以爲笑」，《荀子・大略篇》引作「勿用

爲笑」，竝其證也。「禮之用和爲貴」與《禮記・儒行》篇曰「禮之以和爲貴」文義正同。此「用」字止作「以」

字解，當以六字爲句。近解多以體用爲言，失之矣。

先王之道斯爲美，小大由之，有所不行。

邢昺正義曰：「斯，此也。言先王治民之道以此禮貴和美。禮節民心，樂和民聲，禮至則無怨，樂至則不

争，揖讓而治天下者，禮樂之謂也，是先王之美道也。」

樾謹按：此「斯」字專指禮樂而言，蓋謂先王之道禮爲最美。小大由之而有所不行者，不和故也。但言有所

不行，而不言其不行之故，則因禮之用和爲貴，已見上文。且下文曰「知和而和，不以禮節之，亦不行」，

「亦」之一字彼此貫通，義見於下，故文省於上，古人之辭往往如此也。正義誤解「斯爲美」句，而此章文義

扞格不通矣。

亦不可行也。

樾謹按：《隸釋》載漢石經作「亦不行也」，無「可」字，當從之。上云「有所不行」，此云「亦不行也」，兩不行

之義彼此貫通。亦者，亦上文而言。上無「可」字，則此亦無「可」字。蓋涉馬注而衍。馬注云「不以禮爲

節，亦不可行」，此自用以足句，非其所據經文有「可」字也。

七十而從心，所欲不踰矩。《爲政》

馬曰：「矩，法也。從心所欲無非法。」

樾謹按：此當於「心」字絕句。《禮記·樂記》篇「率神而從天」，鄭注曰：「從，順也。」六十而耳順，七十而

從心、耳順、從心錯綜成文，亦猶迅雷風烈之比。從與順同義，耳順即耳從也，從心即順心也。所欲不踰

矩乃自說從心之義。惟其所欲不踰矩，故能從心也。《柳宗元集·與楊誨之書》曰「孔子七十而縱心」，正

於「心」字絕句，較馬讀爲長。「從」作「縱」則失之。皇侃義疏曰：「從，放也。雖復放縱心意，而不踰于

法度也。」是六朝人讀「從」字爲放縱之「縱」，故唐、宋人引此文多作「縱心」，實非經旨，說詳翟氏灝《論語

考異》。

子曰：「由，誨女知之乎。」

正義曰：「孔子以子路性剛，好以不知為知，故此抑之。呼其名曰由，我今教誨女為知之乎，此皆語辭。」

橫謹按：此「知」字與下五「知」字不同。下五「知」字皆如字，此「知」字當讀為「志」。《禮記·緇衣》篇「為上可望而知也，為下可述而志也」，鄭注曰：「志，猶知也。」然則知與志義通。「誨女知之乎」即誨女志之乎，言我今誨女，女其謹志之也。《荀子·子道篇》：「子路趨而出，改服而入，蓋猶若也。孔子曰：『志之，吾語女，奮於言者華，奮於行者伐，色知而有能者，小人也。故君子知之曰知之，不知曰不知，言之要也。能之曰能之，不能曰不能，行之至也。』」《韓詩外傳》亦載其事云：「孔子曰：『由，志之！君子知之為知之，不知為不知，言之要也。能之為能之，不能為不能，行之要也。』」竝與此章文義相同，而皆以「志」發端，然則此文「知之」即「志之」無疑矣。

子張學干祿。

正義曰：「弟子子張師事孔子，學求祿位之法。」

橫謹按：子張學干祿猶南容三復白圭。白圭見《詩·抑》篇，干祿見《詩·旱麓》篇。曰學、曰三復，皆於學詩時孳求其義，非學求祿位之法也。《史記·弟子傳》改作「問干祿」，則史公已不得其旨矣。

包曰：「易，和易也。言禮之本意失於奢不如儉，喪失於和易不如哀戚。」

喪，與其易也甯戚。《八佾》

樾謹按：包氏説「戚」字未得其義。蓋禮則奢儉俱失，失於奢不如失於儉，故有「甯儉」之言。若居喪哀

戚，固其所也，乃云「與其易也甯戚」，恐不然矣。「戚」當讀爲「蹙」。《禮記·禮器》篇「三辭三讓而至，不

然則已蹙」，此蹙之義也。《説文》新附《足部》有「蹙」字，曰「迫也」。古無「蹙」字，故叚「戚」爲之。言居喪

者或失於和易，或失於迫蹙，然與其和易，無甯迫蹙爲得禮之本意耳。《南史·顧憲之傳》「喪易甯戚」，是

知「戚」字固有作「蹙」者，其義視包注爲長。

繪事後素。

鄭曰：「繪，畫文也。凡繪畫先布衆色，然後以素分布其間，以成其文。喻美女雖有倩盼美質，亦須禮以

成之。」

樾謹按：《考工記》『凡畫繢之事後素功」，鄭注即引《論語》文爲證。據《玉人》云「璋邸射素功」。司農云：

「素功，無瑑飾也。」然則素功不專以畫繢言，凡不畫繢者，不雕鏤者，皆素功也。畫繢之事居素功之後，猶

《禮記》所謂「黼黻文繡之美，疏布之尚」，「丹漆雕幾之美，素車之乘」也。説詳《周禮》。此云繢事後素，義

與彼同。上云「素以爲絢」，明是先有素而後可以爲絢，故孔子以繪事後素曉之。而子貢因有禮後之問，

所謂忠信之人，可以學禮也。

與其媚於奧，甯媚於竈。

孔曰：「奧，內也，以喻近臣。竈以喻執政。」

樾謹按：媚奧、媚竈皆媚人，非媚神也。古以奧爲尊者所居，故《曲禮》曰「爲人子者，居不主奧」，而春秋

時有奧主之稱，昭十三年《左傳》「國有奧主」是也。竈則執爨者居之，所謂厮養卒也。當時之人以爲居奧

者雖尊，不如竈下執爨之人實主飲食之事，故媚奧不如媚竈。《國語·周語》載人之言曰「佐饔者嘗焉」，

卽此意也。王孫賈引之，蓋以奧喻君，以竈自喻。孔注未得其旨。

是禮也？

樾謹按：古字也、邪通用，陸氏《經典釋文序》所謂「如、而不分，也、邪無別」者是也。《論語》子張問十世

可知也」，「井有人焉其從之也」，「豈若匹夫匹婦之爲諒也」，諸「也」字竝當讀作「邪」。又如「事君盡禮人

以爲諂也」，「子曰其事也」，此兩「也」字尋繹文義，亦「邪」字也。魯僭王禮，大廟之中犧牲服器之等必有

不循舊典者，子入大廟，每事問，所以諷也。或人不諭其旨，反有執爲知禮之譏，故子曰「是禮也」，猶云

「是禮邪」，乃反詰之辭，正見其非禮矣。

管氏有三歸。

包曰：「三歸，娶三姓女。」婦人謂嫁曰歸。」正義曰：「禮，大夫雖有妾媵，嫡妻惟娶一姓。今管仲娶三姓之

女，故曰有三歸。」

樾謹按：就婦人言之謂之歸，自管仲言之當謂之娶，乃諸書多言三歸，無言三娶者。且如其說，亦是不知

禮之事，而非不儉之事，則其說非也。朱注據《說苑》「管仲築三歸之臺，以自傷於民」，故以三歸爲臺名。

然管仲築臺之事不見于他書，《戰國策·周策》曰：「宋君奪民時以爲臺，而民非之，無忠臣以掩蓋之也。

子罕釋相爲司空，民非子罕而善其君。齊桓公宮中七市，女閭七百，國人非之。管仲故爲三歸之家，以掩

桓公非，自傷于民也。」《説苑》所謂「自傷於民」者，疑即本此，涉上文子罕事而誤爲築臺耳。古事若此者

往往有之，未足據也。然則三歸當作何解？《韓非子・外儲説》篇曰：「管仲相齊，曰：『臣貴矣，然而臣

貧。』桓公曰：『使子有三歸之家。』」一曰：「管仲父出，朱蓋青衣，置鼓而歸，庭有陳鼎，家有三歸。」《韓非子》

先秦古書，足可依據。先云「置鼓而歸」，後云「家有三歸」，是所謂歸者，即以管仲自朝而歸，其

家有三處也。家有三處，則鐘鼓帷帳不移而具，從可知矣，故足見其奢；且美女之充下陳者亦必三處如

一，故足爲女閭七百分謗。而娶三姓之説，亦或從此出也。《晏子春秋・雜》篇曰「昔吾先君桓公，有管仲

恤勞齊國，身老，賞之以三歸，澤及子孫」，是又以三歸爲桓公所賜，蓋猶漢世賜甲第一區之比。賞之以三

歸，猶云賞之以甲第三區耳。故因晏子辭邑，而景公舉此事以止之也。其賞之在身老之後，則取三姓女

之説可知其非矣。近人或因此謂三歸是邑名，則又不然。若是邑名，不得云「使子有三歸之家」，亦不得

云「家有三歸」也。合諸書參之，三歸之義可見。下云「官事不攝」，亦即承此而言。管仲家有三處，一處

有一處之官，不相兼攝，是謂「官事不攝」。但謂家臣具官，猶未見其奢矣。

子謂《韶》，盡美矣，又盡善也。謂《武》，盡美矣，未盡善也。

孔曰：「韶，舜樂名，謂以聖德受禪，故盡善。武，武王樂也，以征伐取天下，故未盡善。」正義曰：「言韶樂

其聲及舞極盡其美，揖讓受禪，其聖德又盡善也。言武樂音曲及舞容則極盡美矣，然以征伐取天下，不若

揖讓而得，故其德未盡善。」

樾謹按：美、善義同，此章乃別而言之，邢氏因據孔注以美屬樂，善屬德。然孔子止是論樂，論樂而德自

在其中。以美、善分屬之，失經旨矣。《周易略例》曰「故有善邇而遠至」，邢璹注曰：「善，脩治也。」《釋文》曰：「善，本作繕。」《廣雅·釋詁》曰：「繕，治也。」然則盡美又盡善者，言既美而又盡其脩治之功也；盡美未盡善者，言雖美而未盡其脩治之功也。武王末受命，所以未盡脩治耳。

子曰：「苟志於仁矣，無惡也。」《里仁》

孔曰：「苟，誠也。言誠能志於仁，則其餘終無惡。」

樾謹按：上章云「惟仁者能好人，能惡人」，此章云「苟志於仁矣，無惡也」，兩章文義相承，此「惡」字即上「能惡人」之「惡」。蓋仁者之於人，好所當好，惡所當惡，所謂能好人，能惡人也。然此以其行事言也，若論其居心，則好固是好，惡亦是好，所謂舉直錯諸枉，能使枉者直是也。故又言此以申明上意，見不特仁者如是，人苟志在於仁則亦必無惡人之念矣。《韓非子·解老》篇曰：「仁者，謂其中心欣然愛人也。」《賈子·道術》篇曰：「心兼愛人謂之仁。」然則仁主於愛，古之通論。使其中有惡人之一念，卽不得謂之志於仁矣。此與上章或一時之語，或非一時語，而記者牽連記之，以發明夫子之微言。自孔注誤解「惡」字，而此章之義晦矣。《釋文》曰「惡，如字。又烏路反」，當以後一音為正。

子曰：「富與貴，是人之所欲也，不以其道得之，不處也；貧與賤，是人之所惡也，不以其道得之，不去也。」

無適也，無莫也。

正義曰：「適，厚也。莫，薄也。言君子於天下之人，無擇於富厚與窮薄者。」

樾謹按：以適莫為富厚窮薄，其義至陋。《釋文》曰：「適，鄭本作敵。莫，鄭音慕，無所貪慕也。」此章大旨，鄭讀得之。敵之言相當也，相當則有相觸迕之義，故《方言》曰「適，悟也」，郭璞注曰：「相觸迕也。」

「無適」之「適」當從此義，言君子之於天下，無所適悟，無所貪慕，惟義是親而已。

君子懷德，小人懷土。君子懷刑，小人懷惠。

孔曰：「懷，安也。」正義曰：「此章言君子小人所安不同也。」

樾謹按：此章之義，自來失之。君子謂在上者，小人謂民也。懷者，歸也。《詩‧匪風》篇「懷之好音」，《皇矣》篇「予懷明德」，毛傳竝曰：「懷，歸也。」《泮水》篇「懷我好音」，鄭箋曰：「懷，歸也。」韋昭注《國語》，杜預注《左傳》竝有此文，是懷之訓歸，固經傳之達詁。《禮記‧緇衣》篇「私惠不歸德」，鄭注曰：「歸，或爲懷。」《文選‧上林賦》「悠遠長懷」，郭璞曰：「懷歸，變文耳。」皆古人以懷爲歸之證。《公冶長》篇「少者懷之」，孔曰：「懷，歸也。」然則此「懷」字亦可訓歸矣。「君子懷德，小人懷土」者，言君子歸於德，則小人各歸其鄉土。《老子》曰「甘其食，美其服，安其居，樂其俗，鄰國相望，鷄狗之聲相聞，民至老死不相往來」是也。「君子懷刑，小人懷惠」者，言君子歸於刑，則小人歸於他國慈惠之君。《孟子》曰「民之歸仁也，猶水之就下，獸之走壙也。故爲淵敺魚者獺也，爲叢敺爵者鸇也，爲湯、武敺民者桀與紂也」是也。此章之義，以懷德、懷刑對舉相形，欲在位之君子不任刑而任德也。夫安土重遷，人之常情，小民於其鄉土，豈無桑梓之念？故泰山之婦因無苛政而不去，此即所謂小人懷土也。惟上之人荼毒其民，使之重足而立，而忽聞鄰國之君有行仁政者，則舊都舊國之思不敵其樂國樂郊之慕，而懷土者變而懷惠矣。說此章者，皆不得其義。若從舊説，則何不曰「君子懷德懷刑，小人懷土懷惠」，亦足見君子小人所安之不同，而何必錯綜其文乎？

君子喻於義，小人喻於利。

樾謹按：古書言君子小人，大都以位而言。上文「君子之於天下也，無適也，無莫也，義之與比」，《白虎通‧號》篇曰「君之與臣，無適無莫，義之與比」，是漢世師說如此。後儒專以人品言君子小人，非古義也。

《漢書‧楊惲傳》引董生之言曰：「明明求仁義，常恐不能化民者，卿大夫之意也。明明求財利，常恐困乏者，庶人之事也。」數語乃此章之塙解。《爾雅‧釋訓》：「明明，察也。」明明求仁義，即所謂喻於義也；明明求財利，即所謂喻於利也。此殆七十子相傳之緒論，而董子述之耳。《董仲舒傳》「明明」作「皇皇」，蓋聲近而義通。《國語‧越語》「天道皇皇」，韋注曰「皇皇，著明也」，是皇皇即明明也。

事君數斯辱矣，朋友數斯疏矣。

何晏《集解》曰：「數，謂速數之數。」

樾謹按：此「數」字卽《儒行》所謂「其過失可微辨而不可面數」之「數」。數者，面數其過也。《漢書‧高帝紀》「漢王數羽」，師古注曰「數，責其罪也」，是此「數」字之義也。《禮記‧曲禮》曰：「爲人臣之禮，不顯諫。」故諫有五，而孔子從其諷。其於朋友，則曰忠告而善道之。事君而數則失不顯諫之義，朋友而數則非所謂善道之矣。取辱取疏，職此之故。唐、宋以來，以犯顏極諫爲人臣之盛節，至有明諸臣，遂有聚哭於君之門者。蓋自古義湮，而君臣朋友之間所傷多矣。

敏，而好學不恥下問。《公冶長》

樾謹按：此當以「敏」字爲句，「而好學不恥下問」皆承「敏」字而言，謂其知識敏疾，而又好學不恥下問也。

群經平議

敏者天資，學問者人功。天資美而人功又盡，文子之所以爲文也。學者誤讀「敏而好學」爲句，於是近解乃增出「位高」字，使與質美相配。若然，則經文當云「敏而好學，貴而不恥下問」矣。且所謂下問者，非必以貴下賤之謂，凡以能問於不能，以多問於寡，皆是。

臧文仲居蔡。

包曰：「蔡，國君之守龜，出蔡地，因以爲名焉。」

樾謹按：龜之名蔡，未知何義，包氏此解亦臆說耳。竊疑「蔡」當讀爲「叙」。《說文·又部》：「叙，楚人謂卜問吉凶曰叙。讀若贅。」叙者所以卜問吉凶也，因即以其用而名之曰叙，蓋楚語也。龜本荆州所貢，故沿襲其語耳。叙與蔡音相近。孔氏廣森《經學卮言》謂：「蔡，蔡叔之蔡，即叙三苗之叙。」然則以「蔡」爲「叙」，猶以「蔡」爲「叙」矣。

崔子弒齊君。

樾謹按：《釋文》出「高子」二字曰：「鄭注云：魯讀崔爲高，今從古。」又出「弒」字曰：「本又作殺。」夫崔子弒君，何得改讀爲高子？《釋文》此條必有蹖誤。所謂讀崔爲高者，下文兩崔子也。陳文子因崔杼弒君，惡而逃之，豈得稱之曰吾大夫崔子？且當時列國大夫雖未必賢，亦豈人人皆崔子歟？魯讀爲高，甚有義理。高子謂高厚也。襄十九年《左傳》：「秋八月，齊崔杼殺高厚於灑藍而兼其室。書曰：『齊殺其大夫。』從君於昏也。」惟高子從君於昏，故不能制崔杼，而反爲崔杼所殺，於是崔杼始專國政，卒成弒君之禍。文子推原禍本，於高子有深憾焉。每至一國，見其執政之世臣庸庸尸位，無有深識遠慮，故輒發猶吾

大夫之歟。《魯論》所讀，必是師說如此。陸德明誤謂經文「崔子」魯皆讀爲「高子」，遂於首句出之，則失

之甚矣。

必有忠信如丘者焉。

樾謹按：「如丘者焉」乃聖人之謙詞，言十室小邑之中，他不敢望，至如丘者，必有之矣。《集注》曰「忠信

如聖人，生質之美者也」，失孔子語意。

今也則亡未聞好學者也。《雍也》

樾謹按：「亡」字衍文也。此與《先進》篇語有詳略。此云「今也則未聞好學者也」，彼云「今也則亡」，皆此

詳而彼略。因涉彼文而誤衍「亡」字，則既云「亡」，又云「未聞好學」，於辭複矣。《釋文》曰「本或無亡字」，

當據以訂正。

觭且角。

《集解》曰：「角者，角周正。」

樾謹按：角周正而但謂之角，則不詞矣。但謂之角，無以知其周正與否，猶但謂之毛，無以知其爲雜文爲

純色也。然則角者何？曰：角者，別於童牛而言之也。《禮記·王制》曰「祭天地之牛角繭栗，宗廟之牛

角握」，是角以小爲貴，乃用犢貴誠之義也。然童牛無角，猶未可用。此云犉牛之子，疑若童牛然，故必言

角以明可用。曰「且角」則及其時矣，曰「觭」則有其材矣，故曰「雖欲勿用，山川其舍諸？」

女爲君子儒，無爲小人儒。

孔曰：「君子爲儒，將以明道。小人爲儒，則矜其名。」

樾謹按：以人品分君子小人，則君子有儒，小人無儒矣，非古義也。

所謂小人儒者，猶云先進於禮樂，野人也。所謂君子儒者，猶云後進於禮樂，君子也。古人之辭，凡都邑

之士謂之君子。昭二十七年《左傳》「左司馬沈尹戌帥都君子」，杜注曰「都君子，在都邑之士」，是其證也。

《詩·都人士》篇曰：「彼都人士，臺笠緇撮。」彼君子女，綢直如髮。」士曰都人，女曰君子，互言之耳，其義

一也。都人謂之君子，故野人謂之小人。孔子責子路曰「野哉由也」，責樊遲曰「小人哉樊須也」，一責其

野，一責其小人，語異而意同。《禮記·檀弓》曰：「騷騷爾則野，鼎鼎爾則小人，君子蓋猶猶爾。」此孔子

所以欲子夏爲君子儒，而無爲小人儒也。然則孔子論禮樂，何以又從先進之野，而不從後進之君子？

蓋此就一時言，彼就先後輩言也。先輩之中，亦自有君子、野人。孔子從先進，仍是從先輩中之君子，豈

舍其時公卿大夫俯仰揖讓之容，而反從田夫野老箕踞叫呼之習乎？故以先進、後進分君子、野人，則自

可舍君子而從野人。若以同時論，則野人之不如君子，固不待言矣。兩章之意，豈相妨乎？

孔曰：「宰我以仁者必濟人於患難，故問有仁人墮井，將自投下，從而出之否乎？」

樾謹按：宰我之意，蓋謂仁者勇於爲仁，設也於井之中而有仁焉，其亦從之否乎？孔注仁人墮井之說，

殊有未安。「出」字經文所無，且投下從之，又安能出之？宰我居言語之科，不應失言如是。皇侃因孔云

「仁人墜井」，遂於經文「仁」下增「者」字，未足據也。

井有仁焉，其從之也？

君子可逝也。

孔曰：「逝，往也。」言君子可使往視之耳。

樾謹按：孔以「可逝」爲可使往視，其義迂曲。「逝」當讀爲「折」。《周易‧大有》《釋文》曰：「哲，陸本作

逝，虞作折。」是逝與折古通用。君子殺身成仁則有之矣，故可得而摧折。然不可以非理陷害之，故可折

不可陷。

亦可以弗畔矣夫？

鄭曰：「弗畔，不違道。」

樾謹按：畔者，言畔喭也。博學於文，約之以禮，則自無畔喭之患矣。《先進》篇「由也喭」，鄭注曰「子路

之行失於畔喭」，正義曰：「舊注作『吸喭』。《字書》：吸喭，失容也，言子路性剛，常吸喭失於禮容也。今

本『吸』作『畔』。王弼云：剛猛也。」據此，則畔喭爲剛猛而無禮容，合言之曰畔喭，分言之則或曰畔，或曰

喭矣。

好謀而成者也。《述而》

正義曰：「好謀而有成功者。」

樾謹按：「成」當讀爲「誠」。《詩‧我行其野》篇「成不以富」，《論語‧顏淵》篇引作「誠不以富」，是成與誠

古通用也。行軍之事固不可無謀，然陰謀詭計又非聖人所與也，故曰好謀而誠。懼與誠，行軍之要矣。

五十以學《易》。

樾謹按：《集注》曰『「五十」當作「卒」』，然於古無所徵。「五十」疑「吾」字之誤。蓋「吾」字漫漶，僅存其上半，則成「五」字，後人乃又加「十」字以補之耳。隱元年《穀梁傳》曰：「言君之不取，爲公也。」范甯曰：「加我數年，吾以學《易》」，上言我，下言吾，乃互辭也。古人之文如此者甚多。《史記·世家》作「假我數年，若是我於《易》則彬彬矣」，下「我」字即此「吾」字也。

伯夷、叔齊何人也？

樾謹按：是時蒯聵父子爭國，時人疑夫子必有所右助，故冉有問夫子爲衛君乎？衛君兼謂蒯聵父子，非獨指輒也。子貢以夷、齊問，伯夷賢則蒯聵不賢矣。何也？伯夷知有父命，蒯聵不知有父命也。叔齊賢則輒不賢矣。何也？叔齊知有兄弟，輒并不知有父子也。故曰「夫子不爲也」，明皆不爲也。使其時上有天子，下有方伯，則必更立賢君，以伯夷處蒯聵，以叔齊處輒，而人倫正，衛事定矣。子貢引夷、齊，正與衛事塙切。後人未達其旨。

子所雅言，《詩》、《書》。執禮，皆雅言也。

樾謹按：《論語》文法簡質，此章既云「子所雅言」，又云「皆雅言也」，於文似複，蓋由經師失其讀矣。此當以「《詩》《書》」斷句，言孔子誦《詩》、讀《書》，無不正言其音也。「執禮」二字自爲句，屬下讀。執禮謂執禮事也。《周官·大史》曰：「凡射事，執其禮事。」《禮記·雜記》曰：「女雖未許嫁，年二十而笄禮之，婦人執其禮。」皆執禮之證也。孔子執禮之時，苟有所言，如《鄉黨》所記「賓不顧矣」之類，皆正言其音，不雜以方言俗語，故曰「執禮，皆雅言也」。《詩》、《書》或誦讀，或教授弟子。若執禮，自爲一事，故別言之耳。

吾無行而不與二三子者是丘也。

包曰：「我所爲無不與爾共之者，是丘之心。」

樾謹按：包注於「丘」下增「心」字，非經旨也。「吾無行而不與二三子者是丘也」十三字作一句讀。「是」

當爲「視」，《釋名·釋姿容》曰：「視，是也。」視與是義本相通，故古書或叚「是」爲「視」。《荀子·解蔽篇》

「是其庭可以搏鼠」，楊倞注曰「是，蓋當爲視」，此其證也。孔子言吾無行而不與二三子者視丘也，正申明

吾無隱乎爾之意。

若聖與仁，則吾豈敢。

樾謹按：聖與仁猶言智與仁也。子貢曰「學不厭知也，教不倦仁也」，蓋諸弟子之稱夫子如此。孔子聞之

而不敢居仁智之名，故曰：「若聖與仁，則吾豈敢。抑爲之不厭，誨人不倦，則可謂云爾已矣。」聖與智古

通稱，故臧武仲多智，時人謂之聖人。《禮記·鄉飲酒義》曰：「仁義接，賓主有事，俎豆有數曰聖；聖立而

將之以敬曰禮。」《大戴記·盛德》篇曰：「宗伯之官以成仁，司馬之官以成聖，司寇之官以成義，司空之官

以成禮。」其所謂聖即智也，故與仁義禮並列，猶言仁義禮智也。後世但知大而化之之謂聖，而古義湮矣。

君子坦蕩蕩，小人長戚戚。

鄭注曰：「蕩蕩，寬廣貌。戚戚，多憂懼。」

樾謹按：「戚戚」即「蹙蹙」也。古無「蹙」字，故以「戚」字爲之，與《八佾》篇「甯戚」同。《詩·節南山》篇曰

「蹙蹙靡所騁」，毛傳曰：「蹙蹙，縮小之貌。」然則「小人長戚戚」爲縮小貌，與「君子坦蕩蕩」爲寬廣貌正相

對。鄭注失之。

正顏色。　《泰伯》

樾謹按：「正」當訓爲「振」。《管子・小問》篇「以振其淫」，尹知章注曰「振，正也」，是正與振義通。「動容貌，振亦動也。容貌言動，顏色言振，辭氣言出，三句文義一律。若依「正」字本義解之，則與上下文均不類矣。隱五年《左傳》「入而振旅」，莊八年《穀梁傳》「入曰整旅」，整旅即振旅，故正顏色即振顏色。正之爲振，猶整之爲振也。

守死善道。

正義曰：「守死善道者，守節至死，不離善道也。」

樾謹按：善道與好學對文，善亦好也。《呂氏春秋・長攻》篇「所以善代者乃萬故」，高誘注曰：「善，好也。」然則「守死善道」言守之至死，而好道不厭也。正義以「善道」連文，增「不離」二字以成其義，非經旨矣。

巍巍乎！唯天爲大，唯堯則之。

樾謹按：此美堯之大，非美堯之能法天也。《說文・刀部》：「則，等畫物也。」是則有等義。《管子・七法》篇：「物雖不甚多，皆均有焉，而未嘗變也，謂之則。」是則有均義。蓋則爲等，故亦爲均。《呂氏春秋・功名》篇「取則行鈞」，則與鈞立猶等也。昭七年《左傳》：「六物不同，民心不壹，事序不類，官職不則。」不則與不同、不壹、不類並猶不等也。此云「唯天爲大，唯堯則之」，蓋謂天之大無與等者，唯堯能與之等耳。

鄭君解《尚書》「稽古」爲「同天」，則天卽同天也。孔訓則爲法，未得其義。

予有亂臣十人。

馬曰：「謂周公旦、召公奭、太公望、畢公、榮公、太顛、閎夭、散宜生、南宮适，其一人謂文母。」

樾謹按：劉原父《七經小傳》以子無臣母之理，改爲邑姜。王氏《困學紀聞》據《釋文》「予有亂十人」，本無「臣」字，謂舊說不必改。竊謂武王誓師，數其佐治之人，而并及其母，稱爲「予有」，縱無「臣」字，於義亦不可通。疑舊說所謂文母者，亦卽邑姜也。文母之稱，見於《詩·周頌·雝》篇，曰：「旣右烈考，亦右文母。」毛傳曰：「烈考，武王也。文母，大姒也。」以子先母，義殊未安，鄭箋易之曰：「乃以見右助於光明之考，與文德之母，則是贊美之辭，非從其夫之諡而稱文矣。」鄭所謂光明之考、文德之母，卽本其說，鄭固嘗從馬融《毛詩》注不傳，疑其解烈考文母正爲武王、邑姜學也。後人習于《毛詩》之說，但知文母之爲大姒，故於此注文母亦以大姒當之，不知馬融於《詩》自有注，未必其同於毛傳也。

毋固。

《集解》曰：「無可無不可，故無固行。」

樾謹按：上文毋必，言無專必也。此文毋固，又言無固行。然則必之與固，其義無別矣。「固」當讀爲「故」。《詩·昊天有成命》篇鄭箋云：「固，當作故。」《史記·魯周公世家》「咨於固實」，徐廣曰：「固，一作故。」是固與故通。毋故者，不泥其故也。用之則行，舍之則藏，是謂毋必。彼一時此一時，是謂毋故。

子畏於匡。

正義曰：「記者以衆情言之，故云子畏於匡。其實孔子無所畏也。」

樾謹按：《荀子・賦篇》：「比干見刳，孔子拘匡。」《史記・孔子世家》亦云：「匡人於是遂止孔子，拘焉五日。」然則畏於匡者，拘於匡也。《禮記・檀弓》篇「死而不弔者三：畏、厭、溺」，鄭注即以孔子畏於匡爲證。而《通典》引王肅注曰：「犯法獄死謂之畏。」是畏爲拘囚之名。後人不達古義，曲爲之説，蓋皆失之。

見之，雖少必作。過之，必趨。

樾謹按：此「見」字當讀如「從者見之」之「見」。見之、過之相對成文。見之者，謂其人見於夫子。過之者，謂夫子過其人之前也。故於見之曰「雖少必作」，言作則坐可知，明是夫子方坐，而其人來見也。上文曰「子見齊衰者、冕衣裳者與瞽者」，一「見」字之中含此兩義，有其人見夫子，有夫子見其人，故以見之、過之兩承之。學者不得其義，則既云子見，又云見之，於文複矣。

雖覆一簣。

馬曰：「雖始覆一簣，我不以其功少而薄之。」

樾謹按：馬讀「雖」如本字，斯其義曲矣。「雖」當讀爲「唯」。《禮記・少儀》篇「雖有君賜」《雜記》篇「雖三年之喪可也」，鄭注竝曰：「雖，或爲唯。」《表記》篇「唯天子受命於天」，注曰：「唯，當爲雖。」蓋雖本從唯聲，故二字古得通用，説見王氏引之《經傳釋詞》。「唯覆一簣」言平地之上止覆一簣，極言其少，正與「未成一簣」相對成義。

法語之，言能無從乎？改之為貴。巽與之，言能無説乎？繹之為貴。

樾謹按：「法語之言」一句中「語」字、「言」字疊用，甚為不辭，殆經師失其讀也。此當以「法語之」為句，「巽與之」為句。皇侃義疏解「與命」、「與仁」，「與者，以言語許與之也。」此云「巽與之」，其義與彼同。兩「言」字並屬下讀，皆語辭也。《詩·大東》篇曰「睊言顧之」，《荀子·宥坐篇》作「眷焉」，《後漢書·劉陶傳》作「睊然」。焉與然皆語辭，則言亦語辭。凡《詩》所云，如「薄言采之」、「静言思之」、「願言則嚏」、「駕言出遊」之類，皆是。僖九年《左傳》「言歸于好」《周易·繫辭傳》「德言盛，禮言恭」，言亦語辭也，説詳王氏引之《經傳釋詞》。此文曰「言能無從乎」「言能無説乎」，謂以法度語之則必從，以巽順與之則必説也。學者誤以為言語之「言」，失其義，因失其讀矣。

其在宗廟朝廷，便便，言唯謹爾。《鄉黨》

鄭曰：「便便，辯也。雖辯而敬謹。」

樾謹按：此當以「便便」為句。《詩·采菽》篇「平平左右」，《釋文》引《韓詩》作「便便，閑雅之貌」。是便便以貌言，正與上文「恂恂如也」王注曰「恂恂，溫恭之貌」，其義一律，但省「如也」兩字耳。「言唯謹爾」四字為句，凡有所言，無不謹慎，故曰「言惟謹爾」。此與上文「似不能言」者相對。蓋此兩節皆上一句説孔子之容，下一句説孔子之言。鄭注失之。

揖，所與立左右手。

鄭曰：「揖左人左其手，揖右人右其手。」正義曰：「謂交擯傳命時。」

樾謹按：舊説皆以是時夫子爲承擯，故上擯是右人，末擯是左人。然下文「賓退必復命，曰，賓不顧矣」，據《聘禮》鄭注，是上擯之事也。凡擯之次弟，君召之時，自應先定，豈有交擯之時尚是承擯，交擯之後無端改易乎？且公與賓每門每曲揖，擯介皆在後雁行，夫子始爲承擯，將於何時凌躐而前乎？竊疑上擯本以卿爲之，魯人重夫子知禮，故使以大夫攝上擯事。君召使擯者，使爲上擯也。夫子爲上擯，則所與立者但有左人，無右人矣。而云「揖所與立左右手」者，謂左其右手也。蓋承擯在上擯之左，夫子與之揖時足不移易，惟引其右手鄉左而已，故其衣之前後襜如也。他人於此，所與揖者在左則必側身左鄉，非君子立不易方之義矣。且揖左人則左其手，揖右人則右其手，此在常人亦然，何足爲夫子異乎？

自鄭君誤解「左右手」句，遂并夫子之爲上擯而亦不著。

翼如也。

孔曰：「言端好。」正義曰：「張拱端好，如鳥之張翼也。」

樾謹按：翼如猶勃如、躩如之類，皆以一字形容之，非必取象於鳥翼也。《爾雅·釋詁》曰：「翼，敬也。」《釋訓》曰：「翼翼，恭也。」「翼如」之「翼」蓋亦此義耳。《説文·走部》「趨」下引《論語》「趨進，翼如也」字又作「趨」，明非鳥翼矣。正義曰「如鳥之張翼」，然則勃如、躩如復何物乎？

必表而出之。

孔曰：「必表而出之，加上衣。」正義曰：「暑則單服，必加尚表衣然後出之，爲其形褻故也。」

樾謹按：加上表衣然後出之，則非如近解所謂表絺綌而出之於外也。「出之」二字連文。之，往也。出之

者，出往他所也。居家可單衣絺綌，若其出而他往，必加表衣，故曰必表而出之。皇侃本無「之」字，其疏

曰：「古人裘葛之上若在家，無別加衣，若出行，接賓，皆加上衣。當暑絺綌可單，出則不可單，必加上衣，

故云必表而出也。」翟氏灝《論語考異》謂依皇氏説，句末應無「之」字。不知邢本句末雖有「之」字，其説未

始不與皇同，蓋古義固如此耳。

短右袂。

孔曰：「短右袂，便作事。」

樾謹按：左右兩袂必無一長一短之理，短右袂者，卷之使短也。褻裘長則袂亦長，於作事不便，故卷右袂

使短，是謂短右袂。

吉月，必朝服而朝。

孔曰：「吉月，月朔也。朝服，皮弁服。」

樾謹按：《禮記·玉藻》篇：「皮弁以聽朔於大廟，朝服以日視朝於內朝。」孔意月朔所服必是皮弁服，故其

説如見。然朝服、皮弁服二者不同，安得混而一之？疑此所服者仍是每日視朝之服。「吉月」乃「告月」

之譌。《緇衣》篇「尹吉曰」，鄭注「吉當為告」，是其例也。説本王氏引之《經義述聞》。惟王氏以告月為卽

朝廟，則猶沿舊説之謬。《春秋·文公六年》：「閏月，不告月，猶朝于廟。」《公羊傳》曰：「不告月者，不告

朔也。」何休《解詁》曰：「禮，諸侯受十二月朔政于天子，藏于大祖廟。每月朔，朝廟，使大夫南面奉天子

命，君北面而受之。比時使有司先告朔，謹之至也。」是告朔與朝廟本是二事。朝廟者，每月之朔，諸侯朝

于大祖廟，北面受朔也。告月者，每月之末，有司以月朔告君也。月有大小盡，不定是三十日，故有司

必先期以告，然後君得以朔日行朝廟之禮。《月令》凡立春、立夏、立秋、立冬，皆先期三日，太史告于天

子。然則告月亦猶告立春、告立夏之比矣。閏月君不朝廟，則有司亦不告月。乃文公於閏月朔日行朝廟

之禮，故《春秋》書以示譏。至文公十有六年「夏五月，公四不視朔」，《傳》曰：「自是公無疾，不視朔也。」

然則魯之不視朔自文公始。至定、哀閒，此禮之廢久矣。而有司告月則猶循舊典，每月皆然，未之敢廢。

夫子於有司告月之日，必朝服而朝焉。記者以夫子之必然，見他人之不必然，而我愛其禮之思，於此寓

矣。朝服者，冠則委貌，衣則緇衣，每日視朝之服也。自「告月」誤爲「吉月」，而孔氏以月朔釋之，因以朝

服爲皮弁服。夫魯君不皮弁，夫子安得而皮弁？可知其説之未安矣。又按：此經言告月，《八佾》篇言

告朔，告月之與告朔亦當有別。《公羊》以告月爲告朔，殆非也。告月者，每月之末，有司以月朔告君也。

《春秋》所書、《鄉黨》所記，皆是也。告朔者，每歲之終，天子頒來歲十二月之朔政於諸侯也。《大戴禮・

虞戴德》篇曰「天子告朔於諸侯，率天道而敬行之，以示威于天下也」，是其事也。《八佾》篇「子貢欲去告

朔之餼羊」劉氏台拱《論語駢枝》謂以特羊餼天子告朔之使，是爲告朔之餼羊，此最得之。周初之制，每

歲之末，天子遣使以來歲十二月之朔頒告諸侯，是曰告朔。每月之末，有司以月朔告于君，是曰告月。諸

侯乃於朔日服皮弁服，朝于大廟，使大夫奉天子命而北面受之，是曰聽朔，亦曰視朔，視聽一也。周自平

王以後，告朔之使不行矣，而魯有司每歲以餼羊供則猶如故也；魯自文公以後，視朔之禮亦久廢矣，而魯

有司每月以月朔告則猶如故也，豈非魯秉周禮之明驗歟？公羊子固傳《春秋》者，而猶不知告月、告朔之

有辯，左、穀之徒復何譏焉？於是告朔也，告月也，視朔、聽朔也，三者混而爲一。學者不復致詳，而古制

之湮，古義之晦，由來久矣。愚因此經朝服非皮弁服，而知告月之非聽朔。又因此經言告月，《八佾》篇言

告朔，而知告朔之非告月。反覆推求，於古制得其大概，好古之士儻有取乎？

必有明衣。

孔曰：「以布爲沐浴衣。」正義曰：「將祭而齊則必沐浴，浴竟而箸明衣，所以明絜其體也。」

樾謹按：孔注云「以布爲沐浴衣」者，猶云以布爲齊衣耳。齊必沐浴，故古語即謂齊爲沐浴。哀十四年

《左傳》「陳恒弑其君壬於舒州，孔丘三日齊而請伐齊」，《論語》作「孔子沐浴而朝」，是沐浴即齊也。邢氏

誤會注意，遂以明衣爲親身之衣，而有明絜其體之說。按《儀禮・士昏禮》「姆加景」，鄭注曰：「景之制蓋

如明衣，加之以爲行道禦塵，令衣鮮明也。景亦明也。」是鄭以明衣爲加之於外者，非親身之衣也。《士

喪禮》「明衣裳用布」，鄭注曰：「所以親身爲絜也。」此乃死者所用，其制迥異於生。邢氏以《士喪禮》之

明衣爲齊之明衣，殆不可從也。

式負版者。

孔曰：「負版者，負邦國之圖籍。」

樾謹按：「負版」之文他書未見，孔亦望文爲說耳。「負版」疑「負販」之誤，或版、販同聲，古文通用也。

「式負販者」與上句「凶服者式之」共爲一事，言子見凶服者必式，雖負販者亦式之也。《禮記・曲禮》篇：

「夫禮者，自卑而尊人。雖負販者，必有尊也，而況富貴乎？」卽可以説此經矣。孔以凶服爲一事，負版爲一事。然經文不曰「式凶服者」、「式負版者」，是二句本不平列，舊説殆未得也。《爾雅·釋蟲》「傅負版」，亦卽負販也。此蟲喜負重，故以人之負販者爲比耳。

群經平議卷三十一

德清俞樾

論語 二

皆不及門也。《先進》

鄭曰：「皆不及仕進之門，而失其所。」

樾謹按：門者，大夫之私朝也。《尚書·堯典》篇「闢四門」，《詩·緇衣》篇正義引鄭注曰：「卿士之職，使為己出政教于天下。言四門者，亦因卿士之私朝在國門，魯有東門襄仲，宋有桐門右師，是後之取法于前也。」又《周官·大司馬職》「帥以門名」，鄭注曰：「帥，謂軍將。以門名者，所被徽識如其在門所樹者也。」是古者卿大夫私朝在國門，故其適子謂之門子。而《左傳》有「晉政多門」之語，足見鄭義之有據。春秋之季，世卿專政，其出自庶姓者，必先由家臣而後得進為公臣，晉輿駢、衛大夫僎之類是也。此云「不及門」者，言不得登大夫之朝也。是時以及門為進身之始，故夫子云然。門且不得及，欲進而升諸公，更不可得矣。下文言語、政事諸賢多仕于季氏，而夫子以為不及門，蓋其時猶未仕也。鄭注以不及門為不及仕進之門，正

軍將皆命卿。古者軍將蓋為營治於國門，魯有東門襄仲，宋有桐門右師，皆上卿為軍將者也。

得夫子之旨，但所說未備，故後儒別爲之説。 然經云「不及門」，不云「不在門」，則終以古義爲安也。

季氏富於周公。

孔曰：「周公，天子之宰卿士。」正義曰：「魯其後也。」

樾謹按：此周公非周公旦也。 擬人必以其倫，以季氏而擬周公，非其倫矣，所謂周公，乃春秋時之周公，如周公黑肩、周公閱是也。 蓋欲言季氏之富，而但舉晉、韓、魏、齊、陳氏之屬與之比較，則本爲同列，卽富過之亦不足深罪，故必曰富於周公，以見季氏以侯國之卿而富過於王朝之宰也。 《泰伯》篇「如有周公之才之美」，孔注曰「周公者，周公旦」，正義曰「以春秋之世別有周公，恐與彼相嫌，故注者明之。」然則孔注於此章不曰周公旦，明是春秋時之周公。 正義乃曰「魯其後也」失經意，且失注意矣。

而求也爲之聚斂而附益之。

孔曰：「冉求爲季氏宰，爲之急賦稅。」

樾謹按：以聚斂爲急賦稅，誣賢者矣。 《爾雅·釋詁》曰「斂，聚也」，是聚、斂二字同義。 《大學》曰：「財聚則民散，財散則民聚。」竊謂冉有爲季氏聚斂，乃民聚而非財聚也。 蓋冉子爲季氏宰，必爲之容民畜衆，使季氏私邑民人親附，日益富庶。 《禮》曰：「竹聲濫濫以立會，會以聚衆，君子聽竽笙簫管之聲，則思畜聚之臣。」若冉有者，可謂畜聚之臣矣，故孔子以爲可使治賦。 若惟是急賦稅而已，曾是以爲治賦乎？ 孟子曰：「求也爲季氏宰，無能改於其德，而賦粟倍他日。」蓋人民日衆，田野日闢，故計一歲所賦之粟倍於他日。 趙岐注以爲多斂賦粟，非也。 冉有之罪，正與辟草萊、任土地者同科，猶云「吾能爲君闢土地，充府

庫，今之所謂良臣，古之所謂民賊也。君不嚮道，不志於仁，而求富之，是富桀也」。以富桀罪冉子可也，以爲多斂賦粟則非也。古之所謂民賊者尚不至此，而況冉子乎？

回也其庶乎！屢空。

《集解》曰：「言回庶幾聖道，雖數空匱，而樂在其中。一曰：屢猶也也，空猶虛中也。以聖人之善道教數子之庶幾，猶不至於知道者，各內有此害。其於庶幾每能虛中者，唯回懷道深遠，不虛心不能知也。」

樾謹按：「屢」字《說文》所無，古字止作「婁」。《說文·女部》：「婁，空也。從毋中女。婁空之意也。」「婁空」二字即本此經，蓋古語有如此，而許君猶及知之也。凡物空者無不明，故以人言則曰離婁，《孟子》「離婁之明」是也。以屋言則曰麗廔，《說文·囧部》曰「窗牖麗廔闓明」是也。孔子以婁空稱顏子，蓋謂顏子之心通達無滯，亦若窗牖之麗廔闓明也。終日不違，無所不說，並其證而已。《史記·伯夷列傳》「回也屢空，糟糠不厭」，是史公已不達屢空之旨。何氏前一說蓋以經師舊說，故首列之；其後一說則以舊義未安而自爲之說，雖於「屢」字未得其解，而意稍近之矣。回之婁空與賜之億則屢中正相對。婁空者，通達無滯，故聞一知十也；億則屢中者，推測而知，故聞一知二也。屢中之「屢」依古字亦止作「婁」，而義則有異。訓數、訓每，可施於下「婁」字，不可施於上「婁」字也。

賜不受命而貨殖焉。

《集解》曰：「賜不受教命，唯財貨是殖。」

群經平議

樾謹按：子貢之賢，何至不受教命？何氏此解不可通也。不受命而貨殖自是一事。古者商賈皆官主
之，故《呂氏春秋・上農》篇曰：「凡民自七尺以上屬諸三官，農攻粟，工攻器，賈攻貨。」高誘注曰：「三官，
農、工、賈也。」以周禮考之，質劑掌於官，度量純制掌於官，貨賄之𢈢節掌於官，下至春秋之世，晉則絳之
富商韋藩木楗以過於朝，鄭則商人之一環必以告君大夫，蓋猶皆受命於官也。若夫不受命於官，而自以
其財市賤鬻貴，逐什一之利，是謂不受命而貨殖。《管子・乘馬》篇曰：「賈知賈之貴賤，日至於市而不爲
官賈。」此其濫觴歟？蓋不屬於官即不得列於太宰之九職，故不曰商賈而曰貨殖。子貢以聖門高第，亦
復爲之，陶朱、白圭之徒，由此起也。太史公以貨殖立傳，而首列子貢，有開必先，在子貢固不得而辭矣。

攝乎大國之間。

包曰：「攝，迫也。」

樾謹按：攝猶箝也。《說文・竹部》：「箝，籋也。」徐鍇《繫傳》曰：「今俗作鉗。」然則「攝」之通作「箝」猶
「箝」之俗作「鉗」也。《周官・司弓矢職》鄭注曰「并夾，矢箝也」，是箝有夾義。「箝乎大國之間」猶云夾乎
大國之間。包注未得。

鏗爾舍瑟而作。

孔曰：「鏗者，投瑟之聲。」

樾謹按：《說文・攴部》：「敯，堅也，讀若『鏗鏘』。」又《手部》：「搄，撁頭也，讀若『鏗爾舍瑟而作』。」然則
許意以鏗爾之鏗異乎鏗鏘之鏗，鏗鏘以聲言，鏗爾不以聲言。此本與子路「率爾而作」相對。鏗爾者，作

八一八

之貌，非舍瑟之聲。《説文・手部》：「鞏，固也，讀若《詩》『赤烏鞏鞏』。」鞏爾之鞏疑即赤烏鞏鞏之鞏，赤

烏鞏鞏即由鞏之訓固而引申之，當是鎮定之貌。「鞏爾舍瑟」，言鞏鞏然舍

瑟而作也，安詳審慎，與子路之率爾而作氣象不同矣。因其字作「鏗」，説者遂以爲舍瑟之聲。一舍瑟耳，

何必取其聲而形容之乎？《説文》引經每不舉全文，若鏗爾是舍瑟聲，則但云「鏗爾舍瑟」足矣。惟其爲

作之貌，故必連「而作」二字引之也。據《玉篇・手部》引此經作「搶爾」，是顧野王所見《論語》初不作「鏗

鏘」字，何必定以聲言乎？

浴乎沂，風乎舞雩。

包曰：「浴乎沂水之上，風涼於舞雩之下。」

樾謹按：世傳韓昌黎《論語筆解》皆不足采，惟此經「浴」字謂是「沿」字之誤，則似較舊説爲安。風之言放

也。《詩・北山》篇「或出入風議」，鄭箋云：「風，放也。」僖四年《左傳》：「唯是風馬牛不相及也。」《尚書・

柴誓》正義引賈逵注曰：「風，放也。」風與放一聲之轉。「風乎舞雩」者，放乎舞雩也。沿乎沂放乎舞雩，

猶《孟子》曰「遵海而南放乎琅邪」矣。

克己復禮爲仁。《顏淵》

馬曰：「克己，約身。」孔曰：「復，反也。身能反禮則爲仁矣。」正義曰：「此注克訓爲約。劉炫云：克訓勝

也，己謂身也。身有嗜慾，當以禮義齊之。嗜慾與禮義戰，使禮義勝其嗜慾，身得歸復於禮，如是乃爲

仁也。」

樾謹按：孔注訓克爲能，是也。此當以「己復禮」三字連文，「己復禮」者，身復歸復於禮也。能身復禮卽爲仁矣，故曰「克己復禮爲仁」。下文曰：「一日克己復禮，天下歸仁焉。爲仁由己，而由人乎哉？」必如孔注，然後文義一貫。孔子之意，以己與人對，不以己與禮對也。正義不能申明孔注，而漫引劉説以申馬注約身之義，而經意遂晦矣。昭十二年《左傳》因楚靈王不能自克，而引仲尼曰：「古也有志，克己復禮仁也，信善哉！」則正訓克爲勝。左氏晚出，先儒致疑，凡此之類皆不足據。

君子敬而無失。

正義曰：「君子但當敬慎而無過失。」

樾謹按：「失」當讀爲「佚」。《周官・大宗伯》鄭注「以防其淫失」，《釋文》曰：「失，司馬本作佚。」是失與佚通。言君子敬而無敢佚樂也。敬而無佚與恭而有禮對文，無佚申言敬，有禮申言恭也。若過失，則敬與恭皆不可有，不得專屬之敬矣。《莊子・徐無鬼》篇「若卹若失」，《釋文》曰：「失，本亦作佚。」

文猶質也，質猶文也，虎豹之鞹，猶犬羊之鞹。

孔曰：「虎豹與犬羊別，正以毛文異耳。今使文質同者，何以別虎豹與犬羊邪？」

樾謹按：四句一氣相屬，虎豹之鞹猶犬羊之鞹，正申明文猶質也，質猶文也之意。蓋虎豹所以有文，犬羊所以無文者，以其毛也，若以鞹而論，則一而已矣。文質之異，異乎其在外者也，至其中之所存，如君臣之主敬，父子之主恩，不以文而有加，不以質而有損也。故曰「文猶質也，質猶文也，虎豹之鞹，猶犬羊之鞹」。孔解上二句未得其義，故并下二句而失之。

主忠信，徙義。

包曰：「徙義，見義則徙意而從之。」

樾謹按：「主忠信」謂所主者必忠信之人，如孔子主司城貞子之比，說已見《學而》篇矣。至包氏以「徙義」爲徙意從之，其說迂曲，殆非也。「徙」當爲「從」。《述而》篇「聞義不能徙」，阮氏《校勘記》曰「高麗本作從」，是其證矣。所主者必忠信，所從者必義，是謂崇德。主忠信、從義皆以交際言，故下文辨惑亦舉愛惡明之。孔子所言，皆待人接物之道。後儒陳義雖高，未見及此矣。

慮以下人。

馬曰：「其志慮常欲以下人。」

樾謹按：《廣雅·釋訓》曰：「無慮，都凡也。」《漢書·食貨志》曰「天下大氐無慮皆鑄金錢矣」，無慮與大氐同，古人自有複語耳。亦或止言慮，《賈誼傳》「慮無不帝制而天子自爲者」，慮卽無慮，亦猶大氐也。「慮以下人」之「慮」乃「無慮」之「慮」，言察言觀色，大氐以下人也。馬以志慮説之，非是。《大玄·玄瑩》篇「故君子内正而外馴，每以下人」，其句法卽本之此。

先事後得。

孔曰：「先勞於事，然後得報。」

樾謹按：《爾雅·釋詁》：「事，勤也。勤，勞也。」然則「先事」猶先勞也。《禮記·儒行》篇「先勞而後祿」，鄭注曰：「勞，猶事也。」彼文勞與祿對，故勞當訓爲事，猶云事君敬其事而後其食也。此文事與得對，則

事當訓爲勞，猶云先難而後獲也。事與勞義本得通。孔不知事之卽爲勞，而云先勞於事，則「勞」字轉爲

增出矣。

先之勞之。《子路》

孔曰：「先導之以德，使民信之，然後勞之。」

樾謹按：「先之勞之」四字作一句讀，猶《陽貨》篇曰「使之聞之」，不得因有兩「之」字而分爲二事也。

《詩·緜蠻》篇「爲之載之」，《孟子·滕文公》篇「與之食之」，句法皆與此同。「先之勞之」謂先民而任其勞

也。天子親耕，后親蠶之類，皆其事矣。孔謂先導之以德，然後勞之，似於文義未合。下文子路請益，而

告以無倦，蓋先任其勞則易倦，故戒之也。

始有曰苟合矣，少有曰苟完矣，富有曰苟美矣。

正義曰：「家始富有，不言己才能所致，但曰苟且聚合也。又少有增多，但曰苟且完全矣。富有大備，但

曰苟且有此富美耳。」

樾謹按：《論語》「苟」字如「苟有用我者」、「苟正其身矣」，正義竝曰：「苟，誠也。」此「苟」字義亦當同。始

有之時，未必合也，荆則曰誠合矣；少有之時，未必完也，荆則曰誠完矣；富有之時，未必美也，荆則曰誠

美矣，故曰「善居室」。正義不得其旨，誤以苟且釋之。苟且富美義不可通，因又加「有此」二字，亦可見其

說之未安矣。又按：正義以合爲聚合，非是。合猶足也。《孟子·梁惠王》篇「是心足以王矣」，下文曰

「此心之所以合於王者何也」，上言足，下言合，文異而義同。蓋合與給通。《説文·糸部》：「給，相足

也。」始有之時，或時匱乏，未能給足，而荆之意已以爲足也。邢氏但知合之訓聚，而不知合有足義，由未

達段借之旨耳。

亦可以勝殘去殺矣。

王曰：「勝殘，殘暴之人使不爲惡也。去殺，不用刑殺也。」

樾謹按：殺與虐義同，故《尚書·呂刑》篇「惟作五虐之刑曰法」，《墨子·尚同中》篇作「唯作五殺之刑曰

法」。宣十五年《左傳》「酆舒爲政而殺之」，《潛夫論·氏姓》篇作「酆舒爲政而虐之」，竝其證也。「勝殘去

殺」者，勝殘去虐也，言善人爲邦百年，則殘虐之事可以勝而去之也。勝殘、去殺實止一義，分而爲二，轉

非經旨。

吾黨有直躬者。

孔曰：「直躬，直身而行。」《釋文》曰：「躬，鄭本作弓，云直人名弓。」

樾謹按：鄭説是也，躬、弓古通用耳。若以直躬爲直身而行，則孔子亦當云「吾黨之直躬者」。下文無躬

字，知躬是人名也，因其直而名之曰直躬，猶因其狂接輿而名之曰狂接輿，殆楚語有然歟？至《廣韵》謂直姓

出楚人直躬之後，則又不然。躬是其人之名，直非其人之姓也。

不可以作巫醫。

正義曰：「巫主接神治邪，醫主療病。」

樾謹按：《楚詞·天問》篇曰：「化爲黃熊，巫何活焉？」王逸注曰：「言鯀死後化爲黃熊，入於羽淵，豈巫

醫所能復生活？」是巫醫古得通偁。此云「不可以作巫醫」，醫亦巫也。《廣雅·釋詁》曰「醫，巫也」，是其

證也。《荀子·王制篇》曰：「相陰陽，占祲兆，鑽龜陳卦，主攘擇五卜，知其吉凶妖祥，傴巫、跛擊之事

也。」蓋古者卜筮之事亦巫祝掌之。《禮記·緇衣》篇：「南人有言曰：『人而無恒，不可爲卜筮。』古之遺言

與？」彼言卜筮，此言巫醫，其義一也。下文引《易》恒卦之辭，又曰「不占而已矣」，皆以卜筮言，與醫不

涉。正義分巫、醫而二之，非古義矣。

求爲後於魯。《憲問》

孔曰：「爲後，立後也。」

樾謹按：爲，有也。「求爲後於魯」者，求有後於魯也。《孟子·滕文公》篇：「將爲君子焉？將爲野人

焉？」趙注曰：「爲，有也。」爲之訓有，古訓有然，詳見王氏引之《經傳釋辭》。

夫如是奚而不喪。

樾謹按：奚而猶奚爲也，言奚爲不喪也。襄十四年《左傳》「射爲禮乎」，《太平御覽·工藝部》引作「射而

禮乎」，《孟子·滕文公》篇「方里而井」，《論語·顏淵》篇正義引作「方里爲井」，竝其證也。

勿欺也而犯之。

孔曰：「事君之道，義不可欺，當能犯顏諫爭。」

樾謹按：能與而古通用。孔氏所據本疑作「能犯之」，故有「能犯顏諫爭」之意。此章之旨，蓋卽信而後諫

之意，未信則以爲謗己，故惟勿欺者能犯之也。孔子論諫曰吾從其諷，本無取乎犯。不得已而犯，必以勿

欺先之，異乎悾悾小丈夫矣。

子貢方人。

孔曰：「比方人也。」

樾謹按：《廣雅·釋詁》曰：「方，正也。」方人猶言正人。《周官·司諫》鄭注曰「諫，猶正也」，「以道正人行」。「子貢方人」即所謂以道正人行者，蓋亦朋友相切直之義。《釋文》曰：「鄭本作謗人。」謗者，言人之過失也。襄十四年《左傳》「庶人謗」，正義曰：「謗，謂言人過失，使在上聞之而自改，亦是諫之類也。」然則方人、謗人，其義不殊。孔以比方釋之，未得其旨。

丘何爲是栖栖者與？

正義曰：「栖栖，猶皇皇也。」

樾謹按：「栖」即「棲」字。《詩·六月》篇「六月棲棲」，毛傳曰：「棲棲，簡閱貌。」下云「戎車既飭」，即承「六月棲棲」而言，是棲棲有整飭之意。字亦通作「萋」。《有客》篇「有萋有且」，傳曰「萋、且，敬慎貌」，箋云：「其來威儀，萋萋且且。」蓋棲、萋並從妻聲。妻之言齊也，故棲棲、萋萋與濟濟同。《文王》篇「濟濟多士」，傳曰：「濟濟，多威儀也。」微生畝見孔子脩飾威儀，疑其以此求悅於人，故曰：「何爲是栖栖者與？無乃爲佞乎？」《晏子春秋·外篇》載晏子之言曰「今孔丘盛聲樂以侈世，飾弦歌鼓舞以聚徒，繁登降之禮，趨翔之節以觀衆」，此即微生畝之意。孔子答之曰：「非敢爲佞也，疾固也。」固謂固陋也。疾固陋，故栖栖，是可得栖栖之義矣。班固《答賓戲》曰「是以聖哲之治，棲棲皇皇，孔席不暖，墨突不黔」，則漢儒已

不達栖栖之義。邢氏承其説而曰「栖栖猶皇皇也」，於是此章之義全失矣。

莫己知，斯己而已矣。

《集解》曰：「此硜硜者徒信己而已，言亦無益。」

樾謹按：荷蕢者之意，以爲人既莫己知，則但當爲己，不必更爲人，故曰「莫己知也，斯己而已矣」。何氏

增出「信」字，轉非其旨。

果哉！末之難矣。

樾謹按：《淮南子·道應》篇「令不果往」，高誘注：「果，誠也。」「果哉末之難矣」猶曰誠哉無難矣。蓋如荷

蕢者之言，視孔子所爲，難易相去何啻天壤？故孔子聞其言而歎之，一若深喜其易者，而甘

爲其難之意自在言外。聖人辭意微婉，初非與之反唇也。何解失之。

闕黨童子將命。

馬曰：「闕黨之童子將命者，傳賓主之語出入。」

樾謹按：此童子自爲其黨之人將命，非爲孔子將命，亦非孔子使之將命也。時闕黨之童子能傳賓主之命也。 正義曰：「此章戒人當行少長

之禮也。闕黨，黨名。童子，未冠者之稱。將命，謂傳賓主之語出入。時闕黨之童子能傳賓主之命也。

或人見其童子能將命，故問孔子曰：「此童子是自求進益之道也與？」孔子答或人言：「此童子非求進益

者也，乃是欲速成人者也」。」邢氏此疏深得此章之旨，蓋孔子見此童子違謙越禮，深以爲非。然則闕黨之

人使童子將命，亦大非孔子之意也。據《荀子‧儒效篇》「仲尼居於闕黨」，是闕黨之地孔子嘗居之，其時適有童子將命一事，故或人以爲問，而孔子答之如此，《論語》特記其言，使人知長少之禮不可越也。後人誤會馬注，以爲孔子實使之，於此章之義全失矣。

君子固窮。 《衛靈公》

樾謹按：《禮記‧哀公問》篇「固民是盡」，鄭注曰「固，猶故也」，是固、故聲近義通。「君子固窮」猶君子故窮，言惟爲君子故窮困也。明君子不妄干求，宜至窮困，正與「亦有窮乎」問意相對。《文選》劉越石《扶風歌》「夫子故有窮」卽本諸此。

立則見其參於前也。

包曰：「立則常想見，參然在目前。」

樾謹按：參字義不可通，如包氏注，則不詞甚矣。「參」當作「厽」。《玉篇》曰：「厽，《尚書》以爲參字。」蓋《西伯戡黎》篇「乃罪多參在上」，古字作「厽」。顧野王所見本尚有作「厽」者，疑其以「厽」爲「參」，故云然，實則作「厽」者是也。《說文‧厽部》：「厽，絫坺土爲牆壁，象形。」《尚書》「參在上」、《論語》「參於前」竝當作「厽」。厽之言絫也。「乃罪多厽在上」，言紂之罪積絫在上也。「立則見其厽於前也」，言見其積絫於前也。且厽本象形字，立則見其厽於前，正聖人立言之精。今作「參」，則古字亡，而古義亦晦矣。

邦無道，則可卷而懷之。

樾謹按：「之」字漢石經作「也」。《後漢書‧周黃徐姜申屠傳序》亦曰：「孔子稱蘧伯玉邦無道，則可卷而

懷也。」是古本如此，當從之。卷之義爲收。《儀禮・公食大夫禮》「有司卷三牲之俎」，鄭注曰：「卷，猶收

也。」懷之義爲歸。《詩・匪風》篇「懷之好音」，《皇矣》篇「予懷明德」，毛傳竝曰：「懷，歸也。」「邦有道則

仕，邦無道則可卷而懷也」，美其有道則出仕，無道則卷收而歸也。今作「卷而懷之」，「之」字何所指乎？

志士仁人。

正義曰：「此章言志善之士、仁愛之人。」

樾謹按：志士即士也。《禮記・緇衣》篇「爲上可望而知也，爲下可述而志也」，鄭注曰：「志，猶知也。」

《楚詞・天問》篇：「師望在肆，昌何志？」王注曰：「言太公在市肆而屠，文王何以志知之也。」是志與知義

同。《列子・湯問》篇「女志疆而氣弱，故足於謀而寡於斷」，張湛注曰：「志謂心智。」蓋志可爲知，故亦可

爲智。《論語》每以仁、知竝言。此云「志士仁人」，猶云知士仁人也。仁者安仁，知者利仁，故有殺身以成

仁，無求生以害仁。正義以爲志善之士，非是。《孟子・滕文公》篇「志士不忘在溝壑，勇士不忘喪其元」，

此「志」字亦當讀爲「智」。《韓詩外傳》載巫馬期之言曰：「吾嘗聞之夫子，勇士不忘喪其元，志士不

忘在溝壑」也。是則孔子本以志士仁人竝稱，與此章同，孟子所引不備耳。趙岐但據《孟子》文爲注，故曰「志

士，守義者也。勇士，義勇者也」，恐非孔子之本意矣。

樂則韶、舞。

注曰：「韶，舜樂也。」

樾謹按：「舞」當讀爲「武」。《周官・鄉大夫》「以鄉射之禮五物詢衆庶，五曰興舞」，《論語・八佾》篇「射

不主皮」馬注引作「五曰興武」。莊十年《左傳》經文「以蔡侯獻舞歸」,《穀梁》作「獻武」,《詩序》《維清》,奏象舞也」。《獨斷》曰:「《維清》,奏象武之所歌也。」皆古人舞、武通用之證。「樂則《韶》、《武》者,則之言法也,言樂當取法《韶》、《武》也。子於四代之樂,獨於《韶》、《武》有盡美之論,雖盡善未盡善微有低昂,然尚論古樂韶之後卽及武,而夏、殷之樂不與焉,可知孔子之有取於武矣。夏時、殷輅、周冕,皆以時代先後爲次。若韶舞專指舜樂,則當首及之。惟《韶》、《武》非一代之樂,故列於後。且時言夏,輅言殷,冕言周,而韶舞又言虞,則非止舜樂明矣。

知柳下惠之賢,而不與立也。

正義曰:「不稱舉與立於朝廷也。」

樾謹按:不與立於朝廷,而但曰「不與立位」,注曰:「故書位作立。立讀爲位,古者立、位同字。古文《春秋經》『公卽位』爲『公卽立』。」然則「不與立」卽不與位,言知柳下惠之賢,而不與之禄位也。上句「竊位」作「位」字,下句「不與位」作「立」字,猶《孟子·公孫丑》篇「有仕於子而子悦之」作「仕」字,「夫士也亦無王命而私受之於子」作「士」字也。

君子疾没世而名不稱焉。

樾謹按:此章言言謐法也。《周書·謐法》篇曰:「大行受大名,細名受細名。」❶ 行出於己,名生於人。」春秋

---

❶ 上「名」字,《周書》作「行」。

時列國大夫多得美謚，細行而受大名，名不稱矣，故孔子言此，明當依周公謚法，不得溢美也。

子曰：「衆惡之，必察焉。衆好之，必察焉。」

王曰：「或衆阿黨比周，或其人特立不群，故好惡不可不察也。」

樾謹按：阿黨比周解衆好必察之意，特立不群解衆惡必察之意，是王肅所據本「衆好」句在「衆惡」句前。《潛夫論·潛歎》篇引孔子曰：「衆好之必察焉，衆惡之必察焉。」蓋漢時舊本如此，今傳寫誤倒耳。《風俗通義·正失》篇引孔子曰「衆善焉必察之，衆惡焉必察之」，雖文字小異，而亦善在惡前，可據以訂正。

知及之，仁不能守之。

樾謹按：《後漢書·班固傳論》引此文作「而不能守之」，視今本爲長。「知及之而不能守之」，謂無仁以守之也。今作「仁不能守」，夫既仁矣，又何不能守之有？此蓋後人據下文改易，而不知其非也。且如下文「不莊以涖之」，若改易其文曰「莊不能涖之」，豈可通乎？當依范氏所引以正其誤。下文言仁能守之，則此文不能守之之由於不仁，其故自見，正古文互見之妙也。

事君敬其事而後其食。

樾謹按：《說文·苟部》：「苟，自急敕也。」敬字從苟爲意，故義亦與苟通。「敬其事」者，急其事也，正與「後其食」相對，猶《禮記·儒行》篇曰「先勞而後祿」矣。

無乃爾是過與？《季氏》

樾謹按：「是」當讀爲「寔」。《爾雅·釋詁》：「寔，是也。」桓六年《公羊傳》曰：「寔來者何？猶曰是人來

也。」是與寘古蓋通用。「無乃爾是過與」猶曰無乃爾寘過與。襄十四年《左傳》曰「吾令寔過」,《國語・晉語》「簡子曰『善,吾言實過矣』」,竝與此經同義。《詩・韓奕》篇鄭箋曰:「趙、魏之東實、寔同聲。」

不患寡而患不均,不患貧而患不安。

樾謹按:寡、貧二字傳寫互易,此本作「不患貧而患不均,不患寡而患不安」。貧以財言,不均亦以財言,財宜乎均,不均則不如無財矣,故不患貧而患不均也。寡以人言,不安亦以人言,人宜乎安,不安則不如無人矣,故不患寡而患不安也。下文云「均無貧」,此承上句言;又云「和無寡,安無傾」,此承下句言。觀「均無貧」之一語,可知此文之誤易矣。《春秋繁露・度制》篇引孔子曰「不患貧而患不均」,可據以訂正。

焉能繫而不食? 《陽貨》

《集解》曰:「吾自食物,當東西南北;不得如不食之物,繫滯一處。」

樾謹按:草木之類,孰是能食者,何獨匏瓜爲不食之物而以取喻耶?食當訓爲用。《易・井》初六「井泥不食」,李鼎祚《集解》引虞注曰:「食,用也。」又《國策・衛策》「食高麗也」,《老子》「而貴食母」高誘、河上公注竝曰:「食,用也。」是食之訓用,乃古義也。又《國語・魯語》曰:「夫苦匏不材於人。」然則匏瓜乃無用於人之物,故孔子言吾非匏瓜,安能繫於一處而不爲世用乎?《文選・登樓賦》:「懼匏瓜之徒懸兮,畏井渫之莫食。」按李氏《集解》引荀爽曰:「三者得正,故曰『井渫』。不得據陰,喻不得用,故曰『不食』。」是井卦爻辭言不食者,其義竝爲不用,古說如此,非獨虞翻説也。王仲宣以匏瓜與井渫不食兩事合用,是固以《周易》之「不食」解《論語》之「不食」矣。

鄉原，德之賊也。

周曰：「所至之鄉，輒原其人情而爲意以待之，是賊亂德也。一曰：鄉，向也，古字同。謂人不能剛毅，而見人輒原其趣嚮，容媚而合之言，此所以賊德也。」

樾謹按：周注迂曲，必非經旨。如何晏說，則與《孟子》「一鄉皆稱原人」之說不合，其義更非矣。「原」當爲「傆」。《説文・人部》：「傆，黠也。」鄉傆者，一鄉中傆黠之人也。《孟子》説鄉原曰「非之無舉也，刺之無刺也」，同乎流俗，合乎污世，居之似忠信，行之似廉絜」，則其人之巧黠可知。孔子恐其亂德，蓋即巧言亂德之意。朱注謂原與愿同，雖視舊說爲勝，然愿自是美名，孔子曰「侗而不愿，吾不知之矣」，則愿固孔子所取也。一鄉皆以爲愿人，當問其果愿與否，安得據絕之爲德之賊？且《孟子》所稱鄉原之行，亦非謹愿者所能爲也。然則讀原爲愿，抑猶未得其字矣。

惡果敢而窒者。

馬曰：「窒，窒塞也。」正義曰：「謂好爲果敢，窒塞人之善道。」

樾謹按：「窒」當讀爲「愇」。《説文・至部》：「窒，塞也。」從至，至而復孫，孫，遁也。《周書》曰：「有夏氏之民叨愇。」今《尚書・多方》篇作「愊」。愊與窒古同字。《周易・損・象傳》「君子以懲忿窒欲」，《釋文》曰：「窒，劉本作愇。」《一切經音義》卷九曰：「窒，古文愇同。」然則《論語》之「窒」猶《尚書》之「愇」，並爲「塞」之叚字。「果敢而塞」者，言果敢而忿戾也。馬訓爲窒塞，正義因以窒塞人之善道足成其義，胥失之矣。

年四十而見惡焉。

樾謹按：此章之旨，自來失之。《子罕》篇曰「四十、五十而無聞焉」，蓋泛論他人，不能爲一概之詞，故曰

「四十、五十」，言或四十，或五十，亦屬辭之常也。此文云「年四十」，則爲據實之言，非泛論矣。竊謂此章

乃夫子自嘆也。《說文·言部》：「誣，相毀也。」古每叚「惡」爲之。《漢書·樊噲傳》「人有惡噲黨於呂氏」，

師古注曰：「惡，謂毀譖，言其罪惡也。」《張禹傳》「數毀惡之」，注曰：「惡，謂言其過惡。」《文選》鄒陽《獄中

上書》曰「蘇秦相燕，人惡之於燕王」，李善注曰：「惡，謂讒短也。」叴是叚「惡」爲「誣」。據《史記·孔子世

家》，孔子年三十五適齊，爲高昭子家臣，以通乎景公。公欲封以尼谿之田，晏嬰不可，孔子斯言殆因此而

發。是時孔子之年固不可考，《麻聘紀年》謂留齊七年，則尼谿之沮或適值四十矣。「其終也已」猶云吾已

矣，夫終與已其義同。蓋孔子先是在魯，不過爲委吏，爲乘田，未得一行其道，及是景公欲用之，是亦行道

之兆也，乃爲晏嬰所讒毀而止，道之不行，於此徵之矣，故發此歎耳。《陽貨》一篇終以孔子此言，正見羣

小專恣，聖道不行，非無意也。其下《微子》篇所記皆仁人失所，及巖野隱淪之士，亦由此語發其端矣。

吾非斯人之徒與而誰與？《微子》

正義曰：「我非天下人之徒衆相親與？而更誰親與？」

樾謹按：兩「與」字竝語詞，猶云吾非斯人之徒邪，而誰邪？其語意自有與斯人相親之意。然讀兩「與」

字爲「相與」之「與」，則於文義未得矣。《釋文》曰「徒與，誰與，竝如字，又竝音餘」，當以音餘爲長。

四體不勤，五穀不分。

樾謹按：「分」當讀爲「糞」，聲近而誤也。《禮記・王制》篇「百畝之分」，鄭注曰「分，或爲糞」，《孟子・萬章》篇作「百畝之糞」，是其證也。兩「不」字竝語詞。《釋魚》曰：「龜左倪不類，右倪不若。」邢疏曰：「不，發聲也。」《爾雅・釋丘》曰：「夷上洒下不湑。」郭注曰「不，發聲」。古人多以「不」爲發聲之詞。《詩・車攻》篇「徒御不警，大庖不盈」，毛傳曰：「不警，警也。不盈，盈也。」《桑扈》篇「不戢不難，受福不那」，傳曰：「不戢，戢也。不難，難也。那，多也，不多，多也。」此類不可勝數。丈人蓋自言，惟四體是勤，五穀是糞而已，焉知爾所謂夫子？若謂以不勤、不分責子路，則不情矣。此二句乃韵語，或丈人引古諺歟？

虞仲。

樾謹按：虞仲不詳何人，舊説以爲仲雍，非也。仲雍在伯夷、叔齊前百餘年，豈當反列其後？且仲雍既君吳，子孫世有吳國，豈得目之爲民？竊疑虞仲乃春秋時虞公之弟。桓十年《左傳》「虞叔有玉」，杜注以爲虞公之弟，虞仲亦其類耳。當時國君之弟每以伯仲繫國稱之，若桓十七年蔡季、莊二年紀季皆是也。虞仲次伯夷、叔齊之後，殆亦讓國之賢公子乎？書傳無徵，宜從蓋闕。顧氏炎武欲改虞仲爲吳仲，恐反失之矣。

君子不施其親。

孔曰：「施，易也。不以他人之親易己之親。」

樾謹按：陸氏《釋文》本「施」字作「弛」，然弛、施古字通用，非有異義也。孔訓施爲易，即用《爾雅・釋詁》

「弛，易也」之訓。《詩》云「豈無他人，不如我同姓」，故戒使不易其親也。有國家者往往任用外戚，疏遠宗支，豈非所謂以他人之親易己之親者乎？不施易自不弛廢，不易之意深，不廢之意轉淺矣。其字或可從《釋文》作「弛」，其義仍當從孔注作「易」，古説未可非也。

百工居肆以成其事。《子張》

包曰：「言百工處其肆則事成。」正義曰：「肆謂官府造作之處也。」

樾謹按：肆者，市中陳物之處，故《周官》有肆長。以肆爲官府造作之處，於古未聞，正義説非也。《周易·説卦傳》「巽爲工」，李鼎祚《集解》引虞翻曰：「爲近利市三倍故爲工，子夏曰工居肆。」然則此「肆」字卽市肆之肆。市中百物俱集，工居於此，則物之良苦，民之好惡無不知之，故能成其事。以譬君子學於古訓，則言之是非，事之得失，無不知之，故能成其道也。邢氏誤解「肆」字，不特臆説無徵，且於喻意不見矣。

執先傳焉？執後倦焉？

包曰：「言先傳業者必先厭倦。」

樾謹按：經文兩「執」字，明分二事，包注并爲一談，非也。先傳對後傳者而言，性與天道，未至其時不得聞，而灑掃應對之事，童而習之，是先傳者也。後倦對先倦者而言，既冠成人，而後弟子之職不復躬親矣，而嚮道而行，忘身之老，俛焉日有孳孳，死而後已，是後倦者也。「執先傳焉？執後倦焉」猶曰有小道焉，有大道焉，故繼之曰「譬之草木，區以別矣」。包氏所解未得經旨。

吾友張也，爲難能也，然而未仁。

包曰：「言子張容儀之難及。」

樾謹按：孔子論仁，多以其易者言之，故曰：「有能一日用其力於仁矣乎？我未見力不足者。」又曰：「可以爲難矣，仁則吾不知也。」然則仁之不在乎難，明矣。子貢問博施於民而能濟衆，何其難也。孔子告之以己欲立而立人，己欲達而達人，何其易也。孔子嘗謂師也過，惟過故爲難能，惟難能故未仁。子游此論極合孔子論仁之旨，非先以容儀難及美之，而後以未仁譏之也。

其生也榮。

孔曰：「故能生則榮顯。」

樾謹按：《國語·晉語》曰「非以翟爲榮」，韋注曰：「榮，樂也。」是古謂樂爲榮。「其生也榮，其死也哀」言其生也，民皆樂之；其死也，民皆哀之也。榮與哀相對，非榮顯之謂。《荀子·解蔽篇》「生則天下歌，死則四海哭」，語意與此相近。

天之曆數在爾躬。《堯曰》

《集解》曰：「曆數，謂列次也。」

樾謹按：《說文》無從日麻聲之字，蓋卽「曆」之異文。《禮記·月令》篇「命宰曆卿大夫至于庶民土田之數」，鄭注曰「曆，猶次也」，與此文「天之曆數」其義正同。彼所曆者，卿大夫至于庶民之數；此所曆者，帝王之數，大小不同，其爲曆次一也。

予小子履，敢用玄牡，敢昭告于皇皇后帝。

孔曰：「履，殷湯名。」

樾謹按：古本《論語》疑無「履」字。《尚書・湯誥》篇正義曰：「鄭玄解《論語》云：『用玄牡者，爲舜命禹事。於時總告五方之帝，莫適用，用皇天大帝之牲。』」又《詩・閟宮》篇正義曰：「《論語》曰『皇皇后帝』。注云：『帝，謂大微五帝。』」以《論語》説舜受終于文祖，宜總祭五帝，是鄭康成以此節連上文「舜亦以命禹」讀之，謂是舜、禹之事。若使有「履」字，則明著湯名，鄭豈容有誤乎？《國語・周語》王子晉説伯禹事曰「皇天嘉之，祚以天下」。韋昭注曰：「祚，禄也。《論語》曰『帝臣不蔽，簡在帝心』是也。」然則韋所見本尚無「履」字，不然正文方説禹事，何取以湯事爲證也？近世學者多疑《論語》孔注是魏、晉閒人僞作，卽此一字，誠有可疑。蓋因墨子引《湯誓》與此文相似，而悟鄭説之非，乃於經文依《墨子》增入「履」字以實其説，其後僞《古文尚書》遂竊此文入《湯誥》篇矣。作僞者轉相師承，遂得縣之日月而不刊，亦非易事也。

尊五美。

正義曰：「當尊崇五者美事。」

樾謹按：五種美事不得以尊崇爲言。「尊」當讀爲「遵」，《方言》：「遵，行也。」「遵五美」言當遵行五美，非尊崇之謂。《後漢書・祭遵傳》「遵美屏惡」，《漢平都相蔣君碑》「遵五進四」，皆用《論語》文，而字正作「遵」，知漢人舊讀固然矣。

出納之吝。

樾謹按：此自言出之咨耳，納則何咨之有？因出納爲人之恒言，故言出而并及納，古人之辭如此。《史記·刺客傳》「多人不能無生得失」，言失而并言得也。《游俠傳》曰「緩急人之所時有也」，言急而并言緩也。此言「出納」，亦猶是矣。

謂之有司。

孔曰：「此有司之任耳，非人君之道。」

樾謹按：《周官·泉府職》「與其有司辨而授之」，鄭注曰：「有司，其所屬吏也。」《儀禮·士冠禮》「有司如主人服」，鄭注曰：「有司，群吏有事者，謂主人之吏所自辟除府史以下也，今時卒史及假吏皆是也。」然則古所謂有司者，至爲卑微，故以從政之君子而得有司之名，卽與謂之虐、謂之暴、謂之賊一律矣。孔注以有司對人君言，非是。子張止問從政，孔子不當以人君之道答之也。有司對有位之君子而言，故曾子告孟敬子亦曰「籩豆之事則有司存」。

群經平議卷三十二

德清俞樾

孟子 一

時日害喪。《梁惠王》

趙岐《章句》曰：「時，是也。日，乙卯日也。害，大也。湯臨士衆誓，言是日桀當大喪亡，我與女俱往亡之。」

樾謹按：趙説與孟子引《書》之意不合。《尚書・湯誓》篇枚傳謂：「衆下比桀於日，曰『是日何時喪？我與女俱亡』」，此説是也。《詩・柏舟》篇毛傳曰：「日，君象也。月，臣象也。」《東方之日》篇傳曰：「君明於上，若日也。臣察於下，若月也。」「時日害喪，予及女偕亡」，此兩句乃韻語，疑是夏民歌謡之辭，故與《詩》義相近也。《廣雅・釋詁》「日，君也」，《韓非子・内儲説》曰「吾聞見人主者夢見日」，哀六年《左傳》「有雲如衆赤鳥，夾日以飛。周大史曰：其當王身乎」，竝古人以日喻君之證。文七年《傳》賈季稱趙衰冬日之日，趙盾夏日之日，亦以古卿大夫有土者皆有君道，故以日爲喻也。必謂桀嘗自比於日，因以目之，抑又未達古義矣。

五畝之宅。

《章句》曰：「廬井、邑居各二畝半以爲宅，冬入保城二畝半，故爲五畝也。」

樾謹按：《漢書·食貨志》云：「六尺爲步，步百爲畝，畝百爲夫，夫三爲屋，屋三爲井，井方一里，是爲九夫。八家共之，各受私田百畝，公田十畝，是爲八百八十畝，餘二十畝以爲廬舍。春令民畢出在野，冬則畢入於邑。」此趙氏所本也。然廬井、邑居各二畝半，則已五畝矣，又云「冬入保城二畝半」，義殊可疑。趙氏此注，或有奪誤。詳繹《孟子》本文，「五畝之宅」本連「樹之以桑」爲義，若果有在野在邑之分，則蠶時民方畢出在野，但於在野之二畝半宅樹桑已足供蠶事矣。必并在邑之二畝半宅樹之，自野至邑，往返采取，雖丈夫猶病其勞，豈婦女所能勝乎？疑《孟子》之意，但爲一夫之宅合有五畝，此五畝之宅自在一處，各近其所受之田，冬夏可居。必如班《志》之說，謂冬入夏出，而於其中之百畝各私二畝半以爲宅，則安得云方里而井，井九百畝，其中爲公田，八家皆私百畝乎？是班《志》與《孟子》本是不合。孔穎達於《毛詩·甫田》篇正義已詳辨之，學者必據以說《孟子》「五畝之宅」不可通也。

申之以孝悌之義。

《章句》曰：「申重孝弟之義。」

樾謹按：申乃約束之義。《漢書·文帝紀》「勒兵申教令」，《元帝紀》「公卿其明察申敕之」，師古注竝以申爲約束。《說文·申部》：「申，神也。七月陰气成，體自申束。從臼自持也。」是申之訓束，乃其本義。「申之以孝弟之義」，謂以孝弟之義約束之也。《荀子·仲尼篇》「疾力以申重之」，楊倞注曰：「申重，猶再

三也。」趙氏以説此經申字，雖亦可通，然不如訓爲約束更合古義矣。

寡人願安承教。

《章句》曰：「顧安意承受孟子之教令。」

樾謹按：安乃語詞，猶焉字也。《漢書·史丹傳》「安所受此語」，師古注曰：「安，焉也。」《文選·東京賦》「獨微行其焉如」，薛注曰：「焉，言安也。」是安、焉二字古通用。《論語·子罕》篇「焉知來者之不如今也」，《新序·雜事》篇引此焉作安；《季氏》篇「則將焉用彼相矣」，《漢書·王嘉傳》引此焉作安，竝其證也。「願安承教」，猶云願焉承教。趙氏訓爲安意，是誤以語詞爲實字矣。

願比死者一洒之。

孫奭正義曰：「今願爲死不惜命者一洗除之。」

樾謹按：上云「寡人恥之」，恥以生者言，則洗除亦當以生者言，不得云爲死者洗除也。此「比」字當訓爲近，「比死」猶近死也。《管子·勢》篇「動靜者比於死」，尹知章注曰「比，近也」，與此文「比死」同義。《國語·齊語》「夫管夷吾射寡人中鈎，是以濱於死」，韋昭注曰：「三君皆云濱近也。」比與濱一聲之轉，義亦相通。據《竹書紀年》，惠王立三十六年改元，又十六年而卒。孟子至梁，實在惠王後元之十五年。次年惠王卒，襄王立，孟子一見即去梁矣。説本顧氏炎武《日知錄》及江氏永《群經補義》。然則惠王是時在位已五十一年，其年之老可知。「比死者」蓋其自稱之辭，猶云垂死之人。「顧比死者一洗之」，若曰願及其未死之時一洗除其恥耳。

吾不忍其觳觫若，無罪而就死地。

正義曰：「我不忍其牛之恐慄，若無罪之人而就於所死之地者也。」

樾謹按：此當於「若」字絕句。若猶然也，「吾不忍其觳觫然」者，吾不忍其觳觫然也。《詩·猗嗟》篇「抑若揚兮」，正義曰：「抑然而美者，其額上揚廣兮。」以「抑然」釋「抑若」，可證「觳觫若」之即「觳觫然」矣。

正義以若字屬下讀，未得其義。「無罪而就死地」，即以羊言，❶非以人爲比也。

此心之所以合於王者何也？

《章句》曰：「寡人雖有是心，何能足以王也？」

樾謹按：合猶足也。上文孟子曰「是心足以王矣」，故王問曰「此心之所以合於王者何也」？《說文·糸部》：「給，相足也。」合與給通，趙氏正以足字釋合字。各本作「何能足以合於王也」，此不得其義而妄增，阮氏《校勘記》已訂正矣。

明足以察秋豪之末。

樾謹按：《尚書·堯典》「鳥獸毛毨」，枚傳曰「毨，理也。毛更生整理」，《周官·司裘》疏引鄭注同。是鳥獸之毛皆生於秋，故夏言希革，秋言毛毨，明夏時毛羽脫落，至秋更生也。新生之毛其細可知，故古人言細必稱秋豪。趙氏未說秋豪之義，《集注》謂毛至秋而末銳小，未詳其意。

❶ 「羊」，《春在堂全書·校勘記》及《孟子》作「牛」。

以御于家邦。

《章句》曰：「御，享也，享天下國家之福。」

樾謹按：「御」通作「訝」，訝之言逆也。《周官・小宰職》「逆邦國都鄙官府之治」，鄭注曰：「逆，迎受之。」又《司會職》「以逆邦國都鄙官府之治」，注曰：「逆，受而鉤考之。」此經「御」字毛傳訓迎而鄭箋訓治，猶逆之治卽「受而鉤考之」之謂。《周官・鄉師職》「以逆其役事」，注曰：「逆，猶受也。」御之徑訓爲享，猶逆之徑訓爲鈎考也。趙氏此注又訓爲享，則卽「迎受之」之謂。僖二十三年《左傳》「保君父之命而享其生祿」，杜注曰：「享，受也。」又哀十五年《傳》「其使終饗之」，注曰：「饗，受也。」享、饗古通用，是享有受義。《儀禮・聘禮》「眾皆逆命不辭」，鄭注曰：「逆，猶受也。」御之徑訓爲享，猶逆之徑訓爲受也。毛公訓御爲迎，自足包此二義，鄭、趙皆就毛義引申之耳。《尚書・顧命》篇「御王册命」，正義引鄭注曰「御，猶嚮也」，蓋亦卽迎受之義而引申之，相迎故相嚮也。御之爲享，正猶御之爲嚮，古訓引申，往往如此。後人不知古訓之例，而於此等處莫措一辭矣。又按：上文「刑於寡妻」，趙氏曰「刑，正也」，《詩》《釋文》引《韓詩》亦曰「刑，正也」，是趙所用者《韓詩》之義。御之爲享，其亦韓義乎？

抑王興甲兵，危士臣，構怨於諸侯，然後快於心與？

《章句》曰：「抑，辭也。」

樾謹按：抑之爲辭，皆承上意而進之。《國語・周語》曰：「敢問天道乎？抑人故也？」《大戴禮・五帝德》篇曰：「請問黃帝者人邪？抑非人邪？」竝其例也。此文前無所承，則與他處用「抑」字者不同。

孟子問王抑亦如是乃快邪？

「抑」當讀爲「意」。古抑、意二字通，《論語・學而》篇「抑與之與」，漢石經「抑」作「意」，是其證也。《戰國策・秦策》曰：「誠病乎？意亦思乎？」《荀子・修身篇》曰：「將以窮無窮逐無極與？意亦有所止之與？」竝是借意爲抑。《漢書・敘傳》曰：「其抑者從橫之事復起於今乎？」此則借抑爲意，「抑者」猶「意者」也。《文選・長楊賦》「意者以爲事罔隆而不殺，物靡盛而不虧」《魯靈光殿賦》「意者豈非神明依憑支持以保漢室者也」。李善注竝引《廣雅》曰：「意，疑也。」《漢書・文三王傳》「於是天子意梁」師古注曰：「意，疑也。」蓋意之言疑，故爲擬度之辭。《禮記・禮運》篇曰：「聖人耐以天下爲一家，以中國爲一人者，非意之也。」《管子・小問》篇曰：「君子善謀而小人善意，臣意之也。」「意王興甲兵，危士臣，搆怨於諸侯，然後快於心與」猶曰意者王以此爲快與？《戰國策・魏策》曰「臣願以鄙心意公」，此云「意王」，猶彼云「意公」矣。

天下之欲疾其君者，皆欲赴愬於王。

樾謹按：兩欲字異義。上欲字猶好也，《孟子》書每以欲惡對言。《離婁》篇「所欲與之聚之，所惡勿施爾也」，《告子》篇「所欲有甚於生者，所惡有甚於死者」，所欲卽所好所惡也。《中論・夭壽》篇引《孟子》「所欲有甚於生者」正作「所好」，是好與欲義同。此文欲疾二字平列，欲其君者謂好其君者也，疾其君者謂惡其君者也。天下之好惡其君者莫不來告，故曰「皆欲赴愬於王」。

是罔民也。

《章句》曰：「是由張羅罔以罔民者也。」

樾謹按：趙氏以「罔」爲「羅罔」之「罔」，非經意也。《爾雅·釋言》：「罔，無也。」此「罔」字當訓爲無。上文言「無恒產而有恒心者，惟士爲能」，然則無恒產而不陷於罪、得免於刑者，惟士而已，民則皆不免矣，故曰「是罔民也」，猶言是無民也，正與「惟士爲能」相應。民爲邦本，無民則不可以爲國，故下文曰「焉有仁人在位，罔民而可爲也」，蓋言無民之不可爲國也。

樂酒無厭謂之亡。

《章句》曰：「樂酒無厭，若殷紂以酒喪國也，故謂之亡。」

樾謹按：如注義，則從獸無厭，若羿之好田獵，亦豈不足以亡國，何不并謂之亡而謂之荒乎？趙說「亡」字非其義矣。亡當讀爲芒。《荀子·富國篇》「芒軔僈楛」，楊倞注曰：「芒，昧也，或讀爲荒。」是荒芒義通，故《淮南子·詮言》篇曰：「自身以上，至於荒芒爾遠矣。」然則荒芒猶流連也，流連雙聲，荒芒疊韵，皆古之恒言。「從流下而忘返謂之流，從流上而忘反謂之連」，連與流一也，「從獸無厭謂之荒，樂酒無厭謂之芒」，芒與荒亦一也。《爾雅·釋天》「大歲在巳曰大荒落」，《史記·麻書》作「大芒落」，是荒芒同義之證。流連、荒芒亦猶上文遊豫之比，趙氏曰「豫亦遊也」，斯爲通論。必逐字爲之說，則轉失之泥矣。

關市譏而不征。

《章句》曰：「關以譏難非常不征稅也。」

樾謹按：趙氏所據本疑無「市」字，故注文言關不言市也。《禮記·王制》篇「古者公田藉而不稅，市廛而不稅，關譏而不征，林麓川澤以時入而不禁」，與此經大略相同。但此經無「市廛而不稅」一句，文不備耳，

不當并關市爲一也。《荀子·王制篇》「關市幾而不征」,《國語·齊語》「使關市幾而不征」,《管子·小匡》

篇同,是他書固有有「市」字者,後人據以增入《孟子》耳。《公孫丑》篇「關譏而不征」,注曰「文王治岐,關

譏而不征」,以後證前,益知此經「市」字之爲衍文矣。或疑彼經文止言關,故趙氏引此經亦去「市」字,此

不然也。彼經上有「市廛而不稅」一節,❶若此經有「市」字,則趙氏亦可引以爲證。乃彼注但曰古者無

征,而不據文王治岐爲説,然則此經之無「市」字明矣。文十一年《左傳》正義引彼經亦作「關市譏而不

征」。夫彼分關市爲二節,一則曰「天下之商皆悦而願藏於其市矣」,一則曰「天下之旅皆悦而願出於其路

矣」,其不容并而爲一,更屬顯然。乃孔穎達引彼經亦誤增入「市」字,蓋關市連文,他書屢見,遂牽連而書

之。此經「市」字之衍,亦猶是矣。

諸侯多謀伐寡人者,何以待之?

樾謹按:《爾雅·釋詁》「止,待也」《論語·微子》篇「齊景公待孔子」,《史記·孔子世家》作「止孔子」,是

待與止同義。宣王問「何以待之」,猶言何以止之,故孟子告之曰:「置君而後去之,則猶可及止也。」

臣聞七十里爲政於天下者,湯是也。

正義曰:「孟子答齊宣,以爲臣嘗聞有地但方關七十里而能爲王政於天下者。」

樾謹按:政與正古通用,此「政」字當讀爲「正」。《爾雅·釋詁》:「正,長也。」「爲正於天下」者,爲長於天

❶ 「稅」,原作「征」,今據阮刻《禮記正義》改。

下也，言湯由七十里而爲天下長也。《呂氏春秋·君守》篇「既静而又寧，可以爲天下正」，高誘注曰：「正，主也。」此言「爲政於天下」，彼言「爲天下正」，文異而義同。正義謂「爲王政於天下」，失之矣。

行乎國政，如彼其久也。《公孫丑》

《章句》曰：「行政於國，其久如彼。」

樾謹按：注義非也。閔二年《左傳》「君與國政之所圖也」，《史記·晉世家》集解引賈逵注曰：「國政，正卿也。」蓋古謂官長爲正，昭二十九年《左傳》「木正曰句芒」，杜注曰：「正，官長也。」故樂官之長曰樂正，酒官之長曰酒正，其義並同。國之正卿當謂之國正，因正政古通用，故亦謂之國政耳。「行乎國政」者，管仲在齊，其位在高國之下，而其號令能行乎高國。定十年《公羊傳》曰「孔子行乎季孫，三月不違」，何休《解詁》曰：「孔子仕魯，政事行乎季孫，三月之中不見違過。」管仲之行乎高國，與孔子之行乎季孫，皆所謂行乎國政也。得君與行乎國政正相對，得君，見桓公不疑，行乎國政，見高國不忌。以爲行政於國，失之矣。

夫子加齊之卿相，得行道焉。

《章句》曰：「加，猶居也。」

樾謹按：趙訓加爲居，非也。「加」當讀爲「假」，「夫子假齊之卿相得行道焉」，言假藉其位以行道也。《詩·假樂》篇「假樂君子」，《禮記·中庸》篇引作「嘉樂君子」。嘉字從加得聲，「嘉」得通「假」，則「加」亦得通「假」矣。

雖由此霸王不異矣。

《章句》曰：「雖用此臣位而輔君行之，亦不異於古霸王之君矣。」

樾謹按：公孫丑之意，謂夫子假藉齊卿相之位以行其道，卽與由此而霸、由此而王不異，正極見其事之難也，故曰「如此則動心否乎」？趙氏説此不明，近解謂亦不足怪，則轉不見其任大而責重矣。

孟施舍之所養勇也。

《章句》曰：「孟，姓。舍，名。施，發音也。」

樾謹按：孟施，字也；舍，名也，連言之曰「孟施舍」，猶《左傳》稱「孟明視」矣。《周官·小司徒職》曰「凡征役之施舍」，《鄉師職》曰「辨其可任者與其施舍者」，然則名舍而字孟施，名字正相應。趙注以「施」爲發聲，義旣未安。近人或以「孟施」爲姓、或以「施舍」爲名，胥失之矣。

今夫蹶者趨者。

《章句》曰：「蹶者相動。今夫行而蹶者，氣閉不能自持，故志氣顛倒。顛倒之間，無不動心而恐矣。」

樾謹按：趙氏之意，謂蹶由於趨。「今夫蹶者趨者」，猶云大凡顛蹶之人，皆是趨走之人。蓋人之疾趨而行，氣使之也，而至於顛蹶，則無不動心而恐矣，故曰「是氣也而反動其心」。若以蹶者趨者平列，則其義轉不見矣。

必有事焉而勿正。

《章句》曰：「言人行仁義之事，必有福在其中。而勿正，但以爲福，故爲仁義也。」

樾謹按：趙氏《章句》自此文至「不當急欲求其福」「福」字凡十見。翟氏灝《孟子考異》曰：「古文『福』但

作『畐』」中筆引長形便類『事』。舊本《孟子》當作『必有畐焉』，故趙氏注之如此。今按：《説文・畐部》

「畐，滿也」，立非「福」古文。若是「畐」字不當作「福」讀之，疑趙本直是「福」字耳。後人不達「福」字之

義，見趙注首云「言人行仁義之事」，遂改經文爲「必有事」，初非因形似而誤也。夫漢人《孟子》注存於今

者，止趙岐一家，而又非若他經之尚有漢石經殘碑可以取證一二，則經中文字，舍趙氏將何從？趙氏作

「福」，乃必舍而從作「事」之本，非治經者所敢出矣。雖然，其字是也，其義未必然也。請據趙本之字，以

求《孟子》之旨。「福」當讀爲「副」。《廣雅・釋詁》「貳、福、盈也」，是副貳字古或作「福」也。王氏念孫《疏

證》引顏氏《匡謬正俗》之説，謂當作「福」。然「副貳」之義，本從副之爲判而引申之。《説文》無「福」字，疑

卽「幅」之俗字，變從巾而從衣，猶「帬」之或爲「裠」、「常」之或爲「裳」。《漢尹宙碑》「位不福德」《魏大

饗碑》「以福海内欣戴之望」，並是叚「幅」爲「副」，初非「副貳」之本字，未可據顏氏之誤説以改《廣雅》之原

文也。此經云「必有福焉而勿正」，猶云必有副焉而勿正。《周官・太宰職》曰「建其正，立其貳」，副卽貳

也，故與正相對。何謂副？上文所謂「配義與道」是也。孟子之養氣，其本在乎持志。惟能持志以帥氣，

然後能自反而知其縮與不縮。縮卽直，直卽義，故趙氏曰：「縮，義也。」義則往，不義則不往，此孟子之養

氣所以同符曾子，而異乎孟施舍之守氣也。是故氣必配道與義，然後可謂善養吾浩然之氣，此「必有副

焉」之説也。若無所配，卽無所副，無所副，則氣爲正矣。於是不問其縮與不縮，而徒曰「雖千萬人吾往

矣」，是孟施舍所爲能無懼者也。不知持志而但知守氣，是暴之也，非養之也，終歸於餒而已矣。後之學

者曰誦《孟子》之書而不得其旨，慕養氣之虛名而不知有持志之實學，於是君臣朋友之間，皆欲以氣勝之。

彼自謂吾善養吾浩然之氣也，而不知其爲孟施舍之守氣也，豈無忠孝廉節之事足以驚世駭俗？要而論

之，終是以氣爲主，義特襲而取之耳，非集義而生之謂也。集之言合也，合之言配也。集義卽配道與義。

配道與義，卽必有副焉而勿正。因訂一字之譌而通全章之義，學者慎毋束古注於高閣也。下文云「心勿

忘勿助長焉」，正示人以養之之法。忘之云者，不耘苗者也，告子之「不得於言，勿求於心；不得於心，勿

求於氣」近之矣。其流獎極於莊、列之槁木死灰，佛氏之無心意觸發而止，助之云者，揠苗者也。如黝、舍

之徒固不足道，乃有如孔子所謂匹夫匹婦之爲諒，孟子所謂悻悻小丈夫者，則三代以下，雖學士大夫多中

斯病，而人倫之變，從此多矣。故孟子以宋人一喻，極言助長之不可，而終之曰「非徒無益，而又害之」。

然則宜何如而可以無害？曰：以直養則無害。以直養者，以義養也。直卽義也，趙氏曰「養之以義」是

也。養之以義，故能集義而生，是卽配道與義之說，亦卽必有副焉之說。必如是而後無害，必如是而後謂

之善養。學者知此，則知養氣必先持志，可使志動氣，不可使氣動志。而不得於心，勿求於氣之可，不得

於言，勿求於心之不可，亦無不可見矣。

智，足以知聖人，汙，不至阿其所好。

《章句》曰：「宰我等三人之智，足以識聖人。汙，下也。言三人雖小汙不平，亦不至阿其所好以非其事，

阿私所愛而空譽之。」

樾謹按：「智」與「汙」對文。《萬章》篇曰：「曾不知以食牛干秦穆公之爲汙也，可謂智乎？」足見汙者不

智，智者不汙矣。此文當於「智」字、「汙」字略逗之，言三子者果明智邪？則足以知聖人。或汙下邪？

亦不至阿其所好。經文本極分明，趙氏不得其旨。宋蘇洵有《三子知聖人汙論》，則并失其讀矣。

無敵於天下者，天吏也。

《章句》曰：「天吏者，天使之也。爲政當爲天所使，誅伐無道，故謂之天吏也。」阮氏《校勘記》出「天使之

也」四字，曰：「閩、監、毛三本同。廖本、孔本、韓本、考文古本無『之』字，是也。」

樾謹按：趙氏所據經文疑本作「無敵於天下者天使也」，故釋之曰「天使者，天使之也」。若經文是「吏」

字，何必定以「使」字說之乎？「沈同問燕可伐」章「爲天吏則可以伐之」，趙氏曰「天吏，天所使」，疑經文

亦本作「天使」，故釋之曰「天使，天所使」。彼不直云「天使」而曰「天所使」，則此不直曰「天使」而曰「天使

之」，正趙氏之本文，非也。「天使」之稱，蓋古人恒言。宣三年《左傳》：「夢天使

與己蘭，曰：『余爲伯鯈。余，而祖也。』」成五年《傳》：「嬰夢天使謂己：『祭余，余福女。』」此兩《傳》竝有

「天使」之文，足徵古有此稱，故孟子從俗而言也。若謂《左傳》「天使」字不連讀，乃「天，使人與己蘭」，

「天，使人謂己」，則既云「天」矣，何以又云「余爲伯鯈」？是知「天使」二字必當連讀。《孟子》兩言「天

使」，即可以《左傳》之「天使」說之。古使、吏二字亦或通用。襄三十年《左傳》「使走問諸朝」，《釋文》曰

「使」，本作「吏」。是其證也。古本《孟子》蓋亦有作「吏」者，乃「使」之叚字。後人不曉「天使」之語，改從

作「吏」之本，而又改趙注以從既改之經，於是《孟子》原文不可復見，并「天使」之古語亦因以失傳矣。

巫匠亦然。

群經平議

《章句》曰：「巫欲祝活人。」

橄謹按：巫卽醫也。《楚辭·天問》篇：「化爲黃熊，巫何活焉？」王逸注曰：「言鯀死後化爲黃熊，入於羽淵，豈巫醫所能復生活？」是巫醫古得通稱。蓋醫之先亦巫也，《説文·酉部》曰「古者巫彭初作醫」是也，故《廣雅·釋詁》曰「醫，巫也」。巫之與醫，對文則別，散文則通。孟子所謂巫，止是醫耳。疾病自以醫爲主，豈有舍醫而專言巫者？趙注未得。

善與人同，舍己從人。

《章句》曰：「能舍己從人，故爲大也。於子路與禹同者也。」

橄謹按：趙氏之意，似以「人」字卽指子路與禹言，殊非經旨。「善與人同，舍己從人」兩句共爲一義。蓋天下之理容有兩可者，己與人各執一理而各成一善，所謂「善與人同」也。人情每是己而非人，雖明知他人之善，必不肯舍而從之，執一而不能通，斯狹矣。惟舜不然，善與人同，則舍己之善而從人之善，此大舜所以爲大也。

寡人如就見者也。

橄謹按：「者也」猶云「者邪」，古也、邪二字通用，陸德明《經典釋文·序》所謂「也邪無別」是也。齊王此言，蓋設爲商度之辭。若曰寡人如就見者邪？則有寒疾不可以風，故欲孟子來朝而見之也。

不得已而之景丑氏宿焉。

《章句》曰：「孟子迫於仲子之言，不得已而心不欲至朝，因之其所知齊大夫景丑之家而宿焉。」正義曰：

八五二

「以其心不欲朝王，故往景丑氏家宿而已。」

樾謹按：孟子既不欲朝王，則竟歸其家可矣。何必之景丑氏宿乎？蓋宿於景丑氏者，將朝王而宿於景丑氏者，便於造朝也。古者卿大夫皆受宅於司里，與公宮相近。《國語·魯語》「文公欲弛孟文子之宅」又「欲弛郈敬子之宅」，韋昭注曰「公欲毀之以益宮」，則其近於公宮可知矣。孟文子之言曰：「夫署，所以朝夕虔君命也。臣立先臣之署，服其車服，爲利故而易其次，是辱君命也。」韋注曰「言朝夕者，不宜遠也。」郈敬子之言曰：「先臣惠伯以命於司里，今命臣更次於外，爲有司之以班命事也，無乃違乎！」韋注曰：「言先臣惠伯受命於司里，居此宅也。」以是二傳考之，古卿大夫皆受宅於司里，如後世賜第之比，其宅必近公宮。哀十一年《左傳》「公築臺臨黨氏」，杜注曰：「黨氏，魯大夫。」此黨氏之家亦必與公宮近，故公築臺得臨之。莊三十二年《傳》「季氏使從於朝，俟於黨氏之溝」，杜注曰「黨氏溝，朝中地名」，卽此黨氏矣。孟子之宿於景丑氏，蓋以景丑氏家距朝不遠，故孟子宿此以爲明日造朝之地。或孟子每朝王，恒主其家，未可知也。《儀禮·鄉飲酒禮》篇賈疏曰「孟子不肯朝，後不得已而朝之，宿於大夫景丑氏之家」，是賈公彥正以「不得已」爲不得已而朝王。但其必宿於景丑氏之故，則自來未見及耳。又按：孟仲子之意，欲使孟子卽以是日造朝。而孟子必宿於景丑氏，待明日乃朝者，蓋其不得已而朝也，所以踐仲子之言。而不以是日造朝，則仍所以明不可召之義。且仲子固言之矣，曰「吾不識能至否乎」，則是日不造朝，於仲子仍無失言之咎也。

養弟子以萬鍾。

《章句》曰：「使養教一國君臣之子弟，與之萬鍾之禄。」

樾謹按：如趙注，則「養弟子」三字自爲句，「以萬鍾」三字不成句矣。此當以六字爲句。蓋齊王之意，以爲孟子即不欲仕，吾將用其弟子中賢者，養之以萬鍾之禄，使孟子得以安居齊國，而諸大夫國人有所矜式也。孟子仕齊，其禄十萬，蓋以孟子大賢，故優隆之。至其弟子，則萬鍾足矣。若猶是孟子一人，而今昔縣殊如此，豈齊王所能出之口哉？然萬鍾之禄已自不少，陳戴以齊之公族，且爲世臣，而禄亦止萬鍾，疑萬鍾是齊國卿禄之常額。養之以萬鍾，即是使之爲卿，故孟子曰「不用則亦已矣，又使其子弟爲卿」也。自後人誤解「養弟子以萬鍾」句，乃并下文孟子之語不可曉矣。

必求龍斷而登之。

《章句》曰：「龍斷，謂堁斷而高者也。」

樾謹按：趙説「龍斷」不了，疑非經旨也。《説文·网部》「買」下引《孟子》「登壟斷而网市利」，是「龍」字本作「壟」。孫奭《音義》曰「陸云：『龍斷，謂岡壟斷而高者』，是陸善經正讀『龍』爲『壟』也。惟於「斷」字尚未得解。「斷」當讀爲「敦」，敦與斷一聲之轉，古得通用。《莊子·逍遥遊》篇「斷髮文身」，《釋文》云「斷，司馬本作敦」，是其證也。《爾雅·釋丘》曰「丘，一成爲敦丘」，郭注曰：「今江東呼地高堆者爲敦。」然則壟與敦皆土之高者。《説文·土部》：「壟，丘壟也。」敦即今墩字。讀「龍斷」爲「壟墩」，自得其義，無煩申説矣。

弟子齊宿而後敢言。

《章句》曰：「齊，敬；宿，素也。弟子素持敬心來言。」

樾謹按：如注義則當云「宿齊」，不當云「齊宿」。古「宿」與「肅」通。《儀禮・特牲饋食禮》「乃宿尸」，《禮記・祭統》篇「宮宰宿夫人」，鄭注竝云：「宿，讀爲肅。」然則「齊宿」猶齊肅也。《賈子・保傅》篇「有司齊肅端冕」，《國語・楚語》「故齊肅以承之」，竝以「齊肅」連文。又或作「齊遬」，《禮記・玉藻》篇「君子之容舒遲，見所尊者齊遬」是也。「齊宿而後敢言」，正言極其敬謹爾。又按：此人自稱弟子，而孟子與之語自稱長者，與語樂正子同。然則留行之客，雖不知何人，要必孟子弟子之留仕於齊者，若盆成括之流歟？

昔者魯繆公無人乎子思之側，則不能安子思。泄柳申詳無人乎繆公之側，則不能安其身。

正義曰：「子思之於繆公，師道也，非求容者也，故繆公無人於子思之側，則不能安子思。泄柳申詳之於繆公，臣道也，則求容者也，故無人於繆公之側，則不能安其身。」

樾謹按：《孟子正義》朱子謂邵武士人所作，託之孫奭。看其書，至鄙俚不足取，而此數語獨爲明了。孟子之意，賴此而顯。蓋客既爲王留行，則必欲孟子在晝少留，而後自至齊國，力言於王，使王復用孟子。其所坐而言者，雖不詳何語，大旨如此而已矣。若然，是孟子有人乎齊王之側也，是爲孟子求容也，故孟子曰「子爲長者慮而不及子思」。蓋孟子在齊，居師賓之位，師道也，非臣道也，柰何不爲子思而爲泄柳申詳乎？況其人自稱弟子，顯是游孟子之門者，而爲孟子説王，尤不可矣，宜其絶之之深也。趙氏解此章之義既未分明，而後人又曲爲泄柳申詳回護，於是其義益晦矣。

彼一時，此一時也。

《章句》曰：「彼時前聖賢之出，是其時也。今此時亦是其一時也。」

樾謹按：趙說是也。「彼一時，此一時」，言其時之同也。猶彼丈夫也，我丈夫也，言其人之同也。下文云「以其時考之則可矣」，即承此而言。惟其時可，故孟子之時即太公望、散宜生之時；又推而上之，即伊尹、萊朱之時；又推而上之，即禹、皋陶之時。彼亦一時，此亦一時，非有異也。天欲平治天下，舍我其誰，則孟子雖不得志於齊，而固未嘗不豫也。後人誤解「彼一時此一時」句，遂謂孟子真若有不豫色者，殊失孟子之意。乃東方朔《答客難》曰：「彼一時也，此一時也，豈可同哉？」則漢人已誤解此二語矣。

不欲變，故不受也。

《章句》曰：「不欲即去，若爲變詭，見非泰甚，故且宿留。心欲去，故不復受禄。」

樾謹按：趙氏以「變」爲「變詭」，是也。以「不欲變」爲「不欲即去」，非也。孟子所以不受禄者，正以既受之而旋辭之，近於變詭，故不受耳。若如注，以爲不欲即去，則與下句不屬矣。

弔者大悦。《滕文公》

樾謹按：《爾雅·釋詁》：「悦，服也。」「弔者大悦」，言弔者大服也。《孟子》書「悦」字當訓服者甚多，「取之而燕民悦」猶云燕民服也，「士則茲不悦」猶云茲不服也。悦與喜微有區别，如屋廬子喜、屋廬子悦兩字不可互易。喜者，因有閒可問而喜也；悦者，因既得其義而服也。

夏后氏五十而貢，殷人七十而助，周人百畝而徹。

樾謹按：顧氏炎武《日知錄》曰：「古來田賦之制，實始於禹。水土既平，咸則三壤，後之王者，不過因其成蹟而已。故《詩》曰：『信彼南山，維禹甸之。畇畇原隰，曾孫甸之。我疆我理，南東其畝。』然則周之疆理猶禹之遺法也。使夏必五十，殷必七十，周必百，則是一王之興，必將改畛涂、變溝洫、移道路以就之，爲此煩擾無益於民之事也，豈其然乎？蓋三代取民之異，在乎貢、助、徹，不在乎五十、七十、百畝。其五十、七十、百畝，特丈尺之不同，❶而田未嘗易也。」顧氏此論，殊爲有見。然以爲是丈尺之不同，則恐不然。蔡邕《獨斷》曰：「夏以十寸爲尺，殷以九寸爲尺，周以八寸爲尺。」是三代之尺相去無幾，而謂夏后氏之五十畝，周人遂以爲百畝乎？然則五十、七十、百畝之所以異，何也？曰：此萊田多寡之不同也。古者必有休而不耕之田，以養地力，謂之萊田，《周官・遂人》注曰「萊謂休不耕者」是也。夏制民受田百畝，而以五十畝爲萊田，則民所耕者止五十畝，故曰「夏后氏五十」。殷制民受田百畝，而以三十畝謂萊田，民所耕者七十畝，故曰「殷人七十」。周制民受田百畝，而萊田在其外。《遂人職》曰「上地夫一廛田百畝，萊五十畝。中地夫一廛田百畝，萊百畝。下地夫一廛田百畝，萊二百畝」，此鄉遂之制也。《大司徒職》曰「不易之地家百畝，一易之地家二百畝，再易之地家三百畝」，此都鄙之制也。一易之地家二百畝，卽以二百畝爲萊田；再易之地家三百畝，卽以二百畝爲萊田。惟不易之田無萊田，與郊遂異。而要之一夫歲耕百畝則無異也，故曰「周人百畝」。明乎此，則知三代之田初無改易，而特以萊田之多寡爲五十、七十、百畝

❶ 「特」，原作「持」，今據清經解續編本改。

之異制，則顧氏所疑可以釋然矣。

其實皆什一也。

《章句》曰：「民耕五十畝，貢上五畝。耕七十畝者，以七畝助公家。耕百畝者，徹取十畝以爲賦。雖異名

而多少同，故曰『皆什一也』。徹，猶人徹取物也。藉者，借也，猶人相借力助之也。」趙氏此注，最爲明了。後人誤謂貢

樾謹按：三代取民之制，曰貢、曰助、曰徹，其名不同，而其實皆什一。

法什一，助法九一，則與《孟子》之文不合矣。不知殷人助法，非如下文所謂八家同井而中爲公田也。蓋

一井九百畝，分授九家。各以三十畝爲萊田，休而不耕，其所耕者七十畝。七十畝之中，各私其六十三

畝，而以七畝爲公田，故助法亦什一也。周人變而爲徹，以九百畝分授九家。一夫歲耕百畝，上取十畝爲

稅。俟收穫之時，命有司巡行田野，就百畝之中任指十畝徹而取之，故謂之徹。此徹字卽「以雍徹」之

「徹」。祭畢而徹去之，耕畢而徹取之，其義一也。蓋什一而稅，百王所同。夏之貢法至爲簡易，然年有豐

凶，而額無增減，則凶年獨在民，而豐年常在君矣。殷監於夏而變通之，公者自公，私者自私，則年之上

下，君民所同，無病於民。然其弊也，民必盡力於私田，而公田或不治，故周又監於殷而變通之，百畝之

中，亦以十畝爲公田，而不豫定其孰爲公孰爲私，至臨時徹而取之，則民自無從歧視矣。《易》曰：「通其

變，使民不倦。神而化之，使民宜之。」其斯之謂乎！三代遺制，幸有孟子此數言存其大略，又幸有趙氏

此注足以發明。乃後人不就注文體會，於是助、徹之制俱失矣。或曰：然則下文所謂八家同井，中爲公

田者，何歟？曰：此孟子爲滕文公所定之助法，非殷人之助法也。夫「二猶不足」，魯哀公已云爾矣，況

至戰國乎？孟子因時制宜，使國中用什一之法，而野用九一之法。方里而井，井九百畝。八家皆私百

畝，同養公田，此則九一，非什一也，故曰「請野九一而助，國中什一使自賦」。所謂「九一而助」者，以九一

行助法也。助本什一，茲則九一猶是助也，而非什一也。是爲「九一而助」，下文所言是也。後人不達孟

子語意，謂殷人助法本如是，失之甚矣。

又按：經文明言「請野九一而助」，而趙注謂「國中從其本賦，二十而稅一以寬之」，顯與經文相背，趙氏之謬不待言矣。至鄭康成

借《孟子》以説周人徹法，《考工記・匠人》注引《孟子》此文而説之曰：「税有重輕，通其率以什一爲正。」

《詩・甫田》篇孔氏正義又引鄭注而申明之，曰：「周制有貢有助。助者九夫而税一夫之田，貢者什一而

貢一夫之穀，通之二十夫而税二夫，是爲什中税一也。」此説雖巧，然經文「九一」、「什一」對舉，「九一」是

九之一，則「什一」自是什之一，安得謂是什一而税一乎？孔氏雖曲爲之説，終不可通。且《載師》云「凡

任地，國宅無征，園廛二十而一，近郊十一，遠郊二十而三，甸、稍、縣、都皆無過十二」，是古人制税或以十

夫計，或以二十夫計，未有以十一夫計者。奇零不齊，可知其非古法矣。恐疑誤學者，附辨之於此。

惟助爲有公田。

樾謹按：孟子言「惟助爲有公田」，而《夏小正》曰「初服於公田」，傳曰「古有公田焉者，古言先服公田而後

服其田也」，是夏制已有公田之名，與《孟子》不合，何也？蓋嘗思之。方夏之時，禹平水土，盡力溝洫而

後成其爲田，天下之田皆公田也，民爲之耕而貢其十之一焉。自上言之，則此一者民所貢也，自下言之，

則其九者皆君之餘也。至殷人爲助法，則七十畝之中止以七畝爲公田，而其餘六十三畝皆私田矣。至周

人爲徹法，則無公田矣。然而曰「雨我公田」者，徹法本從助法而變通之，雖臨時徹取，不先定其孰爲公

私，而百畝之中要有十畝是公田，故公田之名在周初不廢也。傳《夏小正》者誤以殷、周之公

田，則誤矣。夏制有公無私，殷制有公有私，周制寓公於私。然《噫嘻》之詩曰「駿發爾私」，則自上言之固

以爲皆民之私田矣。相沿既久，遂不復知有公田之名，使無《大田》之詩，雖孟子亦何以徵之哉？逮及嬴

秦決裂阡陌，井田遺制蕩然無存，而蚩蚩之民各私其田矣。王莽更名天下田爲王田，不得買賣，而適以致

亂，豈非古今之異勢乎？

是以暴君汙吏必慢其經畍。

樾謹按：「慢」之言「漫漫」也。《釋名·釋言語》曰：「慢，漫也。漫漫，心無所限忌也。」《文選·甘泉賦》

「指東西之漫漫」，李善注曰：「漫漫，無厓際之貌。」是「慢其經畍」者，言經畍不正，漫漫然無厓際。《莊

子·齊物論》篇曰「因之以曼衍」，《釋文》引司馬注曰「曼衍，無極也」；《漢書·楊雄傳》曰「爲其泰曼漫而

不可知」，師古注曰「曼漶，不分別貌」；《文選》司馬相如《子虛賦》曰「案衍壇曼」，李善引司馬彪注曰「壇

曼，平博也」，竝與此「慢」字義近。字亦作縵，《漢書·食貨志》注曰「縵田，田不爲甽者也」，義亦同此矣。

同養公田。

樾謹按：養猶事也，「同養公田」言同事公田也。養之爲事，蓋古有此義。《萬章》篇「舜往於田」章曰「百

官牛羊倉廩備，以事舜於畎畝之中」，「不託諸侯」章曰「百官牛羊倉廩備，以養舜於畎畝之中」，語凡兩見，

同養公田。

而一作「事」，一作「養舜」，是「養」與「事」同。《孝經》曰：「親生之膝下，以養父母日嚴」，「養父母」猶事

父母也。上文「非野人莫養君子」，「養」亦「事」也。

益烈山澤而焚之。

《章句》曰：「烈，熾也。」益視山澤草木熾盛者而焚燒之。」

樾謹按：經曰「烈山澤」，不曰「山澤烈」，注乃以爲「山澤草木熾盛者」，失經旨矣。「烈」當作「列」。《禮

記·玉藻》篇曰「山澤列而不賦」，鄭注曰：「列之言遮列也。」「列山澤而焚之。」

列烈古通用，故「烈山氏」亦稱「列山氏」，是其證也。《說文·刀部》「迾，遮也」，是字本作「迾」，「列」、「烈」

均叚字。又通作「厲」。《周官·山虞》「物爲之厲而爲之守禁」，鄭司農曰：「厲，遮列守之。」益之列山澤

也，亦猶是矣。

君哉舜也。

《章句》曰：「舜得人君之道哉！」

樾謹按：君猶美也。《詩·羔裘》篇「洵直且侯」，毛傳曰：「侯，君也」，《釋文》引《韓詩》曰：「侯，美也。」

《文王有聲》篇「文王烝哉」，毛傳曰：「烝，君也」，《釋文》引《韓詩》曰：「烝，美也。」是君與美義通。故昭元

年《左傳》曰「楚公子美矣，君哉」，《白虎通·號》篇曰「皇，君也，美也」，竝其證矣。「君哉舜也」，猶曰美哉

舜也。《說文·羊部》美從大，與善同意。《詩·桑柔》篇鄭箋云「善猶大也」，然則美亦猶大也。孔子稱堯

曰「大哉」，稱舜曰「君哉」，其意相近。趙注未達其旨。

群經平議

江漢以濯之，秋陽以暴之，皜皜乎不可尚已。

《章句》曰：「曾子不肯，以爲聖人之潔白，如濯之江漢，暴之秋陽。皜皜，甚白也。」

樾謹按：江漢濯之，誠哉潔白矣。秋陽暴之，則何潔白之有？且贊聖人之德，而但稱其潔白，亦小之乎視聖人矣。趙注非也。「江漢以濯之，秋陽以暴之」猶《說卦傳》云「雨以潤之，日以烜之」。此兩句正以相反而見相劑之妙。惟濯之以江漢，故秋陽暴之而不燥，惟暴之以秋陽，故江漢濯之而不濡。孔子之聖，所以化清和任之迹而集大成也。曾子之稱孔子，猶孟子之稱孔子也。其下曰「皜皜乎不可尚已」，《說文》無「皜」字，古字止作「皓」，亦與「浩」通。《公孫丑》篇「我善養吾浩然之氣」，《文選・答賓戲》篇作「養皓然之氣」，是「皓皓」即「浩浩」也。《尚書・堯典》篇「浩浩滔天」，枚氏傳曰：「浩浩，盛大。」《楚辭・懷沙》篇「浩浩沅湘」，王逸注曰：「浩浩，廣大貌。」「浩浩乎不可尚已」，蓋言聖人之大也。因字叚作「皓」，又變作「皜」，後人以爲形容其潔白，遂并上兩句之義而失之矣。

儒者之道古之人若保赤子。

《章句》曰：「言儒者之道，古之治民若安赤子。」正義曰：「儒者之道，有云古之人治民若保安赤子者。」

樾謹按：趙氏以「曰」字釋經文「道」字，道猶言也。此文十一字共爲一句，猶云儒者之言古之人若保赤子也。正義斷「儒者之道」四字爲句，失之。

如枉道而從彼何也？

《章句》曰：「子如何欲使我枉正道，而從彼驕慢諸侯而見之乎？」

八六二

樾謹按：此八字爲一句，乃申明弗爲之意。蓋「比而得禽獸，雖若丘陵，如枉道而從彼何」，故弗爲也。

「枉道而從彼」，即以詭遇言，未及正意。趙説失之。

傳曰：「孔子三月無君，則皇皇如也，出疆必載質。」

樾謹按：此皆周霄語也。周霄問：「古之君子仕乎？」孟子曰「仕」，一言足矣，無事繁稱博引也。「傳曰」、

「公明儀曰」皆周霄所引，以爲發問之地。蓋周霄意中有此兩説，故立引之，而先以「三月無君則弔」爲問，

又以「出疆必載質」爲問也。自來以此數言爲孟子所稱引，失之矣。

與鑽穴隙之類也。

樾謹按：此句文義似未足。孔氏廣森《經學卮言》曰「與音歟，絶句」，然於義亦未安。與當訓爲如。《廣

雅・釋言》曰：「與，如也。」《漢書・高帝紀》「孰與仲多」，《韓信傳》「孰與項王」，師古注並曰：「與，如也。」

《文選》司馬相如《子虛賦》「孰與寡人乎」，郭璞曰：「與猶如也。」不由其道而往者，如鑽穴隙之類也。與

訓爲如，則文義自明矣。

毀瓦畫墁。

《章句》曰：「孟子言但破碎瓦畫地則復墁滅之，此無用之爲也。」

樾謹按：「毀瓦」、「畫墁」對文成義，如趙説，則兩句不一例矣。「畫」當讀爲「劃」。《説文・刀部》「錐刀曰

劃」，又曰「刉，劃傷也」，又曰「剺，剥也，劃也」，是「劃」與「毀」義相近。《説文・畫部》「畫」篆下有古文

「畫」，又有古文「劃」，「劃」從刀從古文畫，則即「劃」字也。疑「畫」「劃」古同字，故《孟子》書止作「畫」耳。

「墁」乃「轙」之誤，或亦古字通用也。《說文・車部》：「轙，衣車蓋也。」「畫轙」者，劃傷其車上之轙也。毀

瓦以治屋言，乃梓匠之事；畫轙以治車言，乃輪輿之事，車之有轙，猶屋之有瓦也，故以竝言矣。

葛伯仇餉。

《章句》曰：「仇，怨也。」言湯所以伐殺葛伯，怨其害此餉也。

樾謹按：經文言「葛伯仇餉」，不言「仇葛伯害餉」，趙說非也。《尚書・仲虺之誥》篇枚傳曰：「葛伯遊行，

見農民之餉於田者，殺其人，奪其餉，故謂之『仇餉』。仇，怨也。」夫葛伯於餉者何仇？特利其酒食黍稻

耳，枚說亦非也。今即《孟子》文考之，此言「仇餉」，下文言「爲匹夫匹婦復讎也」，「仇」「讎」異字，明非同

義。此「仇」字當讀爲「賓載手仇」之「仇」。《詩・賓之初筵》篇「賓載手仇」，鄭箋曰：「仇讀曰犰。賓手挹

酒，室人復酌爲加爵。」《釋文》曰：「仇，鄭讀爲犰，音俱，謂挹取酒。」然則「仇」與「犰」通，有挹取之義。

「葛伯仇餉」，謂挹取其餉也。以仇怨釋之，非其義矣。

有攸不惟臣。

《章句》曰：「攸，所也。言武王東征安天下，士女小人各有所執往，無不惟念執臣子之節。」

樾謹按：經言「不惟」而注言「無不惟」，失經旨矣。《玉篇・心部》曰「惟，爲也」，《尚書・皋陶謨》篇「共惟

帝臣」，枚傳曰「共爲帝臣」，是「惟」之訓「爲」，經有明文。「不惟臣」與「共惟帝臣」義可互明。「有攸不惟

臣」者，「攸」語詞，言有不爲臣也。有不爲臣，故武王東征也。朱子《集注》本竟作「不爲臣」，與古本不合，

然其義是也。義從今作「爲」，字從古作「惟」，斯兩得矣。

侵于之疆。

樾謹按：「之」與「其」同，「侵于之疆」者，侵于其疆也。《呂氏春秋·音初》篇「或曰：『后來，良日也，之子是必大吉。』或曰：『不勝也，之子是必有殃』」，高誘訓之爲其，是其證。

大夫有賜於士，不得受於其家，則往拜其門。

《章句》曰：「陽貨，大夫也。孔子，士也。」

樾謹按：陽貨乃季氏家臣，而謂之大夫。毛氏奇齡《四書賸言》曰：「季氏家臣原稱大夫。季氏是司徒，下有大夫二人，一曰小宰，一曰小司徒。」此說得之。襄九年《左傳》曰：「鄭六卿公子發、公子嘉、公孫輒、公孫蠆、公孫舍之及其大夫、門子皆從鄭伯。」夫不直曰「大夫」而曰「其大夫」者，則知所謂「大夫」者，乃六卿之私屬，故與「門子」並言。門子者，其適子；大夫者，其屬大夫也。此卿之私屬得有大夫，見於《左傳》之明證。又文十二年《傳》「趙氏新出其屬曰臾駢」，杜注曰：「臾駢，趙盾屬大夫，新出佐上軍。」陽貨在魯，亦其比矣。孔子是時，殆猶爲委吏、乘田乎？考之《周官·地官》有委人，中士二人，下士四人，即趙注所謂「委吏，主委積倉庚之吏也」；又有囿人，中士四人，下士八人，即趙注所謂「乘田，園囿之吏也」。魯季氏爲司徒，委人、囿人正其所屬，是孔子爲季氏所屬之士，而陽貨乃季氏所屬之大夫，故陽貨得以大夫之禮自居，而孔子亦以大夫之禮事之也。全氏祖望《經史問答》引《禮記·玉藻》篇「大夫親賜於士，士拜受，又拜於其室。敵者不在，拜於其室。」謂陽虎矙孔子之亡而饋蒸豚，是用敵者之禮。周氏柄中《辨正》曰：「此記上言『酒肉之賜弗再拜』，下言『大夫親賜士，士拜受，又拜於其室』，孔疏云『此非酒肉之賜，故再

拜」。陽貨饋豚，正所謂『酒肉之賜弗再拜』者，故必矙亡而來，非以敵體之禮而然也。」然則全氏讀《禮》殊

涉躗疎，益知毛氏所言墻不可易矣。

知我者其惟《春秋》乎？　罪我者其惟《春秋》乎？

《章句》曰：「知我者謂我正王綱也，罪我者謂時人見彈貶者。」

樾謹按：時人見彈貶者，無非亂臣賊子而已，豈足輕重？譬如士師執罪人而殺之，其人亦必怨士師，而

爲士師者豈宜以其人爲罪我者乎？趙說非也。知我罪我，皆以後世讀《春秋》者而言。《春秋》有天子之

事，孔子固明以天子之權予魯，故《公羊》家有王魯之說，而爲《左氏》之學者深非之。然則如何休者，知孔

子者也。如杜預者，罪孔子者也。彼謂《春秋》必不斥周王魯，而孔子之《春秋》實是斥周王魯；彼謂《春

秋》必不襃貶天子，黜陟諸侯，而孔子之《春秋》實是襃貶天子，黜陟諸侯，然則孔子有罪矣。雖名爲治《春

秋》，而實則罪孔子也。乃孔子之意，固甚望後世有知我者，亦未始不望後世有罪我者，何也？孟子之論

伊尹也，有其志則可，無其志則篡。古聖人之事，若湯、武之放伐，周公之居攝，孔子之作《春秋》，皆當以

是觀之。是故知我罪我，聽之後人，孔子之意微矣。

周公兼夷狄。

《章句》曰：「周公兼懷夷狄之人。」

樾謹按：上文言周公誅紂伐奄，戮飛廉，滅國五十，無兼懷夷狄之事；下文又引《詩》云「戎狄是膺，荆舒是

懲」，然則趙氏以「兼夷狄」爲「兼懷夷狄之人」，殆失之矣。兼之言絕也。《考工記・輪人》曰「外不廉而內

不挫」，鄭注曰：「廉，絕也。」《說文·火部》作「爃」，曰「火爃車网絕也」，引《周禮》曰「爃牙外不爃」。又《水部》：「濂，薄水也。一曰中絕小水。」是從兼之字並有絕義。《周書·武稱》篇「爵位不謙」，「不謙」即不絕也，說詳《周書》。「周公兼夷狄」，蓋謂屏絕之，故與驅猛獸並言。

群經平議卷三十三

德清俞樾

孟子 二

仁不可爲衆也夫，國君好仁，天下無敵。《離婁》

樾謹按：此當以「夫」字斷句。「仁不可爲衆也大」，蓋孔子讀《詩》而歎之也，下乃釋其義曰：「國君好仁，天下無敵。」僖二十四年《左傳》曰「彼其之子，不稱其服」，子臧之服不稱也夫」，宣十二年《傳》曰「亂離瘼矣，爰其適歸」，歸於怙亂者也夫」，襄二十四年《傳》曰「愷弟君子，邦家之基」，有令德也夫。「上帝臨女，無貳爾心」，有令名也夫」，皆引《詩》而詠歎之，與此正同。

國必自伐而後人伐之。

《章句》曰：「國先自爲可誅伐之政，故見伐也。」

樾謹按：趙氏蓋以國無自伐之理，故云「先自爲可誅伐之政」，然其義迂矣。《說文·人部》：「伐，敗也。」《藝文類聚·武部》引《春秋說題辭》曰：「伐之爲言敗也。」然則「國必自伐」言國必自敗也，正與自侮、自毀一律。

今之欲王者，猶七年之病求三年之艾也。

《章句》曰：「如七年病而卻求三年時艾。」

樾謹按：此承「雖欲無王不可得矣」而言，喻當今之世行仁政而王者之易也。假使病者不過三年，而艾必以七年爲期，斯無及矣。今病者尚可七年，而艾乾三年卽已可用，則何爲而不畜乎？趙注似失之。至三年、七年，乃古人恒語。古凡言數者必三、五、七，如「大國五年，小國七年」，則以五與七言，「三年之艾」，「七年之病」，則以三與七言。蓋數極於九，至十則復爲一矣，五其中數也，自一至五則三爲中數，自五至九則七爲中數。《大戴記》明堂之制二九四七五三六一八，亦以七五三三爲中，卽此義也。故古人舉得半之數則曰五，不及乎半則曰三，過乎半則曰七。《易》曰「三日不食」，又曰「七日來復」，又曰「七日得」，《詩》曰「其實七兮」，「其實三兮」，又曰「鳲鳩在桑，其子七兮」，《論語》曰「三年有成」，又曰「比及三年」，又曰「善人教民七年」，皆是也。若至少之數不可以三言者則曰一，如「一鉤金」、「一杯水」是也。至多之數不可以七言者則曰九，如「九合諸侯」、「叛者九起」是也。《左傳》「五侯九伯」，五者舉其中數，九者舉其極數也。後人不達古語，凡言數者必求其義，斯鑿矣。

人不足與適也，政不足閒也。

《章句》曰：「時皆小人居位，不足過責也，政教不足復非譏。」

樾謹按：《音義》出「足閒」二字，是孫宣公本下句無「與」字。據阮氏《校勘記》，則岳、孔、韓本皆然，俗本因上句而妄加「與」字，非也。兩句既不一律，其義亦必不同，趙氏所説殆失之矣。「適」當讀爲「敵」。《論

語·里仁》篇「無適也」,《釋文》曰「鄭本作敵」;《禮記·玉藻》篇「敵者不在」,《釋文》曰「敵本作適」,是

敵、適古通用。「人不足與敵」者,為人君挾貴以驕士,而士之道義不足以敵之也。曾子曰:「彼以其富,

我以吾仁;彼以其爵,我以吾義,吾何慊乎哉?」孟子曰:「在彼者皆我所不爲也,在我者皆古之制也,吾

何畏彼哉?」若是者謂之足與敵。人苟不足與敵,則奉令承教而已,故曰「政不足閒也」。「閒」猶「與」也。

莊十年《左傳》「肉食者謀之,又何閒焉」,昭二十六《傳》「諸侯釋位以閒王政」,杜注竝曰:「閒,與也。」此

「閒」字義與彼同,言不足參預也。下文曰「惟大人爲能格君心之非」,大人者別乎人而言之,正所謂足與

敵者。若湯之於伊尹,桓公之於管仲,學焉而後臣之,故能格君心之非。

人之易其言也,無責耳矣。

《章句》曰:「人之輕易其言,不得失言之咎責也。一説人之輕易不肯諫正君者,以其不在言責之位

者也。」

樾謹按:趙氏二説,義均未安。「無責耳矣」,乃言其不足責也,猶曰「若而人者,吾無責焉爾」。孔子稱

「君子欲訥於言」,又曰「仁者其言也訒」,若輕易其言,則無以入德矣,故以不足責絶之也。

子之從於子敖來,徒餔啜也,我不意子學古之道而以餔啜也。

《章句》曰:「學而不行其道,徒食飲而已,謂之餔啜也。樂正子本學古聖人之道,而今隨從貴人,無所匡

正,故言不意子但餔啜也。」

樾謹按:趙以不行其道爲餔啜,是也;謂隨從貴人無所匡正,非也。孟子與子敖同使,且未嘗與言行事。

樂正子偶從子敖而來，豈必責其有所匡正乎？蓋樂正子孟門高弟，固亦以行道爲志，其從子敖來，乃欲因以行其道也。夫衛卿可得之言，子路猶且以告，樂正子之賢未及子路，其從子敖來，亦無足怪。然孟子在齊，尚不得行其道，於樂正子何有？即使得仕於齊，亦徒享萬鍾之奉而已，故曰「子之從於子敖來，徒餔啜也，我不意子學古之道而以餔啜也」。近今說此章者，皆謂樂正子之從子敖，不過藉省道路資糧之費，故孟子以徒餔啜責之。夫自魯之齊，相距甚近，所費幾何？爲此說者，徒欲回護樂正子，而不知其視樂正子也反陋矣。朱注云「言其不擇所從，但求食耳」是亦未嘗明指所食者爲道路資糧也。

有故而去，則君搏執之。

《章句》曰：「搏執其族親也。」

樾謹按：臣已去矣，而又曰「搏執之」，故趙氏以爲搏執其族親，其實非也。此對上文「導之出疆」而言，謂君使封疆之吏搏執之也，搏執之則不得去矣。或其臣有如伍員之橐載而出昭關者，是不可得而搏執也。於是其君又極之於其所往，若晉錮欒氏之比矣。

中也養不中。

《章句》曰：「中者，履中和之氣所生。」

樾謹按：「中」當讀若「從容中道」之「中」。《大戴禮記‧曾子事父母》篇「兄之行若中道則兄事之，若不中道則養之」，孟子語意正與此類，趙注非也。

王者之迹熄而詩亡，詩亡然後《春秋》作。

樾謹按：此「迹」字即「車轍馬迹」之「迹」。周制十二年一巡守，至方岳之下，朝諸侯於明堂，命太史陳詩

以觀民風，是天下皆有王者車轍馬迹焉。巡狩之禮廢而王者之迹熄，於是太史不復陳詩，而詩亦從此亡

矣。所謂亡者，非無詩也。其時士大夫固亦作之，且傳播之，是故春秋時所賦之詩，多出東遷以後，而孔

子刪詩亦有取焉。然王者不省方，太史不陳詩，則有詩而不收詩之效，雖謂之詩亡可矣。何也？昔日之

詩，王者所陳而觀之者也，黜幽陟明，章善癉惡，皆於此乎在焉；此日之詩，聽其自作自傳，莫之陳亦莫之

觀也，雖復憂時感事，陳古刺今，空言而已矣，奚益哉！孔子曰「吾欲託之空言，不如見之行事之深切著

明也」，此即因詩亡而作《春秋》之旨。詩空言也，《春秋》行事也。孟子推《春秋》之作而上溯之，迹熄詩

亡，殆孔氏之遺言矣。

其義則丘竊取之矣。

樾謹按：孔子作《春秋》，其文其事本之舊史，其義則所謂「筆則筆，削則削，游、夏不能贊一辭」者。孔子

何所取之哉？取者，爲也。《廣雅·釋詁》曰「取，爲也」，即此「取」字之旨。「竊取之」猶言私爲之，孔子

蓋曰其義則丘私爲之也。後世治《春秋》者不信三科九旨諸説，而但曰經承舊史，史承赴告，則止有其事

其文，而孔子之義付之悠悠矣。

天下之言性也，則故而已矣。

樾謹按：《荀子·性惡篇》曰：「凡禮義者，是生於聖人之僞，非故生於人之性也。」楊注曰：「故猶本也，言

禮義生於聖人矯僞抑制，非本生於人性也。」孟子言性善，則人性本有禮義，故曰「天下之言性也，則故而

已矣」，猶曰但言其本然者足矣，與荀子之語正相反。荀子又引舜之言曰「妻子具而孝衰於親，嗜欲得而信衰於友，爵祿盈而忠衰於君」，蓋以證人性之惡。乃自孟子言之，則孝也、信也、忠也，是其故也，妻子具而孝衰、嗜欲得而信衰、爵祿盈而忠衰，非其故也。無失其故，斯可矣，故又曰「故者以利爲本」，言順其故而求之，則自得其本也。孟子論性大旨，具見於此。

又從而禮貌之。

樾謹按：「禮」當爲「體」。《周易・繫辭傳》「知崇禮卑」，蜀才本「禮」作「體」，《詩・谷風》篇「無以下體」，《韓詩外傳》「體」作「禮」，是古字通也。《戰國策・齊策》「令人體貌而親郊迎之」，《漢書・賈誼傳》「所以體貌大臣而厲其節也」，此「體貌」二字之證。桓十四年《穀梁傳》「察其貌而不察其形」，范甯注曰「貌，姿體」，是貌與體義亦相通。古人言容貌，亦言容體，故以「體貌」連文。《荀子・大略篇》：「君子之於子，愛之而勿面，使之而勿貌。」楊注曰：「面、貌，謂以顔色慰悦之。」「體貌」亦猶是矣，二字平列。如趙注，則當云「禮之以貌」，不當云「禮貌之」也。《告子》篇「禮貌未衰」，又曰「禮貌衰」，凡言「禮貌」者，竝當讀爲「體」。

《章句》曰：「又禮之以顏色喜悦之貌也。」

夫章子，子父責善而不相遇也。

《章句》曰：「章子子父親教，相責以善，不能相得，父逐之也。」

樾謹按：孟子論匡章，止言子父責善，不及他事。即趙氏所謂「子父親教」者，亦自據孟子易子而教之義，

於匡章事固無考也。乃《戰國策》有所謂章子者，《齊策》曰：「秦假道韓、魏以攻齊，齊威王使章子將而應之。」又曰：「濮上之事，贅子死，章子走。」《燕策》曰：「王因令章子將五都之兵，以因北地之衆以伐燕。」止稱章子，不稱匡章，無以知其爲卽孟子所與遊者也。徒以《齊策》有章子之母爲其父所殺一事，遂從而附會之，謂孟子之匡章卽其人也。今按：《齊策》所載威王之言，曰：「章子之母啓得罪其父，其父殺之而埋馬棧之下。吾之使章子將也，勉之曰：『夫子之强，全兵而還，必更葬將軍之母。』對曰：『臣非不能更葬先妾也。臣之母啓得罪臣之父，臣之父未教而死。夫不得父之教而更葬母，是欺死父也，故不敢。』」此與孟子所謂「子父責善」者了不相涉。若匡章果有此事，則是遵人倫之大變，豈惟責善而已乎？高誘注《戰國策》，初不以章子爲卽匡章。《呂氏春秋・諭大》篇：「匡章之難惠子以王齊王也。」注曰：「匡章乃孟軻所謂通國稱不孝者。」夫《呂氏春秋》注與《戰國策》注竝出高誘一人之手，乃引《孟子》以證《呂氏春秋》之匡章，而不引以證《戰國策》之章子，是高氏之意，固不以匡章、章子爲一人矣。且匡章難惠子，事見《呂氏春秋・愛類》篇，其文曰：「匡章謂惠子曰：『公之學去尊，今又王齊王，何其到也？』」又曰：「齊王之所以用兵而不休，攻擊人而不止者，其故何也？」以此數語觀之，匡章蓋齊之處士，亦是高尚其志者，故見惠子王齊王而非之，又若頗不滿意於齊王之用兵不休者。若是章子，則歷事威、宣兩朝，爲齊大將，屢從戎事，其必不爲此言明矣。《莊子・盜跖》篇「匡子不見父」，《釋文》引司馬彪云：「匡章諫其父，爲父所逐，終身不見父」，此事見《孟子》。夫曰見《孟子》，而不云見《國策》，則自唐以前，固無匡章卽章子之説，未可據姚宏、吳師道之説爲定，而轉使孟子「子父責善」之本旨爲之不箸也。

好色人之所欲。《萬章》

樾謹按：「好」乃「妃」字之誤。《漢書・賈誼傳》「及太子少長，知妃色」，師古注曰「妃色，妃匹之色」。《大戴記・保傳》篇同，賈子《新書》作「好色」字之誤也。此云「好色人之所欲」，其下云「人悅之好色富貴」，又云「知好色則慕少艾」，「好」字竝當作「妃」。「妃色」蓋古語，孟子、賈子竝有「知妃色」之文。後人不達古語，而改爲「好色」，失之矣。

出，從而揜之。

《章句》曰：「舜入而卽出，瞽瞍不知其已出，從而蓋其井。」

樾謹按：出者舜也，揜之者瞍也，「從而」二字文義不合矣。竊謂出者非舜出也，乃出井中之土也。蓋舜入井後，井中之土必瞽瞍與象緪而出之，瞍與象卽以所出之土揜舜於井，故曰「從而揜之」也。然則舜何以得免？《史記》載之甚詳。蓋必古傳記之詞，萬章約舉其文，不及舜以兩笠自捍而下之事；於浚井也，不及舜從匿空中出去之事。蓋萬章之問，惟在象欲害舜，故其事有所不必備也。趙氏解「捐階」爲「捐去其階」，已得其義矣。又一說云「捐階，舜卽旋從階下」，蓋因誤解「出」字，故爲此說以配之，其義甚晦。僞孫疏反以後說爲勝，非也。

弤朕。

注曰：「弤，彫弓也。天子曰彫弓。」

樾謹按：《音義》曰：「弤，都禮切，丁音彫，義與弴同。」若依趙注，則但從丁公著音彫足矣，乃必先出「都禮

切」一音者，蓋孫宣公之意不以趙注爲然也。《玉篇·弓部》「弴，丁幺、丁昆二切，天子弓也。弸，同上，畫

弓也。又丁禮切，舜弓也」，是弸有丁幺、丁昆、丁禮三音。音丁幺、丁昆者，皆天子之弓。《詩·行葦》篇

「敦弓既堅」，毛傳曰：「敦弓，畫弓也，天子敦弓。」然則丁幺切者，從趙注讀如彫也；丁昆切者，從毛傳讀

如敦也。至丁禮切，則爲舜弓名，別是一義。孫蓋從舜弓之義，故音都禮切，都禮卽丁禮。舜是時未爲

天子，安得用天子之弓？然則顧野王音丁禮切而訓爲舜弓，必有所受之矣。至近世學者相承讀都禮切，

而仍從趙注以爲雕弓，是又兩失，不可不知也。

故君子可欺以其方。

《章句》曰：「方，類也，君子可以事類欺。」

樾謹按：《禮記·樂記》篇「樂行而民鄉方」《經解》篇「是故隆禮由禮謂之有方之士」鄭注竝曰：「方，猶

道也。」然則「可欺以其方」卽是可欺以其道。下云「難罔以非其道」，「非其道」卽是非其方，「方」與「道」一

也，變文以成辭耳。趙以事類釋之，非是。

封之有庳。

樾謹按：舊說以有庳爲今永州府零陵縣，誠爲太遠，先儒疑焉。《漢書·鄒陽傳》作「封之於有畀」，《水

經·淮水》篇曰「淮水東過期思縣北，又東北淠水注之，水出弋陽南垂山西，北流歷陰山關西北出山，又東

北流逕新城戍東，又東北得詔虞水口，又東北注淮」。竊疑「畀」乃「淠」之叚字，有淠之國蓋以淠水得名。

所謂「詔虞水」者，殆象之遺跡乎？詔虞者，朝虞也。「詔」字古止作「召」。劉向《九歎·遠逝》篇「朝四靈

於九濱」，王逸注曰「朝，召也」，是「朝」「召」聲近義通。象自其國而朝於虞，經臨其地，因有朝虞之名矣。

有畀之封，似當在此。《漢書・武五子傳》又作「有鼻」。據《説文・水部》有「澅」、「濞」二篆，澅爲水名，濞

爲水暴至聲，疑澅、濞古同字，澅從畀聲，濞從鼻聲，鼻聲即畀聲也，書有緐簡耳。《鄒陽傳》作「有畀」者，

「澅」之省也；《武五子傳》作「有鼻」者，「澅」之省也。古文從省，不加水旁，實一字矣。《孟子》書作「庳」，

則是「痹」之誤字，「痹」亦從畀聲也。

《書》曰：祇載見瞽瞍，夔夔齊栗，瞽瞍亦允。若是，爲父不得而子也？

《章句》曰：「舜既爲天子，敬事嚴父，戰栗以見瞽瞍。瞍亦信知舜之大孝，若是爲父不得而子也。以是解

咸丘蒙之疑。」

樾謹按：趙氏以「瞍亦信知舜之大孝」釋「瞽瞍亦允」之義，是於「允」字絕句，「若」字屬下讀。古「也」、

「邪」二字通用。「若是」逗。「爲父不得而子也」，猶曰舜敬事嚴父若是，尚爲父不得而子邪？正所以解咸丘

蒙之疑。《荀子・正名篇》「其求物也，養生也，粥壽也」，楊倞注曰：「也，皆當爲邪。」《孟子》七篇亦往往

有此。《告子》篇「冬日則飲湯，夏日則飲水，然則飲食亦在外也」，《盡心》篇「殺人之父者人亦殺其父，殺

人之兄者人亦殺其兄，然則非自殺之也」，「也」字竝當作「邪」，說詳王氏引之《經傳釋詞》。東晉《古文尚

書》竊其語入《大禹謨》篇，而以「允若」連文，蓋由不達古語，故誤讀《孟子》耳。江氏聲作《尚書集注》曰

「孟子既引此經，遂言曰『是爲父不得而子也』」，則未免於爲先人之言所惑矣。

一介不以與人，一介不以取之人。

《章句》曰：「一介草不以與人，亦不取於人也。」

樾謹按：趙氏蓋讀「介」爲「芥」，故以爲草，然非古義也。「一介」即「一个」也。《儀禮・大射儀》「搢三挾

一个」，鄭注曰：「个，猶枚也。」个、介實一字，乃隸體之變。介音古拜反，轉而爲古賀反。後人妄分介、个

爲二，遇讀古拜反者作介，讀古賀反者作个，誤也。王氏引之《經義述聞・通說》立七證以明介、个爲一

字，當從之。孟子「介」字即禮經「个」字，因趙氏以「一介草」釋之，故得存其本字耳。一枚之物不輕取與，

非必以草言，且孟子立言必有典則。《士虞禮》、《特牲饋食禮》及《少牢饋食禮》下篇並云「俎釋三个」，《國

語・齊語》云「鹿皮四个」，是物數言若干个，乃古人通語。經傳明文，豈有以草與人及取於人者乎？

天誅造攻自牧宮。

《章句》曰：「造作可攻討之罪者，從牧宮桀起，自取之也。」

樾謹按：以「造攻」爲「造作可攻討之罪」，甚爲不詞。昭三十一年《左傳》曰「攻難之士將奔走之」，杜注

曰：「攻猶作也。」蓋攻訓治，故亦訓作。《詩・靈臺》篇「庶民攻之」，毛傳曰「攻，作也」，《梁惠王》篇引此

文趙注曰「民迮來治作之」，蓋即用傳義而又加「治」字，以申明攻之所以訓作也。「造攻」猶造作，言天所

以降誅罰者，由桀自於牧宮造作其罪耳。

主癰疽。

《章句》曰：「癰疽，癰疽之醫也。」

樾謹按：「癰疽」，《說苑・至公》篇作「雍睢」，《史記・孔子世家》作「雍渠」，《韓非子》作「雍鉏」，字並是

「雍」。《孟子》書作「癰」，疑是叚借字。僖十七年《左傳》「雍巫有寵於衛共姬，因寺人貂以薦羞於公」，杜

注曰「雍人名巫」，正義曰：「《周禮》掌食之官有內雍、外雍，此人爲雍官，名巫而字易牙。」竊疑癰疽亦雍

人也，「癰」讀爲「雍」，乃其官也，「疽」其名也。雍疽寺人瘠環，猶雍巫寺人貂矣。《戰國策》曰「衛靈公近

癰疽」，高誘注曰「孟子有其人，蓋醫之幸者」，望文生訓，失與趙同。

知虞公之不可諫而去之秦年已七十矣。

樾謹按：何氏焯《讀書記》謂此當以「知虞公之不可諫而去」九字爲句，「去」謂去位也，「之秦」二字自爲句

屬下讀，方與《史記》虞晉走宛諸事合。然真德秀《四書集編》、趙順孫《四書纂疏》所載經文竝作「知虞公

之不可諫而去之」，是南宋時舊本有無「秦」字者。據下文「知虞公之將亡」而先去之」亦無「秦」字，疑此

「秦」字直衍文耳。百里奚事在孟子時已不甚可考，今以《孟子》書爲主，參以《史記》，蓋奚知虞之將亡，先

去而之宛。宛今南陽府南陽縣，是時屬楚。晉之滅虞也，齊霸將衰而楚方盛，奚之走宛，殆有意於用楚

乎？然以羈旅之人，資用匱乏，或出其餘智，買賤賣貴，逐什一之利，故孟子有「舉於市」之說。《說苑·

臣術》篇云「賈人買百里奚以五羖羊皮，使將鹽車之秦」，此説雖不足信，然孟子明言「舉於市」，則將鹽車

事固宜有之。《史記·孟荀傳》「伊尹負鼎而勉湯，百里飯牛車下而繆公用霸」，然則所謂「飯牛」者，即其

將鹽車時事。《書》云「肇牽車牛遠服賈」，百里奚之食牛，正「舉於市」之塙證，非如或説云云也。其後不

知以何事爲楚鄙人所執，於是穆公以五羖羊皮贖之。《史記》載其事曰：「繆公聞百里奚賢，欲重贖之，恐

楚人不與，乃使人謂楚曰：『吾媵臣百里奚在焉，請以五羖羊皮贖之。』楚人遂許與之。」此乃當時實事也，

不然，何以有五殺大夫之號，至孝公時猶見稱於趙良之口乎？滕臣乃託辭。據《左傳》曰「執虞公及其大夫井伯以媵秦穆姬」，是虞君且爲媵，雖謂其臣皆吾媵臣，無不可矣。楚人受秦五羖羊皮而以百里奚予秦，是楚人固以五羊之皮當百里奚之值，謂之曰鬻亦無不可。然楚人鬻之，非百里奚自鬻之也。後世傳訛，因有自鬻之説。孟子據理斷之，以爲不然，而不復詳述其事之顛末。千載而下，以意推測，儻有得乎？

金聲而玉振之也。

《章句》曰：「振，揚也。故如金音之有殺，振揚玉音，終始如一也。」

樾謹按：《集注》曰「先擊鎛鐘以宣其聲，後擊特磬以收其韵」，若然，則當云「金聲之而玉振之也」，於文方足。如謂下有「之」字，則上可省。然下文又曰「金聲也者，始條理也；玉振之也者，終條理也」，是可知「玉振」下必當有「之」字，「金聲」下必不當有「之」字矣。蓋此句之義，趙注得之。所謂「金聲而玉振之」者，以金聲始洪而終殺，必以玉聲振揚之，此「之」字卽指金聲而言。伯夷、伊尹、柳下惠亦金聲也，而不能以玉振之，則始洪而終殺矣。惟孔子金聲而以玉振之，是以始終如一，而爲集大成也。

其至，爾力也；其中，非爾力也。

《章句》曰：「夫射遠而至，爾努力；其中的者，爾之巧也。思改其手，用巧意乃能中也。」正義曰：「其射至於百步之外，是人之力也；其所以中的者，非人之力，以其人之巧耳。」

樾謹按：上文以巧譬智，以力譬聖，此云其至爾力，其中非爾力，則似所重者反在巧，與上喻意不合矣。

王若虛《孟子辨惑》載呂東萊策問士云：「孟子論孔子集大成，譬之金玉，則智始而聖終；譬之巧力，則聖至而智中。以智爲尚則害前説，以聖爲尚則害後説」是先儒於此固已致疑。乃尋繹趙注，則經文兩「爾力」皆就伯夷、伊尹、柳下惠三子説，蓋謂三子所以能至者，力也；三子所以能中者，非力也，巧也。三子之力足以至，故不失爲聖，三子之力不足以中，故不能爲時，改而爲清、爲任、爲和，是不能以力中而以巧中，趙氏所謂「思改其手，用巧意乃能中」是也。若孔子，則至以力，中亦以力，不必以巧見長，此孔子所以遠過乎三子也。如此説，則與上喻意一貫，而東萊所疑亦不言而解矣。由正義不能發明趙注之意，故啓東萊之疑，而王若虛并欲改經文爲「智譬則力，聖譬則巧」，何其謬歟！

《章句》曰：「其五人者，皆賢人無位者也。」此五人者，自有獻子之家，富貴而復有德，不肯與獻子友也。

樾謹按：近來説此經者皆以「無獻子之家」爲忘人之勢。然下文不云「若有獻子之家」，亦者亦獻子也，謂獻子有而五人亦有也。然則「無獻子之家」自謂五人無獻子之富貴，非謂其視之若無矣，當以趙注爲長。惟趙以「不與之友」爲不與獻子友，此殆不然。四句反覆申明與之友，卽與此五人者友，仍以五人者言，見獻子所友皆寒素之士。若使其亦有獻子之家，獻子轉不與友矣。蓋所重在獻子之友五人，而不在五人之友獻子。下文引費惠、晉平兩事亦然，可知趙注之誤。

獻子之與此五人者友也，無獻子之家者也。此五人者，亦有獻子之家，則不與之友矣。

樾謹按：顧氏炎武《日知録》曰：「春秋時有兩費，其一見《左傳》成公十三年，晉侯使呂相絶秦，曰『殄滅我

費惠公曰。

費滑」，注曰『滑國都於費』，其一僖公元年公賜季友汶陽之田及費。在子思時滑國之費其亡久矣，疑即

季氏之後而僭稱公者。」閻氏若璩《四書釋地》土其說。乃以《左傳》求之，魯亦有兩費。季氏之費，今山東

沂州府費縣是也。若隱元年《傳》「費伯帥師城郎」，此又一費，今兗州府魚臺縣西南有費亭，東北有郎城，

費伯城郎，是其地也。顧氏棟高《春秋大事表》引高氏《地名考》曰：「費讀如字，與季氏費邑讀曰祕者有

別」乃陸德明《釋文》於隱元年《傳》亦音祕，蓋已混兩費而一之。于欽《齊乘》謂費本伯國姬姓，魯懿公之

孫，後爲季氏邑。此說雖誤，然即其說，知費伯之費昔人固有以爲國名者。蓋費伯以公孫別封於費，若晉

成師、鄭大叔之比。因城郎而居之，與鄅、邾諸國立爲魯附庸，徒以無事故不經見，而入戰國後，猶以魯費

立稱。所謂費惠公者，殆其苗裔乎？其後國亡，而子孫遂以郎爲氏，見《廣韵》。或疑郎爲魯地，屢見經

傳。若如此說，則爲費國之都矣，尚得爲魯地乎？不知魯有二費，亦有二郎。魚臺之郎，去曲阜約二百

里，而桓十年齊、衛、鄭來戰於郎，《公羊傳》曰「吾近邑也」，其非一地明矣，説詳江氏永《春秋地理考實》。

亦饗舜。

《章句》曰：「堯亦就饗舜之所設。」

樾謹按：趙解「亦」字非也。《列子‧黃帝》篇「二者亦言」，張湛注曰「亦當作易」，《論語‧述而》篇「五十

以學易」，《釋文》曰「魯讀易爲亦」，是亦、易二字古通用。《素問‧氣厥論》「謂之食亦」，王砅注曰「食亦

者，食入移易而過不生肌膚也。亦，易也」；又《骨空論》「易髓無空」，注曰「易，亦也」，竝其證矣。「亦饗

舜」者，易饗舜也，蓋猶是堯之饗舜耳。乃今日堯自爲主，明日使舜爲主，是易而饗之矣，故曰「迭爲賓

主。

生之謂性。《告子》

樾謹按：《白虎通‧性情》篇曰「性者，生也」，《禮記‧樂記》篇鄭注曰「性之言生也」，故性與生古字通用。《荀子‧禮論篇》「天地者生之本也」，《大戴禮‧禮三本》篇「生」作「性」，《戰國策‧秦策》「生命壽長」，《史記‧范雎傳》「生」作「性」，竝其證也。「生之謂性」猶云性之謂性，故孟子以「白之謂白」破之。上字作「生」，下字作「性」，猶《公孫丑》篇「有仕於此」作「仕」，「夫士也」作「士」。彼「士」、「仕」同字，此「生」、「性」亦同字。告子此說，即所謂無善無不善者，其意若曰，所謂性者止是性而已矣。論者但當就性言性，其善其不善皆非性中所有，不必論也。此是告子論性之本旨，故公都子曰「告子曰『性無善無不善』」也。上文杞柳、湍水之喻，皆從此出。

異於白馬之白也。

樾謹按：此句上「白」字當一字重讀，蓋先折之曰「異於白」，下乃云「白馬之白也，無以異於白人之白也」。古書自有一字重讀之例。《考工記‧輈人》曰：「輈注則利準，利準則久。」賈疏曰：「依後鄭，利準不重讀。」據此則經文「利準」二字本無重文，先鄭特就本字重讀之，故後鄭可以不從也。明乎古書之一字可以重讀，則此句之義自明，而亦不必疑其有闕文矣。

以紂爲兄之子，且以爲君，而有微子啟、王子比干。

《章句》曰：「紂爲君，又與微子、比干有兄弟之親，亦不能使此二子爲不仁。」

樾謹按：《史記》微子是紂庶兄，比干則云紂之親戚。如《孟子》此文，則是微子、比干皆紂父帝乙之弟

矣，與史不合。顧氏《日知録》曰：「以紂爲弟，且以爲君，而有微子啓。」以紂爲兄之子，且以爲君，而有王

子比干。竝言之，則於文有所不便，故舉此以該彼。」夫舉兄之子，何足以該弟？此論殊不可通。據趙注

云「紂爲君，又與微子、比干有兄弟之親」，疑趙氏所見經文作「以紂爲兄弟，且以爲君」。「弟」字誤爲「之

子」二字，非特不合《史記》，即以趙注按之，亦自不合矣。朱子《集注》云「疑此或有誤字」，殆已見及此，因

無左證，不敢質言耳。

乃若其情，則可以爲善矣。

《章句》曰：「若，順也。」性與情相爲表裏。

樾謹按：性與情若果有表裏之分，則公都子所舉三説皆自論性，孟子何獨與之言情乎？蓋性情二字，在

後人言之則區以別矣，而在古人言之則情即性也。《吕氏春秋・上德》篇「此之謂順情」，《淮南子・本經》

篇「人愛其情」，高誘注竝曰：「情，性也。」下章孟子言牛山之木則曰「此豈山之性也哉」，其言人則曰「是

豈人之情也哉」，然則性情一也。以六書而論，性從心生聲，情從心青聲，而青亦從生聲，故從生從青之字

於義得通。《釋名・釋兵》曰：「旌，精也。」《列子・説符》篇「東方有人焉，曰爰旌目」，《後漢書・張衡傳》

注引作「爰精目」，旌從生聲，精從青聲，古字通用。而謂性之與情若冰炭之異，此必不然矣。《荀子・正

名篇》曰「生之所以然者謂之性，性之好惡喜怒哀樂謂之情」，此蓋古義如此。孟子之於荀子不能有異，特

自孟子言之，性善而情亦善；自荀子言之，性惡而情亦惡，此則其説之異也。《荀子・性惡篇》引舜之言

曰「人情甚不美。妻子具而孝衰於親，嗜欲得而信衰於友，爵禄盈而忠衰於君。人之情乎，人之情乎」，楊倞注曰「引此亦以明性之惡」，是可見古人言性必言情。孟、荀雖異，要未嘗區性與情而二之也。《白虎通·情性》篇以仁義禮智信爲五性，喜怒哀樂愛惡爲六情。夫無喜怒哀樂愛惡，則仁義禮信於何見之？惻隱之心，仁也，獨非愛乎？羞惡之心，義也，獨非惡乎？孟子以惻隱爲仁，羞惡爲義，正是以情見性。若如《白虎通》之說，則仁義屬性，惻隱羞惡屬情，不可合矣。此說也蓋襲《禮記》而失之。《禮記·禮運》篇曰：「何謂人情？喜、怒、哀、懼、愛、惡、欲七者，弗學而能。何謂人義？父慈、子孝、兄良、弟悌、夫義、婦聽、長惠、幼順、君行、臣忠十者謂之人義。」夫以人情對人義，非以人情對人性，則人情即人性也。蓋性之好惡喜怒哀樂謂之情，故此七者謂之性亦可也。後人不達此義，妄有五性六情之說，遂以性情分屬陰陽，而《孟子》此章之旨晦矣。

人有雞犬放則知求之，有放心而不知求。

樾謹按：「而」猶「則」也，「人有雞犬放則知求之，有放心則不知求」，猶下章云「指不若人則知惡之，心不若人則不知惡」也。「而」與「則」義同，故古書每以「而」「則」互用。《墨子·明鬼》篇「非父則母，非兄而姒」，《史記·欒布傳》「與楚則漢破，與漢而楚破」，竝其證也。此文上句用「則」字，下句用「而」字，亦猶是矣。

此之謂不知類也。

《章句》曰：「類，事也。」

樾謹按：「類」之言「比類」也。《禮記・月令》曰「必比類」，《國語・周語》曰「象物天地，比類百則」，「比類」蓋古語，猶今言「比例」也。《周語》又曰「度之天神，比之地物，類之民則，方之時動」，是重言之則曰比類，單言之則或曰比，或曰類。《易・繫辭傳》曰「以類萬物之情」，襄九年《左傳》曰「晉君類能而使之」，皆此義也。「不知類」言其不知比類，注訓爲事，未得其旨。

比天之所與我者。

《章句》曰：「比方天所與人情性。」

樾謹按：比之言次也。《周官・世婦職》「比其具」，鄭注曰「比，次也」；《宰夫職》「比官府之具」，注曰「比，校次之」；又《儀禮・大射儀》「遂比三耦」，注曰「比，選次之也」，並與此「比」字義同。蓋心與耳目皆天之所與我者，必比次之，然後知其孰爲大孰爲小，然後能先立乎其大。下文「先」字正從「比」字生出。趙氏以「比方」釋之，其義不顯，後人遂誤改作「此」字矣。

有人於此，力不能勝一匹雛，則爲無力人矣。今日舉百鈞，則爲有力人矣。然則舉烏獲之任，是亦爲烏獲而已矣。

樾謹按：不能勝一匹雛之人安能舉百鈞，故閻氏若璩《釋地三續》引陳幾亭之言，謂孟子言辭小失。乃以經文尋繹之，孟子此言固無失也。蓋此節之義，全在「今日」二字。以不能勝匹雛之人，而今日舉百鈞，是非必果能舉也，卽此舉百鈞之言，已可爲有力人矣。曹交自謂食粟而已，此與力不能勝一匹雛者無異。今一旦奮然曰吾爲堯、吾爲舜，是亦爲堯、舜矣，故曰「夫人豈以不勝爲患哉？弗爲耳！」孟子之言本是

明了，但「舉烏獲之任」句省一「曰」字。若作「然則曰舉烏獲之任，是亦爲烏獲而已矣」，其意便顯。孟子因上文已有「今日」字，故此省之。不謂後之學者并上「今日」字而亦忽畧讀過也。

公儀子爲政。

《章句》曰：「公儀休爲執政之卿。」

樾謹按：閔二年《左傳》「君與國政之所圖也」《史記・晉世家》集解引賈逵注曰「國政，正卿也」，然則「爲政」卽爲國政，言爲正卿也。政正古通用。《爾雅・釋詁》：「正，長也。」「公儀子爲政」，乃「正長」之「正」，非「政事」之「政」。下云「子柳、子思爲臣」，臣與政相對，猶《離婁》篇「曾子師也」，「子思臣也」，臣與師亦相對也。趙不知「政」爲「正」之叚字，而以「執政」釋之，非是。本篇又云「魯欲使慎子爲將軍」也。曰正、曰將軍，並以位言。趙注曰「魯君欲使之執政於國」，亦失之義亦與此同，猶「魯欲使樂正子爲政」「爲政」之矣。

子柳、子思爲臣。

《章句》曰：「子柳，泄柳也；子思，孔伋也，二人爲師傅之臣。」

樾謹按：子思乃穆公所尊禮，觀《公孫丑》篇可知。子思與泄柳申詳分量迥殊，而此乃以並稱，且以子思居子柳之下，卽《孟子》本書證之，已自不合矣。據《鹽鐵論・相刺》章「昔魯穆公之時，公儀爲相，子柳、子原爲之卿。然北削於齊，以泗爲境，南畏楚人，西賓秦國」，其文卽本之《孟子》。疑古本《孟子》作「子柳、子原」，非「子思」也。「爲臣」與「爲政」相對，爲政謂爲正卿，爲臣謂爲庶職也。趙因子思大賢，不宜以官

守屈之，故曰「爲師傅之臣」。《離婁》篇：「曾子師也，父兄也。子思臣也，微也。」師之與臣大有別矣，何不曰「爲師」而曰「爲臣」乎？若知「子思」是「子原」之誤，則不必爲是曲説矣。

乃孔子則欲以微罪行。

《章句》曰：「燔肉不至我，黨從祭之禮不備，有微罪乎？」

樾謹按：孔子以微罪行之旨，惟趙氏得之。此注當以「燔肉不至我」爲句，「黨」字屬下讀。「黨」猶「儻」也，「儻」者或然之詞，古書每以「黨」爲之。《漢書·伍被傳》「黨可以徼幸」《墨子·法儀》篇「黨皆法其君奚若」，並其證也。趙氏述孔子之意，以爲燔肉所以不至我者，儻我從祭之禮不備，故有微罪乎？於是即引爲已罪而去，所謂不欲爲苟去也。僞孫疏誤以「我黨」二字連讀，故注意晦而經意亦晦矣。閻氏若璩《釋地續》曰：「孔子不欲其失純在君相，己亦帶有罪焉。其所謂有罪，即在不税冕而行一句。冕原祭服，今也戴於道路間，尚非罪乎？」《史記·世家》師己送曰：夫子則無罪。觀此，似孔子當日自認一罪名而行，千載以下猶可以情測。」今按：閻氏引師己之言爲證，最爲得之。而以不税冕實孔子之罪，則大謬矣，且不税冕而行，極言其行之速，非因不税冕而後行也。如閻氏此論，設有人問孔子之聖而躬冒不韙者乎？注具在，而學者讀之不審，將以不税冕告之乎？又問何以不税冕而行，則將何以對？是仍爲苟去矣。趙致滋妄説，故具論之。

《章句》曰：「移之，就之也。」

則六師移之。

樾謹按：「移」當讀爲「陊」。《廣雅‧釋詁》陊隓竳訓壞，是陊與隓義相近。「隓」卽「墮」字，故《集韵》曰

「陊或作墮」。然則「六師陊之」猶六師墮之，蓋毀壞其都邑，若《春秋》所書「帥師墮郈」、「帥師墮費」之類

是也。因叚「移」爲「陊」，而注者以本字讀之，遂失其旨矣。

有天民者，達可行於天下而後行之者也。《盡心》

《章句》曰：「天民，知道者也。可行而行，可止而止。」

樾謹按：如注義，則經文「達」字疑「道」字之誤。《章句》亦曰「天民行道」❶趙氏所據本必是「道」字也。

四體不言而喻。

樾謹按：此句之義殊不可曉。若謂四體不言而人自喻，則四體豈能言者？若謂我之四體不待我言而喻

我之意，則凡人皆然，豈必君子？據《文選‧魏都賦》劉淵林注引《孟子》曰「君子所性，仁義禮智根於心，

其生色睟然見於面，不言而喻」，應吉甫《華林園集詩》李善注引《孟子》曰「君子所性，仁義禮智信根於心，

施於四體，不言而喻」，兩文不同。然「不言而喻」上皆無「四體」字，疑古本《孟子》「四體」二字不疊也。若

謂古人引書，或以意增損，不足據，則何以劉、李二人如出一手乎？且如李所引有「信」字而劉所引卽無

之，蓋以意增損，必不能同。乃兩人所引皆無「四體」字，則是古本如此矣。

易其田疇。

❶ 「章句」，據《春在堂全書‧校勘記》作「章指」。

《章句》曰:「易,治也。」

橦謹按:易者,所以休地力也。《周官·大司徒職》「不易之地家百晦,一易之地家二百晦,再易之地家三

百晦」,鄭司農云「不易之地歲種之,地厚,故家百晦」,一易之地休一歲乃復種,地薄,故家二百晦。再易

之地休二歲乃復種,故家三百晦」,是地有一易、再易之分,「易其田疇」謂此也。不易之地惟都鄙有之。

若遂人所掌郊甸之制,上地亦有萊五十晦,則亦非不易矣。蓋休而不耕,故地力有餘,多黍多稌實由於

此,乃先王制民之產之精意。若如趙氏訓易爲治,則是憂百畝之不易者農夫也,非聖人治天下之道矣。

恭敬者,幣之未將者也。恭敬而無實,君子不可虛拘。

橦謹按:此數語蓋承上文而更進一義,言食而弗愛,愛而弗敬,固不可矣;然恭敬亦不可無實,故曰「恭敬

者幣之未將者也」,言未以幣交之時,有此恭敬之心已足多矣。若既以幣交,則當用其言,行其道,乃爲有

實。《告子》篇曰「迎之致敬以有禮,言將行其言也,則就之。禮貌未衰,言弗行也,則去之」,與此文正相

發明。「迎之致敬以有禮」,所謂「恭敬」也;「禮貌未衰言弗行也」,則「恭敬而無實」矣。君子不可虛拘,

故去之也。

若崩厥角稽首。

《章句》曰:「百姓歸周,若崩厥角,額角犀厥地稽首拜命,亦以首至地也。」

橦謹按:此當以六字爲句。「厥角」「稽首」相對成文。《漢書·諸侯王表》「漢諸侯王厥角稽首」,應劭曰

「厥者,頓也。角,額角也。稽首,首至地也」,視趙注更簡而明。「若崩厥角稽首」乃倒句,若順言之,則當

云「厥角稽首若崩」。蓋商衆一聞武王之言，無不厥角稽首，若山冢之猝然而崩也。李善注《文選》丘希範

《與陳伯之書》、王元長《曲水詩序》、陸佐公《石闕銘》，三引《孟子》，竝作「百姓若崩厥角」，不連「稽首」二

字，則雖未失其義，而似已失其讀。後人并其義而失之，固無怪矣。

是故得乎丘民而爲天子。

《章句》曰：「丘，十六井也。」

樾謹按：《廣雅‧釋詁》曰「區，小也」，《釋訓》曰「區區，小也」。丘與區古同聲而通用，「丘民」猶言小民。

必以「十六井」釋之，非是。

仁也者，人也，合而言之道也。

《章句》曰：「能行仁恩者，人也。人與仁合而言之，可以謂之有道也。」

樾謹按：「合而言之道也」六字爲一句。此章直是孟子解說仁字之義。《禮記‧中庸》篇「仁者人也」，鄭

注曰：「人也，讀如相人偶之人，以人意相存問之言。」《說文‧人部》：「仁，親也，從人二。」段氏玉裁注引

鄭注而釋之曰：「人偶猶言爾我親密之辭，故其字從人二。」阮氏元《揅經室集》又從而推闡其義，引《曾子

制言》篇「人之相與也，譬如舟車，然相濟達也，人非人不濟，馬非馬不走，水非水不流」，發明「相人偶」之

說。明乎此，然後《孟子》此章可得而言矣。蓋仁也者，人也，乃孔門相傳之故訓也。然仁即是人，何以又

製此從人從二之仁字？故釋之曰「合而言之道也」。夫我一人也，人一人也，仁於何有？必我與人相

親，人與我相親，而後仁在其中焉。此即相人偶之義，亦即仁字從人從二之意。別乎我而爲人，此分而言

者也,并人我二人而爲仁,此合而言之者也,故曰「合而言之道也」。趙氏誤斷「合而言之」四字爲句,「道

也」二字爲句,則其義不可通,遂有增數語於其間,託之外國本者矣。

孟子曰:「無傷也,士憎茲多口。」

樾謹按:此章之文止於此,下文《詩》云憂心悄悄」一節當在「貉稽曰」之前,與上章合爲一章。其文云:

「孟子曰:『君子之戹於陳、蔡之閒也,無上下之交也。《詩》云:「憂心悄悄,慍于群小」,孔子也;「肆不殄

厥愠,亦不殞厥問」,文王也。』」蓋因孔子而及文王,孟子之意以文王比孔子也。簡策錯亂,誤倒在後,注家

遂誤以爲告貉稽之言。若果孟子爲貉稽引《詩》,則當有次弟,安得先孔子而後文王乎?

以追蠡。

《章句》曰:「追,鍾鈕也。」

樾謹按:追訓鍾鈕,於古無徵。「追」疑當爲「縋」。《説文·系部》:「縋,以繩有所縣也。」鍾鈕亦所以縣

者,故謂之縋。

望見馮婦,趨而迎之。

《章句》曰:「馮婦恥不如前,見虎走而迎之,攘臂下車欲復搏之。」

樾謹按:趙氏之意,「望見馮婦趨而迎之」者,虎望見馮婦趨而迎之也。蓋馮婦未爲善士之時,虎望風而

避矣。今乃不惟不避,又趨而迎之,此馮婦見之所以恥不如前,而忿然攘臂下車也。注中「見」字非經文

「見」字,注文「見」字屬馮婦言,經文「見」字屬虎言。《太平御覽·人事部》引《孟子》曰「晉有馮婦者,善搏

虎。野有衆逐虎，虎負隅，莫敢攖，馮婦趨而迎之」，則因誤讀趙注而妄刪經文「望見」二字，失之甚矣。翟

氏灝《孟子考異》以此致疑，未深體注意也。

聖人之於天道也。

樾謹按：《集注》曰「或云『人』衍字」，其說是也。古人每以「聖」、「知」對言。《老子》曰「絕聖棄智」，《國

語・楚語》曰「其知能上下比義，其聖能光遠宣明」，竝其例也。此云「知之於賢者也，聖之於天道也」，猶

《萬章》篇曰「始條理者，知之事也；終條理者，聖之事也」，皆以「聖」、「知」對言。「聖」下不得有「人」字，

後人妄加之耳。《說文・耳部》：「聖，通也。」蓋聖之本義與知相近，故《大戴記・四代》篇曰「聖者，知之

華也」。《孟子》書屢言聖人，皆大而化之之謂，此「聖」字則其本義。所謂天道者，乃吉凶禍福占驗之道。

《後漢書・桓譚傳》曰「天道性命，聖人所難言」，李賢注引鄭康成《論語》注曰「天道，七政變動之占也」，古

者言天道類如此。《左傳》曰「天道多在西北」，又曰「天道遠，人道爾」，《國語》曰「我非瞽史，焉知天道」，

可見天道者，瞽史所以占驗之術也。知之於賢者也，以人事言；聖之於天道也，以天事言。知者固欲知

賢，然或爲耳目之所不及察；聖者固欲知天道，然或爲推步之所不能周，故曰「命」矣。

曰殆非也。

《章句》曰：「館人曰：殆非爲是事來，事夫子也。」

樾謹按：此非館人之言，亦孟子之言也。「子以是爲竊屨來與？」曰：殆非也」，乃自問而自答之之詞。

《告子》篇「爲是其智弗若與？」曰：非然也」，文法正與此同。下文曰：「夫予之設科也，往者不追，來者不

拒。苟以是心至，斯受之而已矣。」孟子之意，蓋謂從者固非爲竊屨來也，然予之設科如此，則亦有所不能

保矣。語意抑揚，而詞氣固不隔也。自趙氏誤以此「曰」字爲館人曰，後人因并以下文數語皆爲館人之

言，而經文「夫予」字遂誤爲「夫子」，不得謂非趙氏有以啟之矣。

言語必信，非以正行也。

《章句》曰：「庸言必信，非必欲以正行爲名也。」

樾謹按：趙氏之意，以正行是美事，以正行爲名始是不美，故增益其義如此，不知非孟子意也。上文云：

「經德不回，非以干祿也。」「干祿」二字見於《詩》，亦是美事，故子張學干祿，孔子不斥其非，且告以干祿之

道曰：「言寡尤，行寡悔，祿在其中矣。」然則經德不回，以之干祿，言語必信，以之正行，此乃學者之常事，

卽孔、孟教人，亦未嘗不以此也。若夫經德不回而非以干祿，言語必信而非以正行，則盛德之至，非聖人

不能矣。三代以下儒者恥言干祿，遂覺正行與干祿不可並論，乃謂其欲以正行爲名，非古義也。

琴張。

《章句》曰：「琴張，子張也。」子張之爲人踸踔謰詭，《論語》曰『師也辟』，故不能純善而稱狂也。又善鼓

琴，號曰琴張。

樾謹按：趙注以琴張卽顓孫師，乃賈逵、鄭衆之舊說，見昭二十年《左傳》正義。而服虔已疑之，至杜預注

《左傳》曰「琴張，孔子弟子，字子開，名牢」，則本之《家語》，更不足據。《莊子·大宗師》篇「子桑戶、孟子

反、子琴張三人相與友」，竊疑此人名張字子琴，而姓氏不傳。古人名字竝稱，皆先字後名，故曰子琴張，

亦曰琴張也。

曰：何以是嘐嘐也？言不顧行，行不顧言，則曰古之人，古之人，行何爲踽踽涼涼？

樾謹按：此三十字當在「其志嘐嘐然」之下，「夷考其行」之上。「曰何以是嘐嘐也」，萬章問也；「言不顧行」以下，孟子答也。踽踽涼涼，正與嘐嘐相反。踽踽者，獨也，《詩》云「獨行踽踽」是也。涼涼者，薄也，《説文・水部》「涼，薄也」是也。凡物之衆者、厚者皆有大義，殷訓大，亦訓衆，膴訓大，亦訓厚，是其證也。然則獨與薄皆有小義矣。趙氏訓嘐嘐爲志大言大，是踽踽涼涼，正與相反也。狂者言行不相顧，故常以古人之行爲隘小而非笑之，每曰「古之人，古之人，行何爲是踽踽涼涼」，此狂者譏古人之詞也。及考其所爲，則實未能大過古人，故曰「夷考其行而不掩焉者也」。自此三十字誤移在後文，則與論鄉原何涉？趙注、朱注皆曲爲之説，而義不可通。前文止存「曰古之人古之人」七字，此乃文字爛脱之有未盡者，今當爲衍文矣。

群經平議卷三十四

德清俞樾

爾雅一

《釋詁》

權輿，始也。

郭璞注曰：「《詩》曰：『胡不承權輿？』」邢昺疏曰：「權輿者，天地之始也。」樾謹按：《文選·劇秦美新》曰：「權輿天地未袪，睢睢盱盱。」「權輿」二字止作始字解，非天地之始謂之權輿也。邢氏誤會其義，謬甚矣。錢氏大昕《潛研堂集》引孫星衍說，謂卽《釋草》之「其萌虇蕍」，亦卽《說文》之「夢、灌渝」，此說自不可易。惟經文曰「初、哉、首、基、肇、祖、元、胎、俶、落、權輿、始也」，「俶落」以上皆字各成義，則「權輿」亦非必相連爲文。《方言》曰：「葎，始也。」葎卽權字，而其字從大，是其本義爲大也。奞爲大而亦爲始，猶元爲始而亦爲大矣。奞者，衆也。僖二十八年《左傳》「聽輿人之謀」，成二年《傳》「無令輿師淹於君地」，杜注並訓輿爲衆，故《廣雅·釋詁》曰：「輿，多也。」衆多則亦有大義。《玉篇》・多部》鈙、㩲、䅥、綢四字並曰「大也」，而其字並從多。至㩲、綢二字亦作㑇、裯，則又從大，可知其義之通矣。《詩·韓奕》篇「魴鱮甫甫」，毛傳曰：「甫甫然，大也。」《廣雅·釋訓》曰：「甫甫，衆也。」《周官·

小宗伯》及《冢人職》鄭注竝曰：「甫，始也。」然則輿爲衆，故爲大，亦爲始，猶甫爲衆，故爲大，亦爲衆矣。

此權輿訓始之本意也。因「權輿」二字適相連成文，故古人即以二字竝舉。《周書・文酌》篇「一斡勝權

輿」，《周月》篇「是謂日月權輿」，《大戴記・誥志》篇「孟春百草權輿」，竝本之《爾雅》耳。亦猶下文「林烝，

君也」，而《平都相蔣君碑》即曰「於穆林烝」，「林烝」二字非相連爲義也。此可見《爾雅》一書雖經後人附

益，而實傳之自古矣。

業，大也。

疏曰：「業者，版之大也。」

樾謹按：邢氏以大版爲説，未得其義。《廣雅・釋詁》：「業，始也。」《國語・齊語》「擇其善者而業用之」，

韋昭注曰：「業，猶創也。」創亦始也。業之義爲始，故亦爲大，猶元之義爲大，故亦爲始矣。《爾雅》甫、業

竝訓大，而甫之義即通乎始。《廣雅》昌、孟、業竝訓始，而昌與孟之義即通乎大。然則訓始、訓大於義得

通，《爾雅》《廣雅》正堪互證。

省，善也。

注曰：「省，未詳其義。」

樾謹按：「省」通作「眚」。《尚書・洪範》篇「王省惟歲」，《史記・宋微子世家》作「王眚惟歲」，莊二十二年

《公羊傳》「肆大省」，《左》、《穀》竝作「肆大眚」是也。《釋名・釋天》曰：「眚，消也，如病者消瘦也。」以消釋

眚，乃從雙聲取義，消從肖聲。河上公注《老子》曰：「肖，善也。」然則省之爲善，猶肖之爲善，而省之爲

肖，猶肖之爲消矣。省字蓋從少得聲，省與少雖於古音非同部，而實一聲之轉。《說文·水部》：「淌，少

減也。」不逕訓減而必曰少減者，兼以聲訓也。《禮記·喪服小記》篇「多陳之而省納之」，《荀子·仲尼篇》

「省求多功」，竝以省、多對文，疑卽讀省如少矣。故省與肖義得通也。

肇、基，謀也。

注曰：「肇，未詳。」疏曰：「肇者，《大雅·江漢》云：『肇敏戎公。』基者，君子作事謀始也。」

樾謹按：肇亦謀始之意，上文肇、基竝訓始，是其證也。《詩·生民》篇「后稷肇祀」，《禮記·表記》篇引作

「后稷兆祀」，是肇、兆古字通。《文選·漢高祖功臣頌》「伐謀先兆，擠響于音」，李善注曰「兆爲謀始，響爲

音初也」，正得《爾雅》之義。郝氏懿行《義疏》引《釋言》「肇，敏也」，謂敏、謀古音相近，雖其說亦通，然經

以「肇基」連文，則以謀始之說爲塙矣。

耇、老，壽也。

注曰：「耇，猶耆也。」疏曰：「《方言》云『燕岱北鄙謂耇爲梨』，郭彼注云：『梨，面始生也。』舍人曰：

『耇，觀也。血氣精華觀竭，言色赤黑如狗矣。』孫炎曰：『耇，面如凍梨，色如浮垢，老人壽徵也。』」

樾謹按：凍梨之義可以釋梨，不可以釋耇，故郭氏不用以說此經。至訓觀訓垢，又取象於狗，皆以聲近之

字展轉相訓，而義實未安，宜郭氏皆不之用也。《說文·老部》：「耇，從老省，句聲。」《句部》：「句，曲也。」

故凡從句聲之字皆有曲義。《竹部》：「笱，曲竹，捕魚笱也。」《羽部》：「翑，羽曲也。」《疒部》：「痀，曲脊

也。」竝其證也。「耇老」之「耇」蓋卽「痀」之異文，老人之脊必曲，故以爲名。其變從老省者，以疾言則宜

從卪，以壽言則宜從老也。《玉部》『玖』篆下云：「讀若人句脊之句。」然則「句脊」字本止作「句」，從卪、從

老皆其孳乳寖多者矣。

炁，靜也。

注曰：「炁，未聞。」

樾謹按：《説文・心部》：「炁，癡貌。」《卪部》：「癡，不慧也。」其義與靜絶遠。然癡字從疑。《詩・桑柔》

篇「靡所止疑」毛傳曰：「疑，定也。」不慧謂之癡，正由其性能定而不能動耳，是亦人之一病，故從卪作

癡。然所謂癡貌者，非必其爲不慧之貌也。《儀禮・鄉飲酒禮》「賓西階上疑立」，鄭注曰：「疑，讀爲仡然

從乎趙盾之仡，正立自定之貌。」然則炁猶仡也，其字竝從气聲，義得相通。以其不善者而言則爲癡貌，以

其善者而言則爲疑立之貌，美惡不嫌同辭。《大學》篇曰「定而后能靜」，正立自定，是爲靜矣。學者但知

炁爲癡貌，而不知炁通乎仡然之气，癡通乎疑立之疑，故不得其解也。《説文・心部》又曰：「憋，駭也。」气气者

癡與憋蓋同字，以疾言則從气，以心言則從心耳。憋之義爲駭，而《馬部》曰：「駥，馬行仡仡也。」仡仡者

謂之憋，故气然者謂之癡。明乎此，而《爾雅》之與《説文》固一貫矣。

順、劉，陳也。

注曰：「皆未詳。」

樾謹按：郝氏懿行《義疏》引洪頤煊《讀書叢録》説，謂《士冠禮》之「南順」即《特牲饋食禮》之「南陳」，其説

其塙。順之與陳蓋以聲近而義通，陳從申聲，古文作陣，然則順之爲陳，猶坤之爲順矣。劉者，郝云與擂

聲近。《說文》云：「攝，引也。」或從由作抽，訓引，故又訓陳。此經以「劉繹」連文，劉繹猶抽繹

也。《尚書·立政》篇「克由繹之」，由卽抽也，卽此經之「劉繹」矣。下文「雷，久也」，雷與劉亦通。高誘注

《淮南子·原道》篇曰「劉，讀雷連之雷」，是其證也。此文引延與劉竝訓陳，下文引，延訓長，雷訓久，長久

之義同矣。且陳亦有久義。《尚書·盤庚》篇「失于政陳于兹」，枚傳以陳久釋之，正義曰：「《釋詁》云

『陳，久也』，古者塵、陳同。」以是言之，劉猶雷也，陳猶塵也。觀下文雷與塵同訓，則無疑乎劉之訓陳矣。

台、朕、賚、畀、卜、陽，予也。

注曰：「賚、卜、畀皆賜與也。與猶予也，因通其名耳。《魯詩》云：『陽如之何。』今巴濮之人自呼阿陽。」

樾謹按：郭意以賚、卜、畀爲賜予之予，台、朕、陽爲予我之予，其實卜亦予我之予也。卜乃「僕」之叚字。

《禮記·檀弓》篇「卜人師扶右」，鄭注曰「卜當爲僕」，其是證也。古人每自稱僕，故訓僕爲予矣。《詩·天

保》篇「君曰卜爾」，《楚茨》篇「卜爾百福」，毛、鄭竝用此經爲說，誤也，辯見《毛詩》。至陽字，郭引《魯詩》

及巴濮語證之，然其義未詳。今按：陽者，「養」之叚字。《說卦傳》「爲妾爲羊」，朱震《漢上易傳》引鄭本

「羊」作「陽」，注曰：「此陽謂爲養，无家女行賃炊爨，今時有之，賤於妾也。」是陽與養通。鄭因兌爲少女，

故以女說之。然宣十二年《公羊傳》「厮役扈養」，何休注曰：「炊烹者曰養。」《漢書·兒寬傳》「嘗爲弟子

都養」，師古注曰：「養，主給烹炊者也。」然則養之名通於男女。此經卜、陽竝言，卜卽僕也，陽卽養也，皆

古人謙稱，自託于執卑賤之役也。

緝、熙，光也。

注曰：「《詩》曰：『學有緝熙于光明。』」

樾謹按：「緝熙」字《詩》凡四見，然以字義言，緝無光義，疑「湆」之叚字也。《説文・水部》：「湆，鬻涌兒。」

水涌則有光，故「洸」篆説解曰：「水涌光也。」「湆熙」連文，湆者水之光，熙者火之光矣。

黎，衆也。

樾謹按：黎之言麗也。《尚書・禹貢》「厥土青黎」，《史記・夏本紀》作「其土青驪」，是其例矣。黎又通作

「離」。《禹貢》「導弱水至于合黎」，《水經・禹貢山水澤地》篇作「合離」，離亦麗也。《説文・鹿部》「麗，旅

行也」，故此經「黎旅」竝訓衆矣。

逐，病也。

注曰：「未詳。」

樾謹按：《詩・考槃》篇「碩人之軸」，箋云：「軸，病也。」正義引此經而曰「軸與逐蓋古今字異」，是逐又通

作軸。然逐、軸竝非正字也。《詩・鼓鐘》篇「憂心且妯」，傳曰：「妯，動也。」《説文・心部》引作「怞」，疑

逐、軸竝「怞」之叚字。怞爲心動。《漢書・田延年傳》「使我至今病怞」，師古曰「怞，心動也」，是心動亦爲

病也。《周易・頤》六四「其欲逐逐」，虞注曰：「逐逐，心煩貌。」以《易》義證《詩》義，而《雅》詁益明矣。

寫，憂也。

注曰：「寫有憂者思，散寫也。」疏曰：「《小雅・車舝》云：『我心寫兮。』」

樾謹按：以散寫爲憂，義不可通。如其説，則「我心寫兮」爲我心憂兮，而於詩人之旨大悖矣。寫者，「寫」

之叚字。《方言》曰：「㺿，驚也。」宋、衛、南楚凡相驚曰㺿，㺿爲驚，故卽爲憂矣。《說文‧犬部》：「南楚謂相驚曰㺿，讀若愬。」凡《說文》「讀若」之字義皆得通。《周易‧履》九四「愬愬終吉」，《釋文》引《子夏傳》曰「愬愬，恐懼貌」，卽可以說此經矣。

祠、蒸、嘗、禴、祭也。

樾謹按：郝氏《義疏》曰：「四者皆時祭之名，詳見《釋天》。」而此又單訓祭者，蓋不獨時祭有此名，而凡祭亦被斯名也。《小宗伯》云：「大裁及執事禱祠于上下神示」，《女祝》云『凡內禱祠之事』，《大祝》云『一曰祠』，鄭注皆不以爲春時祭名。《書‧洛誥》云『王在新邑烝』，《大宗伯》疏引鄭注云：『是非時而特假祖廟，故文、武各特牛也。』《月令》『大饗帝嘗』，鄭注曰：『嘗者，謂嘗群神也。天子親嘗帝，使有司祭於群神。』然則鄭意亦以此嘗爲祭名，而不以爲時祭矣。惟禴未聞，郭以爲皆四時祭名，恐未然也。」今按：郝氏此論甚得經意。春祭曰祠，夏祭曰礿，秋祭曰嘗，冬祭曰蒸，而四者又爲凡祭之通稱也。不然，《車攻》篇既曰「駕言行狩」，又曰「之子于苗」，一時之事，何以狩、苗互見乎？《周易‧萃》六二、《升》九二竝曰「孚乃利用禴」，干寶注竝曰：「非時而祭曰禴。」然則禴非時祭，古亦有徵，可以補郝說之闕。

注曰：「載者，言而不信。謨者，謨而不忠。」《書》曰：『朕不食言。』」

樾謹按：錢氏大昕謂古爲僞同字，載、謨者作爲之義，食、詐者虛僞之義。而王氏引之又謂載、謨、食皆

載、謨、食、詐，爲也。

爲也，引哀元年《左傳》「不可食已」爲證。其義皆極塙，勝郭注遠矣。惟食何以訓爲，義終未明。王氏引或說謂食當讀「飭」。今按：《周易・井》初六傳「井泥不食」，虞注竝曰：「食，用也。」《國策・衛策》「始君之所行於世者食高麗也」，《老子》「我獨異於人而貴食母」，高誘、河上公注竝曰：「食，用也。」《荀子・富國篇》「仁人之用國」，楊倞注曰「用，爲也」，是用與爲義得相通。食訓用，故訓爲，正古義矣，不必改讀作飭也。

行，言也。

注曰：「今江東通謂語爲行。」

樾謹按：《釋宮》曰「行，道也」，是行與道義通。《周官・訓方氏》「掌道四方之政事」《撢人》「道國之政事」，鄭注竝曰：「道，猶言也。」行之訓言，猶道之訓言矣。襄二十五年《穀梁傳》「莊公失言，淫于崔氏」，失言即失道也。然則「行，言也」，猶曰：行，道也，與《釋宮》之文其義本通。郭引時諺爲證，尚非古義。

徽，止也。

注曰：「徽，未詳。」

樾謹按：《說文・水部》：「潏，不流，濁也。」段氏注曰：「謂薉濁不流去也。」不流則有止義，「徽」即「潏」之叚字。《禮記・大傳》篇「殊徽號」，鄭注曰「徽，或作褘」，是其例也。上文「褘，美也」，猶云徽，美也。此文「徽，止也」猶云潏，止也。以聲求之，得其義矣。

衛，垂也。

注曰：「營衛在外垂也。」

樾謹按：《史記・五帝紀》「以師兵爲營衛」，正義曰「爲營以自衛」，是營衛之衛乃保衛之衛。郭引以證此經，於義未塙。衛者，「圍」之叚字。《禮記・孔子閒居》篇「帝命式于九圍」，鄭注曰「九圍，九州之界也」，是圍與界義同。界訓垂，故圍亦訓垂矣。

嗟，咨瑳也。

樾謹按：《釋文》曰「瑳，本或作瑳。《字林》云：『瑳、瑳皆古嗟字』，是嗟之與瑳古今字耳。若以嗟釋嗟，義不可通。此經當以「嗟」字爲句，「咨瑳也」三字爲句。「咨瑳」即咨嗟，蓋以咨嗟釋嗟字，謂若《尚書》「王曰嗟」之類，皆是爲咨嗟之聲以發語端也。《詩序》「故嗟歎之」，《釋文》曰：「嗟，咨嗟也。」《釋詁》《釋言》雖傳「嗟若先生」，師古注曰：「嗟，咨嗟也。」皆本《爾雅》文，是古讀固以「咨嗟」連文矣。《釋詁》《釋言》雖多以一字爲訓，而如「毘劉，暴樂也」，「覭髳，茀離也」，則亦閒有二字者。此云「咨嗟」，亦猶「暴樂」、「茀離」之類耳。上文「肆，故今也」《詩・思齊》篇毛傳《抑》篇鄭箋皆以「故今」連讀。宋王觀國《學林》謂非《爾雅》句法，失之不考矣。

於，代也。

注曰：「於，義未詳。」

樾謹按：於乃語詞也。《說文・口部》：「哉，言之閒也。」是古人用語詞本取相閒之義。上文哉、與、之、言竝訓閒，邵氏晉涵正義曰：「《周頌・雝》云『假哉皇考』，《臣工》云『維暮之春』，《有客》云『薄言追之』，皆

謂詞之閒也。」然則於亦詞之閒也。凡言於者，皆自此之彼之詞，故《爾雅》不與哉、之、言竝訓閒，而與閒

竝訓代，義可互明矣。

艾，歷也。

注曰：「長者多更歷。」

樾謹按：「也」字衍文，古本與下文合爲一條，其文曰：「艾、歷、麻、秝、算、數也。」故《詩·訪落》篇「朕未有

艾」鄭箋以艾爲數，卽本此文。若如今本，則鄭何以不訓爲歷乎？歷、麻竝訓數，亦猶申、神竝訓重，任、

壬竝訓佞。郭所據本於「歷」下衍一「也」字，因從而爲之説，殆非其舊矣。下文「艾、歷、覛、胥、相也」，亦

以「艾歷」二字冠首，與此正同。

神，治也。

注曰：「神，未詳。」

樾謹按：上文申、神竝訓重，郝疏謂申與神同，然則此文神訓治，猶申訓治也。《説文·申部》：「申，神也。

七月陰氣成體自申束，從曰自持也。」自申束卽有治義。《廣雅·釋詁》：「伸，理也。」伸與申通，理卽治

也。《爾雅》亂、神竝訓治，《廣雅》亂、伸竝訓理，其義同矣。下文又曰「神，慎也」，亦卽申束之義。《釋詁》神

字凡三見，惟首條訓重者申、神竝列，至下二條則有神無申，知神卽申矣。郭氏不達叚借之旨，故多未詳也。

允、任、壬，佞也。

注曰：「《書》曰：『而難任人。』允信者，佞人似信。壬猶任也。」

樾謹按：佞人似信之説義不可通。允者，「㠯」之叚字也。《説文·口部》：「㠯，山閒陷泥地。從口，從水敗貌。讀若兗州之兗。」按兗州之兗古字止作「沇」，以沇水得名。㠯讀若沇，故通作允。訓允爲佞，卽訓㠯爲佞也。㠯從口從水敗貌，正與佞義合。以地言則爲陷，以人言則爲諂。㠯讀若沇，其義又相通矣。《荀子·脩身篇》「饒樂之事則佞兌而不曲」，兌字疑卽㠯字之誤。因㠯字罕見，淺人遂改爲兌矣。此經允、任、壬同訓佞，而義實不同，《爾雅》此例甚多。《説文·女部》：「佞，巧讇，高材也。」允之爲佞，乃巧讇之義。任、壬之爲佞，乃高材之義，任、壬文異義同。佞之言能也，勝也。古人自謙不佞，猶言不任矣。疏引孫炎云：「似可任之佞也。」蓋天下有真可任之人，亦有似可任之人。四岳舉鯀可用，此卽鯀之似可任也。堯不以爲可，因四岳再舉而始用，此卽堯之難任人也。難者，不輕用之意也。郝疏本郭氏「佞人似信」之説，謂任亦信也，更失之矣。

儀、仍，因也。

樾謹按：《尚書·皋陶謨》篇「思曰贊贊襄哉」，《釋文》引馬融曰：「襄，因也。」《吕刑》篇「奪攘矯虔」，《周官·司刑職》疏引鄭注曰「有因而盜曰攘」，❶蓋卽從襄聲生義。儀之訓因，亦當以此。然襄之本義解衣耕也，殊無因義？上文「襄，久也」，久則有相因之義，《漢書·食貨志》陳陳相因」是也。襄訓久，故儀訓因，文異而義通。襄聲轉而爲乃。《漢書·曹參傳》曰「乃者我使諫君也」，師古曰：「乃者，猶言曩者也。」古

❶「曰」原作「而」，今據清經解續編本改。

音乃與仍同，故上文曰「仍，乃也」。儴之與仍猶曩之與乃，故其訓同矣。郝疏以爲「攘」之叚音，失之。

珍，獻也。

注曰：「珍物宜獻。」

樾謹按：珍物雖宜獻，而獻物不可卽謂之珍，注義非也。珍與畛通。《釋言》曰「畛，致也」，卽此經「珍」字。畛爲致，故珍爲獻，文異而義通。上文曰「畛，告也」，告與致義亦相近。《禮記·少儀》篇曰「致膳於君子」，又曰「凡膳告於君子」，告卽致也，致、告立卽獻也。郭氏此注未免泥乎其形矣。

揚，續也。

注曰：「揚，未詳。」

樾謹按：邵氏正義引《益稷》篇「皋陶拜手稽首颺言」，❶《史記》作「揚言」爲證，已得之矣。揚言者，繼續其言，枚傳謂大言而疾，非也。惟揚何以爲續，邵亦未得其義。今按：揚言者，「易」之叚字。《說文·勿部》：「易，一曰長也。」《詩·小戎》篇「文茵暢轂」，毛傳曰：「暢轂，長轂也。」凡物續之則長，長與續義相近。《淮南子·人閒》篇「故交畫不暢」，《文選·神女賦》「不可盡暢」，高誘、李善注竝曰：「暢，申也。」揚之爲續，猶暢之爲申，皆由易之爲長而引申之。申重與繼續其義同矣。

袡、袣，祖也。

❶ 「手」，原作「子」，今據清經解續編本改。

群經平議

注曰：「祔，付也，付新死者於祖廟。祒，毀廟主。」

樾謹按：徐鍇《說文繫傳》引郭注曰「祒，毀也，附新廟毀舊廟也」，與今本不同，而其義更明。惟「祒毀

之上當有「祔附也」一句，徐氏因於「祒」篆下引之，故不及耳。郭意蓋以附釋祔，以毀釋祒，而申之曰「附

新廟毀舊廟也」，兩「廟」字即經文「祖」字。《說文‧示部》「祖，始廟也」，是祖之本義爲廟。《尚書‧甘誓》

曰「用命賞于祖，弗用命戮于社」，《考工記‧匠人》曰「左祖右社」，竝以祖、社對言，祖社猶廟社也。鄭注

《考工記》曰「祖，宗廟」，得其本義矣。文二年《公羊傳》：「毀廟之主陳于太祖，未毀廟之主皆升合食于太

祖。」太祖即太廟也。毀廟言廟，太廟言祖、廟，祖一也，互言之耳。《詩‧有瞽》篇《序》曰「始作樂而合乎

祖也」，合乎祖即合乎廟也。《周書‧嘗麥》篇「乃嘗麥于太祖」「于太祖」即于太廟也。《禮記‧檀弓》篇

「君復於小寢大寢、小祖大祖」，小祖大祖即小廟大廟也。《荀子‧成相篇》「武王善之，封之于宋，立其

祖」，立其祖即立其廟也。本義爲引申義所奪，而此經之旨失矣。《說文》以祒、祔、祖三篆相次，正本此經之

文。蓋有新附之廟，有已毀之廟，故必兼祔、祒而言，然後廟制乃備。吾鄉許氏宗彥《廟祧考》曰：「五廟

者，一祖四親。服止五，廟亦止五。先王于親盡之祖，限于禮不得不毀，而又不忍遽毀，故五廟外建二祧，

使親盡者遷焉，行享嘗之禮。❶ 由遷而毀去，事有漸。禮之正，仁之至，此周人宗廟之大法也。」詳見《鑑

❶ 「享」，原作「亨」，今據上下文義改。

九〇八

止水齋集》，其義至精。然則此經兼衬祧言，卽兼廟祧言。廟祧雖別，亦得通稱，故《王制》曰「天子七廟」，

蓋五廟二祧并稱七廟也。祧得稱廟，故衬亦稱祖矣。郝氏《義疏》謂此文當以「衬祖」連讀，《玉篇》《廣韻》

曰：「衬，毀廟之祖也。」衬必於毀祖者，祖親盡則廟毀，衬祭於此，以新死之主將入此廟，故祭而屬之也。

此説殊不可通。古者孫衬於祖，但取昭穆相同，非必衬於毀廟之祖也。且如其説，衬祖者毀廟之祖，而衬

者衬於毀廟之祖，安得卽以衬祖釋衬乎？

卽，尼也。

注曰：「卽，猶今也。尼者，近也。」

樾謹按：《釋文》曰：「尼，本亦作昵。」是尼有親昵之意。卽之言就也，相就卽相親，故卽訓尼矣。僖二十

四年《左傳》『卽聾從昧』，正義曰「卽是依就之義」，與此經卽尼之訓正合，謂與聾者相昵也。郭以卽今説

之，非是。

在，終也。

樾謹按：「在」當讀爲「載」。載從戈聲，在從才聲，亦或從戈聲。《州輔碑》『戈貴不濡』，在作戈，是其證也。

故在、載得通用。載之言成也，成與終義相近，載爲終，猶就爲終矣。上文載訓始，而此文訓終，正以亂爲

治，以故爲今之例。《釋天》『唐虞曰載』，注曰「取物終更始」，然則載之義固通乎終始矣。

頴，充也。《釋言》

疏曰：「《説文》云：『頴，火光也。』」

樾謹按：《方言》：「擷，竟也。」《廣雅·釋詁》同。《小爾雅·廣詁》：「充，竟也。」擷訓竟，充亦訓竟，是擷、充同義矣。此經「頴」字卽《方言》「擷」字，疑擷從頴，亦或從頴，古文又省手耳。邢氏依「頴」字本義爲説，失之。

劑、翦，齊也。

注曰：「南方人呼翦刀爲劑刀。」疏曰：「皆爲齊截也。」

樾謹按：劑、翦、齊一聲之轉，其義皆通。然此經訓劑、翦爲齊，非訓齊爲劑、翦，則自當以齊字之義爲主，不當訓齊爲齊截，以求合於劑、翦二字也。劑者，《周官·小宰》「聽賣買以質劑」，司農云：「質劑，謂市中平賈，今時月平是也。」是質劑皆平也。《説文·齊部》：「齊，禾麥吐穗上平也。」齊爲平，劑亦爲平，故曰「劑，齊也」。翦者，《説文·羽部》曰「羽生也」，羽初生必整齊。《周官·司裘》疏引鄭康成《尚書》注曰：「毨，理也，毛更生整理。」然則翦之爲齊，猶毨之爲理矣。翦亦通作踐。《禮記·文王世子》篇「不翦其類也」，《周官·甸師》注引作「不踐其類也」，是其證也。《伐柯》篇、《伐木》篇竝曰「籩豆有踐」，蓋謂其陳設之整齊，故毛傳曰「踐，行列貌」，鄭箋曰「踐，陳列貌」，正與《雅》訓合矣。

矜，苦也。

注曰：「可矜憐者亦辛苦。」

樾謹按：「矜」通作「鰥」，《禮記·王制》篇「老而無妻者謂之矜」是也。《釋詁》曰：「鰥，病也。」鰥訓病，故矜訓苦。《廣雅·釋詁》曰「病，苦也」，是病與苦義通也。郭注失之迂矣。

誥、誓，謹也。

注曰：「皆所以約勤謹戒眾。」

樾謹按：注中「勤」字衍文也。郭意蓋以「約謹」解經文「謹」字。《韓子·十過》篇：「知伯曰：『吾與二主約謹矣。』」此「約謹」二字連文之證也。約謹猶約結也，謹與結一聲之轉，古亦通用。桓三年《穀梁傳》「謹言而退」，《公羊傳》作「結言而退」是也。此經曰「誥、誓，謹也」，謂誥誓所以約結其眾也。《說文·言部》「誓，約束也」，即本之《爾雅》矣。

譖、譀，彰也。

注曰：「譖文如斧，譀文如兩己相背。」

樾謹按：譖文如斧，其義易明。譀文如兩己相背，自來不得其說。然《尚書·益稷》篇枚傳，桓二年、昭二十五年《左傳》杜注竝與郭同，則固先儒相承之舊說。兩己相背者，兩身相背也。《禮記·樂記》篇鄭注曰：「躬猶己也。」然則己與身同義矣。兩己猶兩人。《說文·北部》：「北，乖也，從二人相背。」北從二人相背，𠦪從兩己相背，其意相近，故《釋文》曰「譀，戾也」，戾與乖同也。人各有己，挾其己意而不相從，是為兩己相背。古君臣之閒獻可替否不為苟同，故聖人特著此文。阮氏元謂是兩弓相背之誤，轉不如兩己之義精矣。

肇，敏也。

樾謹按：《釋詁》：「肇，始也。」肇為始，故為敏。始猶先也，敏猶速也。《呂氏春秋·辯土》篇「其生也必

先」，高誘注曰：「先，猶速也。」肇之爲敏，猶先之爲速矣。《方言》：「佌，疾也。」佌與肇聲亦相近。《詩·生民》篇「后稷肇祀」，《禮記·表記》引作「后稷兆祀」，即其例矣。

茅，明也。

注曰：「《左傳》曰：『前茅慮無。』」疏曰：「《舍人曰：『茅，昧之明也。』」

樾謹按：《左傳》「前茅慮無」，杜注雖訓茅爲明，而又云「或曰時楚以茅爲旌識」，當以或說爲長，未足以證《雅》訓也。舍人以爲昧之明，疑讀「茅」爲「霿」，其說亦迂曲。今按：「茅明也」與「蠲明也」兩文相連，立取明潔之義。《禮記·祭統》篇「明薦之而已矣」，《中庸》篇「齊明盛服」，鄭注竝曰：「明，猶潔也。」周官·宮人職「除其不蠲」，鄭注曰：「蠲，猶潔也。」然則蠲之訓明，猶訓潔矣。茅亦潔也。《詩·靜女》篇鄭箋云：「茅，潔白之物也。」茅爲潔，故亦爲明，正與蠲同義。《郊特牲》篇曰「縮酌用茅明酌也」，即爲此經之塙證矣。

坎、律，銓也。

注曰：「《易·坎》卦主法，法律皆所以銓量輕重。」

樾謹按：《爾雅》釋字義不當以《易》義附會，郭注非也。「坎」當讀爲「科」。《孟子·離婁》篇「盈科而後進」，趙注以爲盈滿科坎，《盡心》篇「不盈科不行」，注亦曰「科，坎也」，蓋坎、科一聲之轉，其義相通。《說文·禾部》：「科，程也。從禾從斗。斗者，量也。」然則科字正有銓量之義。「坎律」猶科律也。《廣雅·釋水》曰：「科，坑也。」「科」即「坎」之叚字。此經曰「坎銓也」，「坎」即「科」之叚字。王氏引之疑「坎」爲

「次」之誤，亦未免不求之聲而求之形矣。

陪，朝也。

注曰：「陪位爲朝。」疏曰：「臣見君曰朝。朝之列位必陪重，是陪位爲朝也。」

樾謹按：陪者，「部」之叚字。凡偏旁從邑者隸變作阝，與從昌者相混，但有在左、在右之分，而古人又往往不拘。《敦煌長史武班碑》「領校秘鄭」，「鄭」卽「隩」也。《李翕析里橋郙閣頌》王氏念孫謂「郙」卽《廣雅》「隩裹也」之「隩」。然則「部」之爲「陪」，亦猶是矣。朝廷之位各有部署。《文選·西京賦》薛綜注曰：「署，位也。」部訓朝，猶署訓位矣。

康，苟也。

注曰：「謂苟刻。」疏曰：「苟名康者，以康安也。」苟刻者心安之。《左傳》曰：「州吁阻兵而安忍」，其類也。」

樾謹按：「康苟」當作「抗苟」，皆同音叚借字也。《後漢書·班彪傳》「尊無與抗」，李善注曰：「抗，讀曰康。」然則康亦可讀爲抗矣。《禮記·明堂位》篇「崇坫康圭」，鄭注曰「康，讀爲亢龍之亢」，卽其例也。苟與荷古字通。《晏子春秋·諫上》篇「執法之吏並荷百姓」，《漢街彈碑》「吏無荷擾之煩」，彼「荷」字卽是「苟」，知此「苟」字卽是「荷」矣。《詩·玄鳥》篇「百祿是何」，「何」卽負荷之本字。《釋文》曰「本亦作苟」，是古字通也。抗舉與負荷其義相近，故曰「抗荷也」。郭以本字讀之，訓爲苟刻，而邢疏乃以安忍之義曲爲之說，無論迁迴難通，且經傳「康」字無作苟刻解者，《爾雅》何以橫發此訓乎？ 或謂經文本是「康苟」，

若作「抗苟」，則兩字俱易，恐涉臆說。然下文「奘駔也」《釋文》引孫炎、樊光本作「將且也」，「抗苟」之爲

「康苟」，亦猶「將且」之作「奘駔」。同音叚借，不必泥其形矣。

展，適也。

注曰：「得自申展，皆適意。」

樾謹按：展之言展轉也，展轉則有相嬗之義，故訓爲適，乃適齊適楚之適，非調適之適也。下文云：「逡，退也。」《一切經音義》九及《文選·東都賦》注竝引郭注曰：「逡，卻去也。」展轉之爲適，猶逡巡之爲退。《儀禮·

鄉射禮》注曰：「少退，少逡遁也。」《聘禮》注曰：「三退，三逡遁也。」逡遁卽逡巡。鄭君以退爲逡遁，卽本

《爾雅》之文。郭氏未達此例，而云「得自申展，皆適意」，則失之迂矣。

昆，後也。

注曰：「謂先後。方俗語。」

樾謹按：郝疏以「昆」爲「羉」之叚音。然周人謂兄曰羉，乃男子先生者之稱，安得訓後乎？《釋親》曰：

「來孫之子爲晜孫。」注曰：「晜，後也。」然則昆之訓後，卽晜孫之晜。《國語·晉語》曰：「使寡君之紹續昆

裔。」韋注曰：「昆，後也。裔，末也。」昭二十九年《左傳》注曰：「玄孫之後爲裔。」是昆、裔竝以子孫言。昆

之訓後，猶裔之訓末。《吳都賦》「虞魏之昆，顧陸之裔」，劉淵林注曰「昆、裔，皆後世也」，得其義矣。《爾

雅》晜孫字古本作「昆」，其說見後。

惕惕，愛也。《釋訓》

注曰：「《詩》云『心焉惕惕』，《韓詩》以爲悅人，故曰愛也。」

樾謹按：《說文》惕訓敬，經典亦無訓愛者，郭引《韓詩》說，今不可詳。以聲義求之，惕惕即施施也，惕與施古音相近。《尚書·盤庚》篇「不惕予一人」，《白虎通·號》篇引作「不施予一人」，是其證也。《孟子·離婁》篇「施施從外來」，趙注曰：「施施，猶扁扁，喜悅之貌。」然則《韓詩》以惕惕爲悅人，猶趙注以施施爲喜悅貌，聲近而義通矣。

休休，儉也。

樾謹按：休休猶嘻嘻也。僖元年《公羊傳》何休注曰：「嘻，發痛語首之聲。」休與嘻一聲之轉。《廣雅·釋詁》：「休，喜也。」休之爲嘻，猶休之爲喜矣。《詩·蟋蟀》篇首章「瞿瞿」以目言，二章「蹶蹶」以足言，三章「休休」即嘻嘻，以聲言，竝不敢荒淫之意，故《爾雅》曰：「瞿瞿、休休，儉也。」毛傳以休休爲樂道之心，則不合《雅》訓矣，說詳《毛詩》。

佻佻、契契，愈遐急也。

注曰：「賦役不均，小國困竭。賢人憂歎，遠益急切。」

樾謹按：經文本作「佻佻、契契，遐愈急也」，故郭注以「遠益急切」釋之。遠釋遐字，益釋愈字，急切釋急字也。下文「宴宴、粲粲，尼居息也」，注曰：「盛飾宴安，近處優閒。」疏曰：「尼，近也。」然則此兩經正相對成義。「遐愈急也」，明遠者急切，「尼居息也」，明近者優閒，遐與尼爲對文。今誤作「愈遐急也」，則不特

與郭注不合，而與下文亦不一律。且「退急」二字文義不倫，非上文之「切直」、「協服」，下文之「禍毒」、「爽

忒」二字同義者可比，❶其為傳寫之誤倒無疑矣。

男子先生為兄，後生為弟。

樾謹按：男子先生為兄，後生為弟。男子謂女子先生為姊，後生為妹。《釋親》

為妹，則女子謂男子先生為兄，後生為弟，從可知矣。兄弟姊妹男女通稱，故經文亦互見之。

來孫之子為晜孫。

阮氏《校勘記》曰：「《史記索隱・孟嘗君列傳》《漢書・惠帝紀》師古注引《爾雅》『來孫之子為昆孫，昆孫之子為仍孫』，是唐初本《爾雅》作『昆孫』，開成石經始誤為『晜弟』字，猶『晜弟』字《釋文》及《後漢書》注亦誤作『昆』也。」

樾謹按：《說文・弟部》：「周人謂兄曰晜。」然經典相承皆作昆弟，不作晜弟，猶昆蟲字依《說文》當作蜫，

而經典相承止作昆蟲，不作蜫蟲也。此篇自「父之晜弟」以下「晜」字凡十六見，《釋文》曰「本亦作昆，下

同」，疑唐初《爾雅》凡晜弟字、晜孫字皆作「昆」，實古本也。故唐以前引《爾雅》者皆如此，不得謂昆孫是

而昆弟非也。惟昆孫、昆弟字同而義異。昆弟之昆，「晜」之叚字也。昆孫之昆，疑當讀為「貫」。《釋名・

《釋親屬》曰：「來孫之子曰昆孫。昆，貫也，恩情轉遠，以禮貫連之耳。」此雖依聲取義，為《釋名》一書之常

❶ 「比」，原作「此」，今據清經解續編本改。

例，而適得其本字。昆、貫一聲之轉。《説文・玉部》『琨』或作「瑻」，是其證也。《詩・皇矣》篇鄭箋曰：「串夷，卽混夷。」然則昆之爲貫，猶混之爲串矣。上文「曾孫」注曰「曾猶重也」，下文「仍孫」注曰「仍亦重也」。貫有連貫之義，則亦重也。此與昆弟之昆其義本不相涉。開成石經於「昆弟」字俱改作「晜」，遂并「昆」字而亦改之，則失其指矣。夫昆者同音叚借字也，晜者俗字也。旣不依《説文》作「晜」，而變其文作「晜」，直以昆字上半、晜字下半合成一字，豈古經所宜有乎？竊謂此篇「晜」字皆當改從作「昆」之本。昆弟字讀爲晜，昆孫字讀爲貫，則古字古義俱得矣。

妻之姊妹同出爲姨。

注曰：「同出，謂倶已嫁。」《詩》曰：『邢侯之姨。』

樾謹按：下文「女子同出，謂先生爲姒，後生爲娣」，注曰：「同出謂倶嫁一夫。」然則此經言同出，亦當與下文同。而必異爲之説者，正以莊姜爲衛侯之妻，邢侯之姨，不得言倶嫁一夫耳。然《碩人》篇毛傳但曰「妻之姊妹曰姨」，而此經則有「同出」二字，自與毛傳不同。竊意姨者本是妻之姊妹同出之稱，姨猶娣也，從夷、從弟，古音相同。《周易・渙》六四「匪夷所思」，《釋文》曰：「夷，荀本作弟。」又《明夷》六二「夷于左股」，《釋文》曰：「夷，子夏本作睇，又作眱。」竝其例矣。與妻倶來者皆其姪娣，姪則但謂之姪，而娣則亦謂之姨，蓋聲近而義通。經兼姊妹言之，乃因妹而連言姊，古經自有此例。《禮記・喪服小記》曰：「生不及祖父母諸父昆弟而父稅喪，已則否。」正義引王云：「計已之生不及此親之存，則不稅。」夫已之生所不及者，何得言弟？蓋因昆而連言之耳。猶《雜記》篇「爲妻父母在不杖不稽顙」，正義亦謂因父而連言母

也，說詳《禮記》。此經「姊妹」猶彼經「昆弟」矣。《說文·女部》「妻之女弟同出爲姨」，卽本《爾雅》而改「姊妹」爲「女弟」，則其義更明，此許君之善於説經也。莊十年《左傳》「蔡哀侯娶於陳，息侯亦娶焉。息嬀將歸，過蔡，蔡侯曰：『吾姨也。』」此語卽有輕之之意，蓋謂是本吾娣媵之屬耳，所以止而見之而弗賓也。此姨字之本義，亦禮經之正名。自後相承，凡妻之姊妹通謂之姨，故詩人以莊姜爲邢侯之姨，此與《爾雅》之義有別。不然，毛公釋《詩》何不卽用《爾雅》全文，而必去其「同出」二字乎？襄二十三年《左傳》「穆姜之姨子也」，杜注：「穆姜，姨母之子。」正義曰：「據父言之謂之姨，據子言之當謂之從母。❶但子效父言，亦呼謂姨。」《釋名·釋親屬》曰「母之姊妹曰姨」，則又因妻之姊妹而推之于母之姊妹，其去古義更遠矣。

長婦謂稚婦爲娣婦，娣婦謂長婦爲姒婦。

樾謹按：成十一年《左傳》正義引此文而説之，以爲止言婦之長稚，不言夫之大小。《儀禮》賈疏曰：「假令弟妻年大，稱之曰姒。兄妻年小，稱之曰娣。」其説與孔氏同。邵氏正義曰：「孔氏所據者，《左傳》之稱弟妻爲姒耳。不知古之稱姒者，猶今人稱妯娌也。兄妻稱弟妻曰姒娌，弟妻稱兄妻亦曰姒娌。蓋晰言之則兄妻爲姒，弟妻爲娣，合言之則昆弟之妻統稱爲娣姒，急言之則但稱爲姒。孔氏謂娣姒不計夫之長幼，非也。」此二説當以邵説爲正，然苦未有確證。今按：《墨子·明鬼》篇曰：「若然則先死者非父則母，非兄而姒也。」以父母兄姒對言，則姒爲兄妻明矣。下文云「長婦爲嫡婦，衆婦爲庶婦」，是長婦以夫之長幼言，

❶「子」，原作「母」，今據《左傳正義》改。

經有明文，豈得曲爲之説乎？是故娣姒猶婚姻也。下文「壻之父爲姻，婦之父爲婚」，此晰而言之也。又

曰「婦之父母、壻之父母相謂爲婚姻」，此合而言之也。僖五年《傳》「江黃道柏皆弦姻也」，襄二十三年

《傳》「公有姻喪」，昭九年《傳》「王有姻喪」，諸言姻者，豈必皆壻氏乎？隱元年《傳》「外姻至」，言姻不言

婚，則當時已通稱姻矣。今世相沿壻與婦家並以姻稱，無以婚稱者，蓋方俗語言，積漸而殊，雖三代之聖

人亦不能執禮文而一一正之。然則《左傳》稱弟妻爲姒，亦猶是矣，未可據《左傳》以説《爾雅》也。嘗謂

《爾雅》一書最古，自黃帝正名百物以來即當有之，特世有增益，不皆其舊耳。是故生曰父母，死曰考妣，

禮有明文，而《爾雅》則以爲通稱。兄妻爲嫂，弟妻爲婦，通乎男女，而《爾雅》則專屬之女子。凡此之類，

皆不當以後世之義繩之。

夫之兄爲兄公，夫之弟爲叔，夫之姊爲女公，夫之妹爲女妹。

樾謹按：此本作「夫之兄爲公，夫之弟爲叔，夫之姊爲女公，夫之妹爲女叔」，蓋兄弟姊妹一也。夫之兄爲

公，故姊妹爲女公；夫之弟爲叔，故妹爲女叔。今作女妹者，字之誤也。《禮記·昏義》「和於室人」，鄭注

曰：「室人，爲女姒、女叔諸婦也。」正義曰：「女姒，謂壻之姊也。女叔，謂壻之妹也。」此可證《爾雅》「女

妹」爲「女叔」之誤。邵氏《義疏》、阮氏《校勘記》均已具論之矣。惟兄公之「兄」爲衍文，則未有見及者。

夫之兄婦不得謂之兄，猶夫之妹婦不得謂之妹也。是故夫之兄曰公，乃禮經之正名。郭注曰「今俗呼

兄鍾」，則方俗之殊語。《釋名·釋親屬》曰「夫之兄曰公。公，君也，尊稱也」，此即本《爾雅》之文而釋

其義。又曰：「俗閒曰兄章。章，灼也，章灼敬奉之也。」又曰：「兄忪，言是己所敬忌，見之怔忪，自肅齊

也。」兄章、兄伀之稱以俗間別之，明非《雅》義矣。其下文又曰：「俗或謂舅曰章。」又曰：「伀亦如之也。」

然則兄章、兄伀之稱蓋起於此。因舅亦有此稱，故於夫兄之正稱轉加「兄」字以別於舅也。《禮記·奔喪》

篇注曰：「兄公於弟之妻。」此蓋從漢世俗稱，非據《爾雅》文。正義曰：「《釋親》：『婦人謂夫之兄為兄

公。』」則唐初已衍「兄」字矣。又引皇氏云「婦人稱夫之兄為公者，須公平尊稱也」，此亦可證古本《爾雅》

之無「兄」字。

群經平議卷三十五

德清俞樾

爾雅 二

東北隅謂之宧。《釋宮》

樾謹按：《說文・宀部》：「宧，養也。室之東北隅，食所居。」此蓋從頤字取義，其實非也。《士昏禮》：「腰布席于奧，夫人于室卽席。」是古人飲食亦卽在奧，故祭亦如之。乃以東北隅爲食所居，於禮無徵矣。今按：東北與西南兩隅相對。西南隅謂之奧，奧取其隱，則宧必取其明。《曲禮》正義引孫炎云「宧曰側之明」日側之義雖從東北附會，而其訓宧爲明，實古義也。蓋東北隅與戶相當，最爲明顯，故東北隅謂之宧，猶西北隅謂之屋漏。《詩・抑》篇正義引孫炎曰：「屋漏者，當室之白日光所漏入。」然則宧也，屋漏也，皆以受戶之光而言。光自戶入，正當東北隅，而西北隅亦得受之。其西南隅與戶絕遠，則爲奧矣。其東南隅雖與戶近，而適爲戶扉所掩，則爲窔矣。郭注曰：「窔亦隱闇。」是室中四隅之名皆以明闇爲義，兩明兩闇，義適相當。《釋詁》曰：「熙，光也。」宧之與熙蓋聲近而義通矣。

樞達，北方謂之落時。

注曰：「門持樞者，或達北櫺以爲固也。」疏曰：「其持樞之木或達北櫺以爲牢固者，名落時。櫺卽棟也。」

樾謹按：樞者門扉開闔之所由也，安得復有木以持之？且所謂達北方者，不知達於何地？郭以爲北櫺，則專以室戶言矣。且北櫺之名，亦於古無徵。《釋名·釋宮室》曰：「棟，中也，居室之中也。」然則安得有北櫺乎？今按：此當以「樞達」二字爲句，「北方謂之落時」乃釋方俗之殊語，與《釋獸》篇「秦人謂之小驢」其語一律。樞達者，受樞之達也。門扉所由開闔者謂之樞，而其上下設木鑿孔以受樞謂之達。達者，通也，穿也。《廣雅·釋詁》：「達，通也。」高誘注《淮南子·脩務》篇曰：「達，穿也。」是其義也。受樞之達其名曰扅，而北方則有落時之名，故曰「樞達」句。北方謂之落時，落時謂之扅」。郭失其讀，斯失其解矣。

扅謂之杝。

注曰：「在堂隅杝端也。」

樾謹按：《説文·土部》：「圮，毀垣也。」堂隅之杝經傳從無圮名，疑「杝」乃「阤」之叚字。《説文·昌部》：「阤，壁危也。」垣毀、壁危義正相近，故圮謂之阤矣。《釋文》曰「圮，本又作杝」，則因「阤」字叚作「杝」，故改「圮」爲「庀」以合之，非《爾雅》之舊也。其下云「牆謂之墉」，可知此文亦以牆垣言矣。

九達謂之逵。

注曰：「四道交出，復有旁通。」疏曰：「按《左傳》隱十一年云『及大逵』，桓十四年『焚渠門，入及大逵』，莊二十八年『衆車入自純門及逵市』，宣十二年『入自皇門，至于逵路』，杜預皆以爲道立九軌。按《周禮》：

『經涂九軌,不名曰逵。』杜意蓋以鄭之城內不應有九出之道,故以爲並九軌,於此則不合也。」

樾謹按:《爾雅》之「逵」與《左傳》之「逵」同字異義。《爾雅》之逵乃九道交出之名,自一達至九達,義皆一律。《淮南子·説林》篇「楊子見逵路而哭之」,爲其可以南可以北」,此《爾雅》義也。《左傳》之逵則爲道路之通稱。《傳》於魯國多言衢,於齊國多言莊,於鄭國多言逵,蓋方俗之殊語。左氏就其國史原文而載之,非魯之道必四達,齊之道必六達,鄭之道必九達也,各取大名以命之耳。執《爾雅》以説《左傳》,則疑城內不應有九出之道,而附會于《周禮》之「經涂九軌」,於是《傳》義失而《雅》訓亦違矣。

室有東西廂曰廟。

樾謹按:古制堂東西牆爲序,序以外爲夾室,夾室之前爲東堂、西堂,亦曰東廂、西廂,是廂繫堂不繫室也。乃云「室有東西廂」,於義難通。疑「室」乃「堂」字之誤。宣十六年《公羊傳》疏引李巡曰:「室有東西廂,謂宗廟殿有東西小堂也。」按《説文·土部》:「堂,殿也。」是殿者堂之稱。經文是「堂」字,故李巡以「殿」字釋之。若是「室」字,安得以爲殿乎?下文「無室曰榭」,《尚書·大誓》正義引孫炎曰:「榭,但有堂也。」《禮記·月令》正義引李巡曰:「但有大殿無室名曰榭。」以彼證此,可知李巡以「殿」字解「堂」字,其所據經文必作「堂」矣。《文選》潘安仁《爲賈謐作贈陸機詩》注引舍人曰:「殿有東西小堂也。」與李巡同,是古本《爾雅》皆作「堂有東西廂」也。且合下文讀之,曰「堂有東西廂曰廟,無東西廂有室曰寢,無室曰榭」,是「堂」之一字冒下三句而言。均是堂也,其有東西廂者曰廟,其無東西廂而有室者曰寢,無室者曰榭。今「堂」字誤作「室」,則合下文讀之而不可通矣,所宜訂正也。

陝而脩曲曰樓。

樾謹按：邵、郝二疏竝引《説文》「樓重屋也」爲證，此失其義也。古重屋之樓與今所謂樓者相似，皆於屋上爲屋，但古以取明，故其下無版，今以居人，故其下施版，此爲異耳。若陝而脩曲之樓，與今所謂樓者絕異。蓋承上文「四方而高曰臺」言之，樓與臺同，皆是絫土而成，其四方者曰臺，其陝而脩曲者曰樓，非重屋也。《方言》曰：「冢，自關而東謂之丘，小者謂之塿。」雖非此經「樓」字之義，然同是絫土爲之，較重屋之樓其義稍近矣。

嫠婦之笱謂之罶。《釋器》

注曰：「《毛詩》傳曰『罶，曲梁也』，謂以簿爲魚笱。」疏曰：「孫炎云：罶，曲梁，其功易，故謂之寡婦之笱。」

樾謹按：孫謂寡婦之笱以功易得名，此説非也。《詩》云「彼有遺秉，此有不斂穧，伊寡婦之利」，所謂嫠婦之笱者疑亦同此。蓋於水中設簿取魚，使寡婦得以取之而食其利，故有是名。邵氏正義曰「今南方排竹水中疎節相維謂之魚簿，設門焉，隨潮爲啓閉」，引《淮南子·兵略》篇「發笱門」爲證，此説「笱」字之義極得。寡婦之笱殆是笱之小者，故異其名曰罶。

袣謂之裾。

注曰：「衣後裾也。」

樾謹按：此經「衣皆謂之襟」，「袣謂之裾」，「襟裾」連文，郭以裾爲衣後裾，則與襟迥別。而《玉篇·衣部》曰：「袣，裾也。裾，衣襃也。襃，衣前裣也，裣即古襟字。」然則襟裾同物矣。戴氏震作《方言疏證》，據此

以訂郭注之誤。今按：郭注固未覈，然竟謂襟裾同物而異名，則亦失之。蓋自衣領至腋下謂之襟，而自腋下直垂至末謂之裾，故襟惟前有之，而裾則前後皆有之。《玉篇》以裾爲袌，袌爲衣前襟，此指前裾而言也。《釋名·釋衣服》曰：「裾，倨也，倨倨然直，亦言在後常見踞也。」此指後裾而言也。各成一義，似皆未備。然云「倨倨然直」，則可知其與襟異矣。襟必斜掩至右，不得倨倨然直也。

鬵，鉹也。

樾謹按：古本當作「若甑謂之鬵」，蓋與上連爲一條，皆釋鼎之異名也。《說文·鬲部》：「鬵，大釜也。」一曰鼎大上小下若甑曰鬵。大釜之訓，釋鬵字之本義；其鼎大上小下之說卽本《爾雅》文，而又詳其形狀也。甑、鬵古字通。《釋文》曰：「鬵，本作甑。」許君所見本蓋正作「甑」矣。其「鬵鉹也」之文，亦以鼎言，蓋鼎之若甑者謂之鬵，而鬵又謂之鉹也。何以明之？《說文·金部》：「鉹，曲鉹也。一曰鬵鼎。」曲鉹之訓，釋鉹字之本義；一曰鬵鼎，則亦本《爾雅》文。《爾雅》止言鬵，而許君增其文曰「鬵鼎」，正以此條是說鼎事也。然則古本《爾雅》作「若甑謂之鬵」，固無疑矣。

百羽謂之緷。

樾謹按：「緷」通作「揮」，故鄭公孫揮字子羽也。《地官·羽人》「十搏爲縳」，「縳」卽「緷」字之誤，說詳《周禮》。

旄謂之藣。

注曰：「旄，牛尾也。」疏曰：「舞者所執也。」

樾謹按：《集韻》「蘢，班糜切，筍虡飾」，引《爾雅》曰：「氂謂之蘢。」王氏引之據此訂邢疏之誤，且引《周

頌・有瞽》篇「設業設虡，崇牙樹羽」爲證，其說是也。惟未及「蘢」字之義。蘢者，「擺」之叚字。《釋名・

釋喪制》曰：「披，擺也，各于一旁引擺之，備傾倚也。」據《有瞽》篇正義謂「置之於栒虡之上角」，則亦有在

旁引擺之義，故謂之擺矣。「擺」字《說文》所無，然已見《釋名》，則漢世固有「擺」字。《玉篇》謂擺與捭同，

當即「捭」之或體也。《說文・草部》：「蘢，草也。」徐鍇引此文而說之曰「蓋似此草也」，則未達叚借之例，

而臆爲之說矣。

革中絕謂之辨，革中辨謂之藂。

注於上句曰：「中斷皮也。」下句曰：「復分半也。」

樾謹按：革中絕謂之辨，則革中辨即是革中絕耳，豈得分爲二義？ 若如注義，當云「辨中絕謂之藂」，於

義方明，不當仍云「革中辨」也。疑經文下「辨」字乃「辯」字之誤。《說文・糸部》：「辯，交也。」中絕、中辯

兩文相對，中絕謂之辨，辨者，判也；中辯謂之藂，藂者，曲也。《廣雅・釋詁》曰「藂，曲也」，是其義也。

相交則有曲義，故中辯謂之藂矣。辮、辨形似，又涉上句「辨」字而誤耳。《說文》「藂」篆說解即用《爾雅》

文，而亦作「革中辨」，蓋後人依既誤之《爾雅》改之也。

大簾謂之沂。《釋樂》

樾謹按：「沂」誤字也。《釋文》引孫炎曰：「簾聲悲，沂悲也。」《太平御覽》卷五百八十引舍人曰：「大簾其

聲悲沂鏘然也。」夫沂與悲義了不相涉，若果是「沂」字，則古人必不作是解矣。「沂」當作「斳」。《說文・

言部》：「斯，悲聲也。」舍人注云「其聲悲斯」，孫炎注云「斯，悲也」，皆與字義合。今作「沂」者，疑別本或

叚「漸」爲「斯」，其字闕壞，遂成「沂」矣。《釋名・釋樂器》曰：「簸，啼也，聲從孔出，如嬰兒啼聲也。」是簸

之名義本取諸啼，故亦謂之斯，斯與啼義相近。下文「大塤謂之嘂」《詩・何人斯》篇正義引孫炎曰：「音

大如叫呼也。」然則大簸謂之斯，大塤謂之嘂，皆象其聲而名之。《釋名》曰：「塤，喧也，聲濁喧喧然也。」

斯與啼同，嘂與喧同，《爾雅》與《釋名》其義通矣。

大塤謂之麻。

注曰：「麻者，音概而長也。」

樾謹按：麻與靡古字通。《吕氏春秋・任數》篇「西服壽靡」高注曰「靡，亦作麻」是也。「大塤謂之麻」

者，言其聲靡靡然也。《詩・黍離》篇毛傳曰：「靡靡，猶遲遲也。」故郭以爲聲概而長也。《說文・禾部》：

「概，稠也。」《釋言》篇注曰：「粥之稠者曰糜。」然則聲稠謂之靡，猶粥稠謂之糜矣。

四時和謂之玉燭。《釋天》

樾謹按：此及下文「四時和爲通正」「時」字竝「氣」字之誤，說見阮氏《校勘記》。此四氣卽上文「春爲青

陽，夏爲朱明，秋爲白藏，冬爲玄英」也。郭注於青陽等四名竝以氣言之，是其所據本固未誤。至下文「春

爲發生，夏爲長嬴，秋爲收成，冬爲安寧」，則不以氣言，而以爲四時之別號，蓋郭所據本已作「四時和爲通

正」矣。唐石經於此文作「四氣」，下文作「四時」，卽依郭氏本也。今本皆作「四時」，又非郭氏之舊矣。惟

經文兩言「四氣和」，其義不同，此文以光言，下文以風言。光也，風也，竝由氣而生也，故此曰「謂之玉

燭」，下曰「謂之景風」。燭猶光也。《釋文》引李巡云「君德美如玉而明若燭」，此説失之。蓋玉燭與景風、

醴泉一律，燭也，風也，泉也，實指其事，玉也，景也，醴也，爲之美名耳。古人之詞，凡所甚美者則以玉言

之，《尚書》之「玉食」，《禮記》之「玉女」，《儀禮》之「玉錦」皆是也。玉燭猶言玉光，謂光之至美者也。邢疏

引《尸子》曰：「燭於玉燭，飲於醴泉，暢於永風。」然則玉燭固不得分而爲二矣。

十一月爲辜，十二月爲涂。

樾謹按：辜之言故也，涂之言除也。一歲至此，將除去故舊而更新矣，是以十一月謂之故，十二月謂之除

也。辜、故、涂、除竝聲近而義通。《周官・䱷蔟氏》注曰：「月謂從娵至茶。」「茶」亦「除」之叚字耳。鄭箋曰

《詩・小明》篇「日月方除」，毛傳以爲除陳生新，當卽此「除」字之義，故「二月初吉，至于艽野」也。鄭箋曰

「四月爲余」，恐失之矣。四月爲余乃「舒」之叚字，《釋文》曰「孫作舒」是也。《詩》正義引李巡曰：「四月

萬物皆生枝葉，故曰余。余，舒也。」其説亦與孫炎同，初非取除陳生新之義，不得混而一之。

焚輪謂之穨。

樾謹按：「焚」字《釋文》作「棼」，曰：「棼，本或作焚。」蓋焚、棼古通用。文十一年《左傳》「獲僑如之弟焚

如」，《史記・魯世家》作「棼如」是也。棼輪與紛綸同。《文選・封禪文》「紛綸威蕤」，張揖曰：「紛綸，

亂貌。」

暴雨謂之涷。

樾謹按：《説文・水部》「涷水出發鳩山入於河，從水東聲」，是涷爲水名，其本義也。此經以爲暴雨之名，

其別義也。《廣韻・一送》「凍，瀑雨。」又「水名」，一本《爾雅》，一本《說文》。至凍爲冰凍，初無暴雨之說。

唐石經本作「涷」，張參《五經文字》隸「涷」字於水部，云見《爾雅》，知此字自當從水。阮氏《校勘記》謂《說

文》有「涷」無「凍」，誤甚矣，故特訂正之。

夏獵爲苗。

注曰：「爲苗稼除害。」疏曰：「《周禮・大司馬職》鄭玄解苗田與此小異，言『擇取不孕任者，若治苗，去不秀實

者』。孫炎亦然。明帝集諸學士作《白虎通義》，其說曰：『夏謂之苗何？擇取其懷任者也。秋謂之蒐何？蒐

索肥者也。』按苗非懷任之名，何云擇去懷任？秋獵盡皆不瘦，何云蒐索取肥？雖名《通義》，不通也。」

樾謹按：鄭、孫、郭三説皆從苗稼生義，於義難通，當以《白虎通義》爲正。邢氏以苗非懷任之名譏之，殆

未喻其意也。彼以擇訓苗，非以懷任訓苗，猶以索訓蒐，非以肥訓蒐也，安得以此爲譏乎？今按：苗讀

爲「芼」。《詩・關雎》篇「左右芼之」，毛傳曰：「芼，擇也。」夏田爲芼，蓋以擇爲義，故班固以爲擇去其

懷任者，乃古義也。鄭、孫擇取之説存古義，而以經字作「苗」，遂以治苗附會之，則失之迂矣。郭知其

不可通，別爲之説，而擇取之義遂不復存，此失之愈遠者也。苗與芼皆叚字，其本字當作「覒」。《説文・

見部》：「覒，擇也。從見毛聲，讀若苗。」凡《説文》「讀若」之字每即經典通用之字，如「勼」讀若「鳩」，而

典即通作「鳩」；「箸」讀若「篤」，而經典即通作「篤」；「今」讀若「集」，而經典即通作「集」；「癸」讀若「頌」，

而經典即通作「頌」，泣其例也。「覒」讀若「苗」，故即以「苗」爲之。不明乎此而望文生訓，難以論古矣。

錯革，鳥曰旟。

注曰：「此謂全剝鳥皮毛置之竿頭，即《禮記》云載鴻及鳴鳶。」

樾謹按：「如郭義，則當云「錯鳥革」，不當云「錯革鳥」，殆非經旨也。《詩・六月》篇正義引孫炎曰：「錯，置

也。革，急也。畫急疾之鳥於縿也。《鄭志》答張逸亦云『畫急疾之鳥隼』。」是孫義本於鄭。然急疾之鳥

謂之革鳥，於古無徵，雖本鄭義，未爲可據。《說文・㫃部》曰：「旟，錯革畫鳥其上。」然則許君讀此經以

「錯革」二字逗之。錯革鳥曰旟，謂置皮而畫鳥於皮上，是謂旟也。《文選・西京賦》薛綜注引《爾雅》曰

「熊虎爲旗」，今無此文，疑古本《爾雅》作「錯革，鳥曰旟，熊虎曰旗」。「錯革」二字總冒下事，蓋置皮而畫

鳥爲旟，畫熊虎爲旗也。今本蓋有闕文，故其義晦矣。《六月》篇毛傳曰「鳥章，錯革，鳥爲章也」，亦當以

「錯革」連文，謂錯革而以鳥爲章也。鄭誤以「革鳥」連文，非《雅》義亦非傳義。

秦有楊陓。《釋地》

注曰：「今在扶風汧縣西。」疏曰：「《周禮》冀州云『其澤藪曰陽陓』，鄭注云：『所在未聞。』又雍州云『其澤

藪曰弦蒲」，鄭注曰：「在汧。」按《地理志》汧吳山在西，古文以爲汧山。北有蒲谷鄉弦中谷，雍州藪。今

注亦云『在汧』，然則《周禮》弦蒲即此楊陓也。」

樾謹按：郭以《周禮》之「弦蒲」說此經之「陽陓」，殊苦無據。《淮南子・墜形》篇「秦之陽紆」，高誘注曰：

「陽紆，蓋在馮翊池陽，一名具圃。」據下文「周有焦護」，注曰：「今扶風池陽縣瓠中是也。」然則高氏之說，

殆即以焦護當陽紆，而又牽合《左傳》之具圃，亦非塙詁。至《呂氏春秋・有始覽》「秦之陽華」，高注曰「陽

華，在鳳翔。或曰在華陰西」，則又與注《淮南》不同。竊嘗合諸說論之，當以在華陰爲是。即經字亦當從

呂氏作「陽華」，《周禮》之「楊紆」，《爾雅》之「楊陿」竝「陽華」之叚字。《釋文》曰「陿，郭烏花反」，則陿與

華音固相近矣。陽華與華陰其實一地，皆從華山得名，主乎山而言之則爲華山之陰，故縣名華陰，主乎

地而言之則華山當其陽，故藪名陽華。《漢書·地理志》大原郡陽曲，應劭曰：「河千里一曲，當其陽，故

曰陽曲也。」陽華之名正與陽曲一律矣。是故陽華在華陰，焦護在池陽，弦蒲在汧，三者異地異名。至《職

方氏》稱楊紆爲冀州藪，恐是誤文，亦猶以潁湛爲荊州浸，波溠爲豫州浸，同屬傳寫之誤。學者當據《爾

雅》以正《周禮》，未可執《周禮》以疑《爾雅》，以致重牲而貤繆也。

如乘者，乘丘。《釋丘》

注曰：「形似車乘也。或云：乘者，謂稻田塍埒。」

樾謹按：此當以或説爲長。《玉篇·土部》：「塍，視陵切。隄也，埒也，畔也。」又曰：「堘，水埒，亦同上。」

然則乘丘之乘，卽堘字之省耳。知非車乘者，以下句云「如堵者堵丘」注曰「水中小洲爲堵」，是則如乘、

如堵，皆取象於地，猶下文「如敵敵丘，如陵陵丘」，亦皆取象於地也。若云形似車乘，則當與下文「如覆敦

者敦丘」相次，不得次於此矣。

方丘，胡丘。

注曰：「形四方。」

樾謹按：邵氏正義説以《淮南·墜形》篇之和丘，郝氏《義疏》説以《漢志》山陽郡之暇丘，皆足備一説，然

未若王氏引之以壺丘説之爲尤塙也。文九年《左傳》「楚侵陳，克壺丘」，壺丘蓋卽以丘名邑。昭二十五年

《公羊傳》注曰：「壺，禮器，腹方口圓曰壺，反之曰方壺。」是壺之制固有方者，故方丘謂之壺丘矣。《列

子・湯問》篇有圓嶠方壺之名，雖屬寓言，而所謂方壺者，或即從方丘之爲壺丘取義歟？經作「胡丘」者，

胡、壺聲同。《呂氏春秋》有「壺丘子林」，而《漢書・古今人表》又作「狐丘」，狐、胡亦聲同。

畢，堂牆。

注曰：「今終南山道名畢，其邊若堂室之牆。」

樾謹按：如注義，則堂牆乃譬況之辭，當云「如堂牆者畢」也。堂者，山中

道名。《詩・終南》篇「有紀有堂」毛傳曰：「堂，畢道，平如堂也。」蓋以其如堂而名之曰堂，亦猶「如畎畎

丘，如陵陵丘」之例。《山海經・大荒東經》「有大人之堂」注曰「大人之堂，亦山名，形狀如堂室耳」，是山

固有以如堂得名者。《禮記・檀弓》篇注：「堂形，四方而高。」然則所謂如堂者，以其四方而高，非堂室之

謂也。凡山形四方而高者曰堂，堂之兩邊復有厓岸曰牆，亦謂之畢，故曰「畢，堂牆」也。《爾雅》與毛傳義

可互明。主乎畢而言之則爲堂之牆，主乎堂而言之則爲畢之道矣。鄭箋申之曰：「畢也，堂也，亦高大之

山所宜有也。畢，終南山之道名，邊如堂之牆然。」此義爲郭所本，而實有誤。堂是道名，畢是道旁厓岸之

名，非道名也。若云「堂，終南山之道名，畢其邊牆」，則簡而明矣。

小山岌大山，峘。《釋山》

樾謹按：《說文・馬部》：「駁，馬行相及也，讀若《爾雅》『小山駁大山，峘』。」然則古本《爾雅》作「駁」，不作

「岌」也。《說文》讀若之字亦有即舉本字者，如《走部》「趨」讀若《春秋傳》『輔趚』之類。陳氏壽祺《左海經

辨》所舉凡十五事，駁讀若駭即其一也。「小山駮大山，岠；小山別大山，鮮」句

法一律。郭解「大山宮小山」曰：「宮，謂圍繞之，《禮記》曰『君爲廬宮之』是也。」然則「小山駮大山」取馬

行相及之義，亦猶「大山宮小山」取爲廬宮之之義，謂山之相及猶馬之相及，山之相圍繞猶宮之相圍繞也。

若如今本作「炭」，於文爲不辭矣。《玉篇・山部》「岠，大山也」，蓋由誤讀《爾雅》，分「小山駮大山岠」爲二

句，與酈道元《水經注》於廬江水下引《爾雅》「大山曰宮」其誤正同。然「炭」下但曰「山高貌」，而不曰「小

山也」，是其所見《爾雅》猶作「駁」也。不然，以岠爲大山，必以炭爲小山矣。是可知變「駁」爲「炭」乃唐以

後傳寫之誤，當據《說文》訂正。

多草木，岵；無草木，峐。

疏曰：「毛傳云：『山無草木曰岵，有草木曰屺。』與此不同者，當是傳寫誤也。」

樾謹按：毛傳與《爾雅》異，而《說文》曰「岵，山有草木也」，「屺，山無草木也」，《釋名》曰「山有草木曰岵，

無草木曰屺」，則皆與《爾雅》同。其孰是孰非固未易論，然即多草木與有草木論之，則《爾雅》之義精矣。

蓋天下之山大抵皆有草木者也，其無草木者謂之峐，其多草木者謂之岵，皆因其有異於常，故特異其名。

若如諸書以有無對舉，則天下之山非岵即峐矣，豈古人命名之意乎？然則即此一字而《雅》訓之精具見，

恐未可以毛傳疑《爾雅》也。

山上有水，埒。

注曰：「有淳泉。」

樾謹按：王氏引之《經義述聞》據《列子・湯問》篇注「山上水流曰圬」，謂郭注未允，其說是也。山上有水

即所謂瀑布。《文選・天台山賦》「瀑布飛流以界道」，李注曰：「界道，謂爲道疆界也。」是即名圬之義矣。

潭，沙出。《釋水》

注曰：「今河中呼水中沙堆爲潭。」

樾謹按：《說文》無「潭」字，疑即「灘」字也。據《說文》灘爲𤄜重文，其說解曰「水濡而乾也」，竝無水中沙

堆之說，蓋是別義，許所不收耳。《玉篇・水部》「𤄜，水灘也。灘同上」，此即《爾雅》「潭沙出」之「潭」。

《釋天篇》「在申曰涒灘」，李巡注曰「灘，單，盡也」，是灘、單聲近，故灘或爲潭矣。《釋名・釋言語》曰：

「難，憚也。」灘之與潭，猶難之與憚也。今人習用沙灘字，不知其本於《爾雅》矣。

濆，大出尾下。

注曰：「尾猶底也。」疏曰：「言其源深出底下者名濆。」

樾謹按：凡泉莫不有底，何獨於濆言之？且泉之有底，乃其源也，非尾也，郭注義不可通。尾者，水之下

流也。《水經・濦水》篇注引諺曰「高梁無上源，清泉無下尾」，是尾對源而言。「濆大出尾下」，言其出甚

大，而其尾則歸於下也。《列子・湯問》篇「壺領之山有水湧出，名曰神濆」，張湛注曰：「山頂之泉曰濆

泉。」在山頂則其下注可知。《爾雅》蓋以尾之在下見源之在上也。是故壺領之神濆正《爾雅》「大出尾下之

濆。若《水經注》所稱濆水出汾陰縣南四十里，平地開源，濆泉上湧，則是平地之水但可謂之大出，而不可

謂之尾下，雖沿濆名，實與《雅》義微別。相習既久，但以濆湧者謂之濆水，而不知其爲山頂之泉，則尾下

之義不可解矣。

濟有深涉，深則厲，淺則揭。揭者，揭衣也。以衣涉水爲厲。繇膝以下爲揭，繇膝以上爲涉，繇帶以上爲厲。

樾謹按：涉者，厲、揭之總名。《詩》云「濟有深涉」，涉字之中卽包深厲、淺揭二義。《爾雅》引《詩》而釋之曰「揭者，揭衣也。以衣涉水爲厲」，則已分釋厲、揭二字。其下三句則又明涉義之兼乎揭、厲，所謂深則厲，淺則揭也，均是揭也。繇膝以下謂之涉，是揭淺於涉也。以此推之，均是厲也。繇帶以上謂之厲，繇膝以上謂之涉，是厲深於涉也。詩人所謂深則厲，淺則揭者，義正如此。《爾雅》不言繇帶以下爲涉者，繇帶以下卽膝以上，「繇膝以上爲涉」此一句固兼揭、厲言之矣。毛傳曰：「由膝以上爲涉，以衣涉水爲厲，謂由帶以上也，揭褰衣也。」不引出膝以下之文，則於深則厲淺則揭之旨不明，毛公之說《詩》固不逮《爾雅》矣。《説文》引《詩》作「深則砅」，其解云「履石渡水也」，此是許君聊廣異聞，既違《雅》訓，且乖《詩》義。戴氏震作《毛鄭詩考正》從之，謬矣。王氏引之《經義述聞》謂「繇膝以下爲揭」六字唐以前學者所增，抑何言之鹵莽歟？

注曰：「未詳。」

瘣，懷羊。《釋草》

樾謹按：萬希槐《困學紀聞集證》引《大戴記・勸學》篇「蘭氏之根，懷氏之包」，謂懷氏卽懷羊也。此恐不然。《荀子・勸學篇》作「蘭槐之根」，是懷者，槐也。《釋木》篇曰：「櫰，槐大葉而黑。」「懷」卽「櫰」之叚字，非此所謂懷羊也。今按《廣雅・釋草》：「襄、續斷也。」《名醫別録》云：「續斷一名槐。」槐與瘣通，襄與

懷通。然則《爾雅》之「瘣」殆卽《廣雅》之「褒」乎？續斷有草木二種，此入《釋草》，當謂草續斷矣。

熒，委萎。

樾謹按：《釋文》「委」作「荽」，阮氏《校勘記》謂委、萎一字，唐石經、今本作「委」，其説
是也。惟荽、萎二字似乎倒置，經文當本作「熒萎荽」，「萎荽」卽「萎蕤」也。《玉篇・草部》「蘂，萎蕤也」，
卽本《爾雅》文，蘂與熒同，蕤與荽同。《明堂位》篇「夏后氏之綏」鄭注曰：「綏讀如冠蕤之蕤。」然則荽之
通作蕤，猶綏之通作蕤矣。

其葉遪。

樾謹按：《釋文》云：「遪，字又作葭。衆家竝無此句，惟郭有。」然芙渠惟葉爲最大，古人命名，雖蓮中之
的，的中之薏，猶一一爲之名，何獨於葉而遺之乎？是無此句者非也。惟「遪」字《説文》所無，葭則葦之
未秀者，非芙渠葉也。疑上句「其莖茄」或作「其莖葭」，蓋以葭爲茄，乃同音叚借，亦猶《中庸》引《詩》「假
樂」作「嘉樂」也。此句古本當作「其葉荷」。《説文》曰「荷，芙渠葉」，卽本《爾雅》文，可證也。荷者，芙蕖
葉之定名。種芙蕖者，其始彌望止見有葉而已，因以葉之名名之，故荷卽爲大名。上文曰「荷芙渠」，此文
曰「其葉荷」，不嫌同名也。學者疑荷是大名，不應葉其名，或徑刪此句，或移上句「茄」字異文作「葭」者以
當之，或又變其字作「遪」以別於「蒹葭」字，胥失之矣。

莙，牛藻。

注曰：「似藻，葉大，江東呼爲馬藻。」

樾謹按：《說文・艸部》：「藻，水艸也。或作藻。」莙，牛藻也，是菨者藻之別種。《齊民要術》引《詩義疏》曰：「藻，水草也，生水底。有二種，其一種葉如雞蘇，莖大如箸，可長四五尺；一種莖大如釵股，葉如蓬，所謂之聚藻。」郝氏《義疏》云：「陸說二藻之狀，其言葉如雞蘇，即今之大葉藻，所謂馬藻也。言葉如蓬，所謂牛藻也。此注以牛藻爲馬藻，蓋誤。」今按：郝說非也。牛藻者，馬藻之異名。凡草之以馬名者，皆以大而名之。上文「荓馬帚」郝云：「馬之言大也。」然牛、馬同類之物，義得通稱。上文「菨牛蘄」，注云：「今馬蘄。」然則牛藻之即馬藻，猶牛蘄之即馬蘄矣。又《釋木》篇「終牛棘」，注云：「即馬棘也。」亦與此同。必分牛藻、馬藻而二之，以郭注爲誤，殆不然矣。

蘜治牆。

注曰：「今之秋華菊。」

樾謹按：《說文繫傳・草部》：「蘜，日精也，以秋華。臣鍇按：《本草》蘜即九月黃華者也。」又曰：「蘜，治牆也。臣鍇按：《本草》菊有十名，不言治牆。」小徐之意蓋以郭注爲誤。郝氏《義疏》從之，然所據者小徐本也，大徐本則云「蘜，日精也，似秋華」。夫曰似秋華，則非真秋華矣。《玉篇・草部》：「蘜，居六切。《說文》云：『日精也，似秋華。』蘜，居六切，治牆也。」《爾雅》注云：「今之秋華菊。」疑郭璞、顧野王所見《說文》皆與大徐本同，故竝以治牆之蘜爲秋華菊。此二字音同形似，殆難辨別。然秋華菊見於《月令》，載於《本草》，《爾雅》何容不列其名？ 若以治牆爲非，則菊之名竟不登於《爾雅》，而所謂治牆者又不能確指爲何物。邢疏引《本草》陶注云：「菊有兩種，一種莖紫，氣香而味甘，葉可作羹而食者爲真；一種莖青，而作

蒿艾氣味苦，不堪食者名苦薏，非真也。」郝氏遂疑《爾雅》「治牆」即指此種而言，然則《爾雅》何以舍其真

者，録其非真者乎？且以字論之，曰精之「蘜」據《玉篇》作「蘜」，是今本《説文》作「蘜」者誤，非許氏原文

也。至治牆之「蘜」則從艸從鞠，而今俗書秋華菊皆借用大菊蘧麥之「菊」，以蘜從鞠聲，菊從匊聲，兩聲本

同故也。然則小徐本未必是，大徐本未必非。「蘜」篆下「以秋華」，當從《玉篇》作「似秋華」。秋華者，菊

之異名，疑漢、晉人有此稱，故郭注亦云「秋華菊」矣。似秋華即似菊，陶注所謂一種非真者，當即謂此。

《説文》乃字書，故蘜、蘜竝列。《爾雅・釋草》則録其真者，而其似者從略，故有「蘜」無「蘜」也。《夏小正》

「九月榮鞠」，《禮記・月令》「鞠有黃華」，竝「蘜」字之省，而非「蘜」字之省，益可知郭注之不誤矣。

中馗菌，小者菌。

注於上句曰：「地蕈也，似蓋，今江東名爲土菌，亦曰馗廚，可啖之。」又注下句曰：「大小異名。」

樾謹按：中馗謂之菌，小者又謂之菌，則何以見大小之異名乎？以《釋蟲》篇「蚍蜉大螘」例之，

則當云「中馗大菌，小者菌」。以《釋魚》篇「蜎蠉小者蟭」「蠃小者蜬」例之，則當云「中馗小者菌」，不當云

「中馗菌，小者菌」也。據《説文》：「菌，地蕈也。」疑古本《爾雅》作「中馗地蕈，小者菌」，故《説文》

即以地蕈釋菌。蓋對文則地蕈與菌大小異名，散文則亦可通也。今注中「地蕈」字蓋本在正文，傳寫誤入

注文，而又增「也」字以足句。學者遂據注中「土菌」之文臆增「菌」字，❶而大小異名者轉若大小同名，義

❶ 「遂據」原作「據遂」，今據清經解續編本乙正。

不可通矣。

薇，垂水。

注曰：「生於水邊。」

樾謹按：上句云「藦從水生」，此云「薇垂水」，蓋別藦與薇之異，見一生水中，一生水邊也。陳藏器《本草》云「薇生水旁，葉似萍」，此可證薇是水邊之草。至《詩·草蟲》篇正義引陸璣疏云「山菜也」，則因《詩》言「山有蕨薇」，《伯夷傳》又言「登彼西山兮，采其薇矣」，故以薇爲山菜，而實非此經所謂垂水之薇也。《釋文》引顧云「水濱生，故曰垂水」，此說非是。「垂水」與上句「從水生」一律。若以垂水爲薇之名，豈從水生爲藦之名乎？郝氏《義疏》引或說曰「薇名垂水，非生水濱」，以附合陸璣山菜之説，則更失之矣。

拔，蘢葛。

注曰：「似葛，蔓生，有節。江東呼爲蘢尾，亦謂之虎葛。」

樾謹按：正文「蘢」字古本蓋止作「龍」，以其蔓生若龍尾然，故謂之龍葛。而又有虎葛之名，蘢葛、虎葛，命名雖異，取義一也。因是草名，遂加草作「蘢」，非其舊矣。亦猶本篇菟葵、菟蒵、菟瓜、菟葵諸「菟」字，古止作「兔」。《説文》「黃，兔瓜也」，「莃，兔葵也」，即用《爾雅》文，可證其不從草也。上文「紅，蘢古」，據《詩》「隰有游龍」篇傳曰「龍，紅草也」，則其字亦止作「龍」。惟蘢天蘥之「蘢」與《説文》合，當從草耳。

蕎，大苦。

注曰：「今甘草也。蔓延生，葉似荷，青黃，莖赤有節，節有枝相當。或云蕎似地黃。」

檒謹按：甘草而名大苦，名與實乖，莫此爲甚，義殊可疑。其引或説謂似地黄，據蘇頌《圖經》地黄葉似車前，葉上有皺文而不光，花似油蔴花而紅紫色，與郭所説甘草形狀全不相似，然則所引或説是别一義，不知所謂似地黄者何物也。沈括《筆談》云郭注乃黄藥也，其味極苦，故謂之大苦，非甘草也。此不知其何以知之，疑其所見郭注與今本異。而王氏念孫《廣雅疏證》非之，且謂苦與苬通，大苦即大苬，乃「苬」字之叚借，非以其味之苦也。此恐不然。經典固有苬字，而《説文》一書解説字義，必當各從本字。其曰：「苬，甘草也。」「苬，地黄也。」「蘦，大苦也。」「苦，大苦苓也。」然則大苦與苬明分爲二，豈得即以地黄當之？沈括之説或未可非乎？

檓，落。柚，條。《釋木》

檓謹按：檓、落、柚、條竝叠韻字。《詩·大東》篇「無浸檓薪」，傳曰「檓，艾也」，箋云「檓，落，木名也」，《釋文》曰「檓，鄭木名，字則宜從木」。是毛、鄭不但義異，字亦不同。毛公蓋以《爾雅》所云「檓落」者，檓即檓也。落有二義，草零木落之落就其自落者言也，落實取財之落以人落之而言也。《爾雅》訓落，毛傳訓艾，其義通矣。「檓落柚條」兩文一律，竝非木名。柚者，「曺」之叚借字。《説文·马部》「曺，木生條也」，引《商書》「顛木之有曺枿」，古文言「由枿」。柚之訓條，即木生條之本義矣。《禹貢》「厥草惟繇，厥木惟條」，「繇」亦「曺」之叚借，草木得通稱也。「曺」古文作「由」，故通作「柚」，又通作「繇」。《中山經》曰「荆山有橘櫾」，是「橘柚」字古亦作「櫾」。然則《禹貢》「繇條」此經作「柚條」，亦猶「橘柚」之爲「橘櫾」矣。木之落

注於上句曰：「可以爲梧器素。」於下句曰：「似橙，實酢。生江南。」

者謂之樔，木之生條者謂之柚，故曰「樔，落。柚，條」。學者見前後文皆釋木名，不知上文

「髢梱」在「柏槄」、「椵梅」二者之間，陳氏壽祺以《說文》梡梱說之，則亦非木名也，是即其例矣。《說文》：

「柚，條也，似橙而酢。」又曰：「條，小枝也。」夫條爲小枝，何以爲似橙而酢之木果？然則柚篆說解義不

可通。或「條也」二字後人據《爾雅》增入，非許書之舊乎？

楔，荊桃。

注曰：「今櫻桃。」

樾謹按：「楔，荊桃；旄，冬桃；榹桃，山桃」，蓋別桃之異種，猶下文「休，無實李」三句別李之異種，「棗，壺

棗」十一句別棗之異種也。櫻桃雖有桃名，實非桃類，何得以冠桃類之首？且徧考經傳，無稱櫻桃爲荊

桃者。竊疑桃有荊桃，猶棗有齊棗，乃桃之別種，非櫻桃也。《文選·南都賦》『櫺松楔棲』，李善注引《爾

雅》「楔荊桃」郭璞曰「櫻桃也」，而《蜀都賦》「樱柙楔樅」，劉逵注曰「楔，似松有刺也」，則不謂櫻桃矣。

或《爾雅》舊注固不盡如郭義乎？《玉篇·木部》：「櫻，於耕切。含桃，《上林賦》云櫻桃也。」「梣，胡諳

切。今謂之櫻桃也。亦作含。」「楔，革鍇切。荊桃也。」初無今謂櫻桃之說。然則郭璞之說，顧野王所

不用也。

大而皵楸，小而皵榎。

注曰：「老乃皮麤皵者爲楸，小而皮麤皵者爲榎。」

樾謹按：注以大爲老，則以小爲少矣。疏引樊光說同。《釋文》引孫炎亦云老乃皮麤皵爲楸，是固《爾雅》

家相傳之舊說。然上文曰「楸，小葉曰榎」，以葉之大小別楸榎也，❶此云「大而皵楸，小而皵榎」，以枝幹

之大小別楸榎也，兩「小」字不當異義。《釋鳥》篇「鳥少美長醜爲鶹鷅」，彼言少長，不言大小，知大小非少

長矣。《楚辭·哀郢》篇「望長楸而大息兮」，王逸注曰：「長楸，大梓。」是可證楸爲大樹也。

唐棣，栘。 常棣，棣。

樾謹按：《詩·何彼襛矣》篇傳「唐棣，栘也」，《采薇》篇傳「常棣，棣也」，均與《爾雅》合。《晨風》篇傳「棣，

唐棣也」，則與《爾雅》異矣，此必有一誤。而《兼明書》引孔氏《論語解》曰「唐棣，栘也」，亦與《晨風》傳同。

《藝文類聚》八十九引《三家詩》曰「夫栘之華，萼不煒煒」，是《毛詩》作「常棣」《三家詩》作「夫栘」，然則常

棣是栘明矣。《常棣》篇傳「常棣，棣也」，《釋文》曰：「本或作「棠棣栘」，非。」竊疑作「栘」者毛傳之原文，

作「棣」者後人據《爾雅》改之。《何彼襛矣》篇、《采薇》篇竝可類推。陸德明以《爾雅》訂毛傳，故以不非者

爲非。其實《爾雅》之文本作「唐棣，栘。常棣，栘」，今本傳寫互易，非其舊也。《說文·木部》：「栘，棠棣

也。」《文選》謝宣遠《於安城答靈運詩》注引《毛詩》曰「棠棣之華，萼不韓韓」，是棠棣卽常棣也。《甘泉賦》

注引《爾雅》正作「棠棣，栘也」，可證今本「唐棣，栘」。《玉篇·木部》：「榶，徒郎切，棣也。」「榶」卽唐

棣之「唐」。又曰：「栘，余支、成兮二切，棠棣也。」可證梁時《爾雅》猶作「唐棣，棣。棠棣，栘」，與許君所

見同。乃又曰：「棣，徒計切。《詩》曰『唐棣之華』，唐棣，栘也。」則與「栘棠棣也」之說自相違錯，此必後

❶ 「榎」，原作「櫃」，今據《爾雅》及上下文義改。下二「榎」字同。

人所改，非顧氏之原文矣。

蠸輿父，守瓜。《釋蟲》

注曰：「今瓜中黃甲小蟲，喜食瓜葉，故曰守瓜。」疏曰：「蠸輿父，一名守瓜。」

樾謹按：錢氏大昕《潛研堂集》據《莊子·至樂》篇「瞀芮生乎腐蠸」，謂此蟲名蠸，又名輿父，其說非也。依郭注，自以「蠸輿父」連文。蠸猶權輿也。《釋詁》曰：「權輿，始也。」故凡物之初生者爲權輿，《釋草》篇「其萌虇蕍」是也。物之小者亦爲權輿，此篇「蠸輿父」是也。《莊子》止謂之蠸，省文耳。《鹽鐵論·散不足》篇：「諸生獨不見季夏之蠸乎？」郝氏《義疏》引以說此篇之蠸，是亦從省文稱一字也。《說文·虫部》：「蠸，蟲也。」《玉篇》：「蠸，食瓜蟲。」相沿既久，而蠸輿父之名止見於《爾雅》矣。然司馬彪注言一名守瓜，竝無一名輿父之説，亦可證郭注、邢疏之不誤也。

蒺蔾，蝍蛆。

注曰：「似蝗而大腹，長角，能食蛇腦。」疏曰：「《廣雅》云：『蝍蛆，蜈蚣也。』郭云：『似蝗而大腹，長角，能食蛇腦』，則非蜈蚣也。」

樾謹按：如郭氏之注，誠非蜈蚣矣，然所謂蝍蛆者，究莫能塙指爲何物。竊疑此與下文「蛝，馬蠸」實一物也。《廣雅·釋蟲》曰：「蛆蝶，馬蠲也。」又曰：「馬蠽，蝍蛆也。」馬蠽卽馬蠲之異名。蝍蛆與蛆蝶乃一聲之轉，此云蝍蛆，卽蝰蛆也。蝰從戠聲，蝍從卽聲，兩聲相近。《司隸校尉楊孟文頌》「未秋截霜」言未秋卽霜也，是其例矣。《御覽》引吳普《本草》云：「馬蚿，一名馬軸，又謂之馬陸。」《本草》云：「馬陸，一名

百足。今南方人稱蜈蚣爲百腳。」然則古人混蝍蛆、蜈蚣而爲一，正以此二蟲竝多足耳。陶注《本草》「馬陸」云：「此蟲足甚多，寸寸斷便寸行。」又引李當之云：「蟲形，長五六寸，狀如大蛩」蛩卽蟋蟀，下文云「蟋蟀蛬」，蛬與蛩通。然則高誘注《淮南子·説林》篇，以蝍蛆爲蟋蟀，亦以二蟲相似故耳。《爾雅》既云「蒺蔾、蝍蛆」，又云「蛝，馬蚿」，一物異名，而前後兩見，亦猶「螜，天螻」與「蝝，蝘蝼」、「不過，蟷蠰」與「莫貈，蟷蜋」，雖異名而實同物也。《廣雅》一書踵《爾雅》而作，而馬蚿與蝍蛆分爲兩條，疑卽本乎此矣。

螶醜罐。

注曰：「剖母背而生。」疏曰：「螶，飛也。醜，類也。蟲類能飛螶者謂蟬屬，皆剖坼母背以爲孔罐而生。」樾謹按：下文「蟊醜奮，強醜捋，蟁醜蟞，蠅醜扇」，上一字皆蟲名，下一字皆蟲之形狀也。獨此文螶訓飛，則非蟲名；罐訓剖母背而生，則非蟲之形狀，與下文不類矣。且蟁醜蠅醜，孰是不能飛者，何獨於此別之爲螶醜罐乎？注疏舊説疑不可從。《廣韻·九御》引《爾雅》「螶」作「煑」，「罐」疑卽「蠹」之異文，「蠹」之爲蟲，猶甘蔗之「蔗」或作「睹」也。《周官·赤犮氏》「凡隙屋除其貍蟲」，鄭注曰「貍蟲，蘆肌求之屬」者，謂凡煑蟲之類喜居罐隙中也，是卽可爲煑醜罐之證。

鮂，黑鰦。《釋魚》

注曰：「卽白鯈魚，江東呼爲鮂。」樾謹按：白鯈卽白鰷。羅願《爾雅翼》云：「其形纖細而白，故曰白鰷。」夫以纖細而白者謂之黑鰦，名與實乖矣，疑鮂魚非白鰷也。《玉篇·魚部》：「鮋，似由切，魚也。或作鰌，鰌，直㽕、市由二切，魚名。鰦，子

夷切，黑鰦也。」竝無卽白鰷之説。其「鮊」字注云：「徒堯切，白鯈魚也，似雞，赤尾，六足四目。又直流切。」按：白鯈之魚人所習見，安得有六足四目之怪狀？其文必傳寫有誤。「又直流切」四字當在「似雞赤尾」之上。蓋「鮊，徒堯切，白鯈魚也」，乃其本義，徒堯切卽讀如鮊，音直雷切正同。「又直流切，似雞，赤尾，六足四目」，則正《爾雅》所謂「鮂黑鰦」者，直流切卽讀如鮂，與鮊或作鮋，音直雷切正同一音也。此乃魚之異者，初非白鮊。《爾雅》本作「鮂」，不作「鮊」，而說《爾雅》者誤以鮊當鮂，故《玉篇》卽於「鮊」字下載之。然別之爲直流切，則固未嘗混而一之也。《山海經·北山》篇「彭水鮊鮊魚，其狀如雞而赤毛，三尾，六足，四首，其音如鵲」，與《玉篇》所說略同，而字亦作「鮊」。蓋鮂、鮊二字古音本同，無嫌通用。但據黑鰦之名，必非白鮊之屬。白鮂謂之鮊，而鮂亦謂之鮊。鳥獸蟲魚固多異物而同名者，魵謂之鰕，鯢大者亦謂之鰕；似鮎之魚謂之鯢，雌鯨亦謂之鯢；鱣謂之鯉，鯪魚亦謂之鯉，皆其例矣。顧野王斤斤於徒堯、直流之異音，此未免爲後世之見。然卽其音之異以知其義之殊，有功於《雅》訓不淺也。

蜪蚅。

注曰：「未詳。」

樾謹按：此卽《釋蟲》篇之「蠔蝮蜪」也。郭彼注曰：「蝝子未有翅者。」蝝是蟲類，故入《釋蟲》，而蝝本魚子所化，故又入《釋魚》也。凡魚生子多在岸旁淺水處，或水涸，其子卽變爲蝝，《爾雅》「蜪蚅」卽謂此矣。「蠔蝮蜪」見于《釋蟲》，而「蜪蚅」又見于《釋魚》，亦猶「蛭蝚」見于《釋蟲》，而「蛭蝚至掌」又見于《釋魚》也。郭於《釋蟲》不解「蛭蝚至掌」，於《釋魚》不解「蜪蚅」，未知其爲同物耳。

鴟，鸋軌。《釋鳥》

注曰：「未詳。」

樾謹按：下文「狂，茅鴟」注曰「今鸋鴂也」，鸋軌疑卽鸋鴂矣。是故「茅鴟」與「怪鴟」相次，鸋鴂亦卽鵂鶹也。

此文「鴟鸋軌」與「鸋鴟鵃」相次，鸋鵃卽鵂鶹也。比類而觀，鸋軌之卽鸋鴟信矣。下文又曰「萑，老鵵」，

蓋鸋軌之老者謂之萑，故曰「萑老鵵」也。《說文·萑部》：「萑，鴟屬。有毛角，所鳴其民有旤。」❶然則鸋

軌名軌者，軌猶畱也。畱音如災旤之災，因以爲名歟？

鸋，天鷄。

樾謹按：《釋文》曰：「鷄，《說文》作『䳶』。」今《說文·鳥部》：「䳶，天鷄也。」蓋後人據《爾雅》改之，非其舊

矣。惟蕭乃草名，《釋草》所謂「龍，天蘥」也。凡草木鳥獸之同名者多雙聲疊韻字，若《釋草》有莪蘿，《釋

蟲》有蛾羅，《釋草》有虹蚳，《釋蟲》有虹蚳，皆是也。至天蘥非雙聲疊韻字，鷄鳥何取與蘢草同名？不得

援莪蘿、蚳蝀之例矣。疑《說文》本作「天蘥」，天蘥者，蘥天也，《書·召誥》「以哀蘥天」卽其義也。此鳥高

飛直上，鳴聲相屬，有如告訴，今人謂之告天鳥。告天之名與天蘥同，但語有雅俗耳。

鷄，鵨老，鳫鷄。

疏曰：「舍人、李巡、孫炎、郭氏皆斷『老』上屬，『鳫』下屬。解云：鷄，一名鵨老。鳫，一名鷄。鷄，雀也。」

---

❶ 「角」、「民」，原作「羽」、「家」，今據《說文解字》改。

唯樊光斷「鷯鷅」爲句，以「老」下屬，注云《春秋》云：「九鳸爲九農正。」九鳸者，春鳸、夏鳸、秋鳸、冬鳸、棘

鳸、行鳸、宵鳸、桑鳸、老鳸。是以「老」爲下屬。」

樾謹按：近時說《爾雅》者，郝氏謂兩讀俱通，邵氏疑下文「鳸」字上舊有「老」字，後人誤以爲重衍而去

之，王氏引之《經義述聞》則以「老」字上屬爲是。今按：《說文·鳥部》：「鳸，鳸老也。」「鷯，欺老也。」然則

許叔重讀《爾雅》正以「老」字上屬爲句矣。王氏謂《說文》當云「鷯，欺也」，此大不然。「欺老」二字合爲鳥

名，止一「欺」字非鳥名也。《欠部》：「欺，詐欺也。」今云鷯欺也，不幾以詐欺說鷯字乎？可知鷯爲欺老，

《爾雅》舊讀固然。樊光必以老鳸下屬者，以《左傳》九鳸有老鳸耳。夫《左傳》晚出之書，又經漢儒附益，

不可爲典要。所說五鳩、五雉、九鳸，皆因《爾雅》之文附會其說，在《爾雅》初無此義也。是故佳其夫不不

稱祝鳩，而爽鳩又爲來鳩，且不與鶻鳩、鳲鳩、鴡鳩相次，則非說《左傳》之五鳩也。此云「鳸鷯」，是鳸爲鷯

之總名。繼之以桑鳸、竊脂，亦止說桑鳸一種。其下「春鳸鳻鶞，夏鳸竊玄，秋鳸竊藍，冬鳸竊黃，棘鳸竊

丹，行鳸唶唶，宵鳸嘖嘖」，不與桑鳸之文相次，則非說《左傳》之九鳸也。至雉之名尤多，賈逵注《左傳》強

以南方、東方、北方、西方四雉，益以伊洛而南之翟爲五雉，此說之不可通者。《爾雅》云：「伊洛而南，素

質、五采皆備成章曰翬。江淮而南，青質、五采皆備成章曰鷂。」此兩文正相對，說五雉者何以數翟不數鷂

乎？以是言之，《爾雅》之文本與《左傳》不合。《說文》於「雇」篆下列九雇之名，即用賈逵義，《左傳》家說

也。於「鳻」篆下止曰「雇也」，不言「老雇」，此《爾雅》古義也。樊光乃據《左傳》以說《爾雅》，而《爾雅》之

古義亡矣。蓋由爲左氏學者求九鳸之名於《爾雅》，而止得其八，不得已斷「老」字下屬，強立老鳸之名，違

《爾雅》舊讀，不可從也。

鷹，鶆鳩。

注曰：「鶆」，當爲「鶇」字之誤耳。《左傳》作「鶇鳩」，是也。

樾謹按：「鶇」，《釋文》作「來」，云郭讀作「爽」，衆家竝依《字林》作「鶇」字，音「來」，是「來」爲或體，衆家悉無異説。昭十七年《左傳》正義引樊光曰：「來鳩，爽鳩也。」雖依《左傳》爲説，未敢質言字誤也。郭據《左傳》以改《爾雅》，竊所未安。《玉篇·鳥部》：「鶇，所良切，鶘鶇。鶆，力才切，鶆鳩也。」不從郭讀，其見卓矣。

貃子貆。《釋獸》

樾謹按：《周官·草人職》「鹹㵼用貆」，鄭注曰「貆，貒也」，賈疏曰「按《爾雅》云『貃子貒，或曰貆』，故以貆、貒爲一也」，是今本《爾雅》蓋有闕文。或疑「貆」通作「貛」，下文「貒子貗」，郭注「一名貛」，是貒、貛同物，故鄭以貒釋貛耳。若然，鄭當云「貆讀爲貛」矣。今無改讀之文，此説非也。

麝父，麞足。

樾謹按：麞父之名古書未見。《釋文》引李巡本作「澤父」，云「澤父，獸名」，疑古本《爾雅》作「麝黑麞，澤父麞足」。「麝黑麞」與上文「貔白狐」以類相從，「澤父麞足」與下文「豺狗足」以類相從，《釋獸》一篇文多相儷也。傳寫奪「黑麞澤」三字，遂合爲一條矣。《太平御覽》引《説文》曰「麝，黑色麞」，蓋即本《爾雅》。今《爾雅》無「黑麞」之文，傳《説文》者亦删去「黑色麞」三字。然陶注《本草》云「麝形似麞」，則麝固麞類。

今世俗猶有香麛之名，是亦古義之未泯者也。

狻麑，如虦貓，食虎豹。

注曰：「即師子也。」

樾謹按：後世俱謂狻麑即師子。《説文・犬部》：「狻麑，獸也，如虦貓，食虎豹者。」《虎部》：「虦，一曰師子。」是師子乃虦也，非狻麑也。《後漢書・順帝紀》陽嘉二年「疏勒國獻師子、犎牛」，注曰：「師子，似虎，正黃，有顄[1]髯，尾端茸毛大如斗。」是師子非淺毛之獸。而經云「如虦貓」，則狻麑殆非師子矣。

豹文鼮鼠。[2]

注曰：「鼠文采如豹者。漢武帝時得此鼠，孝廉郎終軍知之，賜絹百匹。」疏曰：「《説文》云：『鼮，豹文鼠也。』今郭氏以『豹文』下屬，未知孰是。」

樾謹按：《説文》是也。《釋獸》一篇皆先舉其名，而後詳其形狀，「豹文」二字自當上屬作「鼮鼠豹文」，不當下屬作「豹文鼮鼠」也。《玉篇・鼠部》「鼮，之弓切，豹文鼠」與《説文》合。又曰：「鼮，徒廳切，鼠名。漢武帝時有此鼠，文如豹，終軍識之，賜絹百匹。」此蓋後人據郭注增益之，《玉篇》原文止言「鼠名」，無終軍事也。終軍之事不見于《漢書》；《藝文類聚》引《竇氏家傳》以爲是光武時孝廉郎竇收事，疑世俗相傳本

[1] 「師」、「顄」原皆作「獅」、「頟」，今據《後漢書》改。

[2] 「鼮」，原作「鼭」，今據《爾雅》改。

無實事，郭據以説經，遂致失其句讀。唐時盧若虛據《説文》訂正，見《唐書》本傳。近人説《爾雅》者皆知之，乃猶依違郭義，兩存其説，何也？

騉蹄，趼，善陞甗。《釋畜》

注曰：「騉蹄，蹄如趼而健上山。秦時有騉蹄苑。」

樾謹按：疏引舍人云「騉蹄者，涸蹄也。趼，平也，謂蹄平正」，是以「騉蹄」連讀爲句。又引李云「騉者，其蹄正堅而平似趼也」，是讀「騉」字爲句。二讀不同，郭從舍人，是也。此云「騉蹄，其蹄，趼，善陞甗」，兩文相對。《莊子·駢拇》篇《釋文》引崔注曰：「枝指，謂指有岐也。」馬之枝蹄猶人之枝指矣。然則何謂騉蹄？曰：騉者，同也。《説文·日部》：「昆，同也。」《手部》：「掍，同也。」《周語》「若能類善物以混厚民人者」，韋昭注曰：「混，同也。」竝字異而義通。《老子》「故混而爲一」河上公注曰「混，合也」，合亦同也。馬蹄之枝分者謂之枝蹄，馬蹄之混合者謂之騉蹄，其趼雖同，而騉蹄與枝蹄不同，故以騉蹄、枝蹄趼別而言之也。乃「枝蹄趼」上有「騉駼」二字，而「騉蹄趼」上更無他文者，古人於騉蹄之馬不別爲之名，但以騉蹄名之。若依下文之例，而曰「騉蹄，騉蹄趼」，則於詞贅矣，故無文也。舍人以涸蹄解騉蹄，涸猶混也。郭雖從其讀，未能得其義矣。然則騉駼之名何以轉施於枝蹄？曰：《釋文》引舍人云「騉駼，外國之名」，此説是也。蓋其國出枝蹄馬，因即以國名之，猶騉駼亦外國名，《楊雄傳》「前番禺，後陶塗」，師古曰「國名，出駒騄」，是駒騄亦以國得名者也。騉駼之名與騉蹄之義初不相涉，學者可無疑矣。

青驪驎，驒。

注曰：「色有深淺，斑駮隱鄰。今之連錢驄。」

樾謹按：郭意蓋讀「驎」爲「鄰」，不知「驎」卽「連」也。驎與連一聲之轉，《釋名‧釋州國》曰「鄰，連也」，相

接連也」，是其例矣。均是青驪二色之馬，其不相雜厠者謂之驒，其青中有驎，驎中有青，相接連者謂之

驒，故曰「青驪驎，驒」也。後世以驒爲連錢驄，卽驎字之轉音矣。《釋文》作「鄰」，蓋本郭義。

又引孫云「似魚鱗也」，[1]若然，當云「如鱗」，不得止言「鱗」也。《說文》云「青驪白鱗，文如鼉魚」，「白」字經

文所無，且魚可言鱗，馬不可言鱗，於義更未安矣。

陰白雜毛，駰。

注曰：「陰，淺黑。今之泥驄。」

樾謹按：《詩》正義引孫炎說，亦以陰爲淺黑，然陰非黑色之名。或謂從陰幽取義，鑿矣。「陰」當讀爲

「黔」。《說文‧黑部》：「黔，黃黑也。」《玉篇》曰：「記林切，黃色如金也。」《廣韻》曰：「居吟切，淺黃色也。」

以是言之，黔爲黃黑色，其色非黃非黑，可謂之淺黑，亦可謂之淺黃。此承上文「黃白雜毛」之下，則當以

淺黃之義爲長。蓋猶是黃白雜毛者，其黃色深則爲黃白雜毛之駓，其黃色淺則爲陰白雜毛之駰。「陰」乃

「黔」之叚字，陰、黔立從今得聲，古音相同，故得通借也。

[1] 「駰」，原作「絹」，今據阮刻《爾雅注疏》改。

犬生三，獀；二，師；一，獙。

注曰：「此與豬生子義同，名亦相出入。」

越謹按：《釋獸》篇：「豕生三，豵；二，師；一，特。」豵、獀音同，惟獙與特異，故郭謂與豬生子同義。錢氏大昕因《説文》無「獀」字，據《玉篇》「猥，犬生三子也」謂「獀」是「猥」字之誤，此不然也。《玉篇・犬部》：「獀，子公切，犬生三子也。」「獙，巨衣切，犬生一子」，正與《爾雅》合。又曰「獀、猭二同子宋切，犬生一子」，一子蓋三子之誤，是其所見《爾雅》有作「猭」者。犬謂之獀，豬謂之豵，足知其同義矣。又曰：「猥，於隗切，犬聲。又犬生三子也。」此是別義，非出《雅》訓。或「獀」誤作「猥」，又誤作「猥」，未可知也。顧野王兼存其義，以廣異聞，豈可據以改經乎？

未成毫，狗。

注曰：「狗子未生乾毛者。」

樾謹按：上文「未成羊羜」，下文「未成雞健」，此文亦當一律，不當言「未生乾毛」也。且如注義，則經文何不言「未生毫」，而言「未成毫」乎？狗犬通稱，至今猶然。若以狗爲未生乾毛者，則下文云「尨，狗也」，豈亦未生乾毛之謂乎？尨字從犬從彡，《説文》謂是犬之多毛者，其不得以爲未生乾毛明矣。《爾雅》以狗釋尨，狗、犬一也。若如此注，則犬之與狗若羊之與羜，鷄之與健，區以別矣，《爾雅》何不以犬釋尨，而以狗釋尨乎？下文又曰「狗四尺爲獒」，夫未生乾毛至四尺以上相去縣絕，何不曰「犬四尺爲獒」，而曰「狗四尺爲獒」乎？然則郭注非也。毫即獒也。此云「未成毫狗」，下云「狗四尺爲獒」，兩文正可互明。蓋狗

自四尺以上始得獒稱，四尺以下通謂之狗。羊有未成羊之名，雞有未成雞之名，狗則無之，惟至四尺以上者異其名曰獒，故曰未成獒狗也。獒與毫古字通，《尚書・旅獒》馬、鄭均作「豪」是也。豪、毫古今字，疑古本《爾雅》并下文「四尺為獒」之「獒」亦止作「豪」，故《說文》「獒」篆下但曰「知人心可使者」，引《春秋傳》「公嗾夫獒」為證，而不用《爾雅》「四尺為獒」之說，是許君所見《爾雅》不作「獒」也。後人改四尺之「豪」為「獒」，而此文「未成豪」之「豪」則以不得其解而轉仍其舊，但傳寫者從俗作「毫」耳。《釋文》曰：「毫，本作豪。」此古本也。今定其字作「豪」，其義為四尺以上之稱，則得之矣。

《儒藏》精華編選刊

即出書目（二〇二三）

白虎通德論
誠齋集
春秋本義
春秋集傳大全
春秋左氏傳賈服注輯述
春秋左氏傳舊注疏證
春秋左傳讀
道南源委
桴亭先生文集
復初齋文集
廣雅疏證

龜山先生語錄
郭店楚墓竹簡十二種校釋
國語正義
涇野先生文集
康齋先生文集
孔子家語　曾子注釋
論語全解
禮書通故
毛詩後箋
毛詩稽古編
孟子正義
孟子注疏
閩中理學淵源考
木鐘集
群經平議

三魚堂文集　外集

上海博物館藏楚竹書十九種校釋

尚書集注音疏

詩本義

詩經世本古義

詩毛氏傳疏

詩三家義集疏

書疑　東坡書傳　尚書表注

書傳大全

四書集編

四書蒙引

四書纂疏

宋名臣言行錄

孫明復先生小集　春秋尊王發微

文定集

五峰集　胡子知言

小學集註

孝經注解　溫公易說　司馬氏書儀　家範

肇經室集

伊川擊壤集

儀禮圖

儀禮章句

易漢學

游定夫先生集

御選明臣奏議

周易口義　洪範口義

周易姚氏學